OBRAS ESCOLHIDAS DE JOSÉ MEDEIROS FERREIRA

VOLUME I

PORTUGAL CONTEMPO-RÂNEO

Título original:
Portugal contemporâneo: história política e institucional

Revisão: Inês Rodrigues

Capa: FBA

Depósito legal n.º 447803/18

Biblioteca Nacional de Portugal – Catalogação na Publicação

FERREIRA, José Medeiros, 1942-2014

Portugal contemporâneo: história política e institucional. – (Obras escolhidas de Medeiros Ferreira; 1)
ISBN 978-972-44-1929-9

CDU 94(469)"19/20

Paginação:
MA

Impressão e acabamento:
ACD Print, S.A.

para
EDIÇÕES 70

1.ª edição: outubro de 2018

EDIÇÕES 70, uma chancela de Edições Almedina, S.A.
Avenida Engenheiro Arantes e Oliveira, 11 – 3.º C – 1900-221 Lisboa / Portugal
e-mail: geral@edicoes70.pt

www.edicoes70.pt

ORGANIZAÇÃO DE MARIA INÁCIA REZOLA

OBRAS ESCOLHIDAS DE JOSÉ MEDEIROS FERREIRA

VOLUME I

PORTUGAL CONTEMPO-RÂNEO

70

ÍNDICE

Nota da editora

A Edições 70, optando nesta coleção pela utilização do novo acordo ortográfico, decidiu manter a grafia original do texto introdutório bem como dos textos de José Medeiros Ferreira, escritos, na sua maior parte, com português anterior ao novo acordo. O mesmo aconteceu relativamente ao critério do autor no que diz respeito às notas bibliográficas. No entanto, foram uniformizadas algumas grafias de determinadas expressões, conceitos ou cargos. É o caso, entre outros, de «Primeira Guerra Mundial», «Segunda Guerra Mundial», «Primeira República» ou «Presidente da República».

A editora

Siglas e abreviaturas

AAC – Associação Académica de Coimbra
AAEE – Associações de Estudantes
AAIST – Associação Académica do Instituto Superior Técnico
ACP – África, Caraíbas e Pacífico
AD – Aliança Democrática
AHM – Arquivo Histórico Militar
ANP – Acção Nacional Popular
AOS – Arquivo Oliveira Salazar
BPU – Biblioteca Pública e Universitária
CAIA – Comissão Administrativa das Instalações Académicas
CDE – Comissão Democrática Eleitoral
CDS – Centro Democrático Social
CEE – Comunidade Económica Europeia
CEME – Chefe de Estado Maior do Exército
CEMFA – Chefe de Estado Maior das Forças Armadas
CEMGFA – Chefe de Estado Maior General das Forças Armadas
CEP – Corpo Expedicionário Português
Cf. – Ver, conferir
CIA – Central Intelligence Agency
CIGS – Chief of Imperial General Staff
Cit. – Citado
CITAC – Círculo de Iniciação Teatral Académica de Coimbra

CLSTP – Comité de Libertação de S. Tomé e Príncipe
CNARPE – Comissão Nacional de Apoio à Reeleição de Ramalho Eanes
COPCON – Comando Operacional do Continente
CR – Conselho da Revolução
CRP – Constituição da República Portuguesa
CSCE – Conferência de Segurança e Cooperação Europeia
CTT – Correios, Telégrafos e Telefones
Dir. – Direção
DSC – Direção dos Serviços de Censura
EFTA – *European Free Trade Association*/ *Associação Europeia de Comércio Livre*
EMGFA – Estado-Maior-General das Forças Armadas
EU – European Union / União Europeia
EUA – Estados Unidos da América
FAP – Força Aérea Portuguesa
(acho que só está na p. 500, pelo que se poderia por por extenso)
FICO – Frente Independente de Convergência Ocidental
FLA – Frente de Libertação dos Açores
FLAMA – Frente de Libertação do Arquipélago da Madeira
FLEC – *Frente para a Libertação do Enclave de Cabinda*
FNAT – Fundação Nacional para a Alegria no Trabalho
FNLA – Frente Nacional de Libertação de Angola
FO – Foreign Office
FRELIMO – Frente de Libertação de Moçambique
GNR – Guarda Nacional Republicana
GUMO – Grupo Unido de Moçambique
IAN/TT – Instituto dos Arquivos Nacionais / Torre do Tombo
IDN – Instituto da Defesa Nacional
JSN – Junta de Salvação Nacional
JUC – Juventude Universitária Católica
LP – Legião Portuguesa
MAAG – Military Aid Advisory Group
MAE – Ministère des Affaires Étrangères
MAI – Ministério da Administração Interna
MAPA – Movimento para a Autonomia do Povo Açoriano
MCS – Ministério da Comunicação Social
MDLP – Movimento Democrático de Libertação de Portugal

MDN – Ministério da Defesa Nacional
MDP – Movimento Democrático Português
MDP/CDE – Movimento Democrático Português/ Comissão Democrática Eleitoral
MEN – Ministério da Educação Nacional
MFA – Movimento das Forças Armadas
MLSTP – Movimento de Libertação de S. Tomé e Príncipe
MNE – Ministério dos Negócios Estrangeiros
MOFA – Movimento de Oficiais das Forças Armadas
MOLIMO – Movimento de Libertação de Moçambique
MP – Mocidade Portuguesa
MPLA – Movimento Popular de Libertação de Angola
MUD – Movimento de Unidade Democrática
NA – National Archives
NATO – North Atlantic Treaty Organisation / Organização do Tratado do Atlântico Norte
NU – Nações Unidas
OCDE – Organização para a Cooperação e Desenvolvimento Económico
ONU – Organização das Nações Unidas
Org. – Organização
OTAN – Organização do Tratado do Atlântico Norte
OUA – Organização de Unidade Africana
PAIGC – Partido Africano da Independência da Guiné e Cabo Verde
PALOP – Países Africanos de Língua Oficial Portuguesa
PAP – Plano de Ação Política
PCP – Partido Comunista Português
PIB – *produto interno bruto*
PIDE – Polícia Internacional de Defesa do Estado
PIDE/DGS – Polícia Internacional de Defesa do Estado/Direção-Geral de Segurança
PPD – Partido Popular Democrático
PPD/A – Partido Popular Democrático Açoreano(1)
PREC – Processo Revolucionário em Curso
PRO – Public Record Office

(1) Também aparece PPDA.

PS – Partido Socialista
PS/A – Partido Socialista Açoreano
PSD – Partido Social Democrata
PVDE – Polícia de Vigilância e de Defesa do Estado
Q.G. – Quartel-general
Q.P. – Quadro Permanente
RAF – Royal Air Force (RAF)
RFA – República Federal Alemã
RIA – Reuniões-Inter-Associações
RP – República Popular
RPA – República Popular de Angola
RTP – Radiotelevisão Portuguesa
s.d. – Sem data
s.l. – Sem local
SDN – Sociedade das Nações
SHAPE – Supreme Headquarters Allied Powers
SNI – *Secretariado Nacional de Informação*
SPN – Secretariado da Propaganda Nacional
Ten. Cor. – Tenente-coronel
UDP – União Democrática Popular
UEO – União Europeia Ocidental
UNITA – União Nacional para a Independência de Angola
UPA – União dos Povos de Angola
URSS – União das Repúblicas Socialistas Soviéticas
US – United States
Vol. – Volume

Introdução

> «[...] a história da contemporaneidade não usufrui de completa dignidade académica» (Ferreira, 1983, p. 14).

O objectivo deste livro é reunir, num volume único, textos de História Política e Institucional publicados de modo disperso por José Medeiros Ferreira, desde o início dos anos 80 até 2013. Muitos desses artigos tiveram origem na sua participação em colóquios, seminários, conferências e outros tipos de encontros científicos realizados quer em Portugal quer no estrangeiro. «Kemal Atatürk: Um Nacionalista Anti-Tradicional Visto de Portugal» é um desses casos, resultando de uma intervenção feita no âmbito de uma Conferência Internacional sobre o ditador turco, organizada pela Universidade do Bósforo, em Novembro de 1981. Outros textos foram redigidos expressamente para integrar obras colectivas coordenadas por terceiros. Exemplificando: o longo ensaio «As relações entre as Forças Armadas e o Regime (1933-1950)» originalmente publicado no volume XII da *Nova História de Portugal* dirigida por Joel Serrão e A. H. de Oliveira Marques (Presença, 1992).

Da diversificada tipologia de textos presente nesta colectânea constam igualmente artigos de revistas académicas da especialidade, como a *Ler História* ou da entretanto extinta *Nova História*. Finalmente, e sem qualquer preocupação de exaustividade, não podemos deixar de fazer uma breve referência aos prefácios que José Medeiros Ferreira foi frequentemente instado a escrever. A ele recorreram jornalistas, académicos, ex-alunos e uma multiplicidade de outras figuras, em sinal do prestígio que granjeava e da admiração que por ele muitos nutriram. Os textos que daí resultam caracterizam-se, em regra, pela sua brevidade, mas também, e sobretudo, pela originalidade e pertinência das reflexões do seu autor. Por estes motivos, e ainda que tenha sido necessário proceder a uma selecção, não resistimos a incluí-los nesta colectânea.

Um dos objectivos de reunir este conjunto de escritos tão diversificados foi o de recuperar e simultaneamente dar uma nova vida a um material riquíssimo que, de outra forma, corria o risco de se perder. Paralelamente, o facto de se agruparem, num único volume, textos publicados dispersamente tem ainda a vantagem de lhes conferir uma coerência que, de outra forma, não era perceptível.

Este tipo de obra, designado no mundo anglo-saxónico por *collected works* ou *colletected editions*, conhece algum êxito em vários países, nomeadamente em áreas disciplinares como a literatura, filosofia e mesmo a história. A título de exemplo recordemos a publicação dos *Écrits sur l´histoire* de Fernand Braudel (Paris, Flamarion, 1969 (vol. 1) e 1990 (vol. 2)) ou os textos de Eric Hobsbawm sobre cultura e sociedade no século XX reunidos na obra *Fractured Times* (London, Little, 2013). Os exemplos multiplicam-se.

Infelizmente em Portugal, no que respeita à História, o género não tem um êxito particular e é, de certa forma, o mal-amado dos editores. Ainda que reconhecendo o seu valor e importância, muitos rejeitam qualquer proposta editorial deste tipo, alegando não existir mercado e, por isso, viabilidade financeira, para a suportar. Rompendo com este panorama pouco animador, a Edições 70, do Grupo Almedina, lançou-se corajosamente neste projecto que acolheu, desde o primeiro momento, com grande entusiasmo e empenho. À Suzana Ramos, editora da Almedina, dirigimos um particular agradecimento. Sem o seu interesse e entusiasmo esta obra não teria sido possível.

Consciente da importância e utilidade deste tipo de trabalhos, em 1981 José Medeiros Ferreira publica *Do Código Genético no Estado Democrático* (Lisboa, Contexto), livro que reúne o que o próprio designa como «marcos» fundamentais da sua intervenção política nos primeiros anos do pós 25 de Abril de 1974. Trata-se, como adverte o próprio, de «uma obra variada e dispersa», de carácter eminentemente político, que constitui «o testemunho de um percurso de pensamento e acção em momentos especialmente difíceis», isto é, no período de 1974 a 1980 (Ferreira, 1981, p. 9).

Voltaria a apostar neste tipo de publicação, anos mais tarde, no âmbito da sua actividade universitária, em obras como *Os Açores na Política Internacional – elementos* (Lisboa, Tinta da China, 2011). Centrando-se, agora, em artigos e textos de carácter eminentemente académico, o livro reúne estudos publicados dispersamente sobre o tema e outros, inéditos, que resultaram das aulas que ministrou no Mestrado de Relações Internacionais da Universidade dos Açores. Foi a sua «espécie de homenagem» ao que designa por «"vontade de cultura" patente em vários sectores da sociedade açoriana, a muitos dos seus vultos intelectuais e, concretamente, à Universidade dos Açores e aos seus professores e estudantes» (Ferreira, 2011, p. 9).

Mais do que um catálogo *raisonné*, a presente colectânea propõe-se apresentar uma selecção de escritos exigindo, por isso, a definição prévia de critérios de escolha. Como aclarámos no início desta introdução, o nosso objectivo foi reunir textos de história política e institucional, um dos domínios em que José Medeiros Ferreira se especializou e que cultivou ao longo da sua actividade universitária. Como explica na «Apresentação» ao seu currículo, os seus escritos académicos podem classificar-se pelos seus objectos de estudo em três áreas principais: a História das Relações Internacionais, as questões de Estratégia e a História Política e Institucional do Portugal Contemporâneo. Foi esta categorização, assim como a listagem proposta pelo próprio no seu currículo, que serviu de base e primeiro critério de selecção dos textos que agora se publicam.

A história política é, de entre as formas de escrita da História, a que menos justificação necessita. Depois de décadas de ostracização dominadas pelo discurso encomiástico das abordagens macro orientadas, em que o peso da longa duração imperou, a história institucional e política foi revalorizada e ganha actualmente um número crescente de seguidores.

Tal como acontece noutros domínios, também neste é fundamental destacar o contributo pioneiro de José Medeiros Ferreira e o seu impacto no panorama historiográfico nacional dos anos 80. Rejeitando a hegemonia das concepções estruturais, denunciou o risco de transformar a História numa ciência auxiliar. Na sua prática historiográfica, empenhou-se na defesa de uma história política renovada em que, não ignorando a importância e o peso das continuidades, procurou as diferenças e as rupturas, dando espaço aos múltiplos ritmos e tempos que fazem a história. Perspectivando os tradicionais objectos da história política com nova roupagem, mas lançando também o seu olhar sobre objectos de estudo até aí menorizados ou mesmo desprezados, contribuiu decisivamente para o seu rejuvenescimento. Na sua constante inquietação intelectual, procurou novas abordagens e novos problemas.

José Medeiros Ferreira promoveu a revitalização da história política conferindo-lhe redobrada legitimidade. E, entre outras coisas, deixou claro que a história política também dispõe de massas documentais susceptíveis de quantificação e, sobretudo, de um cuidado tratamento qualitativo. Porque, como observou num dos seus primeiros livros académicos, uma das principais missões do historiador é «seleccionar os documentos a conservar em arquivo» e «escolher os factos a relatar, oferecendo ainda uma leitura própria da sua sequência através de linhas interpretativas» (Ferreira, 1983, p. 11). Em suma, o seu contributo para o regresso da história política e para a transformação das suas bases teóricas e metodológicas é inestimável. Assim o evidenciam os textos agora coligidos.

Este é um livro de história institucional e política do Portugal Contemporâneo, em que o século XX assume o protagonismo. São *Tempos Interessantes* que José Medeiros Ferreira intensamente viveu e estudou.

Na sua juventude, José Medeiros Ferreira ganhou notoriedade enquanto dirigente estudantil, pelo combate que travou contra a ditadura. Muitos recordam, com admiração, a carta que fez circular «a anunciar a sua recusa em cumprir o serviço militar e participar na guerra contra os movimentos africanos de libertação» (Mascarenhas, 2011, p. 21). Como relata nas suas *Memórias Anotadas* (2017), a perseguição do regime e da sua polícia política torna a sua situação pessoal insustentável e obriga-o a um exílio forçado na Suíça (1968-1974). Regressará a Portugal, uma vez derrubada a ditadura, para retomar a intervenção política, primeiro como deputado à Assembleia Constituinte e, depois, como secretário de estado do VI Governo Provisório e ministro dos Negócios Estrangeiros do I Governo Constitucional.

Em termos académicos, a opção pela história contemporânea começou a definir-se durante os anos do exílio genebrino, onde conclui uma licenciatura em História Moderna e Contemporânea, exerce funções de docência nesse domínio e trabalha de perto com o historiador Jean-Claude Favez (1938-2013). Projecta então uma tese de doutoramento sobre a Sociedade das Nações que acabará por abandonar. Temporariamente suspensa durante o período em que exerceu funções políticas, a opção pela história contemporânea tornou-se inequívoca quando, no início dos anos 80, regressa à Universidade e organiza um Seminário Livre sobre a Política Externa da Primeira República no âmbito do recém-fundado Curso de Mestrado em História Contemporânea (ano lectivo de 1981-1982). Tinha já em curso uma ampla investigação que resultará na publicação de um *Ensaio Histórico sobre a Revolução de 25 de Abril* (Ferreira, 1983). Estava definida uma das áreas e domínios de intervenção que perseguirá prioritariamente enquanto académico. E estava também definido o papel fundamental que José Medeiros Ferreira viria a ter na promoção da história mais recente que, à data, ainda não usufruía de «completa dignidade académica» (Ferreira, 1983, p. 14).

O facto de ser um actor participante em muitos dos momentos históricos que estudou levou-o a reflectir constantemente sobre o ofício do historiador e, em concreto, a questionar-se sobre qual «o papel que ocupa o historiador entre a época que presencia e o futuro que a contemplará». As suas opções são inequívocas, como explica em *Portugal em Transe*:

> O autor deste volume não tem a pretensão de se identificar com a revolução que analisa, como o fizeram, nos seus escritos, Michelet para a Revolução Francesa ou Trotsky para a Revolução Russa. Mas sempre há-de salientar ter tomado várias vezes partido no período em questão e ter participado como político em algumas decisões que o influenciaram. Porém não se sente constrangido por isso ao ocupar agora, e mais uma vez, o lugar de historiador desta época.
>
> Sem pretender contribuir para a problemática que atormenta os historiadores sobre as possibilidades de uma objectividade perfeita perante os dados do passado em geral, e do passado próximo em particular, sempre me julgarei imparcial, embora possa ser

> atraiçoado nesse propósito pelo mais inconsciente dos subjectivismos. Ou seja, ciente das vulnerabilidades do saber histórico, não posso prometer sempre a objectividade mas posso garantir o permanente esforço de imparcialidade.
>
> Em suma, o autor garante ter efectuado um esforço intelectual permanente para alcançar a imparcialidade histórica possível, tendo em conta o estado actual dos conhecimentos públicos sobre os factos, e as condicionantes epistemológicas gerais do saber histórico. Nenhuma linha desta obra foi escrita de ânimo leve (Ferreira, 1993, 11).

Ainda que tenhamos optado por publicar alguns textos com um registo mais memorialístico, é sobretudo a visão e a leitura crítica do historiador que impera nesta colectânea.

A par da origem dos textos e da natureza da obra, cabe também uma explicação prévia sobre a sua estrutura.

Este livro encontra-se dividido em sete partes, tendo em conta a temática dominante dos textos coligidos: as Forças Armadas e a mudança de regime; a luta do movimento estudantil contra a ditadura; a autonomia insular; o 25 de Abril e a transição democrática; o processo de descolonização; figuras e instituições do pensamento crítico contemporâneo; a escrita da história.

O livro abre com o texto «Da necessidade de um plano político para a Nação» (texto 1), a «tese» enviada pelo então jovem exilado político José Medeiros Ferreira ao III Congresso da Oposição Democrática, realizado em Aveiro, em Abril de 1973. No documento, que se assume como «um plano para a Nação», chama-se a atenção para o papel que as Forças Armadas podiam ter no derrube da ditadura, mas também para as metas a «alcançar simultaneamente»: descolonizar, democratizar, socializar e desenvolver. Como recordará, anos mais tarde, no seu blog *Cortex frontal*:

> Um ano antes do 25 de Abril essa tese não teve muitos adeptos – que a alternativa também tem a sua dogmática! –, mas é um gosto lê-la ainda hoje nas edições Seara Nova de 1974, e vê-la citada em tantas obras actuais sobre o período. Estamos é mesmo a precisar de um novo plano para a Nação...([1]).

Nestas e noutras reflexões que, sobre o tema, o autor desenvolveu, é possível descortinar os motivos que nos levaram a incluir este texto na presente colectânea. Antes de mais, o carinho que o autor lhe devotava, recordando frequentemente ter sido este um texto ao qual se «afeiçoou» apesar das reacções extremamente negativas que suscitou: «os meus queridos amigos da esquerda, mesmo os mais abertos à História e à inovação, ficaram escandalizados» (Ferreira, 1981, 10). Depois, é preciso ter igualmente em conta o contexto em que o documento é redigido – o exilio genebrino, os «suaves passeios no tranquilo Jardin des Bastions» e as longas horas de trabalho na Biblioteca Pública e Universitária (BPU) de Genebra. Finalmente, um motivo último e fundamental: o carácter profético das reflexões apresentadas ao anunciar, em Abril de 1973, que o regime seria derrubado pelas Forças Armadas. Em nosso entender, o texto escolhido para abrir esta colectânea revela algumas das facetas mais características de José Medeiros Ferreira: o seu apurado espírito critico, a constante inquietação intelectual e uma apetência para as análises prospectivas, que o levaram a uma persistente reflexão relativamente aos destinos do país.

Cumpre ainda assinalar que, não tendo sido produzido no ou para o âmbito académico, este texto está na origem de uma das linhas de investigação prioritárias de José Medeiros Ferreira: o estudo do papel político e do comportamento das Forças Armadas. A ela se dedica a primeira parte desta colectânea que congrega textos sobre a evolução da instituição militar e a sua interacção com o poder político e a sociedade portuguesa dos finais da Monarquia ao Marcelismo.

I. Forças Armadas e mudança de regime: da monarquia constitucional ao 25 de Abril de 1974

> «as intervenções militares na sociedade portuguesa durante o século XX tiveram, todas, características diferentes entre si» (FERREIRA, 1992, p. 14).

Um dos estudos que José Medeiros Ferreira afirma ter sido originado pela tese que apresentou ao Congresso de Aveiro de 1973 foi o que resultou na sua tese de Doutoramento([2]), publicada em livro, em

1992, sob o título *O Comportamento Político dos Militares – Forças Armadas e Regimes Políticos em Portugal durante o Século* XX (Lisboa, Ed. Estampa). Dada a sua importância e pertinência, optámos por integrar a sua introdução na primeira parte desta obra (texto 2), ainda que se tenha privilegiado a recolha de textos publicados em obras colectivas e revistas académicas.

Com o seu Doutoramento, Medeiros Ferreira procurou estruturar pensamentos e reflexões que vinha desenvolvendo no âmbito de diferentes projectos de investigação, conferindo-lhe unidade, profundidade e coerência. Trata-se de uma tese versando temas de História Institucional e Política, em que se analisa, numa perspectiva diacrónica, a atitude da instituição militar perante os diferentes regimes políticos que marcaram o Século XX português: a Monarquia Constitucional (1820-1910) e a Ditadura de João Franco (1907-1908); a Primeira República, o Sidonismo e a Monarquia do Norte (1910-1926); a Ditadura Militar (1926-1933); o Estado Novo (1933-1974); e o estabelecimento do regime democrático (1974-1976).

Como explica na introdução da obra, nela não se examinam «apenas os momentos fortes do estabelecimento ou derrube dos regimes políticos que sempre tiveram maior ou menor participação militar». A principal preocupação do autor é a de analisar «as correlações mútuas entre o poder político e o poder militar capazes de nos fazer entender a criação e o desfecho dessas situações» (Ferreira, 1992, p. 13).

A originalidade da obra reside no facto de não pretender ser nem uma história da instituição militar nem uma história dos regimes políticos do Portugal Contemporâneo, mas antes «uma história das correlações entre as duas» (p. 13). Nas conclusões o autor observa que a sua «aproximação analítica e histórica da atitude dos militares face aos regimes políticos» lhe permitiu constatar que «as intervenções militares na sociedade portuguesa durante o século XX tiveram, todas, características diferentes entre si» e que existiram «comportamentos diferentes da instituição militar face ao mesmo regime político, fosse este a Monarquia Constitucional, fosse a Primeira República, fosse o Estado Novo» (Ferreira, 1992, p. 15).

Os artigos que integram esta parte da obra apresentam uma ordenação cronológico-temática que privilegia o conteúdo dos mesmos e não a sua data de publicação.

Resultado da primeira investigação que, sobre o tema, José Medeiros Ferreira desenvolveu para o Instituto de Estudos para o Desenvolvimento([3]), o texto 3 («Mudanças de Regime Político e Forças Armadas em Portugal: O Trânsito da Monarquia para a República», in *Nova História* n.º 2, Dezembro de 1984, pp. 3-13) analisa um momento específico da intervenção dos militares na sociedade portuguesa: a transição da Monarquia para a República. Para tal, o autor procede a uma caracterização da instituição, traçando um retrato de um exército atrasado, mal equipado, paralisado por várias contradições, e de uma instituição subordinada ao poder político monárquico que fica indiferente às evoluções políticas dos últimos anos da monarquia. No entanto, observa, «os acontecimentos que levaram à implantação da República em 1910 iriam demonstrar que o facto de as Forças Armadas estarem subordinadas a um poder político não significa que estejam activamente prontas para a sua defesa».

Não foi este o único paradoxo detectado pelo historiador no que diz respeito ao comportamento das Forças Armadas Portuguesas no trânsito da Monarquia para a República. Como observa numa outra passagem,

> se os militares não participaram de forma determinante, nem de um lado nem do outro, nos acontecimentos que levaram ao derrube da monarquia, alheando-se desse trânsito entre dois regimes políticos, já o fim da monarquia, instituição multisecular refrescada na sua legitimidade após a vitória das forças liberais e da sua aceitação do sistema parlamentar, veio tornar a força armada, como então se dizia, na instituição-referência da legitimidade da nova situação política, que aliás se impôs sem resistência.

Finalmente, no mesmo texto, José Medeiros Ferreira apresenta-nos uma outra leitura interpretativa particularmente interessante e inovadora ao observar que «será a Primeira Guerra Mundial que irá introduzir um persistente mal-estar entre o regime político republicano e as Forças Armadas».

A este contributo pioneiro segue-se um artigo de síntese (texto 4) escrito para o *Dicionário de História de Portugal*, vol. 8, coordenado por António Barreto e Maria Filomena Mónica (Porto, Livraria Figueirinhas, 1999, pp. 53-59). Com o título genérico de «Forças Armadas», este texto analisa a evolução da instituição entre 1926 e 1974, período em que «as Forças Armadas mantiveram uma assinalável influência na sociedade portuguesa e reproduziram uma elite de oficiais preparada para tomar opções estratégicas»([4]). Ainda que bastante conciso, o texto permite percepcionar as principais transformações operadas nas Forças Armadas no contexto do 28 de Maio de 1926, da institucionalização do Estado Novo Salazarista, assim como no âmbito da nova conjuntura nacional e internacional dos anos 50 e da eclosão da guerra colonial.

Alguns destes temas são recuperados e desenvolvidos em «As relações entre as Forças Armadas e o Regime (1933-1950)» (texto 5) [in Joel Serrão e A. H. de Oliveira Marques (dir.) *Nova História de Portugal – Portugal e o Estado Novo (1930-1960)*, coordenação de Fernando Rosas, Lisboa, 1992, pp. 144-200]. Como ponto de partida, o autor apresenta as suas hipóteses interpretativas, lançando-nos vários reptos:

> Ao tratar das relações entre a instituição militar e o regime do Estado Novo, não se pode deixar de observar que, visto de fora, o regime salazarista dá a impressão de grande estabilidade e domínio, enquanto testemunhado por dentro dir-se-ia ameaçado amiudadas vezes.
>
> Isto que é verdade em geral torna-se particularmente relevante quando se estudam as relações entre o regime do Estado Novo e as Forças Armadas. E, se é certo terem as Forças Armadas manifestado, por variadas vezes e variadas formas, o seu desentendimento face à personalidade de Salazar, também não é menos certo que acabaram sempre por se aquietar nas soluções encontradas pelo regime político do Estado Novo no período em análise.

Para fundamentar a sua posição, José Medeiros Ferreira autonomiza alguns momentos centrais nas relações entre a instituição militar e o regime ao longo dos anos que se propõe analisar (as décadas de 1930, 1940 e 1950). O primeiro coincide com o período que medeia entre a institucionalização do Estado Novo Salazarista e o início da Segunda Guerra Mundial (1933-1939). Traduz-se num longo processo de subordinação militar ao Estado Novo que teve o seu momento central na reforma da instituição em 1937. Segundo Medeiros Ferreira, esta subordinação só pode, no entanto, «ser cabalmente entendida pela existência de uma série de insubordinações dominadas e derrotadas».

O período da Segunda Guerra Mundial (1939-1945) fixará, por seu lado, «na sua máxima intensidade», esse «entendimento tão glosado entre o regime do Estado Novo e a instituição militar», dado que a eclosão da Guerra «vai dar origem a novos desenvolvimentos nas relações entre o poder político e a instituição militar, numa linha geral de fortalecimento, mas também de subalternização, das Forças Armadas».

O terceiro momento nas relações Forças Armadas – regime é, segundo o autor, o mais determinante. É a fase que Medeiros Ferreira denomina «subordinação falhada» (1945-1961). Entre os elementos que propiciaram a mudança, o autor destaca o ambiente geral no final da Guerra e a vitória dos Aliados (propiciando o regresso da agitação aos quartéis e «ao espírito de muitos oficiais das Forças Armadas») assim como o que rodeou, já sob o impacto da NATO, as eleições presidenciais de 1958. Segundo Medeiros Ferreira, «a campanha eleitoral de Humberto Delgado não teve consequências imediatas dentro da instituição militar, embora a prazo se viesse a revelar como marco na tomada de consciência política de muitos oficiais».

As eleições de 1958 são alvo de uma análise mais pormenorizada em «As Forças Armadas no contexto das Eleições de 1958» (texto 6) [in *Humberto Delgado. As Eleições de 58*. Lisboa, Ed. Vega, 1998, pp. 227-237]. Reveste-se de particular interesse a caracterização do mandato presidencial de Craveiro Lopes (1951-1958), um dos mais estáveis períodos do regime e «um dos momentos de menor influência militar na vida política do país». Ainda que os seus efeitos só se venham a sentir a prazo, a candidatura de Humberto Delgado à Presidência da República teve um impacto inesperado. Desde logo porque a campanha presidencial de 1958 «veio pôr em relevo um factor que parecia subalternizado ou esquecido: a necessidade que o regime salazarista tinha do apoio das Forças Armadas para efeitos de ordem interna». As chefias militares agitam-se, multiplicando-se «as medidas contra a candidatura de Humberto Delgado». No entanto, Delgado «também pretenderá utilizar a instituição militar para os seus propósitos de transição política», nomeadamente com a ideia da constituição de um governo militar de transição – ideia que será recuperada por Botelho Moniz no contexto da Abrilada de 1961.

No texto em causa, merece particular destaque o facto de a crise provocada pela campanha delgadista levar Salazar a remodelar o governo, operando-se «notáveis mudanças» nas pastas relacionadas com as Forças Armadas e de Segurança. Data de então a entrada no executivo dos dois oficiais que «irão protagonizar uma singular insubordinação institucional das Forças Armadas contra o regime salazarista», em Março-Abril de 1961: Júlio Botelho Moniz e Francisco da Costa Gomes. Segundo Medeiros Ferreira, «se essas movimentações militares tivessem triunfado entre 1958 e 1961, ter-se-ia talvez poupado ao país uma guerra colonial de treze anos. Como disse Humberto Delgado nas suas Memórias, (...) durante trinta e cinco anos não conseguimos discutir nenhum problema nacional». Em suma, enfatiza novamente o autor, «embora sem resultados imediatos, a candidatura presidencial do general Humberto Delgado mexeu com as forças armadas e terá consequências insuspeitadas a prazo».

II. O movimento estudantil e a luta contra a ditadura

> «Para a minha geração, revolução não rimava com sucesso mas com resistência» (Ferreira, 2012, p. 183).

Prolongando-se numa sucessão de «ondas de choque» até 1962, a crise desencadeada pela campanha presidencial de Humberto Delgado teve, segundo Fernando Rosas, um caracter imprevisível, mas também irremediável: «o regime lograria sobreviver-lhe», mas não mais se recomporá: «nada voltaria a ser o mesmo» (Rosas, 1994, p. 523).

A entrada em cena, com grande virulência, do movimento estudantil é um dos elementos centrais que contribuem para a substancial radicalização da luta contra o regime. Como observa José Medeiros Ferreira, «A data de 24 de Março de 1962 marcou, não só uma era política colectiva nas relações entre a Universidade Portuguesa e o regime salazarista, como a consciência de toda uma geração de estudantes, mobilizados na luta contra a ditadura. Nunca mais fomos os mesmos» (Ferreira, 2012).

Os textos que abrem e encerram a segunda parte têm, assumidamente, um carácter autobiográfico. O primeiro – «Esplendor na relva» in *Ler História* n.º 62, 2012, p. 183-186 – incide sobre a experiência de José Medeiros Ferreira na crise académica de 1962. Este foi um momento central no percurso de uma geração para quem «revolução não rimava com sucesso mas com resistência». Para o regime, ele representa a perda irreversível das elites estudantis. A universidade passa a ser um foco de insatisfação e contestação.

Quanto ao texto «Exílio: a Pátria Utópica» (*Revista Camões* n.º 5, Lisboa, Instituto Camões, 1999, pp. 16-21) (texto 11) um dos seus aspectos particularmente interessantes reside no facto de nos permitir desvendar alguns pormenores da experiência de José Medeiros Ferreira. Nele, o exílio é apresentado como essa «terra em que se sonha com a pátria utópica por não ser aquela em que se vive e por não se querer aquela outra tal e qual».

A par do registo testemunhal, incluem-se ainda nesta parte outros artigos sobre a história do movimento estudantil e da sua luta contra a Ditadura.

Em «O Movimento Estudantil nos Anos Sessenta» (texto 8) (in Maria Cândida Proença (coord.) *Maio de 1968 – Movimentos estudantis em Portugal*, Lisboa, IHC – Ed. Colibri, 1999, pp. 185-195), analisa-se a génese do movimento, dando particular destaque ao período da sua maturação, isto é, aos anos de 1957 a 1962. Será a partir dessa data (1962) que, segundo Medeiros Ferreira, a celebração do Dia do Estudante passou a «constituir um momento significativo da luta estudantil contra a ditadura e a partir dos meados da década de sessenta também contra a guerra em África». Essa mesma ideia é desenvolvida em «O movimento estudantil como motor da democratização da Universidade e da liberdade em Portugal» (texto 10) (in *Ler História* n.º 62, 2012, pp. 173-178).

No texto, onde se recuperam ideias apresentadas em «O Movimento Estudantil nos Anos Sessenta», o autor analisa a celebração do dia do estudante desde finais dos anos 40; a sua importância na actividade das associações académicas; as celebrações do dia do estudante de 1961; a crise académica de 1962 e o divórcio entre a Universidade e o regime, na sequência da proibição formal do Dia do Estudante. É neste contexto que «a 26 de Março, a RIA (Reuniões Inter-Associações) declara o chamado Luto Académico, cuja expressão imediata foi a greve às aulas, greve massivamente acatada e seguida da realização de plenários da academia no Estádio Universitário».

Estabelecendo uma comparação entre a acção desenvolvida pelos estudantes e a de outros sectores oposicionistas, José Medeiros Ferreira destaca que, «nem espontânea, nem partidária, nem putschista, nem legalista», a primeira se baseava «na representatividade democrática das Associações Académicas e na estreita ligação entre os dirigentes e os estudantes nas assembleias gerais ou através da inovação trazida pelos plenários, sobretudo em Lisboa, onde as instalações da Cidade Universitária propiciavam o confluir dos alunos e dos professores para o estádio ou para a Cantina e o largo da Reitoria». Ou seja, «o movimento estudantil representou um certo tipo de acção diferente na luta contra o regime ditatorial».

Quanto aos seus desenvolvimentos, destaca o facto de com o aproximar do fim do regime as posições se terem extremado. A agitação de rua entra nas salas de aula, assim «como novas propostas de programas e de procedimentos pedagógicos». O seu balanço sobre a importância desta militância é inequívoco, salientando como

> O movimento estudantil viria a revelar inúmeros dirigentes políticos, gentes das artes e das ciências, do jornalismo e difundiu uma cultura geral democrática que marcou o período posterior ao derrube da ditadura.

Como comentará anos mais tarde, num tom pessoal, nas suas *Memórias Anotadas*, «A crise estudantil marcou-me decisivamente» (2017, p. 67).

III. A autonomia insular em questão: o caso dos Açores

> «As autonomias insulares para serem bem entendidas necessitam de um longo exercício pela história» (Ferreira, 1997, p. 116).

A História dos Açores foi, indiscutivelmente, uma linha de investigação privilegiada por José Medeiros Ferreira. Parte dos textos que produziu neste âmbito encontram-se publicados no já citado *Os Açores na Política Internacional – Elementos* (Lisboa, Tinta da China, 2011), obra centrada na questão da importância estratégica dos Açores e, em concreto, no «longo percurso histórico que explica a inserção do arquipélago no espaço euro-atlântico, desde a relevância geográfica das ilhas até ao seu aproveitamento científico, tecnológico e militar» (Ferreira, 2011, p. 12).

Os textos seleccionados para integrar o terceiro capítulo desta colectânea abordam a questão da autonomia dos Açores numa perspectiva diacrónica, analisando o seu desenvolvimento, configurações e relacionamento institucional com o poder político nacional, desde a monarquia constitucional até à consolidação democrática.

Abrimos com um artigo de síntese, publicado em 1997, sobre a «As autonomias Insulares na evolução do espaço político português» (in Luis Espinha da Silveira (coord.) *Poder Central, Poder regional, Poder Local – Uma perspectiva histórica*, Lisboa, Ed. Cosmos, 1997, pp. 113-123). Trata-se de um texto onde se analisa a questão da concepção das autonomias insulares numa perspectiva de longa duração – do séc. XIX à CEE – dando particular atenção ao debate que percorreu os anos da Revolução de 1974-1975. A perspectiva adoptada é justificada pelo autor:

> As autonomias insulares para serem bem entendidas necessitam de um longo exercício pela história, pois como notou José Mattoso «é o Poder que estabelece as fronteiras, não só as fronteiras nacionais, mas também muitas fronteiras internas, porque o poder não se exerce de maneira igual e uniforme em todo o território. Por outro lado, o espaço também impõe inúmeras condições ao seu exercício e obriga-o a estratégias de toda a ordem...([5])

Segundo Medeiros Ferreira, a concepção de autonomias insulares, que teve a sua génese em finais do século XIX, constitui uma fórmula original na história de Portugal. Tendo subjacente esta ideia, o autor analisa a evolução da percepção espacial e administrativa do arquipélago dos Açores desde a época pombalina até à sua consagração constitucional como Região Autónoma, explorando aspectos como as relações entre autonomia e região, entre o Estado e a região e entre a União Europeia e as Regiões Insulares Autónomas. Relativamente aos desenvolvimentos futuros, considera que «um dos espaços institucionais da autonomia no próximo futuro é o da União Europeia através da importância dada às regiões», vendo os Açores como «uma região insular, arquipelágica, atlântica, oceânica, autónoma e ultraperiférica» no quadro europeu. Em seu entender, as

> [...] regiões insulares autónomas encontram actualmente na União Europeia o seu melhor enquadramento, quer quanto à teoria política da descentralização derivada do princípio da subsidiariedade, quer quanto à sua autonomia financeira e ao próprio desenvolvimento económico graças aos programas comunitários e aos efeitos induzidos do princípio da coesão económica e social que a própria Constituição da República Portuguesa acolheu no seu n.º 6 do art.º 7.º como um dos objectivos da participação nacional na União Europeia.

Um ano antes publicara um artigo, também de síntese, na revista *Ler História,* sobre a relação entre a autonomia dos Açores e os diferentes regimes que vigoram em Portugal entre finais do século XIX e a institucionalização da democracia em 1976 (texto 13 – «A Autonomia dos Açores e os Regimes Políticos em Portugal» in Revista *Ler História* n.º 31, Lisboa, 1996, pp. 157-167). Nele é possível encontrar uma perspectiva sobre a longa luta pela autonomia dos Açores, dando-se particular destaque a questões como a descentralização administrativa propiciada pelo decreto de 2 de Março de 1895; o reforço dos direitos autonómicos no decurso da Primeira República (1910-1926); a hipotrofia da autonomia durante a Ditadura Militar e Salazarismo; e, finalmente, o momento da sua consagração constitucional:

> Só o novo capítulo da História de Portugal, aberto com o 25 de Abril de 1974, levou à conjugação do conceito de autonomia com o conceito de região, daí resultando a autonomia política regional, uma nova realidade no ordenamento espacial e político da comunidade portuguesa então em vias de democratização.

Segundo José Medeiros Ferreira, a consagração constitucional da autonomia era o culminar de um longo processo de luta e, sobretudo, abria novas e promissoras perspectivas de desenvolvimentos futuros:

> Os regimes autonómicos alteraram a percepção das ilhas e do arquipélago dos Açores como uma Região dotada de órgãos democráticos de governo próprio, como a Assembleia Legislativa Regional e o Governo Regional. A divisão por distritos, que fora a novidade introduzida pela monarquia constitucional, cedeu o

passo a uma organização mais densa do ponto de vista geográfico, político e cultural. A unidade arquipelágica dos Açores foi desta vez reforçada na sua identificação política pela existência de instituições democráticas e representativas. A exemplo aliás do que acontecia na nova comunidade portuguesa.

A importância do I Congresso Açoriano nessa luta é amplamente acentuada no texto 14 (Prefácio à 2.ª edição das actas do I Congresso Açoriano, Ponta Delgada, Ed. Jornal de Cultura, 1995, pp. IX-XIII). Trata-se do prefácio à reedição do livro de actas do Primeiro Congresso Açoriano que se reuniu em Lisboa, de 8 a 15 de Maio de 1938, e cuja primeira edição data de 1940. No seu texto, que tem por objectivo destacar o contributo do congresso para o conhecimento da realidade açoriana, Medeiros Ferreira não deixa de recordar o contexto particular em que ele se efectua (o ano das comemorações centenárias e um dos períodos mais duros da ditadura) e a coragem que a realização do mesmo representou. Como observa num outro escrito (texto 13), mesmo depois de implantado o Estado Novo, «a convicção de que se poderia auferir de autonomia nos Açores independentemente do tipo de regime político em Portugal permaneceu no espírito de muitos protagonistas» como o atestam os documentos do Primeiro Congresso Açoriano (Lisboa, 8 a 15 de Maio de 1938). Segundo Medeiros Ferreira, a leitura atenta do livro de actas desse congresso «permitirá sem dúvida conhecer melhor as principais linhas ideológicas, doutrinais e culturais que ocupavam os espíritos nessa época».

O período de entre guerras merece também uma particular atenção em «O Mar dos Açores nas duas Guerras Mundiais» (in *Cultura, Revista de História e Teoria das Ideias*, Lisboa, Centro de História da Cultura, vol. XI, II série, 1999, pp. 119-139) (texto 15), uma síntese dos trabalhos que publicara, entre 1981 e 1995, sobre a importância do mar dos Açores nas duas Guerras Mundiais. Segundo o autor,

> A grande diferença entre a I e a II Guerra, para além das mudanças decorrentes da passagem do poder naval para o poder aéreo, foi o facto de os EUA, de acordo com as autoridades portuguesas, terem estabelecido uma base permanente na ilha Terceira e a presença das forças norte-americanas nos Açores ter sido avultada

durante longo tempo. Durante a II Guerra Mundial, os Açores são mesmo encarados como «teatro de refúgio» para os órgãos de soberania em caso de ataque à Península e o principal esforço militar português concentra-se na defesa das ilhas.

Ainda sobre o mesmo período, José Medeiros Ferreira enfatizou o papel desempenhado por José Bruno Carreiro («José Bruno Carreiro, o Almirante Dunn, e o Presidente Wilson: O Triângulo que nunca Existiu?», in Luís Nuno Rodrigues (coord.), *Franklin Roosevelt e os Açores nas duas Guerras Mundiais*, Lisboa, Fundação Luso-Americana para o Desenvolvimento – IPRI, 2008, pp. 61-79), político autonomista, chefe de gabinete do Alto-Comissário da República nos Açores e Madeira (1918-1919) e secretário-geral do Governo Civil do Distrito Autónomo de Ponta Delgada de 1919 a 1949.

Ainda que aparentemente centrado na questão da importância internacional dos Açores, este texto (texto 16) dá conta da evolução do movimento autonomista no período de entre guerras, revelando como, nos anos 1920 (que o autor designa como os anos do «segundo movimento autonomista»), foi «condicionado mais por factores decorrentes da comunidade política portuguesa, lato senso, do que pelas circunstâncias internacionais».

No que diz respeito a José Bruno Carreiro, o estudo de Medeiros Ferreira deixa patente que, depois da Grande Guerra, ele navegará «entre a autonomia e o regionalismo, falhados os pressupostos internacionais e nacionais em que assentou a sua acção entre 1918 e 1919, nomeadamente o apoio norte-americano e uma evolução para o *self-government* nos territórios ultramarinos portugueses». Deixando claro existirem diferenças entre estes dois movimentos, José Medeiros Ferreira chama a nossa atenção para um facto: «enquanto o movimento autonomista muito padecerá com o regime da ditadura, já o sobrevivente regionalista há-de conformar-se com o espaço cultural assinalado pela evolução política do salazarismo».

Teremos de esperar pela Revolução de 25 de Abril de 1974 e, sobretudo, pela institucionalização da ordem democrática, para que se opere a consagração constitucional das Autonomias dos Açores e da Madeira. Esse é o mote para o texto «A Revolução Autonómica» (in *História dos Açores. Do descobrimento ao século* XX, vol. II, Angra do Heroísmo, Instituto de Cultura, 2008, pp. 323-357) (texto 17). Nele,

José Medeiros Ferreira analisa a importância da emergência de um novo quadro político-partidário no contexto da revolução de 1974-1975; as relações entre Revolução, Região e Autonomia; as relações entre Revolução, Independentismo e Autonomia; o contexto e as influências internacionais e a evolução política e institucional da Autonomia. Em seu entender, a «Revolução autonómica» faz parte de uma revolução espacial e política mais geral que reordenou os territórios da comunidade portuguesa, mas não só. Porque, como observa num outro escrito, «A data de 25 de Abril de 1974 marca pois o século XX e divide a sociedade em antes e depois. Será isso uma revolução? É certamente uma era» (Ferreira, 1994, p. 11).

IV. Os militares, o 25 de Abril e a transição Democrática

> «Uma história da Revolução do 25 de Abril será sem dúvida um trabalho tão sedutor quão delicado, sobretudo se escrito por quem de algum modo participou no desenrolar dos acontecimentos» (FERREIRA, 1981, p. 14).

Sobre essa revolução mais ampla, a do 25 de Abril de 1974, o legado historiográfico de José Medeiros Ferreira é incontornável. Pioneiro no estudo do processo revolucionário, com a obra *Ensaio Histórico sobre a Revolução de 25 de Abril – O Período pré-constitucional* (Lisboa, INCM-SREC da Região Autónoma dos Açores, 1983), inaugurou uma escola interpretativa que, ainda hoje, tem múltiplos seguidores. As apreciações que, em 1997, José Magone fazia a esta obra, considerando-a «o melhor relato da Revolução portuguesa» (in *Penélope*, n.º 18, 1998, pp. 161) permanecem actuais.

De acordo com essa corrente interpretativa, foi o Movimento das Forças Armadas (MFA), entendido como uma metamorfose política da instituição militar, quem pilotou «o trânsito entre o golpe de Estado de 25 de Abril e o período constitucional através de várias formas de intervenção» (Ferreira, 1983, p. 212). Se, na sua tese de doutoramento, José Medeiros Ferreira observa como «as intervenções militares na sociedade portuguesa durante o século XX tiveram, todas, características diferentes entre si» (Ferreira, 1992, p. 15), a particularidade fundamental do processo revolucionário português reside na «capacidade estratégica da instituição militar em fazer um contrato com os partidos políticos para o restabelecimento de um regime de democracia pluralista». «O pensamento estratégico da revolução», no entanto, pertenceu às Forças Armadas (Ferreira, 1983, p. 214).

O texto «Vinte e Cinco de Abril de 1974» (texto 18) [in Fernando Rosas e José Maria Brandão de Brito (coord.), *Dicionário do Estado Novo*, vol. II. Lisboa, Círculo de Leitores, 1996, pp. 1014-1016] sintetiza a sua leitura sobre os acontecimentos que conduziram ao derrube da ditadura, gravitando em torno de duas dimensões: o descontentamento militar face à guerra colonial e a génese do Movimento dos Capitães. A sua análise sobre a correlação entre estes dois elementos é particularmente original e lança pistas interessantes para os estudos que, na sua esteira, outros desenvolverão:

> Com efeito, a génese do Movimento dos Capitães é caracterizada, na sua fase conspirativa, por uma certa indiferença face à questão do tipo de regime político desde que algum, ou alguém, estivesse em condições de pôr termo à guerra. Não foi no entanto automática a relação entre o fim da guerra e o fim do regime ditatorial. Se muitos generais se deram conta do beco sem saída em que a instituição militar estava metida, só a organização do Movimento dos Capitães colocou, a partir do fim do ano de 1973, a hipótese do derrube do regime para terminar com a guerra colonial.

José Medeiros Ferreira chama ainda a nossa atenção para a necessidade de estabelecer as diferenças entre o Movimento dos Capitães e o Movimento das Forças Armadas. A fronteira, em seu entender, situa-se «entre a fase conspirativa para o derrube do governo de Marcelo Caetano (Verão de 1973-Abril de 1974)» e a constituição da Junta de Salvação Nacional na noite de 25 para 26 de Abril de 1974. Em suma, este é um texto fundamental para compreender o 25 de Abril de 1974 e as etapas evolutivas do Movimento dos Capitães, temas sobre os quais se debruçou longamente em outras das suas obras.

Estas e outras ideias encontram-se desenvolvidas em «O 25 de Abril de 1974: Uma Revolução Imperfeita» (in *Revista de História das Ideias*, vol. VII, Coimbra, Faculdade de Letras da Universidade de Coimbra, 1985, pp. 391-426) (texto 19). A justificação do título é apresentada pelo próprio, destinando-se, «pela sua ambivalência, a cobrir a falta de perspectiva histórica».

Neste artigo, Medeiros Ferreira propõe-se «colocar em evidência a grande novidade da revolução do 25 de Abril», a saber, o «papel desempenhado pela estratégia da instituição militar no derrube da ditadura, na descolonização, nas mudanças sociais e económicas, no estabelecimento do poder local e das autonomias regionais».

No que diz respeito às Forças Armadas, observa como o 25 de Abril foi «o meio provocado pela instituição militar para se atingir certos objectivos nacionais de alternativa», dado que «os objectivos fixados pelo anterior poder político» se tinham revelado «inadequados».

Ainda que não deixe de assinalar as singularidades sociais e económicas da Revolução (em que integra fenómenos como as nacionalizações ou as ocupações de casas, terras e empresas), na sua análise José Medeiros Ferreira destaca a «predominância dos fenómenos políticos e institucionais sobre outros factores explicativos dos sucessos ocorridos no período pré-constitucional». E, mais uma vez, recupera a sua tese fundadora segundo a qual foram as Forças Armadas que pilotaram «o trânsito entre o derrube da ditadura e o estabelecimento de um regime constitucional de democracia política». Ou seja, o 25 de Abril foi «uma revolução conduzida por um corpo de Estado e não por grupos sociais ou por partidos políticos com vocação insurrecional».

O texto 20 – «Os militares e a evolução política interna e externa (1974-1982)» (in J. M. Brandão de Brito (coord.), *Revolução e Democracia*, vol. 2, *O País em Revolução*. Lisboa, Notícias Editorial, 2001, pp. 11-61) – foi publicado mais de uma década depois desta «Revolução Imperfeita» e incide sobre um período cronológico mais dilatado. Recobrando a ideia de que o Movimento das Forças Armadas é «um dos instrumentos da estratégia militar entre o derrube da ditadura e a instauração do regime político constitucional», o autor analisa a tutela militar no período de institucionalização e consolidação democrática, chamando desde logo a atenção para as consequências do facto de a Revolução «ter sido desencadeada por um corpo de Estado com as características da instituição militar». Apresentando velhos e novos argumentos, reafirma a sua convicção de que «houve uma estratégia militar triunfante no trânsito entre o derrube da ditadura e a formalização de um novo regime político democrático assente em partidos».

Num outro estudo, inicialmente publicado, em finais de 1988, em Espanha, pela *Revista de Estudios Politicos*, o papel das Forças Armadas no processo de democratização é apresentado por José Medeiros Ferreira com grande clareza, ao afirmar que «quem definiu os termos das relações entre o poder politico e a instituição militar», entre 1974 e a revisão constitucional de 1982, foi a «própria instituição militar» («Um Corpo Perante o Estado: Militares e Instituições Políticas» in Mário Baptista Coelho (coord.), *Portugal. O Sistema Político Constitucional 1974--1987*, Lisboa, Instituto de Ciências Sociais, Universidade de Lisboa, 1989, pp. 427-451) (texto 21).

Destacando a importância fundamental da *Segunda Plataforma de Acordo Constitucional entre o Movimento das Forças Armadas e os partidos políticos* (II Pacto MFA-Partidos), de Fevereiro de 1976, a parte inicial deste texto é dedicada à análise das relações entre o poder político e a instituição militar no período de consolidação democrática. Nela, o Presidente da República Ramalho Eanes é retratado como a «trave mestra da estratégia da instituição militar nas suas relações com o regime democrático». Passa também em revista as funções e poderes do Chefe de Estado Maior General das Forças Armadas (CEMGFA); as funções políticas do Conselho da Revolução (CR); o ensino militar superior e as relações entre intelectuais e as Forças Armadas; o papel do Ministério da Defesa, dos ministros militares aos ministros civis; assim como os debates sobre questões militares no âmbito da Assembleia da República.

A segunda parte do texto é consagrada à revisão constitucional de 1982 e às suas incidências nas relações entre o poder político e a instituição militar. Nela se analisa não apenas o processo constituinte («do Pacto MFA-Partidos ao Pacto interpartidário CDS-PSD-PS») como também o posicionamento dos militares perante a revisão constitucional e a Lei da Defesa Nacional. Chamando a atenção para o facto de o papel da instituição militar na nova era marcada pelo 25 de Abril ter de «ser estudado tendo em conta os factores de continuidade e de ruptura introduzidos nas Forças Armadas pelo derrube da ditadura, pela descolonização e pela implantação em Portugal de um regime de democracia política», Medeiros Ferreira deixa também uma mensagem prospectiva, alertando para o facto de o problema militar português só ficar resolvido «quando às Forças Armadas forem atribuídas missões, nacionais ou internacionais de prestígio assegurado, que lhes fixe uma nova natureza, alterada irreversivelmente com o 25 de Abril de 1974, mas ainda não preenchida ou revelada».

Tal como havia feito noutros estudos sobre a revolução portuguesa e a consolidação democrática, nesse mesmo texto, José Medeiros Ferreira enfatizou a ideia de que, entre 1974 e 1982, se travou em Portugal «uma formidável luta institucional» (Ferreira, 2001). É a essa luta que dedica também, de forma bastante mais desenvolvida, o seu *Portugal em Transe*, o 8.º volume da *História de Portugal* dirigida por José Mattoso (Lisboa, Círculo de Leitores, 1994). Tratando-se de uma das obras de maior relevo da sua extensa produção historiográfica, encerramos a quarta parte com um excerto da sua introdução (texto 22). A passagem seleccionada incide sobre uma reflexão do autor acerca do conceito de revolução e da sua aplicação às transformações que se operaram em Portugal nos anos 70 e 80 do século passado.

V. O fim do império e a descolonização

> «Raramente a metrópole foi tão egocêntrica como durante o processo de descolonização» (Ferreira, 2000, p. 363).

De acordo com José Medeiros Ferreira, a questão africana encontrava-se «no centro dos problemas nacionais a serem resolvidos e que estivera certamente na origem da sublevação das Forças Armadas» (Ferreira, 2000). No entanto, é indiscutível que, na sua obra, ela não tenha a mesma recorrência e relevância que a conferida às relações entre as Forças Armadas e o poder político nos diferentes momentos do século XX português ou mesmo às autonomias insulares e aos «temas açorianos». Apesar de esta não ter sido uma das suas linhas de investigação prioritárias, Medeiros Ferreira deixou-nos reflexões de particular interesse sobre a temática, nomeadamente no longo capítulo que integra o seu *Portugal em Transe* sob o título «A Descolonização: seu processo e consequências» (Ferreira, 1993, pp. 53-101).

O texto que reproduzimos nesta colectânea («Após o 25 de Abril» in José Tengarrinha (org.), *História de Portugal*. S. Paulo, Editora EDUSC e UNESP, 2000, pp. 339-368) (texto 24) resulta de uma síntese desse estudo. Trata-se de um trabalho de vulto, em que se cruza a narrativa e a interpretação, onde é possível percepcionar uma visão muito própria e original do processo e das suas consequências.

Depois de uma introdução geral, em que apresenta a questão e discorre sobre o papel do MFA nas negociações com os movimentos de libertação africanos, procede a uma análise pormenorizada dos processos desencadeados tendo em vista a descolonização da Guiné-Bissau, Cabo Verde, Moçambique e Angola. Os acontecimentos relativos a Macau, Índia e Timor são superficialmente aflorados ainda que, noutros contextos, se tenha dedicado à análise da questão da manutenção da soberania portuguesa em Timor durante a vigência do regime do Estado Novo (cf. texto 25) e à integração do Estado Português da Índia na União Indiana (cf. texto 26)

A par destes estudos de caso, território a território, José Medeiros Ferreira, examina o posicionamento da comunidade internacional perante a questão, mas também as consequências políticas dos processos de descolonização dando conta de como «a cooperação, depois da independência das colónias», foi «uma novidade como vertente das acções externas do Estado português».

Rompendo com a ideia que, progressivamente, foi ganhando espaço no imaginário colectivo, de que a Revolução portuguesa foi determinantemente marcada pela descolonização, José Medeiros Ferreira defende que o assunto apenas «domina a cena política portuguesa até os primeiros meses de 1975». Em seu entender, a partir da cimeira do Alvor (Janeiro de 1975), opera-se uma mudança e os acontecimentos passam a ter uma «forte componente» portuguesa e europeia. A constatação, cheia de ironia, de que «raramente a metrópole foi tão egocêntrica como durante o processo de descolonização», não o impede de chamar a atenção para o amplo, durável e variado impacto do processo na sociedade portuguesa.

Incluímos ainda, nesta parte da obra, o estudo «Kemal Atatürk: Um Nacionalista Anti-Tradicional Visto de Portugal» (texto 23) (in AA.VV., *Estudos de História de Portugal. Homenagem a. H. de Oliveira Marques*. Lisboa, Ed. Estampa, 1983, pp. 515-522) que, como referimos, resulta da sua participação numa Conferência Internacional sobre o ditador turco, organizada pela Universidade do Bósforo, em Novembro de 1981.

Curioso e atento observador de experiências políticas originais de pendor reformista, José Medeiros Ferreira nutria manifesto interesse pela figura e obra de Atatürk, um ditador moderno que põe fim ao Império Otomano, rompe com as ingerências estrangeiras e desencadeia um amplo plano de reformas que alteram radicalmente o rosto da Turquia.

Mustapha Kemal edificou o novo Estado turco recorrendo a técnicas e a valores inovadores, «fazendo surgir um nacionalismo antitradicionalista, erguendo a Nação contra o Império, o Estado contra o Califado, o Código Civil contra o Corão». Medeiros Ferreira chama a atenção para o facto de, algo inesperadamente, Atatürk ter despertado muito interesse entre a intelectualidade portuguesa, antes e depois do 25 de Abril de 1974. Assinala também os paralelismos entre a história dos dois países porque,

> com efeito, entre 1926 e 1974, Portugal viveu sob uma ditadura nacionalista e imperial que procurou na Europa exemplos e analogias. Depois do 25 de Abril de 1974, como consequência da revolução democrática. Portugal descolonizou e fez coincidir o Estado com a Nação, a exemplo da Turquia de Kemal Atatürk depois da Primeira Guerra Mundial e de novo a este se faz referências.

Em suma, conclui, muitos dos problemas com que Portugal se debatia em 1974 tinham semelhanças «com os da Turquia do tempo de Atatürk»:

> acabar com um império, concentrar o Estado na Nação, valorizar o exíguo território de um dos países mais pobres da Europa através de uma política de equipamento industrial e agrícola e da necessidade de um desenvolvimento social e económico acelerado.

E, neste contexto, lança ao leitor um repto final, cheio de significado: «quem não vê no pedido de adesão de Portugal à CEE o mesmo objectivo de europeizar um país orientado durante demasiado tempo para o seu império?»

VI. Pensamento crítico: figuras e instituições

> «Há pessoas que se cruzam connosco antes de as conhecermos» (Ferreira, 2008, p. 210).

Escrito a propósito de Sacuntala de Miranda, este pensamento de José Medeiros Ferreira constitui um excelente mote para a sexta parte desta colectânea. Intitulada «Pensamento crítico – figuras e instituições», reúne quatro textos que, aparentemente, não têm qualquer ligação entre si.

O primeiro, a que já fizemos alusão, foi pensado para o dossier de homenagem à historiadora açoriana, organizado pela revista *Ler História* no ano da sua morte([6]). Nele, José Medeiros Ferreira reflecte sobre a vida e obra de Sacuntala de Miranda (1934-2008), desvendando a activista antifascista, a oposicionista inconformada, a académica, mas também as circunstâncias que fizeram que em muitos momentos se cruzassem. Da amiga, companheira de luta política e de lides académicas, recorda uma rara «capacidade de caminhar sozinha pela vida» que a acompanha «persistentemente». E, sobretudo, que «Era um espírito verdadeiramente livre».

Independência, espírito crítico e liberdade são também palavras a que recorre quando apresenta Óscar Mascarenhas. Convidado a prefaciar o livro que resultou do seu trabalho final na pós-graduação em Jornalismo no ISCTE/Escola Superior de Comunicação Social, José Medeiros Ferreira refere-se-lhe como «um dos maiores jornalistas portugueses desde que há entre nós liberdade de imprensa», elogiando o «filósofo que não se curva perante nada ou ninguém, nem sequer perante a imagem que faz de si próprio».

Este prefácio ao livro *O poder corporativo contra a informação. [seguido de] Saídas pela ética e pelos «imedia»* (texto 28) é o ponto de partida para uma reflexão sobre o papel dos jornalistas e o poder da comunicação social nas sociedades democráticas contemporâneas, que José Medeiros Ferreira já havia desenvolvido noutros contextos. Veja-se, por exemplo, a análise que a este respeito apresenta num outro texto desta colectânea (cf. texto 14) ao analisar as mudanças que se operaram em Portugal na sequência do derrube da Ditadura:

> A grande revolução em Portugal, depois do 25 de Abril, foi de ordem espacial e de ordem cultural. [...]
>
> Do ponto de vista do tipo social dominante, sintetizei assim o período estudado: uma república de revolucionários entre 1974-75; uma república de políticos entre 1976-82; uma república de empresários entre 1982-91; uma república de financeiros e jornalistas desde então.

Esta ideia é recuperada ao analisar a obra de Óscar Mascarenhas, quando constata como os jornalistas e a comunicação social «ocupam nos nossos dias o espaço outrora dedicado aos sacerdotes e às igrejas dominantes». Por isso, conclui, o estudo de Mascarenhas é uma peça central para o aprofundamento da liberdade de imprensa em Portugal, ao apelar «à leitura crítica das notícias publicadas e das informações oferecidas sem réplica».

Cumpre assinalar que o contributo do estudo de Óscar Mascarenhas para o conhecimento do pensamento político e do percurso de José Medeiros Ferreira transcende o âmbito deste prefácio.

O papel fundamental de José Medeiros Ferreira, enquanto ministro dos Negócios Estrangeiros do I Governo Constitucional e na apresentação do pedido de adesão de Portugal à então designada Comunidade Económica Europeia, encontra-se amplamente estudado. No entanto, bem diferente é o cenário no que diz respeito à sua acção enquanto deputado constituinte.

Com *O Poder Corporativo contra a Informação*, Óscar Mascarenhas propunha-se demonstrar como «os bunkers profissionais ou sociais podem ser sufocantes da liberdade e castradores da cidadania. E ainda mais se os bunkers são couraçados de unanimidade corporativa». Para tal, socorre-se de dois estudos de caso, um dos quais tem José Medeiros Ferreira como protagonista central. Em causa, no que o autor designou como «Caso Medeiros Ferreira», está uma intervenção do então deputado constituinte, no decurso do debate do regimento da Assembleia, a 17 de Junho de 1975. Escalpelizando «com pinças e bisturis» o episódio, Óscar Mascarenhas conclui que os jornalistas se esconjuraram «para silenciar e, de caminho, tentar humilhar o deputado José Medeiros Ferreira, só porque ele teve a ousadia de criticar "os" jornalistas». Para além de demonstrar o «poder corporativo dos profissionais da imprensa», o livro de Óscar Mascarenhas permite-nos conhecer melhor a figura de José Medeiros Ferreira e o seu papel naquela que é, ainda hoje, a grande esquecida da História da Revolução Portuguesa: a Constituinte.

O terceiro texto (texto 29) inserido nesta parte foi escrito para um livro de homenagem a Manuel Villaverde Cabral publicado em 2013 pela Imprensa de Ciências Sociais. A pertinência do tema escolhido – a universidade como instituição e espaço de estímulo e treino do pensamento crítico – é justificado pelo autor:

> Manuel Villaverde Cabral distinguiu-se sempre pelo seu pensamento crítico, dentro e fora da Universidade. Foi um precursor e um elemento activo da internacionalização da Universidade portuguesa, nomeadamente da Universidade de Lisboa. Curiosamente recebeu esse impulso fora de Portugal quando esteve exilado e inaugurou os seus estudos universitários sobre a sociedade portuguesa. A sua opção pela Universidade foi também uma opção pela liberdade.

Contrariando o optimismo que nos habituámos a atribuir-lhe, este texto é percorrido por um sentimento de desencanto, senão mesmo de cepticismo. O próprio título assim o atesta: A universidade e a crise do pensamento crítico». Em causa o impacto sobre a Universidade de dois fenómenos que, a diferentes níveis, dominaram o início do novo milénio. Desde logo a crise, que José Medeiros Ferreira designa como «uma crise para-mundial que começou por ser financeira, económica e social, mas que hoje é sobretudo uma crise de ideias e uma crise do pensamento alternativo.

Depois, o processo de Bolonha que, a seu ver, teve também um impacto avassalador.

Desencadeado «depois da liberalização dos países de Leste e nas vésperas do grande alargamento da UE», o processo de Bolonha inseriu-se, segundo Medeiros Ferreira,

> num contexto de competitividade internacional que reduziu a importância do pensamento crítico, criou obstáculos, talvez involuntários, à diversidade e à autonomia, tendo servido de pretexto a muitas políticas centralizadoras e uniformizadoras, tendendo-se a criar um modelo paradigmático de Universidade.

No seu testemunho em *Pátria Utópica,* José Medeiros Ferreira recorda como a carreira universitária foi, para si, desde cedo, uma ambição: queria «ser professor universitário para ser livre e autónomo». E insiste: «Repito que, para mim, ser professor universitário foi sobretudo ser livre» (Ferreira, 2011, p. 274-275). Orgulhava-se da sua experiência na Universidade, acentuando o facto de ter frequentado «demoradamente» três universidades. Orgulhava-se também, como muitas vezes o referiu, da já mencionada experiência-piloto desenvolvida com os cursos/seminários sobre História das Relações Internacionais que orientou no início dos anos 80 (1981-1983) antes da existência dos mestrados em História Contemporânea na Universidade Nova de Lisboa. Lamentava, no entanto, o crescente número de alunos e tarefas burocráticas que lhe eram atribuídas e que afectavam a produtividade pretendida nas outras dimensões da actividade docente, nomeadamente no que diz respeito à investigação.

Escrito em «tempos difíceis», entre «a sombra e a luz, entre as certezas dogmáticas do pensamento unidimensional e a necessidade de procurar mais além», o texto «A universidade e a crise do pensamento crítico» apresenta uma reflexão profunda sobre a missão da universidade na inovação e no desenvolvimento do pensamento crítico.

Finalmente, seleccionámos dois excertos do capítulo que, sob o título «A Instituição», José Medeiros Ferreira escreveu para a obra *Fundação Calouste Gulbenkian – Cinquenta Anos (1956-2006)* (vol. 1. Lisboa, Fundação Calouste Gulbenkian, 2007, pp. 68-163) (texto 30), destacando a parte em que analisa as relações entre a Instituição e o poder político antes da revolução do 25 de Abril de 1974 e apresenta o «caso Béjart», um sinal da crescente tensão entre a Fundação e as autoridades salazaristas.

VII. A escrita da história: história, memória e identidade nacional

> «não é só o futuro que é incerto. O Passado também o é» (Ferreira, 1994, p. 99).

Abrimos a sétima parte desta colectânea com um texto que resulta de uma conferência proferida no âmbito do Seminário «Identidade, Mudança e Criatividade – a liderança do futuro», promovido pela Academia Militar em Maio de 1993 («A História como saber do Futuro: Os Corpos de Estado e a Mudança», in *Finisterra* n.º 15, Lisboa, 1994, pp. 99-111) (texto 31). O facto de se tratar de uma intervenção dirigida a cadetes das academias militares e alunos universitários leva Medeiros Ferreira ao que designa por «imperativo moral e intelectual» de «analisar melhor o caso da identidade nacional na sua relação com a história e com as instituições derivadas dos corpos de Estado, nomeadamente a instituição militar». A longa reflexão que, neste contexto, desenvolve, sobre a história e as leituras do passado, leva-o a concluir que «não é só o futuro que é incerto. O Passado também o é».

De facto, analisando numa perspectiva de longa duração, as relações entre as Forças Armadas e os diferentes regimes políticos que marcaram o século XX português, José Medeiros Ferreira observa como o comportamento da instituição militar está longe de ser homogéneo, sendo possível constatar a «existência de comportamentos diferentes da instituição militar face ao mesmo regime».

Esta comprovação, possível graças ao seu amplo domínio da temática, leva-o a concluir que «há vários passados portugueses» e «várias instituições militares em Portugal». E terão sido «os aspectos que nos diferentes presentes se retiveram dessas histórias» que «ajudaram a formar as diversas identidades conforme as exigências e os desafios imediatos».

A ideia desses «vários passados» é também demonstrada pelo autor através da recuperação de alguns mitos da história nacional, dando particular relevo à dimensão ultramarina do imaginário nacional em diferentes épocas. Esta reflexão sobre a importância da História e do conhecimento do passado leva-o a concluir que «a identidade de uma nação ou de uma comunidade é uma consolidação de um presente e a ideia de um destino futuro que se quer viver em conjunto». O passado pode oferecer-nos «variados modos da sua existência», pode ler-se «o passado de várias maneiras». Por isso, a História, cujo papel fundamental é «dar-nos as várias leituras desse passado múltiplo», revela-se mais importante do que nunca, nomeadamente no momento de crise, transição ou ruptura. Segundo Medeiros Ferreira, a História é indispensável porque

> só uma profunda e sólida cultura histórica permite conhecer o que há de comum e de original nas presentes circunstâncias. Sobretudo é indispensável para o estudo das instituições que por definição são organizações que persistem no tempo ansiando por se reconhecerem no passado para saberem continuar no futuro. É ainda indispensável para treinar os espíritos e as convicções na certeza das suas verdades mas também na arte do relativo, do repetitivo e do efémero.

Mas, apesar de necessário, o conhecimento histórico é também estéril, porque «raramente o passado nos fornece os meios e as soluções para as crises e os problemas do presente». O conhecimento histórico pode, no máximo, «fornecer analogias» ou «treinar pela análise das suas diferentes perspectivas aquela criatividade tão necessária à liderança do futuro». No entanto, «o recurso constante às analogias com o passado não deixa de ser um elemento redutor e empobrecedor para o entendimento cultural e prospectivo dos fenómenos».

Num escrito anterior, datado de 1981, José Medeiros Ferreira reflectira já sobre as designadas «lições da história» e as funções do historiador e da História, afirmando não acreditar «em determinismos organicistas ou historicistas»:

> não creio em determinismos organicistas ou historicistas, antes atribuo largo espaço à importância da contingência no devir dos acontecimentos. Encontro-me hoje já bastante empirista, a História parece-me mais desencontrada e a evolução das sociedades menos contínua. É indiscutível, no entanto, existirem certas componentes básicas num regime político que permitem avaliar as suas potencialidades e limites assim como prever muitas eventualidades. E os políticos também se distinguem pela capacidade de previsão. Prever e optar são mesmo os dois actos, cognitivo um e volutivo o outro, que conjugados, caracterizam os homens políticos (Ferreira, 1981, p. 11-12).

Sobre a questão das leituras do passado, o ofício do historiador, a importância da História e o lugar da memória, José Medeiros desenvolveu muitas outras reflexões. Para integrar esta obra seleccionámos três textos que têm em comum o facto de incidirem sobre história do 25 de Abril e da Revolução de 1974-1975: «Uma luta de legitimidades» (in Mário Mesquita – José Rebelo, *O 25 de Abril nos Media Internacionais*. Lisboa, Edições Afrontamento, 1994, pp. 265-268) (texto 32); o prefácio ao livro de Max Wery, *E Assim Murcharam os Cravos*. Lisboa, Ed. Fragmentos, 1994, pp. 5-7 (texto 33); e o prefácio ao livro de José M. Barroso, *Segredos de Abril*. Lisboa, Ed. Notícias, 1995, pp. 9-12 (texto 34).

Do primeiro destacamos as considerações de José Medeiros Ferreira sobre as interpretações conflituais e lutas de legitimidades em torno ao 25 de Abril:

Há, em Portugal, políticos que não querem que a democracia pluralista se filie na rotura do 25 de Abril e preferem acentuar uma legitimidade posterior. Essa legitimidade que, obviamente, também existe, assenta nos sucessivos processos eleitorais e nas revisões constitucionais. Há, portanto, uma luta de legitimidades, razão pela qual eu volto a colocar a questão inicial: não sei se o 25 de Abril de 1974 foi a última revolução da série inaugurada com a queda das ditaduras fascistas e nazis na Segunda Guerra Mundial, ou se é a primeira de uma nova série que ainda não acabou e se alastrou aos países do Leste Europeu.

Resultando de uma intervenção no âmbito do colóquio *O 25 de Abril revisitado pelos media internacionais*, neste texto o autor coloca também em evidência o diferente olhar que, necessariamente, historiadores e jornalistas lançam sobre esse momento de ruptura. Porque o historiador, «reflectindo a posteriori, tem, por isso, uma incomensurável vantagem em relação ao jornalista, que relata os acontecimentos quase no instante em que os viveu».

Esta posição não o impede de observar quão importantes são os relatos e trabalhos jornalísticos sobre temas históricos. Veja-se, a este respeito, as suas palavras de apresentação a *Segredos de Abril*, uma obra que, em seu entender, traduz «uma memória do perdurável sobre o efémero». O livro em causa reúne os artigos publicados pelo jornalista José Manuel Barroso, no *Diário de Notícias*, no decurso das celebrações do vigésimo aniversário do 25 de Abril (em Abril e Maio de 1994). Destacando a qualidade e a importância da obra e do seu autor, este prefácio afigura-lhe como o terreno ideal para reflectir sobre a bibliografia, as fontes e a História do 25 de Abril e da revolução portuguesa. Deixando patentes a proximidade, mas também a distância, entre o ofício do jornalista e o do historiador, José Medeiros Ferreira revela-se particularmente crítico em relação à utilização de testemunhos que desejam manter o anonimato. Em seu entender,

> Estas últimas «entrevistas confidenciais», se levantam as maiores dificuldades críticas aos historiadores, inserem-se, naturalmente, na reserva das fontes de informação própria à investigação jornalística. Eu não as utilizaria como fonte histórica, mas li com o maior interesse as passagens publicadas no Diário de Notícias.

Cumpre, no entanto, dissipar qualquer equívoco que se possa gerar no que diz respeito ao posicionamento de José Medeiros Ferreira relativamente à História Oral de que foi, aliás, um precursor. Como observa no seu *Código Genético* (1981) «o processo da entrevista oral é, ao mesmo tempo, enriquecedor e perigoso em termos de ciência histórica»:

> Com efeito, o valor da entrevista oral impõe a existência e o aperfeiçoamento de um aparelho crítico adequado, não só sobre a validade dos testemunhos orais recolhidos como sobre os processos da sua conservação. A história da contemporaneidade terá de desenvolver esse aparelho crítico, sem o qual se assistirá ao desperdício da utilização de técnicas que caracterizam a época em que vivemos, nomeadamente as técnicas audiovisuais.

Preocupado com a preservação mas também com a criação de fontes historiográficas, José Medeiros Ferreira empenhou-se em «multiplicar os testemunhos e promover o aparecimento de relatos de acontecimentos pouco conhecidos ou explorados». Segundo Medeiros Ferreira, a história oral era um «auxiliar» fundamental da história dita tradicional. Escrevendo em 1981 observa que,

> É possível que, mais tarde, a entrevista oral se venha a revelar como extremamente fecunda e apropriada fonte documental para a história do 25 de Abril. Neste momento ela é subsidiária, introduzindo elementos subjectivos, tantas vezes assumidos como tais pelos entrevistadores.

O mesmo se pode observar no que diz respeito à importância das memórias como fonte histórica. Veja-se, a título de exemplo, as considerações que tece no prefácio ao livro de memórias de Max Wery, embaixador belga em Lisboa entre 1972 e 1977. Segundo Medeiros Ferreira trata-se de um retrato «raro», «um dos mais objectivos que se conhecem», sobre o «Portugal marcelista», o «Portugal revolucionário» e o «Portugal constitucional». Em suma, um contributo inestimável «aos portugueses ainda hoje perturbados com subjectivismos vários sobre a história recente», permitindo lançar uma nova luz sobre esse país em transição.

Para encerrar esta parte escolhemos um texto que resulta da intervenção de José Medeiros Ferreira nas «Conferências de Matosinhos» em Março de 1995 (texto 35). Na linha do que fizera, dois anos antes, no Instituto de Defesa Nacional (IDN), no âmbito do Seminário Identidade, Mudança e Criatividade – a liderança do futuro, o autor desenvolve uma longa reflexão sobre a história de Portugal e a identidade nacional, com a marca de originalidade que gostava de imprimir às suas intervenções públicas. Esta reflexão resulta não apenas dos trabalhos que então tinha em curso no âmbito académico, mas também das suas «preocupações sobre a necessária revolução nas mentalidades para as actuais e futuras gerações de portugueses poderem enfrentar, mais apetrechados, os desafios do futuro».

Ao contrário do que fizera no Instituto da Defesa Nacional (IDN), onde dedicara particular atenção à questão do papel e ao comportamento militar, neste texto explora outras temáticas como, por exemplo, os mitos em torno da participação de Portugal na Primeira Guerra Mundial. Na sua leitura do processo, resultante da análise pormenorizada da documentação da época, ressalta a ideia de que, para além da defesa das colónias, foram «prosseguidos outros objectivos muito mais contemporâneos», nomeadamente no que diz respeito à defesa dos interesses económicos e comerciais do país e à sua posição no cenário internacional. «A força dos mitos nas histórias ultrapassa mesmo a vontade dos próprios historiadores».

Finalmente, reflectindo sobre o papel da história e do historiador nas sociedades contemporâneas observa como «acentuar os aspectos europeus da História de Portugal» corresponde «à necessidade de um outro entendimento do nosso passado, que nem sempre foi como nos contaram». Porque, acrescenta, «a emergência da figura do historiador como intelectual do fim do século na Europa não deixa de remeter para o próprio tipo de história que se escreveu e que se escreve».

Bibliografia

Barreto, António *et al.* (2011), *Pátria Utópica. O Grupo de Genebra Revisitado*. Lisboa, Bizâncio.

Bonifácio, Maria de Fátima (1999), *Apologia da História Política. Estudos sobre o século XIX português*. Lisboa, Quetzal Editores.

Braudel, Fernand (1966), *Écrits sur l'histoire*. Paris, Flamarion.

Ferreira, José Medeiros (1974), «Da necessidade de um plano para a nação», in *III Congresso da Oposição Democrática. Teses. Situação e Perspectiva Política no Plano Nacional e Internacional*. Lisboa, Ed. Seara Nova, pp. 12-22.

Ferreira, José Medeiros (1981), *Do Código Genético no Estado Democrático*. Lisboa, Contexto.

Ferreira, José Medeiros (1983), «Kemal Atatürk: Um Nacionalista Anti--Tradicional Visto de Portugal», in AA.VV., *Estudos de História de Portugal. Homenagem a A. H. de Oliveira Marques*. Lisboa, Ed. Estampa, pp. 515-522.

Ferreira, José Medeiros (1983), *Ensaio Histórico sobre a Revolução de 25 de Abril*. Lisboa, Imprensa Nacional – Casa da Moeda.

Ferreira, José Medeiros (1984), «Mudanças de Regime Político e Forças Armadas em Portugal: O Trânsito da Monarquia para a República», in *Nova História* n.º 2, Dezembro de 1984, pp. 3-13.

Ferreira, José Medeiros (1985), «O 25 de Abril de 1974: Uma Revolução Imperfeita», in *Revista de História das Ideias*, vol. VII. Coimbra, Faculdade de Letras da Universidade de Coimbra, pp. 391-426.

Ferreira, José Medeiros (1989), «Um Corpo Perante o Estado: Militares e Instituições Políticas», in Mário Baptista Coelho (coord.) *Portugal. O Sistema Político Constitucional 1974-1987*. Lisboa, Instituto de Ciências Sociais, Universidade de Lisboa, pp. 427-451.

Ferreira, José Medeiros (1992), «As relações entre as Forças Armadas e o Regime (1933-1950)», in Joel Serrão e A. H. de Oliveira Marques (dir.) *Nova História de Portugal*, vol. 12 *Portugal e o Estado Novo* (1930-1960), coordenação de Fernando Rosas. Lisboa, pp. 144-200.

Ferreira, José Medeiros (1992), *O Comportamento Político dos Militares – Forças Armadas e Regimes Políticos em Portugal durante o Século* XX. Lisboa, Ed. Estampa.

Ferreira, José Medeiros (1993), *Portugal em Transe* in José Mattoso (dir.), *História de Portugal*, vol. VIII. Lisboa, Círculo de Leitores.

Ferreira, José Medeiros (1994) «A História como saber do Futuro: os Corpos de Estado e a Mudança», in *Finisterra*, n.º 15, Lisboa, pp. 99-111.

Ferreira, José Medeiros (1994), «Uma luta de legitimidades», in Mário Mesquita e José Rebelo (org.), *O 25 de Abril nos Media Internacionais*. Lisboa, Edições Afrontamento, pp. 265-268.

Ferreira, José Medeiros (1994), «Prefácio», in Max Wery, *E Assim Murcharam os Cravos*. Lisboa, Ed. Fragmentos.

Ferreira, José Medeiros (1995), «História e Liberdade no Portugal Democrático», in *Conferências de Matosinhos*, vol. II. Matosinhos. Câmara Municipal, pp. 181-218.

Ferreira, José Medeiros (1995), «Prefácio à 2ª edição», in *Actas do I Congresso Açoriano*. Ponta Delgada, Ed. Jornal de Cultura, pp. IX-XIII.

FERREIRA, José Medeiros (1995), «Prefácio», in José M. Barroso, *Segredos de Abril*. Lisboa, Ed. Notícias.

FERREIRA, José Medeiros (1996), «A Autonomia dos Açores e os Regimes Políticos em Portugal», in *Ler História* n.º 31, pp. 157-167.

FERREIRA, José Medeiros (1996), «Índia – A questão de Goa», in Fernando Rosas e José Maria Brandão de Brito (coord.), *Dicionário do Estado Novo*, vol. I. Lisboa, Círculo de Leitores, pp. 457-460.

FERREIRA, José Medeiros (1996), «Timor», in Fernando Rosas e José Maria Brandão de Brito (coord.), *Dicionário do Estado Novo*, vol. II. Lisboa, Círculo de Leitores, pp. 974-976.

FERREIRA, José Medeiros (1996) «Vinte e Cinco de Abril de 1974», in Fernando Rosas e José Maria Brandão de Brito (coord.), *Dicionário do Estado Novo*, vol. II. Lisboa, Círculo de Leitores, pp. 1014-1016.

FERREIRA, José Medeiros (1997), «As autonomias insulares na evolução do espaço político português», in Luis Espinha da Silveira (coord.), *Poder Central, Poder Regional, Poder Local – Uma perspectiva histórica*. Lisboa, Ed. Cosmos, pp. 113-123.

FERREIRA, José Medeiros (1998), «As Forças Armadas no contexto das Eleições de 1958», in *Humberto Delgado. As Eleições de 58*. Lisboa, Edições Vega, pp. 227-237.

FERREIRA, José Medeiros (1999), «Dia do Estudante», in António Barreto e Maria Filomena Mónica (coord.), *Dicionário de História de Portugal*, vol. 7. Porto, Livraria Figueirinhas, pp. 520-522.

FERREIRA, José Medeiros (1999), «Exílio: a Pátria Utópica», in *Revista Camões* n.º 5, Lisboa, Instituto Camões, pp. 16-21.

FERREIRA, José Medeiros (1999), «Forças Armadas», in António Barreto e Maria Filomena Mónica (coord.), *Dicionário de História de Portugal*, vol. VIIII. Porto, Livraria Figueirinhas, pp. 53-59.

FERREIRA, José Medeiros (1999), «O Mar dos Açores nas duas Guerras Mundiais», in *Cultura, Revista de História e Teoria das Ideias*. Lisboa, Centro de História da Cultura, vol. XI, II série, pp. 119-139.

FERREIRA, José Medeiros (1999), «O Movimento Estudantil nos Anos Sessenta», in Maria Cândida Proença (coord.) *Maio de 1968 – Movimentos estudantis em Portugal*. Lisboa, IHC – Ed. Colibri, pp. 185-195.

FERREIRA, José Medeiros (2000), «Após o 25 de Abril», in José Tengarrinha (dir.) *História de Portugal*. S. Paulo, Editora EDUSC – UNESP, pp. 339-368.

FERREIRA, José Medeiros (2001), «Os militares e a evolução política interna e externa (1974-1982)», in J. J. Brandão de Brito (coord.), *Revolução e Democracia*, vol. II, *O País em Revolução*. Lisboa, Notícias Ed., pp. 11-61.

FERREIRA, José Medeiros (2007), «A Instituição», in António Barreto (coord.), *Fundação Calouste Gulbenkian. Cinquenta Anos (1956-2006)*. Lisboa, Fundação Calouste Gulbenkian, pp. 68-163.

FERREIRA, José Medeiros (2008), «José Bruno Carreiro, «O Almirante Dunn, e o Presidente Wilson: o triângulo que nunca existiu?», in Luís Nuno Rodrigues (coord.), *Franklin Roosevelt e os Açores nas duas Guerras Mundiais*. Lisboa, Fundação Luso-americana para o Desenvolvimento – IPRI, pp. 61-79.

FERREIRA, José Medeiros (2008), «A Revolução Autonómica», in *História dos Açores. Do Descobrimento ao Século* XX, vol. II. Angra do Heroísmo, Instituto de Cultura, pp. 323-357.

FERREIRA, José Medeiros (2008), «Um espírito livre», in *Ler História*, 54, p. 210-212.

FERREIRA, José Medeiros (2011), *Os Açores na Política Internacional – Elementos*. Lisboa, Tinta da China.

FERREIRA, José Medeiros (2012), «Esplendor na relva», in *Ler História* n.º 62, pp. 183-186.

FERREIRA, José Medeiros (2012), «O movimento estudantil como motor da democratização da Universidade e da liberdade em Portugal», in *Ler História* n.º 62, pp. 173-178.

FERREIRA, José Medeiros (2013), «A universidade e a crise do pensamento crítico», in Filipe Carreira da Silva; Pedro Alcântara da Silva (org.), *Ciências Sociais: Vocação e Profissão. Homenagem a Manuel Villaverde Cabral*. Lisboa, Instituto de Ciências Sociais, pp. 241-250.

FERREIRA, José Medeiros (2017), *Memórias Anotadas*. Lisboa, Temas e Debates / Circulo dos Leitores.

HOBSBAWM, Eric (2013), *Fractured Times*. Londres, Little.

MAGONE, José (1997) «A integração europeia e a construção da democracia portuguesa», in *Penélope: revista de história e ciências sociais*, n.º 18, pp. 123-163.

MASCARENHAS, Óscar (2011), *O Poder Corporativo contra a Informação Seguido de Saídas pela Ética e pelos «imédia»*. Coimbra, Minerva.

RÉMOND, René (1996), *Pour une Histoire Politique*. Paris, ed. du Seuil.

ROSAS, Fernando (1994) *O Estado Novo*, in José Mattoso (dir.), *História de Portugal*, vol. VII. Lisboa, Círculo de Leitores.

Notas

(1) Segunda-feira, 8 de Abril de 2013, «Da Necessidade de um Plano para a Nação», http://cortex-frontal.blogspot.pt/2013/04/da-necessidade-de--um-plano-para-nacao.html.

(2) Tese de Doutoramento em História Institucional e Política, Séculos XIX e XX, apresentada na Faculdade de Ciências Sociais e Humanas da Universidade Nova de Lisboa em Maio de 1991.

(3) Projecto «As Intervenções Militares na Sociedade Portuguesa». Lisboa, Instituto de Estudos para o Desenvolvimento, 1983.

(4) No ano seguinte publicará uma versão semelhante em «As Forças Armadas e o Regime Autoritário», in *Revista Nação e Defesa* n.º 94, Lisboa, IDN, 2000, pp. 107-122. http://www.idn.gov.pt/publicacoes/nacaodefesa/textointegral/NeD94.pdf (não incluído neste livro).

(5) José Mattoso, *História de Portugal*. Lisboa, Círculo de Leitores, 1992, vol. 1, p. 13.

(6) Colaboram também neste «Espelho de Clio» Miriam Halpern Pereira, Armando Trigo de Abreu, Luís Espinha da Silveira, Pedro Cardim, Fátima Sé e Melo Ferreira, David Luna de Carvalho.

I.

FORÇAS ARMADAS E MUDANÇA DE REGIME: DA MONARQUIA CONSTITUCIONAL AO 25 DE ABRIL DE 1974

1.

Da necessidade de um plano para a nação

Neste último quarto de século o País assiste, desorientado, à justaposição de problemas que se lhe põem, os quais isolados uns dos outros já seriam graves e juntos parecem insolúveis. O regime é responsável por essa acumulação e a natureza do Estado Novo leva a que o actual Governo se remeta a um pacato empirismo, preferindo a rotina da crise às medidas capazes de resolverem os problemas portugueses. Todavia aproximam-se para Portugal prazos inadiáveis para a resolução das suas dificuldades. Estas podem-lhe alterar a alma e a fisionomia. A Nação encontra-se em jogo e com ela o destino das classes sociais que a habitam e a informam.

Na realidade, no preciso momento em que o processo de integração europeia se acelera e nos abrange, com riscos a médio prazo, mas com enormes vantagens a longo, no caso de estarmos preparados, encontra-se o País a contas com uma guerra colonial longa de mais de dez anos. O que foi falta, de previsão nos anos 50, revelada na ausência de um processo original de descolonização da África portuguesa, tornou-se, com o aparecimento em Angola, Moçambique e Guiné de movimentos de independência dispostos à luta armada para a conseguir, falta política grave do regime perante a Nação. E hoje, decorridos mais de dez anos sobre o começo da guerra colonial, o Estado Novo está paralisado perante o problema. Mais do que determinação de continuar a guerra colonial, o discurso de Janeiro do Presidente do Conselho revela tal paralisia. O regime não encontra outra saída do que a guerra e esta não constitui uma.

Está pois paralisado o regime e os interesses que lhe animam a existência perante o problema colonial, mas não o pode estar o País. Este tem de impor urgentemente uma política de descolonização.

Descolonizar

Nesta fase da presença de Portugal no Mundo a descolonização impõe-se. Mas trata-se de descolonizar no preciso momento em que decorre a integração europeia e mais intensa ligação de Portugal ao continente. Os processos estão aliás ligados, e ligados a mais de um título.

Com efeito, a Europa, como um todo, tende a interessar-se pela África e nesta fase da construção europeia três países são possuidores de chaves para aquele continente: a França, Portugal e a Inglaterra. Sem querer ir mais longe, diga-se que o nosso processo de descolonização será fundamental para a consolidação da existência de uma zona económica e política abrangendo grande parte dos países europeus e africanos. Neste preciso ponto convém ser lúcido e ter a coragem de defender posições adversas a gregos e troianos.

Respeitadas as soberanias no que elas têm de essencial, assegurado um sistema de harmonização entre regiões ricas e regiões pobres como entre países ricos e países pobres e facultados às populações os instrumentos de participação e de controle das decisões que lhes digam respeito, a zona a criar entre países europeus e países africanos afigura-se-nos riquíssima de possibilidades para ambas as partes e capaz de se impor ao mundo. Poderá mesmo vir a constituir resposta adequada à ingerência de duas grandes potências nos assuntos europeus e também africanos, que são causa de precária soberania destes em relação àqueles.

Ora vários países poderão tirar vantagens de um enfraquecimento simultâneo, mesmo que temporário, da dominação portuguesa nas colónias e da presença dos movimentos de independência daqueles territórios. De qualquer maneira seria a independência destes países que se encontraria comprometida. Sendo as coisas como são, não vejo o menor progresso histórico se a influência da África do Sul ou da Rodésia crescerem em Moçambique, ou se em Angola, após os portugueses, forem americanos ou russos, mais provavelmente aqueles do que estes, a imporem a sua lei e os seus interesses. Por independência entende-se coisa bem diferente. Deste modo a presença de Portugal, melhor entendida, pode facilitar o acesso das colónias a formas de independência mais interessantes do que aquelas capazes de passarem de todo por cima da lusa vontade. Quero dizer que Portugal pode funcionar em relação a esses novos países como factor de uma maior independência destes.

Não há dúvida que em relação à África do Sul ou à Rodésia assim é. Mais delicado se torna provar que no que diz respeito aos movimentos nacionalistas Portugal poderá ser garante de independência. E no entanto é simples: pela força das circunstâncias os movimentos de independência do tipo daqueles que operam nas colónias são geralmente debitores de potências estrangeiras que nas fases mais duras da luta os apoiaram materialmente. Aconteceu-nos o mesmo quando, invadidos pelas tropas napoleónicas, nos enfeudámos à Inglaterra. Não se trata pois de algo que lhes seja exclusivo, mas urge agir em consequência. Quer dizer: um diálogo entre Portugal e os movimentos nacionalistas deve proporcionar a estes as condições para a diminuição das influências tecidas no decorrer deste período de guerra e que possam revelar-se contrárias aos interesses dos territórios em questão.

Portugal deve pois funcionar em relação aos novos países assim criados como factor de uma maior soberania destes, sobretudo no período sempre decisivo do acesso à independência.

Socializar

Tal descolonização, assim como as alianças imediatas, depende, claro está, do regime económico, social e político que vigorar em Portugal.

Quer-nos perecer, pela paralisia que o regime demonstra perante a necessidade de uma solução política, para o problema colonial, que a actual hierarquia das classes sociais em Portugal não permite correr os riscos de uma medida de independência para as colónias. As classes dirigentes impõem-nos deste modo a continuação da guerra sem outra perspectiva que a do adiamento da solução política. (E se o Governo de Caetano tenta ladear a questão política da independência pela via administrativa da descentralização tal linha tem mais a ver com a imaginação política do seu autor do que com a inteligência da situação. Mais imaginativa do que verdadeiramente inteligente é ainda a ideia da comunidade luso-brasileira. Estes só se não puderem é que não nos comem as papas na cabeça...)

Temos assim que as actuais classes dirigentes não são capazes – nem permitem – de fornecer solução ao problema colonial. Como este problema não pode continuar no ponto em que está, urge, pois, redefinir outra relação a estabelecer entre as classes no interior da Nação para uma melhor presença portuguesa no Mundo.

É evidente que a descolonização, por menor que ela seja, trará problemas de reajustamento interno, quer no que diz respeito às actividades económicas quer no que diz respeito à relação de forças entre as classes. Deste modo, o Estado, naquilo em que depende destes fenómenos, não poderá ficar alheio a tal modificação. Isto é, num projecto profundo de descolonização deve estar presente aquele de socializar Portugal. Aqui o estabelecimento de um «écran» entre os dois fenómenos é ainda política das actuais classes dirigentes.

Não se julgue porém que a alteração da relação de forças entre as classes, provocada pela independência das colónias, será suficiente para, por si só, e sem luta interna, instaurar um regime socialista. Torna-se pois preferível falar de avanço das estruturas socializantes e não de regime socialista, que é coisa em si bem diferente.

Assim, no que diz respeito ao avanço das estruturas socializantes, este pode efectuar-se, e deve efectuar-se, simultaneamente ao processo de descolonização e por ai será independente da instauração ou não no resto da Europa de regimes socialistas. Tal avanço das estruturas socialistas em Portugal constitui mesmo condição para o fortalecimento do País face à Europa. Já a instauração de um regime socialista num só país da Europa ocidental como Portugal parece mais difícil. De qualquer maneira, o socialismo que for instaurado num só país será sempre diferente daquele que for criado no espaço mais vasto e mais apropriado para tal que é o espaço europeu.

Acresce que o socialismo possível num só país como Portugal ficará sempre aquém daquele que for construído à escala europeia. Não se deve, pois, confundir avanço das estruturas socializantes com a implantação de um regime socialista. Para bem deste.

Acontece que a construção europeia, com o seu corolário que é o da independência dos países do velho continente em relação aos Estados Unidos da América e em relação União Soviética ou a qualquer outra potência que se venha a constituir, cria condições para a instauração de um novo tipo de socialismo na Europa que não seja ameaçado nem por uns nem por outros. A fase de desenvolvimento económico, social e político da maior parte dos países europeus também é indicativa das possibilidades materiais e humanas de se construir aqui um socialismo diferente e mais avançado do que aquele praticado noutros espaços.

Tal não impede que em Portugal se faça avançar o projecto socialista antecipadamente e por via autónoma. Mais cedo ou mais tarde a Europa será defrontada à existência no seu interior de países com estruturas de tipo socialista. Cada país tratará de impor as suas opções internas e para tal será fundamental possuir trunfos suficientes para se fazer aceitar soberanamente no concerto europeu. Portugal possui alguns. E, neste caso como em muitos outros, a determinação política é arma fundamental. Deste modo, se no processo do avanço das estruturas socialistas em Portugal as classes trabalhadoras tiverem efectiva participação e se instrumentos democráticos lhes forem atribuídos, encontrar-se-ão mobilizadas as energias populares tão necessárias para a defesa do plano nacional. O plano nacional será ainda o melhor para conquistar e manter liberdades, pelo menos enquanto a Europa for comandada pelos interesses capitalistas.

Desenvolver

Mas a descolonização e o avanço de estruturas socializantes não são, só por si, garantia da independência nacional, e não será grande profecia antever dificuldades para o país no seguimento da descolonização. Estas dificuldades serão mesmo aumentadas se se continuar a subalternizar as classes trabalhadoras às classes detentoras do capital. Se, pelo contrário, o avanço de estruturas socializantes for efectuado de molde a alterar a relação de forças existentes, e a promover à dignidade política a lógica dos interesses das classes trabalhadoras, melhores condições de ultrapassagem das dificuldades criadas pela descolonização estarão encontradas.

De qualquer das formas, para um país de território reduzido como é o nosso impõe-se uma política acelerada de desenvolvimento económico. Ou seja, a independência da Nação e a presença de Portugal no Mundo dependerão do fortalecimento do território pátrio com equipamento capaz de o valorizar para além da sua dimensão. Quanto mais pequeno é o território de uma nação mais equipado deve ele ser. Só assim o equilíbrio com outras nações ficará restabelecido e o plano nacional garantido. O avanço das estruturas socializantes deve pois fazer-se tendo em vista uma aceleração do crescimento económico português. Certo é que não haverá desenvolvimento sem que se libertem as energias da sociedade portuguesa, e o avanço das estruturas socializantes também será isso.

As actuais classes dirigentes têm tentando fazer crer que o principal problema português é o do desenvolvimento. Será a partir do desenvolvimento económico que todos os problemas poderão ter resolução: desde a democratização de Portugal à descolonização de tudo seria capaz o desenvolvimento.

Ora, assim não acontece e a experiência ensina-nos que situações existem em que é a prévia resolução dos problemas políticos e sociais que permite o pleno aproveitamento das potencialidades económicas dos países.

Nem outro significado tem o impasse desenvolvimentista do Governo, senão o de provar que, chocando-se os interesses dos grupos financeiros e industriais dominantes, impossível será um plano para a Nação.

O enlace de Portugal na Europa exige que a Nação se prepare criteriosamente. O desenvolvimento económico é tarefa tão importante para a comunidade portuguesa como a defesa militar, e assim como esta não se delega em particulares aquele não pode a estes estar sujeito. Devem pois os particulares operar no âmbito definido pela Nação.

Democratizar

É, aliás, no avanço das estruturas socializantes e na definição e execução de um plano de desenvolvimento que a democracia aparece como condição de êxito e às quais as suas formas devem adaptar-se.

Se se enquadrar os problemas portugueses à luz da continuação de Portugal no Mundo, pode aparecer subalternizado o papel dos instrumentos capazes de levarem para a frente o projecto de continuar a Nação. Porém, se perscrutarmos os anseios internos do corpo nacional torna-se evidente que a grande união dos portugueses se faz em torno da conquista das principais liberdades democráticas. A instauração de formas democráticas será pois exigência que um verdadeiro poder antifascista e anticolonialista não poderá adiar.

Na realidade, a permanência do regime do Estado Novo gerou no seio da sociedade portuguesa um profundo movimento de aspiração à prática das liberdades públicas sempre negadas pela sua política terrorista. Criou-se assim, em torno das liberdades democráticas, um elemento ideológico fortíssimo que tem expressão nacional e é interclassista. Nenhum plano para a Nação poderá ladear este problema propriamente político.

A democratização da sociedade portuguesa não só constitui imperativo político como ainda encontra na necessidade de definir um projecto nacional razão da sua urgência.

Contudo, deve a democratização da sociedade portuguesa ir além das formas clássicas que a democracia tem tomado, e que são ainda formas limitativas de a entender. Trata-se não só de multiplicar os instrumentos de intervenção a nível nacional mas ainda de reestruturar os poderes locais e regionais como órgãos fundamentalmente democráticos e decisivos nos espaços respectivos. Só assim algumas liberdades ficarão asseguradas.

Em síntese, a actual situação de Portugal aponta três ordens de soluções que convém trilhar simultaneamente: trata-se de descolonizar, de socializar e de desenvolver. Tais metas devem ser alcançadas através de uma profunda democratização da sociedade portuguesa.

A nossa contextura histórica é assim qualitativamente diversa da maioria dos outros países a que nos poderíamos referir. Exemplificando, como temos de descolonizar não estamos nas mesmas condições que a Espanha (a independência para o Sara espanhol não trará sobressaltos de maior ao país vizinho), como temos de socializar não estamos em situação de igualdade com a Hungria, com a Suécia ou com a Jugoslávia, e como temos de desenvolver, estando muito aquém da França, não estamos porém ao mesmo nível de Marrocos. Também não somos um país acabado de nascer, situação, que pode favorecer a coesão nacional. Não estamos por conseguinte na mesma fase histórica que a Argélia.

Acresce que, Portugal, país europeu, não tomou a devido tempo as formas de democracia política que governam os demais Estados de além-Pireneus. Estes avançaram na experiência democrática exercitando em maior ou menor grau a maior parte dos corpos constituídos da Nação na prática da participação económica, social e política dentro do sistema geral da democracia parlamentar. Neste momento, e há quarenta anos, o Parlamento é em Portugal uma caricatura e a sua influência nula na Nação. Também não se encontram outras formas de participação democrática do povo português na vida nacional. A existência de partidos políticos não governamentais é interdita, obrigando-os assim o Estado Novo à clandestinidade, pelo que a influência deles na vida da Nação é reduzida. Deste modo, à excepcionalidade da problemática portuguesa junta-se a diferença substancial dos instrumentos políticos para a resolver.

A conjugação simultânea dessa problemática tece pois uma contextura histórica radicalmente original e postula a necessidade de um plano global sobre Portugal e o seu destino no mundo.

Os fins e os meios

Encontramo-nos assim ao mesmo tempo perante a questão dos fins a atingir e a dos meios a utilizar. E embora não me pareça que o problema dos meios possa fazer parte desta tese não quero todavia deixar certas coisas por dizer.

Oferece-se ainda a Portugal neste instante a possibilidade de resolver os seus conflitos de maneira excepcional, quer no que diz respeito ao tipo de resolução desses conflitos quer no que diz respeito aos meios a pôr em acção para tal. Assim, ainda poderemos descolonizar de forma exemplar (se bem que a guerra colonial já tenha criado uma triste hipoteca), fazendo com que as relações futuras entre Portugal e os novos países se estabeleçam em termos de ultrapassagem dos modelos existentes. Poderemos ainda fazer avançar certas estruturas socialistas, independentemente do processo europeu. Também no que diz respeito à democratização da sociedade portuguesa poderemos, observando os limites das formas democráticas clássicas, dar a tal processo instituições mais avançadas do que aquelas – existentes noutros países. Será certamente difícil mas valerá a pena. Que melhor forma poderíamos ambicionar para continuar Portugal?

Uma outra via ainda se nos oferece e esta é similar à da Europa, seguindo assim com atraso, mas avançando apesar de tudo. Uns chamam a tal processo liberalização, outros desblocagem política, outros revolução democrática e nacional. Evidentemente que existem diferenças de conteúdo entre estas expressões. Mas todas elas privilegiam meios semelhantes. É a chamada via ordinária, aquela da França, da Itália, da Suécia ou do Chile.

Por enquanto é ainda o regime do Estado Novo que domina, ou seja a situação é insuportável. Nem descolonização nem socialização nem desenvolvimento. Muito menos democracia. Uma resposta global aos actuais interesses dominantes impõe-se. Encontramo-nos, pois, perante esta questão: que forças sociais, económicas, políticas ou culturais podem meter ombros a tal empreendimento?

Sem responder a tal pergunta, destaco das várias componentes do corpo nacional duas realidades de ordem diferente que estão destinadas a tomar uma importância decisiva no futuro do País.

Portugal encontra nas suas classes trabalhadoras o melhor veículo para a sua continuação como Estado independente e é desta força social que pode resultar um projecto global para a Nação ou pelo menos nela apoiado.

Banidas sistematicamente pelo Estado Novo da cena política, as classes trabalhadoras portuguesas têm encontrado múltiplos obstáculos à sua organização autónoma e diversa e ainda mais na prossecução dos seus interesses. As enormes energias que a sua actuação poderia ter trazido à Nação foram contidas e dispersadas pela política repressiva das actuais classes dirigentes. O País necessita, porém, para a sua própria sobrevivência soberana, de aproveitar ao máximo as capacidades dos grupos sociais constituídos. As classes trabalhadoras representam a grande maioria da população e asseguram o desenvolvimento do País. O deserto organizacional legal das classes trabalhadoras deve pois dar lugar a uma política de fomento neste campo. Como é sabido muito de Portugal se jogará aqui.

As classes trabalhadoras aparecem pois como a força social do futuro. No entanto uma instituição existe no presente que forçosamente estará no caminho das forças democráticas, seja para impedir o seu desenvolvimento seja para apoiá-lo. Mas não se pode fazer de conta que ela não existe. Trata-se das Forças Armadas.

Ora, as Forças Armadas são, hoje por hoje, uma instituição essencialmente nacional. Perscrutando o conjunto dos corpos constituídos da sociedade portuguesa, diremos até que é o Exército a instituição que mais se confunde com a Nação. E, embora o Exército seja efectivamente um instrumento da política das classes dirigentes, a instituição, esta, enquanto tal, é interclassista e nacional.

Semelhante natureza decorre da existência de um serviço militar obrigatório que torna presentes todas as classes sociais no seio da instituição. Donde o seu carácter interclassista. Por outro lado, no momento em que as actividades económicas, sociais, políticas e culturais tendem ao enlace regional, intercontinental e mesmo mundial, a defesa do território pátrio aparece, paradoxalmente, como anacrónica, porém essencial para a manutenção do quadro nacional. Donde o carácter eminentemente nacional das Forças Armadas.

Estará no entanto na lógica da instituição a possibilidade de apoiar movimentos nacionais que se proponham resolver politicamente o problema das colónias, admitindo a independência destas, para melhor se proceder ao levantamento das energias patrióticas na perspectiva da reestruturação do espaço europeu?

As Forças Armadas, para além da função nacional de defesa do território, serão sensíveis às lutas que se desenvolvem no corpo da sociedade portuguesa? A tensão nelas existente entre o todo Nação e as partes constituintes desta que são as classes sociais, levará ao aparecimento de uma filosofia económica e social sobre a sociedade portuguesa capaz de permitir o apoio ao avanço das estruturas socializantes?

Não estamos aptos a fornecer resposta definitiva a tais interrogações.

Note-se contudo que eu me refiro a linhas estruturais subjacentes à instituição militar e não à efectiva função política dessa instituição perante o Estado Novo. O controle do regime do Estado Novo sobre o Exército foi completo e detalhado até ao aparecimento da luta armada nas colónias. A própria guerra, porém, se bem que obrigando as Forças Armadas a tarefas medíocres e incompatíveis com a sua função nacional, deu-lhe dimensões sem precedentes na história pátria. Convém deixar claro que as classes dirigentes sentiram o perigo que corriam e arquitectaram novos processos de controle. Diversos tipos de osmose social entre as classes dirigentes e o corpo de oficiais foram criados e, por outro lado, certos fenómenos decorrentes do próprio tipo das operações militares que a guerra colonial desenvolve auxiliaram o controle do regime no próprio terreno da instituição militar. Foram assim fomentados precocemente o engrandecimento de corpos especializados, tais como o dos pára-quedistas, diversos tipos de comandos, fuzileiros navais e outros mais, que são ao mesmo tempo a expressão de uma necessidade técnica operacional e de uma política de enquadramento do regime sobre as próprias Forças Armadas.

Desta forma uma síntese foi operada entre um Exército que é a expressão do serviço militar obrigatório e as forças especiais de intervenção formadas por profissionais ou por voluntários. As Forças Armadas, como instituição nacional, encontram-se assim enquadradas e controladas pelo regime. Repare-se que o aproveitamento pelo regime da mobilização requerida pela guerra colonial se processa para além do serviço militar obrigatório. A ninguém passa desapercebido, que mais não seja pela leitura atenta dos jornais censurados, a importância que a antiga Liga dos Combatentes tomou e a disputa das várias organizações paramilitares no recrutamento de elementos vindos da guerra colonial. O regime fortalece assim grupos armados fora do Exército. Reside aqui aliás uma séria ameaça para a instauração e o desenvolvimento da democracia em Portugal.

De qualquer modo as Forças Armadas têm prestado enormes serviços ao Estado Novo. O último dos quais foi a oferta de dez anos de manutenção dos territórios africanos aprisionados ao regime colonial. O mesmo é dizer que as Forças Armadas já deram ao Governo um período excepcional para a resolução política do problema colonial. E diga-se em abono da verdade que oferecer dez anos para resolver politicamente uma guerra é raríssimo nos tempos que correm.

Mas, se foi possível manter o esforço militar durante esses dez anos, tal não aconteceu sem criminosos efeitos negativos no desenvolvimento geral do País e na posição de Portugal perante o Mundo. Vejamos as principais consequências da guerra colonial no que diz respeito às relações do Exército com a Nação.

Uma guerra colonial tão prolongada vicia por forma assaz profunda o organismo militar português, especializando-o num determinado tipo de operações militares de contra-guerrilha e empurrando-o cada vez mais para os braços das forças reaccionárias e antipopulares a coberto da chamada defesa da retaguarda. A contra-subversão, conceito reaccionário, tornou-se complemento da contra-guerrilha, actividade colonialista. Ou seja, a função nacional do Exército, encontra-se subalternizada e este controlado pelas forças reaccionárias. As Forças Armadas isolam-se assim do todo nacional e são impedidas por tais funções de se orientarem para o aperfeiçoamento do sistema defensivo, tendo em vista ataques ou meras pressões do exterior. Sem querer avançar muito na matéria, diga-se que o atraso português é notório em relação, por exemplo, ao Exército espanhol.

A muitos pode parecer descabida tal preocupação. Mas numa época em que se aproxima a reestruturação do espaço europeu com possibilidades combinatórias várias, desde a manutenção dos Estados nacionais a uma intensa regionalização ligada a poderes transnacionais, até à coexistência de Estados nacionais com poderes regionais mais avançados, a existência de um Exército forte, ligado às classes trabalhadoras e verdadeiramente representativo do querer nacional torna-se indispensável – ou pelo menos será um factor importantíssimo – para que Portugal se faça respeitar e seja considerado como um Estado soberano perante a Europa e face à Espanha. Nesta perspectiva, a guerra colonial é adversa de melhor função nacional para o Exército.

Mas a própria importância que as Forças Armadas venham a adquirir no início ou na execução de um plano para a Nação, já de si será significativa do maior ou menor preenchimento da cena nacional por parte dos instrumentos propriamente políticos como sejam os partidos ou outras formas de organização cívica. Ou seja, o papel das Forças Armadas, sempre decisivo num processo de reestruturação da Nação, encontra condições de desenvolvimento extraordinário no estado actual da representação política das classes trabalhadoras e das forças democráticas em geral. E, da situação óptima que seria a das classes trabalhadoras e demais forças democráticas inspirarem e fortalecerem o Exército, chega-se à possibilidade de se vir a assistir a fenómeno contrário: o do enquadramento das classes trabalhadoras pelo Exército. E a experiência dos aldeamentos estratégicos, por si só, não é a melhor garantia de democracia...

Deve pois competir às forças sociais e políticas, que se proponham descolonizar, socializar, desenvolver e democratizar o País, a tarefa de reformular doutrina sobre as Forças Armadas, não esquecendo que nos tempos que correm a sua existência é garantia da Nação.

Conclusão geral

O que aqui fica escrito tem por fim principal mostrar a necessidade de um plano para a Nação. Qualquer força que queira efectivamente desempenhar um papel de agente histórico neste país não pode eximir-se ao dever de perspectivar Portugal. No estado em que este se encontra, uma política de resolução parcelar dos problemas não corresponde ao momento da crise que atravessamos. Tendo apontado esta necessidade de perspectivar a Nação e tendo avançado alguns parâmetros que me parecem dever figurar num programa decidido de reestruturação do País, envio esta tese ao Congresso da Oposição Democrática esperando que ela possa ser útil ao debate sobre Portugal no Mundo.

Conclusões

No preciso momento em que a reestruturação da Europa e o problema colonial repõem a questão nacional, algumas conclusões são necessárias:

1 – Urge definir um plano para a Nação.

2 – Portugal encontra nas suas classes trabalhadoras o melhor veículo para a sua continuação como Estado Independente.

3 – A actual problemática portuguesa aponta três ordens de soluções que convém trilhar simultaneamente: trata-se de descolonizar, de socializar e de desenvolver.

4 – Tais metas devem ser alcançadas através de uma profunda democratização da sociedade portuguesa. Várias vias ainda se nos oferecem no que diz respeito à democratização do País.

5 – O processo de descolonização deve fazer-se de maneira a garantir a Portugal o respeito da sua soberania na Europa e tendo em vista uma verdadeira independência dos territórios africanos.

6 – O processo da descolonização portuguesa, inscrevendo-se num quadro político mais vasto que é o da criação de uma zona Europa-Africa terá de ter esta em conta.

7 – Esta colaboração entre países europeus e países africanos só será justa se se ultrapassar o actual sistema de relações. Deve pois passar-se de formas coloniais ou neocoloniais para um sistema partidário de alianças.

8 – Portugal deve não só dar o exemplo destas modificações nas relações entre os países europeus e os países africanos como mostrar àqueles a necessidade de se ultrapassar as formas neocoloniais de colaboração.

9 – Assegurada a descolonização em tal quadro tratar-se-á de impor à Europa e ao resto do Mundo o respeito pela nossa via de desenvolvimento político e económico.

10 – O avanço das estruturas socialistas em Portugal deve ser uma das expressões dessa via nacional.

11 – Numa mais profunda reestruturação do espaço europeu coexistirão certamente Estados nacionais e poderes transnacionais. No caso português o plano nacional será ainda o melhor para se conquistar e manter liberdades. Ele permitirá também uma articulação mais harmoniosa e necessária entre Portugal e a Europa.

ORIGEM DO TEXTO:

«Da necessidade de um plano para a Nação», in *III Congresso da Oposição Democrática. Tese, volume a Situação e Perspectiva Política no Plano Nacional e Internacional*. Lisboa, Ed. Seara Nova, 1974, pp. 12-22.

2.

O comportamento político dos militares

1. Objectivos

Esta dissertação versa temas de História institucional e política. Nela se procura seguir o comportamento da instituição militar face aos diferentes regimes políticos que existiram, com abundância suficiente, em Portugal, durante o século XX: Monarquia Constitucional, Ditadura de João Franco (1907-1908), República Parlamentar (1910--1917), República Nova ou Sidonismo (1918), Monarquia do Norte, República Parlamentar, Ditadura Militar (1926-1933), Estado Novo (vigência da Constituição de 1933), ruptura de 25 de Abril de 1974 e estabelecimento do regime democrático, constitucionalizado, em 1976.

Não se analisam, porém, apenas os momentos fortes do estabelecimento ou derrube dos regimes políticos que sempre tiveram maior ou menor participação militar, mas antes se seguem as correlações mútuas entre o poder político e o poder militar capazes de nos fazer entender a criação e o desfecho dessas situações.

Não sendo nem história da instituição militar nem história dos regimes políticos, esta dissertação pretende antes ser uma história das correlações entre as duas. É essa, talvez, a sua maior originalidade.

O interesse por esta questão não é recente, pois entronca na «tese» enviada para o Congresso de Aveiro da Oposição Democrática, realizado em Abril de 1973, e intitulada «Da necessidade de um Plano para a Nação» em que se referia a possibilidade de ruptura entre o regime político então em vigor e as Forças Armadas(1).

Colocada assim a questão das relações entre os regimes políticos e as Forças Armadas em Portugal, que iríamos desenvolver de uma maneira atomizada e dispersa (e centrada sobre o período imediatamente posterior a 1974), resolvemos depois dar-lhe corpo único numa investigação histórica que abrangesse os vários momentos em que essa correlação se revelasse mais evidente.

Esses vários momentos, no entanto, não se podem resumir às rupturas com os regimes políticos, na medida em que o mesmo regime político suscitará variados tipos de relação com as Forças Armadas. E a própria instituição militar mudará várias vezes de comportamento durante a vigência de um mesmo regime político.

Aliás, os conceitos de regime político e de instituição militar têm em comum a característica da durabilidade, que permite a sua identidade e a sua temporalidade continuada.

Deste modo, as instituições só podem ser conhecidas e apreendidas nas suas características através do conhecimento histórico.

Fixámos o início deste estudo no período que marca a transição entre a Monarquia e a República, por ser um momento forte da problemática e por permitir fazer um resumo das características das Forças Armadas no início do século.

Verdade se diga que, à sua maneira, esse resumo está feito por Trindade Coelho desde 1906 no seu *Manual Político do Cidadão Português*(2), mas nele já não figura o comportamento da instituição militar no trânsito entre a Monarquia e a República que, pela nossa parte, analisámos pela primeira vez em 1984(3).

Logo nesse trânsito é possível verificar um ostensivo alheamento da instituição militar face à mudança de regime político, atitude que, por si só, desmente muito do que é tido por adquirido em matéria de intervenção política por parte das Forças Armadas.

Subordinada ao poder político da Monarquia constitucional, sobretudo através da pessoa do Rei, a instituição militar, saída do «Exército Libertador», vencedor da guerra civil entre liberais e absolutistas e terminada em 1834, não a defende em 1910 e estabelece de imediato boas relações com a República implantada a 5 de Outubro desse ano. São essas boas relações que lhe permitem solidificar as características de instituição nacional que, para além dos regimes, durarão até à Primeira Guerra Mundial.

O mito de que as Forças Armadas tiveram um comportamento caracterizado por uma série de pronunciamentos durante todo o século XIX e as primeiras três décadas do século XX não resiste a uma mais detalhada análise histórica. Com efeito, desde o último acto de Saldanha em 1870, aliás esporádico e efémero, a instituição militar só volta a interferir directamente na marcha dos assuntos políticos com o «movimento das espadas», correndo o ano de 1915.

Mesmo as reacções ao Ultimatum inglês em 1890 foram conduzidas essencialmente por civis, embora se viesse a formar um governo extra-parlamentar, presidido pelo general João Crisóstomo de Abreu e Sousa, que durou cerca de dois anos.

Mas esse governo respeitou todas as «praxes» constitucionalistas do relacionamento entre o Monarca e as Cortes, e não resultou de qualquer imposição institucional das Forças Armadas.

Ora as intervenções militares na sociedade portuguesa durante o século XX tiveram, todas, características diferentes entre si, o que vem sublinhar a importância de uma análise histórica dessas intervenções.

Para caracterizar essas diferenças procurámos analisar o comportamento das Forças Armadas face aos diversos regimes políticos que vigoraram em Portugal neste século: desde a efectiva subordinação das Forças Armadas à Monarquia Constitucional, ao seu alheamento no trânsito entre a Monarquia e a República em 1910, passando pela aceitação do regime republicano até 1915, assim como pelo desentendimento visível com o regime republicano-parlamentar durante e após a Primeira Guerra Mundial. Só o saber histórico poderá fornecer elementos para a sua elucidação e compreensão.

Esta aproximação analítica e histórica da atitude dos militares face aos regimes políticos permitiu que se constatasse a existência de comportamentos diferentes da instituição militar face ao mesmo regime político, fosse este a Monarquia Constitucional, fosse a Primeira República, fosse o Estado Novo.

Assim, a história das relações entre a Primeira República e as Forças Armadas pode ser periodizada em três fases distintas: antes, durante e após a Primeira Guerra Mundial, como demonstraremos no respectivo capítulo com esse título.

As próprias Ditaduras de Pimenta de Castro e de Sidónio Pais tiveram nítido suporte castrense, chegando a instituição militar a atingir, durante o consulado sidonista, uma situação paradoxal de afirmação de influência na sociedade portuguesa e de desagregação interna que descrevemos no capítulo «Sidonismo: Afirmação e Desagregação das Forças Armadas no último ano da Guerra».

O dezembrismo sidonista pode ser explicado por razões decorrentes da participação na Primeira Guerra Mundial. Mas as intervenções subsequentes dos militares na esfera de acção política até ao derrube do regime republicano-parlamentar, operam-se sem que haja no horizonte qualquer ameaça externa para Portugal. Rapidamente as Forças Armadas voltam a reconstituir-se como instituição após a Primeira Guerra Mundial pelos efeitos conjugados da decepção nacional com os objectivos alcançados na Conferência da Paz, da instabilidade governativa e do radicalismo e violência que caracterizam a luta política nesse período. Para a unidade de intervenção militar no campo político muito contribuíram os apelos feitos do exterior da instituição militar por diversas entidades da sociedade civil. O período que medeia entre 1919 e 1926 é analisado nos capítulos: *A Formação da Unidade de Intervenção Militar no Campo Político* e *Os Intelectuais e a Instituição Militar no Contexto do 28 de Maio*.

Segue-se a época mais rica em sucessão de regimes políticos: da Primeira República Parlamentar para a Ditadura Militar e a evolução desta para a Ditadura Nacional e para o regime do Estado Novo. Nessa sucessão foi relevante o comportamento político dos militares conforme se descreve nos capítulos seguintes: *A Transição entre a Ditadura Militar e a Ditadura Civil (1926-1933)* e *A Subordinação das Forças Armadas ao Regime do Estado Novo (1933-1939)*.

Mas a instituição militar não teve sempre o mesmo comportamento em relação ao poder político consolidado por Oliveira Salazar. As diversas fases dessa relação entre os militares e o Estado Novo estão sistematizadas e caracterizadas na sequência desta dissertação: *A Cumplicidade entre o Estado Novo e as Forças Armadas (1939--1945); As Insubordinações Falhadas (1945-1961); Uma Autonomia Crescente: os Chefes Militares contra Salazar (Abril de 1961); A Guerra em África: Factor de Subordinação e de Insubordinação (1961-1974)*.

Dado que esta dissertação foi suscitada pela intervenção militar levada a efeito a 25 de Abril de 1974, não quisemos deixar esta fora do nosso campo de estudo, tanto mais que a ela já havíamos dedicado várias publicações entre as quais o *Ensaio Histórico sobre a Revolução do 25 de Abril – O Período Pré-Constitucional*, editado em 1983([4]); uma síntese desse trabalho com a introdução de novos temas em *O 25 de Abril de 1974: Uma Revolução Imperfeita*, publicado em 1985([5]).

Ainda em 1983 elaborámos um estudo para o Instituto de Estudos para o Desenvolvimento (IED) sobre as relações *As Forças Armadas e Instituições Políticas*, no âmbito de uma investigação mais geral sobre *O Sistema Político Português e a sua Evolução desde 1974*([6]).

Dentro dessa temática publicámos um outro estudo que intitulámos *Um Corpo perante o Estado: Militares e Instituições Políticas*([7]) onde o aspecto histórico não é o preponderante, estando, porém, presente.

Embora seja de admitir que a História contemporânea respeite o limite cronológico do 25 de Abril de 1974, ousamos, assim, levar um pouco mais longe o objecto do nosso estudo até à compreensão da última intervenção militar, sem a qual se empobreceria a temática da presente tese, em parte suscitada e permitida por aquele acontecimento.

Como a grande questão que se coloca ao investigador do comportamento político dos militares é a de indagar se houve, ou não, um pensamento estratégico por parte das Forças Armadas em todo o convulsivo período pré-constitucional, intitulámos esse capítulo de síntese por forma a realçar esta problemática central: *Da Ditadura à Democracia: O Movimento das Forças Armadas como Metamorfose da Instituição Militar (1974-1976)*.

Estamos conscientes dos riscos facultativos deste modo acrescentados.

2. O estado da questão

Ao apresentar esta dissertação é vantajoso, desde já, confrontá-la com a existência de uma outra de título semelhante, e, até coincidente, em parte, nos acontecimentos observados. Trata-se da tese de Maria Carrilho, proposta ao Instituto Superior de Ciências do Trabalho e da Empresa em 1985([8]). Também será conveniente elaborar um mapa dos principais estudos que privilegiaram as relações entre as Forças Armadas e a instância política.

Sem de qualquer modo, pretender, suplantar o estudo de Maria Carrilho – cujo enorme esforço e trabalho de investigação é patente em toda a obra e de que esta minha dissertação acabou por beneficiar também, através de um complexo processo dialéctico – salientem-se, desde já, as respectivas diferenças e suas consequências.

Em primeiro lugar, é a própria autora quem, no subtítulo, afirma tratar-se de «uma explicação sociológica do papel dos militares». Não se trata, portanto, de uma abordagem histórica, embora a autora não desdenhe o contributo da História sempre num plano que se poderia designar de contributo auxiliar para o saber sociológico.

Em segundo lugar, Maria Carrilho não deixa de explicitar como se situou perante esses dois ramos do saber:

> Particularmente delicada é a relação estabelecida com a história. Não existindo em Portugal os estudos de carácter histórico que, noutros países, geralmente têm precedido os de carácter sociológico no domínio da questão militar, vimo-nos impelidos a indagar sobre os acontecimentos e a recolher dados que deveriam já encontrar-se disponíveis. Fizemo-lo, naturalmente, na perspectiva própria da sociologia, que se subtrai, de certo modo, àquele «tempo matemático e demiurgo» que, no dizer de Braudel, constitui o cerne da reflexão histórica([9]).

Maria Carrilho focaliza o seu estudo, como o título da sua tese o indica, na mudança política, ou seja, nos momentos fortes, mas atomizados no tempo, do derrube e instauração de regimes políticos: 5 de Outubro de 1910; 28 de Maio de 1926; 25 de Abril de 1974.

Ora tal perspectiva, perfeitamente conciliável com a metodologia sociológica – a atomização do tempo e o estudo de factores explicativos do papel dos militares naquelas precisas circunstâncias – não será a mais fértil para ter em conta as diferenças de comportamento das Forças Armadas portuguesas no tempo, perante o mesmo regime político (subordinação ao regime de Monarquia Constitucional, alheamento perante o trânsito da Monarquia para a República, empenhamento na defesa da República antes da Primeira Guerra Mundial, sobretudo face às incursões monárquicas, «pronunciamentos» durante a Guerra, e criação da unidade de intervenção militar contra a gestão política dos partidos da República, depois da Guerra, e que culminou no 28 de Maio, a institucionalização de uma Ditadura Militar entre 1926 e 1933, e, finalmente, o longo comprometimento com o regime do Estado Novo, assim como os movimentos de subordinação e de insubordinação das Forças Armadas até ao 25 de Abril de 1974). Por nosso lado, tentaremos analisar quer as mudanças de regime político, quer as mudanças dos militares face aos regimes.

A diferente documentação utilizada também é deveras significativa das diversas metodologias seguidas e dos objectivos finais divergentes: Maria Carrilho, manuseando e tratando fontes quantitativas e processos estatísticos que, nesta dissertação, são excepcionais; nós próprios, recorrendo a outro tipo de fontes: basta registar o recurso às fontes oficiais de outros Estados, como as existentes no Public Record Office (PRO) de Londres, nos arquivos do Quai d'Orsay em Paris, no National Archives em Washington ou no Ministério dos Assuntos Exteriores em Madrid, para referir a diversa «matéria-prima» utilizada.

Também beneficiámos do depósito na Torre do Tombo, no ano de 1988, de documentos do ex-Ministério do Interior cuja consulta se revelou muito útil para detectar alguns modos de ligação entre os militares e a Ditadura Política emergente do 28 de Maio de 1926, sobretudo no período entre 1930 e 1936.

Em síntese: Maria Carrilho estudou os militares perante a mudança política, de um ponto de vista sociológico; nós estudámos também as mudanças de comportamento dos militares face aos regimes políticos e dos regimes políticos face à instituição militar, numa perspectiva histórica, ou seja, aquela que segue o discurso do tempo. A metodologia sociológica atomiza o tempo e evidencia factores explicativos; a metodologia histórica integra os dados no discurso do tempo e no fluir dos acontecimentos, e tenta ligá-los por linhas interpretativas.

Deste modo, tomamos em conta, e até como valioso contributo, o extenso e profundo estudo sociológico de Maria Carrilho.

De certa maneira, é a própria Maria Carrilho que nos «obriga» a apresentar esta tese, ao escrever: «O nosso trabalho não pretende, portanto, substituir o do historiador – que deverá ser feito»([10]).

Resolvido este ponto prévio, vamos tentar elaborar, neste capítulo introdutório, um mapa do estado da questão dos estudos sobre as relações entre os militares e o poder político, além de termos dado testemunho das razões pessoais que nos levaram a interessar-nos por esta problemática, muito raramente abordada em trabalhos universitários portugueses.

Em sede universitária e para além da referida tese de Maria Carrilho, conhecemos poucos estudos sobre as Forças Armadas e o poder político, e os ensaios conhecidos privilegiam a aproximação sociológica, quando não doutrinal e opinativa.

Embora escrito em condições *sui-generis* e claramente fora das paredes das universidades portuguesas, apareceu em 1975 o livro de Eduardo Lourenço, *Os Militares e o Poder*.

Eduardo Lourenço privilegia a abordagem sociológica depois de afirmar que «De todas as instituições, o Exército é sem dúvida aquela que oferece maiores dificuldades de compreensão activa»([11]). Mais adiante, refere que essa «compreensão sociológica» do Exército português é uma tarefa de monta já que «a ocultação sociológica da realidade Exército assinalava justamente o grau supremo do irrealismo da sociedade portuguesa»([12]).

O papel político dos militares não deixou, porém, de suscitar outros trabalhos, sobretudo no período imediatamente posterior à intervenção militar que derrubou o regime salazarista-marcelista.

Fernando Pereira Marques também acentua os aspectos sociológicos nos seus trabalhos sobre militares. A sua comunicação «Do Exército Providencial ao Exército Salazarista»([13]) não deixa, no entanto, de revelar uma certa preocupação pela análise histórica do comportamento dos militares face aos regimes políticos, constatando «que os militares não são os agentes passivos de uma ou várias classes sociais»([14]) e interrogando-se sobre que «factores permitiram que a ditadura militar nascida a 28 de Maio de 1926 se tomasse poder e ganhasse uma estabilidade relativa até permitir a institucionalização do Estado Novo»([15]).

A seu devido tempo veremos as respostas que nos dá.

Ainda Fernando Pereira Marques, no livro *Exército e Sociedade em Portugal – No declínio do Antigo Regime e Advento do Liberalismo* que, nas suas próprias palavras, «constitui o essencial da memória apresentada na École des Hautes Études en Sciences Sociales de Paris», justifica o recuo histórico da seguinte maneira: «...ao encararmos diversos aspectos relativos ao papel desempenhado pelo exército na história recente, sentimos a necessidade de ir muito mais atrás, e de fazer um pouco aquilo a que se poderá chamar a arqueologia da nossa tradição militar, assim como também a sua sociologia»([16]).

Este autor assume claramente que pretende uma explicação sociológica, quase em oposição às características da História:

não foi numa perspectiva historiográfica que abordámos os factos e eventos que adiante surgirão. Com efeito, fomos conduzidos por uma preocupação primordialmente sociológica, pelo que procurámos essencialmente detectar e caracterizar estruturas, relações dinâmicas, comportamentos, dimensões sociais, de classe e ideológicas([17]).

Por isso, Pereira Marques será levado a considerar na sua obra os factores psicológicos, ideológicos, políticos e económicos, e, como ele escreve, «por consequência a origem de classe e a composição social dos actores, mas tudo isto mediatizado pela sua condição militar»([18]).

O autor chega ao seguinte tópico atemporal:

> «O militar-político – isto é, agindo politicamente – é-lo (sic) sempre em relação a uma classe – mas não deixa de ser militar determinado pela sua condição. Por outro lado, assume sempre o seu papel político situando-se face à instituição militar e à forma como esta se posiciona perante o poder»([19]).

Estamos, pois, longe de uma aproximação historicista do entendimento do comportamento dos militares face ao poder político.

De outra natureza histórica é a dissertação de doutoramento de José Sanchez Cervelló apresentada na Universidade de Tarragona em Espanha e que teve por arguente A. H. de Oliveira Marques([20]).

No que respeita ao comportamento político dos militares, aquele autor distingue vários momentos que designa como «La Militarización de la Oposicion», própria da luta contra a Ditadura, «La Hegemonia Militar» que advém com o 25 de Abril de 1974, e «La Subalternidad Civil» que se teria seguido pelo menos até 25 de Novembro de 1975, embora depois o poder civil fosse «recuperando paulatinamente su hegemonia»([21]).

O estudo de José Sanchez Cervelló é, sem dúvida, dos mais aprofundados que se têm levado a efeito no estrangeiro sobre as relações entre os militares e a política em Portugal no período compreendido entre 1961 e 1976.

Esta afirmação não pretende pôr em causa o esforço de investigação histórica que outros autores não-portugueses têm empreendido. Porém, a grande maioria da produção universitária estrangeira sobre Portugal situa-se mais no âmbito da ciência política e da sociologia do que da história, além desses estudos focarem sobretudo os antecedentes e as consequências do 25 de Abril de 1974([22]).

A análise histórica do papel dos militares face à evolução política em Portugal aflora, como não podia deixar de ser, nas principais Histórias Gerais entre as quais cumpre destacar a *História de Portugal* editada em Barcelos, sob a direcção de Damião Peres, e a *História de Portugal* da autoria de A.H. de Oliveira Marques. Ambas foram obras de referência para a nossa tese.

Também consultámos várias obras de história militar, das quais é justo realçar a *História do Exército Português* de Luís Augusto Ferreira Martins, assim como os seus dois volumes sobre *Portugal na Grande Guerra*. O general Ferreira Martins não ultrapassou o ano de 1918 nos seus estudos. Mas, dá-nos um trabalho de História positiva e, se bem que limitada aos aspectos propriamente militares, muito útil([23]).

O general Ferreira Martins revela, nos seus livros escritos há algumas dezenas de anos, um espírito objectivo e uma grande honestidade intelectual que permitem tomar o seu trabalho como ponto de partida para novas contribuições a esta matéria.

Também alguns livros publicados após o 25 de Abril abordam questões relacionadas com as relações entre as Forças Armadas e o poder político, como é o caso do livro de Vasco Pulido Valente, *O Poder e o Povo*([24]), e o de António José Telo, *Decadência e Queda da Primeira República Portuguesa*([25]). Mas, por um lado, o objecto desses estudos mostra-se muito limitado em relação ao campo temporal da nossa dissertação e, por outro lado, trata-se de obras de História política que só se referem à questão dos militares incidentalmente por esse não ser o escopo das suas preocupações.

Mais recentemente, o já referido António José Telo apresentou uma dissertação universitária sobre *Portugal na Segunda Guerra Mundial* (1941-1945), na qual também se focam alguns aspectos militares e estratégicos a que nos referiremos no capítulo respectivo([26]).

3. Metodologia e fontes

Como é evidente uma dissertação histórica que abranja um período de tempo tão dilatado tem as suas fragilidades, embora apresente a enorme vantagem de potenciar a capacidade interpretativa do saber histórico.

Uma das dificuldades que tivemos de encarar foi a do lugar a atribuir à transcrição dos elementos de História Geral de cada período. Optámos por apenas referir aqueles dados que possam ajudar a compreender o contexto das próprias relações entre o poder político e a instituição militar, e por eliminar a multiplicidade de relatos de História Geral pois, por um lado, esses elementos encontram-se nos principais livros de referência e, por outro lado, embaraçariam a própria narrativa centrada na dialéctica entre regimes políticos e instituição militar.

Por se ter escolhido um problema histórico, esta dissertação não teve o amparo de um acervo documental contínuo, de um «corpus» como agora se costumam definir as séries documentais homogéneas.

Pelo contrário, e sendo o estudo da instituição militar dos menos favorecidos por abundante literatura entre nós, optou-se pela diversificação das fontes.

Assim, o recurso a arquivos oficiais de outros Estados pareceu-nos o mais adequado para trespassar a «opacidade» característica da instituição militar. De certo modo respondemos aqui às perguntas formuladas há muitos anos por Eduardo Lourenço:

> Que método empregaremos para pensar uma realidade que aparece tão pouco 'pensável', tão 'irracional' como um Exército? Só o de uma compreensão totalizante que tenha em conta ao mesmo tempo a mitologia interna pela qual essa realidade se define e as vicissitudes e as entorses que a história faz sofrer a essa imagem ideal([27]).

Com efeito, as informações recolhidas e as opiniões expendidas pelos serviços de outros Estados são um material muito esclarecedor e apresentam-se, nesta dissertação, com um tratamento e uma extensão jamais utilizados no estudo da instituição militar portuguesa e do comportamento político dos militares ou das orientações do poder político em relação às Forças Armadas.

O recurso aos arquivos oficiais de outros Estados pareceu-nos particularmente adequado sobretudo após a instauração do Estado Novo.

Consultámos quatro arquivos diferentes de quatro países especialmente dotados para seguirem as questões da política portuguesa:

os arquivos do Public Record Office em Londres, os arquivos do Quai d'Orsay em Paris e os arquivos do Ministério Espanhol dos Assuntos Exteriores em Madrid. Por cedência do Professor Doutor César de Oliveira, que muito agradecemos, tivemos também acesso a fotocópia de documentos arquivados em Washington([28]), para além de uma posterior estadia pessoal no National Archives.

Escusamos de encarecer o que representa este esforço de consulta de tão distintos e distanciados depósitos de arquivos, antes se nos afigura mais necessário prevenir sobre a sedução dos arquivos oficiais, nomeadamente os de natureza diplomática.

O recurso aos arquivos oficiais desses Estados permitiu atingir vários objectivos, pois forneceu, em primeiro lugar, as análises e as opiniões de observadores tão qualificados como devem ser os diplomatas e adidos militares; deu-nos informação documentada sobre o comportamento político dos militares portugueses, muito rara nos nossos arquivos; permitiu-nos averiguar o que foi tido por importante e relevante para esses serviços, e até sublinhar certos aspectos da História Geral de Portugal.

Em termos de fontes, essas foram da maior utilidade para o presente estudo e, que saibamos, jamais se efectuou semelhante investigação de fontes cruzadas de origem estrangeira, se não para a História contemporânea de Portugal, pelo menos no que respeita a trabalhos sobre as Forças Armadas e suas relações com o poder.

É manifesto que o interesse do recurso a tais fontes cruzadas não se esgota no objecto desta tese, pelo que é de esperar o tratamento exaustivo desses materiais por outros investigadores.

Os documentos referidos dão-nos informações, reforçam certas bases da historiografia portuguesa contemporânea, e fornecem-nos opiniões próprias dos «outros países», quantas vezes em confronto com as versões predominantes em Portugal.

O nosso único esforço foi o de não nos deixarmos seduzir por elas ao ponto de as seguirmos nos seus temas preferidos, nas suas opiniões e nas suas pacatas certezas. Mas, quantas vezes não preenchemos o vazio documental português através do seu valioso e generoso testemunho!

Sobretudo após a implantação da Ditadura Militar e da repressão política e instauração sistemática dos serviços de censura, em que a imprensa portuguesa falece de credibilidade como fonte histórica, em que os documentos oficiais dos arquivos portugueses não deixam falar os vencidos nem as opiniões contrárias às correntes sucessivamente vencedoras, o recurso a essas fontes das chancelarias de outros Estados foi um socorro indispensável.

Dos arquivos oficiais portugueses, recorremos sobretudo ao arquivo Histórico Militar (AHM), cujo acervo permitirá múltiplas abordagens ao estudo da instituição militar.

Infelizmente, não se encontram aí muitos documentos que possam explicar as atitudes políticas da instituição militar. Já a facilidade de acesso aos diplomas legais, às *Ordem do Exército* e ao *Almanaque do Exército* permitiram a recolha rápida de muitos elementos que, devidamente elaborados, foram incorporados como dados históricos nesta dissertação.

O facto de, no ano de 1988, ter dado entrada no Arquivo Nacional da Torre do Tombo a documentação proveniente do ex-Ministério do Interior, sobretudo aquela referente ao Gabinete do Ministro, também nos levou a frequentar as suas salas, embora só entre 1927 e 1930 o núcleo documental do Gabinete adquirisse um carácter sistemático. Aliás a sua existência termina em 1947. Mas, como realçam Eugénia Costa e Maria Paula Lomelino, o facto de o «Estado Novo ter restituído ao Ministério do Interior o papel de Ministério-chave na implantação de uma política»([29]) permitiu um melhor entendimento de certas conjunturas históricas, máxime a transição da Ditadura Militar para a Ditadura Nacional e para o Estado Novo, que particularmente nos interessavam.

A consulta a jornais, tão frequente em investigação sobre História contemporânea, foi parcimoniosa dado o período cronológico abrangido.

Recorremos aos jornais depois de, através das Histórias Gerais consultadas, termos procurado o tema que interessava (uma dada entrevista, uma proclamação, programas, comemorações, etc.), ou por não encontrarmos nessas Histórias Gerais a informação necessária para o nosso trabalho.

Privilegiámos o *Diário de Notícias* como órgão de imprensa pela sua continuidade e até pela sua característica sobremaneira noticiosa. Mas, conforme as épocas e os temas, compulsámos outros órgãos de imprensa que vêm referidos no local apropriado.

Entre as publicações periódicas, merece menção especial a *Revista Militar*. «A revista por excelência, órgão do Exército», como se escreve no *Guia de História da Primeira República Portuguesa*([30]).

Nenhum trabalho sobre o pensamento militar em Portugal terá grande relevância caso não tenha em conta os milhares de páginas desta publicação, que pretende permanecer como uma ilustração da continuidade da instituição militar em Portugal para além dos regimes que passam, para além das guerras que se travaram da pior ou da melhor maneira, ou até que não se travaram, das mudanças de uniformes, de doutrinas, de equipamento, armamento, e até dos territórios a defender.

Embora a tradição memorialista não seja grande entre nós, lemos e relemos as *Memórias e Correspondências* publicadas, tendo até pecado por um ou outro excesso de transcrições quando o interesse da expressão ou a qualidade literária do texto arrastaram para a sua cópia devidamente assinalada. Foi o caso com Teixeira Gomes, João Chagas, Cunha Leal, etc.

Recolhemos imensos dados de leitura das Histórias Gerais, principalmente o vol. VII, e os dois Suplementos da *História de Portugal* editada em Barcelos, e a *História de Portugal* em três volumes de A. H. Oliveira Marques. Mas, também compulsámos a mais recente *História da República* de Raul Rego e a *História de Portugal* de Veríssimo Serrão, tendo em conta, obviamente, as diferentes características das obras e dos autores.

Também o recurso ao *Anuário Estatístico de Portugal* se revelou uma óptima fonte auxiliar, pelos números fornecidos no capítulo consagrado à Administração Pública na rubrica «Defesa Nacional». Assim também foi útil a consulta do *Almanaque do Exército*, «repositório precioso que convirá consultar sempre, seja qual for o trabalho militar em curso»([31]).

Estas fontes, no entanto, são meramente auxiliares.

Pretende-se, em suma, privilegiar uma História problemática, isto é, aquela que escolhe as questões a tratar, e que não é desviada dos seus objectivos pelo gosto da narração, pela necessidade interpretativa, ou pela mera disposição dos documentos. Quantas vezes não nos perdemos nessas vias particulares tão apetecíveis de percorrer?

O nosso esforço foi o de pretender seguir um problema: o das relações mútuas entre regime político e instituição militar.

Notas

(1) Vd. *III Congresso da Oposição Democrática, Teses, Situação e Perspectiva Política no Plano Nacional e Internacional.* s.l., Ed. Seara Nova, 1974, pp. 13-22.

(2) Vd. Trindade Coelho, *Manual Político do Cidadão Português*, 2.ª ed. Porto, 1908, pp. 209-222.

(3) José Medeiros Ferreira, «Mudanças de Regime Político e Forças Armadas em Portugal: O Trânsito da Monarquia para a República» in *Nova História*, n.º 2, Dezembro 1984, pp. 3-13.

(4) *Idem. Ensaio Histórico Sobre a Revolução do 25 de Abril – O Período Pré-Constitucional.* Lisboa, Co-edição Imprensa Nacional-Casa da Moeda SREC. da Região Autónoma dos Açores, 1983.

(5) *Idem*, «O 25 de Abril de 1974: Uma Revolução Imperfeita» in *Revista de História das Ideias*, vol. VII, Coimbra, Faculdade de Letras, 1985, pp. 391-426.

(6) *Idem, Forças Armadas e Instituições Políticas*, Policopiado, Lisboa, Instituto de Estudos para o Desenvolvimento (IED), 1983, 78 páginas dactilografadas.

(7) *Idem*, «Um Corpo Perante o Estado: Militares e Instituições Políticas» in *Portugal – O Sistema Político e Constitucional 1974-1987*, dirigido por Mário Baptista Coelho. Lisboa, Ed. Instituto de Ciências Sociais (ICS), Universidade de Lisboa, 1989, pp. 427-451.

(8) Maria Carrilho, *Forças Armadas e Mudança Política em Portugal no Século XX – Para uma Explicação Sociológica do Papel dos Militares em 5 de Outubro de 1910, 28 de Maio de 1926 e 25 de Abril de 1974*, Dissertação de Doutoramento apresentada ao ISCTE. Lisboa 1985.

(9) *Ibidem*, p. 107.

(10) *Ibidem*, p. 108.

(11) Eduardo Lourenço, *Os Militares e o Poder.* Lisboa, Arcádia, 1975, p. 21.

(12) *Ibidem*, p. 31.

(13) Fernando Pereira Marques, «Do Exército Providencial ao Exército Salazarista» in *O Fascismo em Portugal, Actas do Colóquio da Faculdade de Letras*, Março 1980. Lisboa, Ed. A Regra do Jogo, 1982, pp. 195-206.

(14) *Ibidem*, pp. 195-196.

(15) *Ibidem.*

(16) Fernando Pereira Marques, *Exército e Sociedade em Portugal – No declínio do Antigo Regime e Advento do Liberalismo.* Lisboa, Ed. A Regra do Jogo, 1981, p. 15.

(17) *Ibidem*, p. 16.

(18) *Ibidem*, p. 17.

(19) *Ibidem*, p. 18.

(20) José Sanchez Cervelló, *Proceso Democratizador Peninsular 1961-1976*, Dissertação de Doutoramento em História, Tarragona, Universidade de Tarragona, 1988.

(21) Seguiremos nesta síntese: *Idem*, «El Proceso Democratico Português» in *Portugal y Espana en El Cambio Político (1958-1978)*, Coordenação de Hipolito de la Torre. Mérida, UNED, 1989, pp. 149-168.

(22) Os principais títulos de estudos de estrangeiros sobre Portugal encontram-se em Thomas C. Bruneau, *Politics and Nationhood – Post Revolutionary Portugal*. New York, Praeger Publishers, 1984; Ronal H. Chilcote, *A Revolução Portuguesa de 25 de Abril de 1974*. Bibliografia anotada sobre os antecedentes e evolução posterior., Coimbra, Universidade de Coimbra 1987; José Medeiros Ferreira, *A Posição de Portugal no Mundo*. Lisboa, Fundação Gulbenkian, 1988.

(23) Ferreira Martins, *Portugal na Grande Guerra*, vol. II. Lisboa, Ed. Ática, 1934-1935; *Idem*, História do Exército Português, Lisboa, Inquérito, 1945.

(24) Vasco Pulido Valente, *O Poder e o Povo: A Revolução de 1910*. Lisboa, Ed. D. Quixote, 1976.

(25) António José Telo, *Decadência e Queda da Primeira República Portuguesa*, vol. II. Lisboa, Ed. A Regra do Jogo, 1980.

(26) *Idem*, *Portugal na Segunda Guerra (1941-1945)*, Dissertação de Doutoramento apresentada à Faculdade de Letras. Lisboa 1989, policopiado, 512 páginas.

(27) Eduardo Lourenço, *Op. cit.*, p. 39.

(28) Nomeadamente telegramas e relatórios da Legação dos EUA em Lisboa para Washington durante a Segunda Guerra Mundial e Foreign Relations of the United States – Diplomatic Papers – 1941, 1942, 1943, 1944, 1945., Washington, United States, Government Printing Office.

(29) Maria Paula Lomelino; Eugénia Costa, «Os Ministérios do Reino e do Interior. A propósito de duas novas incorporações» in *Memória*, n.º 1, Abril 1989. Lisboa, ANTT – Livros Horizonte, 1989, p. 221.

(30) A. H. Oliveira Marques, *Guia de História da Primeira República Portuguesa*. Lisboa, Ed. Estampa, 1981, p. 352.

(31) *Ibidem*, p. 348.

ORIGEM DO TEXTO:

«Introdução» in *O Comportamento Político dos Militares – Forças Armadas e Regimes Políticos em Portugal durante o Século* XX. Lisboa, Ed. Estampa, 1992, pp. 13-27.

3.

Mudanças de regime político e Forças Armadas em Portugal: o trânsito da Monarquia para a República

1. Características da instituição militar nos finais da monarquia

A instituição militar não existia como organização unificada no Estado imperial português quando a monarquia foi derrubada em 1910, e convém desde já arredar uma das muitas ideias feitas com curso legal assegurado, a saber, a opinião de que os militares tiveram uma continuada intervenção na sociedade portuguesa durante todo o século XIX. Nada de mais falso no que respeita nomeadamente à segunda parte desse século em Portugal.

Com efeito, após as últimas veleidades do Marechal Saldanha e com o advento de Fontes Pereira de Melo, a instituição militar desaparece dos centros de decisão políticos para se tornar um instrumento relativamente dócil e sempre subordinado ao monarca, fosse ele D. Luís, D. Carlos ou D. Manuel II. Assim, nada de semelhante ao fenómeno das intervenções militares espanholas, tipo General Prim ou do General Serrano entre 1868-1870, ocorre em Portugal nessa época, sem necessidade de exceptuarmos o efémero governo de Saldanha durante alguns meses de 1870.

A instituição militar, por outro lado, não dominava a dimensão transcontinental do Estado português separada que estava em dois corpos organizacionais bem distintos: o Exército Metropolitano e o Exército Colonial, com quadros diferentes, armamento autónomo e instrução separada, dadas as funções bem diferenciadas a que estavam destinados. Porém, pela opção africana entretanto efectuada e pela intensificação das então chamadas «campanhas de pacificação», a principal natureza da instituição militar portuguesa era a sua natureza de exército colonial. Mas, contrariamente às aparências, fora o próprio Exército Metropolitano quem se apropriara do comando das operações africanas.

No entanto, essas «campanhas de pacificação» que tanto haviam de contribuir para a formação de uma classe burocrática-militar, especialmente vocacionada para a defesa e promoção dos interesses da burguesia colonial metropolitana, começaram por ser efectuadas apenas pelas tropas coloniais sem o recurso ao Exército de Portugal.

Seriam os sucessivos desaires sofridos pelas tropas coloniais perante as revoltas ocorridas nos territórios de Angola e de Moçambique que levariam ao desencadear de um fenómeno de incalculáveis consequências para o futuro: o envio para as colónias de forças expedicionárias de Lisboa, primeiro em auxílio das tropas provinciais, depois enquadrando essas mesmas tropas, retirando-lhes qualquer veleidade de autonomia institucional em relação ao Exército Metropolitano com os corolários centralistas que o poder político em Lisboa não deixaria de fomentar.

Esta exclusividade da dimensão colonial na actividade das Forças Armadas portuguesas está bem ilustrada nas condecorações então atribuídas aos militares. Assim, a lista dessas condecorações era, em 1900, a seguinte:

- Medalha das Campanhas da Liberdade;
- Medalhas de prata e cobre para comemorar os serviços da divisão auxiliar à Espanha de 1835 a 1837;
- Medalha para comemorar a expedição mandada a Angola em 1860;
- Medalhas de ouro, prata e cobre de serviços no Ultramar;
- Medalhas de ouro, prata e cobre para comemorar a expedição a Moçambique em 1894-1895;
- Medalhas de ouro, prata e cobre para comemorar a expedição contra os namarrais em 1896;

- Medalhas de ouro, prata e cobre para comemorar as operações em Gaza em 1897;
- Medalhas de ouro, prata e cobre para comemorar a expedição à Índia em 1895;
- Medalhas de ouro, prata e cobre para comemorar a expedição à Zambézia em 1897;
- Medalhas de ouro, prata e cobre para comemorar a campanha do Humbé em 1898;
- Medalhas de ouro, prata e cobre para comemorar a expedição à região do Niassa em 1899;

Em 1910, esta lista pode ser acrescentada com outras medalhas que mais reforçam a imagem de um exército perfeitamente convertido a uma natureza essencialmente colonial:

- Medalhas de ouro, prata e cobre para comemorar a campanha do Bailundo em 1902;
- Medalhas de ouro, prata e cobre para comemorar a campanha do Barué em 1902; campanhas de Selles em 1902 e 1903; campanhas do Mulondo em 1905; campanha dos Dembos em 1907; campanha do Cuamato em 1907; campanha da Guiné em 1908([1]).

Verifica-se, assim, que as últimas campanhas militares das Forças Armadas portuguesas na Europa deram-se com o envio para Espanha de uma divisão auxiliar em apoio às forças liberais espanholas partidárias da Constituição de Cádiz, nos anos de 1835 a 1837, como corolário da recente vitória em Portugal do exército liberal de D. Pedro IV sobre as forças miguelistas. Se não nos ocuparmos do papel das Forças Armadas nos movimentos populares da Maria da Fonte e da Patuleia (1846), pode-se afirmar que só em 1860 o exército da monarquia constitucional é posto à prova e logo numa expedição a Angola em 1860. Daí por diante, seriam as campanhas coloniais que marcariam profundamente a natureza e as características das Forças Armadas não só até ao final da monarquia como ainda durante a vigência da República até ao envio para a Flandres do corpo expedicionário português (CEP), em Janeiro de 1917, no quadro das operações militares da Primeira Guerra Mundial.

O Prof. Oliveira Marques analisa as características do Exército da monarquia constitucional tendo em conta o binómio oficial-soldado por o considerar revelador da política da monarquia em relação à Força Armada:

> O Exército conheceu várias organizações, entre 1834 e 1910. Quase todas elas se caracterizam por um aumento no número dos oficiais e por poucas alterações significativas no número dos soldados, com o resultado de que a relação oficial/soldado baixou constantemente. (...)
>
> ... A reforma de 1901 subiu a oficialidade uma vez mais, para 2378, aumentando os efectivos da cavalaria (dez regimentos) e da Infantaria (33). A relação oficial/soldado baixou de novo para 1/15. Estes números são elucidativos para compreender a estabilidade do País, na segunda metade do século, dado que os governos se apoiavam numa clientela militar cada vez mais ampla e privilegiada([2]).

O Prof. Oliveira Marques considera na mesma obra que o crescimento da oficialidade ainda se pode explicar pelas campanhas militares nas colónias, dando assim a entender que as necessidades não se faziam sentir propriamente no contexto europeu.

Várias explicações podem ser avançadas para a hipertrofia colonial e para a rarefacção metropolitana das Forças Armadas portuguesas nos forais da monarquia. Vamos reter dois factores principais: os termos militares da Aliança Luso-Britânica e as características do desenvolvimento tecnológico, armamentista e táctico das Forças Armadas como resultado do estádio do desenvolvimento económico e social do País.

Aliás, as campanhas de pacificação teriam notórias consequências na actividade diplomática portuguesa, não só no apoio e cobertura dos conflitos que imediatamente provocavam como ainda na defesa de posições ingratas em algumas reuniões internacionais como a Conferência de Bruxelas de 1890 e as Conferências da Haia.

É o próprio conde de Penha Garcia, nosso representante na 1.ª Conferência da Haia, quem nos relata a atitude da diplomacia portuguesa perante as Convenções da Haia de 1899.

Essa Conferência, que veio a ser uma reunião de representantes de países europeus, asiáticos e americanos, convocados pela Holanda sob sugestão do Czar da Rússia, tendo por objectivo o desarmamento ou a limitação dos armamentos, aprovou três Convenções sendo uma delas sobre a proibição da utilização de balas com efeitos explosivos ou de balões para o lançamento de explosivos nos campos de batalha.

Ora, dos países que tomaram parte na Conferência, (e foram 26 – 20 da Europa, 4 da Asia e 2 da América) e que se obrigaram a não permitir o uso das balas-explosivos «só a Inglaterra, Estados Unidos e Portugal não subscreveram essa cláusula por entenderem que o seu uso era necessário nas guerras com os selvagens, porque só elas tinham a força de fazer parar o primeiro impacto das suas hordas([3]). A Inglaterra em breve iria adoptar a Convenção deixando Portugal ainda mais isolado.

Temos, pois, um exército atrasado em termos de guerra europeia e já utilizando armas próprias desse estado de coisas nos teatros periféricos.

Esse atraso do exército não deixava de preocupar alguns responsáveis políticos da monarquia e assim no «discurso da coroa» pronunciado a 2 de Janeiro de 1903 anunciava-se a apresentação de uma proposta de governo «referente à necessária substituição do armamento que possuímos e que há muito carece de reforma»([4]).

A este respeito, o General Ferreira Martins informa-nos que na «sessão parlamentar de 4 de Maio (1903), o governo apresentava uma proposta de lei para levantamento de um empréstimo de 4500 contos destinado à compra de 100 000 armas para as tropas de infantaria, de 36 baterias de artilharia de campanha e das correspondentes munições»([5]).

Por essa altura, o exército tenta equipar-se com algum material moderno como essas 36 baterias de artilharia de campanha que adoptavam uma das últimas concepções técnicas da época: o recuo da peça sobre o reparo.

Abre-se, então, um autêntico concurso para escolher, aperfeiçoar e adoptar armamento de origem estrangeira para o exército português, nomeadamente entre a Krupp alemã e a fábrica francesa Schneider-Canet, escolhe-se a espingarda Mauser para substituir a velha Kropatschek, que durante largos anos a infantaria portuguesa irá usar, adaptada por um engenheiro português Vergueiro, ficando esta espingarda conhecida por Mauser-Vergueiro. Ainda nessa época, o exército português dota-se de secções de metralhadoras Maxim. Eram os efeitos da consciência do atraso armamentista das Forças Armadas no respeitante à guerra moderna europeia.

Assim, um conceituado oficial, Morais Sarmento escreve também em 1903 um ensaio fortemente impressivo sobre as vulnerabilidades do sistema militar de defesa. No seu livro *A Defesa das Costas de Portugal e a Aliança Luso-Inglesa*[6], o autor chama particularmente a atenção para a rarefacção do sistema militar da fronteira terrestre assim como para o atraso técnico e prático do exército português face aos exércitos europeus. Os próprios termos militares da aliança luso-britânica não lhe pareciam muito fiáveis para a defesa da costa portuguesa na medida em que era sua opinião que a Inglaterra necessitaria de exercer o esforço principal das suas forças navais no próprio mar do Norte e só subsidiariamente poderia ajudar Portugal a manter livre o porto de Lisboa assim como as linhas de navegação para as ilhas atlânticas e as colónias de África.

Depois da humilhação marítima do Ultimato inglês soava a hora da inquietação continental, inquietação essa responsável pelas medidas de modernização do armamento atrás assinaladas, mas que não se afiguraram suficientes aos olhos de um jovem tenente de engenharia que iria ser um dos oficiais mais influentes na determinação do comportamento da instituição militar em face dos problemas globais da sociedade portuguesa durante o primeiro quartel do século XX. Raul Augusto Esteves, o futuro General Raul Esteves, implicado no 18 de Abril de 1925, diz-nos coisas surpreendentes para a sua evolução: «Precisamos ter um exército organizado para a guerra e unicamente para a guerra (...) É um erro funesto, sem dúvida, desviá-lo da sua missão»[7].

O requisitório que Raul Esteves faz então contra o estado do Exército Metropolitano é impiedoso:

> Na actual situação do nosso sistema militar, fácil é ver a errada orientação de todas as nossas instituições militares.
>
> (...) Na verdade, a nossa legislação militar persiste em encarar o exército como um ramo da administração do Estado cuja existência tem por único fim acrescentar mais uma secção ao orçamento geral[8].

E mais detalhadamente:

> O serviço é fazer uma guarda, é acompanhar uma procissão ou um círio, é marchar para localidades onde há desordens ou cujos influentes políticos exigem uma dose de tropa para a sua terra, é formar numa parada para ficar em exposição curiosa aos comentários dos espectadores, é levantar um auto de corpo de

> delito, é vender uns trapos em leilão, é avaliar artigos incapazes, enfim, o serviço é tudo, só não é um serviço à nação.
>
> É assim que muitas vezes a instrução dos recrutas é apressada para haver mais gente para o serviço.
>
> (...) Deste modo chega-se a possuir a ideia de que o exército é feito para desempenhar serviços de polícia e administração e que a guerra não entra em nada na sua razão de ser([9]).

Embora Raul Esteves não se refira aqui ao empenhamento cada vez maior de oficiais na administração colonial, é necessário realçar que uma das missões mais importantes atribuídas aos oficiais que iam para as colónias era de facto o desempenho de cargos administrativos que os deslocavam das suas atribuições meramente militares, para lhes acrescentar uma nova função na sua actividade dentro do Estado português, o que não deixará de produzir consequências na apetência futura que os oficiais demonstrarão para o exercício de cargos políticos.

Deste modo, em 1898, uma comissão de oficiais encarregada de propor medidas para reformular a organização militar nas colónias, e presidida pelo General Conde de São Januário, sugere a criação de um curso colonial que deveria ser frequentado por oficiais antes de estes embarcarem para o Ultramar, pois, como se dizia no relatório dessa comissão, «o actual regímen de administração colonial entrega, quase exclusivamente, nas mãos de oficiais do exército, o destino das possessões de Portugal». Consequentemente, a comissão propõe que o curso colonial seja destinado a habilitar os oficiais para as tarefas de administração civil colonial e que seja professado na própria Escola do Exército.

Mesmo sem esse curso colonial que não será oficializado, os oficiais do quadro permanente irão continuar a desempenhar cargos político-administrativos nas colónias, o que os vocacionará para uma futura intervenção política na sociedade portuguesa alguns anos após a implantação da República.

A socióloga Maria Carrilho, num artigo publicado na revista *Nação e Defesa*, intitulado «O processo de profissionalização militar no exército português», caracteriza o período final da monarquia como um tempo de transição entre a formação operacional e a formação de gestores dos oficiais do quadro permanente:

> Encontramo-nos num dos períodos de transição mais dramática na história da implantação da moderna instituição militar, caracterizada pela constante, embora nem sempre evidente, tensão entre a componente operacional-heróica, na linha da tradição mais arreigada, e a nova componente organizativa-administrativa, requerida por uma condução mais complexa e científica da guerra. Trata-se, não tanto de uma luta em que os seus protagonistas se assumem como partes em causa, quanto de uma relação dialéctica que se desenvolve no seio da instituição, por vezes perpassando, contraditoriamente, o próprio indivíduo.
>
> Na realidade um outro modelo de carreira começa a impor-se com nitidez: o do organizador / administrador militar"([10]).

Divididas entre várias categorias, nomeadamente entre Exército Metropolitano e Exército Colonial, as Forças Armadas encontram-se, nos finais do século XIX princípios do século XX, paralisadas por variadas contradições. Assim, o Exército Colonial tinha expressão operacional, mas era nula a sua influência estratégica, enquanto que o Exército Metropolitano estava a um passo de subordinar inteiramente o Exército Colonial mas era incapaz de assegurar as missões militares no continente europeu e no Atlântico Norte.

A subordinação das Forças Armadas ao regime monárquico era, no entanto, um facto. Essa subordinação ao regime monárquico revela-se, quer quando o rei promovia governos saídos do parlamento, quer quando o rei apoiava fórmulas ditatoriais, nomeadamente as ocorridas com o General J. Crisóstomo em 1891, sob a chefia de Hintze Ribeiro entre 1893 e 1897, e com João Franco em 1907. Nem se pode, portanto, falar de uma subordinação ao regime político da monarquia constitucional mas antes de aceitação das decisões políticas tomadas pelo monarca como chefe do Estado.

As organizações de articulação entre a instituição militar e o poder político eram relativamente singelas. Se exceptuarmos a via dos oficiais que eram membros das câmaras legislativas no regime monárquico (em 1900 havia 22 oficiais na Câmara dos Pares e 28 na Câmara dos Deputados e em 1909 o seu número era respectivamente de 24 e 25([11]), a articulação entre o escalão político e o escalão militar era sobretudo efectuada através da Comissão Superior de Guerra e do Supremo Conselho da Defesa Nacional.

A Comissão Superior de Guerra era destinada a dar parecer, em última instância, sobre os assuntos que diziam respeito à defesa e às instituições militares e que o ministro da Guerra julgasse conveniente submeter à referida apreciação. Essa Comissão era presidida pelo próprio ministro da Guerra e tinha como vogais os oficiais do exército que tivessem sido ministros ou secretários de Estado dos negócios da Guerra (o que era uma fórmula de responsabilizar todos por certas medidas mais polémicas evitando brechas entre personalidades influentes); o director-geral da secretaria de Guerra; o director-geral da Marinha; o general-comandante da primeira divisão militar; o major-general da Armada; o comandante da Escola do Exército; os directores-gerais do serviço do Estado-Maior e das diferentes Armas, etc.

O Supremo Conselho da Defesa Nacional, segundo o decreto de 29 de Janeiro de 1907 que o criou, era

> a alta corporação militar destinada a tomar a iniciativa dos estudos de preparação de guerra e correlativas deliberações, estabelecendo os princípios fundamentais a que se deve subordinar a organização geral e a mobilização das forças de terra e mar e das tropas coloniais, os planos de ocupações terrestres e marítimas e o plano da organização defensiva da metrópole e das colónias, e exerce a sua acção determinante orientando superiormente os trabalhos que devem ser feitos pela comissão superior de estudos da defesa nacional (conselho general do exército e conselho general da armada), dando parecer sobre as consultas que lhe forem feitas pelos ministros da guerra e da marinha([12]).

O rei assumia, sem voto, a presidência do Supremo Conselho da Defesa Nacional, sempre que ele próprio julgasse conveniente.

Deste modo se mantinha assegurada a subordinação das Forças Armadas ao poder político monárquico. Porém os acontecimentos que levaram à implantação da República em 1910 iriam demonstrar que o facto de as Forças Armadas estarem subordinadas a um poder político não significa que estejam activamente prontas para a sua defesa.

Ora o tipo de subordinação da instituição militar à monarquia e a forma como aquela se comportou no trânsito entre a monarquia e a república sugerem que as Forças Armadas portuguesas são indiferentes aos regimes políticos e que não será propriamente a defesa ou o derrubar de um determinado regime político que as motiva à acção unida e concertada.

2. O comportamento da instituição militar no trânsito entre a Monarquia e a República

A instituição militar ficara indiferente às evoluções políticas dos últimos anos da monarquia desde os governos ditatoriais de Hintze Ribeiro à restauração do rotativismo dos partidos constitucionais até às diferentes fases da tomada do poder por João Franco entre 1906 e 1908 (primeira fase, formação do governo em coligação; segunda fase, na base dos poderes reais com dissolução das câmaras; terceira fase, governo ditatorial assente em leis e medidas de excepção). A instituição militar ficará ainda indiferente aos governos constitucionais de D. Manuel II (1908-1910). E isto apesar dos diferentes apelos que lhe eram dirigidos, nomeadamente por Vasconcelos Porto.

Do lado republicano, o estudo do comportamento das Forças Armadas era tema obrigatório para todos os seus responsáveis, sobretudo após a tentativa infeliz do movimento revolucionário de 31 de Janeiro de 1891, no qual os sargentos tiveram actuação de relevo na condução de algumas tropas mas revelando-se impotentes perante a enérgica reacção da Guarda Municipal. Daí por diante, um dos tópicos centrais da actividade republicana será a tentativa de aliciamento de militares e também o estudo das possíveis reacções das forças do exército e da armada face a um qualquer movimento tendente a derrubar a monarquia.

Assim, em 1895, o notável organizador e estratega revolucionário Basílio Teles, entrega-se à tarefa de prever quais seriam não só os diferentes comportamentos da instituição militar perante nova insurreição como ainda a própria capacidade operacional dos oficiais que viessem a aderir e a participar no plano de implantação do regime republicano:

> Voltemos, pois, ao plano militar de que vinha falando (...) É a experiência que me impõe o dever de insistir neles. Em 31 de Janeiro não vi senão flagrantes desconchavos, que nunca supus que pudessem sequer germinar na cabeça de um profissional (...) Ora se, então, forças bastantes para alcançarem a vitória ficaram

> completamente anuladas pela incapacidade do comando – quem me garante que não aconteça de novo a mesma coisa? Abra a história do constitucionalismo e veja, meu amigo, o que aconteceu em 28. Havia regimentos e regimentos, coronéis, generais, etc. e todavia tudo isso se dissipou como o fumo. Em 32, as imbecilidades de Pedro N, Terceira e companhia nas primeiras operações militares foram de tal calibre que, sem as tolices ainda maiores de Santa Marta e consócios, a causa liberal ia, como em 28, pela água abaixo([13]).

De facto, o comportamento das Forças Armadas durante os acontecimentos que envolveram a implantação da República veio demonstrar não ter havido qualquer acção determinada e determinante por parte do exército e da armada durante o trânsito da monarquia para a república.

Estranho comportamento esse das Forças militares que, completamente subordinadas ao poder político da Monarquia, não aparecem a defendê-la em Outubro de 1910, ficando assim alheadas e indiferentes à mudança de regime político. Vamo-nos cingir agora ao próprio desenrolar das operações que levaram à implantação da República em 5 de Outubro de 1910 para melhor realçar a diminuta participação militar nesse momento decisivo.

Loureiro dos Santos oferece-nos a seguinte descrição da acção de combate que derrotou a monarquia:

> A partir da uma hora da manhã de 4 de Outubro, revoltaram-se Infantaria 16 e Artilharia 1 (tendo os oficiais não aderentes oferecido reduzida resistência), o Quartel dos Marinheiros, em Alcântara, e os cruzadores «Adamastor» e «S. Rafael». As forças das duas unidades do Exército dividiram-se em duas colunas, conforme previamente planeado, mas, depois de várias peripécias, resolveram reunir-se e marchar para a Rotunda que ocuparam; eram comandadas pelo capitão mais antigo, Sá Cardoso. As forças revoltadas do Quartel dos Marinheiros, sob o comando do primeiro tenente Parreira, tentaram progredir para o Palácio das Necessidades, mas foram rechaçadas por elementos de Infantaria 1, Caçadores 2 e Guarda Municipal que o guardavam. Os dois cruzadores passaram a ser comandados, respectivamente, pelos tenentes Cabeçadas e Tito de Morais.

Não se conseguira revoltar as outras unidades (Engenharia, Infantaria 5 e Caçadores 5); grupos de civis postaram-se nos acessos à fábrica de Beirolas.

Na manhã de 4, sem elementos que enquadrassem a rebelião, esta parecia prestes a ser sufocada.

Contra o movimento, o Q.G. dispunha de Infantaria 1, Infantaria 2, Infantaria 5, Cavalaria 2 (Lanceiros), Grupo de Artilharia a Cavalo de Queluz, Caçadores 5, Engenharia, Guarda Municipal e Forças de Polícia. As informações aos revoltados eram prestados pela população, que se movimentava na cidade servindo voluntariamente de estafetas.

Face a esta situação, o capitão Sá Cardoso, após ouvir o conselho de oficiais que reuniu, resolve abandonar a Rotunda, convencido de que o golpe falhara, no que foi seguido por todos os oficias, menos Machado Santos (oficial da marinha Mercante) que se recusou a abandonar e assumiu o comando.

Durante o dia 4, dão-se três acontecimentos importantes:

– O Q.G. decide atacar o acampamento da Rotunda (que englobava o quartel de Artilharia 1) com uma coluna mista composta da bateria da Artilharia de Queluz e dos regimentos de Infantaria 2 e Cavalaria 2. As forças rebeldes tiveram conhecimento deste ataque por informações de populares.

O ataque foi um completo fracasso. Bastaram uns poucos tiros das peças de art.º 1 e da Rotunda para levarem à debandada das forças legais, cuja desmoralização e comprometimento resultante da aturada propaganda e aliciamento da subversão eram patentes. Apenas o Capitão Couceiro com o seu pessoal tentou resistir, mas desapoiado pelas outras Armas foi obrigado a retirar.

– O outro acontecimento (importante) foi o bombardeamento do Palácio das Necessidades pelos navios de guerra, que provocou o pânico no rei, levando-o a fugir para Mafra.

– O terceiro acontecimento foi a chegada contínua à Rotunda de civis e militares que vinham tomar parte na luta, desertando estes últimos das suas unidades.

– Os factos narrados mostram a fraca convicção das forças da ordem e dos seus chefes: derrotados, sentem-se moralmente diminuídos e aumentam o moral dos adversários; sem rei, desaparece o símbolo que os poderia unir e moralizar.

(...) Na manhã de 5 de Outubro, enquanto nas ruas os populares davam vivas à República e alguns jornais a anunciavam, o Q. G. apela para Paiva Couceiro para tentar um último golpe sobre a Rotunda que foi executado, mas que se frustrou.

– As forças da ordem estavam assim dispostas: Infantaria 2 recolhera ao quartel de Infantaria 1, em Belém; Lanceiros 2 encerrara-se no Quartel do Carmo, para onde tinham retirado depois do malogro do assalto à Rotunda; no Rossio, Infantaria 5 e Caçadores 5; nas Necessidades, uma brigada composta por Infantaria 1, Caçadores 2, uma parte de Infantaria 16 e um esquadrão de cavalaria da Guarda Municipal; a Guarda Municipal estava fraccionada em vários pontos; da Guarda Fiscal (1300 homens) ninguém sabia.

(...) O comandante da Divisão ordena às forças das Necessidades que impedissem que as forças revoltosas da Rotunda actuassem sobre o Rossio; a ordem não foi cumprida, apesar de várias vezes transmitida. Tendo sido determinado a Artilharia 3 (Santarém) que viesse para Lisboa, ficou parada na Póvoa recusando-se a continuar.

Os militares de Infantaria 5 e Caçadores 5 informaram os respectivos comandantes que se recusavam a fazer fogo contra os marinheiros; os seus comandantes comunicaram o facto ao comandante da divisão([14]).

O historiador Vasco Pulido Valente que também relata com minúcia os eventos revolucionários da implantação da República e se ocupa da participação das forças armadas, afirma judiciosamente: «O carácter popular do 5 de Outubro precisa hoje de ser reafirmado. Na altura, porém, ninguém teve dúvidas sobre o facto»([15]). Aliás do seu trabalho de investigação ressalta a ausência de qualquer atitude activa por parte dos militares:

De qualquer descrição do 5 de Outubro, um ponto ressalta claramente: a relutância do Exército em lutar. Sem dúvida que parte dessa relutância se deve atribuir à notória inexperiência da oficialidade. No entanto, não há inexperiência que justifique a fuga deliberada, a frequente recusa de obedecer e uma nítida tendência para evitar situações de perigo([16]).

Vasco Pulido Valente baseia estas afirmações nos percursos escolhidos pelos oficiais de ambos os lados na guerra de posicionamento por que optam. Assim, do lado monárquico:

> tirando meia dúzia de ingénuos que levaram o seu juramento de fidelidade ao Rei suficientemente a sério para morrer por ele, os únicos militares que atacaram os rebeldes foram «os pretorianos» da Guarda Municipal e uns tantos oficiais (africanistas), antigos ornamentos da «camarilha» palaciana: isto é, os inimigos tradicionais da «canalha» e quatro ou cinco aristocratas como Paiva Couceiro, Martins de Lima, Van Zeller e Pinheiro Chagas, nenhum dos quais poderia viver em paz na República.
>
> (...) No que respeita ao braço militar da organização revolucionária, o papel decisivo pertenceu aos sargentos, cabos e soldados. Cabos e soldados revoltaram a Infantaria 16; em Artilharia 1, sargentos trouxeram o regimento para a rua. No «Adamastor» e no «São Rafael», a tripulação apoderou-se dos navios sem ajuda e só a seguir chamou os oficiais. No Quartel de Marinheiros, Parreira deveu a vitória ao apoio dos marinheiros e dos sargentos. (...) Com frequência, os oficiais funcionaram de espectadores, mesmo quando formalmente eram eles os responsáveis. Além disso, muitos oficiais não cumpriram as suas missões (...) Tudo somado, apenas cinco oficiais ficaram no seu posto do princípio ao fim: o comissário naval Machado Santos, os segundos tenentes da Armada Tito de Morais, Mendes Cabeçadas e José Carlos da Maia e o primeiro tenente da Armada Ladislau Parreira([17]).

Estes elementos interpretativos permitem uma leitura mais clara da série de relatórios sobre os aspectos militares do movimento revolucionário no 5 de Outubro([18]).

Apesar de tudo, uma dúvida sobre a causa do comportamento da «força armada» persistiu nos espíritos: foi alheamento da questão do regime político ou apenas imperícia para se impor?

Um dado é certo: a implantação da República foi bem obra dos civis organizados à volta da Carbonária. Carbonária que, tendo atingido cerca de 40 000 membros no seu período de apogeu (1908-1910) «decaiu muito rapidamente desde então e desapareceu para todos os efeitos, apesar dos esforços para a fazer reviver em 1915»([19]).

Porém se os militares não participaram de forma determinante, nem de um lado nem do outro, nos acontecimentos que levaram ao derrube da monarquia, alheando-se desse trânsito entre dois regimes políticos, já o fim da monarquia, instituição multisecular refrescada na sua legitimidade após a vitória das forças liberais e da sua aceitação do sistema parlamentar, veio tornar a força armada, como então se dizia, na instituição-referência da legitimidade da nova situação política, que aliás se impôs sem resistência. Como diz o professor Oliveira Marques: «Os partidos monárquicos haviam-se auto-dissolvido e nenhuma força organizada se opunha à república. O Exército alinhava, na sua maioria, com o novo regime e a Marinha, na quase totalidade»([20]).

Conclusão

As Forças Armadas encararam o trânsito do regime monárquico para o regime republicano como um momento na sua progressão enquanto instituição, colaborando na primeira fase da República na convicção de que este regime lhe forneceria condições para o seu engrandecimento, através dos princípios republicanos do serviço militar obrigatório e do exército encarado como a nação em armas. Além disso, a força armada aparece como a grande instituição nacional de referência e como autêntico aval da legitimidade histórica do poder.

Abel Botelho, em artigo publicado na *Revista Militar*, afirma logo nos princípios de 1911:

> E é assim como poderemos vir a ter, dentro em poucos anos, um exército realmente digno desse nome, um verdadeiro exército nacional. Exército que deixará de fechar-se nos privilégios e excepções de uma casta, para se identificar com o sentir na nação, que toda quererá patrioticamente integrar-se nele, como sendo o índice potencial das suas justas aspirações e o formidável coeficiente dinâmico da sua força. E é só assim, trabalhando neste sentido que poderemos estabelecer com vantagem a organização miliciana; porque teremos o espírito militar vulgarizado e difundido, desde as grandes capitais às ínfimas aldeias; porque teremos conseguido obter, em suma, a defesa da nação feita pela mesma nação em massa, o que é o grande recurso das nações pequenas e a suprema aspiração dos povos que querem ser livres([21]).

É o mesmo Abel Botelho que ainda nos diz: «Trinta e seis horas de sumária luta bastaram para destruir pela base uma instituição de séculos.»

Os outros símbolos nacionais também serão alterados. Num instante os símbolos da soberania, monarca, bandeira e hino, são destruídos e substituídos pelas formas republicanas e por um governo revolucionário que se assume como provisório. A soberania popular e o seu sistema de representação não constituem ainda formas geradoras de consenso político nacional, tanto mais que a Igreja Católica observa com ostensiva reserva o derrube, em Portugal, de um dos seus reis «fidelíssimos». Essa luta que se irá travar entre os governos republicanos e a Igreja não desagradará de todo aos militares. Pouco a pouco, a República ficará à mercê do Exército e todos os governantes responsáveis tentarão sempre satisfazer os seus anseios e reivindicações profissionais. E de facto as relações entre a Primeira República portuguesa e as Forças Armadas serão caracterizadas por um grande entendimento no período compreendido entre 1910 e 1914. Será a Primeira Guerra Mundial que irá introduzir um persistente mal-estar entre o regime político republicano e as Forças Armadas.

Notas

(1) *Almanaque do Exército*, anos de 1900-1910.

(2) A.H. de Oliveira Marques, *História de Portugal*, Lisboa, Palas Ed., 1981, vol. III, pp. 107-108

(3) Conde de Penha Garcia, *As Convenções de Havia, Liga Portuguesa da Paz*, Lisboa, Liga Portuguesa da Paz, 1901, p. 17

(4) General Ferreira Martins, *História do Exército Português*, Lisboa, Ed. Inquérito, 1945

(5) General Ferreira Martins, *op. cit.*, p. 491

(6) General J. E. Morais Sarmento, *A Defesa das Costas de Portugal e a Aliança Luso-Ingleza* Lisboa, 1903

(7) Raul Esteves, *A Funcção do Exercito*, Lisboa, Papelaria Fernandes, 1907, p. 16.

(8) Raul Esteves, *op. cit.*, p. 29.

(9) Raul Esteves, *op. cit.*, pp. 31-32.

(10) Maria Carrilho, «O processo de profissionalização militar no exército português», *Nação e Defesa*, Lisboa, IDN, n.º 23, 1982, pp. 125-133.

(11) V. *Almanaques do Exército* anos de 1900 1909

(12) *Almanaque do Exército*, ano de 1908.

(13) Basílio Teles, *Memórias Políticas*, Lisboa, Portugália Editora, 1969, pp. 62-63.

(14) J. A. Loureiro dos Santos, *Apontamentos de História para Militares*, Lisboa, Instituto de Altos Estudos Militares, 1979, pp. 290-292.

(15) Vasco Pulido Valente, *O Poder e o Povo: a Revolução de 1910*. Lisboa, ed. D. Quixote, 1976, pp. 140.

(16) Vasco Pulido Valente, *O Poder e o Povo: a Revolução de 1910*. Lisboa, ed. D. Quixote, 1976, pp. 134.

(17) Vasco Pulido Valente, *op. cit.*, p. 136.

(18) Ver, entre outros, *Relatórios sobre a Revolução de 5 de Outubro*, prefácio e notas de Carlos Ferrão, ed. Câmara Municipal de Lisboa, 1978.

(19) A.H. de Oliveira Marques, *A Primeira República Portuguesa*, Lisboa, Livros Horizonte, s.d., p. 139.

(20) A.H. de Oliveira Marques, *História de Portugal*, Lisboa, Palas Ed., 1981, vol. III, p. 230.

(21) Abel Botelho, «O Exército e as Instituições» in *Revista Militar*, Lisboa, n.º 1, 1911.

(22) Artigo baseado num trabalho de investigação sobre «As Intervenções Militares na Sociedade Portuguesa» realizado para o Instituto de Estudos para o Desenvolvimento (IED), Lisboa, 1983.

ORIGEM DO TEXTO:

«Mudanças de Regime Político e Forças Armadas em Portugal: O Trânsito da Monarquia para a República» in *Nova História*, n.º 2, Dezembro de 1984, pp. 3-13[22].

4.

Forças Armadas

Após a Primeira Guerra Mundial e o Sidonismo, as Forças Armadas estão dispersas geograficamente e divididas politicamente. Só o restabelecimento pleno do regime republicano parlamentar assim como o regresso de centenas de oficiais do Corpo Expedicionário Português (CEP) provindos de França levaram à reconstituição da «força armada» como corpo de Estado.

Três problemas se colocaram à instituição militar entre o fim da Primeira Guerra e o golpe de estado de 28 de Maio: o problema das despesas orçamentais; o problema do hiperatrofiamento dos quadros de oficiais e o problema das novas orientações para a política militar em Portugal. Se estes problemas levam a um recolhimento dos militares até 1923, enquanto a República se lança nos braços da GNR, a partir daí tudo parece resumir-se ao antagonismo entre a «força armada» como se dizia então e o poder político do partido democrático.

O movimento de 28 de Maio foi precedido pelo progresso da disciplina interna das tropas, através de cerimónias de prestígio da instituição militar como a inauguração de monumentos à participação de Portugal na Primeira Guerra Mundial, e pela unidade do corpo promovida pelo general Carmona, Ministro da Guerra em Novembro de 1923, e prosseguida pelo mesmo general no processo dos oficiais implicados no 18 de Abril de 1925.

A revolta militar de 18 de Abril de 1925 é considerada como o ensaio geral do que viria a ser o 28 de Maio um ano mais tarde. Apoiados no exemplo da ditadura de Primo Rivera em Espanha, os revoltosos, entre os quais se destacaram Sinel de Cordes, Raul Esteves e Filomeno da Câmara, pretendiam, segundo o seu programa, quer «A reorganização e saneamento do Exército e da Marinha», quer «A rigorosa compressão das despesas do Estado pelo afastamento de funcionários em excesso», numa amálgama de objectivos militares e políticos que mobilizavam então a tropa e a opinião pública.

O movimento de 28 de Maio debateu-se com questões propriamente militares, como o excessivo número de oficiais, ainda decorrente da participação na Grande Guerra, e como as derivadas do «modelo miliciano suíço», que é expressamente condenado pelo decreto-lei da Ditadura n.º 1856 de 7 de Junho de 1926.

O excessivo número de quadros será um problema que se arrastará até 1937, muito embora o banimento das Forças Armadas dos oficiais e sargentos envolvidos nas sucessivas revoltas contra a Ditadura, entre as quais ressaltam a de Fevereiro de 1927 e a de Abril de 1931, se possa enquadrar na dupla preocupação de reduzir os quadros e de criar uma espécie de guarda pretoriana do regime com os militares que reprimiam esses movimentos.

Essa guarda pretoriana será constituída à base dos batalhões de caçadores e de metralhadoras, sediados principalmente em Lisboa e nas vias de acesso à capital. Entretanto, ergue-se a Base Naval do Alfeite como modo de retirar a Marinha do coração de Lisboa, já que a Armada continuava a ser encarada como um ramo onde as tradições republicanas se mantinham.

Simultaneamente, o início da década de trinta assiste ao rearmamento naval cujo programa é aprovado pelo decreto-lei n.º 18 633 de 17 de Junho de 1930. Deste modo, entre 1930 e 1935, a Marinha dota-se de cinco novos contratorpedeiros, dois avisos de 1.ª classe, quatro avisos de 2.ª classe e três submarinos. Possivelmente esse programa de rearmamento naval português terá contado com o apoio do almirantado britânico como forma de compensar algumas dificuldades criadas pelas conferências de desarmamento naval promovidas por Washington e que limitavam a hegemonia britânica. Como Portugal era um seguro aliado marítimo de Londres, o reforço do seu poder naval convinha àquela potência. Em 1937, quando Salazar já acumula também a pasta da Guerra, tem lugar a grande reforma militar operada no regime do Estado Novo e consagrada através das Leis n.º 1960 e 1961 e dos decretos-leis n.º 27 627, n.º 28401 e n.º 28 404.

No relatório que antecede a proposta de lei da reforma e onde são detectáveis as influências do general Aníbal Passos e Sousa e do capitão Santos Costa, o governo opta pelo chamado sistema da «Nação armada», preterindo teoricamente o sistema do Exército profissional:

> No sistema da Nação armada o princípio da preponderância das reservas é lei suprema da organização militar: não mais distinção entre exército activo e exército de reserva ou de segunda linha. No momento do perigo é toda a Nação em armas que corre às fronteiras. Como consequência deste princípio, a instrução militar em todas as idades e em todas as circunstâncias.

O governo de Salazar pretendeu também instaurar um sistema de ensino militar que promovesse uma casta separada de oficiais do quadro permanente:

> O governo julga essencial à existência e valor da força armada o meticuloso cuidado na preparação dos oficiais. Eis porque entende orientar desde a infância o escol que há de constituir os futuros chefes do Exército, adaptando a esta finalidade o Colégio Militar e a Escola do Exército.

A reforma de 1937 é a maior de todas as operadas pelo regime do Estado Novo no respeitante às forças armadas e só cerca de vinte anos depois será promulgada nova legislação da mesma natureza, com a aprovação da Lei de Bases n.º 2 084 de 16 de Agosto de 1956.

Promulgadas as leis da organização geral do Exército, do recrutamento e serviço militar, lançadas as bases do desenvolvimento da aviação, o governo de Salazar aprova, no decorrer do ano de 1937, quatro decretos-leis (n.º 28 401, n.º 28 402, n.º 28 403 e n.º 28 404) que completam a reforma militar sobre quadros e efectivos do Exército em tempo de paz, a situação e a promoção de oficiais, a remodelação de vencimentos e as disposições sobre o estatuto da aposentação. E a mão administrativa de Salazar que se abate sobre a instituição militar.

Um dos aspectos mais relevantes dessas reformas é o da redução imposta nos quadros de oficiais subalternos das diversas armas e serviços. Menos oficiais subalternos do quadro permanente, porém presença cada vez mais acentuada de milicianos como oficiais subalternos, cuja importância aumentará ainda mais com as mobilizações durante a Segunda Guerra Mundial e, depois, com a guerra colonial.

Outra característica marcante da reforma de 1937 foi a criação do Corpo de Oficiais do Estado-Maior, extinto depois de 25 de Abril de 1974. A reforma de 1937 disse especialmente respeito ao Exército e, acessoriamente, à Força Aérea e à Armada.

Essa reforma foi acompanhada de um esforço de rearmamento do Exército, ditado pela existência da Guerra Civil espanhola e pela tensão internacional crescente que levaria à eclosão da Segunda Guerra Mundial. O «germanofilismo» e o «anglofilismo» dos adeptos do regime salazarista encontram no rearmamento das Forças Armadas, na véspera da guerra, um terreno prático de afrontamento, dividindo-se a hierarquia do Exército sobre os melhores tipos de equipamento militar e a sua proveniência. Nada mais favorável para as relações entre o poder político e a instituição militar do que um estado de crises em que não haja guerra, mas exista a ameaça verosímil dela. Daí que, entre a Guerra Civil espanhola e o fim da Segunda Guerra Mundial, se situe um período de efectiva subordinação das Forças Armadas perante o governo de Salazar.

As características de neutralidade durante o conflito mundial cimentaram a cumplicidade existente entre o Estado Novo e as Forças Armadas. Não é de excluir que, entre os vários factores que podem explicar a explicitação da posição de neutralidade por Salazar, logo a 1 de Setembro de 1939, esteja a própria capacidade militar da altura. Com efeito, um relatório, apresentado ainda nesse ano pelo major general do Exército Júlio Moraes Sarmento, concluía pela debilidade do dispositivo de defesa português «sem cabeça e sem membros».

Pela mesma altura, os observadores diplomáticos e militares das principais potências acreditados em Portugal concorrem na afirmação feita de umas Forças Armadas mais do que preparadas para manter a ordem interna e para defender o regime ditatorial, enquanto o seu valor é considerado manifestamente deficiente perante qualquer eventual ataque militar externo. O período da Segunda Guerra Mundial fixa, na sua máxima intensidade, o entendimento entre o regime do Estado Novo e a instituição militar. Um país formalmente neutro, que sofreu beliscões na integridade da sua soberania em variadas partes do território – como as invasões de australianos, holandeses e japoneses em Timor, a débil situação em Macau, as «facilidades» nos Açores que se estenderam de ingleses para norte-americanos – que sofreu pressões, derivadas da venda de volfrâmio, à Alemanha, por parte dos Aliados, a partir de 1943, sem que a opinião pública tivesse conhecimento de toda a extensão desses acontecimentos, precisou de um biombo de sombras sobre a nudez dessas realidades, biombo que estreitou a cumplicidade entre Salazar e os chefes militares. O que se passou nos Açores durante a Segunda Guerra Mundial foi uma ilustração permanente dessa cumplicidade e da duplicidade da estratégia portuguesa na guerra.

Centraram-se nos Açores os principais esforços de mobilização efectuados pelo Governo português e no arquipélago chegaram a estacionar cerca de 25.000 homens. No entanto, a indeterminação sobre qual seria a mais séria ameaça à soberania imprime à concentração de forças um carácter mais político do que militar.

O general Sousa Meneses, no seu estudo *A Defesa dos Açores no Período da Segunda Guerra Mundial*, afirma:

> É de facto a partir de meados de 1942 que vale a pena focalizar o conceito militar da defesa dos Açores por ele aparecer claro dos documentos emanados pelo Comandante Militar dos Açores. Até então, ou seja, desde fins de 1940 e durante todo o ano de 1941, à medida que cada vez chegavam mais unidades de reforço, as coisas não aparecem muito claras...

A clarificação só se operou depois do desembarque de tropas aliadas no Norte de África em Novembro de 1942.

E uma série de documentos britânicos e norte-americanos revela que os Aliados não consideravam provável um ataque das forças do Eixo a Portugal por causa da concessão de facilidades nos Açores a partir de Outubro de 1943.

Como se sabe, data de 1943 um novo plano de rearmamento das Forças Armadas, baseado na eventualidade de um ataque germânico e que decorria dos termos do compromisso britânico para a utilização da base das Lajes.

Com efeito, só depois da vitória aliada na campanha do Norte de África são concedidas as facilidades nos Açores o que diminuiu significativamente as probabilidades de invasão da Península Ibérica pela Alemanha ou pela Itália. A abertura de duas frentes aliadas para além dos Pireneus, na Sicília primeiro e na Normandia mais tarde, torna a Península Ibérica um teatro estratégico demasiado excêntrico e sem interesse para a decisão militar da guerra.

Mesmo a rendição japonesa em Timor, a 22 de Setembro de 1945, far-se-á na ausência de qualquer força militar portuguesa que só chegará, cerca de uma semana depois, a bordo dos navios Bartolomeu Dias, Gonçalves Zarco e no transporte de tropas Angola.

Por tudo isto, a diplomacia britânica considerou a neutralidade portuguesa apenas como «continental» europeia e a dos EUA pretendeu que o Estado português não foi tecnicamente neutral, mas apenas não-beligerante.

Deste modo, as características híbridas da neutralidade durante a Guerra Mundial cimentaram a subordinação das Forças Armadas ao regime salazarista e cultivaram uma maior teia de compromissos e cumplicidades que ajudará a manter o Estado Novo depois da derrota das potências do Eixo. Aqui merece referência especial o papel de Santos Costa entre 1944 e 1958.

Com o aproximar do fim da guerra e com a vitória dos Aliados volta a agitação aos quartéis.

As movimentações militares para derrotar Salazar, no ciclo compreendido entre 1944 e 1947, tiveram variados motivos. Desde as conspirações urdidas para o pressionar a tomar certas decisões (proibição de exportação de volfrâmio em Junho de 1944; aumento dos vencimentos dos oficiais em Fevereiro de 1945), até às insurreições destinadas a derrubar o regime (Outubro de 1946: Abril de 1947), todas elas pretendiam reforçar o papel do Presidente da República, general Carmona, na evolução do regime político. Era ainda o reflexo da influência militar no sistema político.

O desfasamento das Forças Armadas em relação às modernas técnicas e tácticas de guerra cresceu com a neutralidade e prolongou-se até à formação da OTAN.

A entrada de Portugal na Aliança Atlântica teve grandes consequências nas estruturas das Forças Armadas.

Por causa da Aliança Atlântica, opera-se, durante a década de cinquenta, uma série de reformas militares que abrangem, quer o escalão político, com a criação de um Ministério da Defesa Nacional em 1950, quer o escalão militar, com o reforço da coordenação inter-ramos atribuída ao Chefe de Estado-Maior General das Forças Armadas (CEMGFA).

Os compromissos militares de Portugal para com a OTAN foram periodizados, até à eclosão da guerra em África, em quatro fases:

Fixação dos Compromissos (1951-1953);
Definição dos Compromissos (1954-1956);
Consolidação dos Compromissos (1957-1959);
Alteração dos Compromissos (1960-1961).

Esses compromissos consubstanciaram-se na criação de uma Divisão Independente do Exército, enquanto à Marinha eram atribuídas missões de patrulhamento no Atlântico. A guerra colonial levou ao abandono prático do ramo Exército das chamadas «missões NATO». Mesmo assim, a participação dos oficiais dos três ramos em cursos de instrução no âmbito da Aliança Atlântica permitiu uma modernização nas doutrinas e nos métodos de acção.

A influência do Military Aid Advisory Group (MAAG) na modernização do Exército, e na reorganização da Força Aérea, no início dos anos cinquenta, encontra-se suficientemente documentada em relatórios desses peritos militares norte-americanos e até dos adidos britânicos em Lisboa.

Nesses relatórios, os oficiais portugueses são descritos como demasiado escolares, praticamente sem experiência operacional e sem espírito inovador. Sobretudo o corpo de generais é apontado como sendo demasiado velho e sem os conhecimentos necessários para transmitir aos oficiais mais novos. Ou, como referia analiticamente o adido militar britânico em Lisboa em 1952, «Considera-se que, com a falta de oficiais superiores com experiência operacional e com a carência geral de formação e o equipamento obsoleto, o Exército só poderá ser útil para a segurança interna de Portugal...»

Uma das críticas mais frequentes dos militares do MAAG no início da cooperação com o Exército português, referia-se à existência do Corpo de Estado Maior fechado e ultrapassado nas questões operacionais. Assim, em Abril de 1954, o general Napier White, membro do Supreme Headquarters Allied Powers in Europe (SHAPE), na sua visita a Portugal, manifesta discordâncias em relação ao Corpo de

Estado-Maior do Exército pois «este sistema mantém os oficiais do Estado-Maior afastados dos outros militares, e leva à criação de uma casta superior dentro do Exército», pelo que propõe uma rotação obrigatória entre as funções de Estado-Maior e as funções de comando de tropas, assim como alerta para a necessidade de se formar um maior número de oficiais nas tarefas de planificação de operações. Esta crítica é integrada pelos responsáveis portugueses através da publicação do decreto-lei n.º 39 941 de 25 de Novembro de 1954 que abriu um pouco mais a frequência dos cursos de Estado-Maior, dada a conveniência de ser assegurada uma mais rápida preparação de oficiais de Estado-Maior para os escalões divisionários e das pequenas unidades de campanha. Ainda em 1961, apenas 144 oficiais pertenciam ao Corpo de Estado-Maior do Exército quando o quadro orgânico era de 2631 oficiais.

A participação de Portugal na OTAN teve profundas repercussões na organização, equipamento, métodos e programas de instrução, processos de trabalho e técnicas de Estado-Maior, para além dos contactos pessoais entre oficiais portugueses e outros de países democráticos da Aliança Atlântica.

A Lei n.º 2084, de 16 de Agosto de 1956, veio compendiar as novas bases da «Organização da Nação para a Guerra», que haviam de reger praticamente as Forças Armadas até ao 25 de Abril de 1974. A base XIX da referida Lei reforça o papel da CEMGFA que respondia simultaneamente «perante o Presidente do Conselho e o Ministro da Defesa Nacional pela preparação e conduta militar do conjunto das operações». Também a base IV merece uma referência especial por ter proposto que «A estrutura orgânica da defesa nacional é una para todo o território nacional: e as Forças Armadas de terra, mar e ar estacionadas em qualquer ponto podem ser empregadas dentro ou fora das fronteiras, onde quer que as conveniências nacionais ou os compromissos internacionais o exijam». Essa concepção de umas Forças Armadas cuja orgânica era una para todo o território nacional teve consequências maiores durante a guerra colonial.

A Lei n.º 2084 de 16 de Agosto de 1956 está na origem da criação de um organismo, o Conselho Superior Militar, que terá um papel de relevo na crise de relação entre o regime salazarista e as Forças Armadas ocorrida em Março – Abril de 1961. Esse Conselho Superior Militar era constituído pelo Ministro da Defesa Nacional, que presidia, e pelos titulares das pastas do Exército e da Marinha, pelo subsecretário de

Estado da Aeronáutica, pelo Chefe do Estado Maior General das Forças Armadas e pelos Chefes do Estado-Maior dos três Ramos. Paralelamente as Forças Armadas dotaram-se de órgãos próprios especializados na recolha e tratamento de informação militar e estratégica. Deste modo, as Forças Armadas adquiriram instrumentos que permitiam aos seus quadros superiores ter uma capacidade de informação e avaliação dos objectivos propostos pelo Governo.

Até a candidatura do general Humberto Delgado às presidenciais de 1958 pode ser inserida na tendência de alguns oficiais, mais atlantistas, para «provocar um forte reformismo no regime», embora a hierarquia militar obediente a Santos Costa ainda aceite participar na repressão às manifestações de rua desencadeadas pela candidatura de Humberto Delgado.

Tudo se modifica depois da remodelação governamental operada por Salazar a 14 de Agosto de 1958 quando o general Júlio Botelho Moniz, que era o Chefe de Estado Maior General das Forças Armadas, substitui Santos Costa na pasta da Defesa.

Entre 1959 e 1961 situa-se um período de progressiva autonomia da instituição militar face ao regime político salazarista e os oficiais que assumem responsabilidades demonstram estar na vanguarda das elites dirigentes portuguesas, com notável conhecimento da evolução da política internacional e preocupando-se com a desproporção entre os objectivos proclamados pelo Estado Novo e as capacidades efectivas do poder nacional.

Desde 1954 que o Governo britânico declarara ao Governo português ser impossível ao Reino Unido apoiar a posição de Salazar sobre Goa, Damão e Diu. De certa maneira terminou aí aquela parte da Aliança luso-britânica que correspondia às garantias de Londres sobre a manutenção das possessões ultramarinas portuguesas.

Os militares entenderam isso muito bem e passaram a criticar a dispersão de forças face ao desamparo internacional que a questão colonial suscitou nos aliados. Os chefes militares, no seguimento dos acontecimentos nas Nações Unidas na sessão da Assembleia Geral em 1960 e em Angola entre Fevereiro e Março de 1961, prepararam um golpe de estado comandado pessoalmente pelo Ministro da Defesa, Júlio Botelho Moniz.

A insubordinação de Botelho Moniz tem a característica de ter sido accionada através do pleno funcionamento dos órgãos político-militares criados pela já referida Lei n.º 2084 de 16 de Agosto de 1956. Todo o processo de decisão dos chefes militares no sentido de se alterar a política do regime decorre em reuniões do Conselho Superior Militar. Esse Conselho Superior Militar, na sua sessão de Fevereiro de 1961, ocupa-se abundantemente da situação no Ultramar e da questão do regime político. Através dos trechos da acta dessa sessão, que foi transmitida ao Presidente do Conselho, pode verificar-se a importância dada à falta de apoio das nações aliadas à política ultramarina do governo português, assim como a crítica a alguns aspectos do regime do Estado Novo, O Ministro da Defesa, em carta dirigida a Salazar em fins de Março, transmite-lhe essas posições.

As peripécias do golpe de estado falhado de Botelho Moniz, e do contragolpe, ocorridas entre 10 e 13 de Abril de 1961, são suficientemente conhecidas, assim como o discurso de Salazar quando assumiu a pasta da Defesa nesse último dia e nomeou Manuel Gomes de Araújo como Chefe do Estado-Maior General das Forças Armadas. Derrotados Botelho Moniz e a hierarquia militar estabelecida entre 1959 e 1961, que se propunham reformar o regime e fazer evoluir a política ultramarina no sentido da auto-determinação, ficou a instituição militar entregue aos defensores da guerra como resposta à situação criada e ao problema da possível independência dos territórios não-autónomos.

A primeira geração de chefes militares que se propunha resolver pela guerra a questão ultramarina teve, alguns meses depois, uma prova da inadequação entre os objectivos e os meios com a invasão de Goa por tropas da União Indiana em 18 de Dezembro de 1961.

O conceito estratégico do Governo de Salazar para a defesa do Estado Português da Índia baseava-se numa resistência militar de, pelo menos, oito dias para que fossem accionados os mecanismos do Conselho de Segurança da ONU e o recurso à Aliança Luso-Britânica. A 14 de Dezembro de 1961, Salazar envia uma mensagem ao Governador Vassalo e Silva em que afirma: «Não prevejo possibilidade de tréguas nem de prisioneiros portugueses, como não haverá navios rendidos, pois sinto que apenas pode haver soldados e marinheiros vitoriosos ou mortos». Os factos demonstraram a falência de todos estes pressupostos estratégicos e criaram um enorme mal-estar entre o regime salazarista e um número apreciável de oficiais das Forças Armadas.

Porém, a guerra em África funcionou, entre Abril de 1961 e Setembro de 1968, como factor de subordinação das Forças Armadas ao regime salazarista e esse período corresponde ao longo exercício de comando por parte do general Gomes de Araújo, primeiro como Chefe do Estado Maior General das Forças Armadas (de Abril de 1961 a Dezembro de 1962) e, depois, como Ministro da Defesa (entre Dezembro de 1962 e Setembro de 1968).

É provável que o tipo de manobra preconizado por Gomes de Araújo para as operações militares em África, assente na quadrícula dos territórios, ou seja, numa postura mais defensiva do que ofensiva, tivesse suscitado uma maior disponibilidade dos oficiais superiores para aguentarem o esforço da guerra durante mais tempo.

Essa concepção seria do agrado de Salazar que, na perspectiva de uma guerra longa, afirmou em 1962 que esta teria de ser «económica em baixas, em efectivos e em despesas».

Em 1967, Kaúlza de Arriaga organizou, no Instituto de Altos Estudos Militares, um colóquio sobre *A Conjuntura Estratégica* em que as críticas à conduta da guerra por Gomes de Araújo surgem à luz do dia. Mas as discordâncias sobre a política colonial parecem confinar-se apenas a questões de doutrina, concepção de manobra, coordenação de comandos e sistemas de forças. Muitas dessas críticas tinham por corolário a exigência de mais meios humanos e materiais para o esforço de guerra.

Segundo dados do Estado Maior General das Forças Armadas divulgados em 1990, o número médio anual de militares que, entre 1961 e 1974, esteve mobilizado em África foi de 117 000 efectivos. Porém, essa média foi subindo nos últimos quatro anos de guerra. Na Guiné verificou-se um aumento de efectivos da ordem dos 26 765 militares em 1970 para 32 035 em 1973; em Moçambique essa evolução foi de 38 712 homens para 51 463 nos referidos anos; e nem em Angola o dispositivo abrandou, pois aí havia 55 233 efectivos em 1970 e 65 592 no ano de 1973.

Quanto ao número de baixas, o maior número de mortos pertenceu ao Exército (8290), seguindo-se a Força Aérea (346) e a Marinha (195). Relativamente ao número de feridos, as estimativas apontam para cerca de 30 000, sendo o Exército o ramo mais atingido com cerca de 25 000. Em 1973 o número de mortos foi o maior para os três ramos (o Exército com 856, a Marinha com 40 e a Força Aérea com 27). A pressão e o desgaste de uma guerra longa eram patentes.

Quanto à evolução do quadro orgânico de oficiais, o do Exército mantém-se durante dez anos estabilizado à volta dos 2600 para se cifrar em 3162 no ano de 1973. Os oficiais combatentes em serviço activo do quadro permanente foram, em todo esse período, 1777. Os oficiais da Armada aumentam dos 930 existentes em 1960 para 1281 em 1965 e 1601 em princípios de 1974, embora nem todas as vagas estivessem preenchidas. Também a Força Aérea passa dos 392 oficiais provenientes da Aeronáutica Militar e da Aviação Militar em 1955 para 936 em 1965 e para 1421 oficiais em 1974. No conjunto dos três ramos das Forças Armadas, regista-se, durante a guerra colonial, um crescimento do corpo de oficiais do quadro permanente de 4850 elementos para 6884 (Carrilho, 1985, p. 439).

Após a reacção inicial da hierarquia militar reunida à volta do general Júlio Botelho Moniz, a guerra em Africa funcionou como factor de reforço mútuo entre o regime salazarista e as Forças Armadas. Os principais factores que terão actuado sobre o comportamento dos militares em relação à guerra em Africa foram as características defensivas do conceito de manobra, entre 1961 e 1968; a sucessão de Salazar e a questão da influência institucional das Forças Armadas no bloco de poder, entre 1968 e 1972; e, depois desta data, a evolução do tipo de operações militares e a aquisição de equipamento e armamento pelas forças armadas adversas, nomeadamente artilharia anti-aérea e o aumento das baixas já assinaladas. As sucessivas mobilizações de oficiais do Quadro Permanente acabaram por despertar os espíritos para a necessidade de o esforço de guerra ter objectivos de curto prazo a atingir.

Mesmo vários oficiais-generais manifestam, a partir de 1972, a necessidade de a guerra deixar de ser um fim em si mesmo e pressionam o poder político para procurar soluções que permitam uma trégua no esforço militar, ou até, se necessário, a retirada de África.

Com efeito, a génese do movimento de capitães é caracterizada, na sua fase conspirativa, por uma certa indiferença face à questão do tipo de regime político, desde que algum, ou alguém, estivesse em condições de pôr termo à guerra.

Não foi, no entanto, automática a relação entre o fim da guerra e o fim do regime ditatorial.

Se muitos generais se deram conta do beco sem saída em que a instituição militar estava metida, só a organização do movimento dos capitães colocou, a partir do fim do ano de 1973, a hipótese do derrube do regime para terminar com a guerra colonial.

Há uma distinção a fazer entre o «movimento dos capitães» e o Movimento das Forças Armadas. De uma forma simples situa-se essa distinção entre a fase conspirativa para o derrube do governo de Marcelo Caetano (Verão de 1973 – Abril de 1974) e a formação da Junta de Salvação Nacional com base no Programa do Movimento das Forças Armadas, na noite de 25 para 26 de Abril de 1974.

Neste contexto, o primeiro documento assinado colectivamente por oficiais do quadro permanente destinou-se a protestar contra a realização do denominado «Congresso dos Combatentes do Ultramar» que se realizou na cidade do Porto de 1 a 3 de Junho de 1973. Este protesto de cerca de quatrocentos oficiais do Quadro Permanente também foi uma reacção contra a entrada de oficiais milicianos para o meio de uma carreira para a qual não tinham concorrido da mesma forma.

Com efeito, esse protesto dos quatrocentos militares de carreira contra o referido «Congresso dos Combatentes do Ultramar» que era animado, sobretudo, por ex-oficiais milicianos, permitiu uma resposta rápida e colectiva por parte dos oficiais do Quadro Permanente, quando da publicação do decreto-lei n.º 353/73 de 13 de Julho, segundo o qual o Quadro Permanente seria aberto aos oficiais do Quadro Complementar, desde que estes frequentassem durante um ano lectivo a Academia Militar e fizessem um estágio de seis meses na respectiva Arma de Serviço.

Porém, a génese do movimento dos capitães não pode ser entendida apenas nesta perspectiva corporativa, tanto mais que a contestação militar ao Governo de Marcelo Caetano não abrandou quando o Ministro da Defesa, general Sá Viana Rebelo, substituiu o anatemizado decreto-lei n.º 353/73 pelo decreto-lei n.º 409/73 de 20 de Agosto, que já representava um nítido recuo nas facilidades dadas aos milicianos, ou quando o Governo suspendeu a aplicação dos decretos de 12 de Outubro de 1973 e nomeou uma comissão para estudar o futuro estatuto das carreiras no Exército. Não só as reuniões de capitães não pararam, como adquiriram uma natureza cada vez mais política e de afrontamento à ditadura.

É possível periodizar a génese do movimento das forças armadas, que envolveu cerca de trezentos oficiais do Quadro Permanente, em três fases: a primeira fase ocupa os meses de Junho a Setembro de

1973 e é caracterizadamente corporativa; a segunda fase situa-se entre Setembro de 1973 e Fevereiro de 1974 e assiste à tomada de consciência da necessidade de se encontrar uma solução política à guerra em África; a terceira fase abrange o tempo da tomada de decisão de derrubar o Governo de Marcelo Caetano e o regime político ditatorial, assim como a organização efectiva do golpe militar, e dura dois meses, de Fevereiro a Abril de 1974.

Depois do êxito da operação «Fim-Regime», a 25 de Abril de 1974, assiste-se à passagem do «movimento dos capitães», que corresponde ao estádio conspiratório, para a organização do Movimento das Forças Armadas (MFA), autêntica metamorfose da instituição militar, para operar politicamente durante o período de transição previsto até às eleições para a Assembleia Nacional Constituinte.

Em todo o período aqui sintetizado, as Forças Armadas mantiveram uma assinalável influência na sociedade portuguesa e reproduziram uma elite de oficiais preparada para tomar opções estratégicas.

Bibliografia

ARRIAGA, Kaúlza – *A defesa nacional portuguesa nos últimos 40 anos e no futuro*. Lisboa: Cadernos Celebrar o Passado Construir o Futuro, 1966.

CARRILHO, Maria – *Forças Armadas e mudança política em Portugal no séc. XX – para uma explicação sociológica do papel dos militares*. Lisboa: Imprensa Nacional-Casa da Moeda, 1985.

FERREIRA, José Medeiros – *O comportamento político dos militares: forças armadas e regimes políticos em Portugal no século XX*. Lisboa: Estampa, 1992.

Idem – «As relações entre as forças armadas e o regime: 1933-1960». In SERRÃO, Joel; MARQUES, Oliveira, dir. – *Nova história de Portugal* vol. XII Portugal e o Estado Novo. Lisboa: Presença, 1992., p. 144-200.

LEMOS, Viana de – *Duas crises*. Lisboa: Ed. Nova Gente, 1977.

MACEDO, Ernesto Ferreira de – *Subsídios para o estudo do esforço militar português na década de cinquenta: os compromissos com a OTAN*. Lisboa: Estado-Maior do Exército, 1988. 2 vol.

MATOS, Luis Salgado de; SERRA, João B. – «Intervenções militares na vida política.» *Análise Social*. Lisboa. Vol. 18, n.º 72-74 (1982), p. 1165-1195.

MENEZES, Manuel Amorim Sousa – *A defesa dos Açores durante II Guerra Mundial*. Lisboa: Estado-Maior do Exército, 1988.

PORTUGAL. Estado Maior do Exército – *Resenha histórico-militar das campanhas de África: 1961-1974*. Lisboa: E.M.E., 1988-1989. 4 vol.

SANCHEZ CERVELLO, Josep – *A revolução portuguesa e a sua influência na transição espanhola: 1961-1976*. Lisboa: Assírio e Alvim, 1993.

TELO, A. José – *Portugal na segunda guerra: 1941-1945*. Lisboa: Ed. Vega, 1991-1992. 2 vols.

Idem – Portugal e a NATO: o reencontro da tradição atlântica. Lisboa: Ed. Cosmos, 1996.

ORIGEM DO TEXTO:

«Forças Armadas» in *Dicionário de História de Portugal*, vol. 8, coordenação de António Barreto e Maria Filomena Mónica, Porto, Livraria Figueirinhas, 1999, pp. 53-59.

5.

As relações entre as Forças Armadas e o Regime (1933-1950)

I – A subordinação da instituição militar ao Estado Novo (1933-1939)

Ao tratar das relações entre a instituição militar e o regime do Estado Novo, não se pode deixar de observar que, visto de fora, o regime salazarista dá a impressão de grande estabilidade e domínio, enquanto testemunhado por dentro dir-se-ia ameaçado amiudadas vezes.

Isto que é verdade em geral torna-se particularmente relevante quando se estudam as relações entre o regime do Estado Novo e as Forças Armadas. E, se é certo terem as Forças Armadas manifestado, por variadas vezes e variadas formas, o seu desentendimento face à personalidade de Salazar, também não é menos certo que acabaram sempre por se aquietar nas soluções encontradas pelo regime político do Estado Novo no período em análise.

O próprio fim da Ditadura Militar e o começo da Ditadura salazarista são difíceis de determinar num só facto ou num exacto momento.

Apontam-se vários momentos para esse efeito, normalmente elegendo certos acontecimentos formais, como a tomada de posse de Salazar como ministro das Finanças a 27 de Abril de 1928, ou a substituição do primeiro-ministro Ivens Ferraz pelo general Domingos de Oliveira em Janeiro de 1930, ou o dia 5 de Julho de 1932 quando Salazar forma e preside ao seu primeiro ministério, ou ainda a entrada em vigor da Constituição a 11 de Abril de 1933.

O que é certo é que antes e após a entrada em vigor da Constituição de 1933 vários foram os conflitos entre os militares e Salazar. Este, pelo menos até 1937, ano das grandes reformas militares, apenas persistiu em levar a melhor sem se poder dizer que tenha triunfado definitivamente.

No entanto, é indesmentível ter o regime político do Estado Novo subordinado a instituição militar durante largos períodos.

O período continuado mais longo e estável dessa subordinação situa-se entre 1933 e 1961, se encarado na generalidade e nas vitórias dos defensores do regime do Estado Novo perante alguns actos, isolados no tempo, de contestação e revolta: Setembro de 1935, Setembro de 1936, 10 de Abril de 1947, eleições para a presidência da República em 1949 e 1958, «conspiração da Sé» em 1959.

Porém, e para além destas datas que marcam acontecimentos circunscritos de agitação militar contra a Ditadura salazarista, permanece durante todos esses anos uma corrente de tensão tendencialmente conflituosa entre o regime político e as Forças Armadas. A longa subordinação das Forças Armadas a Salazar só pode ser cabalmente entendida pela existência de uma série de insubordinações dominadas e derrotadas.

De certa maneira, essa paz fria entre Salazar e os militares faz parte do próprio código genético do salazarismo.

Numa informação datada de Dezembro de 1932, Assis Gonçalves relata que é opinião generalizada entre os militares que Salazar «odeia a tropa e que tem por ela um profundo desprezo»([1]).

O próprio Salazar fará a sua avaliação do papel dos militares na vida política após o 28 de Maio, numa nota oficiosa datada de 20 de Setembro de 1935, ditada ainda pela agitação no meio militar que se reacendera em Abril daquele ano, em parte por causa da lei votada pela Assembleia Nacional que proibia aos funcionários públicos e aos militares a filiação em organizações secretas, pretendendo-se assim atingir a Maçonaria e os oficiais tidos por maçons.

Para Salazar, o 28 de Maio «poderia ter sido um fracasso, mas não foi...»([2]) e, a partir de então, por deficiência de elementos civis, o Exército tomou excepcionais encargos e responsabilidades de governo.

Salazar denega qualquer legitimidade aos militares em ocuparem cargos públicos derivada do 28 de Maio e da própria condição de oficial das Forças Armadas:

> Na presidência da República, nos mais altos corpos do Estado, nos Governos, na administração política, nas autarquias locais, os militares têm desde então prestado serviços que em muitos casos se devem considerar relevantes, mas prestaram-nos a título pessoal, não como representantes do Exército([3]).

O presidente do Conselho é muito claro ao declarar que o Exército não podia ser responsabilizado pela constituição dos Governos, nem sequer pelo exercício da autoridade. «Não é de facto a sua função. [...] O Exército existe para a manutenção da ordem e defesa da integridade da pátria»([4]).

Desde o plebiscito da Constituição de 1933 que a instituição militar se encontrava sem estratégia política definida. Receava sempre qualquer processo eleitoral como meio de legitimação do Estado Novo. Ainda assim conseguira influenciar certas atitudes de Carmona, como aquela de substituir o civil Albino dos Reis por um militar na pasta do Interior em Julho de 1933, o que leva o ministro de França a comentar:

> O facto indica que, independentemente da autoridade e do prestígio pessoal do chefe do Governo, o Exército permanece nos dias de hoje aquilo que jamais deixou de ser depois do 28 de Maio de 1926: o árbitro supremo da política portuguesa([5]).

Seria ainda assim?

A instituição militar «agarra-se» febrilmente a Carmona nesse período entre 1933 e 1937, mas a tendência geral da acumulação do poder político irá concentrar-se antes em Salazar.

Em Abril de 1934, o descontentamento cresce nos meios militares, e a legação francesa observa([6]):

> O descontentamento nos meios militares deve-se a causas várias: à intenção de Salazar proceder a reformas na contabilidade do Ministério da Guerra; de introduzir o critério da escolha na promoção dos oficiais (até aqui promovidos sempre por antiguidade),

e o chefe do Governo encararia o projecto de unificar os Ministérios da Guerra e da Marinha numa única pasta de Defesa Nacional(7).

E como que adivinhando onde Salazar quer chegar, o ministro de França em Lisboa aventura-se a um prognóstico:

> Enfim, os militares jamais admitirão que um civil.., presida aos seus destinos(8).

O regime político salazarista está, porém, em marcha.

E perante a recente utilização por Salazar dos modernos métodos de propaganda, através de António Ferro, que surpreende os militares nos seus terrenos, estes vão reagir:

> A guarnição de Lisboa deu provas de alguma impaciência perante a intensa publicidade feita a favor da personalidade de Salazar aquando da recente estada de António Ferro em Paris... enquanto este deixava na sombra a personalidade de Carmona e o papel, muito importante, desempenhado pelo Exército(9).

Ainda por cima corre em certos meios que Salazar deveria ser o próximo Presidente da República. Há mesmo artigos em jornais defendendo publicamente essa tese, o que não poderia deixar de ser encarado como uma estratégia conducente a não reeleger Carmona para o cargo de Presidente da República – o único ponto de apoio da instituição militar na altura.

A instituição militar tenta reagir e promove mesmo uma homenagem ao general Carmona, a pretexto do sexto aniversário da sua eleição para a presidência da República. Nessa ocasião, o ministro da Guerra, Alberto de Oliveira, declara que Carmona aparecia aos olhos do Exército como o seu único chefe.

Carmona face a esse apoio terá advertido Salazar por este não tomar na consideração devida a susceptibilidade dos militares(10).

E não deixa de ser saborosa esta apreciação das relações entre Salazar e o Exército feita pelo ministro de França em Lisboa:

> O futuro da Ditadura em Portugal depende essencialmente da colaboração da força armada. Ora, a força armada necessita em

Portugal de um tratamento delicado; ela é susceptível, ciumenta das suas prerrogativas, caprichosa, inconstante nos seus afectos. É talvez porque Salazar ignora a alma feminina que ele tem demonstrado ter pouca sorte, até este momento, nas suas relações com a instituição militar[11].

O ano de 1935 ainda decorre num certo clima de mal-estar entre Salazar e o Exército, e o coronel Passos e Sousa chega a desaconselhar a prática dos desfiles militares. Mas não se pode deixar de interpretar todos esses comportamentos das Forças Armadas como as últimas reacções à futura subordinação. Tanto mais que tendo alguns oficiais feito exigências junto dos antigos homens públicos republicanos estes recusam-se a entrar em qualquer conspiração com os militares, exigindo destes pura e simplesmente a reposição da normalidade republicana prévia ao 28 de Maio[12].

É certo que os anos de 1934 e 1935 ainda serão preenchidos com os habituais jogos de esgrima entre Salazar e os generais chefes das Forças Armadas arbitrados pelo nem sempre isento Presidente da República.

Assim, numa festa militar realizada no Regimento de Caçadores 5, a 15 de Abril de 1934, para celebrar o aniversário da posse de Carmona como Presidente da República, fazem-se várias declarações de fidelidade a Carmona, e só a Carmona. Salazar pede uma audiência ao Presidente da República para o cumprimentar por aquela efeméride e ouve «acusações graves»[13].

Salazar reage imediatamente e, no dia seguinte, consegue de Carmona a manifestação pública de uma confiança renovada, enquanto os generais tidos por adversos a Salazar – Farinha Beirão, Vicente de Freitas, Schiappa de Azevedo, João de Almeida – desmentem os propósitos que lhes são atribuídos de quererem derrubar o Governo presidido por Salazar.

Não será este, no entanto, o último episódio desta série.

Por ocasião das comemorações da implantação da República volta a agitar-se o elemento militar sob o pretexto de garantir a reeleição de Carmona como Presidente da República. É Vicente de Freitas quem se avista com Carmona para o informar da existência de uma petição favorável à sua recandidatura.

«Há regimentos de prevenção sem que se saiba a que comando político se subordinam: há desentendimento entre oficiais»[14].

Salazar perde a confiança no seu ministro da Guerra, Luís Alberto de Oliveira, e pede a Carmona a demissão do ministro. Deixemos as peripécias: Salazar é de novo reconfirmado como presidente do Conselho e o seu novo Governo, agora com o general Abílio Valdez de Passos e Sousa como ministro da Guerra, faz sua a promoção da recandidatura de Carmona à presidência da República. Este, com efeito, é reeleito, dentro das praxes do regime, a 17 de Fevereiro de 1935.

Uma semana antes, Salazar resumiu assim o seu entendimento sobre as funções e qualidades do Chefe do Estado: «O país compreendeu sobretudo dever prestar nesta eleição homenagem ao Exército que fez o 28 de Maio»([15]).

Com efeito, Salazar promovera as primeiras «eleições» para a Assembleia Nacional no fim do ano de 1934, e, como já acontecera com o plebiscito da Constituição, ele teve que defrontar a «cuque dos generais»([16]), que receavam fundamentalmente que uma das funções daquela série de actos eleitorais (referendo constitucional em Março de 1933, legislativas de Dezembro de 1934, presidenciais de Fevereiro de 1935) era a de legalizar o regime político do Estado Novo e fazer diminuir a «legitimidade» do Exército na esfera da acção política derivada do 28 de Maio de 1934.

A crise do ano de 1934 entre Salazar e os militares acabou por ser arbitrada por Carmona em causa própria: ele seria o candidato às presidenciais de Fevereiro de 1935, com o apoio já manifestado pelos oficiais do Exército e também do Governo presidido por Oliveira Salazar. A 12 de Setembro o compromisso terá ficado selado entre Carmona e Salazar. O Presidente da República marca então a data das primeiras eleições para a Assembleia Nacional para o mês de Dezembro seguinte.

Alguns oficiais serão escolhidos pela União Nacional para figurarem na lista para deputados à Assembleia Nacional: o coronel Passos e Sousa, o tenente-coronel Linhares de Lima, o coronel Fernando Borges Júnior (que comandou as forças fiéis ao Governo contra a Revolta da Madeira em Abril de 1931) e ainda jovens oficiais como Henrique Galvão e Ortins de Bettencourt.

Fernando Rosas resume alguns dos temas tratados pelos candidatos militares durante o período de propaganda eleitoral:

> Nas diversas sessões públicas em que participam, os oficiais do Exército e da Marinha vêm confirmar o que a realidade

política do país já ditara: com as eleições terminou de facto a intervenção da força armada na política da nação. O Exército, na palavra de Schiappa de Azevedo, «não menos serviço prestará ao regressar definitivamente à sua função própria, dedicando toda a sua actividade [...] à sua própria valorização». E as intervenções centraram-se sobretudo no pedido ao Governo que cumprisse as suas promessas de reequipamento e modernização do Exército e da Marinha([17]).

No entanto, se alguns oficiais das Forças Armadas se deixavam entusiasmar pela acção da União Nacional e concorriam nas suas listas para a Assembleia Nacional, já a eleição do general Carmona para Presidente da República, dois meses depois, suscita muito menos interesse por parte dos quadros locais da União Nacional.

Assim, num distrito tão importante como o do Porto queixava-se o governador civil da falta de apoio da comissão concelhia na campanha eleitoral para a presidência da República, revelada no facto de ele ter enviado dez mil listas para serem distribuídas e aí lhe terem sido devolvidas «acto contínuo» nove mil com a declaração de que mil bastariam([18])!

Um dos primeiros actos da nova Assembleia Nacional será a discussão e a votação do projecto de lei que proibia as associações secretas, o que era efectivamente dirigido contra o Grande Oriente Lusitano Unido, no qual se encontravam filiados muitos oficiais das Forças Armadas.

Em 19 de Janeiro de 1935, o deputado José Cabral apresenta o projecto de lei n.º 2, que merecerá um parecer da Câmara Corporativa a 27 de Maio do mesmo ano, no qual, para além da extensa doutrina sobre sociedades secretas e reticências à apresentação do projecto, não deixa de concordar com a exclusão dos funcionários públicos que pertencessem a essas sociedades, sobretudo os militares:

> Não se compreende que o serviço público, que as mais importantes instituições do Estado, as que administram a justiça, as que educam a mocidade, as que constituem a força armada, que deve estar sempre pronta para a defesa pública, estejam ou possam estar sujeitas a disciplinas contraditórias com a disciplina do próprio Estado([19]).

O projecto é aprovado a 6 de Abril, e a 21 de Maio era publicada no *Diário do Governo* a Lei n.º 1901, que ilegalizava de facto a Maçonaria, cujo grão-mestre era o general Norton de Matos e cujo grão-mestre adjunto era outro oficial do Exército, Oliveira Simões([20]).

O general Norton de Matos, ex-ministro da Guerra, é aliás expulso da função pública e passa à reforma nos dias anteriores à saída da lei, a 16 e 20 de Maio respectivamente([21]).

Nesse ano de 1935 o esforço do Governo para desmantelar os resquícios do poder organizacional dos oficiais republicanos estará bem ilustrado na determinação do ministro do Interior, de 8 de Abril, que manda dissolver a comissão executiva do monumento ao marquês de Pombal, na altura presidida pelo general Ernesto Vieira da Rocha e cujo tesoureiro era o coronel do Estado-Maior Joaquim Oliveira Simões, responsável pela desarticulação do já longínquo 18 de Abril de 1925([22]).

Seria, no entanto, muito aleatório o domínio de Salazar sobre as Forças Armadas, caso não desenvolvesse aparelhos exteriores a estas para desempenharem funções mais ligadas à ordem pública interna.

Ainda antes dos acontecimentos relevantes que permitiram a Salazar operar a subordinação das Forças Armadas, o ditador preparou o poder político para se separar dos serviços prestados pela instituição militar.

A criação dos serviços de informação insere-se claramente nesse desiderato.

Pelo decreto-lei n.º 22 992, de 29 de Agosto de 1933, é criada a Polícia de Vigilância e de Defesa do Estado (PVDE), que se pode considerar a primeira organização policial propriamente política saída da Ditadura salazarista.

Logo a 2 de Setembro o chefe do gabinete do ministro do Interior dá a conhecer ao capitão Agostinho Lourenço a nomeação deste para gerir a Polícia de Vigilância e de Defesa do Estado, «podendo, por consequência, tomar conta, desde já, dos serviços das extintas Polícia Internacional Portuguesa e Defesa Política e Social»([23]).

E à Polícia de Vigilância e de Defesa do Estado ficariam cometidas funções muito específicas para conseguir a subordinação dos corpos do Estado ao regime do Estado Novo, nomeadamente da instituição militar.

É o próprio Oliveira Salazar quem acha ser boa política fazer alarde da capacidade dos seus serviços de informação. Deste modo, grande parte da economia da nota oficiosa de sua autoria sobre a «tentativa de revolução» de 10 de Setembro de 1935, protagonizada pelo comandante

Mendes Norton, que pretendia levar Carmona a demitir Salazar, no seguimento da aprovação da lei dirigida contra a Maçonaria, é dedicada a encarecer o conhecimento prévio de toda a conspiração por parte dos serviços de informação.

Nessa nota oficiosa, publicada a 11 de Setembro, sublinha Salazar que «desde há muito vem o Governo seguindo, por intermédio dos seus órgãos de informação e vigilância, os trabalhos preparatórios de alteração da ordem...»([24]).

E uma semana mais tarde, em nova nota oficiosa publicada no dia 20, volta a referir a excelência das polícias na resposta a dar à agitação política, pois «nada disto tem importância para se ser considerado mais do que uma questão policial. Com meios suficientes de acção... as polícias irão desfazendo sem dificuldade e sem sobressalto público, de meses a meses, estes casulos conspiratórios»([25]).

Dá-se também nessa altura uma tendência à centralização das funções policiais de informação sob a tutela da PVDE. É este o efeito da extinção da Direcção-Geral de Segurança Pública decretada a 16 de Maio de 1935 e com a integração de alguns dos seus serviços naquela polícia política([26]).

A subordinação das Forças Armadas ao regime político do Estado Novo não será efectuada apenas pela via da criação orgânica de aparelhos e instrumentos de controlo como a criação da PVDE, pelo recurso às eleições legislativas e presidenciais como forma de legitimação e expansão da máquina política e administrativa do Estado Novo, pela perseguição à Maçonaria e aos oficiais suspeitos de pertencerem a esta associação ou de pretenderem restaurar o regime republicano.

O próprio concurso dos acontecimentos internacionais e a sua evolução a partir de 1936 vão conjugar-se para uma vitória das posições salazaristas.

Assim, a guerra civil em Espanha irá permitir uma nova ofensiva anticomunista em Portugal, enfraquecida que estava a propaganda contra os perigos da República liberal e maçónica que durante dez anos alimentara a reacção. Di-lo com meridiana clareza um dos relatórios do governador civil de Viana do Castelo, datado de Outubro desse ano, no qual se constata a diminuição da actividade dos «adversários ligados aos partidos da República» e a subida da militância comunista, que já merecera do governador civil de Coimbra a designação de «principal adversário»([27]).

Assim, a Guerra Civil de Espanha vai permitir a Salazar, três anos depois de ter criado a sua própria polícia política, desencadear o processo de constituição de uma milícia armada de defesa da Ditadura, que, se necessário, poderia ser utilizada contra a instituição militar: primeiro como força policial, ideológica e de enquadramento das actividades económicas estratégicas; depois como batalhão de combate contra tumultos ou tentativas de golpe de Estado urbano.

A Guerra Civil de Espanha foi ainda um óptimo pretexto para a multiplicação de instrumentos paramilitares e policiais dentro do quadro do regime civil-salazarista e fora do alcance da instituição militar.

Deste modo, pelo decreto-lei n.º 29 233, a Legião Portuguesa organizou um serviço privativo de informação que actuava em dois escalões – o da Junta Central e o do Comando-Geral –, «que rivalizaram durante largos anos»([28]).

Salazar, após ter ganho a luta política, irá ganhar a luta pelos serviços de informação com a criação de uma polícia política que tanto irá caracterizar o regime de que foi patrono.

A primeira inspiração dessa polícia política não foi a Gestapo, nem poderia ter sido, dado que a sua origem é anterior à constituição daquela na Alemanha nazi. Ela irá orientar-se no sentido de impedir as movimentações militares que irão continuar pelo menos até à Guerra Civil de Espanha.

Sobre a PVDE abundam as apreciações de serviços estrangeiros. Assim, no Annual Report, elaborado pelo embaixador britânico Selby para o ano de 1937, pode ler-se a este respeito:

> A Polícia Internacional – uma polícia secreta, omnipresente e poderosa mas não muito competente – tem sempre debaixo de olho as células comunistas...([29])

Pode-se no entanto acrescentar que a actividade de muitos militares era também uma das principais ocupações da polícia política.

E o que interessa aqui analisar é precisamente os instrumentos utilizados pelo Estado Novo para domesticar as Forças Armadas, que haviam estado na origem da Ditadura.

Em Setembro de 1936 foi criada a Legião Portuguesa pelo decreto-lei n.º 27 058 (de 30-9-1936), sendo este decreto assinado por Oliveira Salazar. No seu preâmbulo pode perfeitamente detectar-se o escopo de criar uma milícia política armada fora dos quadros da instituição militar. Assim, a Legião é apresentada como: «formação patriótica de voluntários destinada a organizar a resistência moral da nação e cooperar na sua defesa contra os inimigos da pátria e da ordem, integrando-se no conceito de nação armada, pelo que lhe foi dada uma estrutura paramilitar».

A Guerra Civil de Espanha veio dar o enquadramento mais do que favorável à criação dessa milícia, olhada com a maior desconfiança pelos oficiais «institucionais» das Forças Armadas portuguesas.

Outra prova de que Salazar escolheu deliberadamente o campo das informações para dominar politicamente a instituição militar está no facto de ter dotado a própria Legião Portuguesa de um outro aparelho de informação política, através do decreto-lei n.º 29 233, de 8 de Dezembro de 1938, em plena Guerra Civil espanhola([30]).

As relações entre as Forças Armadas e a Legião Portuguesa vão ser seguidas atentamente pelas chancelarias estrangeiras.

Assim, a 15 de Janeiro de 1937, o ministro francês residente em Lisboa transmite o seguinte ofício sobre o armamento distribuído à Legião:

> ... esta força será dotada proximamente com 40 000 espingardas de fabrico inglês. O calibre dessas armas será diferente do calibre utilizado pelo Exército. Este facto confirma a minha opinião de que a Legião é unicamente destinada à defesa do regime ditatorial do presidente Salazar, se necessário contra os próprios elementos militares([31]).

Nesse ano de 1937 a grande vedeta do desfile comemorativo do 28 de Maio foi exactamente a participação de 18 000 homens da Legião([32]), que deixam na sombra os elementos das Forças Armadas, que não participam no desfile. É deste modo que o embaixador britânico Selby descreve o crescimento da Mocidade Portuguesa e da Legião:

> A organização do movimento foi tão rápida e eficiente que no 28 de Maio, na celebração do décimo primeiro aniversário do Estado Novo, foi à Legião que a habitual parada militar foi confiada([33]).

Como não podia deixar de acontecer, o Exército tenta opor-se ao nascimento e crescimento de uma força armada que lhe é estranha. É o seu «monopólio de violência» que está a ser minado.

Os oficiais do Exército não escondem as suas reacções de desagrado. Pelo menos estas chegam ao conhecimento da Embaixada britânica:

> A Legião é encarada com suspeita pelo Exército e mais do que um general reprovou, publicamente, durante o ano, a sua organização e tendências actuais([34]).

Assim, o chefe do Estado-Maior do Exército (CEME), general Namorado de Aguiar, terá sido substituído pelo general Sousa Teles por ter querido abolir a saudação fascista que gradualmente alastrava da Legião para o Exército([35]). E declarara que só poderia haver em Portugal «um só Exército, uma só Marinha, um só chefe e uma só bandeira»([36]).

Estava, no entanto, encontrada a via da subordinação.

Não se conhece qualquer projecto de Salazar sobre política militar até tomar posse do Ministério da Guerra, embora sejam referidas opiniões suas em alguns Conselhos de Ministros, como o realizado a 10 de Fevereiro de 1936, em reunião presidida pelo Chefe de Estado([37]), ou as breves referências à questão militar e à reconstituição económica e defesa nacional na sua nota oficiosa de 20 de Setembro do ano anterior([38]).

Mas, ainda em Agosto de 1935, o então ministro da Guerra, Abílio Passos e Sousa, enviava a Oliveira Salazar um «Plano de Rearmamento do Exército Metropolitano», em que se afirma não estarem definidas a política de guerra e a política militar, «por quem de direito»([39]). Muito dificilmente não se enxergará aí uma lacuna do próprio presidente do Conselho. Este responderá indirectamente aquando da publicação da nota oficiosa nos jornais a 20 de Setembro de 1935, embora dificilmente se descortine nessa nota, quer no ponto sobre a questão militar quer nos parágrafos destinados à defesa nacional, o enunciado de uma doutrina([40]).

O ano de 1936 marca uma viragem nas relações entre Salazar e a instituição militar.

Em primeiro lugar dá-se a tomada de posse de Salazar como ministro da Guerra, em substituição de Passos e Sousa, a 11 de Maio. O seu sucinto discurso na ocasião é repleto de subentendidos que contêm vários desafios aos oficiais:

> Temos de ter em prazo relativamente curto o Exército que nos é necessário para a defesa dos grandes interesses da nação. Para esse objectivo é que me disponho a sacrificar mais um bocado da minha vida, pondo ao serviço desta causa a maior liberdade de movimentos e de acção que me podem dar a minha qualidade de civil, a presidência do Conselho e o Ministério das Finanças. Pode parecer muito pouco como declaração de posse, e no entanto é tudo.» No entanto, Salazar ainda chama a atenção para que doravante «não haverá resistências inúteis([41]).

Ainda as haverá, as resistências, sobretudo após as grandes reformas de quadros de 1937. Mas serão de facto resistências inúteis.

A própria substituição do coronel Passos e Sousa no cargo de ministro da Guerra foi já uma vitória significativa do chefe do Governo. Como se relata numa peça, cuja cópia foi remetida à Embaixada de França em Madrid, o ministro Passos e Sousa foi obrigado a pedir demissão, dados os frequentes desentendimentos com Salazar sobre a reorganização do Exército e pelo facto de o chefe do Estado-Maior, general Moraes Sarmento, se ter declarado abertamente em perfeito acordo com o projecto do presidente Salazar.

Este toma, como já vimos, a gestão da pasta da Guerra, e nomeia o capitão Fernando Santos Costa subsecretário de Estado dessa pasta.

Salazar dava todos os passos para conseguir a obediência política das Forças Armadas. Assim, no ano de 1937 haverá um acontecimento relevante na vida da instituição militar: pela primeira vez depois da Primeira Guerra Mundial o Exército irá poder exercitar-se em manobras reais que terão lugar no Alentejo, em Outubro. Cerca de 12 000 homens evoluem em manobras entre Estremoz e Vila Viçosa sob o comando do general Moraes Sarmento([42]).

Salazar, como ministro da Guerra, estará presente e perante Carmona afirmará que «teremos um Exército». Mas não deixará de se referir à Legião Portuguesa:

> Quando se estava tentado a crer na insuficiência de oficiais inferiores, registou-se o facto de estes tomarem conta da Legião Portuguesa e, cumulativamente com o serviço de instrução nos quartéis, centenas deles instruírem, por todo o país, dezenas de

> milhares de legionários, a cuja participação nessas manobras ouvimos há pouco prestar, pela boa vontade, dedicação e espírito de sacrifícios, os maiores elogios([43]).

Elogiar a acção da Legião em plenas manobras do Exército era bem característico do comportamento do chefe do Governo de então.

Será com Salazar a presidir ao Conselho de Ministros e acumulando as pastas dos Negócios Estrangeiros e da Guerra que a grande reforma da instituição militar terá lugar em 1937, através das Leis n.º 1960 e n.º 1961 e dos decretos-leis n.º 27 627, n.º 28 401 e n.º 28 404([44]).

Durante alguns anos Salazar recusar-se-á a abrir os cordões à bolsa do Ministério das Finanças para permitir a modernização e o rearmamento da instituição militar. Significativamente esse estrangulamento financeiro tem lugar enquanto são militares os ministros das pastas da Guerra e da Marinha e se tem a convicção que há uma certa tensão entre Salazar e as Forças Armadas.

Com a Guerra Civil de Espanha, com a revolta dos barcos de guerra no Tejo em Setembro de 1936, Salazar consegue finalmente reformar a instituição militar. Já senhor da pasta da Guerra, Salazar inicia a operação «rearmamento» do Exército, a qual, dentro da sua política, devia ser acompanhada de uma profunda reforma da instituição militar.

Assim, no Relatório([45]) que antecedeu a proposta de lei sobre o recrutamento e serviço militar, apresentada à Assembleia Nacional em 23 de Janeiro de 1937, pode ler-se:

> Há muito tempo já vem o Governo afirmando insistentemente ao país a necessidade de fazer acompanhar o rearmamento da reforma geral do Exército([46]).

O autor do relatório passa em revista os três principais sistemas na organização das Forças Armadas: o sistema do Exército profissional, o sistema do Exército nacional e o sistema da nação armada.

Curiosamente, o Governo de Salazar vai optar pelo sistema da «nação armada», conceito republicano por excelência, saído das reformas de Maio de 1911, e que era também o sistema mais económico. Mas os considerandos terão uma forte componente militarista:

> No sistema da nação armada o princípio da preponderância das reservas é lei suprema da organização militar: não mais distinção entre exército activo e exército de reserva ou de segunda linha.
>
> No momento do perigo é toda a nação em armas que corre às fronteiras. Como consequência deste princípio, instrução militar em todas as idades e em todas as circunstâncias; preparação física e moral da juventude, instrução pré-militar, instrução pós-militar dos licenciados e reservistas para que a sua eficiente actuação na luta esteja assegurada.

Esse mesmo relatório refere-se à articulação entre a instituição militar e a Legião Portuguesa:

> O movimento patriótico recentemente levado a efeito pela Legião Portuguesa, com o apoio e a protecção do Governo, parece estar destinado a contradizer os que estão sempre menos dispostos a avaliar na justa medida a vitalidade do povo do que a fazer seus juízos pela apatia de alguns perante as pequenas e as grandes causas que interessam essencialmente à sua vida e ao bem-estar da nação. Desde que o movimento se não perca – e o Governo fará tudo o que razoavelmente deva fazer para o evitar – é de prever que dentro em breve a base do recrutamento das forças militares se alargue até limites que jamais foram igualados no decorrer da nossa história.
>
> Em tal hipótese, as forças militares terão na Legião um reforço considerável, se esta puder vir a adquirir um grau de preparação técnica suficiente. Para se conseguir tal desiderato esta proposta insere as bases necessárias à integração da Legião Portuguesa na organização militar, em obediência ao mesmo princípio na nação armada.

Essa noção de «nação armada» não se orienta até ao fim numa tendência «miliciana» republicana. Pelo contrário, nesse ano de 1937 o Governo de Salazar pretende instaurar um sistema de ensino que promove uma autêntica casta de oficiais profissionais:

> O Governo julga essencial à existência e valor da força armada o meticuloso cuidado na preparação dos oficiais. Eis porque entende

orientar desde a infância o escol que há-de constituir os futuros chefes do Exército, adaptando a esta finalidade o Colégio Militar e a Escola do Exército[47].

Promulgadas as leis da organização geral do Exército e do recrutamento e serviço militar, lançadas as bases do desenvolvimento da aviação, propostas as linhas gerais do recrutamento, o Governo de Salazar apresenta quatro decretos-leis (n.º 28 401, n.º 28 402, n.º 28 403 e n.º 28 404) sobre quadros e efectivos do Exército em tempo de paz, a situação e promoção dos oficiais, a remodelação de vencimentos e as disposições sobre aposentação. É a mão administrativa de Salazar que se abate sobre a instituição militar.

Como dirá o ministro de França a 13 de Janeiro de 1938:

> Quanto ao Exército é possível que venha a aceitar as reformas que lhe são impostas, não se encontrando nem suficientemente forte nem suficientemente unido para resistir abertamente[48].

Que reformas são essas?

De uma maneira geral o número de unidades e serviços das diferentes armas são reduzidos nos seus efectivos.

O problema mais sensível, contudo, era o do gigantismo dos quadros de oficiais, caracterizado por enormes efectivos, esperanças de promoção e carreiras diminutas, deficiente preparação e sobretudo uma capacidade corporativa para defender os interesses do «corpo» que tornava qualquer tentativa de racionalização de meios uma questão de poder entre o Governo e as Forças Armadas.

> «Entre as reduções mais salientes agora feitas nos quadros avultam de forma evidente as que atingem o número de subalternos de todas as armas e serviços actualmente fixados. Tem a medida algum interesse do ponto de vista orçamental, mas pode afirmar-se não ter sido essa, neste caso, a principal preocupação. É que o quadro de subalternos, presentemente fixado para todas as armas e serviços, é em si próprio um obstáculo natural ao acesso ao posto de capitão. O caso é mais flagrante na arma de infantaria; por isso a ele nos vamos referir particularmente.
>
> É de 600 o número de subalternos fixado para esta arma pelo decreto n.º 17 375, de 27 de Setembro de 1929. Para uma média

que já se considera razoável, de 30 promoções por ano ao posto de capitão, fácil é inferir que um aluno que sai da Escola do Exército para ir ocupar o último lugar da escala dos subalternos de infantaria pode contar com cerca de vinte anos de permanência nos postos de alferes e de tenente»([49]).

Menos quadros subalternos por um lado, mais oficiais milicianos por outro. O controlo de ambos faz-se pelo capitão e pelos oficiais superiores.

Outra característica marcante, no que diz respeito aos quadros do Exército, foi a criação do Corpo do Estado-Maior, que haveria de perdurar até ao 25 de Abril de 1974.

O Corpo do Estado-Maior já teria existido na Monarquia Constitucional, até à reforma militar de 1899([50]).

Pelo art.º 6.º do decreto n.º 28 401, de 31 de Dezembro de 1937, o Corpo do Estado-Maior passou a ter a seguinte constituição:

Coronéis	12
Tenentes-coronéis..........	12
Majores	20
Capitães.................	40

Estes quadros do novo Corpo do Estado-Maior do Exército (CEME) assim criado tomam especial relevância se os compararmos aos cerca de 3000 oficiais no Exército Metropolitano. Era uma casta que se constituía dentro do Exército.

Como reagiram os militares às reformas de 1937?

Desde que os oficiais se deram conta das consequências das reformas, puseram-se todos de acordo para se oporem. Essa oposição tomou aspectos de insubordinação caracterizada. Foi assim que no Regimento de Caçadores 5 os oficiais se solidarizaram com o seu comandante colocado na situação de reserva pelos novos decretos, recusando-se a receberem o novo comandante designado.

Constituindo-se em porta-voz dos descontentes, o general Domingos de Oliveira, governador militar de Lisboa e antigo presidente do Conselho, fez uma diligência junto do presidente do Conselho durante o dia 7 de Janeiro.

> [...] os argumentos do general Domingos de Oliveira deviam ter sido tão convincentes para o presidente do Conselho, que é todavia um homem obstinado, ter sido forçado a sacrificar algumas das suas ideias [...]
>
> Não restam dúvidas que o alerta foi quente e que o ditador não sai engrandecido deste assunto... e podemos considerar adquirido que a aplicação integral das reformas militares foi tornada impossível pela vontade mínima do corpo de oficiais([51]).

Mas tratava-se, no fundo, das tais «resistências inúteis» de que o ditador falara no seu discurso de tomada de posse do cargo de ministro da Guerra em Maio de 1938. Com efeito, em Maio de 1938 dá-se um número significativo de prisões entre militares, entre os quais um coronel irmão de Sidónio Pais...

As leis de 1937 disseram exclusivamente respeito ao Exército e acessoriamente à Força Aérea. A Armada não é contemplada com qualquer reforma.

Nesta atitude do Governo se pode detectar uma consequência da Revolta dos Marinheiros, ocorrida em Setembro de 1936, que levou Salazar a ordenar o afundamento de dois modernos contratorpedeiros.

A Armada não será contemplada nessa reforma de 1937, que, como já se disse, foi também acompanhada de um esforço de rearmamento do Exército.

Esse esforço de rearmamento foi ditado pela existência da Guerra Civil de Espanha, pela crescente internacionalização desta, mas também ocorre com a instituição militar cercada pelas novas instituições da Ditadura salazarista: União Nacional (que ganhara a batalha política à Liga 28 de Maio), Polícia de Vigilância e de Defesa do Estado (PVDE), Legião Portuguesa.

A reforma da instituição militar de 1937- é reconhecida como uma das maiores na senda da subalternização das Forças Armadas ao poder político do Estado Novo.

A vitória de Franco em Espanha, se por um lado assegurava a tranquilidade de Salazar na Península – mau grado as tendências integracionistas da Falange –, por outro lado retirava-lhe o pretexto da ameaça comunista vinda de Espanha com que formara a Legião e domesticara o Exército.

Logo se seguiu, no entanto, a deterioração da situação internacional que levaria ao deflagrar da Segunda Guerra Mundial.

Durante o primeiro semestre de 1939, Salazar irá, preventivamente, reforçar o seu poder, através das suas ligações aos sindicatos nacionais. Os sindicatos corporativistas vão proporcionar uma manifestação a Salazar em Fevereiro de 1939, calculada em cerca de 400 mil pessoas([52]).

Para melhor se compreender o significado dessa demonstração refira-se que o Exército enviou um telegrama a Salazar anunciando que não participaria nas cerimónias...([53])

E a 28 de Maio do mesmo ano desfilam de novo a Legião Portuguesa e a Mocidade Portuguesa, tendo Salazar afirmado na ocasião que o papel da Legião não terminava com a guerra de Espanha([54]).

Com efeito, a indicação do ministro do Comércio para comandante-geral da Legião dava mesmo a entender que esta se iria dedicar à penetração nas unidades de alguma importância económica ou estratégica para o país, como empresas, companhias e serviços.

O próprio regresso dos «viriatos» de Espanha reforçou essa milícia difusa, embora seja muito difícil determinar o número exacto de portugueses participantes na Guerra Civil de Espanha. Como afirma César de Oliveira:

> Excluídas de forma absoluta e categórica as informações que davam de 15 a 30 000 portugueses combatentes pelos nacionalistas e comprovados pouco mais de 2 500, continua desconhecido o seu número exacto...([55])

Terminava a Guerra Civil de Espanha com a vitória dos nacionalistas anti-republicanos, antiparlamentares e anticomunistas.

O susto em Portugal fora grande. As Forças Armadas sentem-se mais próximas do regime do Estado Novo. Este preparava-se para saborear a vitória dos regimes fascistas, ou autoritário-nacionalistas, em paz e sossego, ou pelo menos entregue às delícias de um universo harmonizado consoante os seus interesses e convicções.

O desenlace da Guerra Civil de Espanha terminara com qualquer veleidade de restauração republicana e parlamentar em Portugal. Por sua vez, as características da guerra em Espanha não haviam criado grandes simpatias pelos «rojos» entre os oficiais das Forças Armadas, muito pelo contrário.

Tudo parecia correr de feição. Não fora Salazar quem dissera que «piores que nacionalismos mesmo agressivos são alguns internacionalismos da hora presente»([56])?

Pois a 1 de Setembro de 1939 a Alemanha nazi invadia a Polónia!

II – A cumplicidade entre o Estado Novo e as Forças Armadas (1939-1945)

Nada mais favorável para as relações entre o poder político e a instituição militar do que um estado de coisas em que não haja guerra, mas sim a ameaça verosímil dela.

Ora, entre a guerra civil espanhola e o fim da Segunda Guerra Mundial situa-se um período de efectiva subordinação das Forças Armadas perante o Governo de Salazar.

Datam mesmo deste período as maiores reformas militares do Estado Novo, como referimos no capítulo anterior.

Mal as tropas alemãs invadem o território da Polónia apressa-se Salazar a declarar a neutralidade portuguesa perante o conflito, em nota oficiosa datada do próprio dia 1 de Setembro de 1939 e publicada nos jornais no dia seguinte. Na sua parte operativa diz a breve nota:

> Felizmente os deveres da nossa aliança com a Inglaterra, que não queremos eximir-nos a confirmar em momento tão grave, não nos obrigam a abandonar nesta emergência a situação de neutralidade([57]).

Vários autores têm interpretado a rapidez da declaração de neutralidade por parte de Salazar como um movimento destinado, entre outros objectivos, a criar condições para a fixação da neutralidade da Espanha franquista, então muito próxima das potências do Eixo([58]). Os ingleses por causa de Gibraltar estariam particularmente empenhados nessa neutralidade espanhola.

Porém, não é de excluir que entre os vários factores que podem explicar a explicitação da posição de neutralidade por Salazar esteja até a própria capacidade militar do sistema de defesa português na altura.

Um relatório apresentado em 1939 pelo major-general do Exército, Júlio Morais Sarmento, concluía pela debilidade do dispositivo de defesa português, «sem cabeça e sem membros», embora também se considere que «uma avaliação correcta do nível de eficiência do Exército no início da década de quarenta era difícil, devido à falta de exercícios e manobras de extensão adequada»([59]).

Quanto aos observadores das principais potências, eles concorrem na apreciação que fazem de umas Forças Armadas mais do que suficientemente preparadas para manter a ordem interna e para a defesa do regime autoritário, enquanto o seu valor é pouco considerado perante qualquer eventual ataque do exterior.

É o que nos revela, na crueza sintética das suas palavras, a apreciação da Legação dos EUA em Lisboa:

> A preparação militar de Portugal e o seu equipamento são negligenciáveis. O Exército e a Polícia são suficientes para a manutenção da ordem interna, mas para pouco mais([60]).

Esta opinião da Legação norte-americana merece ser comparada com outra apreciação feita um ano mais tarde pelos serviços da Embaixada britânica:

> Até recentemente o principal objectivo do Exército era o de manter o regime actual no poder, mas provavelmente também ofereceria uma boa resistência a um eventual ataque espanhol([61]).

Ambas as análises dão-nos porém a confirmação de que, no início da guerra, Portugal não tinha nas Forças Armadas um instrumento suficientemente credível para a sua segurança externa, embora o regime político pudesse contar com elas para a sua própria defesa.

Neste sentido, um outro estudo confirma que, mesmo cerca de três anos após o início da guerra, as Forças Armadas apresentam-se com características mais orientadas para a «manutenção da ordem» do que como instrumento de política externa, com a excepção, conhecida, dos Açores:

> Em fins de 1942, Portugal tem o Exército mais numeroso desde a primeira guerra, com cerca de 116 000 homens. Destes, só 60 000 estão no continente. Uma numerosa força expedicionária com 26 500 homens e o melhor equipamento guarnece os Açores;

> outro contingente de 6690 homens está em Cabo Verde e 3940 permanecem na Madeira. Pelas restantes colónias distribuem-se 19 170 homens([62]).

Pelo que, deduz o referido autor, «o Exército no continente é uma força excessiva para manter a ordem interna e totalmente insuficiente para deter uma agressão espanhola ou alemã»([63]).

A situação internacional derivada da situação de guerra que se vive a partir de Setembro de 1939 irá concorrer para uma reforçada afirmação do poder salazarista na ordem interna:

> A eclosão da Segunda Guerra Mundial (1939) deu a Salazar alguns anos de trégua interna. A maior parte dos seus inimigos concordou em pôr termo a quaisquer actos subversivos até findarem as hostilidades([64]).

Esta oferta de tréguas, geralmente seguida até meados de 1943, tomou aspectos particulares entre os oficiais das Forças Armadas que haviam lutado contra o regime salazarista.

Muito significativa desse estado de coisas é a série de exposições de antigos oficiais do Exército incriminados nas revoltas contra a Ditadura da Madeira e dos Açores em 1931, cujo objectivo é a reintegração nas fileiras da instituição militar durante a guerra.

Assim, numa exposição datada de 12 de Setembro de 1940, mais de cinquenta ex-oficiais, entre os quais Francisco Lobo Pimentel, Armando Pires Falcão, Luís Henrique Cordeiro, Laurindo Vieira, Horácio de Oliveira Marques, Francisco Aragão e Melo e António Sebastião Spínola Barreto, recordam com elevação que:

> Durante alguns anos, sinceramente convencidos de que o futuro e os destinos da nação exigiam uma direcção e uma orientação completamente diferentes das seguidas até hoje, lutaram dedicada e corajosamente e com completa isenção no sentido de transformar e modificar aquela orientação», para argumentarem «que em face da presente e melindrosa conjuntura internacional» queriam «renunciar à luta, abater bandeiras e manifestar o seu desejo de colaborar, franca e lealmente, com as autoridades constituídas([65]).

Outros oficiais, demitidos do Exército pela sua acção contra a Ditadura em anos anteriores, pretendem também voltar aos quadros da instituição. Deste modo, aproveitando a viagem de soberania que o general Carmona fará aos Açores no Verão de 1941, um grupo de militares, ligados às Revoltas da Madeira e dos Açores, demitidos do Exército dez anos antes por decreto de 1 de Maio de 1931, pretende o reingresso no quadro permanente do Exército, chegando a declarar, para o efeito, estarem «integrados no espírito da Revolução Nacional, desejando servir com a maior dedicação à pátria...»([66])

A melindrosa conjuntura internacional, provocada pela Segunda Guerra Mundial, levou, sobretudo na primeira fase do conflito, a uma mais acentuada subordinação das Forças Armadas e dos seus oficiais ao regime político salazarista.

As características da neutralidade portuguesa durante a guerra também irão concorrer para manter a efectiva subordinação dos militares.

A Segunda Guerra Mundial fixa, na sua máxima intensidade, esse entendimento tão glosado entre o regime do Estado Novo e a instituição militar.

Um país formalmente neutro, que sofreu beliscões na inteireza da sua soberania em variados pontos do seu território, como as invasões de australianos e japoneses em Timor, a precária situação em Macau, as «facilidades» concedidas nos Açores, a guerra económica derivada da venda de volfrâmio às potências do Eixo, precisou de um biombo de sombras sobre estas realidades que muito estreitaram as relações entre Salazar e as Forças Armadas.

A base desse entendimento será uma grande cumplicidade no jogo de sombras e luz sobre vários acontecimentos que tanto seriam prejudiciais para a imagem do regime ditatorial como para o prestígio das Forças Armadas. Por isso, o regime do Estado Novo tanto confiou em oficiais para exercerem cargos nos serviços de censura. Todos tinham interesse em ocultar algo à opinião pública do país.

De entre a literatura sobre a neutralidade de Portugal merece especial relevo o relatório elaborado por George Kennan quando este diplomata norte-americano foi conselheiro da Legação em Lisboa durante alguns meses do ano de 1943. A sua síntese sobre a neutralidade portuguesa ao longo da história mais recente merece ser transcrita:

> Em todos os conflitos maiores entre um grande poder militar continental e um grande poder marítimo extracontinental, Portugal tem constituído um pomo de discórdia senão um terreno de batalha. As suas fronteiras terrestres, por muito confortavelmente remotas que estejam, são, em última análise indefensáveis contra o primeiro; a sua costa e o seu império são igualmente indefensáveis contra o segundo. Por consequência, a sua segurança sempre dependeu da sua capacidade de manobrar, de jogar uma força contra a outra, de se «vender» a ambos os beligerantes na qualidade de neutral([67]).

Pelo nosso lado, temos proposto como elemento para a compreensão da neutralidade portuguesa durante este período uma explicação derivada das inter-relações entre estratégia e relações internacionais:

> A própria neutralidade de Portugal e de Espanha durante a Segunda Guerra Mundial foi um meio, que aliás interessou a todas as partes, de anular as funções estratégicas militares da Península Ibérica, na continuação da anulação da costa mediterrânica da França de Vichy. A Península Ibérica, pela política de neutralidade dos seus dois Estados, perde então importância estratégica, com a excepção de Gibraltar, nas mãos dos ingleses – e o Norte de África revelar-se-á o campo de confronto inicial entre a potência continental e a coligação marítima([68]).

Quanto ao resto, a política governamental de defesa da neutralidade baseou-se muito mais na acção diplomática do que no esforço militar.

Em termos propriamente militares, as missões atribuídas às Forças Armadas foram, caracterizadamente, as de mobilização e manobras.

Centraram-se nos Açores os principais esforços de mobilização efectuados pelo Governo português durante a Segunda Guerra Mundial, território que teria estado sob contínua ameaça de invasão quer pela parte da Alemanha quer pela parte dos próprios Aliados.

As peripécias que envolveram a chegada das tropas expedicionárias, a indeterminação sobre qual seria a mais séria ameaça ao exercício da soberania tornam a concentração de forças militares nos Açores um conjunto de manobras em teatro real mais do que propriamente caracterizam um exército pronto para actuar numa frente de batalha.

Certos aspectos da mobilização de tropas para os Açores merecem até uma cuidada ponderação sobre os seus efeitos junto das populações das ilhas, sem se ter particularmente em conta a capacidade operacional das tropas assim constituídas.

Deste modo, quando se discute o envio de tropas para a ilha de S. Miguel, o governador do distrito de Ponta Delgada, Rafael Sérgio Vieira, pede ao Ministério da Guerra «que esse batalhão a mobilizar fosse constituído em grande parte por gente desta ilha, dada a grande crise que resulta da falta de trabalho...»([69]).

Embora se vivesse um clima de ameaça sistemática de invasão, o certo é que jamais qualquer das ameaças se concretizou. Verificaram-se mesmo hesitações e mudanças no respeitante ao estabelecimento do conceito de defesa.

Como revela o general Sousa Meneses:

> É de facto a partir de meados de 1942 que vale a pena focalizar o conceito militar da defesa dos Açores por ele aparecer claro nos documentos emanados pelo comandante militar dos Açores. Até então, ou seja, desde fins de 1940 e durante todo o ano de 1941, à medida que cada vez chegavam mais unidades de reforço, as coisas não aparecem muito claras...([70])

Se esse conceito militar de defesa dos Açores aparece clarificado a partir? de «meados de 1942», o certo é que a utilização de «facilidades» no arquipélago pelos Aliados só se irá colocar um ano depois e será negociada pela via diplomática, pois os Aliados não queriam arriscar a quebra de neutralidade da Península Ibérica nem a invasão desta por tropas alemãs. Precisavam primeiro de ganhar a batalha do Norte de África. E assim só a partir de Novembro de 1942 os Açores são encarados como ponto de articulação entre a América e a Europa.

Uma série de documentos do Foreign Office (FO) demonstra que os serviços ingleses não consideram provável um ataque alemão a Portugal depois da concessão de «facilidades» nos Açores([71]).

Curiosamente, no *Annual Report* de 1944 do embaixador britânico em Lisboa, usa-se o conceito de «neutralidade continental» para caracterizar a situação de Portugal. Assim, num ofício do embaixador Campbell de 17 de Dezembro de 1943, este afirma a propósito dos receios manifestados pelas autoridades portuguesas de uma possível represália alemã:

> Sincerely the Portuguese are not in much danger!([72])

Podemos assim concluir que a utilização das «facilidades» nos Açores esteve subordinada ao avanço das tropas aliadas no Norte de África e à improvável reacção alemã em território da Península Ibérica.

Tal devia-se ao próprio curso da guerra, com as funções estratégicas da Península neutralizadas, e com a escolha do teatro de operações do Norte de África como o mais favorável à futura penetração aliada no continente europeu.

Deste modo, a coligação marítima terá preferido neutralizar as funções estratégicas dos Açores e da Península Ibérica até concentrar forças suficientes no teatro de operações do Norte de África entre Novembro de 1942 e o Verão de 1943. Depois, a Península torna-se um teatro excêntrico para ambos os lados. Então, as funções de articulação dos Açores são aproveitadas em pleno, enquanto a penetração no continente europeu se faz através de duas frentes que têm em comum a ultrapassagem dos Pireneus: é a invasão da Sicília em Abril de 1943 e, depois, o desembarque na Normandia em Junho de 1944.

A «neutralidade continental» de Portugal arrastara a neutralidade de Espanha através do Pacto Ibérico no período crítico de 1940-1942.

A solução vitoriosa da campanha do Norte de África leva a coligação marítima a cometer a utilização de «facilidades» nos Açores, diminuindo significativamente as probabilidades de invasão da Península pela Alemanha. A abertura de duas frentes para além dos Pireneus faz da Península Ibérica um teatro excêntrico. Eis em grande parte explicado o êxito da política de neutralidade de Portugal na Segunda Guerra Mundial e o relativo atraso na utilização dos Açores por parte dos Aliados([73]).

Mas como esquecer o que efectivamente se passa em Timor de 1941 a 1945?

A historiografia portuguesa tem-se ocupado abundantemente das peripécias reais, dos planos variados e das intenções dos beligerantes em relação aos Açores, que finalmente nunca foram invadidos durante a guerra, enquanto pouco se tem estudado sobre Timor, que sofreu duas invasões caracterizadas em 1941 e 1942 e onde as tropas japonesas permaneceram mesmo depois do pedido de paz, de 15 de Agosto de 1945!

Leia-se o governador português de Timor:

> Finalmente, no dia 1 de Setembro, às 15 horas, fui procurado na residência do Governo pelo comandante das forças japonesas em Timor, coronel Yoshioka, acompanhado pelo vice-cônsul Suzuky, que me ia dar conhecimento de que tinha sido assinado um armistício, pedido pelo Japão, e que, assim, tinham cessado as hostilidades no Oriente([74]).

Como se chegou a esse ponto?

Pois ainda por uma política governativa muito mais orientada para o emprego dos meios diplomáticos do que pelo recurso à acção militar. Mas recordemos sumariamente os acontecimentos:

Em 17 de Dezembro de 1941, Timor é ocupado militarmente por forças holandesas e australianas. O ministro do Japão em Lisboa queixava-se, em Fevereiro de 1942, ao secretário-geral do Ministério dos Negócios Estrangeiros (MNE) que «não tínhamos dado, ao menos, uns tiros simbólicos para resistir à invasão!»([75]).

Diplomaticamente a reacção será mais viva, e o Governo de Lisboa pretende substituir as tropas aliadas por um contingente, português, que se forma em Moçambique. As diligências entre Lisboa e Londres são, porém, demoradas. «Esta demora diplomática, que permite alargar o tempo de permanência aliada na ilha, permite simultaneamente o pretexto nipónico para proceder à segunda invasão do território»([76]).

Com efeito, a 19 de Fevereiro de 1942 dá-se a invasão nipónica em Timor, quando o contingente de tropas portuguesas já navegava em pleno Índico para substituir australianos e holandeses.

> Que fazer da expedição militar portuguesa que navega no Índico? Regressa a Lourenço Marques? Parece humilhante. Aporta a Timor?

Ao embaraço de Lisboa os responsáveis do Estado Novo pretendem juntar o de Londres. «E o chefe do Governo português resolve que a expedição se desvie para Ceilão, e aí espere novas ordens»([77]).

A 23 de Fevereiro, o embaixador de Portugal em Londres é chamado pelo secretário de Estado britânico. Este, no decorrer da conversa, «não pode deixar de notar que a reacção do Governo português foi agora menos dura do que aquando do desembarque das tropas (aliadas) em Timor, para prevenir um ataque»([78]).

Salazar reage à insinuação do *Foreign Office*. A 24 de Fevereiro, em telegrama para Armindo Monteiro, ele evoca o estado da opinião para manter o tom de reacção oficial à invasão nipónica de Timor:

> Agora, a opinião, percebemo-lo nitidamente, tinha a tendência para considerar, no aspecto militar, correcta e porventura necessária a operação japonesa, que muitos previam e outros desejariam, irreflectidamente, para tirar vingança dos primeiros violadores...([79])

Cerca de um ano depois, um diplomata norte-americano ensaia outra explicação para essa atitude salazarista:

> A ocupação britânica de Timor foi canhestra, tanto militar como diplomaticamente, mas foi relativamente inofensiva e decente nas suas intenções. Os portugueses reagiram com uma indignação estridente e dramática. A ocupação japonesa de Timor, embora se justificasse tecnicamente pelas leis da guerra, foi selvagem, insolente e transparentemente destruidora na sua execução. Os portugueses reagiram com uma brandura quase apologética. Porquê?
>
> A razão reside na ansiedade portuguesa relativamente ao destino de outra colónia portuguesa que se encontrava à mercê dos japoneses: Macau([80]).

Será ainda pela via diplomática que as autoridades de Lisboa tentarão manter as formas de soberania portuguesa aquando da rendição japonesa em Timor.

Aproveitando as negociações com os EUA para a utilização do aeroporto de Santa Maria nos Açores, o Governo português consegue introduzir o princípio da sua participação na rendição japonesa em Timor, o que é reconhecido pelo Governo norte-americano na sua nota de 28 de Novembro de 1944:

> Reconhece que essa participação se pode efectuar por forma directa e indirecta: a participação directa, pelo emprego de forças portuguesas...; a participação indirecta, pela concessão ao Governo dos Estados Unidos de facilidades para a construção, utilização e controlo de uma base aérea na ilha de Santa Maria...([81])

Como sempre durante a Segunda Guerra Mundial a constituição da força militar portuguesa destinada a Timor irá atrasar-se consideravelmente.

Como se constata numa investigação sobre as invasões sofridas por Timor no decorrer da Segunda Guerra Mundial:

> Os portugueses parecem conscientes ao longo de todo o processo da sua real incapacidade para recuperar Timor à custa do seu esforço militar([82]).

Num certo momento, porém, a possibilidade de Portugal declarar guerra ao Japão ocupa as chancelarias de Berlim, de Londres e de Washington por ocasião da concessão de «facilidades» nos Açores. É o que se depreende da entrevista do secretário-geral do MNE, Teixeira de Sampaio, com o ministro alemão em Lisboa, relatada para Londres pelo embaixador Campbell, e de um telegrama do Foreign Office para Washington, a 12 de Outubro de 1843, no qual se procura dissipar os receios norte-americanos sobre uma possível declaração de guerra de Portugal ao Japão, afirmando-se que essa intenção havia sido jogada pela própria diplomacia britânica([83]).

No entanto, a rendição das forças japonesas, a 22 de Setembro de 1945, faz-se na ausência de qualquer força militar portuguesa, que só chegaria entre 27 e 29 desse mês, a bordo dos avisos Bartolomeu Dias, Gonçalves Zarco e do transporte de tropas Angola([84]).

Até as notícias da rendição que se prepara são conhecidas do governador português através dos japoneses:

> Na tarde de 21 fui prevenido pelo vice-cônsul Suzuky (a nossa estação de rádio estava avariada nessa altura) de que o comandante japonês havia recebido comunicação de que na manhã seguinte, às 9 horas, chegava um hidroavião com uma missão de oficiais australianos que vinham certamente tratar da rendição deles, japoneses([85]).

As realidades mostravam-se muito refractárias às orientações dadas por Salazar, ainda em 23 de Agosto, quando se pretendia opor à presença de entidades australianas na ilha e reafirma que «seja feita a rendição ao governador, como está assente»([86]).

Nem o poder político nem os militares puderam encarar sem incómodo o relatório do governador de Timor, Manuel de Abreu Ferreira de Carvalho. Será retirado da circulação.

Deste modo, a neutralidade da totalidade do território português não foi garantida durante toda a Segunda Guerra Mundial. Tanto os responsáveis políticos como a hierarquia das Forças Armadas conhecem os limites onde a soberania se exerceu em pleno e os seus desfalecimentos jamais reanimados pela intervenção militar. A guerra e as características híbridas da neutralidade portuguesa vão cimentar a subordinação das Forças Armadas ao regime salazarista e obrigar a uma maior cumplicidade entre ambos.

E os desentendimentos entre as Forças Armadas e o regime serão fomentados do exterior.

Com efeito, para país neutral, Portugal apresentava-se demasiado dividido entre anglófilos e germanófilos.

Desde as Forças Armadas à Polícia de Vigilância e de Defesa do Estado (PVDE), desde o Secretariado da Propaganda Nacional (SPN) à Direcção dos Serviços de Censura (DSC), até aos próprios membros do Governo, tudo se classifica perante essas opções exteriores:

> É no entanto importante circunscrever a influência germanófila nos organismos acima descritos: António Ferro no SPN, Salvação Barreto na DSC, o capitão Agostinho Lourenço na PVDE são notórios anglófilos desde o início. O mesmo não se poderá dizer de João Costa Leite (Lumbralles), presidente da Junta Central da Legião Portuguesa (LP) e ministro das Finanças, Nobre Guedes na Mocidade Portuguesa (MP), Mário de Figueiredo, ministro da Educação, Santos Costa, ministro da Guerra, e Ortins Bettencourt, ministro da Marinha, cujas opções germanófilas são conhecidas([87]).

Quanto à própria polícia política, a análise sobre a sua fidelidade e a sua capacidade de resistência a seduções provenientes de ambas as partes em conflito não deixa de ser cruel.

> Que muitos dos membros da organização são venais é um facto indiscutível. Muitos deles, aparentemente, estão igualmente dispostos a vender os seus serviços pela maior oferta e fizeram-no em frequentes ocasiões quer com agentes britânicos quer com agentes alemães. Consta, no entanto, que os agentes alemães dispõem de mais fundos para essas operações do que os britânicos e que estão agora mais activos nesse domínio do que anteriormente([88]).

Os serviços estrangeiros têm, pelo seu lado, uma natural tendência para classificar os oficiais mais importantes das Forças Armadas portuguesas conforme as suas posições face ao conflito mundial e às principais potências envolvidas.

Assim, aquando da preparação da visita do conde de Jordana, ministro dos Assuntos Exteriores de Espanha, a Portugal em Dezembro de 1942, o Alto Estado-Maior madrileno elaborou umas «Notas Acerca de las Fuerzas Armadas de Portugal» em que esse critério está bem presente([89]).

Nessas notas refere-se que o secretário-geral do Conselho Superior de Defesa, general António Freitas Soares, é anglófilo, assim como o general Luís Sampaio, comandante da Quarta Região Militar, o vice-almirante Alfredo Botelho de Sousa, na altura chefe do Estado-Maior da Armada, e o capitão-de-mar-e-guerra Oliveira Pinto, referidos como «mações» e « anglófilos».

Já o general Alberto Peixoto e Cunha, governador militar de Lisboa, é apresentado como amigo dos nacionalistas espanhóis, a quem terá ajudado no envio de material de guerra. Também o coronel José Barros Rodrigues, que participou na missão portuguesa enviada a Espanha durante a guerra civil, é apresentado como «amigo de Espanha».

As diferentes missões de oficiais portugueses ao estrangeiro, sobretudo relacionadas com as compras de armamento e equipamento, servem para avaliar os diferentes graus de simpatia que certos países suscitam no corpo de oficiais:

> Em 1940-1942, a ida de militares aos países do Eixo é o mais importante fluxo de oficiais portugueses para o estrangeiro, muito superior às poucas missões que seguem para a Inglaterra. Tal facto justifica que os escalões intermédios da hierarquia militar tenham fama de ter uma forte influência alemã e uma elevadíssima opinião da capacidade dos exércitos de Hitler.

> Os escalões superiores, pelo contrário, têm fama de ser pró-ingleses e de encararem em regra o regime com algumas reservas...[90]

Esta apreciação das Forças Armadas conforme as suas inclinações perante os beligerantes da Segunda Guerra Mundial estende-se aos ramos da instituição militar. Assim, para o adido naval britânico, «As a whole the Navy is strongly pro-British», enquanto o Exército estaria mais exposto às influências da Itália e da Alemanha, «The officers as a whole probably have greater pro Axis sympathies than either of the other services»[91].

Esta classificação dos oficiais em germanófilos ou aliadófilos alguma influência terá no futuro das suas carreiras.

Para além desta clivagem entre oficiais aliadófilos e germanófilos, existe, claro está, um corpo de militares seguidores do regime nacionalista de Oliveira Salazar e que se agrupam sobretudo à volta do subsecretário de Estado da Guerra, Fernando Santos Costa. Esta tendência no interior das Forças Armadas terá até crescido durante a guerra, como se poderá depreender das considerações feitas por um conselheiro da Embaixada norte-americana em Lisboa em fins de Setembro de 1944:

> O grupo de jovens oficiais encabeçados por Santos Costa conseguiu aumentar o seu poder nos últimos anos, ultrapassando a geração mais velha. Essa geração mais velha incluía muitos dos dirigentes da revolução de 1926, que recordavam Salazar quando este era um jovem professor incómodo, apenas tolerado pela sua competência técnica. Os jovens oficiais, pelo contrário, aceitam Salazar como o seu chefe e acreditam entusiasticamente no seu programa»[92].

Serão estes jovens militares que estarão presentes num jantar que juntou cerca de mil e trezentos oficiais por ocasião da celebração do 28 de Maio de 1944. Salazar está presente e responde a um discurso crítico de Santos Costa[93], a quem fará seu sucessor na pasta da Guerra aquando da remodelação governamental de Setembro de 1944.

Do ponto de vista que nos ocupa, não deixa de ser relevante assinalar que nessa remodelação Salazar prefere deixar o Ministério da Guerra e manter-se como ministro dos Negócios Estrangeiros, quando ainda decorre o conflito mundial e há parcelas do território português em situação militar delicada.

Sobre a remodelação governamental ocorrida a 6 de Setembro de 1944, o já referido observador norte-americano põe em realce o domínio conseguido pelo regime político sobre a instituição militar:

> «Santos Costa e o seu amigo ten.-coronel Botelho Moniz, ministro do Interior, controlam actualmente a Polícia e praticamente todas as Forças Armadas, com a excepção da Marinha. A Marinha, que em revoluções passadas desempenhou um papel decisivo, está agora relativamente impotente perante os aviões bombardeiros que podem afundar os seus destroyers caso as suas armas alguma vez ameacem Lisboa. Ao centralizar o controlo das Forças Armadas numa só dique, Salazar abandonou a antiga política de dividir os militares jogando-os uns contra os outros»([94]).

Vejamos duas versões para esta atitude de Salazar. Um seu colaborador escreverá:

> é indispensável um homem firme e que trabalhe em boa cooperação com o ministro da Guerra, e, por isso, sem embargo da sua relutância em entregar a militares as pastas civis, o chefe do Governo resolve, por motivos nitidamente políticos, confiar a um oficial o Ministério do Interior», dado que nos tempos que se avizinham «naturalmente surgirão problemas de ordem pública([95]).

A análise do diplomata americano detém-se mais nas próprias características adquiridas pelas Forças Armadas durante a guerra para explicar essa nova osmose entre o Ministério da Guerra e o Ministério do Interior:

> O factor principal nesta decisão é provavelmente o rearmamento do Exército. Este aumentou muito e recebeu carros de combate e aviões que o tornaram muito mais forte do que outras organizações que antes tendiam a contrabalançar o seu poder. Estas incluíam a GNR e a Legião Portuguesa, ambas organizadas em moldes militares e anteriormente controladas pelo ministro do Interior, um civil, são agora impotentes contra aviões e carros de combate

do Exército, tornando-se apenas numa primeira linha de defesa contra a revolução, enquanto o poder real reside nos jovens oficiais que comandam a força aérea e os batalhões mecanizados([96]).

Em suma, a eclosão da Segunda Guerra Mundial vai dar origem a novos desenvolvimentos nas relações entre o poder político e a instituição militar, numa linha geral de fortalecimento, mas também de subalternização, das Forças Armadas.

Estas, no entanto, vão acentuar certas características que convém ter em conta.

Exército à base da mobilização, da formação de corpos expedicionários, nenhuma acção de combate será empreendida durante toda a guerra. Em suma, um Exército de enquadramento das populações para a mobilização, e de prestação de serviços. Um Exército sem força militar, mas com prestígio aparente, que desenvolve na época alguns serviços de informação e contra-espionagem.

A especialização na prestação de serviços policiais e de informação durante a Segunda Guerra Mundial deveu-se às próprias características de neutralidade portuguesa.

Diz-nos o general Pedro Cardoso:

> Lisboa era então um centro de espionagem de grande importância e todos os agentes estrangeiros se queixavam das dificuldades de actuação devido ao facto de haver cinco ramos policiais diferentes com quem tinham de jogar às escondidas([97]).

Essas actividades de informação e espionagem também minavam a própria instituição militar. O representante da França de Vichy em Lisboa, Gentil, relata, em ofício de 16 de Março de 1942, a prisão pela Polícia portuguesa do chamado grupo Shell, que teria ainda um centro de informação nos Açores e a participação de muitos militares portugueses([98]).

Em termos propriamente militares, as missões atribuídas às Forças Armadas foram caracterizadamente as de mobilização e manobras.

Foram enviados para os Açores cerca de 25 000 homens e «foram mobilizados mais 25 000 distribuídos pelas guarnições da Madeira, Cabo Verde, Angola e Moçambique. Em Setembro e Outubro de 1943 foram mobilizados mais 80 000 homens, o que elevou os efectivos das Forças Armadas a cerca de 130 000 homens»([99]).

Enquanto as tropas portuguesas se concentravam nos Açores, fora Timor invadido alternadamente por australianos e japoneses. Mercê de um acordo diplomático entre Portugal e os EUA por causa das «facilidades» na ilha de Santa Maria, Portugal foi diplomaticamente admitido a assumir de novo a soberania de Timor em 1945. Mas mesmo nesse caso a participação militar foi pouco mais do que simbólica. Relembremos os factos:

> As forças concentradas em Lourenço Marques, com um efectivo de 2000 homens, embarcadas no Angola e no Sofala e escoltadas pelos navios de guerra Bartolomeu Dias e Gonçalves Zarco, partiram para Colombo em 1 de Setembro de 1945, onde chegaram a 15. Partiram dali, dois dias depois, sem notícias de Timor, desde 5 de Setembro livre das forças japonesas, que se haviam transferido para a parte holandesa, passando o governador a exercer autoridade plena.
>
> Em 29 de Setembro chegou a Díli o Angola com 974 homens, escoltados pelo Bartolomeu Dias. E a 9 de Outubro o Sofala e o Afonso de Albuquerque.
>
> O comandante-chefe das forças era o coronel R. S. Varejão. Embora as nossas tropas esperassem combater, a operação não passou de uma pura operação logística...([100])

Portanto, operação logística e manobras, como a efectuada em Pegões em Outubro de 1943, ocuparam a instituição militar durante a Segunda Guerra Mundial. Nas manobras de Pegões, realizadas entre 5 e 28 de Outubro de 1943 – na altura do desembarque de tropas inglesas na ilha Terceira –, foram mobilizadas e exercitadas três divisões. Deste modo, desde 1936 até 1945, o ambiente internacional proporcionou ao poder político em Portugal a manutenção de factores altamente favoráveis à subordinação da instituição militar: um clima de ameaças sem guerra efectiva.

Um novo capítulo se iria abrir nas relações entre o poder político e a instituição militar em Portugal com o fim da Segunda Guerra Mundial.

É a história da passagem da subordinação e da cumplicidade às tentativas falhadas de insubordinação.

III – As insubordinações falhadas (1945-1961)

Com a aproximação do fim da guerra e com a vitória dos Aliados volta a agitação aos quartéis e ao espírito de muitos oficiais das Forças Armadas. Como consequência vamos assistir nesse período a uma série de movimentações, que, embora tendo motivações e alvos diversos, acabarão todas por sucumbir perante a vontade e a habilidade de Oliveira Salazar, ou não terão o favor das circunstâncias pelo seu lado para triunfar.

Ressalta da análise deste período que as maiores esperanças de alcançar o derrube da Ditadura foram depositadas na instituição militar ou em elementos militares, entre os quais figuram Carmona, Botelho de Sousa, Cabeçadas, Norton de Matos, Tamagnini Barbosa e, mais tarde, Humberto Delgado, Craveiro Lopes e Botelho Moniz.

As movimentações militares para derrubar Salazar tiveram variados motivos no ciclo compreendido entre 1944 e 1947, onde se concentraram as principais conspirações. Desde as conspirações urdidas com o fim de pressionar Salazar a tomar certas decisões (proibição da exportação de volfrâmio em Junho de 1944; aumento dos vencimentos dos oficiais em Fevereiro de 1945) até às insurreições destinadas a derrubar o regime (Outubro de 1946; Abril de 1947), todas elas acabaram por se centrar na possibilidade de o Presidente da República, Óscar Carmona, pretender afastar Salazar da chefia do Governo.

A partir do ano de 1944 detectam-se certas movimentações militares para pressionar o poder político, sobretudo no sentido de o Governo impedir a exportação de volfrâmio para a Alemanha.

> A conspiração no seio das Forças Armadas cresce imenso em Maio de 1944, e só não conduz ao golpe militar imediato porque Salazar cede em princípios de Junho, aceitando o embargo do volfrâmio([101]).

Esta cedência de Salazar terá sido suficiente para «a Inglaterra abandonar os encorajamentos directos e indirectos à conspiração militar»([102]).

Outro factor de descontentamento de grande parte dos oficiais das Forças Armadas residia na permanência de Santos Costa à frente da instituição militar. A sua acção foi assim resumida por um diplomata norte-americano:

Uma das primeiras acções de Santos Costa quando foi nomeado subsecretário da Guerra em 1936 foi reformular o sistema de promoções e passagens à reserva no Exército, de modo a acelerar a promoção de oficiais mais jovens. Considera-se que esse poder de selecção tem sido utilizado para fortalecer no Exército os princípios autoritários([103]).

Esta selecção por motivos de lealdade ao regime autoritário e esta preferência pelas gerações mais jovens teriam efeitos negativos entre os oficiais generais:

> É notório que Santos Costa teve muitos inimigos, especialmente entre os oficiais mais velhos e de mais elevada patente, devido às suas maneiras bruscas e falta de consideração pelas altas patentes.
>
> A sua clique não representa, de modo nenhum, o conjunto do Exército.
>
> Consta que grassa grande insatisfação entre os oficiais devido aos ordenados de miséria e ao favoritismo na carreira. Especialmente entre os generais existe desencanto, mas parece provável que os generais permaneçam sossegados até serem reformados num futuro não muito distante([104]).

Por isso, a partir da esperada remodelação governamental de Setembro de 1944, na qual Santos Costa fortalece a sua posição, sendo nomeado ministro da Guerra, a contestação irá expressar-se num crescendo até Fevereiro de 1945, ainda havia operações militares na Europa, embora já fosse suficientemente segura a vitória próxima dos Aliados.

Salazar opera, nessa remodelação de Setembro de 1944, com um apurado sentido político na colocação de pessoas que, devido às suas manifestadas simpatias pró-Eixo, terão de defender o regime do Estado Novo de «excessivas» cedências aos moldes democráticos. Assim, embora retirando Ortins de Bettencourt, «universalmente considerado como um germanófilo impenitente»([105]), da pasta da Marinha, atribui-lhe o importante e operacional Comando Naval de Lisboa.

É certo que os ingleses terão manifestado o seu contentamento pela saída de Ortins de Bettencourt do Ministério da Marinha, onde foi substituído por Américo Tomás, «que negociou muitos acordos de frete e de abastecimento com os ingleses enquanto presidente da Comissão da Marinha Mercante»([106]). Mas, no essencial, os postos operacionais mantêm-se nas mãos de oficiais, que não teriam nada a ganhar com excessos de liberalização do regime. Sobretudo na Região Militar de Lisboa, as guarnições são criteriosamente escolhidas. E até em cargos políticos são nomeados oficiais que se notabilizaram pelas suas simpatias pelos regimes das potências do Eixo, como foi o caso do comandante Nuno de Brion, que é então nomeado governador civil de Lisboa.

Para Lisboa convergem, pois, as principais atenções.

Assim, no último domingo de Novembro de 1944, um batalhão da Legião, reforçado com carros de combate, canhões antitanques e auto-metralhadoras, executa nas cercanias da cidade de Lisboa exercícios de ocupação de pontos estratégicos, que só podem ter por objectivo mostrar ao Exército que o regime não depende só dele.

O facto de a remodelação governamental de Setembro de 1944 ter sido feita sem o conhecimento prévio de Carmona dá azo à propagação de boatos sobre divergências entre o presidente da República e o Presidente do Conselho.

Muitos observadores atribuem a Carmona o desejo de dotar o país de um Governo que prepare o restabelecimento do regime democrático.

E fala-se no almirante Cabeçadas para o efeito. Porém, o apoio do embaixador britânico, Campbell, a Salazar já nessa altura é conhecido de outras chancelarias, que relatam a pergunta insidiosa do, representante de Londres ao general Norton de Matos sobre quem seria capaz de substituir Salazar([107]).

A primeira grande crise do final da guerra entre o regime salazarista e a instituição militar dá-se nos dois primeiros meses do ano de 1945.

Aproveitando a recepção que o Chefe de Estado ofereceu aos chefes militares no início do ano, o almirante Botelho de Sousa remete a Carmona um folheto assinado por uma Organização Militar de Libertação Nacional, no qual se desfere um duro ataque ao regime do Estado Novo e em particular ao sistema corporativo.

Embora se tenha consagrado a versão segundo a qual essa movimentação militar teria por causa a elaboração do Orçamento Geral do Estado para o ano de 1945, que não contemplava aumentos de vencimentos para os oficiais, o certo é que esse documento revela uma discordância política de fundo com o regime corporativo e autoritário de Oliveira Salazar([108]).

Curiosamente, os militares não se responsabilizam como instituição por essa situação, antes preferem atacar a universidade, onde o regime foi encontrar o pessoal dirigente, chegando a afirmar que a universidade «traiu a sua missão».

Também a organização corporativa é rudemente atacada, sendo acusada de alimentar uma falange de ineptos e de parasitas. Deste modo, os traficantes dos «grémios» associaram-se com os monopólios para destruir a livre concorrência, e juntos constituem um exército que aclama o salazarismo e a FNAT.

Segue-se a denúncia da acção policial da PIDE e, curiosamente, aborda-se a política externa da Ditadura durante a guerra.

Qual é? Quem a conhece? Quem a compreende? São as perguntas feitas. E segue-se o relato das contradições: no continente, Portugal é ao mesmo tempo neutro e aliado de Inglaterra; nos Açores, Portugal permite que os submarinos alemães sejam afundados. Mas é sobre a situação em Timor que o documento acusa mais duramente o regime, por ter abandonado aquele território sem mínima força de ocupação, pelo que não foi possível «defender o prestígio da bandeira», enquanto os japoneses que invadiram selvaticamente aquela ilha viam o seu representante em Lisboa ser convidado para as recepções no Palácio das Necessidades!

No documento esses militares insurgem-se contra a situação geral do país e contra o sistema corporativo e pedem, em suma, a condenação do regime salazarista, a formação de um Governo de salvação nacional e a realização de eleições livres para uma Assembleia Nacional Constituinte que elabore a Constituição democrática da nação.

Embora a circulação de certos boatos, nomeadamente o que dava como certo o derrube de Franco em Espanha, levasse a oposição mais temerosa das consequências sociais de uma substituição do regime em Portugal a moderar os seus ímpetos, o certo é que terá havido entendimentos entre essa Organização Militar de Libertação Nacional (onde se evidenciavam o almirante Botelho de Sousa e o general Peixoto e Cunha) e sectores da oposição de esquerda. Um embrião de Governo estaria mesmo formado, sendo esse futuro Governo presidido pelo general Norton de Matos, com a colaboração de Veiga Simões na pasta dos Estrangeiros e do general Tamagnini Barbosa na pasta da Guerra.

No entanto, segundo o representante de França em Lisboa, Salazar ainda possuía muitos trunfos para jogar, entre os quais o apoio dos meios financeiros e ainda aquele, *plus puissant*, da polícia política([109]).

Com efeito, entre os primeiros dias de Fevereiro e a data de 4 de Março, o Governo de Salazar consegue impor-se aos seus adversários.

Um telegrama da Legação de França, emitido a 7 de Fevereiro, já dá conta dessa evolução imparável a favor de Salazar. E as explicações avançadas resumem-se, em primeiro lugar, ao papel desempenhado pela polícia política, que se manteve sempre fiel ao ditador, assim como às características dos militares portugueses:

> Pelo seu lado, os militares demonstraram o seu carácter maleável e sensível a todos os argumentos governamentais. Cuidadosamente seleccionados e vigiados, os quadros do Exército representam apenas uma fraca força revolucionária. Além de que eles não adoptaram a sua atitude de oposição senão no dia seguinte ao da publicação do Orçamento de 1945, no qual procuraram em vão aumentos nos vencimentos([110]).

O diplomata francês não morre de amores pelos militares portugueses, e, descobrindo o âmago da cumplicidade entre o regime do Estado Novo e os militares durante a guerra que analisámos no capítulo anterior, explicita quais as razões corporativas para a acomodação dos militares face a Salazar:

> Além disto, a sua inocência não é tanta que não presumam que a sua fórmula de Governo não poderia deixar de abrir as portas a uma equipa de democratas, a qual, se não os enviasse a combater para Timor, faria, o que também não lhes agrada, a deflação nas carreiras, reintegrando, tendo em conta a respectiva antiguidade, as centenas de oficiais expulsos por Salazar([111]).

Pelo seu lado, Salazar mostrava-se intencionalmente muito inquieto com o previsível momento da entrada das tropas soviéticas em Berlim.

Segundo círculos próximos dele, os comunistas só esperavam esse acontecimento para lançarem uma ofensiva insurreccional em Portugal. E o principal alvo dessa ofensiva seria a instituição militar.

Esses rumores são o motivo invocado pelo governador militar de Lisboa quando este, em Fevereiro de 1945, sente a necessidade de pedir à Embaixada da África do Sul asilo para sua mulher, invocando ameaças.

O embaixador britânico em Lisboa manda a 12 de Fevereiro o seguinte telegrama para Londres:

> O governador militar de Lisboa telefonou ontem para o ministro da África do Sul e perguntou-lhe se, em caso de necessidade, o diplomata poderia conceder refúgio na Legação a sua mulher. Ele tinha sido informado que mal os russos tomassem Berlim os comunistas iriam tentar liquidar os membros do Governo e outras personalidades([112]).

O embaixador britânico em Lisboa, Campbell, em telegrama de 12 de Fevereiro, dá a interpretação mais provável de o governador militar de Lisboa estar comprometido com alguma acção conspiratória de ultradireita e querer salvar a mulher das consequências.

Com efeito, este ano de 1945 é marcado por uma grande ansiedade nos meios militares de todos os quadrantes.

Perfeitamente subordinados ao poder político da Ditadura durante a guerra, o findar desta aparece como a abertura de uma nova fase no tipo de regime em Portugal. Os oficiais portugueses foram divididos, sobretudo quando vistos do exterior, em pró-britânicos ou pró-germânicos. Os pró-germânicos temiam mais do que os outros a paz sem condições e a destruição e a ocupação da Alemanha nazi.

E Salazar, que temia a tomada de Berlim pelos russos, alarma as Forças Armadas portuguesas com a hipótese de muitos oficiais virem a ser liquidados se tal acontecesse([113]).

Nesse ano de 1945, o general Carmona volta a querer desempenhar um importante papel na conduta das Forças Armadas face ao poder salazarista.

Um observador tão qualificado como o embaixador britânico, Campbell, diz, no seu ofício sobre a situação politica em Portugal, datado de 19 de Fevereiro de 1945:

> Considero Salazar demasiado rígido como doutrinário para modificar o seu regime em algum aspecto fundamental... Na prática, o Exército não tem razões para ser dedicado ao

> Dr. Salazar, que durante muitos anos o tratou com pouca consideração; mas o Exército é devotado à pessoa do Presidente da República e enquanto o Dr. Salazar tiver a confiança e o apoio do Presidente Carmona não tem nada a temer dos quartéis...([114])

A «pouca consideração» de Salazar para com as Forças Armadas havia sido ainda há bem pouco tempo testemunhada quando o ditador resolveu não incluir no Orçamento para 1945 qualquer reforço de verba para aumentos de ordenados dos militares. Isso no preciso momento em que os cofres se encontravam cheios de ouro e divisas acumuladas durante a guerra.

Esta primeira crise entre Salazar e a instituição militar, ocorrida em Janeiro e Fevereiro de 1945, irá saldar-se por uma cedência orçamental do presidente do Conselho: a 14 de Fevereiro os oficiais foram aumentados 15% nos seus ordenados.

Deste modo, a Conferência dos Comandantes-Chefes, que teve lugar entre 27 de Fevereiro e 3 de Março, determinou a ida de todos os chefes militares ao Presidente da República e a Salazar para demonstrarem a sua lealdade para como a revolução do 28 de Maio.

Mas alguns oficiais pró-Aliados julgavam ter chegado a altura de desferirem um golpe mortal na Ditadura. Era o caso do general Tamagnini Barbosa, que teria mesmo entendimentos com os comunistas em geral, e com Álvaro Cunhal em particular, para esse fim, segundo revelam os ofícios do embaixador britânico em Lisboa.

São muito interessantes as informações que Campbell dá a esse respeito para Londres a 22 de Março de 1945. Segundo este, o general Tamagnini Barbosa apenas teria ligações aos comunistas para estes distribuírem panfletos! E afirma textualmente, perante insinuações de Londres, que não há relações entre o general Tamagnini e Álvaro Cunhal([115]).

Entre 1945 e 1949 toda uma série de múltiplas conspirações de origem diversa têm lugar para modificar o regime. Têm em comum serem todas frágeis e pretenderem apoiar-se em Carmona para substituir Salazar.

O antigo oficial republicano e promotor do 28 de Maio, almirante Cabeçadas, de novo activo a partir de 1944, volta a empenhar-se aquando das revoltas de Outubro de 1946 e de Abril de 1947 – numa altura em que já não subsistem dúvidas sobre o imobilismo de Salazar quanto à evolução do regime. E justifica-se afirmando ter recebido encorajamento de Carmona para o efeito([116]).

Como diz Oliveira Marques:

> Em Outubro de 1946, eclodiu uma revolta militar no Norte (com uma marcha do Porto à Mealhada), a primeira em dez anos. Embora fosse fácil ao Governo sufocá-la, ela abriu nova era de conspirações e tentativas de revolta, todas, aliás, fracassadas. Em Abril de 1947, uma das mais importantes dentre estas, revelou a existência de uma vasta comparticipação militar, com o possível apoio do próprio Carmona, cansado, ele também, da ditadura opressiva de Salazar([117]).

Toda essa movimentação se operou através de um agrupamento significativamente chamado Junta Militar de Libertação Nacional, que, segundo os autos do processo, «prepararam a rebelião armada que teve o seu início de execução no Porto, na madrugada de 10 de Outubro de 1964, com a sublevação do Regimento de Cavalaria 6, sob o comando do ex-oficial Queiroga...»([118]), e que, sob o comando do presidente da referida Junta, almirante Cabeçadas, prepararam uma nova insurreição armada com a data de eclosão fixada para o dia 10 de Abril de 1947.

Num documento atribuído ao antigo ministro da República, João Lopes Soares, e conhecido pelo Pacto, afirmava-se que o Governo de Salazar era uma imitação dos Estados totalitários e que era mais perigoso para os destinos da nação manter um tal regime do que substituí-lo e que «ao Exército competia assumir o poder, suprimir a ditadura, restituir à nação as suas liberdades tradicionais»([119]).

Assim, mesmo as figuras mais representativas da tradição civilista e democrática da Primeira República julgavam necessário o recurso às Forças Armadas para se operar uma mudança de regime neste período subsequente à Segunda Guerra Mundial.

Parte significativa do processo envolve a figura do Presidente da República.

Assim, no libelo acusatório aos arguidos, pode ler-se:

> Em datas não precisamente determinadas do ano de 1946 concertaram-se para promover que Sua Excelência o Presidente da República, sob pressão de ameaças ou imposições da força pública,

substituísse o Governo legalmente constituído por outro de carácter retintamente militar, com o que impediriam o livre exercício das faculdades que a Constituição lhe confere...([120])

Responde o vice-almirante Cabeçadas, dando voz pública às queixas segundo as quais o Governo impedia um efectivo mandato do Presidente da República, ao declarar na defesa ter apenas procurado, «por meio do movimento militar de opinião, garantir-lhe o livre exercício das suas faculdades constitucionais»([121]).

Contra-argumenta a acusação rebatendo o testemunho do comandante José Moreira de Campos:

> Nunca o Senhor Presidente da República afirmou sentir-se diminuído na sua liberdade para o exercício daquelas prerrogativas([122]).

É grande a sensibilidade do regime a toda essa agitação que contamina a instituição militar.

No seguimento dos acontecimentos do 10 de Abril de 1947, os serviços repressivos do regime político mantêm-se alerta para todas as manifestações que digam respeito àquele processo.

Assim, os serviços de informação da Legião Portuguesa dão a conhecer ao Ministério do Interior, em Maio de 1947, a existência de um manifesto de oficiais dirigido ao Presidente da República em que estes fazem saber a Carmona entenderem que, «por circunstâncias várias, o Governo actual e a União Nacional prejudicam o objectivo anunciado, e desejado por todos, de alargamento da frente patriótica», pelo que apresentam uma proclamação em cinco pontos: o Presidente da República deve demitir o Governo; esses militares garantem a ordem pública, as liberdades individuais «e o verdadeiro desejo de unidade patriótica»; asseguram «a continuidade dum regime de governação forte»; garantem a punição dos crimes e dos abusos cometidos, e pretendem evitar «que as únicas forças de ordem verdadeiramente organizadas no país – o Exército e a Armada – se dividam em lutas fratricidas»([123]).

E rematam: «Os signatários confiam no Chefe prestigioso e incontestável que o pais elegeu; e esperam que reconheça, mais uma vez, como nas suas declarações altivas e patrióticas da Sala do Risco, que o país está doente»([124]).

E, a 29 de Maio de 1947, o chefe de gabinete do ministro do Interior informa o chefe de gabinete do ministro da Guerra de que no Porto corriam boatos de que em breve haveria um golpe de Estado e de que teria sido entregue ao Presidente da República uma exposição pedindo a demissão do actual Governo e que essa exposição «era assinada por muitos oficiais da Guarnição Militar de Lisboa»([125]).

As notícias dadas para o estrangeiro sobre prisões de militares eram mesmo censuradas e os jornalistas que as davam directamente intimidados pela polícia política.

Deste modo, a jornalista Miss Jose Shercliff, que enviara, via Marconi, um telegrama para a Associated Press, a 19 de Novembro de 1947, dando conta da recusa do instituto do habeas corpus ao almirante Cabeçadas e outros oficiais envolvidos na intentona de 10 de Abril, é sucessivamente chamada ao chefe de gabinete do Ministério do Interior e intimada a comparecer na PIDE, a fim de cancelar o envio do dito telegrama([126]).

O processo judicial da insurreição do almirante Cabeçadas irá revelar uma teia assaz extensa de militares comprometidos com o golpe, que ia do major Daniel Sarsfield Rodrigues aos coronéis Celso Mendes de Magalhães e Carlos Tavares Afonso dos Santos, aos brigadeiros Eduardo Corregedor Martins, António de Sousa Maia e Vasco de Carvalho. Todos estes oficiais são sentenciados em Junho de 1948 e perdem as patentes militares, o emprego e mesmo a reforma a que já teriam direito. Os arguidos militares, em número de 19, foram alvo de relatórios elaborados directamente para o Ministério da Guerra([127]).

Também o caso do general Godinho, que havia sido governador militar dos Açores durante a guerra, terá repercussões no meio militar, quer pelas acusações que aquele oficial fez ao ministro da Guerra, Santos Costa, quer pela sua morte misteriosa na prisão; o general José Marques Godinho aparece também no processo do vice-almirante Cabeçadas como tendo aceite o encargo de desempenhar «as funções de comandante das Forças Armadas»([128]). O general Godinho afirmava que tinha recebido uma carta de Santos Costa quando era governador militar dos Açores ordenando-lhe para resistir aos americanos e confessando a sua atitude pró-alemã.

Esta revelação do general Godinho, a resultar documentada – e a mulher do ex-governador militar dos Acores dizia existir a referida carta –, poderia provocar as maiores consequências, inclusive a demissão do próprio ministro da Guerra, Santos Costa. Ser acusado de antiamericano e pró-nazi em 1947 não era propriamente uma recomendação para gerir a pasta da Guerra, mesmo num país que havia mantido a «neutralidade continental», segundo os termos usados pelos Aliados para referir no fim da guerra a atitude de Portugal.

A defesa de Santos Costa veio de onde os militares portugueses pró Aliados menos esperariam: precisamente do Governo americano!

Com efeito, o Governo americano resolve atribuir a Legião de Mérito a Santos Costa.

Segundo as autoridades de Washington, a Legião de Mérito é atribuída a Santos Costa pelos seus «serviços, excepcionalmente meritórios, prestados aos Estados Unidos... durante e após a guerra»([129]).

A lógica externa da guerra fria e as negociações em curso sobre a Base das Lajes causavam assim a maior devastação nas esperanças de uma modificação da Ditadura salazarista, mercê da vitória dos Aliados em 1945.

Em breve a questão da Alemanha daria a Salazar o pretexto para aniquilar as veleidades democratizantes dos oficiais pró Aliados. Exactamente a 28 de Abril de 1948, Salazar irá proferir o seu discurso «O Ocidente face à Rússia» perante os representantes das Forças Armadas que lhe foram apresentar cumprimentos pela passagem de mais um aniversário da sua entrada para o Governo.

Nesse discurso, orientado para apresentar a União Soviética como o maior perigo que os países europeus defrontaram depois da guerra, Salazar afirmou:

> ... as potências ocidentais consideraram, com o esmagamento da Alemanha, atingido o seu fim de guerra; a Rússia não, pois que, além do reforço da sua defesa e do aumento do seu poderio, alimenta, para a hipótese de ser possível realizá-lo, o sonho da revolução mundial, de que é o máximo expoente e o mais sólido apoio. Esta a situação([130]).

Esta situação, caracterizada pela necessidade de dar cobertura à manutenção das tropas norte-americanas em território europeu e português, assim como o bloqueio de Berlim na Primavera de 1948 e o golpe de Praga em 1949, conduz a situação internacional a uma divisão entre os Aliados ocidentais e a União Soviética bastante favorável às teses anticomunistas de Salazar.

E Portugal assinará, a 4 de Abril de 1949, o Pacto do Atlântico, em cujo preâmbulo não se deixa de fazer referência aos princípios da democracia e das liberdades individuais, o que leva Salazar a declarar que esse preâmbulo «sofre da vacuidade ou imprecisão de certas fórmulas já gastas e perturbadoras»([131]).

A intenção normativa de Salazar destinava-se sobretudo a defender o seu regime, por ser contrário «à uniformização de regimes políticos sobre cujas virtudes o presidente do Conselho julgava todo o país suficientemente esclarecido»([132]).

A entrada de Portugal na Aliança Atlântica irá ter as maiores consequências na reforma da instituição militar durante a década de cinquenta.

Entre 1949 e 1958 situa-se um período de acalmia nas relações entre o poder político e a instituição militar, que só será relativamente perturbado pela questão do Presidente da República em 1951 e 1958. Mas também será o período em que as Forças Armadas portuguesas se dão conta do seu enorme atraso em relação às Forças Armadas dos países aliados.

Assim o escreve um oficial que testemunhou esse enlace entre as Forças Armadas portuguesas e as dos países aliados:

> É evidente que, em virtude do período de estagnação militar que tínhamos atravessado, mesmo considerando as mobilizações durante a guerra para as ilhas e para África e Timor, estávamos desactualizados e muito afastados dos Exércitos dos restantes países da Aliança([133]).

Esta opinião encontra-se, aliás, repetidas vezes nos relatórios elaborados por autoridades militares dos principais países aliados. O fraco valor operacional das Forças Armadas portuguesas e o papel que estas podem desempenhar na ordem interna e no apoio ao regime do Estado Novo são constantes dessas avaliações feitas sobretudo entre 1949 e 1952.

Em Julho de 1950 realizam-se grandes manobras militares, que ocuparam milhares de homens, sobretudo nas regiões de Sintra (cerca de dez mil soldados), Porto (quatro mil), e ainda concentrações no Alentejo e no interior do país.

A principal missão atribuída às forças militares nessas manobras foi a de impedir um hipotético desembarque na costa perto de Lisboa e, depois, a de obrigar as forças inimigas a retirarem-se.

Essas manobras destinavam-se a testar a capacidade operacional, o grau de instrução e de prontidão das Forças Armadas, tendo em conta os novos compromissos internacionais com a NATO.

Em Agosto de 1950 dá-se uma remodelação na estrutura do Governo, sendo criados vários órgãos de coordenação da política militar, como o Conselho Superior de Defesa Nacional e o Conselho Superior de Direcção da Guerra, ambos presididos por Salazar.

Para o encarregado de Negócios de França em Lisboa, essas medidas «vêm reforçar a influência do Exército no país, o que, em caso de perturbações internas, não seria de negligenciar»([134]).

Santos Costa, agora ministro da Defesa Nacional, não tem dúvidas em recordar ao novo ministro do Exército, general Abranches Pinto, que uma das missões da instituição militar consistia em reprimir as forças subversivas e em manter a ordem no interior das fronteiras([135]).

Santos Costa assume-se inteiramente como ministro da Defesa do regime político do Estado Novo (embora propusesse a sua evolução para a monarquia) e arrastará a instituição militar para essa posição, sobretudo nas alturas em que se colocou em Portugal a questão da chefia do Estado: em Abril de 1951, com a morte do marechal Carmona, e no ano de 1958, com a sucessão do marechal Craveiro Lopes.

O ano de 1951 assiste ao desaparecimento do elemento-chave das relações entre o Exército e o regime do Estado Novo – o marechal Carmona.

A morte do marechal Carmona colocou de novo, em toda a sua plenitude, a questão das relações entre os militares e o regime do Estado Novo.

Os principais «barões» do salazarismo pretenderam então homogeneizar completamente o poder político em Portugal através da transferência de Salazar para a presidência da República, o que cortaria o único elo de ligação entre a Ditadura e os militares que haviam desencadeado o 28 de Maio.

Curiosamente, o ministro do Exército, general Abranches Pinto, que fizera parte do CEP, representara Portugal em diversos organismos do Pacto Atlântico e fora adido militar em Washington, estaria entre os responsáveis que gostariam de ver Salazar candidatar-se à presidência da República([136]).

Perante a significativa recusa de Salazar em candidatar-se à presidência, os altos dignatários do regime tiveram de imaginar outras soluções – chegando a colocar-se a hipótese da restauração da monarquia.

Salazar exclui-se a si próprio, entre outras razões porque, tendo ele mesmo viciado e esvaziado o cargo de Presidente da República, não acreditou que o homem fosse o órgão. O verdadeiro debate aberto pela sucessão de Carmona será pois entre a monarquia e a instituição militar.

Marcelo Caetano relata-nos um episódio significativo ocorrido no próprio dia da morte de Carmona (18 de Abril de 1951) quando foi chamado por Augusto Cancela de Abreu, na altura presidente da Comissão Executiva da União Nacional, à sede deste organismo para discutir a sucessão do Presidente da República. Segundo a sua opinião, «tínhamos de pensar na homenagem a prestar-lhe e no funeral a organizar. O resto – era um facto previsto, pelos homens e pela Constituição. Não havia nada que adiar trabalhos, apenas que cumprir prazos...

Não, não era simples como isso, retorquiam açodados uns tantos circunstantes. E de entre eles Mário de Figueiredo, olhando-me com ar irritado, esclarecia:

> – A providência – e eu vejo realmente nisto um facto providencial – quis que na Assembleia Nacional estejamos justamente a entrar na revisão do título da Constituição que trata do Chefe do Estado. Esta é a altura de decidirmos se continuamos em república ou se restauramos a monarquia([137]).

Nessa perspectiva, a candidatura militar seria uma candidatura antimonárquica, além de ser uma forma de aprisionar as Forças Armadas na defesa do regime.

As Forças Armadas estão enfraquecidas pelas missões de carácter burocrático que lhes são atribuídas, pela falta de qualificação dos oficiais do topo da hierarquia, por um equipamento obsoleto e completamente subordinadas ao ministro Santos Costa. Ainda tentam propor um candidato na figura do general Fernando Pereira Coutinho, mas este não se consegue impor([138]).

Salazar, após ter combatido a influência política das Forças Armadas, resolve, em 1951, perante o vazio institucional criado pela morte de Carmona, forçar o enlace entre os militares e o regime do Estado Novo.

É Salazar quem força o aparecimento de um candidato militar, recusando-se a suceder a Carmona, evitando a restauração da monarquia e não apadrinhando um candidato civil.

A escolha de Craveiro Lopes foi uma surpresa para muitos homens influentes do regime. Mas ele fora comandante-geral da Legião Portuguesa, ou seja, colaborara na subordinação das Forças Armadas ao regime do Estado Novo...

Para reforçar o carácter militar da candidatura de Craveiro Lopes, Salazar propõe que seja Santos Costa a contactá-lo para o efeito:

> Decidida a escolha pela Comissão Central da União Nacional, era preciso convidar o escolhido. Professor do Instituto de Altos Estudos Militares, o general achava-se longe, numa viagem de estudo dos coronéis em estágio. Salazar pediu ao ministro da Defesa, Santos Costa, que o chamasse e fosse mesmo ao seu encontro para o trazer à fala, indagando pelo caminho quais as suas convicções e tendências([139]).

Não foi só Salazar que trouxe para a disputa da sucessão de Carmona um militar. Também parte da oposição democrática, que já em 1949 apoiara o general republicano Norton de Matos, apresentou um homem das Forças Armadas – o almirante Quintão Meireles.

Assim, a maior parte das correntes políticas em Portugal queria um militar na presidência da República.

O Presidente da República não desempenhava, no entanto, qualquer papel decisivo no regime, anulado que estava pelo presidente do Conselho. Tinha o Presidente da República tão poucos poderes que a fraca União Nacional bastava para o cercear politicamente.

Nem sequer a constituição das Casas presidenciais – quer a Civil quer a Militar – permitia ao Chefe do Estado qualquer simulacro de intervenção. O Presidente da República era tão fraco no regime salazarista que o seu único papel político só poderia ter sido o de legitimar um golpe de Estado. Mas nem Carmona nem Craveiro Lopes o fizeram.

E Américo Tomás, solicitado em Abril de 1961 a fazê-lo, preferiu manter Salazar e afastar Botelho Moniz.

Vejamos como a anemia institucional da presidência da República se traduzia na constituição das suas Casas:

> De 1910 a 1926 não havia Casa Militar do Presidente da República. Esta foi organizada depois do 28 de Maio, mas nunca esteve completa durante a presidência do senhor marechal Carmona. O senhor Presidente achava que era pessoal demais o permitido pela lei e que não tinha que dar-lhe a fazer.
>
> Teve durante muitos anos chefe da Casa Militar, mas não substituiu o general Amílcar Mota quando este faleceu. No fim da vida do senhor Presidente, a Casa Militar estava reduzida a dois oficiais. Isto quer dizer que não há necessidade de ter sempre preenchido o quadro legal, e desde que o Chefe do Estado tenha um secretário civil – pessoa de boa categoria – para se ocupar da sua correspondência particular pode bem ser que não haja necessidade de mais do que dois ou três oficiais ao serviço do Presidente. Atrevo-me a sublinhar que, mesmo que houvesse só dois, um deles devia ser da Marinha. Sobre se o chefe da Casa Militar deve pertencer ao Exército ou à Marinha, já é assunto para considerar atentamente, e sob múltiplos aspectos, pela repercussão que terá nas respectivas corporações([140]).

Eis como Salazar esvaziava de qualquer conteúdo a presidência da República e geria o equilíbrio das sensibilidades militares pela dosagem de representação dos ramos numa estrutura sem acção relevante. Salazar enleava positivamente umas Forças Armadas débeis e desnorteadas politicamente após a consolidação do regime operada entre 1947 e 1949.

E entre 1951 e 1958 situa-se um dos períodos mais estáveis do regime salazarista e um dos momentos de menor influência da instituição militar na vida política do país.

Só no final da década de cinquenta as Forças Armadas são sacudidas da sua letargia face ao regime do Estado Novo. E vão ser sacudidas por três fenómenos de natureza completamente diversa: a candidatura do general Humberto Delgado à presidência da República em 1958, a insurreição angolana em princípios de 1961 e a invasão de Goa por tropas da União Indiana em Dezembro deste mesmo ano.

A apresentação da candidatura do general Humberto Delgado à presidência da República em 1958 só a prazo teve efeitos indutores dentro da instituição militar.

É certo que algumas pequenas conspirações envolvendo elementos militares tinham ocorrido nos primeiros anos da década de cinquenta. O capitão Henrique Galvão fora preso e, em 1956, Humberto Delgado solicitado a participar numa delas.

Por outro lado, quando se torna claro que Salazar se opõe à recandidatura de Craveiro Lopes, surgem várias movimentações de oficiais descontentes com o «imobilismo» do regime.

> É um facto que em 1958, quando foi decidido não reconduzir o marechal Craveiro Lopes na presidência da República, houve realmente contactos deste e do general Botelho Moniz (mas indirectos) com um grupo de militares e civis que pretenderam opor-se àquela ideia e provocar um forte reformismo no regime. Já nessa altura a ligação com o marechal Craveiro Lopes era o capitão Almeida Santos. O general Botelho Moniz, ainda chefe do Estado-Maior-General das Forças Armadas, é contactado então por intermédio de dois oficiais do Secretariado-Geral da Defesa Nacional, os majores Pedro Cardoso e Viana de Lemos([141]).

A candidatura de Humberto Delgado pode inserir-se nessa tendência de muitos militares em «provocar um forte reformismo no regime» e terá sido preparada com maior antecedência do que a oposição democrática pretende ou sabe.

O próprio Humberto Delgado relata, em síntese, a sua atitude prévia à decisão de se candidatar à presidência:

> No dia 18 de Maio de 1956, quando ainda me encontrava em Washington, recebi uma carta, e por demais sabia eu quem a escrevera, muito embora não estivesse assinada. Era-me pedido que regressasse a Lisboa, a fim de «organizar um movimento»([142]).

Tudo indica, portanto, que os grupos de militares e civis que pretendiam um forte reformismo no regime começaram a preparar as diferentes acções a partir da segunda metade da década de cinquenta. Esses movimentos impulsionarão a candidatura do general Humberto Delgado à presidência da República em 1958, à chamada «conspiração da Sé» em 1959 e, por fim, a assunção pela hierarquia militar da necessidade de afastar Salazar.

Nos vértices deste triângulo, os militares nem sempre tiveram o mesmo comportamento político, mas foram solicitados a tomar parte nesses três acontecimentos.

A campanha presidencial de 1958 veio pôr em relevo, no entanto, um facto que parecia subalternizado ou esquecido: a necessidade que o regime salazarista tinha do apoio das Forças Armadas para efeitos de ordem interna.

Desse ponto de vista, a Constituição de 1933 dispunha premonitoriamente que o Governo podia utilizar as Forças Armadas «na manutenção da ordem e da paz pública»([143]).

E a hierarquia militar estava, de facto, intimamente envolvida na defesa do regime salazarista durante a campanha presidencial de 1958, que desencadeou o fenómeno Humberto Delgado.

Os véus com que se cobria internamente esse apoio propriamente político (manutenção da ordem pública) não impediram observadores estrangeiros qualificados de desenharem os reais contornos desse apoio.

Assim, o embaixador de Espanha em Portugal, José Ibanez-Martin, envia um ofício para Madrid, datado de 20 de Maio de 1958, em que resume as características da campanha eleitoral em dez aspectos, quatro dos quais se referem à instituição militar: a designação do então ministro da Marinha, Américo Tomás, marcava o predomínio do grupo San- tos Costa; este, como ministro da Defesa, declarara repetidamente que as Forças Armadas estavam incondicionalmente ao lado do contra-almirante Tomás; as manifestações ocorridas à saída do comício de Delgado no Liceu Camões haviam sido dominadas com a intervenção do Exército, que empregou para o efeito carros de combate; finalmente, os altos comandos militares reuniram-se a 19 de Maio com o Governo para tomarem as medidas necessárias de segurança, «com o fim de manterem a ordem durante o resto da campanha»([144]).

A indicação de Américo Tomás surgia na consequência da dissidência entre Craveiro Lopes e Salazar e fora de facto apoiada por Santos Costa, que não se inibe de fazer campanha política a favor do seu candidato: a 16 de Maio e a 6 de Junho, o ministro da Defesa declara, em substância, que as Forças Armadas estarão sempre ao lado de Américo Tomás e que compete à instituição militar a defesa da ordem.

Outros responsáveis militares apareceram em público em actos de campanha política favoráveis a Américo Tomás: a 13 de Maio, o cônsul espanhol em Elvas noticia a celebração de um comício organizado pela União Nacional presidido pelo governador militar da região, e a 6 de Junho o governador militar de Lisboa, general Valente de Carvalho, afirma significativamente: «O Exército não está disposto a que imperem os desordeiros, que proliferem os aventureiros», relata a EFE.

Por seu lado, a Associated Press, em despacho de Lisboa da sua correspondente Shercliff, dá o devido relevo ao facto de o Governo ter colocado as Forças Armadas em estado de alerta a 20 de Maio – um dia depois dos tumultos à saída do Liceu Camões –, noticiando a existência de carros blindados na rua da capital. A 21 de Maio, a mesma agência informa que «Lisboa esteve hoje tranquila, todavia debaixo da ocupação militar que começou ontem».

O mais significativo, no entanto, do apoio efectivo dos chefes militares ao regime de Salazar foi a reunião destes no dia 21 de Maio de 1958 na presidência do Conselho de Ministros, reunião em que participaram o ministro do Exército, o chefe do Estado-Maior do Exército, o comandante naval, chefes de todas as zonas militares e os chefes das forças da polícia política de segurança([145]).

Nessa reunião, os chefes militares ter-se-iam comprometido a garantir a ordem pública e a impedir o caos resultante de uma possível vitória do general Delgado. Foi um novo comprometimento político da instituição militar face ao regime do Estado Novo.

Até que ponto ia esse comprometimento da hierarquia militar com o regime salazarista era então a única dúvida, pois o seu empenhamento na contenção e perseguição ao fenómeno Delgado estava mais do que provado.

Numa nota, classificada de secreta, de 26 de Maio de 1958, da autoria do agregado naval espanhol em Lisboa e dirigida à 2 Secção do Estado-Maior da Armada, relata-se uma conversa tida com o vice-almirante Augusto Guerreiro de Brito, então chefe do Estado-Maior da Armada, em que este, após declarar-se preocupado com a possível vitória de Delgado que originaria o caos, refere-se ao aumento do custo de vida em Portugal, onde não haveria classe média, mas «só ricos e pobres».

Mesmo assim, o vice-almirante garante ao adido naval espanhol que as Forças Armadas manteriam Salazar na chefia do Governo e impediriam a vitória da oposição([146]).

Como a comprovar as palavras do vice-almirante, as chefias militares tomaram atitudes ainda mais nítidas contra o candidato Humberto Delgado depois dessa reunião de altos comandos. Um despacho da EFE de 2 de Junho noticia que no dia anterior o candidato da oposição democrática fora notificado pelo comandante militar da 2 Região (Coimbra) de que estava proibido de se deslocar a Braga e de celebrar naquela cidade qualquer acto de propaganda eleitoral, «por coincidir a sua visita com importantes cerimónias religiosas que deveriam celebrar-se em Braga»([147]).

Também o general Humberto Delgado pretenderá utilizar a instituição militar para os seus propósitos de transição política. Em conferências de imprensa realizadas em 10 e 31 de Maio, o candidato independente afirmava que, depois de demitir Salazar, nomearia um Governo militar provisório «até que tenha lugar eleições para o Parlamento»([148]).

Curiosamente, esta ideia seria retomada três anos mais tarde por Botelho Moniz, então chefe do Estado-Maior-General das Forças Armadas durante a campanha presidencial e depois sucessor de Santos Costa na pasta da Defesa.

Com efeito, no rescaldo das eleições de 1958, Salazar teve de se desembaraçar do seu antigo subsecretário da Guerra, Santos Costa, cujo consulado de mais de vinte anos exasperava a própria instituição militar.

Um dos chefes militares que mais se oporá à continuação de Santos Costa na pasta da Guerra será o próprio general Júlio Botelho Moniz, na altura chefe do Estado-Maior das Forças Armadas.

Marcelo Caetano dá-nos conhecimento de uma entrevista que teve com o ainda Presidente da República, general Craveiro Lopes, em pleno período eleitoral, a 31 de Maio, e na qual este o pôs ao corrente de que fora procurado por um oficial superior que lhe manifestara o

> descontentamento reinante nas Forças Armadas, sobretudo pela acção do ministro da Defesa na presente crise, e comunicar-lhe que resultara daí um entendimento entre unidades com o estabelecimento de ligações permanentes [...] Deseja-se o adiamento da eleição presidencial para se reconsiderarem as candidaturas apresentadas e a demissão do ministro da Defesa. Seguidamente pediriam ao sr. presidente do Conselho a sua anuência à realização rápida de algumas reformas por todos consideradas urgentes([149]).

Estes oficiais pretendiam convencer Craveiro Lopes a apoiá-los e pediam um encontro que o Presidente da República só aceita se for feito «às claras» e de tudo quer dar conhecimento a Salazar. Tudo morreu à nascença.

A remodelação do Governo após as eleições presidenciais de 1958 deu azo a uma autêntica disputa entre as facções do regime, nomeadamente pela posse da pasta da Defesa e do Ministério do Exército. Neste particular merece a pena recorrer a Franco Nogueira:

> Quando o chefe do Governo, todavia, lhes dá conhecimento das mudanças previstas para as pastas militares, defronta profundas discórdias. Albino dos Reis julga oportuna a saída de Santos Costa: considera que está esgotado o seu papel nas Forças Armadas, e que naquela hipótese não poderá Marcelo Caetano permanecer. Mário de Figueiredo julga que se impõe a saída de Caetano, que considera muito ligado a Craveiro Lopes e a Botelho Moniz; mas entende erro grave a saída de Santos Costa. Para Figueiredo, Santos Costa é esteio do regime e da ordem pública, e atribui as críticas de alguns meios militares a intrigas de Craveiro Lopes, de Botelho Moniz e de alguns oficiais, que em segredo manteriam contactos com Delgado e Galvão. Salazar sente-se indeciso([150]).

A influência militar nos destinos do regime político parece estar de novo na ordem do dia, o que dá azo a Salazar confessar ter procedido sempre para arredá-la:

> Salazar pareceu-me impressionado pelas minhas palavras e vigorosamente declarou não desejar de maneira nenhuma o regresso à supremacia militar, considerando gravíssimo que pudesse dar-se esse regresso ou espalhar-se a ideia de que assim sucederá. Mas a verdade é que em todas as consultas feitas não ouvira ainda nenhum militar. Levei 30 anos a desviar os militares da intervenção na política e a empurrá-los para os seus estudos, a sua instrução, armamento e equipamento, e não estou disposto a deixar que se perca todo esse esforço([151]).

A remodelação governamental de Agosto de 1958 é assim também uma tentativa de Salazar de despolitizar de novo as Forças Armadas, entregando-as aos seus chefes institucionais: sobe o chefe do Estado-Maior das Forças Armadas (CEMFA) a ministro da Defesa, entra o coronel Almeida Fernandes para o Ministério do Exército, acompanhado pelo tenente-coronel Costa Gomes como subsecretário, o almirante Mendonça Dias ocupa a pasta da Marinha, continua Kaúlza de Arriaga na Secretaria de Estado de Aeronáutica.

Esta equipa encontra as Forças Armadas numa situação indefinida: nada está claro quanto a objectivos e meios de defesa, o enxerto da modernização via entrada nas missões NATO mal pegava no Exército, os orçamentos não permitiam orientar nenhum esforço de implantação nos territórios ultramarinos, nem a defesa destes aparecia então como prioridade absoluta.

No entanto, a campanha eleitoral de Humberto Delgado não teve consequências imediatas dentro da instituição militar, embora a prazo se viesse a revelar como marco na tomada de consciência política de muitos oficiais. Nem Craveiro Lopes, o Presidente despedido por Salazar, nem os generais Júlio Botelho Moniz, Frederico Lopes da Silva, Carlos da Costa Macedo e José Beleza Ferraz se comovem perante as solicitações apresentadas por Delgado no fim da campanha de 1958.

Com efeito, Delgado escreve a todos esses generais, que ocupavam então postos da maior relevância institucional, para protestar contra as arbitrariedades do regime salazarista:

> Decerto causará admiração porque foi que eu como general não procurei captar o apoio do Presidente da República, também ele general das Forças Armadas. Na verdade, escrevi-lhe diversas cartas, protestando veementemente contra os sucessivos roubos e suspensões dos meus artigos e discursos durante os chamados trinta dias de liberdade que o Governo concede à oposição. [...] Incitei-o a fazer uso dos seus direitos constitucionais, demitindo o Governo, a fim de se poderem realizar eleições livres e honestas. Nunca recebi resposta([152]).

Nessa actividade para derrubar o regime salazarista, o general Humberto Delgado recorre directamente aos principais responsáveis pela instituição militar:

> A revolta que deveria ter eclodido em 2 de Junho de 1958 ficara sem efeito. Ocorreu depois a vergonhosa fraude eleitoral. Mas o Exército manteve-se mergulhado em sua confortável apatia.

> Fiz o possível por exaltar o patriotismo dos oficiais generais, a mais alta patente. Tomás deveria ser empossado no dia 9 de Agosto de 1958 e assim apresentei aos generais um plano para um golpe de Estado que provavelmente nem necessitaria de violência. Mas recusaram-se([153]).

De facto, o general Delgado endereça uma carta datada de 27 de Julho de 1958 a Júlio Botelho Moniz, Frederico Lopes da Silva, Carlos da Costa Macedo e José Beleza Ferraz para tratar do tema em referência da dita carta (D Exército neste trágico momento da história da nação):

> Sendo os quatro, respectivamente, chefe do Estado-Maior das Forças Armadas, presidente do Supremo Tribunal Militar, chefe do Estado-Maior da Força Aérea, chefe do Estado-Maior do Exército, são, juntamente com o almirante Guerreiro de Brito, os oficiais de mais alta patente das forças de terra, mar e ar, distinguindo-se pelas vossas estrelas. Sinto, portanto, que é a vós, generais, que me deverei dirigir, apelando para a honra do Exército, e, num sentido mais amplo, para todas as Forças Armadas.

Que propõe então Humberto Delgado aos generais?

– Uma declaração endereçada ao Governo pelos generais, afirmando que não reconhecem as eleições como tendo sido imparciais, e, por consequência, a pedirem que o almirante Américo Tomás não seja empossado do cargo de Presidente da República em 9 de Agosto; um protesto contra a transferência de militares por motivos políticos; o gesto simbólico da entrega das espadas, e estado de alerta para todas as tropas anti-Santos Costa([154]).

Como é público e notório, os generais não seguiram Delgado.

IV – Características da instituição militar e comportamento político na década de cinquenta

Enquanto decorriam esses episódios políticos alteravam-se as características das Forças Armadas portuguesas durante a década de cinquenta, sobretudo devido aos novos compromissos internacionais derivados da Organização do Tratado do Atlântico Norte (NATO).

No que diz respeito ao número de oficiais do Exército, ele não difere muito da média dos três mil do quadro permanente que se mantinha há décadas, sendo que «a partir de 1955, coincidindo com o desenrolar do processo de empenhamento na NATO e com as movimentações antiportuguesas na Índia, o número de oficiais aumenta de cerca de 300 elementos até 1960»([155]).

Assiste-se ainda a uma série de reformas nas Forças Armadas que abrangem os aspectos políticos, como a criação de um Ministério da Defesa Nacional em 1950, e aspectos hierárquicos, como o reforço do cargo de chefe do Estado-Maior-General das Forças Armadas, que tendem a imprimir uma maior coesão à instituição militar com a coordenação inter-ramos e, sobretudo, permitem o aparecimento de interlocutores nacionais similares aos seus homólogos dos países da Aliança Atlântica.

Com a aprovação da Lei de Bases n.º 2084, de 16 de Agosto de 1956, dotam-se as Forças Armadas de organismos que lhes irão imprimir uma acentuada tendência para uma maior independência em relação ao poder político, como o Estado-Maior-General das Forças Armadas e o Conselho Superior Militar. Uma maior abertura no acesso aos cursos de Estado-Maior dará ao Exército um melhor apetrechamento em quadros.

O parecer da Câmara Corporativa sobre as Bases da Organização da Defesa Nacional de 1951, cujo relator foi Humberto Delgado, espraia-se na decomposição dos conceitos de um Ministério da Defesa coordenador de funções ou de concentração de poderes, para concluir que, dada a existência dos Ministérios do Exército e da Marinha, o tipo adoptado em Portugal é o de ministro coordenador([156]).

Na altura, todo, o problema residia no tipo de coordenação, que a Armada aceitaria dadas as suas tradições de maior autonomia face ao poder político e, sobretudo, face ao coronel Santos Costa, que transitara de ministro da Guerra para ministro da Defesa Nacional em fins de 1950. A Marinha mostrava-se refractária a todas as tentativas de concentração de poderes em organismos como o Ministério da Defesa, a nível político, ou como o Estado-Maior-General das Forças Armadas, a nível militar.

O ministro da Defesa teria mesmo retirado à Marinha a aviação naval e criado o cargo de subsecretário da Aeronáutica, dependente directamente do próprio ministro.

Os oficiais que mais de perto lidarão com os compromissos da formação de uma Divisão Independente do Exército afecta às missões da NATO não se podem, no entanto, catalogar de «costistas» e na divisão que se cava no corpo de oficiais, durante a presidência de Craveiro Lopes, entre partidários e adversários do ministro da Defesa, Santos Costa, os oficiais portugueses mais em contacto com os aliados não são incondicionais do regime. Como escreve um desses oficiais:

> As relações estabelecidas com oficiais de Exércitos estrangeiros, especialmente com os do Exército dos EUA... através de cursos, estágios e visitas que os nossos oficiais e graduados começaram então a efectuar, muito contribuíram para a abertura dos espíritos a novas ideias e a novos métodos»([157]).

Tudo rodou à volta da criação de uma Divisão Independente do Exército para ser afectada às missões da NATO, enquanto à Marinha eram atribuídas missões de patrulhamento no Atlântico dentro dos comandos NATO. A guerra em África a partir de 1961 fez com que os compromissos em termos do Exército fossem praticamente abandonados, ou seja, entra-se na fase chamada eufemisticamente de «alteração dos compromissos»([158]).

Mesmo assim a participação dos oficiais do Exército na nova dimensão militar criada pelas missões na NATO permitiram uma certa revolução nas doutrinas e nos métodos de acção.

Essas novas ideias e novos métodos começaram a ter alguma aplicação a partir de 1953, depois de uma série de relatórios de autoridades militares da NATO que analisaram o estado das Forças Armadas portuguesas, concluindo todos pela inadequação de muitos aspectos da instituição militar face às exigências das missões a atribuir pela NATO.

A opinião de observadores estrangeiros qualificados sobre a capacidade das Forças Armadas portuguesas no início dos anos cinquenta é deveras negativa([159]).

Naturalmente que os responsáveis militares portugueses sabem o estado das suas próprias forças e um estudo feito pela 3.ª Repartição do Estado-Maior do Exército, em Janeiro de 1952, reconhece haver grande dificuldade, «para se não falar mesmo em impossibilidade», na formação das unidades destinadas a cumprir os compromissos internacionais, «mesmo que os americanos enviassem imediatamente todo o material para a divisão»([160]).

Uma das críticas mais constantes das autoridades militares da NATO dizia respeito à existência de um Corpo de Estado-Maior fechado, pequeno, sem experiência de comando, ultrapassado nas concepções estratégicas e de doutrina militar.

Assim, em Abril de 1954, o general Napier White, do SHAPE (Supreme Headquarters Allied Powers Europe), visita Lisboa para verificar os progressos realizados na preparação das forças portuguesas com vista à sua participação nas missões da NATO.

Manifesta discordância em relação ao Corpo de Estado-Maior fechado, «este sistema mantém os oficiais do EM afastados das tropas e leva à criação de uma casta superior dentro do Exército», pelo que propõe que haja uma rotação obrigatória entre as funções de Estado-Maior e as funções de comando das tropas. por parte daqueles oficiais, assim como alerta para a necessidade de se formar um maior número de oficiais nas tarefas de Estado-Maior([161]).

Esta crítica é integrada pelos responsáveis portugueses, que pretendem dar uma resposta através da publicação do decreto-lei n.º 39 941, de 25 de Novembro de 1954, que torna os cursos de Estado-Maior mais abertos, dada «a conveniência de ser assegurada uma mais rápida preparação de oficiais de Estado-Maior para os escalões divisionários e das pequenas unidades de campanha...»([162]).

O Corpo de Estado-Maior, composto por uma elite muito restrita (em 1961 dele faziam parte apenas 144 oficiais([163]), será objecto de grandes polémicas no interior do Exército.

As discussões ao mais alto nível sobre o futuro do Corpo de Estado-Maior atravessarão todas as fases da reorganização do Exército, e no início da década de sessenta a repartição do gabinete do ministro do Exército enviou ao Estado-Maior desse ramo um estudo para obter a harmonização das promoções entre os diferentes quadros de oficiais. «Nesse trabalho, o problema da harmonização aparece ligado ao da extinção do Corpo de Estado-Maior»([164]).

O Corpo de Estado-Maior é, no início da década de cinquenta, uma das «correias de transmissão» do regime dentro do Exército, e a sua constituição é vista por observadores militares da NATO como um dos elementos negativos para a modernização das Forças Armadas.

A pouco e pouco, porém, o esforço de modernização das Forças Armadas acaba por dar alguns frutos e até se pode ler, num relatório de Outubro de 1954 do encarregado de Negócios de França em Lisboa, apreciações positivas produzidas pelo adido militar da Embaixada, coronel D'Abville. Segundo este, a preparação da Divisão de Infantaria destinada às missões NATO teria conhecido um real progresso em relação ao ano anterior, tanto mais que «transformar uma milícia em tropa moderna é uma obra de grande fôlego e representa um esforço para Portugal e uma revolução na mentalidade dos quadros»([165]).

E, tentando compreender o que poderá levar a tal empenhamento os oficiais responsáveis por esses progressos, o mesmo observador conclui: «Se não devemos iludirmos excessivamente quanto à utilização que dela poderia ser feita num teatro externo, esta divisão constitui, no entanto, um instrumento capaz de ter um grande peso na política do país»([166]).

A participação de Portugal na NATO constituiu assim a grande novidade para as Forças Armadas portuguesas, praticamente isoladas desde a Primeira Guerra Mundial.

Vários oficiais generais, com posições ideológicas diferentes, analisam as consequências militares da entrada na NATO de forma convergente. Assim, Kaulza de Arriaga dizia em 1966:

> Celebrado o pacto do Atlântico Norte, do qual Portugal foi... um dos primeiros signatários, pôs-se a questão da sua participação. Esta concretizou-se:
>
> – na concessão de novas facilidades nos Açores, agora às Forças Armadas norte-americanas;
>
> – na construção, pela Aliança, em território português metropolitano de infra-estruturas para utilização oportuna por forças suas;
>
> – na atribuição aos comandos da NATO de forças terrestres, navais e aéreas»([167]).

Pelo seu lado, o general Pedro Cardoso fará um balanço mais preciso das consequências da Aliança Atlântica para a instituição militar:

> A participação de Portugal na NATO teve profundas repercussões nas nossas Forças Armadas. Organização, equipamento, métodos e programas de instrução, técnicas de Estado-Maior, processos de trabalho foram significativamente alterados mercê

do acesso a nova documentação e regulamentos, dos contactos internacionais, da frequência de cursos no estrangeiro e do equipamento recebido ao abrigo da ajuda mútua([168]).

Curiosamente, será no domínio da técnica de informações que se conhecem melhor algumas consequências da entrada de Portugal na NATO:

> No Exército, foi publicado em 1954 o Regulamento de Campanha-Informações, posto em vigor pela Portaria n.º 14 960, de 27 de Abril. Praticamente decalcado do correspondente manual americano, o Regulamento veio dar base legal à técnica de informações já então começada a difundir-se...([169])

Quase imperceptivelmente as Forças Armadas começaram a dotar-se de órgãos e de homens que constituirão uma superfície refractária aos objectivos militares do regime político salazarista.

A Lei n.º 2084, de 16 de Agosto de 1956, veio compendiar as novas bases da Organização da Nação para a Guerra. Assim, a Base II dessa lei preconizava que a nação devia estar pronta a resistir a qualquer agressão inimiga ou a satisfazer compromissos internacionais que tivessem sido assumidos, cumprindo ao Governo, desde o tempo de paz, tomar as providências necessárias à preparação moral, técnica, administrativa e económica do país, nos seus aspectos militares e civis.

Também se refere na Base IV que «a estrutura orgânica da defesa nacional é una para todo o território nacional, e as forças armadas de terra, mar e ar estacionadas em qualquer ponto podem ser empregadas dentro ou fora das fronteiras, onde quer que as conveniências nacionais ou os compromissos o exijam». Esta base tanto previa o enlace com as missões NATO, como a execução dos aspectos militares do Pacto Ibérico, como o emprego de forças metropolitanas em qualquer dos territórios ultramarinos.

A Lei n.º 2084, de 16 de Agosto de 1956, está ainda na origem da criação de um organismo que virá a ter um papel importantíssimo no comportamento da instituição militar, na crise das relações entre o Governo e as Forças Armadas, ocorrida no início de 1961, e que iria resultar no golpe falhado do ministro da Defesa, Botelho Moniz, contra Salazar, em Abril daquele ano. Trata-se do Conselho Superior Militar, constituído pelo ministro da Defesa Nacional, que presidia, e pelos titulares das pastas do Exército, da Marinha e da Aeronáutica, chefe do Estado-Maior-General das Forças Armadas (CEMGFA), chefes dos Estados-Maiores dos três ramos (Marinha, Exército e Força Aérea) e ainda o secretário adjunto da Defesa Nacional. Já então se anunciava um papel relevante ao CEMGFA, que, segundo a Base XIX da referida lei, respondia «perante o presidente do Conselho e o ministro da Defesa Nacional pela preparação e conduta militar do conjunto das operações».

Em plena crise funcional, as Forças Armadas dotavam-se de um conjunto de normas e instituições que haveriam de alterar o tipo de relações que mantinham com o regime do Estado Novo.

A partir de 1956, começa-se a desenhar a organização da vontade de vários oficiais das Forças Armadas para a alteração do regime político, conforme testemunham vários autores([170]). E em 1958, como já foi referido, perante a recondução do general Francisco H. Craveiro Lopes como Chefe do Estado, logo se promovem as condições para o aparecimento da candidatura de um militar anti-Santos Costa e anti-Salazar, que encontrará no general Humberto Delgado o seu protagonista. O general Humberto Delgado data de 1956 os seus contactos tendentes a forçar o regime político a evoluir([171]).

Alguém chamou a essa fase da contestação ao regime por parte de certos oficiais que haviam apoiado a Ditadura na sua génese, tais como Henrique Galvão e Humberto Delgado, «o emergir do populismo militar»([172]).

No entanto, a derrota da estratégia de Humberto Delgado para a presidência da República, graças ao empenhamento claro das forças militares sob a alçada do ministro da Defesa, coronel Santos Costa, levará primeiro ao aparecimento de focos de conspiração entre facções de militares e civis, de que a «conspiração da Sé» é um dos afloramentos.

O aspecto militar da chamada «conspiração da Sé» deve-se quer à participação de alguns oficiais no activo (Augusto Pastor Fernandes, major de Artilharia; Clodomiro Sá Viana de Alvarenga, major de Infantaria; Luís Cesariny Calafate, major de Cavalaria; Vasco da Costa Santos, capitão-tenente; Amílcar Ferreira Domingues, capitão de Infantaria; José de Almeida Santos, capitão de Cavalaria([173]) quer à evocação de uma Junta Militar, da qual fariam parte: Pastor Fernandes, Clodomiro de Alvarenga, José de Almeida Santos, entre outros([174]).

O processo que correu no 1 .º Tribunal Militar Territorial de Lisboa é, porém, demasiado circunscrito nas entidades militares acusadas «pelo crime de conjuração, seguida de actos preparatórios de execução do crime contra a segurança interior do Estado, que se propunha, pela força das armas, alterar a Constituição Política da nação e destruir ou mudar a forma do Governo»([175]), movimento revolucionário que deveria ter sido accionado na manhã do dia 12 de Março de 1959, mas que, «por motivos alheios à vontade dos réus, não eclodiu»([176]).

Se exceptuarmos os nomes já citados, apenas são acusados nomes como o capitão reformado Carlos Vilhena ou o oficial da marinha mercante Manuel Serra.

É de presumir, pois, que as ramificações militares da conjura, que não accionaram o movimento a 12 de Março de 1959, tenham ficado encobertas quer na manhã desse dia quer no processo movido pelo 1.º Tribunal Militar Territorial de Lisboa.

O mal-estar entre os oficiais das Forças Armadas, causado pelo comprometimento da instituição militar em defesa do regime salazarista durante a campanha presidencial que opôs Humberto Delgado a Américo Tomás, irá, no entanto, perdurar, agravado pela supressão da eleição directa para a presidência da República (na qual Carmona havia assente uma legitimidade própria e autónoma da do Governo da Ditadura) e pelas hesitações quanto à doutrina militar a seguir para a defesa da metrópole e dos territórios ultramarinos.

E regressamos à crise político-militar provocada pela campanha presidencial que opôs Humberto Delgado a Américo Tomás. Salazar remodela o seu Governo a 14 de Agosto de 1958. Grandes mudanças atingem as pastas relacionadas com as Forças Armadas e as forças policiais. A saída de Santos Costa do cargo de ministro da Defesa já seria, só por si, um acontecimento de relevo nas relações entre o regime e a instituição militar.

Porém, os militares nomeados para esse Governo (general Júlio Botelho Moniz na Defesa, coronel Almeida Fernandes na pasta do Exército, tenente-coronel Costa Gomes como subsecretário de Estado do Exército) irão protagonizar uma das maiores insubordinações da instituição militar face ao regime, pouco mais de dois anos depois. Não é assim de excluir a possibilidade de ter sido arquitectada uma persistente manobra protagonizada pelo general Júlio Botelho Moniz para impor ao regime os pontos de vista da instituição militar, e que terá passado pela utilização da campanha presidencial em 1958 para tentar prender Salazar nas malhas da hierarquia militar([177]).

Notas

(1) Assis Gonçalves, *Relatórios para Oliveira Salazar, 1931-1939*, CLNSRF, Presidência do Conselho de Ministros, Lisboa, 1981, p. 37.

(2) Salazar, *Discursos e Notas Políticas*, vol. 11 (1935-1937), Coimbra Editora, 2. edição, Coimbra, 1945, pp. 75-76.

(3) *Ibidem.*

(4) *Ibidem*, p. 76.

(5) Arquivos do Quai d'Orsay, Série Europe 1930-1940, Portugal, ofício do ministro de França em Lisboa, Jesse Curely, datado de 31 de Julho de 1933.

(6) Arquivos do Quai d'Orsay, Série Europe 1930-1940, Portugal, ofício do ministro de França em Lisboa, Jesse Curely, datado de 20 de Abril de 1934.

(7) *Ibidem.*

(8) *Ibidem.*

(9) *Ibidem.*

(10) *Ibidem.*

(11) *Ibidem.*

(12) Arquivos do Quai d'Orsay, Série Z, Europe 1930-1940, telegrama da Embaixada de França em Madrid, datado de 11 de Abril de 1936.

(13) Franco Nogueira, in *História de Portugal*, suplemento II, Livraria Civilização, Porto, 1981, p. 18.

(14) Franco Nogueira, *op. cit.*, p. 20.

(15) Salazar, *op. cit.*, p. 12.

(16) Expressão utilizada por um diplomata britânico em Outubro de 1929 citada por Fernando Rosas, *As Primeiras Eleições Legislativas sob o Estado Novo*, Projornal, Lisboa, s. d.

(17) Fernando Rosas, *op. cit.*, p. 76.

(18) ANTT, Ministério da Administração Interna (MAI), n.º 476, 1935, relatório do governador civil do Porto, Herculano Ferreira, datado de 5 de Maio de 1935.

(19) Parecer da Câmara Corporativa de 27 de Março de 1935, transcrito por Oliveira Marques, *A Maçonaria Portuguesa e o Estado Novo*, D. Quixote, 2 edição, Lisboa, 1983, p. 305.

(20) Oliveira Marques, *op. cit.*, p. 62.

(21) *Idem*, *Ensaios de História da Primeira República Portuguesa*, Livros Horizonte, Lisboa, 1988, p. 174.

(22) ANTT, MAI, n.º 259, 1935, ofício do ministro do Interior, datado de 8 de Abril de 1935.

(23) ANTT, MAI, n.º 458, 1933, ofício do chefe de gabinete do ministro do Interior, datado de 2 de Setembro de 1933.

(24) Salazar, *op. cit.*, pp. 59-61.

(25) *Ibidem*, p. 68.

(26) ANTT, MAI, n.º 359, 1935, decreto datado de 16 de Maio de 1935.

(27) ANTT, MAI, n.º 481, 1936, relatório do governador civil de Viana do Castelo, datado de Outubro de 1936.

(28) Pedro Cardoso, As Informações em Portugal, edição do Instituto de Defesa Nacional (IDN), Lisboa, 1980, p. 89.

(29) Public Record Office (PRO), Londres, Foreign Office (FO), 371 – 22 601 – Portugal – Annual Report, 1937.

(30) Vd. Pedro Cardoso, *op. cit.*, p. 89.

(31) Arquivos do Quai d'Orsay, Série Europe 1930-1940, Portugal, ofício do ministro de França em Lisboa, Pralon, datado de 15 de Janeiro de 1937.

(32) Arquivos do Quai d'Orsay, Série Europe 1930-1940, telegrama de Londres, datado de 29 de Maio de 1937.

(33) PRO, Londres, FO – 371 – 22 601 – Portugal, Annual Report, 1937, da autoria do embaixador britânico em Lisboa, Selby.

(34) *Ibidem.*

(35) *Ibidem.*

(36) Arquivos do Quai d'Orsay, Série Europe 1930-1940, Portugal, telegrama do ministro de França em Lisboa, Pralon, datado de 29 de Maio de 1937.

(37) Vd. Maria Carrilho, Jorge Ramos do Ó, Franco Nogueira, entre outros.

(38) Salazar, *op. cit.*, pp. 75-78 e 94-99.

(39) *Correspondência de Santos Costa para Oliveira Salazar*, vol. I, 1934-1950, CLNSRF, Presidência do Conselho de Ministros, Lisboa, 1988, anexo 5, p. 373.

(40) Salazar, *op. cit.*, pp. 75-78 e 94-99.

(41) *Ibidem*, p. 122.

(42) PRO, Londres, FO – 371 – 22 601, Annual Report, 1937, da autoria do embaixador britânico em Lisboa, Selby.

(43) Salazar, *op. cit.*, p. 347.

(44) Vd. Ministério da Guerra. Reformas Militares de 1937, Imprensa Nacional, Lisboa, 1938.

(45) Neste relatório são visíveis as influências conceptuais do general Aníbal Passos e Sousa e do capitão Santos Costa. Compulsar a Correspondência de Santos Costa para Oliveira Salazar, vol. I, 1934-1950, CLNSRF, Presidência do Conselho de Ministros, Lisboa, 1988, sobretudo as pp. 56-79 e o anexo 5, pp. 371-393.

(46) Relatório que antecedeu a proposta de lei sobre o recrutamento e serviço militar, apresentada à Assembleia Nacional em 23 de Janeiro de 1937, in *Ministério da Guerra Reformas Militares de 1937*, Imprensa Nacional, Lisboa, 1938.

(47) *Ibidem*

(48) Arquivos do Quai d'Orsay, Série Europe 1930-1940, Portugal, ofício do ministro de França em Lisboa, Leroy, datado de 13 de Janeiro de 1938.

(49) Relatório que antecede os decretos-leis n.º 28 401 a n.º 28 404, in Ministério da Guerra. Reformas Militares de 1937, Imprensa Nacional, Lisboa, 1938, p. 77.

(50) «Breve notícia histórica acerca do Corpo de Estado-Maior», separata do Boletim do Estado-Maior do Exército (EME), n.º 8, Lisboa, s. d., p. 22.

(51) Arquivos do Quai d'Orsay, Série Z, Europe 1918-1940, Portugal, Armée – Dossier General, do ministro de França em Lisboa, Leroy, datado de 12 de Janeiro de 1938.

(52) Arquivos do Quai d'Orsay, Série Europe 1930-1940, Portugal (falta a referência ao documento específico, que não foi possível detectar no texto).

(53) *Ibidem.*

(54) *Ibidem.*

(55) César de Oliveira, *Salazar e a Guerra Civil de Espanha*, ed. O Jornal, Lisboa, 1987, p. 373.

(56) Salazar, *op. cit.*, p. 223.

(57) Salazar, Discursos e Notas Políticas, 1938-1943, vol. III, 2 ed., Coimbra, 1943, p. 174.

(58) Vd a sistematização feita por Fernando Rosas, *O Salazarismo e a Aliança Inglesa*, ed. Fragmentos, Lisboa, 1988, pp. 107-136.

(59) Vd. Maria Carrilho, «Política de defesa e de rearmamento», in AA. VV., *Portugal na Segunda Guerra Mundial*, ed. D. Quixote, Lisboa, 1989, pp. 24-25.

(60) Washington, Bert Fish, «Relatório para o SD», datado de 11 de Abril de 1941. (Fotocópia cedida por César de Oliveira.)

(61) PRO – FO – 371 – 31150.

(62) António José Barreiros Telo, *Portugal na Segunda Guerra Mundial*, dissertação de doutoramento, Lisboa, 1989, p. 95.

(63) *Ibidem.*

(64) A. H. de Oliveira Marques, *História de Portugal*, vol. III, Palas Ed., Lisboa, 1981, p. 380.

(65) ANTT, Arquivos do Ministério da Administração Interna (MAI), 1940-1941, 518, «Exposição de antigos oficiais do Exército para a presidência do Conselho», datada de 12 de Setembro de 1940.

(66) ANTT, Arquivos do MAI, 1940-1941, 518.

(67) SD, Washington, George E Kennan (conselheiro da Legação dos EUA em Lisboa), «Portugal at the outset of 1943», relatório datado de 4 de Fevereiro de 1943. (Fotocópia cedida por César de Oliveira.)

(68) José Medeiros Ferreira, «Teoria e prática do binómio estratégia e relações internacionais», in *Nação e Defesa*, n.º 33, Instituto de Defesa Nacional (IDN), Lisboa, 1985.

(69) ANTT, Arquivos do MAL, 1940-1941, 518, «Acta do Conselho de Defesa de Ponta Delgada», reunião de 4 de Janeiro de 1941.

(70) General Sousa Meneses, «A defesa dos Açores no período da Segunda Guerra Mundial», comunicação apresentada ao colóquio *Os Açores e as dinâmicas do Atlântico*, Instituto Histórico da Ilha Terceira, Angra do Heroísmo, 1987, policopiado, p. 11.

(71) PRO -FO-371 - 34 712.

(72) PRO - FO - 371 - 34 712, ofício do embaixador britânico em Lisboa, Campbell, datado de 17 de Dezembro de 1943.

(73) José Medeiros Ferreira, «Os Açores nas duas guerras mundiais», in *Boletim do Instituto Histórico da Ilha Terceira*, vol. XIV, tomo I, Angra do Heroísmo, 1988, pp. 73-90.

(74) Manuel de Abreu Ferreira de Carvalho, *Relatório dos Acontecimentos de Timor*, Imprensa Nacional, Lisboa, 1947, p. 620.

(75) «Ministério dos Negócios Estrangeiros. Apontamento de conversa do secretário-geral com o ministro do Japão», in *Dez Anos de Política Externa (1936-1947), A Nação Portuguesa e a Segunda Guerra Mundial*, vol. XI, Imprensa Nacional-Casa da Moeda, Lisboa, 1989, p. 20.

(76) Maria da Graça Bretes, Timor entre Invasores, 1941-1945, Livros Horizonte, Lisboa, 1989, p. 20.

(77) Franco Nogueira, História de Portugal, suplemento II, Livraria Civilização, Porto, 1981, p. 215.

(78) Telegrama do embaixador de Portugal em Londres ao ministro dos Negócios Estrangeiros», datado de 23 de Fevereiro de 1942, in Dez Anos de Política Externa (1936-1947), *A Nação Portuguesa e a Segunda Guerra Mundial*, vol. XI, Imprensa Nacional-Casa da Moeda, Lisboa, 1980, p. 23.

(79) «Telegrama do ministro dos Negócios Estrangeiros ao embaixador de Portugal em Londres», datado de 24 de Fevereiro de 1942, in Dez Anos de Política Externa (1936-1947), *A Nação Portuguesa e a Segunda Guerra Mundial*, vol. XI, Imprensa Nacional-Casa da Moeda, Lisboa, 1980, p. 25.

(80) SD, Washington, George E Kennan, *op. cit.*

(81) «Nota do presidente do Conselho ao embaixador norte-americano», datada de 28 de Novembro de 1944, in Dez Anos de Política Externa (1936-1947), *A Nação Portuguesa e a Segunda Guerra Mundial*, vol. XI, Imprensa Nacional--Casa da Moeda, Lisboa, 1980, pp. 333-334.

(82) Maria da Graça Bretes, *op. cit.*, p. 43.

(83) PRO - FO - 371 - 34 712, telegrama do Foreign Office para Washington, datado de 12 de Outubro de 1943, onde se lê: «Story of Portuguese Japonese tension has been deliberately pluged up by us...» («A história da tensão luso-japonesa tem sido deliberadamente provocada por nós»).

(84) Manuel de Abreu Ferreira de Carvalho, *op. cit.*, pp. 671, 681 e 685.

(85) *Ibidem*, p. 671.

(86) «Telegrama do ministro dos Negócios Estrangeiros ao embaixador de Portugal em Londres», datado de 23 de Agosto de 1945, in *Dez Anos de Política Externa (1936-1947), A Nação Portuguesa e a Segunda Guerra Mundial*, vol. XI, Imprensa Nacional-Casa da Moeda, Lisboa, 1980, pp. 427-428.

(87) Júlia Leitão de Barros, «Anglofilia e germanofilia em Portugal», in AA. VV, *Portugal na Segunda Guerra Mundial*, ed. D. Quixote, Lisboa, 1989, pp. 98-99.

(88) SD, Washington, Bert Fish, «The Role of the International Police Organization in Portugal», relatório datado de Lisboa, 5 de Dezembro de 1941. (Fotocópia cedida por César de Oliveira.)

(89) Arquivo do Ministério dos Assuntos Exteriores (AMAE), Madrid, Legajo, R. 1058, Expediente 8 «Notas acerca de ias Fuerzas Armadas de Portugal».

(90) António José Barreiros Telo, op cit., p. 96.

(91) PRO - FO - 371 - 31 150, 1 992, «Memorandum on military and civilian organizations moulding the public opinion of Portugal»; «No conjunto a Marinha é fortemente pró-britânica»; «Os oficiais, no seu conjunto, têm mais simpatias pró-Eixo do que quaisquer dos outros ramos».

(92) NA, Washington, relatório do conselheiro da Embaixada norte-americana em Lisboa, Edward S. Crocker, datado de Lisboa, 28 de Setembro de 1944. (Fotocópia cedida por César de Oliveira.)

(93) Franco Nogueira, *op. cit.*, p. 44.

(94) NA, Washington, Relatório do conselheiro da Embaixada norte-americana em Lisboa, Edward S. Crocker, datado de Lisboa, 28 de Setembro de 1944. (Fotocópia cedida por César de Oliveira.)

(95) Franco Nogueira, *op. cit.*, p. 44.

(96) NA, Washington, Relatório do conselheiro da Embaixada norte-americana em Lisboa, Edward S. Crocker, datado de Lisboa, 28 de Setembro de 1944. (Fotocópia cedida por César de Oliveira.)

(97) Pedro Cardoso, *As Informações em Portugal*, ed. Instituto de Defesa Nacional, Lisboa, 1980, pp. 96-97.

(98) Arquivos do Quai d'Orsay, Série Guerra 1939-1945, Vichy, Portugal, p. 638, ofício do representante da França de Vichy em Lisboa, Gentil, datado de 16 de Março de 1942.

(99) Augusto de Castro, *Subsídios para a História da Política Externa Portuguesa durante a Guerra*, Bertrand, Lisboa, s. d., p. 18.

(100) Pedro Cardoso, *op. cit.*, p. 98.

(101) José Telo, *op. cit.*, p. 379.

(102) *Ibidem*, p. 380.

(103) NA, Washington, Relatório do conselheiro da Embaixada Edward S. Crocker, datado de Lisboa, 28 de Setembro de 1944.

(104) *Ibidem.*

(105) Arquivos do Quai d'Orsay, Série Z, Europe - Portugal, 1944-1949, EU-16, Z-351, Relatório do delegado do Governo Provisório da República Francesa em Portugal, M. Chayle, datado de 9 de Outubro de 1944.

(106) *Ibidem.*

(107) Arquivos do Quai d'Orsay, Série Z, Europe - Portugal, 1944-1949, EU-16, Z-351, Relatório do delegado do Governo Provisório da República Francesa, M. Chayle, de 31 de Outubro de 1944.

(108) Só conhecemos a tradução francesa deste documento de nove páginas dactilografadas que se encontra nos Arquivos do Quai d'Orsay, Série Z, Europe – Portugal, 1944-1949, EU-16, Z-351.

(109) Vd. Arquivos do Quai d'Orsay, Série Z, Europe – Portugal, 1944-1949, EU-16, Relatório do delegado do Governo Provisório da República Francesa em Portugal, M. Chayle, datado de 12 de Outubro de 1945.

(110) Arquivos do Quai d'Orsay, Série Z, Europe – Portugal, 1944-1949, EU-16, Telegrama assinado Tiné, datado de Lisboa, 7 de Fevereiro de 1945.

(111) *Ibidem*.

(112) PRO – FO, 371 – 49 474, Telegrama do embaixador britânico em Lisboa, Campbell, datado de 12 de Fevereiro de 1945.

(113) PRO – FO, 371 – 49 474, Ofício do embaixador britânico em Lisboa, Campbell, datado de 19 de Fevereiro de 1945.

(114) PRO – FO, 371 – 49 474, Ofício do embaixador britânico em Lisboa, Campbell, datado de 19 de Fevereiro de 1945.

(115) PRO – FO, 371 – 49 474, Ofício do embaixador britânico em Lisboa, Campbell, datado de 22 de Março de 1945.

(116) PRO – FO, 371 – 73 296.

(117) A. H. de Oliveira Marques, *História de Portugal*, vol. III, ed. Palas, Lisboa, 1981, p. 387.

(118) *Ibidem*, p. 338.

(119) *Os Acontecimento de «10 de Abril». Subsídios para a Sua História*. Documentos compilados pelo Ministério da Guerra, Imprensa Nacional, Lisboa, 1950, p. 161.

(120) *Ibidem*, pp. 151-152.

(121) *Ibidem*, p. 157.

(122) *Ibidem*, p. 162.

(123) ANTT, Arquivos do MAI, 545, Relatório do Serviço de Informação da Legião, dactilografado em papel cor de tijolo e escudado com a fórmula «Consta que...».

(124) *Ibidem*.

(125) *Ibidem*.

(126) ANTT, Arquivos do MAI, 545.

(127) AHM, 3 Divisão, 6 Secção, Caixa 285, «Processo respeitante aos implicados nos movimentos revolucionários de 10 de Outubro de 1946 e de 10 de Abril último».

(128) *Ibidem*.

(129) PRO – FO, 371 – 73 296

(130) Salazar, *Discursos e Notas Políticas*, vol. IV, *1943-1950*, Coimbra Editora, Coimbra, 1951, pp. 327-328.

(131) Salazar, Discurso na Assembleia Nacional a 25 de Julho de 1949, in Salazar, op, cit.

(132) M. José Medeiros Ferreira, «A ratificação portuguesa do Tratado do Atlântico Norte – Nota introdutória», in *Política Internacional*, n.º 1, Lisboa, Janeiro de 1990, p. 155.

(133) General Ernesto Ferreira de Macedo, *Subsídios para o Estado do Esforço Militar Português na Década de 50 – Os Compromissos com a OTAN*, vol. 1, EME, Direcção do Serviço Histórico Militar, Lisboa, 1988, p. 22.

(134) Arquivos do Quai d'Orsay, Série Z, Europe – Portugal, 1949-1955, Z – 348-350, telegrama do encarregado de Negócios de França em Lisboa, datado de 5 de Agosto de 1950: «vêm reforçar a influência do Exército no país, o que, em caso de perturbações internas, não seria de negligenciar».

(135) Arquivos do Quai d'Orsay, Série Z, Europe – Portugal, 1949-1955, posição relatada para o Quai d'Orsay em telegrama datado de 28 de Agosto de 1950.

(136) Arquivos do Quai d'Orsay, Série Z, Europe – Portugal, 1949-1955, Z-351, informação prestada pela Embaixada de França em Lisboa em telegrama datado de 5 de Maio de 1951.

(137) Marcelo Caetano, *Minhas Memórias de Salazar*, 2. ed., ed. Verbo, Lisboa, 1977, p. 361.

(138) Vd. Arquivos do Quai d'Orsay, Série Z, Europe – Portugal, 1949-1955, Z-351, Telegrama do encarregado de Negócios de França em Lisboa, Sainte-Marie, datado de 21 de Maio de 1951.

(139) Marcelo Caetano, *op. cit.*, p. 379.

(140) «Carta de Salazar a Craveiro Lopes, datada de 25 de Junho de 1951», in *Eleições Presidenciais 1951*, e *Correspondência entre Oliveira Salazar e Craveiro Lopes*, Comissão do Livro Negro sobre o Regime Fascista, Lisboa, 1983, p. 219.

(141) Coronel Fernando Valença, *As Forças Armadas e as Crises Nacionais. A Abrilada de 1961*, ed. Europa-América, Lisboa, s. d., p. 94.

(142) Humberto Delgado, *Memórias*, ed. Delfos, Lisboa, 1974, pp. 144-145. Ver também *Memórias de Humberto Delgado*, coordenação de Iva Delgado e António Figueiredo, Publicações Dom Quixote, Lisboa, 1991, p. 83.

(143) Constituição de 1933, artigo 53.

(144) Ministério dos Assuntos Exteriores, Madrid, Lg. R-5053, Expediente 29, ofício do embaixador de Espanha em Portugal, José Ibanez-Martin, datado de 20 de Maio de 1958.

(145) Vd MAE, Madrid, Lg. R-8 995, Expediente 3, despachos da Oficina de Informacion Diplomática.

(146) MAE Madrid, Lg. R-8 995, Expediente 5, nota, classificada de secreta, enviada pelo adido naval espanhol em Lisboa à 2. Secção do EMA, datada de 26 de Maio de 1958.

(147) MAE, Madrid, Lg. R-8 995, Expediente 3, Oficina de Información Diplomática, despacho datado de Lisboa, 2 de Junho de 1958.

(148) Despacho da Associated Press, datado de 31 de Maio de 1958.

(149) Marcelo Caetano, *op. cit.*, p. 570.

(150) Franco Nogueira, *Salazar*, vol. IV, Atlântida Bd., Coimbra, 1980, p. 524.

(151) Marcelo Caetano, *op. cit.*, p. 546.

(152) Humberto Delgado, *op. cit.*, p. 193.

(153) *Ibidem*, p. 213.

(154) *Ibidem*, pp. 214-215.

(155) Maria Carrilho, *Forças Armadas e Mudança Política em Portugal no Séc. XX – Para Uma Explicação Sociológica do Papel dos Militares*, Imprensa Nacional-Casa da Moeda, Lisboa, 1985, p. 438.

(156) Vd. «Parecer n.º 23 / V Legislatura, bases da organização da Defesa Nacional (projecto de proposta de lei n.º 514), relator Humberto Delgado; Diário das Sessões», in *Pareceres da Câmara Corporativa*, V Legislatura 1951, Suplemento n.º 114 de 14 de Dezembro de 1951, p. 473.

(157) Vd. general Ernesto Ferreira de Macedo, *Subsídios para o Estudo do Esforço Militar Português na Década de 50 – Os Compromissos com a OTAN*, vol. I, EME, Direcção dos Serviços Histórico Militares, Lisboa, 1988, p. 8.

(158) General Ernesto Ferreira de Macedo, *op. cit.*, vol. II.

(159) Para maior desenvolvimento sobre este tema, ver José Medeiros Ferreira, *Forças Armadas e Regimes Políticos em Portugal no Séc. XX*, Ed. Estampa, Lisboa, 1992.

(160) General Ernesto Ferreira de Macedo, *op. cit.*, pp. 37-38.

(161) *Ibidem*, p. 117.

(162) Vd general Ernesto Ferreira de Macedo, *op. cit.*, vol. II, p. 280.

(163) General Bettencourt Rodrigues, in *Revista Militar*, n.º 4, Abril de 1990, p. 187

(164) *Ibidem*, p. 210.

(165) Arquivos do Quai d'Orsay, Série Europe – Portugal, 1949-1955, Défense Nationale, EU 5 ou 348-350, relatório do encarregado de Negócios a. i., Bernard Durand, datado de 14 de Outubro de 1954.

(166) *Ibidem.*

(167) Kauza de Arriaga, *A Defesa Nacional Portuguesa nos últimos 40 Anos e no Futuro*, Lisboa, 1966, pp. 24-25.

(168) Pedro Cardoso, *As Informações em Portugal*, *op. cit.*, p. 99.

(169) *Ibidem*, p. 101.

(170) Vd. coronel Fernando Valença, *As Forças Armadas e as Crises Nacionais. A Abrilada de 1961*, ed. Europa-América, Lisboa s. d., p. 94, e Humberto Delgado, *Memórias*, ed. Deltos, Lisboa, 1974, pp. 144-145.

(171) Humberto Delgado, *op. cit.*, pp. 144-145 e 149.

(172) Dawn Linda Raby, *A Resistência Antifascista em Portugal (1941-1974)*, ed. Salamandra, Lisboa, 1990, p. 167.

(173) Libelo Acusatório da Pormotoria do 1.º Tribunal Militar Territorial de Lisboa, 8 de Março de 1960, Processo n.º 105/59, pp. 421-431.

(174) *Ibidem.*

(175) Termo de Conclusão dos Juízos do 1.º Tribunal Militar Territorial de Lisboa, 25 de Julho de 1960, Processo n.º 105/59, p. 1.

(176) *Ibidem.*

(177) Ver sobre este assunto, assim como sobre o comportamento político dos militares em geral, José Medeiros Ferreira, *Forças Armadas e Regimes Políticos em Portugal no Séc.* XX, Editorial Estampa, Lisboa, 1992.

ORIGEM DO TEXTO:

«As relações entre as Forças Armadas e o Regime (1933-1950)» in Joel Serrão e A. H. de Oliveira Marques (dir.) *Nova História de Portugal* vol. 12 *Portugal e o Estado Novo (1930-1960)*, coordenação de Fernando Rosas. Lisboa, 1992, pp. 144-200.

6.

As Forças Armadas no contexto das eleições de 1958

Contexto geral da instituição militar nos anos cinquenta

Por causa da Aliança Atlântica operou-se durante a década de cinquenta uma série de reformas militares que abrangeram quer o escalão político, com a criação de um Ministério da Defesa Nacional em 1950, quer o escalão militar com o reforço de coordenação inter-ramos atribuída ao chefe de Estado-Maior General das Forças Armadas (CEMGFA.).

Os compromissos militares de Portugal para com a OTAN foram periodizados até à eclosão da guerra em África em quatro fases:

- Fixação dos Compromissos (1951-1953)
- Definição dos Compromissos (1954-1956)
- Consolidação dos Compromissos (1957-1959)
- Alteração dos Compromissos (1960-1961)

Esses compromissos consubstanciaram-se na criação de uma Divisão Independente do Exército, enquanto à Marinha eram atribuídas missões de patrulhamento no Atlântico. A guerra colonial levou ao abandono prático do ramo Exército das chamadas «missões NATO». Mesmo assim, a participação dos oficiais dos três ramos em cursos de instrução no âmbito da Aliança Atlântica permitiu uma modernização nas doutrinas e nos métodos de acção.

A influência do Military Aid Advisory Group (MAAG) na modernização do Exército e na reorganização da Força Aérea, no início dos anos cinquenta, encontra-se suficientemente documentada em relatórios desses peritos militares norte-americanos e até dos adidos britânicos em Lisboa.

Nesses relatórios, os oficiais portugueses são descritos como demasiado escolares, praticamente sem experiência operacional e sem espírito inovador. Sobretudo o corpo de generais é apontado como sendo demasiado velho e sem os conhecimentos necessários para transmitir aos oficiais mais novos. Ou, como referia analiticamente o adido militar britânico em Lisboa em 1952,

> considera-se que, com a falta de oficiais superiores com experiência operacional e com a carência geral de formação e o equipamento obsoleto, o Exército só poderá ser útil para a segurança interna de Portugal...([1])

Uma das críticas mais frequentes dos militares do MAAG no início da cooperação com o Exército português referia-se à existência do Corpo de Estado Maior, fechado e ultrapassado nas questões operacionais. Assim, em Abril de 1954, o general Napier White, membro do Supreme Headquarters Allied Powers in Europe (SHAPE), na sua visita a Portugal, manifesta discordâncias em relação ao Corpo de Estado-Maior do Exército pois

> este sistema mantém os oficiais do Estado-Maior afastados dos outros militares, e leva à criação de uma casta superior dentro do Exército([2]),

pelo que propõe uma rotação obrigatória entre as funções de Estado-Maior e as funções de comando de tropas, assim como alerta para a necessidade de se formar um maior número de oficiais nas tarefas de planificação de operações. Esta crítica é integrada pelos responsáveis portugueses através da publicação do decreto-lei n.º 39 941 de 25 de Novembro de 1954, que abriu um pouco mais a frequência dos cursos de Estado-Maior, dada a conveniência de ser assegurada uma mais rápida preparação de oficiais de Estado-Maior para os escalões divisionários e das pequenas unidades de campanha. Ainda em 1961, apenas 144 oficiais pertenciam ao Corpo de Estado-Maior do Exército.

A participação de Portugal na OTAN teve profundas repercussões na organização, no equipamento, métodos e programas de instrução, processos de trabalho e técnicas de Estado-Maior, para além dos contactos pessoais entre oficiais portugueses e outros de países democráticos da Aliança Atlântica.

A lei n.º 2084, de 16 de Agosto de 1956, veio compendiar as novas bases da «Organização da Nação para a Guerra», que haviam de reger praticamente as Forças Armadas até ao 25 de Abril de 1974. A base XIX da referida lei reforça o papel da CEMGFA. que respondia simultaneamente perante o presidente do Conselho e o ministro da Defesa Nacional pela preparação e conduta militar do conjunto das operações. Também a base IV merece uma referência especial por ter proposto que

> A estrutura orgânica da defesa nacional é una para todo o território nacional: e as Forças Armadas de terra, mar e ar estacionadas em qualquer ponto podem ser empregadas dentro ou fora das fronteiras, onde quer que as conveniências nacionais ou os compromissos internacionais o exijam.
>
> Essa concepção de umas Forças Armadas cuja orgânica era una para todo o território nacional teve consequências maiores durante a guerra colonial.

A lei n.º 2084, de 16 de Agosto de 1956, está na origem da criação de um organismo, o Conselho Superior Militar, que terá um papel de relevo na crise de relação entre o regime salazarista e as Forças Armadas ocorrida em Março-Abril de 1961. Esse Conselho Superior Militar era constituído pelo ministro da Defesa Nacional, que presidia, e pelos titulares das pastas do Exército e da Marinha, pelo subsecretário de Estado da Aeronáutica, pelo chefe do Estado Maior General das Forças Armadas e pelos chefes do Estado-Maior dos três ramos. Paralelamente, as Forças Armadas dotaram-se de órgãos próprios especializados na recolha e tratamento de informação militar e estratégica. Deste modo, as Forças Armadas adquiriram instrumentos que permitiram aos seus quadros superiores ter uma capacidade de informação e avaliação dos objectivos propostos pelo governo.

Até a candidatura do general Humberto Delgado às presidenciais de 1958 pode ser inserida na tendência de alguns oficiais, mais atlantistas, para «provocar um forte reformismo no regime», embora a hierarquia militar obediente a Santos Costa ainda aceite participar na repressão às manifestações de rua desencadeadas pela candidatura de Humberto Delgado.

As relações entre a instituição militar e o regime salazarista modificam-se depois da remodelação governamental operada por Salazar a 14 de Agosto de 1958 quando o general Júlio Botelho Moniz, que era o chefe de Estado Maior General das Forças Armadas, substitui Santos Costa na pasta da Defesa. De certa maneira essa substituição pode inserir-se numa estratégia indirecta para alterar as relações de força entre os militares e Salazar.

Na história das Forças Armadas foi essa a maior consequência da candidatura do general Delgado a presidente da República.

A candidatura de Humberto Delgado e as Forças Armadas

Entre 1951 e 1958 (mandato presidencial de Craveiro Lopes), situa-se um dos períodos mais estáveis do regime salazarista e um dos momentos de menor influência militar na vida política do país.

Já no final da década de cinquenta as Forças Armadas serão sacudidas da sua letargia face ao regime do Estado Novo por três fenómenos de natureza diversa, sendo o primeiro a candidatura independente do general Humberto Delgado à presidência em 1958, seguindo-se a emergência da questão colonial na ONU e em Angola de 1960-1961, e a invasão de Goa pela União Indiana em Dezembro deste último ano.

É verdade, no entanto, que a apresentação da candidatura do general Delgado à presidência da República só a prazo terá efeitos dentro da instituição militar e que a preparação de uma candidatura desse género destinada a provocar um forte reformismo no regime terá sido concebida entre certos meios militares com maior antecedência do que a oposição democrática clássica pretende ou sabe. O próprio Delgado relata a sua atitude prévia à decisão de se candidatar:

> No dia 18 de Maio de 1956, quando ainda me encontrava em Washington, recebi uma carta. Era-me pedido que regressasse a Lisboa, a fim de organizar um movimento(3).

Assim, quando se tornou claro que Salazar se opunha à recandidatura de Craveiro Lopes, surgiram várias movimentações de oficiais descontentes com o «imobilismo» do regime.

É um facto que em 1958, quando foi decidido não reconduzir o marechal Craveiro Lopes na Presidência da República, houve realmente contactos deste e do general Botelho Moniz (mas indirectos), com um grupo de militares e civis que pretenderam opor-se àquela ideia e provocar um forte reformismo no regime. Já nessa altura a ligação com o marechal Craveiro Lopes era o capitão Almeida Santos. O general Botelho Moniz, ainda chefe do Estado-Maior General das Forças Armadas, foi contactado então por intermédio de dois oficiais do Secretariado-Geral da Defesa Nacional, os majores Pedro Cardoso e Viana de Lemos(4).

Pode-se daqui deduzir que elementos militares e civis que pretendiam a evolução do regime começaram a preparar as diferentes acções com alguma antecedência em relação ao lançamento da candidatura à presidência propriamente dita. Essas acções impulsionaram primeiro esta candidatura, continuaram com a chamada conspiração da Sé em 1959 e, por fim, com a revolta de Botelho Moniz contra Salazar em Abril de 1961. No vértice deste triângulo os militares nem sempre tiveram o mesmo comportamento político, mas foram solicitados a tomar parte nesses três momentos.

A campanha presidencial de 1958 veio pôr em relevo um factor que parecia subalternizado ou esquecido: a necessidade que o regime salazarista tinha do apoio das Forças Armadas para efeitos de ordem interna. Aliás, a Constituição de 1933 dispunha no seu artigo 53.º que o governo podia utilizar as Forças Armadas na manutenção da ordem e da paz pública.

E, com efeito, a hierarquia militar da altura esteve intimamente envolvida na defesa do regime salazarista durante a campanha presidencial de 1958 por causa do desencadeamento do fenómeno Delgado.

A indicação de Américo Tomáz como candidato da União Nacional – num regime que se pretendia anti-partidário, os candidatos à chefia do Estado eram-no por indicação do partido do governo, enquanto que hoje no sistema pluripartidário os principais candidatos pretendem apresentar-se como independentes! – surgira na consequência dos desentendimentos entre Salazar e Craveiro Lopes e fora de facto preparada pelo presidente do Conselho e apoiada pelo Ministro da Defesa,

Santos Costa. Tudo isto tinha a ver com o papel de articulação entre as Forças Armadas e o regime salazarista desempenhado por um militar na presidência da República. E a 16 de Maio e 6 de Junho, o ministro da Defesa, Fernando Santos Costa, declara abertamente que as Forças Armadas estarão sempre do lado do almirante Américo Tomáz e que competia à instituição militar a defesa da ordem.

Os véus constitucionais com que se cobria então internamente esse apoio propriamente político da hierarquia militar (manutenção da ordem pública) não impediram vários observadores estrangeiros qualificados de desvendarem os reais contornos desse compromisso.

Assim, o embaixador de Espanha em Portugal, José Ibanez-Martin, enviou um relatório a 20 de Maio para Madrid no qual resume as características da campanha eleitoral em curso em dez pontos, quatro dos quais se referem ao comportamento da instituição militar. Segundo o embaixador espanhol, a designação do então ministro da Marinha, Américo Tomáz marcava o predomínio do grupo Santos Costa; este declarara repetidamente que as Forças Armadas estavam incondicionalmente ao lado do contra-almirante; a intervenção do Exército produzira-se concretamente com o uso de carros de combate para dispersar a multidão à saída do comício de Delgado no Liceu Camões; finalmente os altos comandos militares reuniram-se a 19 de Maio com os membros do governo para tomarem as medidas necessárias de segurança com o fim de manterem a ordem durante o resto da campanha([5]).

Outros responsáveis militares apareceram em público em actos de campanha política favoráveis a Américo Tomáz: a 13 de Maio o cônsul espanhol em Elvas noticia a realização de um comício organizado pela União Nacional e presidido pelo governador militar da região. E a 6 de Junho o governador militar de Lisboa, general Valente de Carvalho, afirmava significativamente: O Exército não está disposto a que imperem os desordeiros, que proliferem os aventureiros, relata a EFE([6]).

Pelo seu lado, a Associated Press, em despacho de Lisboa da sua correspondente, dá o devido relevo ao facto de o governador ter colocado as Forças Armadas em estado de alerta a 20 de Maio, noticiando a existência de carros blindados patrulhando as ruas da capital. A 21 de Maio a mesma agência informava o mundo exterior que Lisboa esteve hoje tranquila, todavia debaixo da ocupação militar que começou ontem.

O apoio efectivo dos chefes militares ao regime salazarista consolidou-se na reunião destes a 21 de Maio de 1958, na Presidência do

Conselho de Ministros, na qual participaram o ministro do Exército, o chefe de Estado Maior do Exército, os comandantes de todas as regiões militares, o comandante naval do Continente, e os chefes das forças de segurança, assim como o director da PIDE([7]).

Nessa reunião os chefes militares ter-se-iam comprometido a garantir a ordem pública e a impedir o caos resultante de uma eventual vitória nas umas do general Humberto Delgado. Foi um renovado comprometimento político da hierarquia militar face ao regime do Estado Novo.

Até que ponto ia esse comprometimento dos chefes militares com Salazar era então a grande questão.

Numa nota, classificada de «secreta», de 26 de Maio de 1958, da autoria do agregado naval espanhol em Lisboa e dirigida à segunda secção do Estado-Maior da Armada espanhola, relata-se uma conversa tida com o vice-almirante Augusto Guerreiro de Brito, na qual este se declara preocupado com uma possível vitória nas urnas de Humberto Delgado, que originaria o caos, num país onde não havia classe média, mas só ricos e pobres. De qualquer modo, o vice-almirante garantiu ao adido naval espanhol que as Forças Armadas manteriam Salazar na chefia do governo e impediriam a vitória da oposição([8]).

Como a comprovar as palavras acima citadas, as chefias militares vão multiplicar as medidas contra a candidatura de Humberto Delgado. Um despacho da EFE, de 2 de Junho, noticiava que no dia anterior o candidato independente fora notificado pelo comandante militar da 2.ª Região (Coimbra) de que estava proibido de se deslocar a Braga e de celebrar naquela cidade qualquer acto de propaganda eleitoral, por coincidir a sua visita com importantes cerimónias religiosas que deveriam celebrar-se em Braga([9]).

Humberto Delgado nas suas Memórias dá particular relevância a este assunto:

> Rodrigo de Abreu informou-me então que a PIDE não me permitiria voltar a Braga no dia seguinte (1 de Junho). (...) Bastante estranhamente, essa ordem surgiu em muito pouco tempo, do comandante da região militar, general Sousa Gomes, proibindo-me a entrada em Braga([10]).

Parece já estar suficientemente demonstrado o cuidado com que a diplomacia espanhola acompanhou o fenómeno da candidatura de

Delgado em Portugal. Numa carta particular datada de 5 de Junho, antevéspera do acto eleitoral, o embaixador dirige-se ao ministro Fernando Castiella, dizendo:

> Para te dar uma ideia da intranquilidade da situação interna, dir-te-ei que ontem o exército ocupou militarmente os arredores do local donde iria o presidente pronunciar o seu discurso([11]).

O general Humberto Delgado também pretenderá utilizar a instituição militar para os seus propósitos de transição política. Em sucessivas conferências de imprensa (por exemplo, de 10 e 31 de Maio), o candidato independente afirmaria que, depois de demitir Salazar, nomearia um governo militar provisório até que tenham lugar eleições para o Parlamento. E tentará organizar pronunciamentos militares a 2 de Junho e em Dezembro daquele ano de 1958, sem resultados. Esta ideia de um governo militar de transição, para preparar eleições livres, seria retomada três anos mais tarde pelo general Botelho Moniz, na abrilada de 1961. Em 1958, Júlio Botelho Moniz era chefe do Estado-Maior General das Forças Armadas e será, como consequência da campanha presidencial, nomeado ministro da Defesa, como já se assinalou.

Embora sem resultados imediatos, a candidatura presidencial do general Humberto Delgado mexeu com as forças armadas e terá consequências insuspeitadas a prazo.

Marcelo Caetano dá-nos conhecimento de uma entrevista tida com o então presidente da República Craveiro Lopes a 31 de Maio de 1958, ou seja, em pleno período eleitoral, e durante a qual o presidente da República o informa que fora procurado por um oficial superior que lhe manifestara o

> (...) descontentamento reinante nas forças armadas, sobretudo, pela acção do ministro da Defesa na presente crise, e comunica-lhe que resultara daí um entendimento entre unidades [militares] com o estabelecimento de ligações permanentes. (...) Deseja-se o adiamento da eleição presidencial para se reconsiderarem as candidaturas apresentadas e a demissão do ministro da Defesa. Seguidamente pediriam ao Sr. presidente do Conselho a sua anuência à realização rápida de algumas reformas por todos consideradas urgentes([12]).

Viana de Lemos, oficial do Exército, futuro chefe de gabinete de Botelho Moniz e secretário de Estado de Marcelo Caetano, descreve o ambiente no meio militar por ocasião de campanha eleitoral:

> Os contínuos e os condutores (do secretariado da Defesa) haviam sido mobilizados para vigiar os oficiais. Esta medida era estúpida, ineficiente e revoltante. Era feita com o maior à-vontade, e chegavam a detectar a hora em que os interessados iam receber as suas gratificações na Secretaria do Gabinete do Ministro!([13])

Ora, nessa altura, e em boa verdade, talvez já houvesse razão para o ministro Santos Costa se acautelar, conforme se depreende do mesmo testemunho:

> Com efeito, o meu camarada de repartição, o então capitão Pedro Cardoso, hoje general, havia-me comunicado confidencialmente que vários oficiais novos, na sua grande maioria capitães, e em especial de cavalaria, se estavam reunindo para fazer qualquer coisa([14]).

Também outro biógrafo de Salazar se refere a estas movimentações militares. Lê-se em Franco Nogueira:

> Quando o chefe do governo, todavia, lhes dá conhecimento das mudanças previstas para as pastas militares, defronta profundas discórdias. Albino dos Reis julga oportuna a saída de Santos Costa: considera que está esgotado o seu papel nas Forças Armadas, e que naquela hipótese não poderá Marcelo Caetano permanecer. Mário de Figueiredo julga que se impõe a saída de Caetano, que considera muito ligado a Craveiro Lopes e a Botelho Moniz; mas entende erro grave a saída de Santos Costa. Para Figueiredo, Santos Costa é esteio do regime e da ordem pública; e atribui as críticas de alguns meios militares a intrigas de Craveiro Lopes, de Botelho Moniz e de alguns oficiais, que em segredo manteriam contactos com Delgado e Galvão. Salazar surte-se indeciso([15]).

Com efeito, após a crise provocada pela campanha eleitoral para as presidenciais, Salazar remodela o seu governo a 14 de Agosto de 1958.

Notáveis mudanças são operadas nas pastas relacionadas com as Forças Armadas e as forças de segurança. A saída de Santos Costa de ministro da Defesa foi por si só, e pelas suas consequências, um acontecimento de relevo nas relações entre o regime e a instituição militar. De facto, os militares nomeados para esse novo governo (general Júlio Botelho Moniz para a Defesa, coronel Almeida Fernandes e tenente-coronel Costa Gomes para secretário e sub-secretário do Exército), irão protagonizar uma singular insubordinação institucional das Forças Armadas contra o regime salazarista, alguns anos depois, em Março-Abril de 1961.

Se essas movimentações militares tivessem triunfado entre 1958 e 1961, ter-se-ia talvez poupado ao país uma guerra colonial de treze anos. Como disse Humberto Delgado nas suas Memórias, (...) durante trinta e cinco anos não conseguimos discutir nenhum problema nacional.

Notas

(1) PRO. Foreign Office, 37-101975

(2) NA. Military Aid Advisory Group, «General Report of Activity», 1954.

(3) Cf. Iva Delgado & António Figueiredo (coords.). *Memórias de Humberto Delgado*, Lisboa, Publicações Dom Quixote, 1991, p. 83.

(4) Cf. Fernando Valença. *As Forças Armadas e as Crises Nacionais. A Abrilada de 1961*, Lisboa, Europa América, p. 94.

(5) José Medeiros Ferreira. *O Comportamento Político dos Militares. Forças Armadas e Regimes Políticos em Portugal no Século* XX, Lisboa, Editorial Estampa, 1992, p. 244.

(6) *Op. cit.*, pp. 244-245.

(7) MAE/AG, Lg. R-8-995, expediente 3.

(8) Medeiros Ferreira, *op. cit.*, p. 245.

(9) MAE/AG, Lg. R-8-995, expediente 3.

(10) *Memórias de Humberto Delgado*, cit., p. 107.

(11) Cf. Ana Vicente. *Portugal visto pela Espanha. Correspondência Diplomática, 1939-1960*, Lisboa, Assírio e Alvim, 1992, p. 249.

(12) Marcelo Caetano. *Minhas Memórias de Salazar*, Lisboa, Verbo, 1977, 2.ª edição, p. 546.

(13) Viana de Lemos. *Duas Crises, 1961 e 1974*, Lisboa, Editora Nova Gente, 1977, p. 16.

(14) *Op. cit.*, p. 17.

(15) Franco Nogueira. *Salazar*, vol. IV, Coimbra, Atlântida Editora, 1980, p. 524. As figuras aqui referidas faziam parte do «conselho privado» de Salazar.

Mário de Figueiredo era monárquico, Marcelo Caetano e Albino dos Reis presidentistas. Sobre o papel dos monárquicos nas eleições, cf. no capítulo II, parte 3 desta obra, o texto de José Manuel Quintas. «Os monárquicos».

ORIGEM DO TEXTO:

«As Forças Armadas no contexto das Eleições de 1958» in *Humberto Delgado. As Eleições de 58*. Lisboa, Ed. Vega, 1998, pp. 227-237.

II.

O MOVIMENTO ESTUDANTIL
E A LUTA CONTRA A DITADURA

7.

Esplendor na relva

A data de 24 de março de 1962 marcou, não só uma era política coletiva nas relações entre a Universidade Portuguesa e o regime salazarista, como a consciência de toda uma geração de estudantes, mobilizados na luta contra a ditadura. Nunca mais fomos os mesmos.

Tive a sorte de ser dirigente associativo em 1962 (vice-presidente da Pró-Associação da Faculdade de Letras com o pelouro das relações externas, o que significava representá-la em órgãos como a RIA, que escuso de escrever por extenso). Tinha mesmo 20 anos, acabados de fazer. Nos meses anteriores exercitara-me na arte da estratégia ao serviço dos estudantes com verdadeiros seniores do movimento como Jorge Sampaio, Eurico Figueiredo, Sá Borges, Afonso de Barros, Vasconcelos Abreu, Vítor Wengorovius, Tavares da Cruz, António Ribeiro, entre outros. Aprendi muito com eles nos meses anteriores ao desencadear da crise e da greve às aulas. Lembro-me do compromisso de participar, em representação das associações, na Comissão Administrativa das Instalações Académicas (CAIA), sobretudo tendo em vista os espaços conviviais da Cantina na recentemente inaugurada Cidade Universitária, depois de uma ação reivindicativa junto do reitor Marcelo Caetano que acabou por aceitar, surpreendentemente, uma experiência fugaz de cogestão.

E recordo as idas a Coimbra, sempre rodeadas de dificuldades e interditos por parte do governo. Essas idas permitiram-me conhecer um outro ambiente universitário e outros dirigentes como Jorge Aguiar, José

Augusto Rocha, Barros Moura, José Carlos Vasconcelos, Margarida Lucas, entre outros. No Porto, Alexandre Alves Costa era a referência máxima do movimento associativo, bem ancorado na Escola de Belas Artes que muitos ilustres formou.

Quando rebentou a crise, com a proibição do Dia do Estudante em 24 de março, já fizera o meu «estágio» como dirigente «federativo» de Lisboa. Então foi como se um encontro com o destino tivesse sido marcado. Senti-me como peixe na água perante as exigências múltiplas que me eram impostas pela nova situação universitária com milhares de estudantes mobilizados, uma radical novidade. Quando da declaração do «luto académico» com greve às aulas, foi grande a preocupação dos dirigentes «federativos» (os que participavam na RIA) com o grau de adesão à greve na Faculdade de Letras que eu representava, faculdade tida preconceituosamente como passível de claudicar, por ter uma larga percentagem de mulheres, o que esteve longe de acontecer, sendo uma das escolas em que a greve foi mais apoiada. Para mim, isso foi um motivo de orgulho e fui ainda recompensado com um «voto de louvor, agradecimento e confiança», assinado por Maria Antónia Fiadeiro, José Manuel Rodrigues, Isabel Franco, Iolanda Artiaga, Maria Benedita Vassalo, Teresa Amado, Mário Cardia, João Paulo Monteiro, Bairrão Ruivo, dirigentes associativos, e outros nomes como Eduardo Prado Coelho, Fiama Hasse Pais Brandão, Graça Barahona, Luísa Ducla Soares, Maria João Gerardo, Maria José Rau, Passos Valente entre muitos outros. Ainda hoje considero esse voto de confiança dos estudantes de Letras a mais cara distinção da minha vida pública.

Aliás, durante todo o longo desenrolar da crise e da variedade de atividades que implicou, revelou-se uma plêiada de valores como Manuel de Lucena – o mais destacado na matéria –, Mário Cardia, Nuno Brederode Santos e Vasco Pulido Valente, na redação frequente e regular de Comunicados, com os quais as AAEE mantinham o contacto informativo com os milhares de estudantes que os procuravam ou eram inundados pela sua distribuição promovida pelas RIP, que também asseguravam a sua edição a *stencil*, muitas vezes até às tantas da madrugada. O historiador Oliveira Marques publicou, no livro *A primavera que Abalou o Regime*, 46 desses comunicados distribuídos entre fins de março e fins de junho de 1962.

As assembleias com os sócios das AAEE, e as reuniões plenárias com os milhares de estudantes que se deslocavam ao Estádio Universitário com um tempo verdadeiramente primaveril, assistiram ao desfile de grandes oradores – numa sociedade que, durante a ditadura, deixara de valorizar, a nível do ensino e dos hábitos cívicos, a boa oratória. Lembro-me dos arrebatadores discursos de Valentim Alexandre, Abílio Mendes, Isabel do Carmo, quase sempre para contrariarem as decisões tomadas a nível da RIA! Felizmente que, na equipa «federativa», podíamos contar com o brilhantismo e a capacidade de persuasão de Jorge Sampaio, Eurico Figueiredo e Vítor Wengorovius. Também eu não recuei em tomar a palavra nessas reuniões, ostentando com desassombro e orgulho, um característico sotaque micaelense...

A gestão propriamente política da crise estudantil de 1962, que durou desde março até ao fim do ano letivo, colocou muitas vezes questões bem difíceis aos dirigentes associativos da altura: recomeçar o luto académico depois das férias da Páscoa e da dispersão por elas provocada; suspender ou não a greve, quer para serem recebidos por um membro do governo de Salazar, o ministro da Presidência Correia de Oliveira a 10 de abril, quer para demonstrarem que o «luto académico» não se coordenava com outras ações de carácter partidário no final do mês; retomar em maio o luto académico e associar o «luto académico» a outras formas de luta como a greve da fome, sugerida pelo Eurico Figueiredo e participada por Abílio Mendes, Mário Sottomayor Cardia, Nuno Brederode Santos, numa lista que espero seja fácil de recuperar na íntegra; e, finalmente, a decisão dilemática de terminar a greve em junho perante a eventualidade de uma ida aos exames em ordem dispersa e desmoralizadora para o futuro. Uma tão longa mobilização estudantil deveu-se à vontade geral, à gestão estratégica da crise e a uma primavera esplendorosa passada em parte no relvado do estádio universitário onde se realizavam os plenários.

O verão foi um momento de grande repressão para muitos dos ativistas e para quase todos os grevistas da fome, como assinalo noutro texto. Quando cheguei dumas férias retemperadoras nos Açores, em meados de setembro, apercebi-me de uma certa movimentação para me elegerem Secretário-Geral da RIA. Jorge Sampaio, que havia exercido o cargo com tanto brilhantismo e inteligência, saíra da Universidade, Eurico Figueiredo, um natural candidato ao cargo, fora expulso da Universidade de Lisboa e o consenso formou-se facilmente à minha volta. Fui então, em outubro, com 20 anos, eleito secretário-geral da RIA para o ano letivo 1962-1963, sucedendo a um líder estudantil como Jorge Sampaio e a um momento de mobilização geral ímpar. Fui eleito, e aceitei, plenamente consciente que o seria para gerir aquilo que na gíria da altura se chamava «uma fase de refluxo»! A PIDE teve porém outro entendimento e prendeu-me umas semanas depois de eleito Secretário-Geral da RIA.

Confirmava-se, entretanto, a previsão de que o movimento associativo entraria numa fase de refluxo. Entre 1963 e 1965, assistiu-se a um dos períodos de chumbo da atividade antifascista. A repressão abateu-se sobre os resistentes. Em 21 de janeiro de 1965, várias dezenas de estudantes comunistas foram presos, outros tiveram que desaparecer. Nessa noite, escrevi o comunicado das AEEE intitulado «No dia de uma Universidade cativa». Mobilizei-me, por imperativo categórico, na resistência contra a ditadura salazarista. Com a repressão, o movimento estudantil politizava-se cada vez mais, levantando novas bandeiras como a da luta anticolonial e a condenação da guerra. Mas os ativistas resumiram-se então a poucas centenas. Em outubro de 1965, no seguimento de dezenas e dezenas de processos administrativos instaurados pelo Ministério da Educação naquele ano, fui expulso de todas as Universidades portuguesas por um período de três anos. Até o livro que foi publicado com o meu recurso para o Supremo Tribunal Administrativo – *Universidade – recurso de um processo disciplinar*, da autoria de Salgado Zenha, Jorge Sampaio e Jorge Santos – foi retirado de circulação pela PIDE em 1967!

Lembro-me sempre com emoção desse punhado de jovens que se mantiveram em luta nas condições pessoais mais adversas.

Para a minha geração, revolução não rimava com sucesso mas com resistência.

PARA CITAR ESTE ARTIGO:

Referência do documento impresso
José Medeiros Ferreira, «Esplendor na relva», *Ler História*, 62 | 2012, 183-186.

Referência eletrónica
José Medeiros Ferreira, «Esplendor na relva», *Ler História* [Online], 62 | 2012, posto online no dia 14 Abril 2015, consultado no dia 13 Junho 2017. URL : http://lerhistoria.revues.org/621 ; DOI : 10.4000/lerhistoria.621

8.

O movimento estudantil nos anos sessenta

O movimento estudantil nos anos sessenta caracterizou-se pelo seu antagonismo ao regime ditatorial.

A expressão «movimento estudantil» é, na prática, equivalente a «movimento associativo», também muito usada para indicar a cada vez mais forte oposição que o regime do Estado Novo suscitou entre os estudantes universitários, sobretudo a partir da contestação ao decreto-lei 40 900 de 12 de Dezembro de 1956. Há quem entenda que se pode incluir nesse movimento outras organizações como a Juventude Universitária Católica (JUC) ou até as forças políticas que habitavam as Universidades do país. Para certos autores «seria preferível falar-se em movimentos associativos dos estudantes». De facto, foi sobretudo à volta das Associações de Estudantes que se organizou o movimento estudantil.

A própria expressão só ganhou sentido nos meados dos anos cinquenta quando as Associações Académicas reclamaram, primeiro, uma legislação mais adequada para as actividades circum-escolares e, depois, se opuseram à aplicação do decreto-lei n.º 40 900 de 12 de Dezembro de 1956 (*Diário do Governo*, I Série, n.º 269 de 12.12.1956, pp. 1895-1896). Esse decreto vinha substituir a legislação anterior que datava de 1932.

Cedo se preocupou a Ditadura em legislar sobre as organizações de estudantes. Ainda na sua fase pré-constitucional o regime – saído do 28 de Maio publica dois diplomas para regulamentar a vida das associações académicas: o decreto-lei n.º 21 551 de 1 de Agosto de 1932 e o decreto-lei n.º 21 556 de 6 de Agosto daquele ano. Esses decretos, emanados do Ministério da Instrução Pública, limitavam-se a estabelecer em moldes muito gerais o quadro de funcionamento das associações nas Escolas Oficiais do Ensino Superior e Médio Técnico, «em ordem a um funcionamento uniforme».

Essa forma de legislar constituía uma espada de dois gumes, pois permitia às autoridades uma intervenção casuística na vida interna do associativismo estudantil. Deste modo um mês depois, em Setembro de 1932 foi decretada pelo Governo a dissolução da Federação Académica de Lisboa, e a Associação Académica de Coimbra ficou sujeita ao regime das Comissões Administrativas e impedida de eleger os seus dirigentes entre 1936 e 1944. Os representantes eleitos pelos estudantes para o Senado e a Assembleia da Universidade de Coimbra foram banidos, de facto, a partir de 1936.

Não foi a última vez que o Governo de Salazar suspendeu as direcções eleitas da AAC. Em Janeiro de 1945 o Reitor Maximino Correia deu posse à direcção presidida por Francisco Salgado Zenha saída de eleições e composta por elementos democráticos. Desde logo se assistiu a um relançamento da vida associativa, tendo o jornal *Via Latiria* conhecido uma grande difusão. Quando terminou a Segunda Guerra Mundial as correntes afectas ao regime organizaram uma manifestação de agradecimento a Salazar a pretexto da neutralidade durante o conflito. Como a Assembleia Magna da AAC recusou a participação desta na referida manifestação alegando o carácter apolítico da Associação, o Ministério da Educação demitiu os corpos gerentes da AAC e nomeou de novo uma comissão administrativa.

A Associação Académica de Coimbra dota-se em 1948 de novos Estatutos aprovados oficialmente pela Portaria n.º 12.491 publicada na II série do *Diário do Governo* em 15 de Julho daquele ano. Durante a crise de 1962 o governo revogou os artigos 20.º a 24.º desses estatutos suspendendo o funcionamento da assembleia-magna da AAC e nomeou uma comissão administrativa para substituir a direcção eleita (Portaria do MEN n.º 19168 de 7 de Maio de 1962).

O movimento de contestação iniciado em Abril de 1969 levaria por seu turno ao encerramento da Universidade de Coimbra como se verá mais adiante.

Em Lisboa a vida das Associações de Estudantes durante a vigência do Estado Novo não foi mais fácil.

Assim, em Dezembro de 1960, as seguintes organizações de estudantes dirigem uma carta, reivindicando o direito à livre associação, ao Ministério da Educação Nacional no decorrer da reacção ao decreto-lei 40 900: Associação Académica do Instituto Superior de Ciências Económicas e Financeiras; Associação Académica da Faculdade de Direito de Lisboa; Associação de Estudantes da Faculdade de Ciências de Lisboa; Associação de Estudantes do Instituto Superior de Agronomia; Associação de Estudantes do Instituto Superior Técnico; Associação de Estudantes da Escola Superior de Medicina Veterinária; Associação de Estudantes do Instituto Nacional de Educação Física; Comissão Pró-Associação de Estudantes da Faculdade de Letras de Lisboa; Comissão Pró-Associação de Estudantes da Faculdade de Medicina de Lisboa.

As Comissões Pró-Associações de Letras, Medicina e também Belas-Artes deviam-se ao facto das Associações respectivas terem sido suspensas pelas autoridades políticas em diversas ocasiões. Assim, a Associação de Letras foi suspensa em 1951 e a de Medicina encerrada em Março de 1953 mediante um simples telefonema do Ministério da Educação.

Quando a Faculdade de Medicina foi transferida para o Hospital de Santa Maria as instalações destinadas à Associação de Estudantes foram entregues a uma delegação do Centro da Mocidade Portuguesa.

As Associações de Estudantes proclamavam nos seus estatutos uma neutralidade política e religiosa que contrastava com as outras organizações juvenis, como a Mocidade Portuguesa e a Juventude Universitária Católica. As forças políticas de oposição ao salazarismo viam, no entanto, nas Associações de Estudantes órgãos dotados de uma vida interna democrática que lhes permitia alguma acção no meio universitário. Como veio a acontecer sobretudo a partir da década de sessenta.

A importância do Dia do Estudante no movimento estudantil

Pouco se sabe sobre as origens e a data do primeiro Dia do Estudante,

Em Coimbra a data da «tomada da Bastilha» (comemorando acontecimentos passados naquela Universidade no tempo da Primeira República em 1921) anualmente fixada para 25 de Novembro funcionava como um autêntico Dia do Estudante local. Para lhe dar uma dimensão nacional realizou-se a 21 de Outubro de 1951 em Coimbra uma reunião das três Academias na qual participaram delegados das Associações de Estudantes de todo o país com a presença oficial de um representante do Ministério da Educação Nacional.

De entre as deliberações tomadas avultou a proposta de criação de um feriado universitário que seria designado por Dia do Estudante e no qual se procederia a várias realizações de carácter cultural, académico e desportivo. Porque já havia tolerância às faltas na data da Tomada da Bastilha ficou fixado para 25 de Novembro de 1951, em Coimbra, a realização daquele Dia do Estudante.

Todavia para quem pretende filiar o Dia do Estudante numa realização promovida pela Federação Mundial da Juventude Democrática de inspiração comunista as raízes devem ser procuradas numa Semana da Juventude realizada pelo MUD Juvenil entre 21 e 28 de Março de 1947.

Com a designação formal de Dia do Estudante assinalam-se realizações das três academias a partir de 1951.

Em qualquer caso, após a reacção do movimento associativo à promulgação do decreto-lei n.º 40 900 de 12 de Dezembro de 1956, as comemorações do Dia do Estudante passaram a ser um momento particularmente importante da actividade das Associações Académicas. É o caso do Dia do Estudante que se realiza em Lisboa de 17 a 19 de Abril de 1957, com a participação do Círculo de Iniciação Teatral Académica de Coimbra (CITAC) e cujo programa ainda incluía um colóquio sobre «A vida na Cidade Universitária» e um concerto pela Juventude Musical com a colaboração da Orquestra Sinfónica da Emissora Nacional,

Em 1961 o Dia do Estudante volta a realizar-se em Lisboa entre 16 e 19 de Março. Do seu programa constava a discussão de temas como Lares Universitários, Transportes, Saúde. Na manhã do dia 19 efectuou-se um festival desportivo de música a que assistem cerca de dois mil estudantes reunidos no Pavilhão dos Desportos no Parque Eduardo VII. À noite, na cantina da Associação Académica do Instituto Superior Técnico (AAIST) houve um jantar de encerramento no qual estiveram presentes cerca de 700 estudantes.

O ambiente político nacional fora há pouco tempo abalado pelo episódio da tomada do paquete Santa Maria por Henrique Galvão, e pelos acontecimentos em Luanda e no norte de Angola, tendo as principais direcções das Associações de Estudantes que organizaram o Dia do Estudante passado para as mãos de dirigentes desafectos à ditadura nas anteriores eleições. Mesmo assim as autoridades políticas não se opuseram formalmente à realização desse encontro de estudantes universitários vindos das três academias do país sediadas em Coimbra, Lisboa e Porto.

Atitude diferente tomaram um ano depois quando proibiram a realização do Dia do Estudante prevista para se iniciar a 24 de Março de 1962 em Lisboa, o que veio da origem à crise académica de 1962, uma das mais graves na vigência do Estado Novo. O programa desse Dia do Estudante pouco se diferenciava dos anteriores e incluía um colóquio sobre «A integração do Estudante na Universidade», um festival desportivo a realizar no Estádio Universitário, um sarau cultural e um jantar de confraternização a realizar na Cantina recém-inaugurada na também recente Cidade Universitária concentrada entre o Campo Grande e o Hospital de Santa Maria.

Já quinze dias antes as autoridades haviam proibido o 1.º Encontro Nacional de Estudantes que mesmo assim se realizou em Coimbra e onde se discutiu o «problema do acesso à Universidade», cujas conclusões foram objecto de comunicado final. Nesse comunicado destacam-se três princípios aprovados durante o referido Encontro:

1.º – urgente democratização do ensino, através de medidas eficazes;
2.º – supressão de unia discriminação económica injusta, que atrofia a inteligência nacional;
3.º – extensão do ensino universitário a todos os estudantes portugueses, independentemente de considerações de ordem política, religiosa, rácica ou de qualquer outra espécie.

Nesse encontro foram também estruturados os órgãos estudantis de âmbito nacional e marcado para o mês de Dezembro desse ano o 1.º Congresso Nacional de Estudantes.

Tudo isto ajudará a explicar a proibição formal do Dia do Estudante cujo início a 24 de Março foi impedido com a presença ostensiva das forças policiais na Cidade Universitária?

O certo é que a reacção a essa proibição dará início à mais profunda crise académica durante o Estado Novo e marcou o divórcio irreversível entre a Universidade portuguesa e o regime salazarista. Desse modo a data de 24 de Março de 1962 ficou a simbolizar o Dia do Estudante.

No dia 26 de Março a RIA (Reuniões-Inter-Associações) declara o chamado Luto Académico, cuja expressão imediata foi a greve às aulas massivamente acatada. Também a Universidade de Coimbra se declara em Luto Académico numa assembleia-geral participada por cerca de dois mil estudantes. No dia seguinte o Ministro da Educação Nacional, Lopes de Almeida, recebe uma delegação de dirigentes associativos e levanta a proibição do Dia do Estudante, que fica marcado para os dias 7 e 8 de Abril, e que inclui um programa praticamente igual ao previsto para o dia 24 de Março. A 5 de Abril o Governo volta a proibir o Dia do Estudante sob o pretexto que lhe não fora comunicado o novo programa. Desta vez o Reitor da Universidade Clássica de Lisboa, Marcelo Caetano, pede a sua demissão do cargo por forma irreversível e imediata. Reúnem-se todos os elementos para um recrudescimento de agitação estudantil contra as autoridades políticas. E de facto entre Abril e Junho de 1962 as três academias do país em Lisboa, Coimbra e Porto movimentam-se na defesa da autonomia universitária e contra os métodos repressivos do governo salazarista.

Para além da repressão propriamente policial com detenções e prisões efectuadas pela PIDE, o Governo presidido por Salazar publicou em 21 de Maio de 1962 o decreto n.º 44 357 que veio estabelecer que

> sem prejuízo da competência atribuída por lei a outras entidades, o Ministro da Educação Nacional poderá sempre ordenar procedimento disciplinar contra alunos das escolas dependentes do Ministério, nomear livremente os instrutores e aplicar, mediante parecer do Conselho Permanente da Acção Educativa, qualquer das penas previstas pela legislação respectiva.

Deste modo foram expulsos das três academias do País cerca de 50 estudantes que se haviam distinguido nas acções de protesto contra a proibição do Dia do Estudante. Por despacho ministerial de 29 de Junho de 1962 são excluídos de todas as escolas de Lisboa os 21 estudantes que haviam declarado ter estado em greve de fome no interior da Cantina Universitária entre 9 e 11 de Maio quando a policia de choque os prendeu. Em Coimbra, 34 estudantes, entre os quais cinco dirigentes associativos, são condenados a penas que vão desde os seis meses de expulsão da Universidade até dois anos de exclusão de todas as escolas do País.

A essa repressão não escapam os professores que acompanham os estudantes. Desde as bastonadas da polícia recebidas pelo Prof. Lindley Cintra no átrio da Faculdade de Medicina a 4 de Junho até à demissão compulsiva do Prof. Vitorino Magalhães Godinho do Instituto Superior de Estudos Ultramarinos a 25 de Agosto, o governo está disposto a tratar a dissidência universitária com mão de ferro. Como terá dito Salazar segundo Franco Nogueira «Esse é o pretexto que eu espero para fechar a Universidade por um tempo».

O certo é ter a proibição do Dia do Estudante em 1962 originado uma profunda crise no interior do regime do Estado Novo, bem expressa na demissão de Marcelo Caetano de Reitor da Universidade Clássica de Lisboa e na do coronel Homero de Matos da Direcção-Geral da PIDE, ambas efectuadas no mês de Abril. Também o Ministro da Educação Nacional, Lopes de Almeida será substituído por Inocêncio Galvão Teles em Dezembro daquele ano.

Como escreveu o embaixador britânico em Lisboa a 11 de Maio «Most observers are, agreed that this situation is more serious to the regime than street riots caused by the Communists».

A celebração do Dia do Estudante passou desde o ano de 1962 a constituir um momento significativo da luta estudantil contra a ditadura e a partir dos meados da década de sessenta também contra a guerra em África. Se em 1963 os dirigentes das Associações de Estudantes não vão além de comícios de protesto pela nova proibição, já em 1964 não obedecem à interdição e por isso são obrigados a responder em processo disciplinar, mandado instaurar pelo Ministro da Educação, vinte e dois membros das direcções associativas da Faculdade de Direito, de Ciências, do Instituto Superior Técnico, do Instituto Superior de Ciências Económicas e Financeiras que eram os legalmente existentes. Na acusação considera-se que esses dirigentes associativos cometeram «infracção disciplinar» e o seu procedimento integrava «não só o conceito de insubordinação grave, como envolvia desrespeito a um membro do Governo da Nação». Esses dirigentes associativos serão todos expulsos por períodos variados na Universidade de Lisboa, por causa da celebração do Dia do Estudante marcado para 14 e 15 de Março de 1964.

Bem tentam as autoridades académicas substituir o Dia do Estudante pelo Dia da Universidade. Em Lisboa o Dia da Universidade em 1965 é celebrado a 21 de Janeiro horas depois de uma vaga de prisões pela PIDE. de estudantes acusados de militarem no Partido Comunista. Entra de novo em grande agitação o movimento estudantil cujas associações consideram em comunicado a Universidade cativa. Seguem-se meses de protesto. E em Outubro de 1965, nova acção repressiva atinge centenas de estudantes.

Deste modo foram aplicadas penas de exclusão de todas as Escolas nacionais a 53 alunos por períodos compreendidos entre 3 meses e 8 anos; 124 estudantes foram suspensos da Escola que frequentavam por períodos de 5 a 40 dias em plena segunda época de exames.

Por todas estas razões o Dia do Estudante acaba por ser consagrado como tal e a sua data fixada para 24 de Março após a queda do regime do Estado Novo.

O movimento estudantil e o direito de associação

Durante todo este período o movimento estudantil opera sobretudo em Coimbra, Lisboa e em alguns estabelecimentos de ensino no Porto como a Faculdade de Farmácia ou a de Belas-Artes. Também nalguns liceus se observam movimentos de contestação e em Lisboa chega a constituir-se uma Pró-Associação dos Liceus muito activa nos anos sessenta.

Foi indiscutivelmente a partir da reacção do decreto-lei n.º 40 900 publicado a 12 de Dezembro de 1956 que o movimento estudantil tomou proporções nacionais.

O decreto-lei 40 900 era mais regulamentador da vida interna das Associações do que os diplomas de 1932. Os órgãos das associações eram taxativamente enumerados – assembleia geral, direcção e conselho fiscal – e a sua composição igualmente fixada. O art.º 10.º desse decreto foi um dos que maiores críticas desencadeou pois determinou que «A assembleia geral é constituída pelos delegados dos sócios inscritos em cada ano da escola...»

Ora, eram as assembleias gerais órgãos por excelência de participação estudantil na vida associativa e até universitária, pelo que reduzi-la a um corpo de delegados era inaceitável para o espírito democrático da maioria dos sócios das associações. Acrescia que o art.º 12.º fazia depender da homologação ministerial a tomada de posse das direcções eleitas, prevendo-se nesse artigo que o Ministro da Educação poderia nomear «comissões administrativas se após duas eleições sucessivas a maioria dos sócios designados para os corpos gerentes não entrar em exercício por ter sido recusada a sanção exigida no art.º 12.º»

Imediatamente os dirigentes das Associações de Estudantes detectam o perigo que o decreto-lei 40 900 representa para a organização democrática destes. No mesmo dia da publicação do decreto (12 de Dezembro) realizou-se à noite uma Reunião Inter-Associações de Estudantes (RIA) em Lisboa, aliás uma das estruturas colocadas fora da lei pelo 40 900. Nessa reunião ficou decidido, contactar imediatamente os deputados à Assembleia Nacional para lhes dar conta das discordâncias estudantis e enviar uma exposição crítica ao MEN. Para o efeito propunha-se a coordenação com a Associação Académica de Coimbra e com a Associação de Farmácia do Porto, única com existência legal naquela cidade. Era o reforço da tendência para a coordenação a nível nacional do movimento estudantil.

No dia seguinte, em Coimbra, os sócios da AAC reunidos em Assembleia Magna decidiram levar a efeito uma manifestação de toda a Academia para exigir a revogação do referido decreto-lei junto do Reitor e do Governador Civil. E num comunicado conjunto da AAC, da RIA de Lisboa e da Associação de Farmácia do Porto datada também de 13 de Dezembro de 1956 afirmava-se que «a única solução para a satisfação dos seus legítimos interesses é a revogação do referido decreto-lei!».

Entretanto os contactos políticos levaram ao aparecimento de um requerimento subscrito por dezassete deputados a 15 de Janeiro de 1957 no sentido da Assembleia Nacional poder apreciar o decreto governamental de 12 de Dezembro. Entre esses deputados contavam-se o ex-ministro Daniel Barbosa e o futuro ministro da Educação durante a crise de 1962 Manuel Lopes de Almeida. O requerimento foi aprovado e a discussão marcada para o dia seguinte.

Organizaram as Associações de Estudantes uma manifestação para o dia 16 de Janeiro que se dirigiu ao Palácio de S. Bento tendo ficado repleta de estudantes as galerias destinadas ao público. No fim do debate foi negada a ratificação simples do 40 900 e aprovada a sua ratificação com emendas. Deste modo o Presidente da Assembleia Nacional declarou que «o decreto-lei n.º 40 900 é transformado em proposta de lei, que vou mandar imediatamente à Câmara Corporativa, para ser mais tarde devolvida a esta Assembleia com o respectivo parecer, a fim de ser então discutida na especialidade» (*Diário das Sessões*, Assembleia Nacional n.º 178, 16.01.1957, p. 250).

A 23 de Maio a Câmara Corporativa produziu o Parecer n.º 55/VI, mas a Proposta de Lei n.º 48 na qual se tornara o decreto-lei n.º 40 900 nunca mais voltou a ser discutida pela Assembleia Nacional.

Abriu-se assim um período de «vazio legal» que iria durar até à crise académica de 1962 e à publicação do decreto-lei 44 357 em 21 de Maio daquele ano.

Entre 1957 e 1962 situa-se um dos períodos de maturação do movimento estudantil, sendo de realçar que nesse lapso de cinco anos, o país viveu a campanha eleitoral para a presidência da República em 1958, e assistiu à emergência do fenómeno Humberto Delgado; em 1960 deu-se a fuga de Peniche de vários dirigentes do PCP entre os quais Álvaro Cunhal o que muito ajudará à reorganização desse partido; em 1961 ocorre a revolta de Botelho Moniz, a tomada do paquete Santa Maria por Henrique Gaivão, o início da luta armada em Angola, a publicação do *Programa para a Democratização da República*, o aparecimento das Juntas de Acção Patriótica como movimento de unidade antifascista, a campanha para a Assembleia Nacional e a perda de Goa, Damão e Diu.

Uma fase de maior politização da vida estudantil foi pois induzida por todo esse clima geral.

O número de estudantes inscritos no ensino superior conhece também unia subida significativa, sobretudo tendo em conta os baixos índices da década de cinquenta. Assim, no ano lectivo de 1950-1951 inscreveram-se 15 152 alunos; em 1960-1961 esse número sobe para 24 149; em 1970--1971. chega a 49 461 e no ano da queda do regime atinge os 58 605. A publicação em 1964 do denominado *Projecto Regional do Mediterrâneo* da responsabilidade da OCDE revela de forma comparativa e impiedosa as carências, as distorções e o atraso do sistema educativo português. É com este pano de fundo político e educativo que se assiste nos anos sessenta e princípios de setenta a um movimento estudantil «ideologicamente bipolarizado» (Grácio, 1990, p. 235).

O primeiro sinal de mudança política veio de Coimbra quando a direcção da AAC foi eleita para o ano lectivo de 1960-1961. Provinda do Conselho das Repúblicas a nova Direcção era «desafecta ao regime» e introduziu uma dinâmica associativa assente nas assembleias magnas e na coordenação a nível nacional de algumas actividades estudantis como a do 1.º Convívio Universitário realizado em Coimbra em Fevereiro de 1961 e que logo despertou a animosidade das forças conservadoras.

O Convívio foi tido então como uma expressão subversiva sobretudo no que dizia respeito ao papel e ao comportamento das mulheres na sociedade. Prova disso foi a enorme importância que teve um texto publicado na primeira página do jornal Via Latina dois meses depois e intitulado Carta a uma Jovem Portuguesa (*Via Latina* n.º 130, 19 de Abril de 1961). Nessa Carta o autor convida rapazes e raparigas a «lutarem pela libertação através duma mútua liberdade». E o número seguinte da Via Latina publicado a 18 de Maio de 1961 é especialmente dedicado à ventilação do papel das jovens na vida associativa. Além do mais em dez anos o número de mulheres inscritas na Universidade de Coimbra passou de 941 em 1950-1951 para 1 848 em 1960-1961, enquanto os homens variara de 2 279 para 3 508.

Em Maio de 1962 o Governo de Salazar, acossado pela crise universitária, resolveu legislar sobre as organizações circum-escolares num sentido ainda mais intervencionista e repressivo. Com efeito, o decreto 44 357 publicado a 21 de Maio de 1962 veio dar cobertura legal a uma série de demissões de corpos gerentes das Associações de Estudantes, à nomeação de comissões administrativas nas três academias do país e à instauração de processos disciplinares que levaram à expulsão das Universidades de centenas de estudantes entre 1962 e 1974.

A partir de então o antagonismo entre os valores do regime salazarista e os valores dominantes no movimento estudantil vai acentuar-se irreversivelmente.

Os objectivos do movimento estudantil durante os anos sessenta foram o de lograr uma legislação para as actividades «circum-escolares» que permitisse a democraticidade dos seus órgãos, nomeadamente a livre eleição dos seus corpos gerentes; defender a autonomia universitária e a autonomia do ensino e da investigação perante o regime político; democratizar o ensino e o acesso à Universidade.

O método de acção para lutar por esses objectivos será o da tomada de decisões assente numa ligação estreita entre as direcções das Associações e os estudantes quer através das assembleias gerais por escolas, quer através de plenários por academias como ocorreu sobretudo a partir da reacção à proibição do Dia do Estudante em 1962.

Cora a substituição de Salazar por Marcelo Caetano e com a continuação da guerra colonial, o movimento estudantil irá politizar-se cada vez mais.

Durante o ano lectivo de 1968-1969 desencadeia-se nova crise universitária à escala nacional. O clima interno e externo é propício: Salazar fora substituído em Setembro pelo ex-reitor da Universidade Clássica de Lisboa, Marcelo Caetano, e os acontecimentos de Maio de 68 em França trouxeram novas ideias e novos métodos de contestação. Em Dezembro a RIA decretou uma greve geral em Lisboa, e em Abril de 1969 a Academia de Coimbra põe-se à frente da luta estudantil no seguimento dos episódios relacionados com a inauguração de novas instalações universitárias pelo Almirante Américo Tomás.

A contestação aumenta com a detenção do presidente da AAC e a assembleia magna decreta greve geral às aulas que, desta vez, têm a solidariedade de cerca de cento e cinquenta docentes da Universidade de Coimbra. O Governo decide encerrar a Universidade e são instruídos duzentos processos disciplinares a estudantes envolvidos nas manifestações de protesto. Uma centena de activistas é, por outro lado, incorporada de imediato no serviço militar.

Conclusão

O movimento estudantil representou um certo tipo de acção diferente na luta contra o regime ditatorial: essa acção nem espontânea, nem partidária, nem putschista, nem legalista, baseava-se na representatividade democrática das Associações Académicas e na estreita ligação entre os dirigentes e os estudantes nas assembleias gerais ou através da inovação trazida pelos plenários, sobretudo em Lisboa onde as instalações da Cidade Universitária propiciavam o confluir dos alunos e dos professores para o estádio ou para a Cantina e o largo da Reitoria.

Com o aproximar do fim do regime as forças políticas extremaram os seus programas e métodos de acção levando inclusive para as salas de aula não só a agitação de rua como novas propostas de programas e de procedimentos pedagógicos.

O movimento estudantil viria a revelar inúmeros dirigentes políticos, gentes das artes e das ciências, do jornalismo e difundiu uma cultura geral democrática que marcou o período posterior ao derrube da ditadura.

Bibliografia

A Primavera que Abalou o Regime, Organização de J. Pedro Feiro, Prefácio de A.A. de Oliveira Marques, Lisboa, Ed. Presença, 1996;

Caiado, Nuno, *Movimento Estudantil em Portugal: 1945-1980*, Lisboa, Cadernos IED, 1990;

Cruzeiro, Celso, *Coimbra 1969: a crise académica, o debate de ideias e a prática ontem e hoje*, Porto, Ed. Apontamento, 1989;

Diário de Notícias, Lisboa, edições de 24 de Março de 1982 e de 29 de Março de 1987 (suplemento Cultura).

Expresso – Revista, Lisboa, edições de 20 de Março de 1982 e 21 de Março de 1992.

Garrido, Álvaro, *Movimento Estudantil e Crise do Estado Novo*, Coimbra, Ed. Minerva, 1996;

Grácio, Rui, «A expansão do sistema de ensino e a movimentação estudantil», in *Portugal Contemporâneo*, Direcção de A. Reis, vol. v, Lisboa, Alfa 1990, pp. 221-258;

Mónica, Maria Filomena, *Educação e Sociedade no Portugal de Salazar*, Lisboa, Presença, 1978;

Namorado, Rui, *Movimento Estudantil e Política Educacional*, Coimbra, Edição do autor, 1972;

Os Estudantes no regime fascista, vol. I, Lisboa, Comissão do Livro Negro sobre o Regime Fascista, 1983;

O Jornal, Lisboa, edições de 19 de Março de 1982, 26 de Março de 1982 e 2 de Abril de 1982.

Ricardo, Daniel, «Greve académica de 62: uma grande batalha estudantil contra a ditadura» in *O Jornal* (Suplemento) n.º 368, 19 de Março de 1982.

Sampaio, Jorge, «Movimento Associativo (1959-1962)», in *Jornal da Educação*, n.º 22, Abril de 1979;

Zenha, Salgado; Sampaio, Jorge; Santos, Jorge, Universidade – *Processo de unia expulsão disciplinar (José Manuel de Medeiros Ferreira)*, Lisboa, 1967.

ORIGEM DO TEXTO:

«O Movimento Estudantil nos Anos Sessenta» in Maria Cândida Proença (coord.) *Maio de 1968 – Movimentos estudantis em Portugal*. Lisboa, IHC-Ed. Colibri, 1999, pp. 185-195.

9.

Dia do Estudante

Pouco se sabe sobre as origens e a data do primeiro Dia do Estudante. Em Coimbra, a data da «tomada da Bastilha» (comemorando acontecimentos passados naquela Universidade no tempo da Primeira República em 1921), anualmente fixada para 25 de Novembro, funcionava como um autêntico Dia do Estudante local. Para lhe dar uma dimensão nacional, realizou-se, a 21 de Outubro de 1951, em Coimbra, uma reunião das três Academias na qual participaram delegados das Associações de Estudantes de todo o país com a presença oficial de um representante do Ministério da Educação Nacional. De entre as deliberações tomadas, avultou a proposta de criação de um feriado universitário que seria designado por Dia do Estudante e no qual se procederia a várias realizações de carácter cultural, académico e desportivo. Porque já havia tolerância às faltas na data da Tomada da Bastilha ficou fixado, para 25 de Novembro de 1951, em Coimbra, a realização daquele Dia do Estudante. Todavia, para quem pretende filiar o Dia do Estudante numa realização promovida pela Federação Mundial da Juventude Democrática de inspiração comunista, as raízes devem ser procuradas numa Semana da Juventude realizada pelo MUD Juvenil entre 21 e 28 de Março de 1947. Com a designação formal de Dia do Estudante assinalam-se realizações das três academias a partir de 1951.

Em qualquer caso, após a reacção do movimento associativo à promulgação do decreto-lei n.º 40 900 de 12 de Dezembro de 1956, as comemorações do Dia do Estudante passaram a ser um momento particularmente importante da actividade das Associações Académicas. É o caso do Dia do Estudante que se realiza em Lisboa de 17 a 19 de Abril de 1957, com a participação do Círculo de Iniciação Teatral Académica de Coimbra (CITAC) e cujo programa ainda incluía um colóquio sobre «A vida na Cidade Universitária» e um concerto pela Juventude Musical com a colaboração da Orquestra Sinfónica da Emissora Nacional.

Em 1961, o Dia do Estudante volta a realizar-se em Lisboa entre 16 e 19 de Março. Do seu programa constou a discussão de temas como Lares Universitários, Transportes, Saúde. Na manhã do dia 19 efectuou-se um festival desportivo e de música a que assistem cerca de dois mil estudantes reunidos no Pavilhão dos Desportos no Parque Eduardo VII. À noite, na cantina da Associação Académica do Instituto Superior Técnico (AAIST), houve um jantar de encerramento no qual estiveram presentes cerca de 700 estudantes.

O ambiente político nacional fora pouco tempo antes abalado pelo episódio da tomada do paquete Santa Maria por Henrique Galvão, e pelos acontecimentos em Luanda e no norte de Angola, tendo passado as principais direcções das Associações de Estudantes que organizaram o Dia do Estudante para as mãos de dirigentes desafectos à ditadura. Mesmo assim, as autoridades políticas não se opuseram formalmente à realização desse encontro de estudantes universitários, vindos das três academias do país sedeadas em Coimbra, Lisboa e Porto.

Atitude diferente tomaram um ano depois quando proibiram a realização do Dia do Estudante prevista para se iniciar a 24 de Março de 1962 em Lisboa, o que veio dar origem à crise académica de 1962, uma das mais graves na vigência do Estado Novo. O programa desse Dia do Estudante pouco se diferenciava dos anteriores e incluía um colóquio sobre «A integração do Estudante na Universidade», um festival desportivo a realizar no Estádio Universitário, um sarau cultural e um jantar de confraternização a realizar na Cantina recém-inaugurada na também recente Cidade Universitária, concentrada entre o Campo Grande e o Hospital de Santa Maria.

Já quinze dias antes, as autoridades haviam proibido o *I Encontro Nacional de Estudantes*, que mesmo assim se realizou em Coimbra e onde se discutiu o «problema do acesso à Universidade», cujas conclusões foram objecto de comunicado final. Nesse comunicado destacam-se três princípios aprovados durante o referido Encontro:

1.º – urgente democratização do ensino, através de medidas eficazes;
2.º – supressão de uma discriminação económica injusta, que atrofia a inteligência nacional;
3.º – extensão do ensino universitário a todos os estudantes portugueses, independentemente de considerações de ordem política, religiosa, rácica ou de qualquer outra espécie».

Nesse Encontro foram também estruturados os órgãos estudantis de âmbito nacional e marcado para o mês de Dezembro desse ano o 1.º Congresso Nacional de Estudantes. Tudo isto ajudará a explicar a proibição formal do Dia do Estudante cujo início, a 24 de Março, foi impedido com a presença ostensiva das forças policiais na Cidade Universitária. O certo é que a reacção a essa proibição dará início à mais profunda crise académica durante o Estado Novo e marcará o divórcio irreversível entre a Universidade portuguesa e o regime salazarista. Desse modo, a data de 24 de Março de 1962 ficou a simbolizar o Dia do Estudante.

No dia 26 de Março, a RIA (Reunião Inter-Associações) declara o chamado Luto Académico, cuja expressão imediata foi a greve às aulas, massivamente acatada. Também a Universidade de Coimbra se declara em Luto Académico, numa assembleia-geral participada por cerca de dois mil estudantes. No dia seguinte, o Ministro da Educação Nacional, Lopes de Almeida, recebe uma delegação de dirigentes associativos e levanta a proibição do Dia do Estudante que fica marcado para os dias 7 e 8 de Abril, e que inclui um programa praticamente igual ao previsto para o dia 24 de Março. A 5 de Abril o Governo volta a proibir o Dia do Estudante sob o pretexto de que lhe não fora comunicado o novo programa. Desta vez, o Reitor da Universidade Clássica de Lisboa, Marcelo Caetano, pede a sua demissão do cargo, de forma irreversível e imediata. Reúnem-se todos os elementos para um recrudescimento de agitação estudantil contra as autoridades políticas. E, de facto, entre Abril e Junho de 1962, as três academias do país, em Lisboa, Coimbra e Porto, movimentam-se na defesa da autonomia universitária e contra os métodos repressivos do governo salazarista.

Para além da repressão propriamente policial, com detenções e prisões efectuadas pela PIDE, o Governo presidido por Salazar publicou, em 21 de Maio de 1962, o decreto-lei n.º 44 357 que veio estabelecer que «sem prejuízo da competência atribuída por lei a outras entidades, o Ministro da Educação Nacional poderá sempre ordenar procedimento disciplinar contra alunos das escolas dependentes do Ministério, nomear livremente os instrutores e aplicar, mediante parecer do Conselho Permanente da Acção Educativa, qualquer das penas previstas pela legislação respectiva.

Deste modo foram expulsos das três academias do País cerca de 50 estudantes que se haviam distinguido nas acções de protesto contra a proibição do Dia do Estudante. Por despacho ministerial de 29 de Junho de 1962, são excluídos de todas as escolas de Lisboa, os 21 estudantes que haviam declarado ter estado em greve de fome no interior da Cantina Universitária, entre 9 e 11 de Maio, quando a polícia de choque os prendeu. Em Coimbra, 34 estudantes, entre os quais cinco dirigentes associativos, são condenados a penas que vão desde os seis meses de expulsão da Universidade até dois anos de exclusão de todas as escolas do País.

A essa repressão não escapam os professores que acompanham os estudantes. Desde as bastonadas da polícia recebidas, entre outros, pelo Prof. Lindley Cintra no átrio da Faculdade de Medicina a 4 de Junho até à demissão compulsiva do Prof. Vitorino Magalhães Godinho do Instituto Superior de Estudos Ultramarinos a 25 de Agosto, o governo está disposto a tratar a dissidência universitária com mão de ferro. Como terá dito Salazar, segundo Franco Nogueira, «Esse é o pretexto que eu espero para fechar a Universidade por um tempo». O certo é ter a proibição do Dia do Estudante em 1962 originado uma profunda crise no interior do regime do Estado Novo, bem expressa na demissão de Marcelo Caetano de Reitor da Universidade Clássica de Lisboa e na do coronel Homero de Matos da Direcção-Geral da PIDE, ambas efectuadas no mês de Abril. Também o Ministro da Educação Nacional, Lopes de Almeida, será substituído por Inocêncio Galvão Teles em Dezembro daquele ano.

Como escreveu o embaixador britânico em Lisboa a 11 de Maio: «Most observers agree that this situation is more serious to the regime than street riots caused by the Communists».

A celebração do Dia do Estudante passou, desde o ano de 1962, a constituir um momento significativo da luta estudantil contra a ditadura e, a partir dos meados da década de sessenta, também contra a guerra em África. Se, em 1963, os dirigentes das Associações de Estudantes não vão além de comícios de protesto pela nova proibição, já em 1964 não obedecem à interdição e, por isso, são obrigados a responder em processo disciplinar, mandado instaurar pelo Ministro da Educação, vinte e dois membros das direcções associativas das Faculdades de Direito, de Ciências, do Instituto Superior Técnico e do Instituto Superior de Ciências Económicas e Financeiras que eram as legalmente existentes. Na acusação considera-se que esses dirigentes associativos cometeram «infracção disciplinar» e que o seu procedimento integrava anão só o conceito de insubordinação grave, como envolvia desrespeito a um membro do Governo da Nação». Esses dirigentes associativos seriam todos expulsos, por períodos variados, da Universidade de Lisboa, por causa da celebração do Dia do Estudante marcado para 14 e 15 de Março de 1964.

Bem tentam as autoridades académicas substituir o Dia do Estudante pelo Dia da Universidade. Em Lisboa, o Dia da Universidade em 1965 é celebrado a 21 de Janeiro, horas depois de uma vaga de prisões pela PIDE de estudantes acusados de militarem no Partido Comunista. Entra de novo em grande agitação o movimento estudantil cujas associações consideram, em comunicado, a Universidade cativa. Seguem-se meses de protesto. E, em Outubro de 1965, nova acção repressiva atinge centenas de estudantes. Deste modo foram aplicadas penas de exclusão de todas as Escolas nacionais a 53 alunos, por períodos compreendidos entre 3 meses e 8 anos; 124 estudantes foram suspensos da Escola que frequentavam por períodos de 5 a 40 dias em plena segunda época de exames. Por todas estas razões, o Dia do Estudante acaba por ser consagrado como tal e a sua data fixada para 24 de Março após a queda do regime do Estado Novo.

Bibliografia

Diário de Notícias. Lisboa. (24 Mar. 1982); (29 Mar. 1987). Suplemento Cultura.

Expresso: revista. Lisboa. (20 Mar. 1982); (21 Mar. 1992).

GARRIDO, Alvaro – *Movimento estudantil e crise do estado novo*. Coimbra: Ed. Minerva Histórica, 1996.

O Jornal. Lisboa. (19 Mar. 1982); (26 Mar. 1982); (2 Abr. 1982).

A PRIMAVERA que abalou o regime: a crise académica de 1962. Depoimento de A. H. Oliveira Marques, J. Medeiros Ferreira e J. G. Trindade Santos, org., cronolog. e índices de João Pedro Ferro. Lisboa: Presença, 1996.

RICARDO, Daniel – *Greve académica de 62: uma grande batalha estudantil contra a ditadura*. O Jornal. N. 368 (19 Mar. 1982). Suplemento.

SAMPAIO, Jorge – *Movimento associativo: 1959-1962*. *Jornal da Educação*. Lisboa. N.º 22 (Abr. 1979).

ZENHA, Salgado; SAMPAIO, Jorge; SANTOS, Jorge – Universidade: processo de uma expulsão disciplinar. Lisboa: [s. n.], 1967.

ORIGEM DO TEXTO:

«Dia do Estudante» in António Barreto e Maria Filomena Mónica (coord.) *Dicionário de História de Portugal*, vol. 7, Porto, Livraria Figueirinhas, 1999, pp. 520-522.

10.

O movimento estudantil como motor da democratização da Universidade e da liberdade em Portugal

O cinquentenário da crise universitária declarada em março de 1962 celebra-se num momento marcado pelos perigos de retrocesso e conflito na sociedade portuguesa. Comemorar esse acontecimento ajuda-nos a situarmo-nos numa perspetiva histórica e aberta aos problemas do presente e do futuro. Evidentemente, novos tempos requerem novas respostas.

A geração de 1962 foi uma geração sublevada e marcou uma era na luta pela liberdade em Portugal. Com efeito, a contestação estudantil, iniciada com a proibição do Dia do Estudante em 24 de março, representou um tipo de ação política original na oposição à ditadura: essa ação, nem espontânea nem meramente partidária, nem legalista nem putchista, baseou-se na representatividade democrática das associações académicas e na estreita ligação das decisões tomadas pelos dirigentes no âmbito das Reuniões Inter-Associações (RIA) e a discussão alargada a todos os estudantes mobilizados, através da inovação organizacional dos plenários, tantas vezes realizados no Estádio Universitário, para além das assembleias gerais por escola.

O governo salazarista, as forças da repressão e as autoridades académicas ligadas à ditadura jamais acertaram com as respostas cabais a dar ao movimento estudantil – desde então e até ao 25 de Abril.

O transe da sociedade portuguesa para a liberdade acelerou-se nessa altura, embora se soubesse que essa luta não acabaria vitoriosa no imediato, sendo que, no fim desse ciclo, os resistentes se cifravam em cerca de 300 ativistas, dizimados, perseguidos, expulsos, presos, dispersos pela mobilização para a guerra colonial. Mas o Maio de 68 e a sucessão de Salazar em 1969 vieram relançar o movimento estudantil que, aliás, ficou mais solto das suas raízes associativas e universitárias que haviam marcado a fase relacionada com as celebrações do Dia do Estudante.

As celebrações do Dia do Estudante e a repressão

Pouco se sabe sobre as origens e a data do primeiro Dia do Estudante. Com a designação formal de Dia do Estudante assinalam-se atividades das três academias a partir de 1951, ano em que se realizou em Coimbra uma reunião das associações das três Universidades portuguesas da altura.

De entre as deliberações tomadas, avultou a proposta de criação de um feriado universitário que seria designado Dia do Estudante e no qual se procederia a várias realizações de carácter cultural, académico e desportivo. Porque já havia tolerância às faltas na data da Tomada da Bastilha, ficou fixado para 25 de novembro de 1951, em Coimbra, a realização daquele Dia do Estudante.

Todavia, também se pode filiar o Dia do Estudante numa realização promovida pela Federação Mundial da Juventude Democrática, de inspiração comunista, cujas raízes devem ser procuradas numa Semana da Juventude levada a cabo pelo MUD Juvenil entre 21 e 28 de março de 1947.

Em qualquer caso, após a reação do movimento associativo à promulgação do decreto-lei n.º 40 900 de 12 de dezembro de 1956, as comemorações do Dia do Estudante passaram a ser um momento particularmente importante da atividade das Associações Académicas. É o caso do Dia do Estudante que tem lugar em Lisboa de 17 a 19 de abril de 1957, com a participação do Círculo de Iniciação Teatral Académica de Coimbra (CITAC) e cujo programa ainda incluía um colóquio sobre «A vida na Cidade Universitária» e um concerto pela

Juventude Musical com a colaboração da Orquestra Sinfónica da Emissora Nacional.

Em 1961, o Dia do Estudante volta a realizar-se em Lisboa entre 16 e 19 de março. Do seu programa constava a discussão de temas como Lares Universitários, Transportes, Saúde. Na manhã do dia 19 efetuou-se um festival desportivo de música a que assistem cerca de 2000 estudantes reunidos no Pavilhão dos Desportos, no Parque Eduardo VII. À noite, na cantina da Associação Académica do Instituto Superior Técnico (AAIST) houve um jantar de encerramento com cerca de 700 estudantes. Refira-se que o maio de 68 francês foi impulsionado por questões relacionadas com as residências universitárias.

O ambiente político nacional fora abalado pouco antes pelo episódio da tomada do paquete Santa Maria, por Henrique Galvão, e pelos acontecimentos em Luanda e no Norte de Angola, tendo a maioria das direções das principais Associações de Estudantes que organizaram o Dia do Estudante passado para as mãos de estudantes desafetos à ditadura. Mesmo assim, em 1961, as autoridades políticas não se opuseram formalmente à realização desse encontro de estudantes universitários provenientes das três academias do país, sediadas em Coimbra, Lisboa e Porto.

Atitude diferente tomariam um ano depois quando proibiram a realização do Dia do Estudante, prevista para se iniciar a 24 de março, em Lisboa, o que daria origem à grande crise académica de 1962, uma das mais graves na vigência do Estado Novo. O programa desse Dia do Estudante pouco se diferenciava dos anteriores e incluía um colóquio sobre «A integração do estudante na Universidade», um festival desportivo a ter lugar no Estádio Universitário, um sarau cultural e um jantar de confraternização previsto para a Cantina recém-inaugurada na também recente Cidade Universitária de Lisboa, com a Reitoria e as Faculdades de Medicina, de Direito e de Letras concentradas entre o Campo Grande e o Hospital Santa Maria – uma novidade que se revelou portentosa na agitação estudantil.

Já quinze dias antes, as autoridades haviam proibido o I Encontro Nacional de Estudantes que, mesmo assim, se realizou em Coimbra, onde se discutiu o «problema do acesso à Universidade» e cujas conclusões foram objeto de comunicado final. Nesse comunicado destacam-se três princípios aprovados durante o referido Encontro:

1.º – urgente democratização do ensino, através de medidas eficazes;
2.º – supressão de uma discriminação económica injusta, que atrofia a inteligência nacional;
3.º – extensão do ensino universitário a todos os estudantes portugueses, independentemente de considerações de ordem política, religiosa, rácica ou de qualquer outra espécie.

Nesse Encontro foram também estruturados os órgãos estudantis de âmbito nacional e marcado para o mês de dezembro desse ano o 1.º Congresso Nacional de Estudantes.

Tudo isto ajudará a explicar a proibição formal do Dia do Estudante cujo início a 24 de março foi impedido com a presença ostensiva das forças policiais na Cidade Universitária de Lisboa?

O certo é que a reação a essa proibição dará início à mais profunda crise académica durante o Estado Novo e marcou o divórcio irreversível entre a Universidade portuguesa e o regime salazarista. Deste modo a data de 24 de março de 1962 ficou a simbolizar o Dia do Estudante.

A 26 de março, a RIA (Reuniões Inter-Associações) declara o chamado Luto Académico, cuja expressão imediata foi a greve às aulas, greve massivamente acatada e seguida da realização de plenários da academia no Estádio Universitário – uma inovação que teria consequências potentes na mobilização universitária e que se difundiu para outros setores da sociedade portuguesa como forma de luta contra a ditadura. Também a Universidade de Coimbra se declara em Luto Académico numa assembleia-geral participada por cerca de 2000 estudantes. No dia seguinte, o ministro da Educação Nacional, Lopes de Almeida, recebe uma delegação de dirigentes associativos e levanta a proibição do Dia do Estudante, que fica marcado para os dias 7 e 8 de abril e que inclui um programa praticamente igual ao previsto para o dia 24 de março. A 5 de abril, o Governo volta a proibir o Dia do Estudante com o pretexto de que lhe não fora comunicado o novo programa. Desta vez, o Reitor da Universidade Clássica de Lisboa, Marcelo Caetano, pede a sua demissão do cargo por forma irreversível e imediata. Reúnem-se assim todos os elementos para um recrudescimento da agitação universitária contra as autoridades políticas. E, de facto, entre abril e junho de 1962, as três academias do país, em Lisboa, Coimbra e Porto, movimentam-se na defesa da «autonomia universitária» e contra os métodos repressivos do governo salazarista.

Para além da repressão propriamente policial, com detenções e prisões efetuadas pela PIDE, o governo presidido por Salazar publicou, em 21 de maio de 1962, o decreto n.º 44 357 que veio estabelecer que «sem prejuízo da competência atribuída por lei a outras entidades, o Ministro da Educação Nacional poderá sempre ordenar procedimento disciplinar contra alunos das escolas dependentes do Ministério, nomear livremente os instrutores e aplicar, mediante parecer do Conselho Permanente da Ação Educativa, qualquer das penas previstas pela legislação respetiva.» Este decreto será utilizado intensivamente pelo Ministério da Educação nos anos seguintes, como se verá.

Deste modo, foram expulsos das três academias do país cerca de 50 estudantes que se haviam distinguido nas ações de protesto contra a proibição do Dia do Estudante. Por despacho ministerial de 29 de junho de 1962, são excluídos de todas as escolas de Lisboa os 21 estudantes que haviam declarado ter estado em greve da fome no interior da cantina universitária, entre 9 e 11 de maio, quando a polícia de choque os prendeu. Em Coimbra, 34 estudantes, entre os quais cinco dirigentes associativos, são condenados a penas que vão desde os seis meses de expulsão da Universidade até dois anos de exclusão de todas as escolas do país.

A essa repressão não escapam os professores que acompanham os estudantes. Vários assistentes não conseguem renovar os seus contratos. Como terá dito Salazar, segundo Franco Nogueira, «Esse é o pretexto que eu espero para fechar a Universidade por um tempo».

O certo é ter a proibição do Dia do Estudante em 1962 originado uma profunda crise no interior do regime do Estado Novo, bem expressa na demissão de Marcelo Caetano de Reitor da Universidade Clássica de Lisboa e na do coronel Homero de Matos da Direção-Geral da PIDE, ambas ocorridas no mês de abril. Também o ministro da Educação Nacional, Lopes de Almeida, será substituído por Inocêncio Galvão Teles em dezembro daquele ano.

A importância da crise universitária está hoje bem patente nos relatórios dos embaixadores de algumas potências que se interrogaram frequentemente sobre o porquê da repressão do governo de Salazar sobre a Universidade e os estudantes em particular.

Conclusão

A celebração do Dia do Estudante passou a constituir, desde o ano de 1962, um momento significativo da luta estudantil contra a ditadura e, a partir de meados da década de 60, também contra a guerra em África. Se, em 1963, os dirigentes das Associações de Estudantes não vão além de comícios de protesto pela nova proibição, já em 1964 não obedecem à interdição e por isso 22 membros das direções associativas das Faculdades de Direito, Ciências, Instituto Superior Técnico, Instituto Superior de Ciências Económicas e Financeiras – que eram as Associações legalmente existentes – são obrigados a responder em processo disciplinar mandado instaurar pelo ministro da Educação. Na acusação considera-se que esses dirigentes associativos cometeram «infração disciplinar» e que o seu procedimento integrava «não só o conceito de insubordinação grave, como envolvia desrespeito a um membro do Governo da Nação». Esses dirigentes associativos serão todos expulsos da Universidade de Lisboa, por períodos variados, por causa da celebração do Dia do Estudante marcado para 14 e 15 de março de 1964.

Bem tentam as autoridades académicas substituir o Dia do Estudante pelo Dia da Universidade. Em Lisboa, o Dia da Universidade em 1965 é celebrado a 21 de janeiro, horas depois de uma vaga de prisões de estudantes acusados de militarem no Partido Comunista pela PIDE. Entra de novo em grande agitação o movimento estudantil cujas associações consideram, em comunicado da RIA, a Universidade cativa. Seguem-se meses de protesto. E, em outubro de 1965, nova ação repressiva atinge centenas de estudantes.

Desta forma foram aplicadas a 53 alunos as penas de exclusão de todas as Escolas nacionais por períodos de três meses a oito anos; e 124 estudantes foram suspensos da Escola que frequentavam por períodos de cinco a 40 dias em plena época de exames.

Por todas estas razões, o Dia do Estudante acabou por ser consagrado como tal e a sua data fixada em 24 de março após a queda do regime do Estado Novo.

E, de facto, a importância da greve estudantil, decretada no seguimento da proibição do Dia do Estudante, marcou uma nova era nas relações entre a Universidade e o regime salazarista.

Os objetivos do movimento estudantil assente nas associações durante esse período foram os de pugnar por uma legislação que permitisse a democratização dos seus órgãos, nomeadamente a eleição livre dos seus corpos dirigentes; de defender a autonomia universitária institucional e a autonomia do ensino e da investigação perante o poder político autoritário; de democratizar o ensino no país e o acesso à Universidade. O método de ação para lutar por esses objetivos, nascido na sequência do 24 de março de 1962 e na resposta massiva à proibição do Dia do Estudante, será o da tomada de decisões assente numa ligação orgânica entre as direções eleitas das Associações e os estudantes reunidos em assembleias gerais de Escola ou em plenários universitários.

A crise estudantil desencadeada em 24 de março de 1962 marcou a consciência dos seus participantes, cavou o antagonismo entre a Universidade e o regime salazarista, lançou as bases doutrinárias da democratização do ensino em Portugal, foi um farol na luta pelas liberdades individuais e públicas e também impulsionou uma atitude crítica contra a guerra colonial. Tudo isso iria desabrochar no 25 de Abril de 1974.

Bibliografia

Caiado, Nuno, *Movimento estudantil em Portugal: 1945-1980*, Lisboa, Cadernos IED, *1990*.

Comissão do Livro Negro sobre o Regime Fascista, *Os estudantes no regime fascista*, vol. 1, Lisboa, (s.n.), 1983.

Costa, Jorge; Lourenço, Gabriela; Pena, Paulo, *Grandes Planos – Oposição estudantil à ditadura 1956 – 1974*, Lisboa, Associação 25 de abril e Âncora Editora, 2001.

Cruzeiro, Celso, *Coimbra 1969: a crise académica, o debate de ideias e a prática ontem e hoje*, Porto, Ed. Afrontamento, 1989.

Ferreira, José Medeiros, «Dia do Estudante» e «Movimento Estudantil», in António Barreto e Maria Filomena Mónica, coord., *Dicionário de História de Portugal*. Lisboa, Figueirinhas, 1999.

Garrido, Álvaro, *Movimento estudantil e crise do Estado Novo*, Coimbra, Ed. Minerva, 1990.

Grácio, Rui, «A expansão do sistema de ensino e a movimentação estudantil», in António Reis, dir., *Portugal contemporâneo*, vol. v, Lisboa, Alfa, 1996, pp. 221-258.

Marques, A. H. Oliveira (1996), *A primavera que abalou o regime: a crise académica de 1962*. Lisboa, Presença, 1996.

Namorado, Rui, *Movimento estudantil e política educacional,* Coimbra, Edição do Autor, 1972.

Rosas, Fernando; Sizifredo, Cristina, org., *Depuração política do corpo docente das Universidades portuguesas durante o Estado Novo, Lisboa,* Ed. Comissão Organizadora da Homenagem aos Docentes Demitidos das Universidades Portuguesas pelo Estado Novo, 2001.

Sampaio, Jorge, «Movimento associativo: 1959-1962», *Jornal da Educação,* n.º 22, 1979.

Zenha, Salgado; Sampaio, Jorge; Santos, Jorge, *Universidade: processo de uma expulsão disciplinar,* Lisboa, s.n., 1967.

ORIGEM DO TEXTO:

«O movimento estudantil como motor da democratização da Universidade e da liberdade em Portugal», *Ler História*, 62 | 2012, 173-178.

Referência eletrónica

José Medeiros Ferreira, «O movimento estudantil como motor da democratização da Universidade e da liberdade em Portugal», *Ler História* [Online], 62 | 2012, posto online no dia 14 Abril 2015, consultado no dia 13 Abril 2017. URL: http://lerhistoria.revues.org/617; DOI : 10.4000/lerhistoria.617

11.

Exílio: a pátria utópica

A AGÊNCIA LUSA EMITIU ÀS 16:29H DE DOMINGO, dia 9 de Maio de 1999, a seguinte notícia:

Genebra: exilados portugueses homenageados com lápide no café Landolt

Genebra. 09 Mai (Lusa) – Uma lápide de homenagem aos exilados portugueses que estiveram em Genebra nos anos 60 e 70 foi hoje descerrada na fachada do edifício onde se situa o café-cervejaria «Landolt» durante uma cerimónia comemorativa.

José Medeiros Ferreira, Eurico Figueiredo, Ana Benavente e Pinto Nogueira foram alguns dos ex-exiladas conhecidos na altura pelo «grupo de Genebra», que estiveram presentes na cerimónia.

Ausente esteve António Barreto, que também foi um dos membros importantes deste grupo.

Igualmente presentes na cerimónia outros exilados em Genebra, como Eduardo Chitas, Joaquim Fernandes, Luís Monteiro, Manuel Areias, Manuela Pinto Nogueira, Maria Emilia Brederode e Paula Coutinho.

Na lápide descerrada pode ler-se: «Brasserie Landolt albergou, antes da Revolução dos Cravos de 25 de Abril de 74, as reuniões dos refugiados políticos portugueses. Vinte e cinco anos mais tarde, os portugueses exprimem a sua gratidão a Genebra».

A lápide foi descerrada por Ana Benavente e pelo cônsul geral de Portugal em Genebra, Aristides Gonçalves, um dos organizadores do acontecimento.

Em declarações à Agência Lusa, Ana Benavente comentou tratar-se de «um momento muito feliz, 25 anos depois», apesar de ter vivido na cidade «momentos felizes e infelizes».

Admitiu que, na altura, infringiu a legislação vigente na Suíça, fazendo política, quando, como exilados, não o podiam fazer, e muitas vezes ao lado de espanhóis, franceses que ali festejaram o ano de 68 e de 74 em conjunto.

Manifestou ainda a sua gratidão à Suíça, congratulando-se por Portugal ser hoje «também um país de acolhimento e capaz de receber aqueles que não têm outra casa», referindo-se aos refugiados kosovares recebidos recentemente no país.

Medeiros Ferreira, um dos mais destacados membros do «grupo de Genebra», disse à Agência Lusa que «a homenagem é a expressão do reconhecimento mútuo dos suíços em relação aos políticos portugueses que aqui estiveram [...]».

Na cerimónia estiveram igualmente presentes alguns suíços que viveram lado a lado com os portugueses, nomeadamente o membro do parlamento suíço, Jean Ziegler e o presidente da câmara de Genebra, Michel Rossetti.

Após a cerimónia, foi inaugurada a exposição 25 de Abril, 25 acontecimentos, com fotografias da Agência Lusa, na Universidade de Genebra, com a presença de alunos portugueses e do presidente da direcção-geral da agência de notícias portuguesa, coronel Pedroso Marques.

Lusa

Não vi esta notícia publicada em nenhum jornal português, embora a RTP tenha emitido um excerto do acontecimento. Mas dois importantes órgãos da imprensa genebrina se lhe referiram com aquele à-vontade de quem já viu muita coisa e sabe o seu papel.

Para os portugueses que estiveram presentes na cerimónia, o lado público desta era certamente o menos relevante. Celebrar o 25 aniversário do 25 de Abril na terra que os acolhera durante a ditadura foi o detonador de muitas recordações e de algumas reflexões.

Em primeiro lugar, gostaria de realçar a inteligente e sensível actuação do cônsul-geral de Portugal em Genebra, Dr. Aristides Gonçalves, que envolveu ex-emigrantes políticos e actuais membros da comunidade portuguesa daquela cidade num abraço patriótico comovedor. Ao mesmo tempo que conseguiu empenhar a Mairie de Genebra nas comemorações do 25 de Abril e apresentar, a todos, paradigmas de dignidade, de cidadania e de integração nas sociedades de acolhimento.

O próprio representante do Município de Genebra, o Senhor Rossetti, no discurso que proferiu sobre «Genève, terre d'accueil», perante uma vasta plateia, na qual se incluíam muitos emigrantes actuais, teve a generosidade de filiar os exilados políticos portugueses na linha mais qualificada dos refugiados que Genebra acolheu ao longo da sua bem conhecida história. Cito em francês para que conste tal e qual:

> C'est pour honorer cet héritage que Genève a accueilli nombre d'opposants au régime de Salazar. C'est la Genève de Rousseau et de Dunant, la Genève des Droits de l'Homme et de la Croix-Rouge, la Genève de la SDN et des Organisations internationales qui leur a ouvert ses bras. Et c'est à cette Genève-là qu'ils ont apporté leur talent, leur intelligence et leur engagement.

E, pois que foi referido, não quero deixar de acrescentar o que mais adiante Michel Rossetti acentuou: «C'est dans un contexte analogue que Genève accueille nombre de Portugais quifuient le régime fasciste. Ils sont particulierement nombreux dans le milieu médical, à L'Uniuersité [...] je ne peux m'empêcher de citer Medeiros Ferreira, António Barreto...»

O Exílio como lugar de utopia tem uma grande carga conceptual e vivencial e pode ser encarado, ou recordado, por vários ângulos.

Manuel Alegre, exilado na Argélia, escreveu um ensaio intitulado Errância e Enraizamento, no qual traça um fresco dos exilados e «estrangeirados» na história de Portugal, desde Damião de Goes a Alexandre Herculano e Almeida Garrett, passando por Filinto Elísio, Ribeiro Sanches e tantos outros até se deter na sua própria experiência. Ele não encara o exílio pelo lado vertiginoso dos seres erráticos que seduziu Teixeira de Pascoaes. Para Manuel Alegre, e tendo em conta que os exilados da ditadura salazarista tiveram das mais prolongadas estações naquele estado de que há memória, «este longo exílio originou um novo olhar sobre o Mundo e uma nova reflexão sobre Portugal.

Um Portugal que alguns pretendiam alienar dando-lhe virtudes sacrossantas mas obrigando-o a vilipendiar-se na repressão e na violência.

Com efeito, para muitos de nós, obrigados a ver Portugal do exterior, houve duas atitudes que nos mereceram crítica e combate. A primeira tinha a ver com a imagem inculta do mundo e do nosso país que a educação nacional, transmitira ao longo do século XX ao povo e até às elites endógenas. A segunda atitude derivava do apreço folclórico e mesquinho que o estrangeiro médio nos devotava. Olhávamo-nos a nós próprios como uma espécie de povo eleito pela História e só nos viam como foragidos da civilização e do progresso, atavicamente presos à ignorância analfabeta e aos derivados do colonialismo. O exílio levava à repulsa dessas duas atitudes e à procura dos esclarecimentos necessários para derrotar ambos os erros que se completavam.

O estudo da realidade portuguesa impôs-se, assim, aos exilados que dispuseram de oportunidades, meios e tempo para o efeito. Como não recordar aqui as diferentes publicações, como os *Cadernos Necessários*, os *Cadernos de Circunstância*, a revista *Polémica* e outras que tanta influência tiveram na génese das próprias ciências sociais em Portugal? Ou os livros mais procurados da altura, como *Capitalismo e Emigração* de António Barreto e Carlos Almeida e o *Portugal Bailloné* de Mário Soares?

Com efeito, a minha geração, aquela que combateu a ditadura em nome da liberdade e o colonialismo em nome do humanismo e do universalismo, procurava conscientemente uma pátria utópica no exílio. Como disse José Anastácio da Cunha – outro «estrangeirado» – no fim da vida, embrulhando as línguas que aprendera fora da sua pátria, «Some dreams of humanity qui me déchirent plutôt qu'ils ne me consolent...».

O exílio é a terra em que se sonha com a pátria utópica por não ser aquela em que se vive e por não se querer aquela outra tal e qual.

Por outro lado a mistura de exílio e juventude, como foi o meu caso entre 1968 e 1974, potencia a condição humana e faz transbordar o coração de esperanças e espírito de projectos.

Por mim, confesso que aprendi a amar um Portugal mais prospectivo do que retrospectivo.

Tive sempre presente um trecho chave de Antero de Quental, redigido em Maio de 1871, para as Conferências do Casino:

Que é pois necessário para readquirirmos o nosso lugar na civilização? [...] É necessário um esforço viril um esforço supremo: quebrar resolutamente com o passado». E ainda a forma como o ilustre açoriano em 1887, num fim de século parecido com o nosso, definiu a sua geração, uma das que mais sofreram intelectualmente de outra espécie de exílio, o interior – como «a primeira em Portugal que saiu decididamente e conscientemente da velha estrada da tradição.

Quando estive exilado, confesso que, a par do cultivo das normas da liberdade política e de democracia representativa pluralista, sonhei com uma pátria prospectiva, o oposto do nacionalismo tradicionalista e folclórico com que os agentes da ditadura entretinham as comunidades portuguesas.

Permito-me aqui o atrevimento de citar a comunicação que elaborei em Genebra e que enviei para o Congresso da Oposição Democrática, realizado em Aveiro em Abril de 1973, e intitulada significativamente «Da Necessidade de um Plano para a Nação».

Essa comunicação foi elaborada em Genebra, já eu era assistente na Faculdade de Ciências Económicas e Sociais, em longos e suaves passeios no tranquilo Jardin des Bastions. A sua redacção foi praticamente toda feita numa sala da Biblioteca Pública e Universitária (BPU) situada entre o edifício principal da Universidade e aquele jardim. Aí dizia, e com que precauções, que seriam as Forças Armadas a derrubar a ditadura! Para muitos dos que leram essa «tese» na altura, era já o exílio que me estava a afastar da realidade concreta...

Nessa mesma tese resolvi sintetizar os objectivos necessários a um «Plano para a Nação», através da força verbal do modo infinitivo: descolonizar, democratizar, socializar e desenvolver. Foi pois com muito agrado que observei o facto de o Programa do Movimento das Forças Armadas integrar a chamada política dos três dês. E foi também com agrado que li um depoimento de Vítor Alves, no *Expresso* de 7 de Abril de 1984, em que este oficial de Abril se referia explicitamente a essa coincidência entre a tese, enviada do exílio em Genebra, nos princípios de 1973, para o Congresso da Oposição Democrática em Aveiro, e o Programa do Movimento das Forças Armadas tornado público em Abril de 1974.

Nessa mesma comunicação ao Congresso da Oposição Democrática, enviada do exílio suíço, tratava ainda da futura opção europeia de

Portugal, em termos que seriam três anos mais tarde recuperados no programa do I Governo Constitucional.

Com efeito, na redacção elaborada no exílio pode ler-se:

> Na realidade, no preciso momento em que o processo de integração europeia se acelera e nos abrange, com riscos a médio prazo, mas com enormes vantagens a longo, no caso de estarmos preparados, encontra-se o país a contas com uma guerra colonial longa de mais de dez anos», no Programa do l.º Governo Constitucional, em que participei, adaptou-se esse trecho para «Ora, a descolonização efectua-se no momento preciso em que a integração europeia se acelera e nos abrange, com certos riscos a curto prazo, mas com evidentes vantagens posteriores.

Creio que não passa despercebida a ninguém a coincidência, que não é pura, entre os dois textos separados por três anos, por uma revolução, e pela passagem às responsabilidades governativas.

Outra afinidade entre a tese de Aveiro e o capítulo de política externa do Programa do lo Governo Constitucional encontra-se no respeitante ao tema das relações com África como um dos pressupostos para a integração europeia de Portugal. Nas conclusões do texto enviado para o Congresso de Aveiro propunha que o processo de descolonização portuguesa, inscrevendo-se num quadro político mais vasto que é o da criação de uma zona Europa-África terá de ter esta e m conta».

Este tópico foi retomado no programa governamental, sob a epígrafe das «Relações com os novos países africanos», onde já em 1976 se detectava «um movimento desses novos países africanos para virem a aderir à Convenção de Lomé. [...] Encontra aqui uma das razões para que Portugal venha a integrar-se no Mercado Comum».

Eis um dos pressupostos explícitos do pedido de adesão de Portugal à CEE que se confirmou plenamente. Quando a República Portuguesa assinou o Tratado de Adesão à CEE, todas as ex-colónias africanas já eram membros da Convenção de Lomé. Ter tido em conta esse dado, em 1973, quando ainda vigorava o mito do espaço económico português e, também em 1976, quando era convicção geral que os regimes saídos das independências eram reféns de Moscovo, não deixa de me merecer hoje uma referência orgulhosa.

Entre a elaboração da tese enviada para o Congresso de Aveiro em 1973 e a assumpção de responsabilidades governamentais entre Setembro de 1975 e Outubro de 1977, consolidei essa «opção estratégica» que foi tomada e executada rapidamente e com êxito nos primeiros seis meses de vigência do lo Governo Constitucional.

Os seis anos que passei no exílio acabaram por ser anos frutíferos de vivência democrática, numa sociedade tão livre como a suíça, de reflexão e estudo, quer como universitário quer como cidadão que se mantinha empenhado em participar no futuro de Portugal.

Recordo hoje os inúmeros compatriotas que me foram visitar a Genebra, ou que por lá passaram, sem se esqueceram de dar ou trazer «notícias do meu país», : Jorge Sampaio e o seu saudoso pai Doutor Arnaldo Sampaio, César Oliveira, Salgado Matos, Vitor Wengorowius, Jaime Gama, Mário Mesquita, José Luís Nunes, Manuel Lopes, José Dias, Gonçalves André, António Reis, José Manuel Gaivão Teles, Margarida Soares Ferreira e tantos outros, sem esquecer, claro, os familiares e amigos sem actividade política conhecida.

O exílio foi um paradoxal lugar da utopia. António Barreto resume assim a sua experiência de exilado no livro *Sem Emenda*: «Apesar de ter chegado a estar razoavelmente integrado na sociedade suíça e genebrina, vivi sempre com um sentimento de transitoriedade» (*op. cit.*, p. 34).

Para aqueles que, entre os exilados, já se encontravam integrados profissionalmente, a decisão de regressar a Portugal após a revolução do 25 de Abril de 1974 foi mais uma opção a tomar, desta vez em plena liberdade.

Não quero aqui deixar de referir alguns nomes de entre aqueles que tanto me ajudaram nas incertezas iniciais do exílio: sempre a Maria Emília, desde a saída até ao regresso; a extrema solidariedade e hospitalidade do Eurico Figueiredo e da sua mulher, Berta Fernandes Figueiredo, que me ajudaram a sair do país e nunca me cobraram nada; os suíços que me acolheram e me atribuíram oficialmente o estatuto de refugiado político, muito especialmente a Universidade de Genebra, que me deu a excepcional oportunidade de ser seu estudante e seu docente. Aliás, a própria divisa da Universidade de Genebra era um hino de esperança – «Post tenebras luxy» – que ainda me guia na postura de um mundo melhor.

Regressar após o 25 de Abril de 1974 foi para mim um imperativo de consciência. Quis regressar para ajudar a realizar a Pátria utópica, sonhada, cantada, pensada e escrita no exilio e na juventude.

Sempre tendo em conta o que escrevi em Genebra para Aveiro em 1972:

> Se se enquadrar os problemas portugueses à luz da continuação de Portugal no mundo, pode aparecer subalternizado o papel dos instrumentos capazes de levarem para a frente o projecto de continuar a Nação. Porém, se perscrutarmos os anseios do corpo nacional, torna-se evidente que a grande união dos portugueses se faz em torno da conquista das principais liberdades democráticas. A instauração de formas democráticas será pois exigência que um verdadeiro poder antifascista e anticolonialista não poderá adiar.

O actual pacto de sociedade é um pacto essencialmente político e democrático, como foi entendido por muitos que estiveram exilados. O padre Manuel Antunes, que só o foi internamente, afirmou-o, em 1979:

> Portugal é hoje uma sociedade politizada [...]. Só assim será possível a re-invenção de Portugal por Portugal, a recriação de Portugal por Portugal. Através da democracia como espaço da liberdade e da comunidade, da subjectividade, da consensualidade e da soberania popular.

O culto da liberdade, da solidariedade, da tolerância e das formas da democracia política pluralista foi a maior aquisição do meu exilio genebrino. Mas creio poder deduzir que o facto ela ditadura ter obrigado ao exílio vagas sucessivas de portugueses originou um regresso multifacetado ao país de gente com idades e vivências diversificadas que enriqueceram o debate político e cultural no espaço de liberdade radical em que se tornou Portugal depois de 25 de Abril de 1974.

ORIGEM DO TEXTO:

«Exílio: a Pátria Utópica», *Revista Camões* n.º 5, Lisboa, Instituto Camões, 1999, pp. 16-21.

III.

AUTONOMIA INSULAR EM QUESTÃO: O CASO DOS AÇORES

12.

As autonomias insulares na evolução do espaço político português

A concepção das autonomias insulares, dentro do espaço político da soberania portuguesa – cujo centenário se celebrou em 1995 – surgiu aos olhos dos seus promotores como algo de verdadeiramente original na história das instituições políticas em Portugal.

Na proposta da Comissão de Autonomia do Distrito de Ponta Delgada datada de 1893 pode ler-se: «Entre nós herdou-se do regímen absoluto e da imitação da França a preocupação de centralizar o poder».

Sendo assim, as referências institucionais invocadas para melhor fundamentar a bondade da solução autonómica foram praticamente todas de carácter exógeno desde «as instituições das colónias inglesas de governo responsável» até aos exemplos «da Alemanha, dos Estados Unidos, da Inglaterra, da Suíça», onde «sob a mesma unidade política, a diversidade de instituições locais contribui para a intensidade e equilíbrio da vida do Estado». E, se é certo que os autonomistas do fim do século XIX chamam Alexandre Herculano e a descentralização municipal em seu proveito, são as analogias com realidades de diversos países que lhes prendem mais profundamente a atenção. Até exemplos colhidos em regimes políticos autocráticos e imperiais são citados já que para os proponentes das autonomias insulares a «suspensão da tutela administrativa amolda-se a todos os ideais de governo» e por isso invocam «os exemplos da Rússia para com a Finlândia e os da Turquia para com os principados balcânicos o estão provando» (ver *A Autonomia elos Açores na Legislação Portuguesa, 1892-1947*, J. G. Reis Leite (org.), Horta, 1987, pp. 15-30).

Era ainda o tempo em que as Constituições liberais forneciam uma espécie de «tábua analítica» dos territórios sob soberania portuguesa sem recurso a nominalismos doutrinários que mais tarde exercitariam o culto do «império colonial» e das «províncias ultramarinas» sucessivamente. Sempre escaparam os arquipélagos dos Açores e da Madeira a essa nomenclatura, ainda se lhe reconhecendo as suas características de «ilhas adjacentes» ao Portugal continental europeu.

As autonomias insulares para serem bem entendidas necessitam de um longo exercício pela história, pois como notou José Mattoso «é o Poder que estabelece as fronteiras, não só as fronteiras nacionais, mas também muitas fronteiras internas, porque o poder não se exerce de maneira igual e uniforme em todo o território. Por outro lado, o espaço também impõe inúmeras condições ao seu exercício e obriga-o a estratégias de toda a ordem...» (José Mattoso, *História de Portugal*, Lisboa, Círculo de Leitores, 1992, vol. 1, p. 13).

1. Das ilhas aos distritos e à região

A percepção espacial e administrativa do arquipélago dos Açores variou no tempo até à sua actual consagração constitucional como Região Autónoma.

A primeira vez que os Açores foram efectivamente encarados no seu conjunto enquanto entidade político-administrativa ocorreu quando o Marquês de Pombal criou, em 1766, uma só província neste arquipélago e cujo governo, sediado em Angra, estava a cargo de um capitão-general que acumulava os poderes administrativos, judiciais, policiais e militares. O capitão-general superintendia na fazenda, no exército, presidia aos julgamentos criminais, tutelava os municípios e provia os lugares vagos na administração. Como corolário desse sistema altamente centralizado os capitães-generais tinham delegados seus em cada uma das ilhas. Este governo dos capitães-generais que durou 65 anos caracterizou-se por um duplo centralismo: o centralismo do Terreiro do Paço e o centralismo do capitão-general sediado na cidade de Angra.

Os códigos administrativos após a vitória do liberalismo e da consolidação da monarquia constitucional como os de 1836 e de 1886, estabeleceram como unidades administrativas a freguesia, o concelho e o distrito, culminando o edifício com a junção dos distritos em províncias, não se tendo aplicado nos Açores a entidade provincial. Efectivamente falharam todas as tentativas para formar com o conjunto das nove ilhas uma só província nos Açores, talvez como reacção ao centralismo unitário dos capitães-generais.

Pelo Código Administrativo de 1886 os corpos administrativos eram a nível do distrito a respectiva Junta Geral, ao nível do concelho a Câmara Municipal e ao nível da freguesia a Junta da Paróquia. Todos esses órgãos subordinavam-se a uma lógica centralizadora na qual os interesses dos concelhos mais ricos e das ilhas mais poderosas primavam sobre os outros espaços.

Porém, a partir do movimento autonómico de 1893-1895 os distritos de Ponta Delgada e de Angra passaram a ter funções descentralizadoras em relação ao governo sediado em Lisboa no quadro das autonomias administrativas. No entanto, essa autonomia opera sobretudo a favor das ilhas mais ricas e com um patriciado mais politizado. As Juntas Gerais dos Distritos que requereram a autonomia nos termos do decreto de 2 de Março de 1895 não se podiam desligar da sua principal base de apoio que eram os concelhos mais operosos.

Esta noção de que a divisão distrital beneficiava o governo central na sua política para o arquipélago, mas sobretudo permitia uma maior defesa dos interesses das ilhas mais poderosas como S. Miguel está manifestamente presente na altura da publicação do Código Administrativo do Estado Novo em 1936. Assim, um parecer da Junta Geral de Ponta Delgada datado de 2 de Fevereiro de 1938 recusava a constituição de uma só entidade administrativa para os Açores:

> Queremos, antes de mais nada, deixar expresso o nosso inteiro aplauso por se ter posto de lado a aplicação no arquipélago açoriano do sistema agora ensaiado no Continente da República da divisão em províncias do território nacional, que, tendo já suscitado várias reclamações em todo o País, nestas ilhas onde nenhuma tradição o abonava, estava condenado pelos simples facto da falta de continuidade territorial e dificuldades e delongas de comunicações que chegam a ser mais regulares e frequentes entre as ilhas e o

Continente, do que entre elas próprias. (in Livro do Primeiro Congresso Açoriano, Ed. Casa dos Açores, Lisboa, 1940, p. 300).

Desde os anos 60 que, mercê de uma particular visão de muitos quadros tecnocráticos ligados à Igreja Católica e à elaboração dos Planos de Fomento de filosofia centralizadora, era a formação de entidades regionais viradas para o planeamento económico e social que ocupava os espíritos. Assim nas Semanas de Estudo elos Açores realizadas na década de 60, são as ilhas dos Açores concebidas como pertencendo a uma só região por inteiro em termos de desenvolvimento. O facto de haver uma só Diocese episcopal para o arquipélago com sede em Angra permite compreender melhor o avanço dessas concepções tecnocráticas na altura sobre o espartilho administrativo distrital sustentado pelo regime político ditatorial em Portugal mas que tinha os seus defensores entre as forças vivas insulares. Como afirmou José Enes, um dos promotores dessas Semanas de Estudo «A transição da autonomia distrital para a autonomia regional deu-se através das estruturas para o planeamento regional».

Ainda em 1969 criaram-se as chamadas regiões-plano dentro dos objectivos do III Plano de Fomento (1968-1973) e as Comissões Consultivas de Planeamento Regional. A constituição da primeira Comissão Regional de Planeamento dos Açores foi formada ainda com base na representação dos três distritos.

Só o novo capítulo da história de Portugal aberto com o movimento de 25 de Abril de 1974 levou à conjugação do conceito de autonomia com o conceito de região, daí resultando a Região Autónoma dos Açores – uma nova realidade no ordenamento espacial e político da comunidade portuguesa, então em vias de democratização. Como já tive ocasião de escrever:

> A revolução em Lisboa e nos campos do Sul, assim como a descolonização, geraram nos arquipélagos dos Açores e da Madeira a emergência conjugada dos conceitos de região e de autonomia. No passado já tinha havido autonomia sem região com os Distritos; os planos de fomento trouxeram a modalidade da região como espaço de desenvolvimento integrado mas sem autonomia. As autonomias regionais foram, na sua essência, uma nova forma de relacionamento entre o Poder político nacional e os territórios

insulares elaborada no contexto do após-25 de Abril. (História de Portugal, Lisboa, Estampa, 1995, p. 177)

2. Relações entre autonomia e região

Em teoria o espaço da autonomia política insular poderia ter sido outro. Assim no projecto do PPD/A apresentado em 8 de Novembro de 1974 ainda se justapunha a região e os distritos na Base primeira na qual a autonomia aparecia como um instrumento das «necessidades de desenvolvimento». No projecto do MAPA (Movimento para a Autonomia do Povo Açoriano) publicado em Janeiro de 1975 ainda se admitia a continuação dos distritos dentro da «unidade lusa».

Também o projecto do chamado «Grupo dos Onze» previa na sua Base V que «O território do Arquipélago dos Açores constitui uma região autónoma – a região dos Açores – que, para efeitos de planeamento e de administração geral, se divide em concelhos que se subdividem em freguesias e se agrupam em distritos». Na brochura datada de 31 de Janeiro de 1975 pode ler-se, no entanto, que:

> A autonomia definida acima só considerará e eliminará as disparidades existentes entre as várias zonas do Arquipélago, se deixar de estar confinada a cada um dos distritos independentemente e for alargada à Região Açores, tomada como um todo para efeitos de administração geral e de planeamento.

O contexto histórico-político do período pré-constitucional foi de tal maneira dramático visto dos Açores que os concelhos mais ricos e as ilhas mais importantes – com franco destaque para a ilha de São Miguel – aceitaram como coisa sua a passagem do espaço distrital para o espaço regional que também aparecia como um alargamento dos mercados de intercâmbio inter-ilhas. Mas dessa maneira coube a São Miguel e à Terceira, nomeadamente, arcarem com maiores responsabilidades financeiras e orçamentais para todo o arquipélago. Essas responsabilidades cabiam até então ao Estado ou eram repartidas por cada um dos três distritos. Este ponto não tem sido suficientemente enfatizado.

De certa maneira as ilhas de São Miguel e da Terceira pagaram esse preço em troca de uma maior autonomia política e administrativa em relação ao Estado português. Com a criação da Região e com o funcionamento das instituições democrático-autonómicas foram as ilhas mais populosas e ricas que se responsabilizaram por todo o arquipélago.

O salto qualitativo dado da autonomia administrativa distrital, circunstanciada nas três Juntas Gerais, para a autonomia política regional organizada à volta do governo e da assembleia regionais constituiu um serviço prestado a todas as ilhas do arquipélago e também ao Estado português, embora a inteligência inicial da situação possa não ter sido essa.

3. Relações entre o Estado e a região

Os primeiros responsáveis pela arquitectura da autonomia açoriana pretenderam fundar a nova realidade política no pressuposto de um superavit financeiro regional baseado na soma de três receitas principais tendo duas imediatas implicações orçamentais: as das receitas fiscais geradas no arquipélago, as das contrapartidas oferecidas por americanos e franceses em consequência das facilidades concedidas nas Lajes e nas Flores. A terceira parcela seria constituída pelas remessas dos emigrantes. A estas três fontes de financiamento da região juntar-se-ia, pelo poder de atracção exercido por uma adaptação do sistema fiscal, o concurso do investimento exógeno de capitais nacionais ou estrangeiros e ainda do capital expatriado na sequência da revolução.

Esses mesmos pressupostos financeiros, aliados à génese político-revolucionária da autonomia, levaram os primeiros governos regionais a reivindicar sistematicamente a transferência dos «serviços periféricos» do Estado para a região, resultando assim uma automática afectação de rígidas despesas obrigatórias nos futuros orçamentos regionais. O que Salazar havia concebido com a intenção de afogar as autonomias administrativas foi desta vez construído pelos protagonistas históricos da autonomia político-financeira, estonteados com a miragem da criação de uma espécie de Estado paralelo na região.

Transferidos os serviços e as despesas, e depois multiplicados os encargos com a máquina administrativa regional, o déficit do Orçamento regional não parou de crescer, sobretudo a partir de 1991 quando começaram a escassear as verbas provindas do acordo das Lajes. Se em 1983 as contrapartidas da Base das Lajes representavam cerca de um terço do investimento na região, já no início da década de 90 não atingiam um sexto dos investimentos.

Curiosamente nenhuma das Regiões Autónomas pretendeu seguir o exemplo das ilhas Faroé quando da negociação para a adesão de Portugal à CEE, nem o exemplo das Canárias que pugnaram por um estatuto especial e diferenciado no respectivo Tratado de Adesão da Espanha. Pelo contrário os Açores, através dos seus governantes regionais, escudaram-se sob o chapéu-de-chuva nacional perante o desafio europeu. Mas não se encontra rasto de qualquer previsão feita pelos dirigentes regionais, na fase genética da autonomia, sobre as consequências financeiras e económicas de uma futura adesão à CEE. E no entanto a decisão tomada a nível nacional pelo primeiro Governo Constitucional, do qual fiz parte, iria ter as maiores consequências sobre o desenvolvimento das autonomias regionais, constituindo hoje um dos espaços futuros onde melhor se pode exercer essa autonomia.

É porém com a chegada dos fundos estruturais que se acentua no continente um certo egoísmo local das cidades ou concelhos mais ricos. Daí algumas campanhas de descrédito lançadas sobre as autonomias insulares encaradas como francamente despesistas sobretudo pelos fortes interesses centralistas que emergiram durante o consulado cavaquista e que encontraram o terreno facilitado pelo mau ambiente criado nas relações entre o Estado e a região.

4. Relações entre a União Europeia e as Regiões Insulares Autónomas

Não existe na teoria geral da arquitectura europeia desenvolvimentos especiais sobre as regiões insulares autónomas.

É certo que se pode descobrir entre a diversa produção do acervo comunitário alguns conceitos, órgãos, programas que envolvem, de uma maneira ou de outra, as regiões insulares autónomas embora por razões exteriores à sua condição de entes políticos autónomos.

5. Autonomia e subsidiariedade

No plano conceptual-jurídico o princípio da subsidiariedade acolhido no Tratado da União Europeia é aquele que mais depressa se entrelaça com o princípio geral da autonomia política, sobretudo no que diz respeito à questão das competências e poderes e à teoria da descentralização.

O princípio da subsidiariedade implica que as decisões da Comunidade Europeia sejam tomadas ao nível mais próximo possível dos cidadãos. Enquanto norma jurídica o princípio da subsidiariedade baseia-se no art.º 3.º B do Tratado da União Europeia e comporta três elementos importantes para a afirmação e a aplicação da descentralização nas decisões comunitárias: primeiro, a obrigação da Comunidade Europeia de demonstrar a sua competência para agir em determinada matéria; segundo, a obrigação da Comunidade de demonstrar e justificar a necessidade da acção ao nível comunitário; terceiro, a obrigação da Comunidade em adequar os meios proporcionais à acção desencadeada. Trata-se em síntese de uma norma de protecção contra as intervenções de cúpula injustificadas e favorável aos distritos e às competências das Regiões.

A conjugação das autonomias insulares com a regionalização do desenvolvimento é anterior à entrada de Portugal na CEE mas encaixa harmoniosamente na arquitectura europeia, sobretudo após o Tratado de Maastricht.

Assim, um dos espaços institucionais da autonomia no próximo futuro é o da União Europeia através da importância dada às regiões. No entanto, o desenvolvimento da dimensão regional no plano institucional europeu tem limitações decorrentes da heterogeneidade do próprio universo regional europeu.

Por isso talvez seja conveniente caracterizar os Açores como região no quadro europeu. Os Açores são, desse ponto de vista, uma região insular, arquipelágica, atlântica, oceânica, autónoma e ultraperiférica. Vejamos:

- insular, e por isso se distingue das outras regiões continentais contíguas dos países da União Europeia;
- arquipelágica, ou seja, constituída por nove ilhas, cuja distância extrema entre Santa Maria e o Corvo é de cerca de 600 km e, por isso, se distingue de outras regiões insulares como a Sardenha ou a Madeira mas a aproxima de algumas características das Canárias;
- atlântica, por excelência, e por isso dá uma profundidade marítima ocidental à União Europeia ímpar;

- oceânica, ou seja, é um oásis de terra no meio do Atlântico Norte que em muitos aspectos funciona como um deserto, afastando a troca de pessoas e bens pela distância e pela falta de transportes acessíveis;
- ultra-periférica, em relação ao continente europeu, mas não tão excêntrica como a Guadalupe ou a Martinica, para não mencionar a índica ilha da Reunião, mas ainda mais afastada do que a Madeira.

No quadro da União Europeia o que reforça a autonomia dos Açores, oferecendo-lhe condições para melhorar a governação, é a aplicação dos fundos estruturais em geral de que Portugal beneficia assim como dos programas relacionados com a ultra-periferia em particular. Daí a importância de consagrar na revisão do Tratado da União Europeia o conceito de ultra-periferia, expresso na Declaração n.º 26 anexa àquele Tratado, cuja finalidade é a de «permitir que essas regiões ultraperiféricas consigam atingir o nível económico e social médio da Comunidade».

A relação entre o continente europeu e as suas ilhas daria por si só matéria para maior análise. Uma conclusão no entanto parece clara: se a Europa perdesse essa dimensão insular, arquipelágica, oceânica e atlântica regressaria à repudiada realidade de uma «Europa Fortaleza» mesmo que alargada a leste.

No sentido inverso convém acentuar que as regiões insulares autónomas encontram actualmente na União Europeia o seu melhor enquadramento, quer quanto à teoria política da descentralização derivada do princípio da subsidiariedade, quer quanto à sua autonomia financeira e ao próprio desenvolvimento económico graças aos programas comunitários e aos efeitos induzidos do princípio da coesão económica e social que a própria Constituição da República Portuguesa acolheu no seu n.º 6 do art.º 7.º como um dos objectivos da participação nacional na União Europeia.

Bibliografia

A Autonomia como Fenómeno Cultural e Político, comunicações apresentadas na VIII Semana de Estudos dos Açores, Angra do Heroísmo, IAC, 1987.

As Autonomias Regionais em 10 anos de Jurisprudência 1976-1986, apresentação e notas de A. Monjardino, Horta, Assembleia Regional dos Açores, 1987, 2 vols.

Amaral, Carlos E. Pacheco, «Regionalismo e Estado Regional», *Arquipélago, Revista da Universidade dos Açores*, n.º 5, Ponta Delgada, 1990, pp. 45-87.

Carreiro, José Bruno, *A Autonomia Administrativa tios Distritos das Ilhas Adjacentes*, Ponta Delgada, Jornal de Cultura, reed., 1994.

Enes, José, *O 25 de Abril e a Autonomia dos Açores*, Ponta Delgada, 1984 (conferência).

– «A Autonomia Regional dos Açores numa perspectiva da teoria de Estado», in *A Autonomia como Fenómeno Cultural e Político*, Angra do Heroísmo, IAC, 1987, pp. 17-36.

Ferreira, Eduardo Paz, *As Finanças Regionais*, Lisboa, Imprensa Nacional, 1985.

– *Estudos de Direito Financeiro Regional*, Ponta Delgada, Jornal de Cultura, 1995, 2 vols.

Ferreira, José Medeiros, «A evolução das instituições autonómicas», in *Estudos de Estratégia e Relações Internacionais*, Lisboa, Imprensa Nacional, 1981, pp. 135-47.

– *A Autonomia dos Açores na Percepção Espacial Portuguesa*, Ponta Delgada, Jornal de Cultura, 1995.

José Mattoso (dir.), *História de Portugal*, Lisboa, Estampa, 1995, pp. 177-95.

Leite, J. Guilherme Reis, *A Autonomia dos Açores na Legislação Portuguesa, 1892-1947*, Horta, Assembleia Regional, 1987.

– *Política e Administração nos Açores de 1890 a 1910: o primeiro Movimento Autonomista*, Ponta Delgada, Jornal de Cultura, 1995.

Livro do I Congresso Açoriano, Lisboa, Casa dos Açores, 1940.

Salema, Margarida, Jorge Miranda (org.), «Autonomia Regional», in *Dez Anos de Constituição*, Lisboa, Imprensa Nacional, 1986, pp. 215-24.

ORIGEM DO TEXTO:

«As autonomias Insulares na evolução do espaço político português» in Luis Espinha da Silveira (coord.) *Poder Central, Poder Regional, Poder Local- Uma perspectiva histórica*. Lisboa, Ed. Cosmos, 1997, pp. 113-123.

13.

A autonomia dos Açores e os regimes políticos em Portugal

A problemática da relação entre a autonomia dos Açores e o tipo de regime político vigente em Portugal nasceu explicitamente com os primeiros manifestos da Comissão Autonómica de Ponta Delgada datados de 1893, ou seja, logo no início da primeira experiência deste tipo:

> Demais, a supressão da tutela administrativa amolda-se a todos os ideais do governo, como se prova com os dois povos onde ela se pratica em mais larga escala – a aristocrática Inglaterra e a democrática América do Norte, e ainda entre regimes autocráticos, como os exemplos da Rússia para com a Finlândia e da Turquia para com os principados balcânicos o estão provando([1]).

Considerar possível a autonomia dos Açores dentro de qualquer regime político português como mera decorrência da aplicação de salutares princípios de descentralização administrativa foi quase uma constante entre os protagonistas insulares e uma ilusão que se apoderou de muitos espíritos mesmo quando foi derrubada a República Parlamentar pelo golpe de Estado de 28 de Maio de 1926 e ainda quando a Ditadura Militar deu origem ao Estado Novo, saído da Constituição de 1933.

A primeira autonomia, a consagrada no decreto de 2 de Março de 1895, arranca na fase final da Monarquia Constitucional, depois dos evidentes sinais de cansaço do regime rotativo, no plano político, com as reacções republicanas ao Ultimatum inglês em 1890, e do modelo fontista de desenvolvimento metropolitano com a bancarrota anunciada em 1891. É nessa conjuntura que se opera a descentralização administrativa pretendida pelos autonomistas e que atravessa a transição da monarquia constitucional para a república parlamentar.

Mesmo durante a Primeira República, os acontecimentos como a Grande Guerra no plano externo e o sidonismo no plano interno darão uma particular coloração a essa primeira experiência autonómica. A implantação da República decorre de resto pacificamente nas ilhas dos Açores, embora – a génese insular da monarquia liberal, a estadia de D. Pedro IV na Terceira e em S. Miguel, a distribuição de títulos e a visita de D. Carlos, em 1903, haviam de criar uma difusa permanência de fidelidades à monarquia. A República reforçaria os direitos autonómicos sem lhes alterar a substância.

Com a implantação da Ditadura pelo golpe militar de 28 de Maio a autonomia será hipotrofiada.

Ainda durante a Ditadura Militar um governo presidido pelo oficial madeirense José Vicente de Freitas aprovou o decreto n.º 15 035 de Fevereiro de 1928 que pretendia dar, de certa maneira, seguimento à autonomia administrativa insular. Mas foi muito curta a vigência desse diploma já que a 1 de Julho do mesmo ano foi revogado e substituído por um proveniente do Ministério das Finanças tutelado por Salazar havia pouco mais de dois meses...

O novo decreto-lei, o n.º 15 805, logo no seu artigo 1.º, transferia os serviços dependentes do Ministério do Comércio e Comunicações, do Ministério da Agricultura, do Ministério da Instrução, mais os governos civis e os serviços da polícia cívica, saúde pública, assistência e previdência dependentes dos Ministérios do Interior e das Finanças para as competências das Juntas Gerais dos distritos autónomos do Funchal, Ponta Delgada e Angra do Heroísmo «com todas as suas despesas e receitas privativas».

Esse mesmo decreto-lei n.º 15 805, contando-se nos exemplos invocados no preâmbulo sobre o que acontecia «com as juntas autónomas dos portos, e com os conselhos de administração das províncias coloniais» deu direito de ingerência na composição interna das Juntas

Gerais dos distritos autónomos. Com efeito, o artigo 13.º do referido decreto-lei determinara que essas Juntas Gerais seriam formadas por quinze membros, dos quais nove efectivos e seis por inerência de outros cargos de nomeação governamental. Como dirá Luís Leite «O que se seguirá, liderado pela nova geração de nacionalistas nos Açores, será a degradação do ideal da Autonomia»([2]).

De facto, na década de trinta o governo salazarista passou a nomear Comissões Administrativas para as Juntas Gerais num processo de asfixiamento dos órgãos representativos que aliás se estendeu às Câmaras Municipais.

No entanto, a convicção de que se poderia auferir de autonomia nos Açores independentemente do tipo de regime político em Portugal permaneceu no espírito de muitos protagonistas como se pode verificar pelos documentos do Primeiro Congresso Açoriano que se realizou em Lisboa, de 8 a 15 de Maio de 1938([3]).

Esse congresso, realizado pelo Grémio dos Açores em Lisboa, fora uma aspiração do chamado segundo movimento de autonomia que sacudiu os Açores no seguimento do sidonismo e do fim da Primeira Guerra Mundial. Como já assinalou Mário Mesquita, alguns protagonistas desse segundo movimento autonómico, preocupados com a situação política portuguesa e esperançados no interesse dos Estados Unidos pelos Açores (os EUA estabeleceram uma base naval no porto de Ponta Delgada em 1917), pretenderam o apoio do comandante americano dessa Base, o almirante Dunn, e até do próprio Presidente Wilson, para uma fórmula de governo próprio muito próxima da independência([4]).

Não deixa de ser curioso assinalar que outras potências seguiam de perto essas movimentações. Assim, a Embaixada de França em Lisboa informava Paris das condições em que os norte-americanos se estabeleceram no arquipélago e se as doutrinas do Presidente Wilson não permitiam pensar que ele pretendesse manter nos Açores uma base naval permanente, não seria de excluir o seu interesse numa política que lançasse os fundamentos para uma futura obtenção de concessões ou privilégios nessas ilhas, tais como depósitos de carvão ou estações de telegrafia sem fios([5]).

Desde então os fermentos de uma nova autonomia apoderaram-se do espírito de homens como José Bruno Carreiro ou Francisco d'Athayde Faria e Maia, que porfiam em reunir os açorianos para debaterem a melhor forma de governo para o arquipélago. Com a mudança de regime político em Portugal essa necessidade torna-se mais evidente.

Quando se realiza o Primeiro Congresso Açoriano, em Maio de 1938, em Lisboa, já estava consolidado o regime salazarista, a Guerra Civil de Espanha desenhava, pela sua evolução, a asfixia das autonomias basca e catalã, e a nova ordem europeia hitleriana estava em marcha. Mesmo assim, os organizadores dessa reunião depositam esperanças na sua realização, dois anos depois da entrada em vigor do Código Administrativo de 1936, cujo primeiro autor, Marcelo Caetano, também irá aos Açores.

O clima de liberdade intelectual e política não era propício à discussão das questões institucionais, ou até administrativas. O Congresso aliás nascera da pior forma para os seus organizadores: marcado inicialmente para a semana de 24 a 30 de Abril de 1938 foi adiado para os dias 8 a 15 de Maio para não coincidir com as celebrações da Semana das Colónias...

De qualquer forma, o Primeiro Congresso Açoriano realizou-se já depois da aprovação da lei n.º 1 967 de 30 de Abril daquele ano que fixava as Bases de Administração do Território das Ilhas Adjacentes e nas quais se consagrava o regresso «ao salutar princípio da fiscalização pelo governador civil e de tutela do Governo.»

Nessa altura a Junta Geral de Ponta Delgada deve mais importância à manutenção dos Distritos do que a qualquer outro assunto. Num Parecer dessa Junta Geral, datado de 2 de Fevereiro de 1938 e apresentado ao Congresso, lê-se com efeito:

> Queremos, antes de mais nada, deixar expressar o nosso inteiro aplauso por se ter posto de lado a aplicação no arquipélago açoriano do sistema agora ensaiado no Continente da República da divisão em províncias do território nacional, que, tendo já suscitado várias reclamações em todo o país, nestas ilhas onde nenhuma tradição o abonava, estava condenado pelo simples facto da falta de continuidade territorial e dificuldade e delongas de comunicações que chegam a ser mais regulares e frequentes entre as ilhas e o Continente, do que entre elas próprias([6]).

Foi essa, aliás, uma das raras comunicações a esse Congresso que versou questões de ordem política, institucional ou meramente administrativa.

Nenhuma das ideias avançadas nesse Congresso será depois retida pelo administrativista Marcelo Caetano que, como nos informa José Bruno Carreiro, «depois de visitas às ilhas dos quatro distritos, apresentou ao Governo o trabalho, por todos os títulos muito notável, que veio a ser convertido no Estatuto dos Distritos Autónomos das Ilhas Adjacentes, aprovado pelo decreto n.º 30 214 de 22 de Dezembro de 1940, ao Código Administrativo da mesma data, e novamente publicado com algumas alterações, no decreto n.º 36 453 de 4 de Agosto de 1947»([7]).

Como já se referiu, nenhuma das ideias avançadas na 6.ª Sessão do Primeiro Congresso Açoriano dedicada à Política Administrativa será retida por Marcelo Caetano, nomeadamente a proposta da criação de um Secretariado das Ilhas Adjacentes junto do Poder Central da autoria do jornalista Armando Ávila ou a da criação de uma Agência de Repartição Oficial de Assuntos Insulares que funcionasse junto do Ministério do Interior, da autoria do então tenente Aniceto dos Santos, para quem parecia «indicado fazer-se em relação aos Açores, o que já se decretou para as colónias»([8]). É verdade que essas propostas, se bem que reforçassem a importância política do arquipélago como um todo, não ajudariam especialmente a autonomia de governo açoriano, sobretudo tendo em conta o regime autoritário e imperial que Salazar consolidava em plena Guerra Civil de Espanha.

O regime salazarista encontrava-se então na sua máxima força e dogmatizava as suas orientações políticas reduzindo os seus adversários ao silêncio.

Está assim, em parte, explicado o atrofiamento do debate político durante o Congresso Açoriano de Maio de 1938. Mas a leitura atenta de muitas comunicações não permite concluir pela. ausência de referências doutrinais. Uma análise de conteúdo revelará certamente linhas ideológicas suficientemente claras e demarcadas, desde as mais acentuadamente anti-liberais e até racistas, às que pretendem conjugar regionalismo com liberdade. Verdadeira peça ideológica de museu é o ataque ao constitucionalismo, derivado, segundo os seus autores, das ideias uniformalistas da Revolução Francesa que teria sido responsável pelo centralismo e pela perda da pureza das tradições locais...

Segundo Carlos Enes, a elite açoriana da altura procurava «reatar o fio perdido da tradição e do Passado», de forma a atingir a alma popular pelo que a descoberta dos antigos costumes assumia nessa época «um papel ideológico importante»([9]).

A leitura atenta desse volume permitirá, sem dúvida, conhecer melhor as principais linhas ideológicas, doutrinais e culturais que ocupavam os espíritos nessa época.

A plena consciência, revelada pelos organizadores do Congresso e pelos seus participantes, da falta de liberdade para o tratamento, das questões políticas e institucionais e da escassa influência que teriam os trabalhos neste campo, deslocou o centro de gravidade das comunicações e dos debates para o estudo da situação económica e social do arquipélago dos Açores, assim encarado como uma entidade concreta. Desta maneira, as actas desse Congresso constituem-se como indispensáveis fontes para o estudo da realidade açoriana do período final de entre as duas guerras. De facto, e por tal, o Primeiro Congresso Açoriano foi «principalmente uma grande assembleia de estudo», como disse o seu principal organizador Armando Narciso([10]). Estudos de qualidade e interesse diverso e irregular são por isso ainda fundamentais como fontes da época.

Essa «grande assembleia de estudo» versou, em dezasseis sessões de trabalho, temas desde a Geologia à Meteorologia, da Geografia Humana à Literatura e Arte, da Agricultura e Pecuária ao Fomento e Obras Públicas, das Comunicações Aéreas e Marítimas à Indústria e Turismo, desde o Trabalho e Higiene à Emigração. Também as questões militares e estratégicas foram abordadas, naquele ano que seria o último antes do início da Segunda Guerra Mundial em cujo conflito a importância dos Açores sobrelevou a de qualquer outra parcela do território nacional, embora o coronel Abel d'Abreu Sotto-Mayor tenha posicionado o arquipélago «como complemento estratégico da defesa de Lisboa» na sua tese «Importância estratégica dos Açores – sua defesa»([11]).

Porém, é de justiça realçar que muitas das ideias avançadas por aquele oficial na sua tese, apresentada na 13.ª sessão de trabalho, foram seguidas quando do estabelecimento do conceito militar de defesa dos Açores em plena guerra mundial([12]).

Não deixa de ser particularmente perturbador reconhecer que, entre as cerca de duzentas comunicações apresentadas a esse congresso, realizado em plena ditadura, foi logo uma das referentes às questões militares a merecer a atenção prática das autoridades ajudadas pelas circunstâncias internacionais. Com efeito «centraram-se nos Açores os principais esforços de mobilização efectuados pelo Governo português durante a Segunda Guerra Mundial»([13]).

Durante o período da guerra e com cerca de trinta mil homens mobilizados para os Açores, a questão da autonomia deixou o primeiro plano dos debates, embora seja muito curioso assinalar as preocupações de ordem local expressas pelo governador civil do distrito de Ponta Delgada quando se discute no Conselho de Defesa o envio de tropas do Continente para a ilha de S. Miguel no princípio do ano de 1941. O Governador pede expressamente ao Ministério da Guerra «que esse batalhão a mobilizar fosse constituído em grande parte por gente desta ilha, dada a grande crise que resulta da falta de trabalho...»([14])

Deste modo, as autonomias administrativas distritais, consubstanciadas nas Juntas Gerais, acabaram domesticadas às mãos do Estado Novo, o decreto-lei n.º 31 095 fez entrar em vigor o estatuto dos Distritos Autónomos das Ilhas Adjacentes em Dezembro de 1940, o qual, com algumas modificações introduzidas em 1947, foi o diploma legal que regeu a vida do arquipélago até ao 25 de Abril de 1974. Consagrou uma autonomia «mais nominal que efectiva» na expressão utilizada pela Junta Regional dos Açores em Janeiro de 1976.

Nem durante as discussões que precederam a aprovação da lei n.º 3 de 1971, ou seja, durante o processo de revisão constitucional, são referidas as autonomias insulares. É o que resulta da leitura dos pareceres n.º 22/23 e 24/X da Câmara Corporativa sobre as propostas e projectos de lei de revisão constitucional. Como se escreveu em 1976 no preâmbulo do Projecto de Estatuto Político-Administrativo da Região dos Açores, «os tempos não propiciavam as reformas». Se traduzirmos a frase para a nossa problemática, ela significa que o regime autoritário, mesmo na sua fase marcelista, não era favorável ao alargamento das autonomias insulares.

É certo que a revisão constitucional de 1971 introduziu o conceito de regiões autónomas mas então e apenas para ser aplicado aos territórios situados fora da Europa e que constituíam as chamadas Províncias Ultramarinas «as quais terão estatutos próprios como regiões autónomas» (Artigo 133.º).

E embora também a expressão autonomia progressiva tenha sido politicamente muito utilizada entre 1971 e a queda da ditadura em 1974, ela não se usava para caracterizar a evolução dos arquipélagos dos Açores e da Madeira mas era antes uma via proclamada para a emancipação das colónias.

Nessa altura, as entidades responsáveis dos Açores e da Madeira não proclamavam a progressão da autonomia como uma das vias possíveis para a animação política e o desenvolvimento económico daqueles arquipélagos. Desde os anos sessenta que, mercê de uma particular visão de muitos quadros ligados à Igreja Católica e à elaboração dos Planos de Fomento de filosofia centralizadora, era a formação de entidades regionais que ocupava os espíritos. Assim, nas Semanas de Estudos dos Açores, realizadas nos meados dos anos sessenta, no âmbito do Instituto Açoriano de Cultura com sede em Angra do Heroísmo, os Açores são concebidos como uma região por inteiro em termos de desenvolvimento económico.

O facto de haver, na organização da Igreja Católica, um só bispo para todo o arquipélago dos Açores permite compreender melhor o avanço das concepções tecnocráticas da altura sobre o espartilho administrativo distrital sustentado pelo regime político autoritário em Portugal.

Como afirmou um protagonista desse processo: «A transição da autonomia distrital para a autonomia regional deu-se através das estruturas para o planeamento regional»([15]).

Em 1969, criaram-se as regiões-plano dentro dos objectivos do III Plano de Fomento (1969-1973) assim como as Comissões Consultivas de Planeamento Regional. A constituição da primeira Comissão Regional do Planeamento nos Açores foi no entanto formada através de representantes distritais designados pelas Juntas Gerais dos três distritos autónomos: Ponta Delgada, Angra do Heroísmo e Horta.

Só o novo capítulo da História de Portugal, aberto com o 25 de Abril de 1974, levou à conjugação do conceito de autonomia com o conceito de região, daí resultando a autonomia política regional, uma nova realidade no ordenamento espacial e político da comunidade portuguesa então em vias de democratização.

Mas para se chegar à consagração constitucional do estatuto político das Regiões Autónomas dos Açores e da Madeira, o caminho percorrido não foi linear. Foi mesmo uma história cheia de peripécias com os mesmos actores a desempenharem vários papéis.

Evolução institucional da autonomia democrática

O VI Governo Provisório presidido pelo Almirante Pinheiro de Azevedo pretendeu uniformizar os poderes atribuídos às Juntas Regionais dos Açores e da Madeira criadas em 1975.

Seria em Fevereiro de 1976 que os regimes administrativos dos Açores e da Madeira ficariam uniformizados, através dos decretos-leis n.º 100 e 101 daquele ano e, desde logo, pela criação da unidade administrativa regional para cada um dos arquipélagos.

As Juntas Regionais seriam presididas pelo Governador Militar e integrariam vogais especialmente encarregados da gestão do planeamento e finanças, administração local, equipamento social e ambiente, transportes e comunicações, assuntos sociais, trabalho, emigração, agricultura e pescas, indústria, comércio e turismo, assim como da administração escolar.

Nestas matérias podiam as Juntas Regionais dos Açores e da Madeira elaborar portarias e regulamentos que se revelassem necessários à boa execução local das leis. Às Juntas Regionais competia ainda a tarefa de promover a progressiva transferência da administração central para a administração local dos chamados «serviços periféricos», tarefa que continuou após a eleição dos Governos Regionais e que constituiu uma das pedras de toque da caracterização das autonomias.

Os decretos-leis n.º 100 e 101 de 3 de Fevereiro de 1976 previam, no entanto, explicita e taxativamente, quais as matérias de exclusiva competência do Governo da República, enumerando-se os sectores da defesa e segurança, da justiça, da política externa, financeira e monetária, transportes e comunicações, meteorologia e o Instituto Geográfico e Cadastral.

A esse respeito Eduardo Paz Ferreira notou que «a técnica de enumeração de domínios reservados ao Governo Central não viria a ser seguida na Constituição de 1976»([16]).

O processo constituinte das autonomias regionais foi, aliás, na sua parte substantiva, anterior e concorrente à elaboração das normas da Constituição da República de 2 de Abril de 1976 como se pode verificar por uma série de diplomas e, sobretudo, pela metodologia da aprovação do Projecto de Estatuto Provisório Político-Administrativo dos Açores, elaborado por uma comissão nomeada pela Junta Regional em Outubro de 1975 e apresentado aos órgãos de soberania revolucionários nos primeiros meses do ano de 1976.

> Na vertigem dos acontecimentos, comandados por tácticas sem estratégia, o projecto do estatuto veio afinal a saldar-se em coisa bem diferente do que a princípio porventura se imaginara: porque acabou fornecendo a principal fonte nuclear dos artigos que, na Constituição, fixam parâmetros da autonomia insular([17]).

Em Janeiro de 1976, a Junta Regional, criada pelo decreto-lei n.º 458-B/ 75 de 22 de Agosto, apresentou o seu projecto de Estatuto Provisório da Região Autónoma dos Açores. Esse projecto de Estatuto Provisório foi apresentado ao VI Governo Provisório, presidido pelo Almirante Pinheiro de Azevedo, e ao Conselho da Revolução, presidido pelo General Costa Gomes. O Conselho da Revolução nomeou uma comissão de revisão do projecto constituída por Vitorino Nemésio, Álvaro Monjardino, Manuel Meneses, Mota Pinto, Carlos Bettencourt, Henrique Granadeiro, João Salgueiro e Miguel Galvão Teles.

Enquanto esse grupo trabalhava no Estatuto Provisório da Região dos Açores, discutia-se na Assembleia Constituinte o articulado sobre as Regiões Autónomas, primeiro na 8.ª Comissão composta por Jaime Gama (que presidia), Mota Amaral e Emanuel Rodrigues (que secretariavam), e ainda Mário Mesquita, Américo Natalino Viveiros, Monteiro Aguiar, Maria José Sampaio, Nuno Godinho de Matos, Mário Pina Correia e Carreira Marques, entre outros.

A aprovação do título VII da Constituição decorreu num clima de diálogo que nem sempre caracterizava o ambiente entre as diferentes forças políticas no Continente e nas Ilhas no período revolucionário.

Composto de dez artigos, esse título é uma autêntica inovação no direito e na política constitucional e institucional em Portugal.

Tendo ficado consagrado que o regime político-administrativo próprio daqueles arquipélagos se fundamentava nos condicionalismos geográficos, económicos e sociais e nas históricas aspirações das populações insulares e que a autonomia das regiões «visa a participação democrática dos cidadãos, o desenvolvimento económico-social e a promoção e defesa dos interesses regionais, bem como o reforço da unidade nacional e dos laços de solidariedade entre todos os portugueses» (Artigo 227.º) foram criados dois órgãos de governo próprio das regiões – a assembleia regional, eleita por sufrágio universal, directo e secreto, e o governo regional que daí resultar (Artigo 233.º). Quanto à soberania da República ela ficou «especialmente representada, em cada uma das regiões autónomas, por um Ministro da República» (Artigo 232.º).

Os primeiros anos da experiência autonómica dentro do regime democrático foram marcados por alguns conflitos de competência entre os órgãos de soberania e os órgãos regionais que tiveram expressão na jurisprudência da Comissão Constitucional entre 1976 e 1982, e depois, do Tribunal Constitucional. Mas a revolução espacial da criação de uma só entidade política para o arquipélago estava consumada, assim como o estabelecimento de novas relações entre a República e os arquipélagos atlânticos. Como já escrevi:

> A revolução em Lisboa e nos campos do sul, assim como a descolonização, geraram nos arquipélagos dos Açores e da Madeira a emergência conjugada dos conceitos de região e de autonomia. No passado já tinha havido autonomia sem região, com os Distritos; os planos de fomento trouxeram a modalidade da região como espaço de desenvolvimento integrado mas sem autonomia. As autonomias regionais foram, na sua essência, uma nova forma de relacionamento entre o poder político nacional e os territórios insulares elaborada no contexto do após-25 de Abril([18]).

Os regimes autonómicos alteraram a percepção das ilhas e do arquipélago dos Açores como uma Região dotada de órgãos democráticos de governo próprio, como a Assembleia Legislativa Regional e o Governo Regional. A divisão por distritos, que fora a novidade introduzida pela monarquia constitucional, cedeu o passo a uma organização mais densa do ponto de vista geográfico, político e cultural. A unidade arquipelágica dos Açores foi desta vez reforçada na sua identificação política pela existência de instituições democráticas e representativas. A exemplo aliás do que acontecia na nova comunidade portuguesa.

Como sintetizou Manuel Antunes «Para bem ou para mal, Portugal é hoje uma sociedade politizada [...]. Só assim será possível a re-invenção de Portugal por Portugal, a re-criação de Portugal por Portugal. Através da democracia como espaço da liberdade e da comunidade, da subjectividade e da legalidade da consensualidade e da soberania popular»([19]).

Notas

(1) Ver *A Autonomia dos Açores na Legislação Portuguesa – 1892-1947*, org. de J. Reis Leite, Horta, Assembleia Regional, 1987, p. 23.

(2) *Ibidem*, p. 220.

(3) Ver *Livro do Primeiro Congresso Açoriano*, Lisboa, Edição da Casa dos Açores, 1940.

(4) Ver Mesquita, Mário, *A Regra da Instabilidade*, Lisboa, I.N.C.M., 1987.

(5) Ferreira, José Medeiros, *Portugal na Conferência da Paz*, Lisboa, Ed. Quetzal, 1992, p. 25.

(6) *Livro do Primeiro Congresso Açoriano*, Lisboa, Edições da Casa dos Açores, 1940, p. 300.

(7) Carreiro, José Bruno, *A Autonomia Administrativa dos Distritos das Ilhas Adjacentes*, Ponta Delgada, Jornal de Cultura, 1994, pp. 72-73.

(8) *Livro do Primeiro Congresso Açoriano, ob. cit.*, pp. 288.

(9) Carlos Enes, Luís da Silva Ribeiro. *Escritos Político-administrativos*, (no Prelo).

(10) *Livro do Primeiro Congresso Açoreano, ob. cit.*, p. 351.

(11) *Livro do Primeiro Congresso Açoreano, ob. cit.*, pp. 616-623.

(12) Ver General Sousa Meneses, «A defesa dos Açores no período da Segunda Guerra Mundial», in *Boletim do Instituto Histórico da Ilha Terceira*, vol. XLV, Tomo II, 1987, Angra do Heroísmo, 1988, p. 420.

(13) Ferreira, José Medeiros, *O Comportamento Político dos Militares*, Lisboa, Ed. Estampa, 1992, p. 207.

(14) Arquivo Nacional da Torre do Tombo, M.A.I., 1940-1941, n.º 518, «Acta do Conselho de Defesa de Ponta Delgada», *ob. cit.*, p. 207.

(15) José Enes, *O 25 de Abril e a autonomia dos Açores*, Ponta Delgada, 1984 (conferência).

(16) Eduardo Paz Ferreira, *As Finanças Regionais*, Lisboa, I.N.C.M., 1985, p. 152.

(17) Álvaro Monjardino, *Os Açores no Mundo de Hoje*, Massachusets, Southeastern University, 1980, p. 107.

(18) Ferreira, José Medeiros, «Portugal em transe», *História de Portugal*, dirigida por José Mattoso, Lisboa, Círculo dos Leitores, vol. VIII, p. 177.

(19)

ORIGEM DO TEXTO:

«A Autonomia dos Açores e os Regimes Políticos em Portugal» in Revista *Ler História* n.º 31, Lisboa, 1996, pp. 157-167.

14.

I Congresso Açoriano

A editora «Jornal de Cultura», sob a esclarecida e dinâmica direcção de Ângela Almeida tem vindo a publicar uma série de obras de fundamental importância para um mais profundo conhecimento da realidade açoriana. Chegou agora o turno da reedição do livro do Primeiro Congresso Açoriano que se reuniu em Lisboa de 8 a 15 de Maio de 1938 e cuja primeira edição data de 1940, ou seja, o ano «das comemorações centenárias da Independência e Restauração de Portugal».

Essa primeira edição da Casa dos Açores em Lisboa já incluía um Prefácio do principal organizador do referido congresso, o Professor Armando Narciso e uma esclarecedora nota de abertura de Carreiro da Costa, sobre o modo «como nasceu o 1 Congresso Açoriano» que nos dispensam agora de outras considerações preliminares sobre a génese dessa realização.

Creio que será de relevar no entanto que o Congresso é organizado por um grupo de açorianos que vivia no continente e é obra do então Grémio dos Açores. Segundo Carreiro de Costa «foi relativamente fraco o entusiasmo havido por parte dos Açorianos dos Açores em presença do entusiasmo dos açorianos de Lisboa».

Na altura Carreiro da Costa não se manifesta muito seguro sobre as razões de tal diferença de entusiasmo pois não sabe «a que atribuir isso, se a uma falta de afecto pela sua terra açoriana se a um cepticismo peculiar a todos aqueles que se amedrontam com tudo o que sai fora da rotina». Não parece ter acertado. Talvez que a ausência de liberdade política fosse mais sentida num lado do que noutro...

Com efeito, a realização do I Congresso Açoriano efectuou-se num dos períodos mais duros da ditadura salazarista, fortalecida pelo decurso da guerra civil em Espanha e pela afirmação das ideologias autoritárias, centralistas e imperiais no continente europeu. Em 1938 todos se preparavam para a guerra.

A ilusão sobre a possibilidade da defesa dos interesses insulares sem se ter em conta o tipo de regime político vigente em Portugal nascera com as primeiras palavras da Comissão Autonómica de Ponta Delgada a esse respeito datados de 1893:

> Demais, a supressão de tutela administrativa amolda-se a todos os ideais do governo, como se prova com os dois povos onde ela se pratica em mais larga escala – a aristocrática Inglaterra e a democrática América do Norte, e ainda entre regimes autocráticos, como os exemplos da Rússia para com a Finlândia e da Turquia para com os principados balcânicos o estão provando([1]).

Considerar possível a autonomia dos Açores dentro de qualquer regime político português como mera decorrência da aplicação de salutares princípios de descentralização administrativa foi uma ilusão que se apoderou de muitos espíritos quando foi derrubada a democracia parlamentar pelo golpe de Estado de 28 de Maio de 1926 e mesmo quando a Ditadura Militar, deu origem à Ditadura Nacional e esta ao Estado Novo saído da Constituição de 1933.

É certo que um governo da Ditadura Militar presidido pelo madeirense coronel José Vicente de Freitas aprovara, em Fevereiro de 1928, o decreto n.º 15 035 que pretendia ainda dar seguimento à autonomia administrativa alcançada em 1895. Mas, como se sabe, foi muito curta a vigência desse diploma, se por vigência se pode caracterizar meros quatro meses de existência. Logo a 1 de Julho do mesmo ano, já era Salazar Ministro das Finanças, foi revogado o dito diploma e substituído por um proveniente do Ministério das Finanças que, no seu artigo 1.º, transferia os serviços dependentes dos Ministérios do Comércio e Comunicações, da Agricultura e da Instrução e ainda dos governos civis, polícia cívica, saúde pública, assistência e previdência dependentes dos Ministérios do Interior e das Finanças para as competências das juntas gerais dos distritos autónomos do Funchal, Ponta Delgada e Angra do Heroísmo «com todas as suas despesas e receitas privativas».

Esse mesmo decreto-lei n.º 15 805, louvando-se nos exemplos invocados no preâmbulo sobre o que acontecia «com as juntas autónomas dos portos, e com os conselhos de administração das províncias coloniais», interferia no seu artigo 13.º, com a composição interna das Juntas Gerais que passariam a ser formadas por quinze membros dos quais nove efectivos e sendo natos os seis restantes. «O que se seguirá, liderado pela nova geração de nacionalistas nos Açores, será a degradação do ideal da Autonomia»([2]).

Acresce que o governo central passou a nomear Comissões Administrativas para gerir as Juntas Gerais como relembrou um Parecer da Junta Geral Autónoma de Ponta Delgada em 2 de Fevereiro de 1938, o ano da realização do Primeiro Congresso Açoriano.

Aliás esse Parecer havia sido redigido por uma comissão composta por Luís Bettencourt de Medeiros e Câmara, Fernando Rego Costa, Francisco d' Atayde Machado de Faria e Maia, J. Correia da Silva, José Bruno Carreiro, Agnelo Casimiro, Óscar de Medeiros Bettencourt, Rodrigo Rodrigues e destinava-se a ser apresentado como Relatório da Junta Geral do Distrito de Ponta Delgada no projectado Congresso Açoriano.

Apresentado na 6.ª Sessão de Trabalho deste Congresso, dedicada aos temas de Política Administrativa, Fomento e Obras Públicas, é uma das raras comunicações que versa questões de ordem política e administrativa.

Não deixa no entanto de ser significativo recordar a recusa da constituição de uma entidade administrativa única para os Açores manifestada então pela Junta Geral Autónoma de Ponta Delgada.

> Queremos, antes de mais nada, deixar expresso o nosso inteiro aplauso por se ter posto de lado a aplicação no arquipélago açoriano do sistema agora ensaiado no Continente da República, da divisão em províncias, do território nacional, que, tendo já suscitado várias reclamações em todo o País, nestas ilhas onde nenhuma tradição o abonava, estava condenado pelo simples facto da falta de continuidade territorial e dificuldade e delongas de comunicações que chegam a ser mais regulares e frequentes entre as ilhas e o Continente, do que entre elas próprias([3]).

Por essa altura as maiores esperanças das forças vivas da ilha de S. Miguel dirigiam-se para o desenvolvimento do turismo, esperanças aliás alimentadas pelo próprio governo salazarista, a acreditar no espantoso manifesto apresentado pela Sociedade Terra Nostra com o título «Turismo e Regionalismo Micaelense». Esta comunicação é, paradoxalmente, aquela que mais explicitamente se compromete política e ideologicamente com as ideias dominantes na época. Quando se esperaria um espírito cosmopolita próprio da indústria turística eis que se nos deparam referências ao «instinto da Raça» e à «pureza de sangue português, que o isolamento de séculos não deixara contaminar»([4]).

É preciso reler para acreditar.

Seja como for, a própria Junta Geral agarra-se a essa esperança, propondo ainda no seu relatório que «A Ilha de S. Miguel será declarada, em toda a sua área, zona de turismo» pretendendo que as atribuições que, pelo Código Administrativo de 1936, pertenciam, no continente, às Câmaras Municipais em matéria de turismo sejam, «no distrito de Ponta Delgada, com todas as suas receitas próprias, da exclusiva competência da respectiva Junta Geral». Tudo para se chegar ao objectivo de solicitar ao governo um subsídio durante o prazo de dez anos destinado «exclusivamente à pavimentação das estradas de turismo do mesmo distrito»([5]).

Já se disse não abundar a discussão sobre questões políticas, institucionais ou até administrativas no decurso do Primeiro Congresso Açoriano como o demonstrou a leitura do presente volume. Tudo concorria para o efeito.

Por um lado, o clima de liberdade intelectual e política não era propício ao tratamento dos temas em questão, e por outro lado, o congresso realizou-se já depois da aprovação da lei n.º 1967 de 30 de Abril de 1938 que fixava as outras Bases de Administração do Território das Ilhas Adjacentes nos quais se dizia manter «a descentralização existente» e voltar-se «ao salutar princípio da fiscalização pelo governador civil e de tutela do Governo».

Como nos informa um dos protagonistas do segundo movimento autonomista:

> Foi o Prof. Marcelo Caetano, que, depois de visitas às ilhas dos quatro distritos, apresentou ao Governo o trabalho, por todos

os títulos muito notável, que veio a ser convertido no Estatuto dos Distritos Autónomos das Ilhas Adjacentes, aprovado pelo decreto n.º 30 214, de 22 de Dezembro de 1939, anexado, datado de 31 de Dezembro de 1940, ao Código Administrativo da mesma data, e novamente publicado, com algumas alterações, no decreto n.º 36 453 do 4 de Agosto de 1947»([6]).

Nenhuma das ideias avançadas na 6.ª Sessão do Primeiro Congresso Açoriano sobre Política Administrativa será retida pelo citado Professor de Direito Administrativo da Faculdade de Direito de Lisboa, nomeadamente a proposta da criação de um Secretariado das Ilhas Adjacentes junto do Poder Central da autoria do jornalista Armando Ávila ou a da criação de uma Agência na Repartição Oficial de Assuntos Insulares que funcionasse junto do Ministério do Interior, da autoria do tenente Aniceto dos Santos, para quem parecia «indicado fazer-se em relação aos Açores, o que já se decretou para as colónias([7]).

Deste modo o Estatuto dos Distritos Autónomos das Ilhas Adjacentes de 31 de Dezembro de 1940 não foi influenciado pelos trabalhos do Congresso Açoriano de Maio de 1938, antes resultou do «desenvolvimento das bases aprovadas» entre 1937 e Abril de 1938.

> Foi uma lei que pretendeu ser e foi considerada exemplar como exercício de direito administrativo. O seu autor, Marcelo Caetano, percorreu demoradamente os arquipélagos atlânticos portugueses... e creio que conseguiu muitas e surpreendentes adesões às suas teorias e à causa do Estado Novo...([8])

Está assim, em parte, explicado o atrofiamento do debate político durante o Congresso Açoriano de Maio de 1938. Mas a leitura atenta de muitas comunicações não permite concluir pela ausência de referências doutrinais. Uma análise de conteúdo, completamente fora do âmbito deste modesto prefácio, revelará certamente linhas ideológicas suficientemente claras e demarcadas, desde as mais acentuadamente anti-liberais e até racistas, às que pretendem conjugar regionalismo com liberdade. Verdadeira peça ideológica de museu é o ataque ao constitucionalismo derivado segundo os seus autores das ideias uniformalistas da revolução francesa que teria sido responsável pelo centralismo e pela perda da pureza das tradições locais.

Segundo Carlos Enes a elite açoriana da altura procurava «reatar o fio perdido da Tradição e do Passado», de forma a atingir a alma popular pelo que a descoberta dos antigos costumes assumiu nessa época «um papel ideológico importante»([9]).

A leitura atenta deste volume permitirá sem dúvida conhecer melhor as principais linhas ideológicas, doutrinais e culturais que ocupavam os espíritos nessa época.

A plena consciência, revelada pelos organizadores do Congresso e pelos seus participantes, da falta de liberdade para o tratamento das questões políticas e institucionais e da escassa influência que teriam os trabalhos neste campo, deslocou o centro de gravidade das comunicações e dos debates para o estudo de situação económica e social do arquipélago dos Açores assim encarado como uma entidade concreta. Desta maneira as actas desse Congresso constituem-se como indispensáveis fontes para o estudo da realidade açoriana do período final de entre duas guerras. De facto, e por esse facto, o Primeiro Congresso Açoriano foi «principalmente uma grande assembleia de estudo» como disse o seu principal organizador Armando Narciso([10]).

Estudos de qualidade e interesse diverso e irregular são por isso ainda fundamentais como fontes de uma época.

Essa «grande assembleia de estudo» versou, em dezasseis sessões de trabalho, temas desde a Geologia à Meteorologia, da Geografia Humana à literatura e Arte, de Agricultura e Pecuária ao fomento e Obras Públicas, das Comunicações Aéreas e Marítimas à Indústria de Turismo, desde o Trabalho e Higiene à Emigração. Também as questões militares e estratégicas foram abordadas, naquele ano que seria o último antes do início da Segunda Guerra Mundial em cujo conflito a importância dos Açores sobrelevou a de qualquer outra parcela do território nacional, embora o coronel Abel d'Abreu Sotto-Mayor tenha posicionado o arquipélago «como complemento estratégico da defesa de Lisboa» na sua tese «Importância estratégica dos Açores – Sua defesa»([11]).

Porém é de justiça realçar que muitas das ideias avançadas por aquele oficial na sua tese apresentada na 13.ª sessão de Trabalho foram seguidas quando do estabelecimento do conceito militar da defesa dos Açores em plena guerra mundial([12]).

Não deixa de ser particularmente perturbador reconhecer que entre as cerca de duzentas comunicações apresentadas ao Congresso

Açoriano de 1938 foi logo uma das referentes às questões militares a merecer a atenção prática das autoridades mercê das circunstâncias internacionais e aos esforços de mobilização efectuados pelo Governo português durante a Segunda Guerra Mundial(13).

Repito: a importância estratégica dos Açores exaltada no período seguinte à realização do Primeiro Congresso Açoriano não deve fazer perder de vista o manancial de estudos científicos, económicos, sociais e até de mera opinião polémica que preencheram os seus trabalhos e que estão agora mais acessíveis aos investigadores da realidade açoriana graças à iniciativa do Jornal da Cultura em reeditar o seu livro.

Embora convenha recordar as palavras de Francisco Faria e Maia datadas de 1920.

> O primeiro trabalho, a primeira grande empresa a empreender é a conquista da nossa autonomia. [...].
>
> Para que essa acção se produza é necessário um Congresso Açoriano? Não sei...(14)

Após a leitura deste Livro do Primeiro Congresso Açoriano, compreende-se melhor a pergunta e mais se habilita a resposta de todos.

Lisboa, 25 de Abril de 1995

José Medeiros Ferreira

Notas

(1) Ver José Guilherme Reis Leite, *A Autonomia dos Açores na Legislação Portuguesa – 1892-1947*, Horta, 1987, p. 23.

(2) *Ibidem*, p. 220.

(3) *Livro do Primeiro Congresso Açoriano*, Edição da Casa dos Açores, Lisboa, 1940, p. 300.

(4) *Ibid.*, pp. 520-524.

(5) *Ibid.*, pp. 305-308.

(6) José Bruno Carreiro, *A Autonomia Administrativa dos Distritos das Ilhas Adjacentes*, Ponta Delgada, Jornal de Cultura, 1994, pp. 72-73.

(7) *Livro do Primeiro Congresso Açoriano*, *op. cit.*, pp. 288-297.

(8) Reis Leite *op. cit.*, p. 311.

(9) Carlos Enes, in Luis da Silva Ribeiro, *Escritos Políticos – Administrativos* (no Prelo).

((10) *Livro do Primeiro Congresso Açoriano*, *op. cit.*, p. 531

(11) *Livro do Primeiro Congresso Açoriano... op. cit.*, pp. 016-623.

(12) Ver General Sousa Meneses «A Defesa dos Açores no Período da Segunda Guerra Mundial» in *Boletim do Instituto Histórico da Ilha Terceira*, vol. XLV, Tomo II, 1987, Angra do Heroísmo, 1988, p. 420.

(13) José Medeiros Ferreira, *O Comportamento Político dos Militares*, Lisboa, Editorial Estampa, 1992, p. 207.

(14) Francisco d'Athayde de M. Faria e Maia, *Em Prol da Descentralização*, Ponta Delgada, Jornal de Cultura, 1994, p. 137.

ORIGEM DO TEXTO:

«Prefácio à 2.ª edição» in *Actas do I Congresso Açoriano*. Ponta Delgada, Ed. Jornal de Cultura, 1995, pp. IX-XIII.

15.

O mar dos Açores nas duas guerras mundiais

Introdução

O tema *O Mar dos Açores nas Duas Guerras Mundiais* que aqui vou expor é uma síntese dos meus próprios trabalhos sobre a matéria publicados entre 1981 e 1995, acrescida é certo pelo contributo de outros estudiosos cujos trabalhos se encontram referidos na bibliografia.

Por outro lado, a importância do mar dos Açores nos diferentes conflitos encontra-se compendiada nos principais decretos que declararam a neutralidade de Portugal na guerra da Crimeia em 1854, na guerra franco-prussiana de 1870 e na Guerra hispano-americana de 1898, a chamada guerra de Cuba. Em todos esses decretos proclamatórios da neutralidade portuguesa estão regulamentadas as praxes marítimas a aplicar nos portos, especialmente nos portos insulares.

Deste modo se proibia armar embarcações destinadas a corso e a entrada nos portos a navios corsários, se regulamentava a estadia e a saída de embarcações de países beligerantes quando se tomava «indispensável a hospitalidade». Não se permitia ainda que essas embarcações aumentassem a sua tripulação ou número e calibre do seu armamento, ou ainda receber a bordo armas portáteis ou munições de guerra.

O decreto de 29 de Abril de 1898 que estamos a citar e que declarou a neutralidade de Portugal na guerra entre o reino de Espanha e a República dos EUA foi o último deste género a pôr os pontos nos is sobre os direitos e deveres de Portugal enquanto potência neutral. As neutralidades na guerra anglo-boër, na Grande Guerra entre 1914 e 1916, e durante a Segunda Guerra Mundial não foram decretadas com tal força regulamentadora da lei.

Já se percebeu no entanto que o principal da neutralidade portuguesa nesses conflitos passava pela utilização dos portos tanto no continente como nas ilhas.

Como se processou entretanto a passagem do Séc. XIX para o Séc. XX era termos da utilização estratégica dos Açores?

«Facilidades» nos Açores: o início

O conceito de «facilidades» terá sido formulado durante conversações entre D. Carlos e o rei Eduardo VII de Inglaterra ocorridas em 1903. O termo foi usado num sentido restrito por parte dos portugueses: Tratava-se de manter, à disposição da Aliada, depósitos de carvão nos principais portos atlânticos e de impor restrições no seu uso a outras bandeiras, nomeadamente à alemã. Mas logo a diplomacia londrina estendeu a compreensão das facilidades aos óleos combustíveis e aos fornecimentos de bens alimentares e outros. A partir de 1906, os ingleses alertam os governantes portugueses para não atribuírem concessões de carvão aos Alemães no porto da Horta, que aliás será visitado, antes da Primeira Guerra Mundial, por uma esquadra germânica, com destaque para o célebre «destroyer Panther» que havia de provocar uma crise internacional com a sua chegada a Agadir em 1911.

Com o eclodir da guerra, e durante o período em que Portugal não é considerado potência beligerante (até Março de 1916), assiste-se à utilização desigual dos portos do arquipélago por navios ingleses e alemães, apresentando estes sucessivas queixas quanto à forma como era interpretado o estatuto de neutralidade nos portos atlânticos.

Com efeito, as autoridades portuguesas interpretavam com a maior latitude as facilidades que forneciam aos britânicos e eram extremamente rígidas quando um navio alemão necessitava de combustível ou de fundear por mais de 24 horas num dos portos atlânticos. A Majoria-Geral da Armada chega mesmo a emitir recomendações no sentido de uma maior equidade na aplicação do estatuto de neutralidade. Recorde-se que as obrigações e direitos dos Estados neutros constituíram um tema candente nas relações internacionais durante a Primeira Guerra, especialmente enquanto foram neutrais os Estados Unidos da América, que serão os grandes defensores da liberdade de navegação e dos direitos dos países neutrais, até à sua entrada no conflito. Por outro lado, o governo português havia compendiado as suas obrigações de neutralidade nos portos insulares em decreto durante a guerra de Cuba em 1898.

Foi, aliás, a necessidade de manter a liberdade de navegação no Atlântico contra os ataques de submarinos alemães a navios mercantes norte-americanos um dos factores que determinaram Washington a declarar guerra às potências centrais. E a entrada dos EUA como beligerante teve consequências sobre os Açores.

Deste modo, o conde de Alte, ministro de Portugal em Washington, envia, a 15 de Abril de 1917, um telegrama para Lisboa, em que se faz referência ao estabelecimento de uma base naval americana nos Açores:

> É possível que a esquadra americana que vai policiar Atlântico precise ponto de apoio nossas ilhas, eu disse transmitiria qualquer pedido nesse sentido governo que o examinaria amigavelmente.

O diplomata não imaginava que o processo que culminaria com autorização do Governo português para o estabelecimento da base naval em Ponta Delgada seria bem complexo.

Desde logo, porque havia um compromisso entre Londres e Lisboa segundo o qual a defesa dos portos era confiada ao almirantado britânico, e as «facilidades» aprovadas a partir de 1903 não contemplavam a ex-colónia britânica, já demasiado desenvolta na questão do canal do Panamá. Esse compromisso fora reafirmado no início da guerra pelo almirante inglês Salis.

Porém, os ataques dos submarinos alemães ao Funchal em Dezembro de 1916 e a Ponta Delgada em 4 de Julho de 1917, demonstraram à evidência o alheamento inglês na defesa dos portos insulares, como aliás havia previsto, cerca de dez anos antes, o general Morais Sarmento no seu livro «A Aliança e a Defesa das Costas Portuguesas». A chegada a S. Miguel, a 25 de Julho de 1917, de cinco «destroyers» americanos veio revolucionar os termos das relações anglo-americanas no patrulhamento desta zona do Atlântico Norte. Liberdade de navegação primeiro, e depois política de empenhamento militar no teatro europeu por parte dos EUA, fazem dos Açores um ponto de encontro entre portugueses e norte-americanos.

A partir de então, assistiremos ao estabelecimento de um triângulo diplomático entre Lisboa, Londres e Washington que servirá de inspiração para as futuras negociações durante a Segunda Guerra Mundial e que foi utilizado pela diplomacia portuguesa durante a I Guerra.

Assim, enquanto Portugal mantinha tropas expedicionárias em África e se constituía o CEP para operar no teatro europeu, estavam indefesas as ilhas atlânticas portuguesas.

Os ataques de submarinos alemães, primeiro no Funchal em Dezembro de 1916 e depois em Ponta Delgada em Julho de 1917 vieram revelar essa lacuna de modo gritante.

Havia-se precavido o Governo da República, declinando responsabilidades pela evocação de garantias dadas pelo Governo britânico.

Assim, a 4 de Dezembro de 1916, o MNE enviara para Londres um telegrama (n.º 401) em que se afirmava:

> Enquanto na Madeira havia navios de guerra ingleses, nenhuma preocupação nos dava defesa portos ilhas, ruas hoje que navios de guerra ingleses se retiraram da Madeira e de Cabo Verde não pode haver tranquilidade... se Governo inglês se dispõe a tornar exclusivamente sobre si encargo de tal defesa muito conviria que V. Ex.ª conseguisse uma declaração formal a esse respeito para que Governo aqui não possa ser acusado de incúria.

O telegrama termina com sugestão de fornecimento de material de guerra no caso de Londres não querer ou não poder tomar a seu cargo a defesa efectiva das ilhas atlânticas portuguesas conforme ficara estabelecido desde o início da guerra.

A resposta inglesa, dada a 23 de Fevereiro de 1917, não dá qualquer garantia formal de defesa destas ilhas, já que a defesa da linha de comunicações entre Lisboa e os portos atlânticos das ilhas não era uma prioridade para os Ingleses, que tinham de concentrar forças navais no mar do Norte e no Mediterrâneo, como havia deduzido o estratego português Morais Sarmento em 1903 no seu livro «A Aliança Luso-Britânica e a Defesa das Costas Portuguesas».

Londres, se bem que não tenha curado da defesa das ilhas, demonstra um certo tipo de interesse pelos Açores durante a I Guerra, e até julga natural manifestar preferências pelos representantes da soberania portuguesa no arquipélago: assim, o ministro inglês em Lisboa evoca a própria opinião do ministro dos Negócios Estrangeiros Balfour para acentuar o seu agrado pela manutenção do general Simas Machado no cargo de Alto-Comissário, quando das tentativas sidonistas para o afastamento deste, em princípios de 1918.

O grande facto inovador portanto, a chegada a Ponta Delgada de 5 «destroyers» norte-americanos em Julho de 1917.

A presença de forças navais norte-americanas nos Açores se, circunstancialmente, podia ser de alguma valia para a estratégia aliada no Atlântico, não deixava de causar perturbação nos meios do Almirantado britânico. Disso mesmo é prova a correspondência trocada na altura entre Londres e Lisboa.

A 24 de Agosto de 1917, o MNE envia para Londres o seguinte telegrama:

> Cônsul dos Estados Unidos da América. Ponta Delgada comunicou autoridades que comodoro navios de guerra americanos surtos ali julga actuais meios de defesa insuficientes para protecção seus navios e cidade e tencionava propor seu governo melhores defesas (...). Pedia consentimento autoridades locais militares e marítimas que responderam dizendo assunto competência governo. Defesa águas e costa portuguesa por forças americanas e acção preponderante destas nos Açores é assunto altamente melindroso que interessa não só política interna e externa Portugal mas também forçosamente Inglaterra. Legítimo desejo governo da República e que Inglaterra nos forneça meios assegurar defesa eficaz(es) Ponta Delgada contra perigos marítimos. (...) se marinha americana tem a desempenhar de acordo com aliado missão defesa no Atlântico governo português deseja ser informado alcance dessa missão para responder ao governo americano.

O nosso Ministro em Londres, Teixeira Gomes, só a 3 de Outubro desse ano consegue uma resposta verbal do Foreign Office a esse respeito, resposta verbal que, a seu pedido, foi confirmada em nota particular e confidencial a 5 do mesmo mês. Nessa resposta afirma-se que o Governo inglês está circunstancialmente impedido de prover à defesa dos Açores e julga assim que o Governo português fará bem em aceitar o oferecimento americano para fornecer peças e outro material necessário na defesa das ilhas. Na sua declaração verbal, o funcionário do Foreign Office afirmava estar seguro de que, por parte do Governo americano, não havia ideia reservada sobre influência a exercer nos Açores, mas, apesar disso, é recomendado ao Governo português que tome todas as providências a fim de evitar que tal influência possa aumentar. (Telegrama de Teixeira Gomes para MNP a 6 de Outubro de 1917.)

Perante esta resposta de Londres, o Governo português, que havia adiado sucessivamente qualquer comprometimento oficial com os Norte-Americanos, responde positivamente à nota do Ministro dos EUA em Lisboa, coronel Thomas N. Birch, de 30 de Outubro de 1917, na qual este voltava a pedir certas facilidades nos Açores e o estabelecimento de uma base naval em Ponta Delgada.

As facilidades pedidas destinavam-se à isenção de direitos de alfandega «sobre material exclusivamente utilizado para objectivos navais e para, em resumo, concederem à marinha americana pela duração da guerra, tais facilidades em terra e tais privilégios marítimos, que a campanha contra os submarinos seja o mais possível eficiente».

Na sua nota de 8 de Novembro de 1917, o ministro dos Negócios Estrangeiros português, Augusto Soares, afirma no parágrafo mais importante:

> Aguardo as comunicações ulteriores de V. Ex.ª sobre a forma de levar a efeito o alvitre do governo americano ao qual o governo português dá desde já a sua aquiescência em princípio, concordando com o estabelecimento nos Açores de uma base naval, para ser utilizada durante a presente guerra pela Armada dos Estados Unidos.

Tornada oficial, entre os dois governos, a base naval em Ponta Delgada, a 8 de Novembro, logo a 17 do mesmo mês o ministro americano pede autorização para desembarque nos Açores do almirante Dunn, de três oficiais e de 50 marinheiros. A 21 o governo de Lisboa formaliza a autorização.

De uma forma geral, pode-se dizer que as pretensões norte-americanas foram praticamente todas satisfeitas, mau grado algumas reacções, entre as quais se destaca a do comandante do cruzador «Vasco da Gama»; fundeado em Ponta Delgada, Augusto Neuparth, a 23 de Março de 1918, envia para Lisboa um relatório em que afirma que as forças navais americanas «são poucas e nós poderíamos sem grande dificuldade ombrear com elas».

Também o director da alfândega de Ponta Delgada, Luís Augusto Pamplona Borges, se mostrará inconformado com a interpretação extremamente flexível que será dada pelo almirante Dunn às facilidades alfandegárias concedidas, chegando a realizar buscas nos armários de abastecimentos americanos que funcionavam no palácio do Barão da Fonte Bela entrando em conflito aberto com o referido almirante em Abril de 1918.

Em resumo, as «facilidades» oferecidas nos Açores no período da Primeira Guerra Mundial foram:

– fornecer dados meteorológicos para a Inglaterra e para os EUA, sonegando essas informações aos alemães;
– fornecer carvão e abastecimentos, assim como outros combustíveis, e reparar pequenas avarias nos navios aliados;
– ceder aos Ingleses o controlo dos cabos submarinos alemães que amarravam na Horta desde o princípio do século;
– permitir aos Ingleses o estabelecimento de uma estação de telegrafia sem fios no lugar das Feteiras, em S. Miguel;
– autorizar o estabelecimento de uma base naval norte-americana em Ponta Delgada, no segundo semestre de 1917, mudando a natureza do conceito de «facilidades» e permitindo assim uma maior segurança para os comboios marítimos aliados que atravessavam o Atlântico.

São, pois, sobretudo os serviços de tipo logístico que caracterizam as actividades desenvolvidas no arquipélago antes da Primeira Guerra Mundial e mesmo durante esta. Quer durante a neutralidade portuguesa, quer após a nossa entrada na guerra em 1916 e a manutenção da neutralidade americana, quer a partir da declaração de guerra da nação americana às potências centrais, os Açores foram sempre considerados importantes para ajudar a manter a liberdade de navegação. Essa mesma liberdade dos mares que o presidente norte-americano Wilson estabeleceu como objectivo principal nos seus catorze pontos que iriam servir de base às discussões na Conferência de Paz.

Depois da Primeira Guerra Mundial e do ponto de vista português, a dinâmica insular aparece reforçada junto de alguns responsáveis pela estratégia nacional.

Assim, o então comandante Botelho de Sousa, aliás açoriano, na sua qualidade de delegado à Conferência de Paz, afirma num *Memorandum* sobre a Marinha de Guerra, redigido em Fevereiro de 1919:

> A supremacia marítima aliada não dispensou Portugal – nem era de esperar que dispensasse – de contar com os seus recursos.

Portugal aparece como um autêntico Estado Insular:

> «A situação de Portugal assemelha-se ... à de um Estado Insular, tomando uma importância, absolutamente decisiva a liberdade e segurança das suas comunicações marítimas».

A importância dos Açores no Atlântico não passou despercebida durante a própria Conferência da Paz que culminaria com o Tratado de Versalhes e a criação da SDN. Deste modo encontramos nos arquivos do Quai d'Orsay dois documentos que serviram para a preparação da delegação francesa em que o destino dos Açores é referido.

Assim, um ofício do ministro de França em Lisboa, Daeschner, datado de 11 de Dezembro de 1918, refere que a situação dos Açores poderá vir a interessar as grandes potências na Conferência de Paz. Embora, segundo ele, as doutrinas do presidente Wilson não permitissem imaginar que ele pretendesse manter nos Açores uma base Naval permanente, não seria impossível que os EUA aproveitassem as circunstâncias para lançar as bases para ter no futuro concessões de privilégios nas ilhas, tais como o estabelecimento de depósito de carvão ou de estações de telegrafia sem fios.

Com base neste ofício a Direcção Geral Política e Comercial do Ministério dos Negócios Estrangeiros francês elaborou uma nota para a sua delegação à Conferência de Paz era que se escreve textualmente:

> Le Gouvernement Americain qui a établit une base aux Azores pourrait vouloir y conserver un depôt de charbon ou un poste TSF. La propagande americaine s'exerce activement au Portugal, tant par la presse que par de fournitures de vivres et de pétrole.
>
> (MAE Conférence de la Paix, Série A – Travaux Préparatoires – Politique des Petites Nations Alliées).

Da Primeira à Segunda Guerra Mundial

No entanto, a rapidez com que os Norte-Americanos cumpriram o seu compromisso de retirarem as suas forças navais dos Açores demonstra que a política de Washington não pretendia manter a articulação atlântica sob controlo permanente após o fim da Primeira Guerra Mundial. O presidente Wilson recusa até uma escala nos Açores no regresso da Conferência de Paz realizada em Paris, que lhe fora sugerida pelo almirante Dunn. Os Norte-Americanos abandonam a Base Naval de Ponta Delgada após o fim dos trabalhos da Conferência de Paris, em Setembro de 1919. Mas já em Março o representante português em Washington havia transmitido essa intenção.

Entre as duas guerras, os Açores parecem dormitar enquanto as potências se agitam noutros pontos do planeta. No Atlântico Norte a calma é geral.

No entretanto, progride a aviação, e o francês Castex, um homem da Marinha convertido à aeronáutica, é dos primeiros a compreender a importância dos Açores para os voos transatlânticos, tendo aterrado em 1936 em Santa Maria. Curiosamente seria o almirante Castex o autor do conceito de «perturbador continental». Outros nomes sonantes da história da aviação demandam o porto da Horta em hidroavião: p.e. Lindberg e o marechal italiano Italo Balbo.

A Marinha havia descoberto a importância dos Açores. A Aviação iria explorar essa importância.

Com a chegada da Segunda Guerra Mundial, os Açores vão ser encarados pelas potências marítimas de duas formas radicalmente diferentes: primeiro como fronteira entre o «perturbador continental» e essas potências marítimas, depois como zona de articulação entre as margens do Atlântico. Os Açores encarados como fronteira dão azo a exercícios de cenaristas de invasão pura e simples. Encarados como ponto de articulação dão origem a complexas operações diplomáticas com Lisboa.

Churchill refere nas suas «Memórias» que se havia fixado a fronteira do hemisfério ocidental por forma a incluir todo o arquipélago dos Açores. E o plano do almirante King, concebido em 1940, fixava a fronteira ocidental a meio do Atlântico.

O Oceano Atlântico parecia mais importante do que o continente europeu.

Entre Ingleses e Americanos assiste-se então a uma troca de posições sobre o domínio do Atlântico Norte.

Segundo afirma o inglês Vintras no seu livro «História Secreta dos Açores»:

> Os Americanos foram os primeiros a apreciar a importância militar dos Açores como ponto de apoio e de escala para os seus bombardeiros e transportes aéreos por considerarem a necessidade de rotas alternativas para o Reino Unido durante os meses de Inverno. Estava-se então em 1941.

Quais as causas dessa nova importância estratégica dos Açores. Vejamos o testemunho do mesmo Vintras:

> Nestas áreas, por onde passavam as nossas principais rotas de comboios, existiam zonas conhecidas pela designação de air gaps (hiatos aéreos) – áreas situadas fora do âmbito de protecção das esquadrilhas do Comando Costeiro que, nessa altura, à excepção de uma esquadrilha de *Liberators*, tinham apenas autonomia de voo até uma distância de 450 milhas das suas bases em terra.

Um desses hiatos aéreos localizava-se ao largo da Groenlândia e outro a leste dos Açores, afectando os comboios provenientes de Gibraltar e da Serra Leoa, expondo-se ainda estes últimos ao fogo do inimigo ao terem de atravessar um 30 hiato, localizado nas proximidades das ilhas Canárias, onde os submarinos alemães se podiam reabastecer.

Durante o Inverno de 1941-1942 os comboios aliados, a fim de beneficiarem da cobertura por parte das (nossas) bases na Islândia, utilizavam geralmente a rota: atlântica setentrional, o que exigia um grande esforço físico por parte da tripulação, tanto dos escoltadores como dos navios mercantes, pelas terríveis condições meteorológicas predominantes durante o Inverno entre a Terra Nova e a área do Noroeste.

A acção de reconhecimento sobre as condições estratégicas dos Açores fez-se através dos Ingleses. Curiosamente, é nas «Memórias» de Humberto Delgado que encontramos um testemunho conciso desse mecanismo:

> Pelos fins de 1941 fui convocado pelo Ministro Santos Costa, e entregaram-me um documento secreto em inglês no qual o Governo Britânico pedia informações acerca de assuntos diversos, desde a possibilidade de construção de aeródromos nos Açores até pormenorizados estudos acerca de pontes, estradas, serviços médicos, abastecimento de água e electricidade etc. Parti para os Açores no dia 10 de Dezembro de 1941, cumpri rapidamente a minha missão, e regressei a Lisboa no dia 8 de Janeiro de 42.
>
> («Memórias de Humberto Delgado», ed. Compasso do Tempo, Edições Delfos, 1974, p. 108).

Os conselhos de Humberto Delgado parecem ter tido importância para a localização da Base Aérea nas Lajes:

> A RAF sabia muito pouco acerca dos Açores e a minha estadia de reconhecimento provou ser de considerável importância. Graças ao meu conselho acerca da frequente e forte nebulosidade sobre a área, alteraram os seus planos originais quanto à proporção de artilharia anti-aérea, ligeira e pesada, para a defesa dos aeródromos. De igual maneira; a intenção de os ingleses utilizarem hidroaviões foi modificada por completo, em função das informações que lhes dei acerca do estado do mar durante o ano e das margens escarpadas.
>
> (Delgado, «Memórias», p. 110)

Esta mudança de planos pode explicar um certo atraso na implementação das facilidades nos Açores para os Aliados, todavia muito longe de ser a causa fundamental. Um outro factor foi bem mais importante e decisivo: os Aliados não queriam arriscar a quebra de neutralidade da Península Ibérica nem a invasão desta por tropas alemãs.

Precisavam primeiro de ganhar a batalha do Norte de África. E assim, a partir de Novembro de 1942, os Açores são encarados como ponto de articulação entre a América e a Europa.

Desta maneira, a utilização dos Açores pelos Aliados esteve subordinada à resolução das operações militares no Norte de África e à capacidade de resposta germânica na Península Ibérica. Os Açores já não são concebidos como fronteira mas como ponte. A partir daí, a utilização dos Açores pelos Aliados não se deve fazer contra Lisboa.

Dos estudos que efectuei posso concluir que os Aliados só se decidiram pela utilização dos Açores depois de terem a certeza de que os Alemães não tinham possibilidades de invadir a Península Ibérica, e de, através do Pacto Ibérico, e do Protocolo, terem garantido a neutralidade de Espanha. Por isso, só após a resolução vitoriosa da campanha do Norte de África se decidem a pedir facilidades nos Açores. Por esta cautela se pode verificar que os Aliados pretendiam, a partir de Novembro de 1942, que os Açores desempenhassem funções estratégicas de articulação entre as margens do Atlântico e não as funções de fronteira entre o continente europeu e o grande oceano.

Vejamos a minuta redigida pelo capitão-de-mar-e-guerra Charles Lambe, director de planos do Almirantado britânico, e destinada ao Chefe do Estado-Maior Naval (25 de Abril de 1943):

1) Creio que a presente situação no que diz respeito às ilhas portuguesas do Atlântico é a seguinte:
   a) Os Chefes do EM adiaram quaisquer decisões até o Chief of Imperial General Staff estar convencido da incapacidade dos Alemães para invadir a Península.
   b) O CIGS parece estar agora razoavelmente convencido dessa impossibilidade.
2) Nós, no Joint Planning Staff, concluímos de conversas com Sir R. Campbell que as probabilidades de obter a utilização dos Açores de modo nenhum eram desesperadas.
3) Se continua a ser intenção dos chefes do EM insistir para que essa acção se realize imediatamente a seguir à expulsão dos Alemães da Tunísia, penso que deveriam recomendar ao Gabinete de Guerra que os preparativos estejam completados o mais cedo possível.

A 3 de Maio de 1943, o documento apresenta um novo ponto de situação onde é descrita a importância da posição dos Açores:

> Sem os Açores, mover-nos-emos sempre da parte de fora do círculo, enquanto o IN opera dentro dele. As nossas forças disporiam até de uma posição central que lhes permitiria cobrir todas as variedades de campanha dos submarinos contra os teatros de operações do Atlântico Norte e do Mediterrâneo.

Só depois de ganha a primeira fase da guerra no Norte de África é que Londres insiste na sua pressão sobre Lisboa para a cedência de «facilidades» nos Açores.

A Nota de R. Campbell entregue a Salazar em 16-6-43 faz várias considerações sobre a evolução da guerra:

> 7. Nos últimos meses, contudo, a situação da guerra mudou muito em favor do Reino Unido e seus Aliados e o GSM partilha inteiramente a opinião de V. Ex.ª de que agora o perigo de uma invasão alemã da Península Ibérica virtualmente desapareceu;
>
> 8. Há, todavia, outro factor na situação geral da guerra que está suscitar a mais seria consideração por parte do GSM A campanha submarina alemã evolucionou a ponto de seriamente impedir o pleno desenvolvimento das NU no campo de batalha. O GSM já não receia que esta ameaça obste à vitória final dos Aliados, mas ela é ainda capaz de demorar tal vitória;
>
> 9. O Governo de S.M.... chegou à. conclusão de que o USQ de facilidades nas ilhas portuguesas do Atlântico, particularmente nos Açores, para o emprego de aviões e de navios de superfície seria um factor decisivo na rápida derrota da campanha submarina alemã no Atlântico
>
> 10. As facilidades a que o Governo de S.M. se refere especialmente são as seguintes:
>
> a) Facilidades em S. Miguel e na Terceira para o emprego de aviões de reconhecimento;
>
> b) Facilidades sem restrições para o reabastecimento de combustível tanto em S. Miguel como no Faial para os navios de escolta.
>
> 14.... o Governo de Sua Majestade está pronto não só a garantir a retirada das suas forças dos Açores ao fim das hostilidades, mas também a dar garantias quanto à manutenção da soberania portuguesa em todas as colónias portuguesas.
>
> O Governo da União da África do Sul associar-se-ia a estas garantias, e que há razão para esperar que garantias semelhantes serão prestadas por forças dos EU.

A co-relação entre as facilidades dadas nos Açores às potências marítimas e a manutenção da soberania portuguesa nas colónias encontrará aliás a sua expressão mais significativa no caso do aeroporto de

Santa Maria, cuja utilização foi negociada com a contrapartida de Timor Leste, então ocupado pelos Japoneses, ser restituído a Portugal. E de facto o regresso de Timor à soberania portuguesa não se deveu a qualquer operação militar, antes resultou dessa negociação diplomática envolvendo a utilização do aeroporto de Santa Maria por forças americanas.

Curiosamente, o Acordo de Londres no Verão de 1943 é celebrado apenas por uma troca de notas que marca o início das facilidades para 8 de Outubro de 43. No acordo técnico assinado pelo almirante Botelho de Sousa referem-se:

> a) facilidades sem restrições para o reabastecimento de navios no porto da Horta, utilização de Ponta Delgada como qualquer beligerante pode usar o porto de um neutro, facilidades sem restrições na Base das Lajes para aviação da Comunidade Britânica;
>
> b) as facilidades de reabastecimento em combustível são extensivas a navios das NU que operem em comboios;
>
> c) o conjunto da defesa dos Açores é da responsabilidade do governo português;
>
> d) o início das facilidades depende do compromisso da Inglaterra em manter todo o auxílio a Portugal caso haja retaliações por causa dessas facilidades;
>
> e) obrigação inglesa de fornecer material de guerra e de protecção a navios mercantes portugueses;
>
> f) cooperação para resolver problemas relacionados com abastecimento resultantes do bloqueio.

Uma série de documentos do FO demonstra que os serviços ingleses não consideram provável um ataque alemão a Portugal depois da concessão de facilidades nos Açores (ver FO 371-34712).

Curiosamente, no «Annual Report» de 1944 do Embaixador britânico em Lisboa usa-se o conceito de «neutralidade continental» para caracterizar a situação de Portugal. Assim, num ofício do embaixador Campbell de 17 de Dezembro de 1943, este afirma a propósito dos receios manifestados pelas autoridades portuguesas de uma possível represália alemã:

> Sincerely the Portuguese are not in much danger!

Podemos assim concluir que a utilização das «facilidades» nos Açores esteve subordinada ao avanço das tropas aliadas no Norte de África e à improvável reacção alemã em território da Península Ibérica. Nessa perspectiva, o complexo Norte de África-Península Ibérica aparecia como mais importante do que as melhorias imediatas resultantes das funções estratégicas dos Açores.

Tal devia-se ao próprio curso da guerra, com as funções estratégicas da Península neutralizadas e com a escolha do teatro de operações do Norte de África como o mais favorável à penetração aliada no continente europeu. Não nos podemos esquecer de que o desembarque na Itália precede a abertura da frente no Norte da Europa.

Deste modo, a coligação marítima parece ter preferido neutralizar as funções estratégicas dos Açores e da Península Ibérica para concentrar forças no teatro de operações do Norte de África. Depois a Península torna-se um teatro excêntrico para ambos os lados, as funções de articulação dos Açores são aproveitadas em pleno e a penetração no continente europeu faz-se através de duas frentes que têm em comum a ultrapassagem dos Pirenéus: e a invasão de Sicília-Itália e depois, o desembarque na Normandia.

A «neutralidade continental» de Portugal arrastara a neutralidade da Espanha através do Pacto Ibérico no período crítico 1941-1942. A resolução vitoriosa da campanha do Norte de África leva a coligação marítima a conceder a utilização de facilidades nos Açores sem arrastar uma invasão da Península pela Alemanha. A abertura de duas frentes para além dos Pirenéus faz da Península Ibérica um teatro secundário. Eis em grande parte explicado o êxito da política de neutralidade de Portugal na Segunda Guerra Mundial e o atraso na utilização dos Açores.

Vintras soma um outro elemento, este de carácter técnico-militar, ao afirmar que a demora na utilização pelos Aliados dos Açores se deve ao facto de só no início do Verão de 1943 se tornarem operacionais aviões de longo raio de acção, novos aparelhos radar e cargas de profundidade mais pesadas que maximalizavam a hipotética utilização dos Açores (*ob. cit.*, p. 110).

Outras teses afirmam que nessa altura havia entre os Aliados quem desse prioridade aos bombardeamentos sobre a Alemanha e que a batalha do Atlântico seria ganha como consequência da paralisia do esforço de guerra alemão assim conseguida. Mas se lermos John Kenneth Galbraith (*A Life in our times*, Boston, 1981, pp. 207-227) não se chega a conclusões muito positivas sobre os efeitos dos bombardeamentos em alvos estratégicos na Alemanha, que manteve o ritmo da sua indústria militar.

De qualquer maneira, encontra-se descrita, em termos gerais, a situação no Atlântico, antes e depois da utilização dos Açores pelos Aliados, sobretudo na luta anti-submarina.

Vejamos alguns dados.

Vintras resume a situação na Primavera de 1943:

> Nesse período crítico, em que a sorte da batalha do Atlântico estava ainda indecisa, operavam 11 submarinos na área compreendida entre os Açores e a baía da Biscaia, enquanto outros 25 patrulhavam desde os Açores, passando pelas Canárias, até à costa ocidental de África. Cerca de 27 destes submersíveis, cuja actividade operacional a 400-600 milhas dos Açores contra os nossos comboios foi particularmente bem sucedida entre 21 de Fevereiro e 5 de Março (1943) eram apoiados no mar por duas «vacas leiteiras» – V-460 e V-462 –. Neste mês 108 navios aliados totalizando 627 377 t. foram destruídos, enquanto a aviação inimiga afundava mais 120 barcos num total de 693 000 t. – as perdas mais pesadas desde Novembro, do ano anterior.

Estes números provam melhor do que palavras a importância capital que o EM Naval atribui à redução definitiva do gap (hiato aéreo) dos Açores e à posse de bases nestas ilhas (p. 113).

Em 1942, só no Atlântico Norte, haviam sido afundados navios num total de 5 480 000 t. Já no cômputo global do último quartel de 1943 (tendo só recentemente começado a fazer-se sentir a nossa presença nos Açores), foram afundados 53 submarinos, muitos foram afugentados de áreas de reabastecimento e perderam-se apenas 146 000 t. em navios afundados (p. 97)».

A utilidade estratégica dos Açores não carece de maiores demonstrações.

A partir de Outubro de 1943, a situação muda:

> As facilidades concedidas incluíam a utilização do aeródromo das Lajes, na Ilha Terceira, o uso, em caso de emergência, do aeródromo de Santana (Rabo de Peixe), na Ilha de S. Miguel, bem

como a liberdade de utilização dos portos de Ponta Delgada, Angra do Heroísmo e Horta. As Lajes possuíam então a maior pista do mundo – 3280m por 91,3m –, e muito embora fosse inicialmente de terra batida, os Britânicos e os Americanos cobriram-se mais tarde de malha de aço e asfalto

Esta concessão permitia o patrulhamento duma parcela do Atlântico, até então desguarnecida, e a partir de uma base localizada em pleno centro da zona, em vez de serem obrigados a reservar a maior parte para a viagem de retorno às bases, como sucedia quando actuavam a partir de Inglaterra ou da Terra Nova (pp. 113-114). A actividade Britânica nos Açores traduziu-se em 3 115 voos, 24 798 horas de voo, 38 submarinos detectados e 19 ataques, sendo o primeiro submarino afundado logo 30 dias após o desembarque (Delgado, p. 114).

Conclusão

A grande diferença entre a I e a II Guerra, para além das mudanças decorrentes da passagem do poder naval para o poder aéreo, foi o facto de os EUA, de acordo com as autoridades portuguesas, terem estabelecido uma base permanente na ilha Terceira e a presença das forças norte-americanas nos Açores ter sido avultada durante longo tempo. Durante a Segunda Guerra Mundial, os Açores são mesmo encarados como «teatro de refúgio» para os órgãos de soberania em caso de ataque à Península e o principal esforço militar português concentra-se na defesa das ilhas.

A documentação diplomática de outros países revela-nos situações muito significativas do tipo de comportamento das autoridades portuguesas da altura. Assim, o FO assinala que, ainda em Fevereiro de 1945, as autoridades portuguesas não querem dar público conhecimento do estacionamento de forças americanas nos Açores, preferindo a ficção diplomática de um acordo apenas com Londres. Mas no respeitante ao aeroporto de Santa Maria e na sua passagem a aeroporto internacional é o FO que é apanhado de surpresa...

Um outro ponto original a realçar diz respeito ao facto das facilidades dadas a ingleses e americanos durante a Segunda Guerra Mundial nunca terem sido entendidas como facilidades aos Aliados no seu conjunto.

Assim, o FO informa que, em Maio de 1945, foi proibida a distribuição de folhetos de propaganda aliada. A razão invocada pelo governador do Distrito de Angra foi que nessa propaganda aparecia, entre outras, a bandeira da União Soviética.

Também a URSS nunca mencionou, no esforço de guerra aliado, as facilidades dadas pelos portuguesas no arquipélago dos Açores, o que levou um funcionário do FO a comentar na capa do dossier sobre as relações Portugal-URSS em 1945, «the antipathy is mutual but of little consequences!» (A antipatia é mútua, mas as consequências são poucas!)

As facilidades nos Açores durante a Segunda Guerra Mundial tiveram, assim, características que se mantiveram depois da guerra: auxílio às potências marítimas contra os «perturbadores continentais».

O relatório anual elaborado pelo embaixador inglês em Lisboa, correspondente ao ano de 1945, fala-nos do esforço americano de estabelecimento nas Lajes de uma base aérea permanente.

E o relatório anual de 1948 informa-nos que em Fevereiro de 1948 ainda estão 550 americanos na Terceira quando se estabelece o acordo.

O ministro português Caeiro de Matos introduz um parágrafo no acordo EUA-Portugal para se entender as facilidades assim concedidas aos Britânicos, mas estes não se mostram interessados na sua utilização.

Ou na própria análise das autoridades norte-americanas:

> The long-standing predominant British interest in Portugal has been a controlling factor in most of our relations with the latter country, but we should more and more seek to develop an independent relationship based on our new position in world affairs
>
> (Foreign Policy of the U.S., State-War-Navy Coordinating Committee, datado de 1 de Dezembro de 1945, p. 76.)

Pois serão essas relações independentes, ou seja, bilaterais entre os EUA e Portugal que se irão desenvolver depois do final da Segunda Guerra Mundial.

A principal dimensão desse entendimento bilateral era estratégico-militar: desde antes do final da Segunda Guerra Mundial que a Junta de Chefes de Estado Maior das Forças Armadas norte-americanos preparava um sistema de bases permanentes para o período posterior.

Os Açores estarão na primeira linha dessas considerações.

Em 19 de Outubro de 1945 o almirante King define os critérios para o que se deve considerar por Bases Principais (Primary Base Area):

> That the area from the foundation of the system; that it be under U.S. sovereignty or exclusively under U.S. strategic control; that it be adequately defend or capable of immediate defense; and that it be physically adequate to the mounting and support of a sizable task force, either land, sea, or air, or a combination there of.

Em 23 de Outubro de 1945 a Junta de Chefes de Estado-Maior aprova a seguinte definição das quatro categorias de bases tendo em as sugestões do general Marshall:

> a. Primary Base Áreas: strategically located, comprising the foundation of a base system essencial to the security of the United States, its possessions;
>
> b. Secondary Base Areas: essential for the protection of and/or for access to primary bases, and for the projection of military operations;
>
> c. Subsidiary Base Áreas: required for increasing the flexibility of the system of primary and secondary bases;
>
> d. Minor Base Áreas: sites at which transit privileges and varying military rights are required, if not already obtained, in order to insure availability as required further to increase flexibilty of the system. The Azores remained as a Primary Base Area».
>
> E nesse mesmo momento a Junta concluía que «the best time for securing that necessary base rights was now.
>
> (ver para todas as citações Schanabel, James, The history of the Joint Chiefs of Staff, vol. I, National Archives, Washington, Fevereiro de 1979)

Então a JCS vai requerer ao Departamento de Estado que tente obter direitos para uso de 9 bases essenciais, entre as quais os Açores, a Gronelândia e a Islândia. E assim se dá a aproximação bilateral entre Portugal e os EUA.

Para não entrar numa enumeração muito detalhada de todo este processo de avaliação estratégica por parte dos responsáveis militares norte-americanos sublinhe-se que, após conjugar vários critérios e eliminar várias bases, ou alterar a sua ordem de importância, sempre os Açores permaneceram no cimo das áreas prioritárias para a segurança directa dos Estados Unidos no período imediatamente posterior ao fim da Segunda Guerra Mundial, juntamente com a Islândia e Açores e estabelece o seu uso para diferentes missões: como bases para serem negadas ao inimigo e como bases para escala de transportes aéreos e aviões de combate. («Base Rights in Greenland, Iceland and Azores» a Report to the President by the National Security Council, 1947, N.A. Military Branch, Washington)

Os peritos norte-americanos da Força Aérea não atribuíam aos Açores uma importância fundamental para certas categorias de missões como as de lançamento de uma ofensiva e a de defesa directa dos Estados Unidos, mas consideravam vital que os Açores não caíssem em mãos inimigas já que:

> once established in the Azores, an enemy would hold a position directly astride our tines of communication to our most probable war area.

Quanto às funções de escala para os transportes aéreos e para os aviões de combate a valorização dos Açores é então extrema:

> The most vital single spot in the world in this respect, exclusive of the war zone and the US proper. These islands are the key to our primary air line of communication.

São os militares norte-americanos que pressionam o State Departement a negociar directa e bilateralmente com Portugal a concessão de facilidades nos Açores. Eles próprios fazem o resumo das conversações:

> Dentro dos compromissos derivados do Acordo entre os EUA e Portugal a 28 de Setembro de 1944, o aeroporto de Santa Maria regressou ao controlo português a 2 de Junho de 1946. No entanto, um «modus vivendi» é estabelecido a 30 de Maio de 1946 para a continuação de facilidades no aeroporto das Lages, na Ilha Terceira, até à data de 2 de Dezembro de 1947. Em 3 de Julho de 1947 principiaram as conversações oficiais entre as autoridades

diplomáticas portuguesas e norte-americanas para um acordo sobre o uso da Base das Lages. Em Agosto 1947, Salazar dá ao embaixador norte-americano garantias categóricas sobre a disposição favorável do governo português em celebrar um novo acordo com os Estados Unidos (Acordo Bilateral de 2 de Fevereiro de 1948).

Novo acordo vem a ser assinado em 5 de Janeiro de 1951, intitulado «Acordo de auxilio mútuo para a defesa entre Portugal e os Estados Unidos» que diz directamente respeito ao uso da Base das Lages pelos norte-americanos após a criação da Organização do Tratado do Atlântico Norte (OTAN) e que prolongava até 1956 as facilidades concedidas nos Açores.

São episódios suficientemente conhecidos e por isso dispenso-me de entrar em mais pormenores.

Há no entanto uma carta do Ministro Santos Costa endereçada ao general Marshall, Secretário de Defesa dos Estados Unidos datada de 25 de Março de 1951 em que aquele membro do Governo de Salazar afirma:

> No que particularmente se refere aos Açores é, porém, forçoso que se respeite os seguintes princípios que o governo e a opinião pública portuguesas consideram basilares:
>
> 1.º – Não podem em tempo de paz existir com caracter permanente, forças americanas nos Açores. Seguem-se mais três princípios sobre defesa das instalações, aeroporto de S. Maria e uso do Plano Marshall.

A instalação de uma base aérea permanente com estacionamento do pessoal foi pois a grande consequência de utilização dos Açores pelos EUA durante a Segunda Guerra Mundial.

Fontes arquivistas

Colecção Oficial de Legislação Portuguesa – Anos de 1870 e de 1898.

Ministère des Affaires Étrangères, Paris, Série Europe.

Ministério dos Negócios Estrangeiros (AMNE), *Lisboa, Açores – Base Naval Americana*. 3.º P – A 8 – M. 40.

Washington, National Archives (NA):

Military Branch, *Antisubmarine measures in the Azores, Office of Naval Intelligence, August 1917*

Military Branch, *Foreign Policy of the United States, Memorandum from the Assistant Secretary of State to the state-War-Navy Coordinating Committee*, datado de 1 de Dezembro de 1945

Military Branch, *«base Rights in Greenland, Iceland and the Azores»*, a report to the President. by the National Security Council, 1947.

Public Record Office (PRO), Kew Garden, Londres.

Bibliografia

ANDRADE, Luís Vieira de, *Os Açores, a II Guerra Mundial e a NATO*. Ponta Delgada, Impraçor S.A., 1992.

ANTUNES, José Freire, *Kennedy e Salazar – O leão e a raposa*, Lisboa, Difusão Cultural, 1991;

Dez anos de Política Externa (1936-1947). A Nação portuguesa e a Segunda Guerra Mundial, vol. 13, I.N.C.M., 1961-1988;

*Foreign Relations of the United States 1917.*Washington, Govermment Priting Office, 1918.

FERREIRA, José Medeiros, «Reflexões sobre a importância estratégica das ilhas atlânticas: sua permanência e evolução estratégica», in *Estudos de Estratégia e Relações Internacionais*, Lisboa, Imprensa Nacional, 1981. pp. 117-131;

–, «Revisão Histórica da Participação de Portugal na I Guerra Mundial – A Dimensão Ibérico-Insular», Angra do Heroísmo. *Boletim do Instituto Histórico da Terceira*, vol. XLIII, tomo II, 1985, pp. 6-8;

–, «Os Açores nas Duas Guerras Mundiais» in *Boletim do Instituto Histórico da Ilha Terceira*, vol. XLV, 1987, pp. 73-90;

–, *A Posição de Portugal no Mundo-Portugal, os Próximos Vinte anos.* Lisboa, F. Gulbenkian, 1988;

–, In *Diário de Noticias*, 10 de Maio de 1980;

–, A política Externa Portuguesa de 1890 até aos nossos dias» Conferência apresentada no 1 Curso de verão de História Contemporânea de Portugal, Instituto de História Contemporânea. FCSH, 1991 e publicada na revista *Política Internacional*, n.º 6. Lisboa, 1993, pp. 113-136;

–, «As perspectivas de Mudança no Sistema Internacional e na Europa» in *Revista Política Internacional* n.º 5, Lisboa, 1992;

–, *Portugal na Conferência de Paz – Paris 1919*, Lisboa, Quetzal editores, 1992;

–, «As Relações Luso-Americanas no Séc. XX; a descoberta do plano bilateral», in revista *Ler História* n.º 25, Lisboa, 1 994, pp. 71-87;

–, «Neutralidade» in *Dicionário dos Estado-Novo*, coord F. Rosas e Brandão de Brito, Lisboa, Círculo de Leitores/Bertrand, 1996.

MACEDO, Ernesto Ferreira de, *Subsídios para o Estudo do Espaço Militar Português na Década de 50 – Os compromissos com a OTAN* 2 vol., Lisboa, Estado-Maior do Exercito, 1988;

MAHONEY, Richard D., *J.F.K.: Ordeal in Africa*. New York, Oxford university Press, 1983;

ROLLO, Fernanda, *Portugal e o Plano Marshall – Da rejeição à solicitação da ajuda financeira norte-americana (1947-1952)*. Dissertação de Mestrado em História Contemporânea, Lisboa, FCSH, 1992, Ed. Estampa, 1994,

SARMENTO, J. Morais, *A Defesa das Costas de Portugal e a Aliança Luso-Inglesa*, Lisboa, 1903.

SCHANABEL, James E, *The History of the Joint Chiefs of Staffs*, vol. I, 1945-1947, Washington, ed. Historical division, Joint Chiefs of Staff, Fevereiro, 1979.

TELO, António José, *Os Açores e o Controlo Atlântico*. Lisboa, Ed. Asa. 1993.

ORIGEM DO TEXTO:

«O Mar dos Açores nas duas Guerras Mundiais», in *Cultura, revista de História e Teoria das Ideias*, Lisboa, Centro de História da Cultura, vol. XI, II série, 1999, pp. 119-139.

Reunião de alunos em frente da Faculdade de Letras, 1962. Segundo Medeiros Ferreira, «A data de 24 de março de 1962 marcou não só uma era política coletiva nas relações entre a Universidade Portuguesa e o regime salazarista, como a consciência de toda uma geração de estudantes, mobilizados na luta contra a ditadura.» (Cf. texto n.º 7).

(Arq. Pessoal, José Medeiros Ferreira)

Os quatro de Genebra da revista *Polémica* (falta o quinto, Manuel de Lucena). Eurico de Figueiredo, António Barreto, José Medeiros Ferreira e Carlos Almeida (1971).

(Arq. Pessoal, José Medeiros Ferreira)

Eleições Presidenciais de 1976. José Medeiros Ferreira e Ramalho Eanes no Funchal (16 de Junho de 1976).

(Arq. Pessoal, José Medeiros Ferreira)

Tomada de posse de José Medeiros Ferreira como ministro dos Negócios Estrangeiros do I Governo Constitucional (23 de Julho de 1976).

(Arq. Pessoal, José Medeiros Ferreira)

Assinatura do pedido de adesão de Portugal ao Conselho da Europa (22 de Setembro de 1976).

(Arq. Pessoal, José Medeiros Ferreira)

No início de outubro de 1976, recém empossado ministro dos Negócios Estrangeiros do I Governo Constitucional, José Medeiros Ferreira desloca-se a Nova Iorque onde discursará no plenário da 31.ª Assembleia Geral das Nações Unidas.

(Arq. Pessoal, José Medeiros Ferreira)

José Medeiros Ferreira no aeroporto de Lisboa, no regresso dos EUA, onde participou na 31.ª Assembleia Geral das Nações Unidas. No discurso que proferiu nesse âmbito, apresentou os princípios orientadores da nova política externa portuguesa.

(Arq. Pessoal, José Medeiros Ferreira)

Visita a Lisboa do ministro belga dos Estrangeiros (novembro de 1976).

José Medeiros Ferreira com Eurico Figueiredo e António Barreto, no Museu da Eletricidade, no lançamento da obra *Pátria Utópica. O Grupo de Genebra Revisitado* (2011).

(Arq. Pessoal, José Medeiros Ferreira)

16.

O Almirante Dunn e o Presidente Wilson: o triângulo que nunca existiu?

O contexto da importância internacional dos Açores

A importância internacional e estratégica dos Açores vai crescer entre a guerra hispano-americana de 1898, a construção do canal do Panamá e o decurso da Primeira Guerra Mundial, em termos verdadeiramente impressionantes.

Talvez seja a declaração de neutralidade portuguesa por ocasião da Guerra de Cuba em 1898 aquela que revela melhor a importância dos portos atlânticos insulares nas relações luso-americanas.

Curiosamente essa declaração de neutralidade tem no parlamento de Lisboa o seu teatro aberto onde as pressões internacionais se fazem sentir. Interpelações dos deputados aos governantes sucedem-se entre 21 e 25 de Abril daquele ano, no sentido de apurar qual seria a atitude de José Luciano de Castro, chefe do governo progressista. De facto, a permanência no Mindelo da esquadra espanhola, comandada pelo almirante Cervera, causava a maior das perturbações no relacionamento entre Portugal, a Espanha e os EUA.

O jornal de Ponta Delgada, *Diário dos Açores*, publicara a 4 de Abril a notícia de que o governo espanhol esperava reunir com as suas esquadras na ilha de S. Vicente, onde se abasteceriam de carvão, para rumar conjuntamente para Cuba[1].

A 20 de Abril de 1898, o deputado regenerador Ferreira de Almeida, antigo ministro da Marinha, alertava para os perigos que se levantariam para os portos portugueses, de uma possível guerra entre Madrid e Washington, referindo-se à insuficiência dos meios navais para assegurar o respeito pelas determinações do governo de Lisboa. E são reforçados com a artilharia, os fortes de Lisboa e enviados navios de guerra para Cabo verde e Açores. O jornal micaelense *A Persuasão* assinala que «35 praças d'artilharia» foram enviados para o Faial.

Em 26 de Abril o governo português foi notificado pelo governo norte-americano da guerra entre os EUA e a Espanha. Washington esperava que Lisboa declarasse e praticasse a neutralidade no conflito, impedindo assim que os navios espanhóis se abastecessem e refrescassem as suas tripulações nos portos insulares.

Quando Portugal decretou a neutralidade na guerra hispano-americana, ou guerra de Cuba, em 1898, tinha assim os Açores e Cabo Verde no centro da decisão, ou, pelo menos, no articulado do decreto publicado no *Diário do Governo* de 29 de Abril daquele ano. Esse decreto, composto por 6 artigos, era muito minucioso na regulamentação dos direitos e deveres internacionais de Portugal, nomeadamente sobre o uso dos portos atlânticos. Assim o art.º 3.º desdobrava-se em três pontos:

> Ponto 1 – As embarcações de guerra de qualquer das potências beligerantes não praticarão, dentro dos portos e águas de Portugal, acto algum de hostilidade contra as embarcações ou nacionais ou de qualquer outra potência mesmo daquela com a qual esteja em guerra a potência a que pertencerem;
>
> Ponto 2 – Nos mesmos portos e águas as referidas embarcações não poderão aumentar a sua tripulação, alistando marinheiros súbditos de qualquer nação, ainda mesmo daquela a que pertencerem as embarcações; Ponto 3 – É igualmente proibido às mesmas embarcações aumentar nos mencionados portos e águas o número ou o calibre do seu armamento e receber a bordo armas portáteis ou munições de guerra. A estas estritas obrigações, devidamente compendiadas para a aplicação equitativa entre os beligerantes seguia-se o artigo sobre o direito «ao comércio lícito» da potência declarada como neutral([2]).

Refira-se desde já que os direitos das potências neutrais uniram os portugueses e os norte-americanos, desde as guerras napoleónicas à Guerra da Crimeia, em 1854, e ao período da Primeira Guerra Mundial entre 1914 e 1916, em que se mantiveram neutras as duas nações: «Foi aliás a necessidade de manter a liberdade de navegação no Atlântico contra os ataques dos submarinos alemães a navios mercantes norte-americanos um dos factores que determinaram Washington a declarar guerra aos impérios centrais»([3]).

Desse ponto de vista saliente-se que, *mutatis mutandi*, Portugal e EUA tiveram um comportamento internacional muito semelhante. É verdade que Portugal não declara por decreto a sua neutralidade em 1914 como o fizera em 1855, em 1870 e em 1898, mas o seu estatuto internacional seria esse até 1916. Os dois países serão assim ambos neutrais durante a maior parte das guerras no século XIX, e na Primeira Guerra Mundial começam como neutrais e entram a meio como beligerantes por causa dos transportes marítimos: Portugal porque, em Fevereiro de 1916, considera «boa presa» os barcos das potências centrais surtos nos portos nacionais a fim de aumentar a tonelagem da marinha mercante aliada, os EUA porque não toleram a guerra submarina *à outrance* dos alemães que torpedeiam a sua frota de comércio que atravessa o Atlântico.

Desde o início do século XX que a Grã-Bretanha se preocupava com a utilização das ilhas dos Açores pelos alemães, quer por causa da amarração dos cabos submarinos, quer por causa da visita de vasos de guerra, como o cruzador Pantera, que fundeara na Horta e em Ponta Delgada, antes de causar uma crise internacional ao chegar a Marrocos. Os ingleses pedem mesmo, em 1906, às autoridades portuguesas que não concedam depósitos de carvão no porto da Horta aos alemães.

Em 1908 uma esquadra alemã visita os Açores perante a presença próxima da força naval britânica. Desembarcam em S. Miguel e anotam os melhores percursos de penetração.

Este é também o período em que as teorias do poder naval do Almirante Mahan começam a ter aplicação nos EUA. O conceito estratégico segundo o qual «Quem dominar o mar domina o mundo», vai levar o Ministério da Marinha deste país a interessar-se pelo uso de bases no Pacífico, – as Filipinas –, e no Atlântico, desde o complexo Panamá – Caraíbas. Esse interesse estender-se-ia até ao alto Oceano, ou «Atlântico Central», como se assinala na história do Consulado Americano nos Açores escrita em 1926.

Portugal e os EUA mantêm a sua neutralidade no início da Grande Guerra. Lisboa será neutral até Março de 1916 e Washington até Abril de 1917. Ambos os países entrarão depois na guerra do lado dos Aliados. Assim Portugal e os EUA estiveram juntos como neutrais e juntos como beligerantes na Primeira Guerra Mundial. Neste particular recorde-se como Kennan, caracteriza o comportamento dos EUA nesse período: «We entered with the concepts and methods of a small neutral nation»([4]).

Com o eclodir da guerra, e durante o período em que Portugal não é considerado potência beligerante, assiste-se à utilização desigual dos portos do arquipélago dos Açores por navios ingleses e alemães, apresentando estes sucessivas queixas quanto à forma como era interpretado o estatuto de neutralidade nos portos insulares([5]).A Majoria-Geral da Armada chega mesmo a emitir recomendações no sentido de uma maior equidade na aplicação do estatuto de neutralidade.

Quando o Alto-Comissário General Simas Machado é nomeado nos primeiros meses de 1918 assume todas as funções políticas, administrativas e militares para os Açores, entre as quais se salientavam as de defesa marítima. A criação da figura política do Alto-Comissário para os Açores em 1918 será precursora da figura político-administrativa que será aplicada em Angola e Moçambique depois de 1920.

E o facto de o Alto-Comissário ter a seu cargo tanto os assuntos militares como os assuntos político-administrativos, mais relevo dará à personalidade de José Bruno Carreiro que o irá assessorar na vertente civil, na continuidade aliás do cargo que já ocupava de secretário do Governo Civil do distrito de Ponta Delgada.

Entre Abril de 1918 e Março de 1919, o general Simas Machado foi Alto-Comissário nos Açores, em condições excepcionalmente difíceis do ponto de vista político, militar e civil. Filho de pai açoriano, era um republicano moderado que foi Constituinte em 1911 e Senador da República em 1920. Chegada a ditadura com o 28 de Maio de 1926, pediu para deixar o serviço activo no Exército. Não houve uma multidão a fazê-lo...

José Bruno Carreiro será escolhido para chefiar a repartição civil do Alto-Comissário, em 1918, assim como chefiará depois a repartição civil do Delegado Especial do Governo nos Açores, entre 1927 e 1928, na transição da ditadura militar. É possível que José Bruno Carreiro estivesse impressionado pela importância dos Açores, revelada pela abertura do Canal do Panamá e pela chegada rápida da esquadra norte-americana após Ponta Delgada ter sido bombardeada por um submarino alemão a 4 de Julho de 1917.

A chegada de cinco destroyers americanos ao porto de Ponta Delgada a 25 de Julho veio evidenciar quem se preparava para patrulhar eficazmente o Atlântico Norte na guerra submarina declarada pela Alemanha, e veio revolucionar os termos das relações anglo-americanas nesse domínio. Mas também veio alterar a importância estratégica dos portos da Horta e de Ponta Delgada a favor deste. Daí por diante, o distrito autónomo de Ponta Delgada ganhará mais projecção transatlântica, internacional e nacional. A pujança do chamado Segundo Movimento Autonómico entronca aí.

Seria a República Portuguesa a ter de gerir essa nova distribuição de papéis entre as potências marítimas no Atlântico e nos Açores.

Assim, o ministro de Portugal em Washington, o conde de Alte, enviou, a 15 de Abril de 1917, ou seja pouco mais de uma semana depois dos EUA terem declarado guerra à Alemanha, um telegrama para Lisboa, em que se faz referência ao eventual interesse no estabelecimento de uma base americana nos Açores: «É possível que a esquadra americana que vai policiar Atlântico precise porto de apoio nossas ilhas, eu disse transmitiria qualquer pedido nesse sentido governo que o examinaria amigavelmente» ([6]).

A 24 de Agosto de 1917, o MNE Augusto Soares envia para Londres o seguinte telegrama:

> Cônsul dos EUA P. Delgada comunicou autoridades que comodoro navios de guerra americanos surtos ali julga actuais meios de defesa insuficientes para protecção seus navios e cidade e tencionava propor seu governo melhores defesas (...) Pedia consentimento autoridades locais militares e marítimas que responderam dizendo assunto competência governo. Defesa águas e costa portuguesa por forças americanas e acção preponderante destas nos Açores é assunto altamente melindroso que interessa não só política interna e externa Portugal mas também forçosamente Inglaterra. Legítimo desejo Governo da República é que Inglaterra nos forneça meios assegurar defesa eficaz P. Delgada contra perigos marítimos.

> (...) se marinha americana tem a desempenhar de acordo com aliado missão de defesa no Atlântico governo português deseja ser informado alcance dessa missão para responder ao governo americano(7).

O ministro de Portugal em Londres, Teixeira Gomes, só a 3 de Outubro de 1917 recebe uma resposta verbal do Foreign Office, resposta verbal que, a seu pedido, foi confirmada por nota particular e confidencial de 5 desse mês. Nela, o Governo britânico afirma que está circunstancialmente impedido de prover à defesa dos Açores e julga assim que o Governo português fará bem em aceitar o oferecimento americano. Na declaração verbal, o diplomata do FO afirmara ainda estar seguro de que, por parte do Governo americano, não havia ideia reservada sobre influência a exercer nos Açores, mas apesar disso é recomendado ao governo português que tome todas as providências a fim de evitar que tal influência possa aumentar(8).

Perante esta situação o governo português responde afirmativamente à Nota do ministro dos EUA em Lisboa, coronel Thomas N. Birch, datada de 30 de Outubro de 1917, na qual este insistia na concessão de certas facilidades nos Açores e no estabelecimento de uma base naval em Ponta Delgada, que é para «em resumo, concederem à marinha americana pela duração da guerra, tais facilidades em terra e tais privilégios marítimos, que a campanha contra os submarinos seja o mais possível eficiente».

O MNE Augusto Soares responderá afirmativamente por Nota datada de 8 de Novembro de 1917, embora não deixe de referir que: «Aguardo as comunicações ulteriores de V. Ex.ª sobre a forma de levar a efeito alvitre do Governo americano, concordando com o estabelecimento de uma base naval em Ponta Delgada...».

Tornada oficial a 8 de Novembro de 1917 a Base Naval de Ponta Delgada, logo a 17 do mesmo mês o embaixador americano pede autorização para o desembarque do almirante Dunn, de três oficiais e de 50 marinheiros.

De forma geral, as pretensões norte-americanas foram praticamente todas satisfeitas, mau grado algumas reacções negativas, entre os quais se destacou a do então comandante do cruzador Vasco da Gama, fundeado em Ponta Delgada, Augusto Neuparth, que, a 23 de Março de 1918, envia para Lisboa um relatório em que afirma que a forças navais norte-americanas «são poucas e nós poderíamos sem grande dificuldade ombrear com elas»([9]).

Nestas querelas militares não se imiscuía Bruno Carreiro que antes pretendia captar a boa-vontade do almirante Dunn para que dos Estados Unidos viesse algum socorro em trigo e ajuda humanitária a distribuir pela população micaelense...

O impacto internacional da base naval norte-americana é salientado por José Bruno Carreiro, trinta anos depois, na sua célebre conferência de Ponta Delgada, de Maio de 1950, quando recapitula os momentos fortes da história dos Açores:

> Perto de um século depois voltam os Açores a aparecer com destaque na História, na última fase da I Guerra Mundial. Tendo sido a colaboração dos EU que fez a sorte das armas pender decisivamente para os aliados, ainda no desfecho do grande drama e nos destinos do mundo, tiveram os Açores um alto papel, prestando-se à instalação em S. Miguel de uma base naval que muito contribuiu para facilitar o transporte de homens e material de guerra da América para a Europa([10]).

E também não escaparia ao campo de observação do futuro director do *Correio dos Açores*, a importância que a Marinha dos EUA tinha então na política externa, no estabelecimento de bases navais, e até na condução político-estratégica do interesse de Washington noutras ilhas, como a do Haiti em 1915, ou nas Ilhas Virgens que passaram, da soberania dinamarquesa para a protecção dos EUA em 1916, e as Filipinas e Cuba onde os americanos estabeleceram bases navais depois da guerra hispano-americana.

Daí a importância que José Bruno Carreiro atribui às suas relações com o Almirante Dunn, o elo de ligação com o Ministério da Marinha em Washington, cujo Assistente do Secretário de Estado, Franklin Delano Roosevelt, se deslocará propositadamente aos Açores para inspeccionar a Base Naval em Ponta Delgada em Julho de 1918 e fará uma visita ao porto da Horta.

José Bruno Carreiro estará especialmente activo durante este período, e a sua presença está associada à difusão da ajuda de proveniência norte-americana às populações da ilha de S. Miguel, carentes de cereais para a sua alimentação e de serviços de saúde e higiene.

Ainda em 2 de Novembro de 1918 podia ler-se no *Açoriano Oriental* que o Almirante Dunn havia telegrafado para a Cruz Vermelha americana a pedir

> os socorros necessários para as famílias pobres atingidas pela epidemia que grassa entre nós, tendo já solicitado: 10 médicos, 50 enfermeiros, 12 automóveis com chauffeur, 1000 cobertores, 500 camas completas, 15 000 metros de pano-cru, petróleo para iluminação durante 3 meses, numa população de 60 000 pessoas, e medicamentos, tais como antipirina, quinino, cafeína, mostarda, linhaça, etc., bem hajam todos aqueles que puderem prestar aos necessitados o seu valioso auxílio...([11])

A distribuição dessa ajuda cabia nas funções administrativas do Chefe de Repartição Civil do Alto-Comissário para os Açores.

A passagem pelos Açores, em Julho de 1918, do então Sub-Secretário da Marinha do Governo dos EU, o futuro presidente Franklin Delano Roosevelt, irá também constituir um *momentum* de prestígio pessoal e político para José Bruno Carreiro, expressamente referido numa saudação em que, pela hierarquia, não obrigatória, no discurso que proferiu em Ponta Delgada Franklin Roosevelt afirma que «Ao regressar a Washington, não se mostrará satisfeito, mas orgulhoso com o que viu em Ponta Delgada. Sabe como o almirante Dunn e os seus oficiais têm sido auxiliados e coadjuvados por S. Ex.a o Alto-Comissário, pelo sr. Almirante Neuparth e pelo sr. Dr. José Bruno»([12]).

José Bruno Carreiro, o Almirante Dunn e o Presidente Wilson: o triângulo que nunca existiu?

O chamado II Movimento Autonomista, nos anos vinte do século XX, desenvolve-se pois num contexto nacional e internacional gerado pelas consequências da Primeira Guerra Mundial.

A 11 de Dezembro de 1918, um mês depois do armistício, o ministro da França em Lisboa, Daeschner, envia um relatório para Paris onde disseca as questões colocadas a Portugal pelo fim da guerra mundial e que podem ter reflexos no comportamento da delegação portuguesa à Conferência da Paz. E após passar em revista as questões que se levantavam em Angola e Moçambique, o diplomata refere a situação nos Açores:

> Se bem que os EUA se tivessem estabelecido em Ponta Delgada sobretudo para garantir a segurança dos seus navios e do comércio marítimo, e de doutrinas do Presidente Wilson não permitirem pensar que os americanos quereriam estabelecer lá uma base naval permanente, seria de encarar como possível o aproveitamento das circunstâncias para obterem no arquipélago concessões, ou privilégios, tais como depósitos de carvão ou estações de telegrafia sem fios([13]).

Com base nessas informações, a Direcção Política do MNE francês elaborou uma nota destinada à preparação da sua Delegação à Conferência de Paz em que se referem portos em que a soberania portuguesa pode ser posta em dificuldades: o porto de Lourenço Marques, o porto de Moçâmedes, Cabinda e... os Açores. Sobre o arquipélago lê-se textualmente: «Le Gouvernement Américain qui a établit une base aux Azores, pourrait vouloir y conserver un dépôt de charbon ou un poste TSF. La propagande américaine s'exerce activement au Portugal, tant par la presse que par de fournitures de vivres et de pétrole»([14]).

Disto mesmo nos dá conta uma entrevista do Almirante Dunn, concedida ao jornal *Século* de Lisboa, no dia 5 de Janeiro de 1919, em que refere ter mandado vir trigo dos EUA para ser distribuído nos Açores assim como assistência médica especialmente preparada para ajudar as populações. Além disso procedeu à distribuição de gasolina por várias entidades, entre as quais a Cruz Vermelha([15]).

O entendimento entre José Bruno Carreiro e o comandante da base naval norte-americana em Ponta Delgada também se havia temperado nesse auxílio prestado em abastecimentos e na luta contra a pneumónica que se abaterá sobre a população da ilha de S. Miguel até lhe diminuir o número.

O Almirante Dunn, que estava de passagem em Lisboa onde seria condecorado com as insígnias de Grande Oficial da Ordem de Aviz, prodigaliza elogios ao Alto-Comissário Simas Machado e à hospitalidade em terras micaelenses:

> Quando em Janeiro de 1918 desembarquei nos Açores, julgava-me um estrangeiro em terra amiga. E quando alguns meses depois a abandonei senti tantas saudades que me julguei português. Jamais

esquecerei o que devo aos Açores – e Portugal ficará eternamente na minha alma([16]).

Nessa mesma entrevista o Almirante Dunn confessa que pediu, telegraficamente, ao Presidente dos EUA Wilson que passasse pelos Açores na sua viagem para a Europa onde iria participar na Conferência de Paz de Paris. Embora Wilson acedesse a aproximar a rota do navio passando ao largo de Ponta Delgada a 10 de Dezembro de 1918([17]), o comandante norte-americano da Base Naval de Ponta Delgada acreditava que, no regresso da Europa, o presidente dos EUA passaria dois ou três dias nas ilhas dos Açores, o que como se sabe não se verificou. Mas nessa altura, em Junho de 1919, o almirante Dunn já tinha sido substituído no comando da base naval e já se encontrava nos EUA.

Nessa visita a Lisboa, a Legação dos EUA ofereceu um jantar em honra do comandante da base naval dos Açores, em que esteve presente, entre outros, José Bruno Carreiro, referido como secretário-geral do governo civil de Ponta Delgada, na nota de reportagem do jornal *Século* de 7 de Janeiro de 1919.

O Presidente norte-americano Wilson seria o primeiro a atravessar o Atlântico no sentido contrário à corrente migratória e a visitar a Europa, deslocando-se a Londres, a Roma e a Paris, sempre no meio de grande entusiasmo europeu e perante as maiores reticências da opinião pública norte-americana que não percebera a viagem do seu Presidente para fora do seu território... É natural que ao dar-se conta disso ele tivesse pressa em regressar, e mal terminou a Conferência de Paz ei-lo que atravessa o Atlântico sem parar, já preocupado com a recepção em casa.

A tendência isolacionista dos EUA vai manifestar-se logo após o fim da Conferência de Paz no Verão de 1919, com o desmantelamento da Base Naval de Ponta Delgada em Setembro. Washington cumpria assim escrupulosamente o acordado em Outubro de 1917 com o governo português. Não tinha ainda chegado o tempo das bases permanentes, para além das conquistas de posição em Cuba, ou nas Filipinas, como decorrência da outra guerra com uma potência europeia, a guerra hispano-americana de 1898. Os EUA iriam ver o mundo evoluir de longe entre as duas guerras.

Os EUA não deixaram no entanto de outorgar uma certa autonomia às Filipinas em 1916, e nos Açores observava-se com atenção o que sucedia àquele arquipélago asiático.

Ainda a 12 de Fevereiro de 1933, o *Correio dos Açores* trazia uma notícia na primeira página intitulada «A Questão da Independência das Ilhas Filipinas», a propósito da apresentação de uma Moção no Congresso norte-americano para ser outorgada a independência àquele arquipélago, o que só aconteceria em 1946. O jornal dirigido por José Bruno Carreiro começava por acentuar que «o desejo de liberdade e de autonomia é inato nos povos como nos indivíduos»([18]).

Todavia o maior sinal de que os EUA vão iniciar o seu próprio «esplêndido isolamento» oceânico no período entre-as-duas-guerras será dado pela não ratificação pelo Senado do Tratado de Versalhes e do Pacto da Sociedade das Nações.

Logo em Julho de 1919, o Tratado de Paz e o Pacto da SDN que o incorporava são submetidos à ratificação do Senado maioritariamente republicano desde Novembro de 1918. O resto é conhecido. Levantou-se um coro de protestos nos EUA contra Versalhes: os americanos de origem alemã, porque este mutilava a antiga pátria, os de origem italiana porque os aliados não tinham cumprido as promessas com que aliciaram Roma a entrar na guerra, os de origem irlandesa porque a Grã-Bretanha não fora constrangida a dar à Irlanda a independência plena. O Tratado não foi ratificado e o Partido Democrático sofrerá uma pesada derrota nas eleições de 1920 em que é eleito presidente dos EUA a figura apagada de Harding que se remete ao Congresso para governar.

Desapareciam assim os possíveis pontos de apoio para uma política transatlântica. Chegara, para ficar, o isolacionismo norte-americano. O Atlântico fora adiado. Quando José Bruno Carreiro assume a direcção do *Correio dos Açores* no início dos anos vinte os dados internacionais já estão lançados...

E o seu apelo em forma de título «Se a Madeira quisesse» em 1922 já se insere na consciência da falta de apoios suficientes a nível internacional. Daí o recurso à Madeira.

O II Movimento Autonómico numa perspectiva comparada

O segundo movimento autonomista irá então ser condicionado mais por factores decorrentes da comunidade política portuguesa, lato senso, do que pelas circunstâncias internacionais.

De entre essas condicionantes avulta a da desagregação política da Primeira República, já tratada por vários autores. Menos referido em sido o contexto da evolução noutros territórios, como Angola e Moçambique, no período de entre-as-duas-guerras e por isso vou dedicar-me um pouco mais a esse tema, pois ele não deixou de ter uma dimensão internacional e contaminava o debate político em Portugal, com as polémicas que envolveram Norton de Matos, Cunha Leal, Brito Camacho, e os congressos coloniais de 1924 e de 1930.

Nem o que se passava então nas colónias seria desconhecido dos principais animadores das correntes autonomistas e regionalistas nos Açores.

Um protagonista do partido regionalista, como o oficial da Armada Filomeno da Câmara Melo Cabral, que foi governador de Timor de 1911 a 1913, candidato a deputado pelo partido regionalista pelo Círculo de Ponta Delgada em Novembro de 1925, animador dos golpes de Estado de 1925 e de 1926 que deram por finda a República Parlamentar, administrador colonial experimentado em Angola onde chegou a ser nomeado Alto-Comissário antes de o cargo ser extinto por Salazar em 1930, estaria certamente ao corrente das tendências autonomistas em África.

Desde logo com a criação dos Altos-Comissários da República em 1920, uma decorrência directa da influência inglesa durante a Conferência de Paz em Paris e das entrevistas de Afonso Costa com Lord Milner na Primavera de 1919([19]) e, depois, com a nomeação de Norton de Matos para Angola e de Brito Camacho para Moçambique, desencadeiam-se movimentos autonomistas e descentralizadores naqueles territórios, uns apoiados nos Altos-Comissários, outros organizados contra eles.

Pode, aliás, detectar-se na nomeação de um Alto-Comissário para os Açores, em 1918, um sinal precursor dessa figura político-administrativa para os territórios ultramarinos.

Mas o que mais relevou para o estado de espírito sobre os territórios coloniais, ou não-autónomos foi sem dúvida o novo direito público internacional ínsito no Pacto da SDN. Com efeito, o Pacto da SDN introduziu uma nova hierarquia de objectivos na administração desses territórios, no seu art.º 22.º sobre a nova figura internacional dos Mandatos, que passou a orientar a evolução do direito público internacional sobre os territórios não-autónomos, assente no consentimento das populações e na preparação destas para a independência. Era ainda a filosofia norte-americana e que obrigou Portugal a adaptar-se ais novos tempos.

O período entre o fim da guerra e a publicação em Portugal do Acto Colonial em 1930 assistiu a grandes debates sobre a melhor maneira de governar esses territórios, ainda num clima de relativa liberdade de expressão.

Assim, em Angola, vão fervilhar os movimentos autonomistas e emancipalistas logo depois da Primeira Guerra Mundial. Em 1918, os colonos protestaram, bloquearam estradas, destruindo pontes e ameaçando revoltar-se, enquanto uma greve de trabalhadores angolanos teve um forte impacto na economia em 1920. Nesse ano de 1920 aparece o partido Pró Angola, e em 1926 a União dos Defensores de Angola, movimentos emancipalistas.

Para esses movimentos de colonos europeus, a solução passaria pela aplicação do modelo britânico do *self-government* tal como se estava a defender nos Açores...

A crise de Angola provocara o ressurgimento da tendência autonomista entre uma parte dos colonos angolanos. [...] A solução passava, portanto, pela aplicação do modelo britânico do self-government (governo próprio) ... Neste sentido os colonos mais radicais organizaram-se em partidos e movimentos políticos autonomistas, nomeadamente o Partido *Pró Angola e a União dos Defensores de Angola*. O *Partido Pró Angola* defendia num dos seus manifestos que

> tendo consciência de que a autonomia administrativa e financeira, concedida na conformidade das bases orgânicas, não satisfaz já as aspirações legítimas de Angola [...] defende e trabalha pelo estabelecimento de uma autonomia branda no sistema britânico do *self-government*, [...] Reivindica para Angola o direito de possuir uma constituição privativa dentro dos princípios genéricos da CRP, na qual serão ressalvados e garantidos os direitos de soberania de Portugal e dado à colónia o direito de prover ao seu governo([20]).

Em Moçambique também surgiram propostas de autonomia, descentralização, e até as teses regionalistas. Em Moçambique será o próprio ex-Alto-Comissário Brito Camacho (1921-1924) que, ferido pela aspereza do movimento autonomista dos colonos contra ele, escreverá em 1924:

> A principal obrigação da metrópole em relação às suas colónias é preparar a sua emancipação. Uma colónia que não tende para a sua emancipação é uma terra escrava. [...] O termo natural da

evolução duma colónia, mais rápida ou demoradamente, conforme as suas circunstâncias é a sua emancipação([21]).

É também a época da realização de muitos congressos regionalistas e coloniais em Portugal, como o Congresso Colonial de 1924, o Congresso Colonial de 1930, a exposição colonial no Porto de 1934, a exposição do mundo português de 1940, e o Congresso Açoreano realizado em Lisboa em 1938 por iniciativa da casa dos Açores.

O percurso da evolução política em Portugal continental irá secar essas aspirações emergentes e frágeis do período imediatamente posterior ao fim da Primeira Guerra Mundial. O golpe de Estado de 28 de Maio de 1926, e sobretudo a ascensão de Salazar no interior da ditadura a partir de 1928, serão decisivos para o fim das correntes emancipalistas. Irão então florescer – como sucedâneo? – as teses regionalistas.

Conclusão

José Bruno Carreiro navegará depois da Primeira Guerra Mundial entre a autonomia e o regionalismo, falhados os pressupostos internacionais e nacionais em que assentou a sua acção entre 1918 e 1919, nomeadamente o apoio norte-americano e uma evolução para o *self-government* nos territórios ultramarinos portugueses.

Haverá certamente alguma diferença específica entre o movimento autonómico e o movimento regionalista, embora eles se confundem e confluem no propósito de alteração partidária da República Parlamentar.

Como escreveu um estudioso na matéria: «Regionalismo, identidade açoriana e reivindicação autonomista trilhavam, pois, na generalidade, caminhos convergentes nestes agitados tempos de contestação à política da Primeira República»([22]).

Porém enquanto o movimento autonomista muito padecerá com o regime da ditadura, já o sobrevivente regionalista há-de conformar-se com o espaço cultural assinalado pela evolução política do salazarismo.

Enquanto o movimento autonómico luta pelo governo próprio e pela descentralização política, numa crítica acentuada à república parlamentar e à sua instabilidade final, já o regionalismo vê chegar as ditaduras militar, nacional e salazarista refugiado numa diferença específica, mais cultural do que política.

Tudo isto terá influenciado o movimento autonomista e regionalista que se afirma no arquipélago, e sobretudo em S. Miguel e na Terceira, nas décadas de 20 e 30, e que culminará com o Congresso Açoriano realizado em Lisboa em 1938, já no entardecer das suas propostas. Caída a Primeira República parlamentar, muda o panorama político, muda a linguagem, adaptam-se os objectivos. O possível apoio internacional à autonomia já desaparecera nesse período de entre-as-duas guerras.

Fontes

AD-MAE, *Conférence de la Paix*. Série A, Paix, Travaux Préparatoires de la Conférence, 299, Politique des Petites Nations Alliées, nota da Direction des Affaires Politiques et Commerciales, (doc. 78).

Correio dos Açores, 11 de Outubro de 1925.

Correio dos Açores, 12 de Fevereiro de 1933

Jornal Século, 5 de Janeiro de 1919.

Jornal A Persuasão, 1898.

Bibliografia

CAMACHO, Brito, *Política Colonial*, Lisboa, Ed. Cosmos, 1936.

CARREIRO, J. Bruno, *A Autonomia Administrativa dos Distritos das Ilhas Adjacentes*, Ponta Delgada, 1952.

CORDEIRO, Carlos, «Regionalismo e Identidade Açoriana – O debate dos anos 20», in *Suplemento Açoriano de Cultura*, ed. do Correio dos Açores de 9 de Março de 1995.

Diário dos Açores, 4 de Abril de 1898, citado por Nélia Leitão in *Reflexos da Guerra Hispano Americana em Portugal*, trabalho apresentado na disciplina «Diplomacia e as Relações Euro-Atlânticas», orientado por José Medeiros Ferreira, Mestrado de Relações Internacionais, Universidade dos Açores, 2007.

DOTY, William E, *Esboço Histórico do Consulado Americano nos Açores*, Horta, Núcleo Cultural, 2006

FERREIRA, José Medeiros, *Cinco Regimes na Política Internacional*, Lisboa, Ed. Presença, 2006.

___, «A Importância do porto de Ponta Delgada, na I Guerra Mundial», in *Açoriano Oriental*, Suplemento, 500 Anos do Conselho de Ponta Delgada, edição de 19 de Julho de 1999.

___, «Os Açores nas duas guerras mundiais», in *Boletim do I H. da Ilha Terceira*, vol. XLV, 1987, Angra do Heroísmo, 1988.

___, «O Mar dos Açores nas duas guerras mundiais», in *Revista de História e Teoria das Ideias*, vol. XI (2.ª Série), Lisboa, UNL, 1999.

KENNAN, Georges, *American Diplomacy*, The University of Chicago Press, 1984.

MAURÍCIO, Miguel, *A Base Naval em Ponta Delgada em 1917*, trabalho para o seminário «Diplomacia e Política Externa Euro-Atlântica», orientado por José Medeiros Ferreira, no Mestrado em Relações Internacionais da Universidade dos Açores, Policopiado, 2007.

MESQUITA, Mário, «A Escala de Roosevelt nos Açores Durante a Primeira Guerra Mundial», in *Boletim do Instituto Histórico da Ilha Terceira*, volume XLIV. Ano de 1986.

MENEZES, Luís, *As Eleições Legislativas de 1921 e 1925 no Arquipélago dos Açores*, s.l., SREC, 1992.

PIMENTA, Fernando Tavares, *Brancos de Angola –Autonomismo e Nacionalismo (1900-1961)*, Coimbra, Minerva, 2005.

TELO, A. José, *Os Açores e o Controlo do Atlântico*, Lisboa, Ed. Asa, 1993.

Notas

(1) i, 4 de Abril de 1898, citado por Nélia Leitão in i, trabalho apresentado na disciplina «Diplomacia e as Relações Euro-Atlânticas», ministrada por José Medeiros Ferreira, Mestrado de Relações Internacionais, Universidade dos Açores, 2007.

(2) Ver José Medeiros Ferreira, *Cinco Regimes na Política Internacional*, Lisboa, Ed. Presença, 2006, pp. 24-25.

(3) José Medeiros Ferreira, «O Mar dos Açores nas duas guerras mundiais», in *Revista de História e Teoria das Ideias*, vol. XI (2.ª Série), Lisboa, UNL, 1999, p. 120.

(4) Georges Kennan, *American Diplomacy*, The University of Chicago Press, 1984, p. 91.

(5) Ver José Medeiros Ferreira, «A importância do porto de Ponta Delgada, na I Guerra Mundial», in *Açoriano Oriental*, Suplemento, 500 Anos do Conselho de Ponta Delgada, 19 de Julho de 1999.

(6) José Medeiros Ferreira, «Os Açores nas duas guerras mundiais», in *Boletim do I H. da Ilha Terceira*, vol. XLV – 1987, Angra do Heroísmo, 1988, p. 75.

(7) *Idem*, p. 77.

(8) Telegrama de Teixeira Gomes para o MNE, datado de Londres, 6 de Outubro de 1917, *ob. cit.*, p. 77.

(9) Cit. em José Medeiros Ferreira, «Os Açores nas duas guerras mundiais», p. 78.

(10) J Bruno Carreiro, *A Autonomia Administrativa dos Distritos das Ilhas Adjacentes*, Ponta Delgada, 1952, p. 15.

11) Miguel Maurício, *A Base Naval em Ponta Delgada em 1917*, trabalho para o seminário «Diplomacia e Política Externa Euro-Atlântica», orientado por José Medeiros Ferreira, no Mestrado em relações Internacionais da Universidade dos Açores, Policopiado, 2007, p. 9.

(12) Mário Mesquita, «A Escala de Roosevelt nos Açores durante a Primeira Guerra Mundial» in *Boletim do Instituto Histórico da Ilha Terceira*, volume XLIV. Ano de 1986, p. 43.

(13) Ver AD-MAE, *Conférence de la Paix,* Série A, Paix, Travaux Préparatoires de La Conférence, 299, Politique des Petites Nations Alliées, Oficio do Ministro da França em Lisboa, datado de 11 de Dezembro de 1918.

(14) AD-MAE, *Conférence de la Paix*. Série A, Paix, Travaux Préparatoires de la Conférence, 299, Politique des Petites Nations Alliées, nota da Direction des Affaires Politiques et Commerciales, (doc. 78).

(15) *Século*, 5 de Janeiro de 1919, entrevista do Almirante Dunn.

(16) Entrevista do Almirante Dunn, *idem.*

(17) William F. Doty, *Esboço Histórico do Consulado Americano nos Açores*, Horta, Núcleo Cultural, 2006, p. 37 e 65.

(18) *Correio dos Açores*, 12 de Fevereiro de 1933.

(19) Ver José Medeiros Ferreira, *Portugal na Conferencia de Paz*, *ob. cit.*, pp. 30-32.

(20) Ver Fernando Tavares Pimenta, *Brancos de Angola – Autonomismo e Nacionalismo (1900-1961),* Coimbra, Minerva, 2005, pp. 100-101.

(21) Brito Camacho, *Política Colonial,* Lisboa, Ed. Cosmos, 1936, p. 11.

(22) Carlos Cordeiro, «Regionalismo e Identidade Açoriana – O debate dos anos 20» in *Suplemento Açoriano de Cultura*, ed. do Correio dos Açores de 9 de Março de 1995.

ORIGEM DO TEXTO:

«José Bruno Carreiro, O Almirante Dunn, e o Presidente Wilson: O triângulo que nunca existiu?», in Luís Nuno Rodrigues (coord.), *Franklin Roosevelt e os Açores nas duas Guerras Mundiais*, Lisboa, Fundação Luso-Americana para o Desenvolvimento – IPRI, 2008, p. 61-79.

17.

A revolução autonómica

Introdução: uma revolução espacial e política

A revolução do 25 de Abril de 1974 foi, na origem e nos propósitos, uma revolução de natureza política e espacial que culminou com o acesso à independência das colónias, com a instauração de um regime democrático, a emergência do Poder Local e a consagração constitucional das Autonomias Insulares dos Açores e da Madeira.

A Comunidade Política Portuguesa sempre foi uma comunidade territorial de geometria exterior variável desde D. Afonso V e os seus títulos de rei «daquém e dalém mar em África», até à Constituição de 1933 que no seu artigo 1.º fixava os territórios da República Portuguesa por continentes. O ponto 1 desse artigo situava o arquipélago dos Açores na Europa, conjuntamente com «o Continente» e o arquipélago da Madeira. Entretanto havia-se retirado da enumeração territorial da Constituição liberal de 1822 a soberania sobre o Reino do Brasil, e a Lei n.º 7/74 de 27 de Julho abriu as portas à descolonização total.

Ora as «Ilhas Adjacentes» do artigo 125.º da Constituição de 1933 vão assistir ao processo de descolonização legalizado através da Lei n.º 7/74 de 26 de Julho que anulou o art.º 1.º da Constituição de 1933 nos seus pontos 2, 3, 4 e 5 que enunciava as possessões ultramarinas. Bastaria esse terramoto territorial, embora com epicentro em África, para sacudir as ilhas atlânticas, tanto mais que até as ilhas de S. Tomé e Príncipe assim como o arquipélago de Cabo Verde também acederam à independência durante o processo de descolonização desencadeado pelo movimento do 25 de Abril de 1974.

Essa revolução espacial terá também repercussões no ordenamento político e administrativo do arquipélago dos Açores, essas «ilhas adjacentes» divididas até então em três distritos com três governadores civis nomeados pelo governo de Lisboa e sediados em Ponta Delgada, Angra do Heroísmo e Horta.

Essa revolução espacial deveu-se, por um lado, à independência das colónias, e por outro lado, aos ajustamentos internos entre o poder central e o poder local, como entre o continente e a dimensão insular atlântica. Como observou o grande geógrafo Orlando Ribeiro, «O território é um vaso várias vezes modelado». Descolonização, autonomia insular e poder local reorganizaram o Estado português depois de 25 de Abril de 1974.

A «revolução autonómica» insere-se nessa convulsão espacial mais geral que reordenou os territórios da comunidade política portuguesa.

Em termos do arquipélago dos Açores importa realçar que enquanto o processo autonómico dos finais do séc. XIX se vai encetar numa perspectiva distrital senão de ilha, já o iniciado depois do derrube do Estado Novo terá um objectivo unitário arquipelágico. Esta nova concepção é tanto mais de realçar quanto nas discussões sobre autonomia que precederam a aprovação, na Assembleia Nacional, da Lei n.º 3/71, ou seja, a revisão constitucional operada durante o consulado marcelista, não se referem os arquipélagos dos Açores e da Madeira. É o que resulta da leitura dos *pareceres* n.º 22, 23 e 24/X sobre a proposta de Lei n.º 14/X e os projectos de Lei n.º 6 e 7/X da Câmara Corporativa. Como se lê no preâmbulo do Projecto de Estatuto Político-Administrativo da Região dos Açores: «os tempos não propiciavam as reformas».

É certo que a revisão constitucional de 1971 introduziu o conceito de **regiões autónomas,** mas apenas para ser aplicado aos territórios sob administração portuguesa situados fora da Europa e que constituíam as então chamadas **Províncias Ultramarinas,** «as quais terão estatutos próprios como regiões autónomas» (art.º 133.º).

E embora também a expressão «autonomia progressiva» tenha sido politicamente muito utilizada entre 1971 e a queda da ditadura em 1974, ela não se usava para caracterizar a evolução dos arquipélagos dos Açores e da Madeira, mas antes era uma via proclamada para a evolução dos territórios ultramarinos.

Não deixa de ser significativo assinalar o retrato do comportamento geral dos responsáveis micaelenses, feito pelo penúltimo Governador Civil do Distrito de Ponta Delgada nomeado pelo regime autoritário derrubado a 25 de Abril, o coronel Basílio Seguro:

> Caberá, talvez, uma alusão breve a mutações de mentalidade e de atitudes que eu pretendi em gentes desse Distrito que governei.
>
> Diligenciei insistentemente, sobretudo em oportunidades de discurso público, incutir a ideia actuante de que para a obtenção daquilo a que se tem direito não há que pedir, implorar, usar influências, mas antes exigir (termo só depois generalizado)...
>
> É que contactei com casos de muita submissão, de um atemorizante sentimento de dependência, face aos poderes públicos([1]).

Nessa altura as entidades responsáveis dos Açores e da Madeira não proclamavam a progressão da autonomia como uma das vias possíveis para a afirmação política e o desenvolvimento económico daqueles arquipélagos, mas desde os anos 60 que, mercê de uma particular visão de muitos quadros ligados à Igreja Católica e à elaboração dos Planos de Fomento de filosofia centralizadora, era a formação de entidades regionais que ocupava os espíritos. Assim, nas *Semanas de Estudos dos Açores,* realizadas nos meados dos anos sessenta, no âmbito do Instituto Açoriano de Cultura com sede em Angra do Heroísmo, os Açores são concebidos como uma região por inteiro, mas em termos de desenvolvimento económico.

O facto de haver na organização da Igreja Católica um só bispo para todo o arquipélago dos Açores permite compreender melhor o avanço das concepções tecnocráticas da altura ligadas à Igreja sobre o espartilho administrativo distrital sustentado pelo regime político autoritário em Portugal.

Como afirmou um protagonista desse processo: «A transição da autonomia distrital para a autonomia regional deu-se através das estruturas para o planeamento regional»([2]).

Em 1969 criaram-se as **regiões plano** dentro dos objectivos do III Plano de Fomento (1968-1973) assim como as Comissões Consultivas de Planeamento Regional. A constituição da primeira Comissão Regional do Planeamento nos Açores foi, no entanto, formada através de representantes distritais designados pelas Juntas Gerais dos três distritos autónomos: Ponta Delgada, Angra do Heroísmo e Horta.

Só o novo capítulo da História de Portugal, aberto com o 25 de Abril de 1974, levou à conjugação do conceito de autonomia com o conceito de região, daí resultando a autonomia política regional, uma nova realidade no ordenamento espacial e político da comunidade portuguesa.

O conceito de região pouca ou nenhuma tradição tinha em Portugal, ou nos Açores, em termos de designação de entidades administrativas ou políticas. É mais do que provável que a sua aplicação tenha derivado das experiências de descentralização operadas depois da Guerra Mundial na Itália, e provinha mais da sociologia e do direito constitucional comparado do que da geografia política no caso dos Açores. Um sociólogo como Oliveira Mendes terá dificuldade em situar a emergência de um regionalismo açoriano contemporâneo numa tese de doutoramento apresentada na Faculdade de Economia da Universidade de Coimbra([3]).

Já para um estudioso dessa problemática na Universidade dos Açores, «A Região é, paradigmaticamente, um conceito histórico-geográfico; mas também cultural, económico e político-organizacional. Acima de tudo, a região é também um edifício humano e uma construção identificacional»([4]). Nessa perspectiva pode entra o regionalismo de Luís Ribeiro e José Bruno Carreiro, desenvolvido na primeira metade do século XX.

Pois o conceito de região aplicado ao arquipélago dos Açores nos idos de 1975 e consagrado nos diplomas de 1976, e sobretudo na Constituição da República Portuguesa, são bem «um edifício humano e uma construção identificacional».

Isto porque a autonomia insular tanto podia ter operado na antiga divisão administrativa dos distritos de Ponta Delgada, Angra do Heroísmo e Horta, como ter tomado outro nome para a sua unidade. O conceito de «Comunidade Autonómica» seria poucos anos mais tarde acolhido na Constituição espanhola para caracterizar entes político-administrativos similares às regiões autonómicas dos Açores e da Madeira.

Em teoria, o espaço da autonomia política insular poderia ter sido outro. Assim no projecto do PPD/A, apresentado em 8 de Novembro de 1974, ainda se justapunha a **Região** e os **Distritos** nas suas *Bases*, na qual a autonomia aparecia como um instrumento para as «necessidades do arquipélago». Também no projecto do *Movimento para a Autonomia do Povo Açoriano* (MAPA), publicado em Janeiro de 1975, ainda se admitia a continuidade da divisão distrital dentro da «unidade lusa».

E uma brochura do chamado «Grupo dos Onze», composto por individualidades residentes em Ponta Delgada como Borges Coutinho, Angelino Páscoa, Deodato Magalhães de Sousa, Roberto Amaral e padre Weber Machado, publicada a 31 de Janeiro de 1975, referia na sua Base V que «O território do arquipélago dos Açores que, para efeitos de planeamento e de administração geral, se divide em conselhos que se subdividem em freguesias e se agrupam em **distritos**». Nessa mesma brochura pode no entanto ler-se que:

> A autonomia definida acima só considerará e eliminará as disparidades existentes entre as várias zonas do Arquipélago, se deixar de estar confinada a cada um dos distritos independentemente e for alargada à Região dos Açores, tomada com um todo para efeitos de administração geral e de planeamento([5]).

A passagem dos três distritos desarticulados entre si à unidade político-administrativa em que se institui a autonomia do arquipélago dos Açores bastaria por si só para caracterizar como revolucionário o processo no período que nos é dado estudar, sobretudo tendo em conta a longa persistência política da divisão administrativa distrital que tinha os favores das ilhas e dos conselhos mais ricos e durava há bem mais do que um século e atravessara os vários regimes portugueses desde então.

Como já escrevi:

> O contexto histórico-político do período pré-constitucional foi de tal maneira dramático visto dos Açores que os concelhos mais ricos e as ilhas mais importantes aceitaram como coisa sua a passagem do espaço distrital para o espaço regional que também aparecia como um alargamento dos mercados de intercâmbio inter-ilhas. Mas dessa maneira coube a S. Miguel e à Terceira, nomeadamente, arcarem com maiores responsabilidades financeiras e orçamentais para todo o arquipélago. [...]

De certa maneira, as ilhas de S. Miguel e da Terceira pagaram esse preço em troca de uma maior autonomia política e administrativa em relação ao Estado português([6]).

Essa atitude das maiores ilhas contratava, assim, com o que acontecera até então e que ficou bem expresso num *Parecer* elaborado pela Junta geral Autónoma de Ponta Delgada ao Primeiro Congresso Açoriano realizado em Lisboa, em Maio de 1938, e no qual se recusava a constituição de uma entidade administrativa única para os Açores:

> Queremos, antes de mais nada, deixar expresso o nosso inteiro aplauso por se ter posto de lado a aplicação no arquipélago açoriano do sistema agora ensaiado no Continente da República, da divisão em províncias, do território nacional, que, tendo já suscitado várias reclamações em todo o País, nestas ilhas onde nenhuma tradição o abonava, estava condenado pelo simples facto da falta de continuidade territorial e dificuldade e delongas de comunicação que chegam a ser mais regulares e frequentes entre as ilhas e o Continente, do que entre elas próprias([7]).

Esta revolução espacial atingiu o arquipélago de fora para dentro mas também teve uma expressão interna inter-ilhas que se traduziu pela criação de uma unidade política em todo o arquipélago. Como se escrevia em Angra a 16 de Fevereiro de 1975, «Queremos uns Açores pensados para o macro-espaço atlântico...»([8]).

Essa unidade político-administrativa do arquipélago conseguida pela passagem de divisão distrital à reunião de todas as ilhas na categoria de **Região** dotada de órgãos democráticos de governo próprio como a Assembleia Legislativa e o Governo Regional, foi reforçada pelas leis eleitorais que permitiram a representação política plural de todas as ilhas através dos deputados regionais, por um círculo eleitoral único para a Assembleia da República, e pela referência identitária transmitida por grandes órgãos de comunicação social como a RTP/A, que se instalou nos Açores precisamente em 1975, e como a RDP, esta mais antiga mas entretanto mais potente e com mais tempo de antena dedicado a programas açorianos.

Um outro factor de unidade do arquipélago foi fornecido pela emergência dos partidos políticos.

Com efeito, o novo capítulo da História aberto com o 25 de Abril de 1974 desencadeou o que aqui se designa pela primeira vez por «revolução autonómica», por vezes com os mesmos actores a desempenharem vários papéis.

A emergência dos partidos políticos

É consensual afirmar «que os Açores tiveram uma fraca dinâmica oposicionista ao Estado Novo» que se traduziu praticamente na inexistência de «qualquer tipo de organização minimamente consistente, baseando-se apenas em algumas individualidades que, recorrendo a meios diversificados, manifestavam a sua discordância com as políticas então vigentes»([9]).

Porém convém analisar mais de perto essa questão para se entender melhor o que se passou a seguir, tanto mais que a história da oposição ao Estado Novo também tem os seus períodos.

Mesmo admitindo que assim tivesse sido não deixa de merecer realce, neste período, o facto de a oposição democrática ter concorrido às eleições para a Assembleia Nacional ocorridas no consulado marcelista em 1969 e desistido em 1973.

Assim, na «Declaração de Ponta Delgada», datada de 21 de Janeiro de 1969, um grupo diversificado de personalidades «decidiu, após reflexão [...], apresentar uma lista de Candidatos Independentes no pleito eleitoral de Outubro de 1969». Da longa lista de assinaturas constam já muitos nomes que estarão nas primeiras manifestações políticas depois do 25 de Abril de 1974; a maioria dividindo-se nesse período inicial entre a continuação da fórmula unitária e eleitoral constituída pelo MDP (Movimento Democrático Português) e a formulação de forças partidárias distintas com realce para o PS e para o PCP.

Esse grupo independente, mas declaradamente de oposição ao regime do Estado Novo, conseguirá um resultado animador (22% dos votos expressos) tendo em conta os condicionalismos vividos (só 20% da população se encontrava recenseada, por exemplo). Este resultado foi o segundo melhor da oposição em todo o país a seguir ao de Setúbal.

Curiosamente na lista da ANP que elegeu todos os candidatos, entre os quais o futuro líder do PPD/A, João Bosco da Mota Amaral. Da lista da oposição fizeram parte Manuel Barbosa, João Silvestre e António

Borges Coutinho que seria o primeiro governador civil do distrito de Ponta Delgada nomeado depois do 25 de Abril de 1974.

No seguimento das eleições de 1969 surgiu em Ponta Delgada a *Cooperativa Cultural Sextante* que organizava colóquios e outras actividades de animação cívica. Em 1972 o governo de Marcello Caetano extinguiu esse tipo de cooperativas culturais. Durante esse período a *Sextante* «foi liderada por António Borges Coutinho, tendo participado nas suas actividades individualidades como José Jorge Couto, futuro fundador do PS em S. Miguel, José Deca Mota, futuro líder do PCP no arquipélago, e Carlos César, futuro presidente do Governo Regional»([10]).

Mas como escreverá o cônsul dos EUA em Ponta Delgada, Daniels, logo a seguir ao 25 de Abril de 1974, o «anterior regime tinha muitos apoiantes aqui» e a Revolução está longe de ser popular»([11]). Tal não impediu uma rápida adesão à nova ordem das coisas, e na tarde do golpe militar já os governadores civis tinham por «fútil qualquer resistência»([12]).

A relação com um poder distante e que tantas vezes só intermitentemente aparecia na vida quotidiana das populações insulares pode explicar melhor o que se passava do que uma aferição de apoios e combates a esse mesmo poder central.

De qualquer maneira o major Melo Antunes, que fora enviado pelas autoridades marcelistas para Ponta Delgada com outro oficial do Movimento dos Capitães, Vasco Lourenço, concebe um acto de destruição simbólico e público do regime ditatorial ao ocupar, no dia 27 as instalações da polícia política, a PIDE/DGS, perante uma pequena multidão que se juntou junto às portas da cidade, perto da Igreja Matriz. Nesse mesmo dia são destituídos os governadores civis e ocupados os quartéis da Legião Portuguesa([13]).

Assim, mal o regime cai em Lisboa, logo começam as movimentações de adaptação e resposta ao novo estado de coisas. E a percepção difusa de que se o país se vai dotar de um regime político de partidos para concorrer às anunciadas eleições para uma Assembleia Nacional Constituinte no prazo de um ano, conforme reza o programa do MFA lido na RTP pelo general Spínola na noite de 25 para 26 de Abril, então o melhor é começar a pensar em organizá-los. Deste modo, o desfile do 1.º de Maio em Ponta Delgada tem já uma participação significativa onde se misturaram «hinos patrióticos e palavras de ordem»([14]).

Contrariamente aos anteriores movimentos autonómicos não se poderá entender as relações tecidas e permitidas pelo jogo das propostas emanadas dos Açores e da Madeira e das respostas provindas de Lisboa sem ter em conta a emergência do sistema de partidos políticos em Portugal depois do 25 de Abril de 1974 e a dialéctica das relações entre as suas componentes nacionais e regionais.

Há hoje um testemunho qualificado que nos remete para a hierarquia política das opções que se fizeram logo a seguir à Revolução.

Assim, em Junho de 1974, um telegrama do embaixador dos EUA em Lisboa para o Departamento de Estado em Washington relata um encontro com Mota Amaral em que este embora referindo que tinha sido abordado por Vítor Cruz, que lhe entregara um manifesto de um movimento para a independência dos Açores, estava «muito mais interessado no futuro do centrista Partido Popular Democrático»([15]).

Por aqui se pode apreciar historicamente as prioridades políticas de quem teria algumas escolhas a fazer em termos do rumo a imprimir à evolução política dos Açores.

O papel dos partidos políticos na transição para a democracia e na arquitectura da autonomia já mereceu um extenso estudo universitário que conclui pela caracterização do sistema de partidos nos Açores com como apresentando «inúmeros traços de um sistema de partido predominante» entre 1976 e 1996, ficando tal a dever-se à forma como se processou a referida transição no arquipélago([16]).

A emergência dos partidos políticos quer a nível nacional quer a nível regional serão fundamentais para o rumo do futuro dos Açores neste período. E muito dificilmente se entenderão as características inovadoras da revolução autonómica saída do 25 de Abril de 1974 caso se não estude o comportamento dos partidos políticos na tecelagem dos laços entre o nível regional e o nível nacional.

Os partidos políticos não nasceram do nada após o 25 de Abril, embora a novidade do sistema de partidos seja absoluta e mais um elemento para a revolução dos costumes políticos.

Tendo em conta a particular importância que terão na fundação, na constitucionalização e na evolução do regime autonómico, analise-se a natureza dos dois maiores partidos regionais, o PPD e o PS que também o serão a nível regional.

A formação do Partido Popular Democrático nos Açores já mereceu uma monografia especial([17]). Mas continua por esclarecer se o Partido se formou a partir do mandato de João Bosco do Amaral como fundador do PPD nacional, se a sua origem é intrinsecamente regionalista. Esta problemática é importante para o ponto que aqui se quer desenvolver sobre o papel dos partidos políticos no enlace da República com o arquipélago dos Açores.

Em 3 de Maio de 1974, Francisco Sá Carneiro, Francisco Pinto Balsemão, Magalhães Mota, entre outros, são recebidos em Belém pelo general Spínola, a quem comunicam a constituição de um partido aí designado como Social-Democrático. O partido não manterá essa designação pois, entrementes, apareceria o efémero Partido Cristão Social-Democrático.

Só a 6 de Maio se dá o anúncio público da constituição desse partido que se passa a chamar Partido Popular Democrático. Este anúncio fez-se através de um comunicado lido no Telejornal da RTP. A 8 de Maio, a comissão organizadora do PPD dá uma conferencia de imprensa na qual Sá Carneiro definiu o novo partido como sendo de centro-esquerda com vocação social-democrata, Pinto Balsemão defendeu uma nova política externa preconizando uma maior aproximação do Mercado Comum e a negociação do cessar-fogo na colónias, tendo Magalhães Mora referido a luta que os deputados da «Ala Liberal» do marcelismo tinha travado na extinta Assembleia Nacional a favor das liberdade pública»([18]).

É neste enquadramento que se pode compreender melhor a entrevista concedida por Mota Amaral à Emissora Nacional a 4 de Maio de 1974 a anunciar o seu regresso aos Açores para «começar imediatamente a trabalhar» na constituição de uma associação política. E ao chegar a Ponta Delgada, no dia 10 de Maio, explica que irá «iniciar contactos com várias pessoas para o estabelecimento de uma delegação do Partido Popular Democrático»([19]).

Esta ideia de delegação pura e simples do PPD embrionário a nível nacional vai ser rapidamente substituída pela construção de um «Partido Regionalista» nascido numa reunião realizada, a 14 de Maio, no Centro Social do Fajã de Baixo com a presença de cerca de cem pessoas. Esse partido regionalista procuraria depois a sua filiação num partido nacional. Graças ao mandato que Mota Amaral trazia dos fundadores do PPD, essa filiação está garantida dois dias depois. Segundo um académico «houve uma intenção deliberada de se proceder primeiro à fundação de um partido de teor regional que depois filar-se-ia no PPD»([20]). Mas essa intenção não está bem expressa na declaração de 10 de Maio de Mota Amaral e só foi afirmada no dia 14, na reunião da Fajã de Baixo.

Acentue-se que essa filiação opera-se muito rapidamente e ainda na ausência de qualquer legislação nacional que impedisse a afirmação de partidos meramente regionais, o que só acontecerá com a lei dos partidos políticos meses depois, em Novembro de 1974.

Mesmo assim, esse politólogo caracteriza a fundação do PPDA como correspondendo «a um tipo de construção territorial partidária por difusão, i.e., verifica-se que uma estrutura local pré-formada adere à estrutura nacional do partido»([21]).

Já o cônsul dos EUA em Ponta Delgada, Daniels, não tem dúvidas em relatar para a embaixada em Lisboa e para o Departamento de Estado em Washington, quando do aparecimento do Movimento para a Auto-Determinação do Povo Açoriano (MAPA) que seria difícil de prever o grau de ataque dos «movimentos açorianos previamente implantados na região e com fortes laços aos maiores partidos em Lisboa», sendo no entanto de esperar «uma forte reacção especialmente do Partido Popular Democrático de Mota Amaral»([22]).

Vão assim sobreviver, disputar eleições para a Constituinte, decidir sobre a natureza do regime autonómico aqueles partidos que conseguiram neste período pré-constitucional melhores e mais fortes amarras aos partidos de âmbito nacional. É uma diferença a assinalar em relação aos movimentos autonomistas anteriores.

Mota Amaral, em 1999, escreveu algo nesse sentido ao pretender dar uma interpretação definitiva sobre a ambivalência nacional-regional do partido que fundou nos Açores, no prefácio do livro sobre histórias do Partido Popular Democrático Açoreano (PPDA):

> Da documentação recolhida e aqui divulgada, resulta claro que o projecto inicial era fundar um partido regional e regionalista, virado para os problemas próprios dos Açores, sem prejuízo da sua inserção e articulação com uma entidade partidária mais vasta e poderosa, de âmbito nacional([23]).

Subsiste, no entanto, um problema, não tanto quanto à intenção endógena da criação de um partido regionalista na reunião de 14 de

Maio de 1974, realizada no salão paroquial da Fajã de Baixo, mas quanto ao âmbito regional açoreano desse acto organizado tendo em conta que o que dessa reunião resultou foi a formação do «núcleo de Ponta Delgada do PPD», o primeiro dos três núcleos do PPD nos Açores (o de Ponta Delgada, o de Angra e o da Horta) que persistiram durante todo o período de transição e durante os primeiros actos eleitorais.

Cite-se o principal protagonista da estratégia fundadora do PPDA:

> ... aprovada a Constituição e instaurada a Autonomia Constitucional, os três núcleos do PPD existentes nos Açores, correspondentes aos extintos distritos autónomos, adaptaram estatutos e organização de âmbito regional, com dirigentes eleitos em congresso açoreano...([24])

Com efeito. Mas só então, ou seja, alguns anos mais tarde da fundação do partido regionalista de âmbito distrital, se consagrou a dimensão unitária arquipelágica do partido.

A formação do PPD nos Açores é, assim, a mais paradigmática em termos da ambivalência da própria autonomia. Entre assumir-se como **partido regional**, na tradição dos movimentos novecentistas que geraram os distritos autónomos e nos que surgiram na Primeira República, ou considerar-se como uma componente distinta mas inter-ligada do PPD a nível nacional, a génese do PPD/A prefigura o compromisso final da articulação entre o poder político autonómico e o poder político nacional, sem um esclarecimento final sobre a origem do poder constituinte.

Já a **formação do Partido Socialista** nos Açores coloca outras dimensões em perspectiva, no respeitante à dialéctica do enlace entre as estruturas partidárias.

Embora seja de atender à importância das influências recíprocas entre dirigentes nacionais do PS e o conhecimento directo que outros dirigentes de origem açoriana tinham do arquipélago, cite-se o estudioso universitário sobre a matéria:

> A análise do tipo de construção territorial do PS nos Açores leva-nos à constatação de que se verificou um fenómeno de formação por penetração, i.e., a construção regional do partido significativamente determinada pela acção das estruturas nacionais([25]).

Refira-se, no entanto, que personalidades como Jaime Gama e Mário Mesquita, fundadores do PS na clandestinidade e dirigentes nacionais, dedicaram na primeira fase de implantação do partido em Portugal muito do seu tempo à formação de núcleos nas diversas ilhas e conseguindo a vinda repetida aos Açores dos mais altos responsáveis a nível geral pela estratégia política do PS.

> Em termos organizativos, a estreita relação com as estruturas nacionais revela-se um traço distintivo do esforço de penetração do PS nos Açores. Podemos inclusive verificar que o facto de alguns membros serem naturais da região contribuiu de forma decisiva para a articulação entre as estruturas nacionais e as locais([26]).

O PS privilegiou a realização de comícios nas principais ilhas com a participação dos mais importantes dirigentes nacionais como Mário Soares, Salgado Zenha, Maria de Jesus Barroso, Sofia de Mello Breyner, Jaime Gama e Mário Mesquita, estes últimos dois ambos micaelenses e ambos fundadores do PS na clandestinidade e cuja influência se fez sentir na implantação do partido nas ilhas.

Estes sucessivos comícios em várias ilhas chamam novamente a atenção para a «necessidade de criação de uma estrutura partidária de âmbito regional»([27]).

Neste particular é de assinalar uma mais rápida percepção da necessidade do PS encarar política e organizacionalmente o arquipélago dos Açores como um todo e não tanto numa base distrital ou de ilha. É possível que a ausência de laços tecidos anteriormente e a forte influência da estratégia deste partido a nível nacional tenha facilitado essa maior rapidez organizacional na sua dimensão regional. O PS/A que se caracterizará como sendo «um partido novo de gente nova» nesse período fundador.

Assim, em termos organizativos, já a 24 de Agosto de 1974 se defende a criação de uma «Comissão Coordenadora das actividades do PS nos Açores», por elementos de todos os distritos. E, logo a seguir, Mário Soares, Secretário-Geral do PS, desloca-se aos Açores e participa em comícios e sessões de esclarecimento em Angra do Heroísmo, Horta e Ponta Delgada. E, em conferência de imprensa, afirma «o apoio do PS a uma Autonomia Real dos Açores, em contraposição à autonomia itada da autoria de Marcelo Caetano»([28]). Em Novembro seguinte é a vez de Salgado Zenha se deslocar ao arquipélago.

E em Fevereiro de 1976 Mário Soares, no regresso de uma viagem aos EUA, voltará uma vez mais aos Açores para participar numa ronda de comícios. O realizado em Ponta Delgada no Coliseu Micaelense ficará assinalado pelo rebentamento de uma bomba que danificará o sistema eléctrico do recinto impedindo o normal desenrolar da sessão.

A implantação do PS nos Açores sofria assim de especificidades próprias ao contexto insular, em parte muito diferentes das existentes a nível nacional.

Já num período de estabilização político-institucional o PS/Açores viu-se assim a si próprio:

> No chamado *período revolucionário* coube ao PS nos Açores a difícil tarefa de, em simultâneo, defender a constitucionalização e consolidação do processo autonómico e a sua coexistência com os objectivos da implantação democrática e da unidade nacional [...] entrincheirada na luta contra radicalizações de sinal contrário, contra a ascensão comunista ilegítima como contra a violência e a rotura do separatismo, o PS foi forçado ao desempenho indispensável de um papel de resistência, em prejuízo da elaboração e demonstração da sua qualidade de força política autónoma vocacionada para as funções governativas([29]).

Ou seja, o PS mesmo com dificuldades inerentes à sua implantação endógena motivada pela ausência de apoios sócio-institucionais prévios e sofrendo a concorrência nas suas «fronteiras naturais» à esquerda por parte do pré-existente Movimento Democrático Português (MDP), consegue movimentar-se bem numa perspectiva inter-ilhas e regional, graças em boa parte à estratégia de difusão partidária por meio de comícios tendo por oradores personalidades de âmbito nacional, alguns membros dos governos provisórios. Os laços de inter-ligação assim criados dentro do PS a nível nacional e a nível regional vão permitir avanços articulados nas propostas políticas e institucionais sobre os Açores.

Deste modo no 1.º Congresso do PS realizado depois do derrube da ditadura, em Dezembro de 1974, o seu *Programa* acolhe o propósito de dotar os Açores e a Madeira de uma autonomia política e administrativa, e, o que mais é, propondo que esses dois arquipélagos «**constituirão regiões autónomas**».

Tendo em conta o papel determinante que o PS terá na aprovação, ou não, de todos os artigos da Constituição na futura Assembleia, e a sua representação influente no VI Governo Provisório que há-de aprovar os primeiros Estatutos Político-Administrativos das regiões Autónomas, essa inclusão merece realce.

Nos outros partidos a solução é mais simples: desde o PCP ao CDS as suas formações nos Açores são encaradas inicialmente como delegações dos respectivos partidos a nível da República. Convém, no entanto, referir que o Partido Socialista terá uma evolução própria da dimensão nacional para a dimensão regional com o decorrer do funcionamento do regime e que se acentuou depois de ter assumido responsabilidades governamentais no arquipélago. Mas essa passagem far-se-á mais tarde, sobretudo depois da ascensão de Carlos César a presidente do PS/A e a presidente do governo regional.

Os primeiros resultados eleitorais para a Assembleia Constituinte, para a Assembleia da República, para a chefia do Estado, em Abril de 1975 e de 1976, e em Junho de 1976 respectivamente, seguida das eleições regionais em Setembro e das locais em Dezembro do mesmo ano, completaram esse ciclo de implantação dos partidos políticos nos Açores, dando uma clara predominância ao PPD/A e remetendo o PS para o papel de principal partido de oposição mas com fortes apoios a nível da República.

O historiador não estaria a cumprir cabalmente o seu dever caso não chamasse a atenção para o facto dessa articulação entre estruturas açorianas e as estruturas partidárias nacionais que constituíram uma característica da revolução autonómica democrática se ter inserido posteriormente num quadro de proibição legal consagrada na Constituição de 1976 da existência de partido regionais. Porém as experiências que mesmo assim foram ensaiadas à volta do Partido Democrático do Atlântico demonstram a fragilidade desse âmbito geográfico sobretudo tendo em conta os resultados eleitorais.

Relações entre revolução, região e autonomia

Os acontecimentos revolucionários no continente e a descolonização dos territórios africanos tiveram as maiores consequências no arquipélago dos Açores.

A revolução em Lisboa e nos campos do Sul assim como a descolonização dos territórios africanos geraram nos arquipélagos dos Açores e da Madeira a emergência conjugada dos conceitos de região e de autonomia. No passado já tinha havido autonomia, sem região, com os distritos; os Planos de Fomento trouxeram a modalidade da região como espaço de desenvolvimento integrado mas sem autonomia. As autonomias regionais foram, na sua essência, uma nova forma de relacionamento entre o Poder Político nacional e o território.

O derrube da ditadura e a instauração de um clima de liberdade pública provocaram uma enorme onda de choque em toda a comunidade portuguesa quer no interior quer no exterior. Após cerca de meio século de alienação da discussão sobre os caminhos do País, a liberdade vivida a todos dava a impressão de tudo ser possível para o futuro. E todos e tudo se lançaram a propor projectos, a situarem-se perante os acontecimentos e as escolhas. Uns queriam a manutenção de uma portugalidade nacionalista, outros pretendiam apoiar-se no novo poder em Lisboa para melhor induzirem as reformas políticas, sociais e económicas no arquipélago, mais alguns procuraram reatar o fio condutor das lutas autonómicas e também surgiram os que preconizavam a independência. Todos procuravam uma nova identidade.

Um intelectual, Vamberto Freitas, oferece-nos uma descrição da sua tomada de consciência no meio universitário da Califórnia antes e depois do 25 de Abril de 1974.

> Eu pensava nos Açores meramente como sendo uma só ilha, da qual eu conhecia uma freguesia e uma cidadezinha...
>
> Não vos exagero se disser que uma pátria que já me era apenas teórica tornava-se agora viva, coisas, gente e livros mexiam e aguavam insistentemente as minhas raízes, dando-me a alegria de um renascimento...([30])

Essa «alegria de um renascimento» espalhou-se por todos quantos, perante a convulsão e o aumento de possibilidades para o futuro, se quiseram expressar.

Foi o Partido Popular Democrático, conhecido na altura pela sigla PPD/A, quem apresentou o primeiro projecto de «Bases do Estatuto Político-Administrativo da Região Autónoma dos Açores», em Novembro de 1974. Essas «Bases» mantinham no entanto a divisão interna da região por distritos e reservavam para um Governador, com categoria de Ministro, a representação da soberania portuguesa. Era ainda uma formulação cautelosa e moderada embora previdente em relação às modificações que se anunciavam no ordenamento do Estado Português.

Entretanto, os delegados dos Açores e da Madeira, no 1.º Congresso do PPD realizado em Lisboa a 23 e 24 de Novembro de 1974, apresentaram em conjunto uma série de princípios sobre a autonomia regional que acabaram por ser adoptados no programa daquele partido.

Em Janeiro de 1975, o Movimento para a Autonomia do Povo Açoreano (MAPA) apresentava, por seu lado, um programa no qual se contemplava «uma verdadeira autonomia administrativa e financeira para os Açores», a par da existência de um Conselho com poderes legislativos. Retomava-se assim o caminho das lutas autonómicas, interrompidas em 1931 com o esmagamento das revoltas contra a Ditadura Nacional, na Madeira e nos Açores.

Os acontecimentos em Lisboa e o processo de descolonização nos territórios africanos despertaram naqueles territórios reflexos conjugados e complexos de defesa e de aproveitamento da nova ordem das coisas.

O Partido Socialista dedicar-se-á primordialmente ao estudo das condições da melhoria de vida nos arquipélagos, tendo apoiado um estudo preliminar elaborado por António Barreto e publicado em Maio de 1975, onde ainda estava presente uma estratégia de desenvolvimento integrado nacional, na qual os Açores se incluíam e seriam beneficiados pelas políticas reformadoras no seu conjunto.

É muito difícil avaliar o que foi causa e consequência no desencadear dos factos que levaram à constituição de regiões autónomas nos arquipélagos dos Açores e da Madeira ainda durante o período pré-constitucional.

Embora fossem nomeados, depois do 25 de Abril, novos governadores civis distritais para o Funchal, Ponta Delgada, Angra do Heroísmo e Horta, o certo é que cedo se começou a pensar numa nova unidade administrativa para os arquipélagos, tendo apenas variado as designações, e o que elas implicavam em termos de maior ou menor centralismo e autonomia, desde a extensão às ilhas da continental **Província,** como previa um projecto da direcção geral da Acção Regional do MAI, até à consagração das **regiões,** como novas entidades administrativas e políticas. A escolha do conceito de **região** foi assim circunstancial.

Uma das chaves para decifrar a evolução das instituições insulares está na origem da criação das Juntas Regionais para cada um dos arquipélagos.

No arquipélago da Madeira criou-se, primeiro, uma **Junta de Planeamento,** pelo decreto-lei n.º 138/75 de 18 de Março, que iria dar lugar, cerca de um ano depois, a uma Junta Regional com poderes mais alargados conferidos pelo decreto-lei n.º 101/76 de 3 de Fevereiro. A «Junta Administrativa e de Desenvolvimento Regional» foi criada pelo decreto-lei n.º 458-B/75 publicado a 22 de Agosto, na dependência directa do Primeiro Ministro (art.º 3.º). A **Junta Regional,** como ficou conhecida, seria «responsável pelos sectores de Coordenação Económica e Finanças, Administração Local, Equipamento Social e Ambiente, Assuntos Sociais, Trabalho e Emigração, Educação e Investigação Científica, Comunicação Social e Cultura, Agricultura, Pescas e Indústria, Transportes, Comércio, Comunicações e Turismo» (art.º 3.º). Porém o artigo 4.º do referido decreto-lei determinava que a Junta Regional teria os poderes que lhe fossem delegados pelo Governo Central.

Segundo um dos principais protagonistas desse processo, «Na execução destes preceitos, houve algumas delegações pontuais de competências – por exemplo, para autorizar a abertura de agências bancárias. Mas desde logo se viu que, sem efectivos poderes, a Junta funcionaria pouco e mal»([31]). De maneira que, nos fins de 1975, foi significado ao VI Governo Provisório, por esses protagonistas da autonomia política, a necessidade de se alterar o decreto-lei n.º 458-B/75 de molde a conferir à Junta Regional poderes efectivos. Essas alterações foram ajustadas em Lisboa, no mês de Janeiro de 1976, com vários governantes, vindo a resultar no decreto-lei n.º 100 de 3 de Fevereiro de 1976, que terminou assim com o vazio de competências próprias por parte das juntas regionais dos Açores e da Madeira.

A principal alteração introduzida dizia respeito às competências efectivas da Junta Regional que ficaram estabelecidas pela via negativa, isto é, pela inclusão das competências reservadas ao Governo central, como se verá adiante.

Os poderes conferidos à Junta Regional eram de natureza administrativa a nível ministerial (incluindo os de regulamentar por portaria) em todos os sectores definidos pelo artigo 3.º do decreto-lei n.º 458-B/75 atrás mencionado. Eram poderes de governo tão amplos que a sua fórmula foi acolhida no primeiro Estatuto Político-Administrativo da Região Autónoma dos Açores.

Mas antes houve que ultrapassar uma onda de agitação e mesmo de violência que incluiu manifestações separatistas, atentados bombistas em sedes partidárias, a carros e a outros bens materiais de personalidades de esquerda ou tidas como favoráveis ao poder político instalado em Lisboa. Procedeu-se na prática, à expulsão para fora do arquipélago de pessoas tidas por indesejáveis por entidades avulsas. Quer o PCP quer o MDP foram as forças mais atingidas por esses atentados mas a sede o PS em Ponta Delgada também foi atingida por essa onda de violência a 17 de Novembro de 1975.

Relações entre revolução, independentismo e autonomia

É conhecida a intenção do governo de Salazar de proceder à evacuação dos órgãos de soberania para as ilhas atlânticas caso se desse uma invasão da península ibérica durante a Segunda Guerra Mundial. Esse plano tinha o apoio de Londres. Em linguagem militar as ilhas atlânticas funcionariam como «teatro de refúgio», a exemplo do Brasil durante as invasões napoleónicas. Daí partir-se-ia para a reconquista de Portugal continental.

Com o desenrolar dos acontecimentos em Portugal continental depois do 25 de Abril, os revolucionários pretenderam apoiar-se no governo de Lisboa e no Movimento das Forças Armadas para operarem nos arquipélagos dos Açores e da Madeira. Os adversários da revolução, pelo contrário, irão provocar a desestabilização nas ilhas, chegando a apoiar-se em forças separatistas, para alcançarem um duplo objectivo: moderar os ímpetos revolucionários em Lisboa e garantir uma autonomia político-administrativa nos territórios insulares. É esta a essência das relações entre a revolução, o separatismo e a autonomia.

No Verão de 1975 surgiram nos Açores e na Madeira dois movimentos que publicamente afirmavam lutar pela independência dos respectivos arquipélagos, a FLA (Frente de Libertação dos Açores) e a FLAMA (Frente de Libertação do Arquipélago da Madeira).

Ainda hoje é difícil avaliar a real importância que essas duas formações tiveram na altura, – se constituíram um fim em sí mesmas ou se apenas foram concebidas e utilizadas como meios de pressão sobre o radicalismo revolucionário em progressão no continente português durante o ano de 1975. Existe no entanto uma obra de ficção literária que restitui e revela o ambiente onde se gerou o separatismo e o seu posterior esvaziamento. Trata-se da obra *Crime em Ponta Delgada* de Francisco José Viegas publicado em 1989.

Do ponto de vista programático, a Frente de Libertação dos Açores (FLA) preconizava a independência no seu órgão de imprensa o *Milhafre*, cujos números constituem uma das poucas fontes para a apreciação do seu programa.

> Entre as consequências negativas da dominação portuguesa no campo económico-financeiro a FLA citava: subordinação do desenvolvimento dos Açores às necessidades de Portugal, absorção ou controlo das empresas açorianas por congéneres portuguesas, fixação de preços de produtos fundamentais por Lisboa e conforme as suas conveniências, drenagem para fora das ilhas de capitais públicos e privados, a fim de serem investidos em Portugal([32]).

Esses movimentos independentistas iriam ser animados sobretudo durante o ano de 1975, embora seja difícil determinar exactamente quando principiaram. Mas o quadro do seu crescimento está bem determinado pela evolução do poder político em Portugal com o estabelecimento do Conselho da Revolução, com as nacionalizações, e com os demais aspectos do radicalismo do ano de 1975, que culminaram na crise e na queda do IV Governo Provisório em Julho desse ano.

A este pano de fundo juntou-se a entrada em cena de problemas sociais e económicos despoletados nas próprias ilhas, sobretudo na ilha de S. Miguel.

> No Outono de 1974 muitos agrários açorianos, receosos das consequências de uma Reforma Agrária que se presumia avizinhar-se, entraram a despedir rendeiros para poderem ficar em condições de fazer – ou não fazer – novos arrendamentos. Em 1 de Novembro as rendas rústicas foram congeladas e decretada a suspensão dos despedimentos. Parece que teria, ficado acautelados os interesses dos rendeiros! ... Mas, desabituados de qualquer espécie de apoio, inseguros, situados na escala mais humilde da pirâmide social

micaelense, entravam pelo Governo Civil dentro a queixar-se de novos aumentos de renda ou de terem sido despedidos. Debalde lhes foi explicado que já tinham em seu poder instrumentos para se defenderem([33]).

Há quem situe o aparecimento das primeiras inscrições da frente de Libertação dos Açores (FLA) apelando à revolução e à independência por altura das festas religiosas do Santo Cristo, em Maio de 1975, na ilha de São Miguel. E muitos emigrantes relatavam ao jornal *Açores* os boatos que circulavam nas comunidades de emigrantes de que naquele ano não se realizariam essas festas em S. Miguel «pois estavam a queimar as igrejas e o santuário tinha sido pintado de vermelho»([34]).

É, porém, a partir do fracasso spinolista do 11 de Março de 1975, e depois das resistências às devidas deduções políticas dos resultados eleitorais para a Assembleia Constituinte na República, que os acontecimentos nos Açores se precipitam.

> Os Açores ferviam nesse Verão, desmentindo uma antiga ideia feita sobre o conformismo e a inacção do seu Povo. Em 6 de Junho, um movimento reivindicativo de agricultores de São Miguel, em que se incrustaram forças autonomistas e vertigens do separatismo, levava o Governador de Ponta Delgada a renunciar publicamente ao seu cargo. A 17 de Agosto, em Angra do Heroísmo, alguns milhares de pessoas assaltaram e destruíram centros e sedes de movimentos comunistas e cripto-comunistas. Violência do mesmo teor estalou dias depois em Ponta Delgada. No Faial a sede do P.C. era ocupada. Na Graciosa a ocupação fez-se pacificamente, quase com cortesia. Grafitti independentistas ultrapassavam as inscrições murais, de feição comunizante. As Forças Armadas sofriam vexames públicos, como sucedeu em Ponta Delgada com a Marinha, e na Terceira com a Polícia Aérea([35]).

Com efeito, não se pode escrever sobre as autonomias regionais sem referir os acontecimentos de 6 de Junho de 1975, em S. Miguel, a maior e mais populosa das ilhas açorianas, sendo na altura a cidade de Ponta Delgada a capital de distrito e o governador civil, nomeado pelo III.º Governo Provisório, o bem conhecido anti-fascista António Borges Coutinho, já aqui citado.

Aproveitando o descontentamento crescente da lavoura micaelense, quer quanto ao preço do leite fornecido às industrias de lacticínios, quer quanto ao preço das rações para o gado onerado com o custo dos fretes de transporte marítimo para algumas das suas componentes, movimentam-se grandes proprietários e rendeiros, estes muito inseguros sobre a continuação das rendas, a quem se juntam agentes de construção civil e, sobretudo, quadros urbanos favoráveis à independência dos Açores ou defensores de uma ampla autonomia que colocasse o território fora do âmbito de aplicação das leis elaboradas em Lisboa, convoca-se uma manifestação para o dia 6 de Junho de 1975 em Ponta Delgada. O Governador e o Comandante Militar ainda sugeriram que a manifestação se realizasse no dia 13, dado que a 6 uma esquadra da NATO estaria fundeada no porto. Em vão.

A manifestação concentrou-se junto ao Palácio da Conceição no Largo dos Mártires da Pátria, sede do governo civil do então Distrito de Ponta Delgada que a não tinha autorizado. A demissão do governador-civil António Borges Coutinho, que havia simbolizado a oposição à ditadura salazarista e fora candidato a deputado em 1969 nas listas do CDE contra os candidatos marcelistas, é uma das reivindicações dos manifestantes originários em grande parte das freguesias rurais que circundam a cidade de Ponta Delgada.

O jornal *Açores* editado em Ponta Delgada publicava um editorial do seu director Gustavo Moura em que se afirmava:

> A população manifestou, de forma insofismável, a sua vontade. Milhares de pessoas, centenas de veículos, uma ilha inteira, levantou a sua voz e, contra todas as proibições, organizou-se uma das mais grandiosas e significativas manifestações de que há memória.
>
> Os gritos de independência cedo ultrapassaram todas as outras reivindicações. Os gravíssimos problemas da lavoura, a exigência de demissão do chefe do distrito, tudo depressa passou a segundo plano para, a uma só voz, se gritar independência.
>
> Apenas os factos devemos relatar neste momento. Ainda vibrando de emoção pela rápida sucessão dos acontecimentos, contagiados pela adesão total e entusiástica da população, de gente de todas as idades e classes sociais, qualquer comentário não podia deixar de enfermar por todo este ambiente que Ponta Delgada viveu na tarde e noite de ontem([36]).

O articulista não deixou no entanto de elogiar o bom comportamento da população, mau grado «um ou outro excesso, bem desculpável pela euforia dos momentos que se viveram»; o papel de negociador e a serenidade do general Altino Pinto de Magalhães na altura Comandante-Chefe das Forças Armadas no arquipélago, a quem «A história terá de dedicar um capítulo muito especial», e que muito terá merecido «as palmas e a confiança que tão exuberantemente a população lhe patenteou»; o articulista deixa ainda uma palavra de simpatia ao próprio ex-governador civil Borges Coutinho que os manifestantes se propunham demitir por ser considerado demasiado ligado ao poder revolucionário em Lisboa:

> O assomar à varanda, sabendo bem o clima que ia encontrar, o sr. dr. Borges Coutinho revelou toda a sua figura de político e de homem. Na derrota se conhecem os homens, e a dignidade com que a aceitou faz o sr. dr. Borges Coutinho bem merecedor da simpatia que aqui lhe desejamos expressar mas que, de maneira nenhuma, envolve qualquer tipo de concordância com toda a actuação à frente do distrito.

Com efeito um dos objectivos da manifestação era a demissão do então governador civil que a concedeu para facilitar a tarefa ao governador militar.

O mesmo jornal reproduzia, na sua edição de 8 de Junho de 1975, os compromissos tomados pelo general Altino de Magalhães para acalmar os manifestantes e tentar resolver algumas questões políticas e económicas pendentes, conforme declarações proferidas no dia anterior aos microfones do então denominado Emissor Regional dos Açores:

> 1.º – Nomear novo governador distrital;
> 2.º – Prorrogar por 3 meses o vencimento de letras em processo;
> 3.º – Garantir preços nacionais para materiais básicos de construção;
> 4.º – Abaixamento dos custos de fretes marítimos para o nível internacional entre Açores-Lisboa-Açores;
> 5.º – Liberdade para importação directa dos componentes necessários ao fabrico de rações no arquipélago;
> 6.º – Abrir a exportação de carnes;
> 7.º – Abrir a exportação de madeiras;

8.º – Estudar com prontidão o justo preço do leite fornecido pela lavoura;

9.º – Difundir normas sobre o processamento do crédito;

10.º – Estudo do problema de definição de um estatuto de autonomia administrativa para o arquipélago.

Nota-se aqui o cuidado do Comandante-Chefe das Forças Armadas nos Açores em resolver mais os problemas de ordem económica, social e financeira que embaraçavam os agentes da lavoura e da construção, como o crédito, a possibilidade de exportação de gado, o preço de certas mercadorias vindas do continente oneradas com o clássico preço dos transportes marítimos, do que, em atacar de frente a questão do regime político para o arquipélago, cuja autonomia prometida em novo estatuto é qualificada meramente de administrativa.

O general Altino de Magalhães apresentou assim, a par de uma série de medidas excepcionais para a economia no arquipélago, uma proposta política minguada, como se ignorasse os gritos de **independência** que se ouviram insistentemente durante a manifestação em frente ao palácio do Governador Civil no dia anterior assim como durante a ocupação das instalações do Emissor Regional dos Açores na Avenida Gaspar Frutuoso, e a do aeroporto de Ponta Delgada.

Porém, depois de anunciar essas medidas favoráveis à economia de S. Miguel, depois de aceitar como natural a demissão do Governador Civil Borges Coutinho exigida pelos manifestantes, o comandante militar dos Açores vai actuar contra o que foi considerado como manobra separatista.

Com data de 9 de Junho de 1975 foi distribuído um comunicado das autoridades militares em que se justificava a prisão de 28 personalidades e a sua deslocação para a ilha Terceira:

1 – O Comando Chefe dos Açores dá conhecimento de que foram hoje detidos para averiguações os indivíduos que a seguir se mencionam, por recaírem sobre eles suspeitas de terem promovido ou participado activamente na manifestação realizada no passado dia 6 de Junho de 75, em Ponta Delgada, que havia sido proibida, e no decurso da qual foi incitada a população para a independência do Arquipélago e foram promovidas acções de tentativa de ocupação do aeroporto e do Emissor Regional dos Açores desta cidade.

Seguia-se a lista dos indivíduos detidos.

Essas detenções vão marcar a vida política nos Açores e sobretudo as relações entre Ponta Delgada e Lisboa, durante um largo período de tempo em que as manifestações separatistas e autonomistas se vão confundir.

O jornal *Açores,* na sua edição de 10 de Junho de 1975, publicava um editorial em que se respondia a algumas questões levantadas pela manifestação de 6 de Junho:

> A multidão gritou **slogans de independência.** Mas que independência? Política? administrativa? ou económica? Não a definimos porque era muito difícil fazer uma interpretação completa e correcta dos acontecimentos.

E continuava:

> O açoriano é honesto, laborioso, anseia, legitimamente, (por) melhores condições de vida, deseja criar uma sociedade sem classes em que a todos sejam dadas idênticas oportunidades. O açoriano é tudo isto, mas também, e sobretudo, é e será português([37]).

A movimentação política que ocorrerá nos Açores e na Madeira durante o ano de 1975 e mesmo durante algum tempo depois foi ambivalente nos seus propósitos: tanto pretendeu moderar e domesticar a revolução desencadeada em Lisboa, como desenvolver uma perspectiva independentista, para se cristalizar no regime de autonomia político-administrativa regional.

É verdade que nesses movimentos separatistas se encontraram, a par de outros, portugueses vindos do salazarismo e do marcelismo e cujo nacionalismo autoritário saíra ferido de morte com a queda da ditadura e com a descolonização. Para estes, a separação política dos arquipélagos de Lisboa, ex-capital do Império, aparecia como uma forma radical de preservar a portugalidade conservadora se não como uma maneira de a reconquistar no continente. Paralelamente à nacionalização da banca e dos seguros em Portugal, surge um dos objectivos mais referidos por essas forças: a atribuição às regiões autónomas da competência para cunhar moeda própria, reivindicação que adormeceu com as dificuldades substanciais do projecto, mas também quando o percurso político em Lisboa se anunciou atraente para os capitais foragidos, ou quando

Outras facilidades foram dadas a entidades bancárias com sede, por exemplo, no Funchal e duas zonas francas foram autorizadas, uma na ilha de Santa Maria e a outra na ilha da Madeira. O órgão da FLA, *O Milhafre* publicará até um artigo de José Bruno Carreiro datado de 5 de Julho de 1931 sobre «A Moeda Insulana».

Como se verá quando se analisar as influências internacionais no desencadear de operações de desestabilização no arquipélago dos Açores, uma das condições apresentadas por apoiantes da independência seria tornar aquele território numa espécie de «paraíso fiscal».

Nenhum partido político de âmbito regional que se tenha apresentado às eleições para a Assembleia Constituinte e eleito deputados se responsabilizará pela convocação da manifestação de 6 de Junho de 1975.

Mas o seu posicionamento vai ser relevante na transição do processo revolucionário para a autonomia.

> O 6 de Junho marcou de forma desigual o posicionamento dos partidos políticos. O PPD, procurando demarcar-se da organização e participação na manifestação, tentou demonstrar que as exigências da lavoura eram reais. Também marcou posição contra as posições, que considerou ilegais e, pela forma como foram realizadas, atentatórias dos direitos humanos (*Açores*, 3 de Julho e *D.I.*, de 9 de Julho de 1975). O PS procurou ligar os interesses económicos à manifestação e repudiou o comunicado do PPD. Para o PS, não havia razões de ordem política, cultural ou linguística que justificassem o separatismo. O 6 de Junho era considerado, por este partido, um aviso do peso da reacção nos Açores (*Açores*, 10 de Julho). O PCP considerava o 6 de Junho uma jornada da reacção e manifestava preocupação com as consequências que poderiam advir da libertação dos presos (*Açores*, 3 de Julho e *D.I.*, 9 de Julho). O MDP/CDE de Angra referia que a emigração e a opressão eram mais fortes em S. Miguel, pelo que se compreendia perfeitamente o 6 de Junho([38]).

A partir da manifestação de 6 de Junho de 1975 e suas consequências (prisão de alguns elementos tidos por responsáveis pela sua convocação, capacidade de mobilização demonstradas, penetração das organizações separatistas em várias camadas da população, repercussões noutras ilhas, nomeadamente na ilha Terceira, ...) o panorama político no arquipélago altera-se. A todo o momento se esperam notícias de acontecimentos que se não deram.

Tudo parece também entre o artificial e o organizado, se bem que numa escala reduzida e perfeitamente controlável. É a época dos gestores da transição entre não se sabe o quê: o general Altino de Magalhães que estivera em S. Miguel como jovem oficial do Exército Português durante a Segunda Guerra Mundial, Mota Amaral que concita a confiança da Igreja Católica, do PPD nacional e regional, da Embaixada dos EUA em Lisboa e estabelece contactos com os grupos separatistas que se romperão a seu favor, José de Almeida que se assume como líder da FLA depois de ter sido deputado da União Nacional pelo círculo bem português de Viana do Castelo, Álvaro Monjardino, julgando tudo comparativamente com outros estatutos insulares europeus, Jaime Gama imperturbável no seu papel de moderador da revolução em Lisboa e do radicalismo separatista nos Açores bem apoiado pelo PS nacional e regional e entre certos meios militares, e alguns outros que se retirarão com o remate institucional da autonomia em 1976. Todos eles calcularam e teceram as suas posições tendo em conta o contexto nacional e internacional.

O contexto e as influências internacionais

Nas movimentações política ocorridas nos Açores nesse período estiveram também presentes influências internacionais, ainda nem todas suficientemente esclarecidas.

Essas influências internacionais exerceram quer por motivos decorrentes da evolução política portuguesa quer pela própria importância estratégica dos Açores e particularmente da Base das Lajes. E quando se fala de influências internacionais todos olham para os EUA.

Alguns dos principais protagonistas de então dos movimentos separatistas ou independentistas assim o fizeram e está documentado.

Assim, desde Maio de 1974 que o cônsul dos EUA em Ponta Delgada «espera a publicação de um manifesto exigindo a auto-determinação para os Açores»([39]).

Desde então o cônsul, Daniels, aponta as razões desse movimento e as suas dificuldades. Para ele é claro que «os elementos conservadores locais também apoiarão a independência dado acreditarem que Portugal continental evoluirá em breve para o comunismo». Entre as dificuldades que o Movimento para a independência defrontará, o cônsul indica «as rivalidades entre as populações das diferentes ilhas e a inércia política dos açorianos em geral»([40]).

Em Agosto de 1974, os norte-americanos dão um sinal da importância da Base das Lajes através de um telegrama do próprio Secretário de Estado Henry Kissinger preocupado com uma informação que chegara à embaixada em Lisboa, segundo qual tinha havido uma «oferta árabe» de 400 milhões de dólares em troca da proibição pelo governo português da futura utilização da base em situações de crise no Médio-Oriente. «Caso o governo português confirme a oferta, a Secretaria de Estado apreciaria que recolhesse o máximo de informação sobre o assunto»([41]), rematava o telegrama para Lisboa.

O governo português, através do MNE Mário Soares, negará tal oferta mas a percepção de que a utilização da base das Lajes pelos americanos podia estar ameaçada permaneceu durante todo esse período.

Em Novembro de 1974, o representante do Movimento para a Independência dos Açores que estabelecera os contactos com o cônsul Daniels explica a este o estado de organização do movimento que era «semi-clandestino, baseado na ilha de S. Miguel embora com contactos noutras ilhas com grupos semelhantes». O directório do Movimento era constituído por sete homens, entre os quais ele próprio, Câmara, cada um responsável por um sub-grupo de mais três elementos, que por sua vez constituiriam células de quatro elementos, num total de 91 membros.

Câmara já estaria convencido da «inevitabilidade de um golpe comunista em Portugal». O cônsul teria perguntado, retoricamente, que tipo de apoio popular tinha a ideia de independência e esclarecido que os «EUA não apoiavam nem se opunham à independência dos Açores, em resposta do pedido explícito de ajuda endereçado pelo seu interlocutor ao Governo norte-americano»([42]).

De qualquer maneira o Departamento de Estado fez questão de deixar claro que a iniciativa dos contactos com o movimento devia partir sempre deste e não do consulado em Ponta Delgada.

Para se compreender melhor as naturais cautelas do cônsul norte-americano em Ponta Delgada nesse Verão de 1974, com a súbita reivindicação de auto-determinação para os Açores, e, o que mais é, com o claro pedido de apoio a Washington para que apoie, pelo menos politicamente, as pretensões desses grupos *ad-hoc* que lhe batem à porta, vejamos mais de perto a percepção estrutural da importância estratégica dos Açores, já que:

> As funções estratégicas de natureza diferente atribuídas às ilhas atlânticas (articulação ou fronteira) podem modificar-lhes a importância e ainda fazer variar os agentes e os métodos de influências exteriores([43]).

Se durante o período revolucionário em Portugal, se pode conceber que haja quem tenha encarado as ilhas atlânticas como uma possível fronteira, entre o continente europeu e o Atlântico, perante a possibilidade de alguns países europeus se dotarem de governos com participação de comunistas (Portugal, França e Itália), o certo é que a maior importância estratégica daqueles arquipélagos do Atlântico Norte situava-se exactamente nas funções de articulação entre continentes, nomeadamente entre o europeu e o americano.

Ainda no Outono de 1973 a importância estratégica dos Açores tinha sido realçada pelo papel desempenhado pela Base das Lajes durante a chamada guerra do Yan Kippur entre o Egipto e Israel. O governo dos Estados Unidos da América, não tendo recebido autorização de outros aliados para usar aeroportos de escala no seu apoio ao Estado de Israel, fez passar pela Base das Lages, entre 14 de Outubro e 16 de Novembro de 1973, aviões C-5, aviões C-130, aviões C-141 e aviões KC-135. Durante esse lapso de tempo chegaram à ilha Terceira e partiram mais de mil e duzentos aviões pesados. A importância da base das Lages tornou-se decisiva nesse cenário em que os norte-americanos actuaram no Médio-Oriente sem a colaboração de outros aliados da NATO.

A base das Lages tinha então três funções principais: em primeiro lugar, era um centro de luta anti-submarina empregando-se aí meios tecnológicos altamente sofisticados; em segundo lugar, constituía um elo logístico de grande importância na projecção do poder militar norte-americano para o continente europeu, como as crises em Berlim demonstraram, e para o Médio Oriente cuja ilustração mais recente fora a guerra de Yan Kippur atrás referida; em terceiro lugar, era um elo importante para telecomunicações, servindo ainda para detectar electronicamente actividades soviéticas na zona de Gibraltar([44]).

O desenrolar dos acontecimentos em Portugal deu aliás lugar a relatórios de vários políticos e responsáveis norte-americanos sobre o que poderia estar em jogo numa possível deriva soviética da revolução, avultando neles o caso especial dos Açores.

Por outro lado a existência de fortes núcleos de imigrantes de origem açoriana na América do Norte, sobretudo na região de Nova Inglaterra na Costa Leste, e na Califórnia na costa Oeste, e também no Canadá, proporcionou um teatro propício à agitação e ao apoio a movimentos separatistas e de violento repúdio pela revolução «comunizante» em Lisboa.

Vivia-se então, em termos propagandísticos, em plena atmosfera saturada pelo conflito Leste/Oeste, e os mais simples actos diplomáticos entre países de blocos diferentes eram interpretados à luz duma controversa teoria da «estratégia indirecta» que uma potência como a União Soviética praticaria para penetrar no campo adverso. Deste modo, uma série de acordos entre Portugal e a URSS e alguns outros países do Leste como a Polónia e a Bulgária, assinados em 1975, serviram para ilustrar a imagem de um Portugal em vias de cubanização.

Como assinalou um dos protagonistas da autonomia insular nessa fase:

> Nos Estados Unidos, cujas cadeias de televisão reportavam diariamente sobre um Portugal marcado já com foice e martelo, movimentavam-se os emigrantes açorianos, anunciava-se a criação de um governo dos Açores no exílio. Esboçavam-se compromissos internacionais, faziam-se reuniões separatistas em Paris, em Londres e nas Ilhas Canárias, estabeleciam-se abertamente contactos com fornecedores de armas([45]).

Esta criação de um governo clandestino dos Açores no exílio, mais propriamente na pequena cidade de Fall River, Estado de Massachusetts, na antiga Nova Inglaterra, no Verão de 1975, não terá sido uma iniciativa de qualquer serviço oficial norte-americano, segundo um artigo publicado na *Boston Magazine* de Novembro de 1978 e da autoria de dois jornalistas que já haviam seguido a revolução portuguesa e a descolonização em Angola, Fred Strasser e Brian Mc. Tigue([46]).

Os autores sustentam que os organizadores desse movimento separatista eram sobretudo franceses de extrema-direita ligados à antiga O.A.S. que se havia oposto à descolonização da Argélia e cujos elementos se refugiaram em Portugal a partir de 1963 onde estabeleceram ligações com a Polícia Política (PIDE) mas mantendo outras bases nomeadamente em Espanha. Serão esses elementos que irão tentar interessar a comunidade de imigrantes oriundos dos Açores e residentes nos Estados Unidos da América e Canadá a apoiar materialmente o movimento separatista, assim como irão tentar estabelecer laços com responsáveis políticos norte-americanos, como os senadores Thurmond e Jesse Helms, entre outros.

O senador Jesse Helms ter-se-á mostrado favorável à independência daquele arquipélago.

Em Abril de 1975, Jean-Denis Raingeard, que fontes da CIA identificaram como sendo um operacional da O.A.S. francesa, chegou aos Estados Unidos com um plano para desestabilizar a situação nas ilhas atlânticas conhecido por «The Usine Plan», tendo inclusive chegado a avistar-se com um assessor de Brent Scowcroft, então director do Conselho Nacional de Segurança do Presidente dos Estados Unidos.

Esse encontro que se realizou na casa da conservadora Martha Rountree tinha por objectivo conseguir ajuda financeira e militar para desencadear acções armadas nas ilhas.

O então embaixador norte-americano em Lisboa, Frank Carlucci, terá avisado o Conselho Nacional de Segurança a não se envolver nesse plano de desestabilização, atitude que mereceu a concordância do director Brent Scowcroft que aconselhava o então presidente dos Estados Unidos, Gerard Ford.

Porém, ainda no fim de Maio de 1975, o Presidente dos Estados Unidos mantinha na sua agenda de encontros internacionais a hipótese de aceitar, se não provocar, a independência dos Açores.

Num encontro em Bruxelas ocorrido a 29 de Maio de 1975 entre o Presidente dos Estados- Unidos Gerard Ford, que se encontrava acompanhado por Henry Kissinger, e o chanceler federal alemão Helmut Schmidt, o Presidente dos EUA perguntou: «Como reagiriam os europeus se os Açores se separassem de Portugal e proclamassem a sua independência?»

Helmut Schmidt respondeu, segundo a sua própria versão:

> Os aparelhos de propaganda da Europa de Leste apresentariam essa declaração de independência como o resultado de uma ingerência americana. Em contrapartida, a Europa Ocidental aceitaria a independência dos Açores se a situação se tornasse insustentável

em Lisboa. Não é esse, presentemente, o caso. É por isso que, aos olhos da Europa Ocidental, uma declaração de independência dos Açores não se justificaria neste momento([47]).

Esta posição de Helmut Schmidt resumia a posição da República Federal da Alemanha e dos círculos europeus mais influentes. Todavia os activistas pró-independência movimentavam-se com alguma facilidade quer em países europeus como a França, quer nos Estados Unidos e Canadá.

Após a manifestação ocorrida em S. Miguel a 6 de Julho de 1975, os defensores internacionais da independência dos Açores retomam o fôlego e as iniciativas, nomeadamente na procura de fornecedores de armamento que julgam encontrar através de «contactos na Nicarágua e com a comunidade cubana de Miami». Como para comprar armas é preciso dinheiro, foi neste capítulo que as coisas se começaram a complicar, segundo o artigo publicado na *Boston Magazine*.

Com a finalidade de encontrar apoios materiais para o movimento separatista, reuniram-se em Paris, em Setembro de 1975, no Hotel Raphael, perto do Arco do Triunfo, vários elementos da FLA e outros cidadãos portugueses com os possíveis apoiantes internacionais da independência dos Açores, entre os quais Edward Meadows e Victor Fediay com ligações a meios económicos duvidosos nos Estado Unidos.

As condições apresentadas pelos financiadores, quase todas relacionadas com facilidades para investimentos em casinos, jogos, transferência livre dos lucros gerados, e outras semelhantes, acabaram por se tornar insuportáveis para os açorianos envolvidos. A inflexibilidade das condições apresentadas levou ao fracasso da reunião de Setembro de 1975.

Entretanto, a revolução moderava os seus ímpetos em Lisboa. Vasco Gonçalves era demitido de primeiro-ministro e formava-se o VI Governo Provisório. Entre Setembro e Novembro de 1975 a situação ainda é tensa mas a vitória dos moderados e dos partidários de uma democracia pluralista de tipo ocidental está cada vez mais perto de ser completa em Portugal Continental.

É possível que, atingido o principal objectivo das movimentações ocidentais, isto é, assegurarem-se que a revolução política em Portugal continental não poria em causa a sua permanência na Aliança Atlântica, não serviria de exemplo para outros países e se dirigia para o estabelecimento de uma democracia política pluralista, logo se tenham desinteressado do separatismo insular que colocaria questões de leitura de direito internacional e de estratégia nas relações entre os Estados Unidos e os seus aliados europeus. Uma declaração unilateral de independência dos arquipélagos, se apoiada pela política norte-americana, sempre haveria de suscitar algumas interrogações sobre o futuro do empenhamento de Washington no próprio continente europeu, sobre o seu respeito pelo mapa político herdado da Segunda Guerra Mundial, e sobre a sua fronteira atlântica.

Deste modo um dos primeiros alvos da crítica do jornal *O Milhafre*, no seu número experimental de 6 de Novembro de 1976, será nada mais nada menos do que Henry Kissinger, o Secretário de Estado dos EUA no período crucial da evolução política dos Açores:

> Kissinger foi assim um caracol electrónico [...]. Quando aos Açores disse claramente que a nossa independência era um disparate, facto que o levou a ser por nós olhado com absoluta desconfiança [...]. Daí que quando chegou a vez de captar a simpatia da comunidade açoriana dos Estados Unidos para o Partido Republicano com o qual o identificamos, o nosso silêncio foi total[48].

A situação estratégica do arquipélago desempenhou certamente dois papéis distintos: primeiro o de fortalecedor dos movimentos independentistas, e depois o de moderador das aspirações desencadeadas. A presença do embaixador norte-americano em Lisboa, Frank Carlucci, na sessão solene de abertura da Assembleia Regional dos Açores, significou a concordância de uma potência com a influência dos Estados Unidos no mundo atlântico com o ponto de equilíbrio encontrado entre Lisboa e os Açores. Esse equilíbrio foi no entanto difícil de atingir e levou alguns anos para ser aceite como a nova base das relações entre o continente e os arquipélagos. Aliás a publicação do órgão de imprensa da FLA, *O Milhafre*, faz-se sentir particularmente entre 1976 e 1977.

Ainda em 1978 há quem assinale movimentações da FLA para declarar unilateralmente a independência dos Açores. Mas as influências internacionais tinham virado de quadrante.

Assim representantes de países como a Argélia e a Líbia produziram declarações sobre a «africanidade» dos Açores e da Madeira durante o ano de 1978. Para além de uma possível tentativa do mundo árabe para neutralizar os arquipélagos como ponto de apoio logístico norte-americano para a projecção da sua força militar no Médio Oriente e no Golfo Pérsico, há ainda a referir, para esse período, a atitude da Argélia e da Líbia sobre a questão do Sara Ocidental e por arrastamento sobre as ilhas Canárias, os Açores e a Madeira. Após a alteração da política espanhola para a região, ocorrida em 1979-80, a diplomacia argelina deixou de insistir na questão das Canárias.

Importa anotar que, durante o período em que se registou esta tentativa frustrada de internacionalizar o debate, surgiram notícias acerca de uma aproximação entre as correntes separatistas açorianas e países como a Líbia e Malta. O presidente da FLA, José de Almeida, em conferência proferida nos Açores e na Madeira, citou Malta como exemplo neutralista a seguir([49]).

Tudo já muito frágil, portanto.

A autonomia regional consagrada na Constituição de 1976 acabou por corresponder às expectativas nacionais e internacionais na matéria. Convém salientar que o artigo 229.º sobre os poderes das regiões autónomas incluiu na sua alínea l) o poder de «Participar nas negociações de tratados e acordos internacionais que directamente lhes digam respeito, bem como nos benefícios deles decorrentes».

E de facto assim aconteceu na negociação do Acordo com a França sobre o uso de facilidades na ilha das Flores em 1976/77 e em 1983/84, na negociação do Acordo das Lages em 1977/79 e em 1982-1984, na renegociação do Acordo Laboral com a Bermuda em 1982, nos trabalhos que levaram à Convenção das Nações Unidas sobre o Direito do Mar (1982), e nas negociações para a adesão de Portugal às Comunidades Europeias entre 1983 e 1985. Nestas negociações os representantes dos Açores e da Madeira não pretenderam nenhum estatuto especial em relação ao Tratado de Adesão de Portugal, contrariamente ao que foi defendido pelas ilhas Canárias em relação à adesão da Espanha.

A evolução política e institucional da Autonomia

Criada pelo decreto-lei n.º 428-B/75, de 22 de Agosto, publicado em plena vigência do efémero V Governo Provisório, o último presidido pelo general Vasco Gonçalves, a «Junta Administrativa e de

Desenvolvimento Regional», que rapidamente ficou conhecida por Junta Regional dos Açores, era presidida pelo Governador Militar dos Açores, o general Altino de Magalhães, e composta por seis vogais, cuja nomeação já respeitou os resultados obtidos pelos partidos no arquipélago nas eleições de Abril para a Assembleia Constituinte, uma dedução a que os aliados da linha mais dura do MFA não se opunham ao nível dos governos provisórios, e que era um dos motivos de conflito em Lisboa.

Ao tomar posse essa Junta Regional dependia directamente do Governo da República e só podia exercer os poderes que lhe fossem delegados. Porém, os acontecimentos ocorridos no Continente nesse fim do Verão Quente de 1975 levariam à demissão de Vasco Gonçalves e à formação do VI Governo Provisório presidido pelo Almirante Pinheiro de Azevedo a 19 de Setembro de 1975.

Essa mudança política no âmbito da República «proporcionou a abertura de negociações visando o alargamento das competências da Junta Regional»([50]).

Com efeito, a Junta não dispunha então de competências próprias, e até delegadas, encontrando-se os seus seis vogais limitados ao exercício da gestão corrente nas áreas de intervenção herdadas das Juntas Gerais dos distritos autónomos.

A Junta Regional atribui então prioridade política à elaboração de um projecto provisório de estatuto para o esclarecimento das suas competências, o que só seria resolvido pelo decreto-lei n.º 100/76, de 3 de Fevereiro. A Junta Regional esteve assim cinco meses a governar num vazio de competências.

A 19 de Outubro reuniu pela primeira vez o grupo de Trabalho incumbido pela Junta Regional de elaborar esse ante-projecto de Estatuto Político-Administrativo para os Açores. Faziam parte desse grupo de trabalho, Álvaro Monjardino, Américo Viveiros, Angelino Páscoa, Faria Ribeiro, João Miranda, João Bosco Mota Amaral, José Armas Trigueiros, Melo Alves e Roberto Amaral.

Curiosamente a elaboração desse ante-projecto de estatutos é acompanhado pela realização de um estudo sobre a situação financeira dos Açores conduzido pelo vogal para a Coordenação Económica e Finanças, Borges de Carvalho, que terá concluído pela insuficiência das receitas fiscais próprias para a pretendida autonomia financeira:

> Quando a autonomia regional ficou consagrada, sabia-se já que os impostos cobrados na Região, e mesmo os rendimentos dos acordos internacionais que lhe respeitassem, não dariam para as suas despesas. Daí o preceito constitucional assegurando o apoio do Estado ao desenvolvimento regional, e o preceito estatutário garantindo o suprimento estadual das necessidades regionais para financiar os investimentos do Plano([51]).

O VI Governo Provisório presidido pelo Almirante Pinheiro de Azevedo pretendeu uniformizar os poderes atribuídos às Juntas Regionais dos Açores e da Madeira.

Seria em Fevereiro de 1976 que os regimes administrativos dos Açores e da Madeira ficariam uniformizados, através dos decretos-leis n.º 100 e 101 daquele ano e, desde logo, pela criação da unidade administrativa regional para cada um dos arquipélagos.

As **Juntas Regionais** seriam presididas pelo Governador Militar e integrariam vogais especialmente encarregados da gestão do planeamento e finanças, administração local, equipamento social e ambiente, transportes e comunicações, assuntos sociais, trabalho, emigração, agricultura e pescas, indústria, comércio e turismo, assim como da administração escolar.

Nestas matérias podiam as Juntas Regionais dos Açores e da Madeira elaborar portarias e regulamentos que se revelassem necessários à boa execução local das leis. Às Juntas Regionais competia ainda a tarefa de promover a progressiva transferência da administração central para a administração local dos chamados «serviços periféricos», tarefa que continuou após a eleição dos Governos Regionais e que constituiu uma das pedras de toque da caracterização das autonomias.

Os decretos-leis n.º 100 e 101 de 3 de Fevereiro de 1976 previam no entanto explicitamente e taxativamente quais as matérias de exclusiva competência do Governo da República, enumerando-se os sectores da defesa e segurança, da justiça, da política externa, financeira e monetária, transportes e comunicações, meteorologia e o Instituto Geográfico e Cadastral.

A esse respeito Eduardo Paz Ferreira notou que «a técnica de enumeração de domínios reservados ao Governo Central não viria a ser seguida na Constituição de 1976»([52]).

O processo constituinte das autonomias regionais foi aliás, na sua parte substantiva, anterior e concorrente à elaboração das normas da Constituição da República de 2 de Abril de 1976 como se pode verificar por esta série de diplomas, e sobretudo pela metodologia da aprovação do Projecto de Estatuto Provisório Político-Administrativo dos Açores, elaborado por uma comissão nomeada pela Junta Regional em Outubro de 1975 e apresentado aos órgãos de soberania revolucionários nos primeiros meses do ano de 1976.

> Na vertigem dos acontecimentos, comandados por tácticas sem estratégia, o projecto do estatuto veio afinal a saldar-se em coisa bem diferente do que a princípio porventura se imaginara: porque acabou fornecendo a principal fonte para o nuclear dos artigos que, na Constituição, fixam os parâmetros da autonomia insular([53]).

A Junta Regional teve um papel fundador e constituinte na substância da autonomia democrática. Entre a sua acção avultam os esforços para a criação do Instituto Universitário dos Açores (que antecederam a da Universidade) o que foi conseguido pela aprovação do decreto-lei n.º 5/76, de 9 de Janeiro, do VI Governo Provisório, avultando nesta o desempenho de Martins Goulart e José Enes.

Em Janeiro de 1976, a Junta Regional, criada pelo decreto-lei 458-B/75 de 22 de Agosto, apresentou o seu projecto de Estatuto Provisório da Região Autónoma dos Açores. Esse projecto de Estatuto Provisório foi apresentado ao VI Governo Provisório presidido pelo Almirante Pinheiro de Azevedo e ao Conselho da Revolução presidido pelo General Costa Gomes. O Conselho da Revolução nomeou uma comissão de revisão do projecto constituída por Vitorino Nemésio, Álvaro Monjardino, Manuel Meneses, Mota Pinto, Carlos Bettencourt, Henrique Granadeiro, João Salgueiro e Miguel Galvão Teles.

Enquanto esse grupo trabalhava no *Estatuto Provisório da Região Açores*, discutia-se na Assembleia Constituinte o articulado sobre as Regiões Autónomas, na 8.ª Comissão – composta por Jaime Gama (que presidia), Mota Amaral e Emanuel Rodrigues (que secretariavam), e ainda Mário Mesquita, Américo Natalino Viveiros, Monteiro de Aguiar, Maria José Sampaio, Nuno Godinho de Matos, Mário Pina Correia e Carreira Marques entre outros.

Porém, já antes o PS e o PPD haviam incluído nos seus projectos constitucionais iniciais e na sistematização acordada para a CRP um lugar para as regiões autónomas.

O papel dos partidos políticos, nomeadamente do PS e do PPD a nível nacional, foi entretanto decisivo para a consagração constitucional das autonomias insulares.

Assim, logo nos projectos constitucionais apresentados à Assembleia Constituinte, quer o PS quer o PPD apresentam propostas sobre as autonomias.

Assim, no projecto de Constituição do PS reserva-se um título, o VI, para o efeito, rezando o artigo 99.º que: «Serão conferidas formas especiais de autonomia aos arquipélagos da Madeira e dos Açores, através de estatutos próprios a elaborar pela Assembleia Legislativa Popular»([54]).

Nesta conformidade, o PS aprovaria a inclusão das autonomias regionais entre os princípios fundamentais da Constituição da República Portuguesa, pois abria-se «assim a porta, através do reconhecimento dos Açores e da Madeira como regiões autónomas, para que a Comissão nomeada para o efeito possa definir os termos exactos dessa autonomia...»([55]).

O PPD, por seu lado, insere dispositivos mais pormenorizados logo no artigo 8.º dedicado aos *Princípios Fundamentais* da Constituição. No seu ponto 1 prevê-se que «os arquipélagos dos Açores e da Madeira constituem regiões autónomas, dotadas de estatutos político-administrativos adequados às suas condições geográficas, económicas e sociais». E nos quatro pontos seguintes desenvolvia-se a inserção no território português, a representação da soberania do Estado «por um comissário da República» que superintenderia nas funções administrativas exercidas na região pelo Estado «tendo assento no Conselho de Ministros». Previam-se como órgão propriamente autonómicos, uma «**assembleia regional**» eleita por sufrágio universal e um **conselho regional** perante ela responsável. A elaboração dos estatutos dessas regiões competiria à **Câmara dos Deputados** (artigo 8.º, ponto 5.º)([56]). Alguns dias depois, o PPD apresenta uma nova versão do seu projecto sendo acrescentado ao ponto 5 que a elaboração dos estatutos compete «à Câmara dos Deputados, sob proposta das respectivas assembleias regionais»([57]).

Entretanto entre a data da apresentação desses projectos constitucionais e a discussão na comissão especializada da Assembleia haviam decorrido muitos acontecimentos a nível insular e a nível nacional que alteraram o contexto da aprovação do futuro Título VII da CRP.

Os trabalhos da 8.ª Comissão da Assembleia Constituinte foram interrompidos a 12 de Novembro de 1975, altura em que o país viveu um dos seus momentos mais dramáticos. Alguns dias depois realizavam--se manifestações nos Açores e na Madeira a par das movimentações no Continente contra os resquícios revolucionários. Na manifestação realizada em Ponta Delgada aparece Mota Amaral deputado constituinte membro daquela comissão. Muita gente fica suspensa das palavras que ele irá proferir. Mas nada de irreversível acontece. Terá de se esperar pela sua declaração de voto na Assembleia Constituinte, em Março de 1976, para se fixar a sua postura na matéria.

Depois da interrupção de Novembro de 1975, a Comissão da Assembleia Constituinte para as Regiões Autónomas só volta a reunir a 10, 11, 12 e 16 de Março de 1976, para apresentar ao Plenário o resultado dos seus trabalhos em 18 daquele mês. As discussões no Plenário da Assembleia Constituinte ocorreram nas sessões de 18, 20, 24 e 26 de Março.

A aprovação do título VII da Constituição decorreu num clima de diálogo que não caracterizava o ambiente extra-constituinte. Composto de dez artigos e respectivas alíneas (do artigo 227.º ao 236.º) esse título é uma autêntica inovação no direito constitucional português aplicado aos arquipélagos dos Açores e da Madeira. Todos os constitucionalistas o assinalam.

Tendo ficado consagrado que o regime político-administrativo próprio daqueles arquipélagos se fundamentava nos condicionalismos geográficos, económicos e sociais e nas históricas aspirações das populações insulares e que a autonomia das regiões visava a «participação democrática dos cidadãos, o desenvolvimento económico-social e a promoção e defesa dos interesses regionais, bem como o reforço da unidade nacional e dos laços de solidariedade entre todos os portugueses» (art.º 227.º pontos 1 e 2), foram criados dois órgãos de governo próprios das regiões – **a assembleia regional** eleita por sufrágio universal directo e secreto, e o **governo regional** que daí resultar (art.º 233).

Quanto à soberania da República ela ficou «especialmente representada, em cada uma das regiões autónomas, por um Ministro da República...» (art.º 232.º, ponto 1).

A figura do Ministro da República será mais tarde contestada pelos dirigentes do PSD nos Açores e na Madeira. «Tentando caracterizar juridicamente a autonomia política das regiões insulares, diríamos que esta abrange a atribuição de um poder estatutário, de um poder legislativo e de poderes políticos específicos»([58]).

Mas um texto provocado por tão variadas vontades e tão variadas fontes haveria de dar lugar a diversas interpretações e peripécias.

Os deputados constituintes, reunidos desde 2 de Julho de 1975, assistiram a todas essas clivagens e movimentações dos «poderes concorrentes» ao poder central. Ao regionalismo emergente e triunfante nos Açores e na Madeira, somavam-se aparições de movimentos de base geográfica noutras antigas províncias continentais.

Mas foi sobretudo a experiência dos movimentos insulares que levou os constituintes a votarem, nas disposições finais e transitórias, um artigo polémico que se destinava a impedir a criação de partidos regionais. Assim o Artigo 311.º no seu ponto 2 era taxativo «Não podem constituir-se partidos que, pela sua designação ou pelos seus objectivos programáticos, tenham índole ou âmbito regional».

Os partidos políticos foram aqui concebidos como factores de unidade ou de desagregação da comunidade nacional dentro de uma problemática que fora desenvolvida, noutro contexto, por Francisco Lucas Pires, e que se revelaria potente quer no caso português quer no caso espanhol mais tarde([59]).

O certo é que foram os deputados insulares eleitos pelos dois maiores partidos de âmbito nacional, o PPD e o PS, que deram forma constitucional à autonomia regional, sendo seguidos pelos seus respectivos partidos.

O presidente da 8.ª Comissão, o deputado Jaime Gama, foi contudo muito claro ao explicitar na sua intervenção inicial que «O texto agora apresentado à consideração do Plenário é fruto de um trabalho continuado que teve de entrar em linha de conta com [...] um projecto de estatuto de autonomia elaborado a solicitação da Junta Regional dos Açores e neste momento entregue ao Conselho da Revolução. Não foi também alheia à Comissão a evolução da situação política nas ilhas e o debate regional em torno dos problemas da autonomia»([60]).

Há pois, neste processo, um paralelismo entre a discussão do Projecto do Estatuto Provisório de Autonomia da Junta Regional dos Açores no III Governo Provisório, no Conselho da Revolução e na Comissão de revisão desse projecto, e a própria elaboração do articulado constitucional sobre a matéria, que conduz à discussão sobre «a concorrência dos poderes constituintes» na fundação das regiões autónomas.

Muito curiosa é a forma como o deputado Mota Amaral constrói a sua declaração de voto sobre o Título VIII, ao apresentar, como fonte primeira das autonomias regionais, os princípios consagrados no programa do então PPD no seu primeiro Congresso Nacional que decorreu em Novembro de 1974 no Pavilhão dos Desportos em Lisboa por proposta unânime das delegações partidárias açoriana e madeirense. Este programa mereceu, em ambos os arquipélagos, «o visto da maioria absoluta do eleitorado», na preciosa formulação do referido protagonista insular da autonomia. Aqui surgem os partidos políticos, e o Partido Popular Democrático em especial, como instrumentos da organização do espaço português.

No entanto, Mota Amaral declarou sempre tratar-se de matéria constitucional, pois a autonomia reclamada pelas populações insulares não era apenas, como outrora, administrativa e financeira, mas também política. Implicava, portanto, a descentralização das funções políticas do Estado e a instituição, nas regiões, de órgãos governativos próprios, inclusivamente com competência legislativa. Mas como corolário dessa autonomia constitucional, «A legislação regional encontrava os seus limites, como não podia deixar de ser, na própria Constituição»([61]). Daí a ambivalência dos limites de uma autonomia constitucional, nem abaixo nem acima da Lei Fundamental.

Nessa mesma declaração de voto, Mota Amaral expressa as suas reservas sobre os poderes do Ministro da República nas Regiões Autónomas e relembra que o PPD propôs o aditamento de uma nova alínea no artigo 3.º do clausulado, em sede de comissão, com a seguinte redacção: «As regiões autónomas têm ainda os outros poderes que lhes forem reconhecidos nos respectivos estatutos.» Era o anúncio da sua concepção sobre «a autonomia progressiva» que marcaria os primeiros anos da revolução autonómica.

Conclusão

Para além desta «autonomia constitucional», não se pode deixar de assinalar que o deputado Mota Amaral pretendeu ver incluído na Constituição um aditamento ao artigo 229.º sobre as atribuições das giões Autónomas com a seguinte redacção: «As regiões autónomas têm ainda os poderes que lhes forem reconhecidos nos respectivos estatutos.» Esta proposta não teve vencimento formal mas toda a história da autonomia, pelo menos entre 1976 e 2004, esteve marcada por essa concepção constituinte.

Os primeiros anos da experiência autonómica foram aliás marcados por alguns conflitos de competência entre os órgãos de soberania e os órgãos de poder autonómico com expressão na jurisprudência dos órgãos fiscalizadores da constitucionalidade das normas: primeiro da Comissão Constitucional entre 1976 e 1982, e depois, do Tribunal Constitucional.

Houve duas ordens de razões para o efeito. A primeira teve a ver com as próprias concepções insulares da autonomia, e a outra respeitou ao modo como as relações entre o poder central e as regiões foram acolhidas nos principais diplomas legais, desde os Estatutos Autonómicos Provisórios das regiões da Madeira e dos Açores à própria Constituição da República.

A evolução das autonomias encontrou nos momentos de aprovação e revisão da Constituição, e de aprovação e revisão dos Estatutos próprios, os seus tempos fortes. Existem duas tendências principais na determinação do futuro político dos Arquipélago dos Açores e da Madeira: uma pretende a **autonomia progressiva**, outra defende que a **autonomia tem limites.**

A tese segundo a qual **a autonomia tem limites** encontrou os seus principais agentes nos estados-maiores dos grandes partidos nacionais e em certos corpos do Estado como as Forças Armadas. A expressão **autonomia progressiva,** e a sua variante **autonomia evolutiva,** é sobretudo empregue pelos protagonistas insulares das autonomias estabelecidas em 1976.

A partir de 1995 o Partido Socialista conseguirá impor um modo de **autonomia cooperativa** que teve como resultado mais significativo a promulgação da Lei de Finanças das Regiões Autónomas, em Fevereiro de 1998.

Como percepcionam então alguns protagonistas insulares a construção das autonomias?

Álvaro Monjardino, na sua obra *Os Açores no mundo de hoje* afirma: «Os órgãos regionais não são órgãos municipais, nem são órgãos ditos de soberania. Estão num ponto intermédio»([62]).

O terceirense Reis Leite, outro dos protagonistas políticos da autonomia, refere num dos seus escritos:

> Acho que a Autonomia, como expressão de uma carga histórica e cultural muito pesada nos Açores, é a solução correcta para se prosseguir um caminho português nestas ilhas e a forma capaz de responder aos justos anseios de liberdade e autogoverno dos açorianos [...]. E tudo é fácil se nos entendermos sobre que a Autonomia é uma solução portuguesa e democrática para a construção duma Região Autónoma Portuguesa, em progresso, no Atlântico Norte([63]).

Pelo seu lado, Mota Amaral insistiu durante este período em caracterizar a autonomia como sendo «portuguesa, europeia e ocidental».

Carlos César corporizou a autonomia cooperativa entre a Região e a República.

A segunda ordem de razões para o aparecimento de conflitos entre os órgãos de soberania e os órgãos de governo próprios das regiões teve a ver com o conteúdo dos próprios diplomas fundadores.

A frequência com que a Comissão Constitucional (entre 1976 e 1982), e o Tribunal Constitucional depois, foram solicitados a pronunciarem--se sobre conflitos de competências entre os órgãos de soberania do Estado e os órgãos do poder autónomo das Regiões dos Açores e da Madeira é a expressão desse conflito entre «o poder central e os poderes concorrentes» que, segundo José Mattoso, caracterizaria o país.

A passagem dos Estatutos Provisórios para os Estatutos previstos pelo artigo 228.º da Constituição não foi igual para as duas Regiões Autónomas.

Os Estatutos Provisórios Político-Administrativos da Região Autónoma dos Açores e da Região Autónoma da Madeira foram aprovados pelos decretos-leis n.º 318-B/76 e 318-D de 30 de Abril e depois modificados pelo decreto-lei n.º 427-D, de 1 de Junho de 1976, para dar cumprimento ao artigo 302 número 2 das disposições finais e transitórias da Constituição que dispunha que, até 30 de Abril de 1976, o Governo, mediante proposta das juntas regionais, elaboraria, por decreto-lei sancionado pelo Conselho da Revolução, estatutos provisórios para as regiões autónomas, bem como a lei eleitoral para as primeiras assembleias regionais.

Esses Estatutos provisórios duraram quatro anos para os Açores e quinze anos para a Madeira.

As revisões constitucionais, a aprovação sequencial de novos estatutos político-administrativos e a jurisprudência do Tribunal Constitucional não deixaram de ter implicações na evolução das instituições políticas autonómicas. Embora a revisão de 1982 tivesse feito recuar a sistematização do título sobre as Regiões Autónomas de VII para VI, a revisão de 1989 repôs a anterior numeração e, assim, o título VII ficou a reger na Lei Fundamental a chamada «autonomia constitucional».

Essa autonomia constitucional foi depois sujeita a várias revisões mas a matriz estava encontrada e ficou, embora o conceito de região seria um conceito de circunstância.

Fontes e bibliografia

Arquivos

The U.S. National Archives and Records Administration, Electronic Telegrams

Imprensa

Açores

Açoriano Oriental

Correio dos Açores

Diário Insular

O Milhafre

Fontes impressas

A autonomia como fenómeno Cultural e político. Comunicações apresentadas na VIII Semana de Estudos dos Açores. Angra do Heroísmo, I.A.C., 1987.

Actas do Congresso do I Centenário da Autonomia dos Açores. Ponta Delgada, Ed. Jornal de Cultura, 1995, 5 volumes.

As Autonomias Regionais em 10 anos de Jurisprudência, 1976-1986. Apresentação e notas de Álvaro Monjardino. Horta, Assembleia Regional dos Açores, 1987, 2 vols.

Diário da Assembleia Constituinte, 1975-1976

LEITE, José Guilherme Reis, *A Autonomia dos Açores na Legislação Portuguesa, 1892-1947*. Horta, 1987.

Para uma Autonomia dos Açores. Angra do Heroísmo, Instituto Açoreano de Cultura, 1979.

Bibliografia

ALMEIDA, Onésimo Teotónio de, *Açores, açorianos, açorianidade*. Ponta Delgada, Signo, 1989.

AMARAL, Carlos E. Pacheco, Regionalismo e Estado Regional» in *Arquipélago*, Revista da Universidade dos Açores, n.º 5, Ponta Delgada, 1990, p. 45-87.

AMARAL, Carlos E. Pacheco, «Do Estado Soberano ao Estado das Autonomias – Regionalismo, Subsidariedade e Autonomia». Porto, Ed. Afrontamento, 1998.

AMARAL, João Bosco Mota, *O Desafio Insular*. Ponta Delgada, Signo, 1990

AMARAL, João Bosco Mota, *A Autonomia dos Açores em Acção*. Lisboa, Instituto Sá Carneiro, 2002.

ANDRADE, José, *Guia Político dos Açores*. Ponta Delgada, s.e., 2000.

ANDRADE, José, *História(s) do Partido Popular Democrático Açoreano – PPDA*. Prefácio de João Bosco do Amaral. Ponta Delgada, PSD, 1999.

CALLAGHER, Tom, «Portugal's Atlantic territory: the separatist challenge» in *World Today*, Setembro, 1979.

CÉSAR, Carlos, *Moção de Orientação de Política Global apresentada ao VIII Congresso Regional do PS/Açores*, Setembro de 1994.

COUTINHO, Gomes e MOREIRA, Vital, *Constituição da República Portuguesa Anotada*. Coimbra, Coimbra editora, 1993, 3.ª ed.

CARREIRO, José Bruno, *A Autonomia Administrativa dos Distritos das Ilhas Adjacentes*. Ponta Delgada, Jornal de Cultura, 1994.

ENES, José, «Autonomia Regional dos Açores numa Perspectiva de Teoria de Estado» in *A Autonomia como Fenómeno Cultural e Político*, Angra do Heroísmo, Ed. Instituto Açoriano de Cultura, 1987.

ENES, José, *O 25 de Abril e a Autonomia dos Açores*. Ponta Delgada, 1984 (conferência).

FERREIRA, Eduardo Paz, «O Poder Autonómico» in REIS, António, *Portugal: 20 anos de Democracia*. Lisboa, Círculo de Leitores / Temas e Debates, 1994.

FERREIRA, F. Amâncio, *As Regiões Autónomas na Constituição Portuguesa*. Coimbra, 1980.

FERREIRA, José Medeiros, «A evolução das instituições autonómicas» in *Estudos de estratégia e relações internacionais*. Lisboa, INCM, 1981, p. 135-147.

FERREIRA, José Medeiros, «Características Históricas da Política Externa Portuguesa entre 1890 e a entrada na O.N.U.» in *Política Internacional* n.º 6, Lisboa, Ed. CIDEC – J.N.I.C.T. (Centro Interdisciplinar de Estudos Económicos e da Junta Nacional de Investigação Cientifica e Tecnológica), 1993, pp.113-156.

FERREIRA, José Medeiros, *Portugal em Transe* in *História de Portugal*, orientação de José Mattoso, Lisboa, Círculo de Leitores e Ed. Estampa, vol. VIII, pp. 7-285.

FERREIRA, José Medeiros, *A Autonomia dos Açores na Percepção Espacial da Comunidade Portuguesa*, Ponta Delgada, Ed. Jornal de Cultura, 1995.

FERREIRA, José Medeiros, «Prefácio» in *Primeiro Congresso Açoriano*. Lisboa, Ed. Jornal de Cultura, 1995, pp. IX-XIII, 2.ª ed.

FERREIRA, José Medeiros, «A Autonomia dos Açores e os Regimes Políticos em Portugal» in Revista *Ler História* n.º31, Lisboa, 1996, pp. 157-167.

FERREIRA, José Medeiros, *Com os Açores no dobrar do Século*. Lisboa, Ed. Salamandra, 1999, p. 50.

FERREIRA, José Medeiros, «Os Açores na encruzilhada da política europeia de segurança e defesa comum» in *Política Internacional*, n.º 22, Lisboa, 2000, p. 175-183.

FERREIRA, José Medeiros, *Cinco Regimes na Política Internacional*. Lisboa, Ed. Presença, 2006.

FREITAS, Vamberto, *O imaginário dos escritores açorianos*. Lisboa, Ed. Salamandra, 1992.

LEITE, José Guilherme Reis, *Sobre a Autonomia dos* Açores. Ponta Delgada, Ed. Signo, 1990.

LEITE, José Guilherme Reis, Política e Administração nos Açores de 1890 a 1910 – Primeiro Movimento Autonomista. Ponta Delgada, Ed. Jornal de Cultura, 1995.

MEDEIROS, Rui; SILVA, Jorge Pereira, *Estatuto Político-Administrativo da região Autónoma dos Açores – Anotado*. Lisboa, Principia, 1997.

MENDES, José Manuel Oliveira, Do Ressentimento ao Reconhecimento. Vozes, Identidades e processos políticos nos Açores. Porto, Editorial Afrontamento, 2003.

MESQUITA, Mário, «Os nacionalismos na Europa e a questão açoriana» in *Público* (suplemento) 22 de Novembro de 1991.

MESQUITA, Mário, *A regra da Instabilidade*. Lisboa, INCM, 1987

MONJARDINO, Álvaro, *Os Açores no Mundo de Hoje*. Massachusetts, Southeastern M. University, 1980.

MONJARDINO, Álvaro, «A participação das Regiões Autónomas na revisão constitucional» in *Memorian de Luis da Silva Ribeiro*, Angra do Heroísmo, S.R.E.C., 1982, p. 205-240

MONJARDINO, Álvaro, «Os Açores nas relações externas de Portugal». *Separata do Boletim do Instituto da Ilha Terceira*, vol. XLV, 1988, pp. 187-482

Pensar os Açores Hoje. Acta de Colóquio. Ponta Delgada, Fórum Açoriano, Instituto Cultural de Ponta Delgada, 1997.

PIRES, Francisco Lucas, *Soberania e Autonomia: estrutura da relação entre os dois conceitos no Direito Constitucional do Ultramar*. Coimbra, Sep. Bol. Fac. Direito Univ. Coimbra, s.n., 1974.

Primeiro Congresso Açoriano. Lisboa, Casa dos Açores, 1940.

RABY, David, «O 25 de Abril e os Açores» in *Portugal e o Atlântico – 60 anos dos Acordos dos Açores*, org. de Luís Rodrigues, Iva Delgado e David Castaño. Lisboa, ISCTE, 2005, p. 181-187.

Salema, Margarida, «Autonomia regional» in *Dez anos de Constituição*. Organização de Jorge Miranda. Lisboa, INCM, 1986, p. 216.

Schmidt, Helmut, *Des Puissances et des Hommes*. Paris, Librairie Plon, 1989.

Trigueiro, José Arlindo Armas, *Açores: Vinte Anos de Autonomia: subsídios históricos, 1976-1996*. Horta, J. A. A. Trigueiro, 2000.

Trigueiro, José Arlindo Armas, *Do Estado Novo à Autonomia dos Açores – Memórias (1936-1980)*. Horta, J. A. A. Trigueiro, 1996.

Vasconcelos, João Ricardo, *Autonomia Açoriana – Partidos Políticos na Transição para a Democracia*. Dissertação de Mestrado em Ciência Política. Lisboa, ISCTE, 2006 (policopiado).

Notas

([1]) *Açoriano Oriental*, Ponta Delgada, de 31 de Maio de 1993.

([2]) Enes, José, *O 25 de Abril e a Autonomia dos Açores*. Ponta Delgada, 1984 (conferência).

([3]) Mendes, José Manuel Oliveira, *Do Ressentimento ao Reconhecimento. Vozes, Identidades e processos políticos nos Açores*. Porto, Editorial Afrontamento, 2003.

([4]) Amaral, Carlos E. Pacheco, «Regionalismo e Estado Regional» in *Arquipélago*, Revista da Universidade dos Açores, n.º 5, Ponta Delgada, 1990, p. 45-87.

(5) In *Para uma Autonomia dos Açores*, Angra do Heroísmo, Ed. Instituto Açoreano da Cultura, 1979, p. 40.

(6) Ferreira, José Medeiros, *Com os Açores no dobrar do Século*. Lisboa, Ed. Salamandra, 1999, p. 50.

(7) In *Primeiro Congresso Açoriano*. Lisboa, Casa dos Açores, 1940, p. 300.

(8) In *Diário Insular*, 16 de Fevereiro de 1975.

(9) Vasconcelos, João Ricardo, *Autonomia Açoriana – Partidos Políticos na Transição para a Democracia*. Dissertação de Mestrado em Ciência Política. Lisboa, ISCTE, 2006 (policopiado), p. 64.

(10) *Idem*, *Ibidem*, p. 66.

(11) Nara (The U.S. National Archives and Records Administration, Electronic Telegrams – telegrama R 3001397 APR74, from consul Ponta Delgada to Secstate Wash DC – «Former regime has many supporters here and revolution has from being universally popular».

(12) *Idem*, *Ibidem* – «Governor Fonseca Thursday afternoon was told he had consulted other Azores Governors and agreed to call resistance futile».

(13) Comunicado do Quartel-General do Comando Territorial Independente dos Açores, 27 de Abril de 1974 (publicado na imprensa da época).

(14) *Correio dos Açores*, 3 de Maio de 1974.

(15) NARA, Electronic Telegrams – Telegrama n.º 2300, 6 de Junho de 1974 – "He was much more interest in the prospect of the centralist Popular Democratic Party, of which he along Balsemão and Sá Carneiro is on of the leaders".

(16) Ver VASCONCELOS, João Ricardo, *ob. cit.*, p. 176.

(17) ANDRADE, José, *História(s) do Partido Popular Democrático Açoreano – PPDA*. Prefácio de João Bosco do Amaral. Ponta Delgada, PSD, 1999.

(18) Ver FERREIRA, José Medeiros, *Ensaio Histórico sobre a Revolução do 25 de Abril – o Período Pré-Constitucional*. Lisboa, INCM, 1983, p. 112-114.

(19) *Correio dos Açores*, 11 de Maio de 1974 cit. in ANDRADE, José, *ob. cit.*, p. 23-24.

(20) VASCONCELOS, João Ricardo, *ob. cit.*, p. 77.

(21) *Ibidem*, p. 77.

(22) NARA, Electronic Telegrams – Telegrama 090, Secstate 116770 – "Previously established Azorean political movements with strong ties to major parties in Lisbon can be expected attack MAPA. An especially strong reaction is expected from Mota Amaral's Azorean Popular Democratic Party which appeals to middle and upper class electorate most likely to support MAPA program".

(23) AMARAL, João Bosco Mota, «Prefácio» in ANDRADE, José, *Histórias do Partido Popular Democrático Açoreano (PPDA), ob cit.*, p. 11.

(24) *Ibidem*, p. 17.

(25) VASCONCELOS, João Ricardo, *Ob. cit.*, p. 92

(26) *Idem*, *Ibidem*, p. 92.

(27) *Idem*, *Ibidem*, p. 92.

(28) *Açoreano Oriental*, 7 de Setembro de 1974, cit. in VASCONCELOS, João Ricardo, *ob. cit.*, p. 91.

(29) CÉSAR, Carlos, *Moção de Orientação de Política Global apresentada ao VIII Congresso Regional do PS/Açores*, Setembro de 1994, p. 3.

(30) FREITAS, Vamberto, *O Imaginário dos Escritores* Açorianos. Lisboa, Ed. Salamandra, 1992, p.201-2.

(31) MONJARDINO, Álvaro, «A participação das regiões autónomas na revisão constitucional» in *In Memoriam de Luís de Silas* Ribeiro. Angra do Heroísmo, SREC, 1982, p. 192.

(32) FERREIRA, Eduardo Paz, *As Finanças* Regionais. Lisboa, INCM, 1985, p. 148.

(33) COUTINHO, António Borges, «As perspectivas da autonomia vistas por um Governador Civil do tempo do PREC» in *Actas do Colóquio Pensar os Açores Hoje*. Ponta Delgada, Fórum Açoreano, Instituto Cultural de Ponta Delgada, 1997, p. 78.

(34) *Açores*, 4 de Maio de 1975.

(35) MONJARDINO, Álvaro, *Os Açores no Mundo de Hoje*. Massachusetts, Southeastern M. University, 1980, p. 105-106.

(36) *Açores*, 7 de Junho de 1975.

(37) *Açores*, 10 de Junho de 1975.

(38) MENDES, José Manuel Oliveira, *Do Ressentimento ao Reconhecimento*. Porto, Ed. Afrontamento, 2003, p. 111.

(39) NARA, Electronic Telegrams – Telegrama 1974PONTA00090 do Cônsul de Ponta Delgada para SD, 25 de Maio de 1974 – "We expect publication soon A manifesto demanding self-determination for Azores. Group behind manifesto still small and not well organized but they expect and believe they can get widespread support among local population".

(40) NARA, Electronic Telegrams – *Ibidem*. – "Main obstacles to independence are differences among natives of different islands and political inertia of Azoreans in general".

(41) NARA, Electronic Telegrams – Telegrama 1974LISBON03571 do State Dept para a embaixada de Lisboa, 21 de Agosto de 1974.

(42) NARA, Electronic Telegrams – Telegram 1974PONTA00193 do consulado dos EUA em Ponta Delgada para o State Dept, 8 de Novembro de 1974 – "Câmara went on to say that his movement was convinced oh the inevitability of a communist takeover in Portugal that the Azores had no use for either fascism or communism and that independence – with close ties to the US, was the only solution for the islands. He asked specifically for US support.

US response – Dept. of State made it clear to Camara that US is unprepared to involve itself in Azores independence and that we not share Camara's analysis inevitability of communist takeover in Portugal [...] Dept emphasis that US neither support nor opposes independence for the Azores ...".

43) FERREIRA, José Medeiros, «A evolução das instituições autonómicas» in *Estudos de Estratégia e Relações Internacionais*. Lisboa, IN-CM,1981, p.135

(44) Ver *United States Military Instalations and Objectives in the Mediterranean*. Washington, Congressional Repport, US Government Printed Office, 1977, p. 10-15

(45) MONJARDINO, Álvaro, *Os Açores no Mundo de Hoje ... ob. cit.*, p. 106

(46) ver "The Fall River conspiracy. How an international plot to liberate the Azores was launched- almost- from Fall River, Massachusetts", *Boston Magazine*, Nov. 1978.

(47) SCHMIDT, Helmut, *Des Puissances et des* Hommes. Paris, Librairie Plon, 1989, p. 189-191.

(48) «Carter, o presidente Esperança» in *O Milhafre*, número especial, 6 de Novembro de 1976.

(49) MESQUITA, Mário, «Os nacionalismos na Europa e a questão açoriana» in *Público* (suplemento) 22 de Novembro de 1991.

(50) GOULART, J. Martins, «A Junta Regional dos Açores e a Construção da Autonomia» in *Actas do Colóquio Pensar os Açores Hoje*, *ob. cit.*, p. 92.

(51) MONJARDINO, Álvaro, «Organização Política da Região: Uma visão pessoal da experiência post 1974» in *Pensar Portugal Hoje... ob. cit.*, p. 134-5.

(52) FERREIRA, Eduardo Paz, *Ob. cit.*, p. 152.

(53) MONJARDINO, Álvaro, *ob. cit.*, p. 107.

(54) *Diário da Assembleia Constituinte*, suplemento n.º 13, 7 de Julho de 1975, p. 523.

(55) Intervenção do deputado constituinte José Medeiros Ferreira na sessão de 5 de Agosto de 1975 – cf. *Diário da Assembleia Constituinte*, n.º 24, 6 de Agosto de 1975, p. 1030-1032.

(56) *Diário da Assembleia Constituinte*, suplemento n.º 14, 9 de Julho de 1975, p. 546-547.

(57) *Diário da Assembleia Constituinte*, suplemento n.º 16, 24 de Julho de 1975, p. 708-709.

(58) SALEMA, Margarida, «Autonomia regional» in *Dez anos de Constituição*, Organização de Jorge Miranda. Lisboa, INCM, 1986, p. 216.

(59) PIRES, Francisco Lucas, *Soberania e Autonomia: estrutura da relação entre os dois conceitos no Direito Constitucional do Ultramar.* Coimbra, Sep. Bol. Fac. Direito Univ. Coimbra, s.n., 1974.

(60) *Diário da Assembleia Constituinte* n.º 122, 19 de Março de 1976.

(61) *Diário da Assembleia Constituinte* n.º 122, 19 de Março de 1976.

(62) MONJARDINO, Álvaro, *ob. cit.*, p. 181.

(63) LEITE, J. Guilherme Reis, *Sobre a Autonomia dos* Açores. Ponta Delgada, Ed. Signo, 1990.

ORIGEM DO TEXTO:

«A Revolução Autonómica» in *História dos Açores. Do Descobrimento ao século* XX, vol. II, Angra do Heroísmo, Instituto de Cultura, 2008, pp. 323-357.

IV.

OS MILITARES, O 25 DE ABRIL E A TRANSIÇÃO DEMOCRÁTICA

18.

Vinte e Cinco de Abril de 1974

Após a reacção inicial da hierarquia militar reunida à volta do general Júlio Botelho Moniz, a guerra em África funcionou entre 1961 e 1968 como factor de reforço mútuo entre o regime salazarista e as Forças Armadas. É possível que o tipo de manobra preconizado pelo general Gomes de Araújo assente na quadrícula, ou seja, numa postura mais defensiva do que ofensiva tenha suscitado uma certa disponibilidade dos comandos militares para manter o esforço de guerra durante um tempo longo. Com o advento de Marcelo Caetano em 1968, instala-se um equívoco entre o Governo e as Forças Armadas: Marcelo Caetano julgava a instituição militar intransigente na questão ultramarina e os oficiais não concebiam que o poder político quisesse outra situação que não fosse a continuação da guerra.

A sucessão de Salazar torna a guerra em África numa questão central: quer Marcelo Caetano quer os generais representaram a «comédia de enganos» da irredutibilidade quanto ao futuro dos territórios ultramarinos. Os principais factores que terão actuado sobre o comportamento dos militares em relação à guerra em África foram as características defensivas do conceito de manobra entre 1961 e 1968; a sucessão de Salazar e a questão da influência institucional das Forças Armadas no bloco de poder entre 1968 e 1972; e, depois desta data, a evolução do tipo de operações militares e a aquisição de equipamento e armamento pelas forças adversas, nomeadamente artilharia antiaérea.

As sucessivas mobilizações de oficiais do Quadro Permanente (QP) acabaram por despertar os espíritos para a necessidade de o esforço de guerra ter objectivos de curto prazo a atingir. Mesmo vários oficiais-generais manifestam, a partir de 1972, a necessidade de a guerra deixar de ser um fim em si mesmo e pressionam o poder político para procurar soluções que permitam uma trégua no esforço militar, ou até, se necessário, a retirada de Africa. Com efeito, a génese do Movimento dos Capitães é caracterizada, na sua fase conspirativa, por uma certa indiferença face à questão do tipo de regime político desde que algum, ou alguém, estivesse em condições de pôr termo à guerra. Não foi no entanto automática a relação entre o fim da guerra e o fim do regime ditatorial. Se muitos generais se deram conta do beco sem saída em que a instituição militar estava metida, só a organização do Movimento dos Capitães colocou, a partir do fim do ano de 1973, a hipótese do derrube do regime para terminar com a guerra colonial.

Há uma distinção a fazer entre o Movimento dos Capitães e o Movimento das Forças Armadas. De uma forma simples situa-se essa distinção entre a fase conspirativa para o derrube do governo de Marcelo Caetano (Verão de 1973-Abril de 1974) e a formação da Junta de Salvação Nacional com base no Programa do MFA, na noite de 25 para 26 de Abril de 1974.

Neste contexto, o primeiro documento assinado colectivamente por oficiais do QP destinou-se a protestar contra a realização do denominado «Congresso dos Combatentes do Ultramar» que se realizou na cidade do Porto de 1 a 3 de Junho de 1973. Este protesto de cerca de quatrocentos oficiais do QP também foi uma reacção contra a entrada de oficiais milicianos para o meio de uma carreira para a qual não tinham concorrido da mesma forma. Com efeito, esse protesto dos quatrocentos militares de carreira contra o referido Congresso dos Combatentes do Ultramar, animado sobretudo por ex-oficiais milicianos, permitiu uma resposta rápida e colectiva por parte dos oficiais do QP quando da publicação do decreto-lei n.º 353/73 de 13 de Julho, segundo o qual o Quadro Permanente seria aberto aos oficiais do Quadro Complementar desde que estes frequentassem durante um ano lectivo a Academia Militar e fizessem um estágio de seis meses na respectiva Arma ou Serviço.

Porém, a génese do Movimento dos Capitães não pode ser entendida apenas nesta perspectiva corporativa, tanto mais que a contestação militar ao governo de Marcelo Caetano não abrandou quando o ministro da Defesa, general Sá Viana Rebelo, substituiu o anatemizado decreto-lei n.º 353/73 pelo decreto-lei n.º 409/73 de 20 de Agosto, que já representava um nítido recuo nas facilidades dadas aos milicianos, nem mesmo quando o Governo suspende a aplicação dos decretos a 12 de Outubro de 1973 e nomeia uma comissão para estudar o futuro estatuto das carreiras do Exército.

Não só as reuniões de capitães não pararam como vão adquirir uma natureza cada vez mais política e de afrontamento à Ditadura. Assim, em 24 de Novembro de 1973 realizar-se-á, num primeiro andar de um casarão em S. Pedro do Estoril, uma reunião na qual já se ouve propor abertamente «o derrube, pela força, do governo marcelista, através de um golpe militar e o fim da ignominiosa guerra colonial contra os povos africanos». Tratou-se de uma intervenção do tenente-coronel Luís Banazol, cujas palavras deram origem a ampla discussão. Essa discussão suscitou a necessidade de novos encontros para apreciar a estratégia do movimento e dar-lhe uma organização tendo em conta os objectivos a alcançar. A 1 de Dezembro, em Óbidos, constituiu-se o MOFA (Movimento dos Oficiais das Forças Armadas) e elege-se uma comissão coordenadora que recebe o encargo de preparar a acção militar e de elaborar um programa político. Este programa político é analisado numa reunião efectuada em Cascais, a 5 de Março de 1974 e está na origem do Programa do Movimento das Forças Armadas que será anunciado ao país na noite de 25 para 26 de Abril de 1974, depois do derrube do governo caetanista através da operação militar «Fim-Regime». Ficou conhecido pelo programa dos três «D»: Descolonizar, Democratizar e Desenvolver.

Deste modo, é possível periodizar a génese do MFA que envolveu cerca de trezentos oficiais do QP em três fases: a primeira fase ocupa os meses de Junho a Setembro de 1973 e é caracterizadamente corporativa; a segunda fase situa-se entre Setembro de 1973 e Fevereiro de 1974 e assiste à tomada de consciência da necessidade de se encontrar uma solução política para a guerra em África; a terceira fase abrange o tempo da tomada de decisão de derrubar o governo de Marcelo Caetano e o regime político ditatorial, assim como a organização efectiva do golpe militar, e dura dois meses, de Fevereiro a Abril de 1974.

Depois do êxito da Operação Fim-Regime a 25 de Abril de 1974 assiste-se à passagem do Movimento dos Capitães, que corresponde ao estádio conspirativo, para a organização do MFA, autêntica metamorfose a instituição militar para operar politicamente durante o período de transição previsto até às eleições para uma Assembleia Nacional Constituinte.

Bibliografia

Josep Sánchez Cervelló, *A Revolução Portuguesa e a Sua Influência na Transição Espanhola (1961-1976)*, Lisboa, 1993;

Otelo Saraiva de Carvalho, *Alvorada em Abril*, Lisboa, 1977;

José Medeiros Ferreira, «Da Necessidade de Um Plano para a Nação», in *Actas do Congresso da Oposição Democrática – Aveiro*, Abril de 1973, Lisboa, 1974;

idem, *Ensaio Histórico sobre a Revolução de 25 de Abril O período pré-constitucional*, Lisboa, 1983;

idem, «Portugal em Transe», in *História de Portugal* (dir. José Mattoso), vol. VIII, Lisboa, 1994;

António Reis, *Portugal Contemporâneo*, vol. 6, Lisboa, 1990.

ORIGEM DO TEXTO:

«Vinte e Cinco de Abril de 1974» in *Dicionário do Estado Novo*, vol. II, coordenado por Fernando Rosas e José Maria Brandão de Brito. Lisboa, Círculo de Leitores, 1996, pp. 1014-1016.

19.

O 25 de Abril de 1974: uma revolução imperfeita

Analisar o derrube da ditadura quase cinquentenária, ocorrido em 25 de Abril de 1974, numa perspectiva de «revoluções portuguesas comparadas», como resulta do projecto em boa hora levado a cabo pela *Revista de História das Ideias*, não é tarefa simples.

Em primeiro lugar, pela sua actualidade. De certa maneira, ainda é a revolução do 25 de Abril que estamos a viver. Daí que me tenha remetido de preferência à análise dos acontecimentos pré-constitucionais, adoptando uma periodização formal mas segura. Julgo assim ficar ao abrigo de qualquer mudança na natureza da revolução que se venha a verificar, implicando novas interpretações. Não será pertinente recordar que a revolução liberal de 1820 só pode ser bem entendida pelos eventos da guerra civil subsequente e pela vitória de 1834? O título «uma revolução imperfeita», destina-se, pela sua ambivalência, a cobrir a falta de perspectiva histórica.

Em segundo lugar, porque, tratando-se de um trabalho para ser publicado na *Revista de História das Ideias*, sempre se há-de querer saber quais as doutrinas e as influências que presidiram à movimentação revolucionária. Em termos interrogativos: a revolução de 25 de Abril de 1974 é a última das transformações europeias da série inaugurada com a derrota militar dos regimes autoritários conservadores no decurso da Segunda Guerra Mundial, ou ela é a anunciadora de outro ciclo de revoluções?

Para responder a essas dificuldades, optei, com certa singeleza, por colocar em evidência a grande novidade da revolução do 25 de Abril, a qual é, o papel desempenhado pela estratégia da instituição militar no derrube da ditadura, na descolonização, nas mudanças sociais e económicas, no estabelecimento do poder local e das autonomias regionais. Sobretudo acentuei a sua capacidade para pilotar o trânsito entre o derrube da ditadura e o estabelecimento de um regime constitucional de democracia política. Mas uma revolução conduzida por um «corpo de Estado» teria que ser imperfeita pela necessidade de equilibrar as rupturas com uma linha de continuidade institucional.

Ora, uma revolução conduzida por um corpo de Estado e não por grupos sociais ou. por partidos políticos com vocação insurreccional é matéria mais do que suficiente para dar aos acontecimentos de Abril de 1974 um lugar singular na história das revoluções.

Disso mesmo já se aperceberam muitas Universidades estrangeiras que promovem consecutivos seminários, colóquios e conferências sobre a revolução do 25 de Abril, o que demonstra o conteúdo universal da história contemporânea de Portugal e a possibilidade de tornar matéria tão actual objecto histórico analisável.

Entre nós não tem sido fácil às universidades anexar tal matéria de estudo. Como digo no vestíbulo do livro *Ensaio Histórico sobre a Revolução de 25 de Abril*:

> ....a história da contemporaneidade não usufrui de completa dignidade académica. Fora alguns exemplos meritórios e corajosos de universitários portugueses que se dedicaram cientificamente a temas do século XX (principalmente respeitantes à compreensão da Primeira República e à sua queda), a maior parte da. produção científica sobre a sociedade portuguesa contemporânea tem sido obra de sociólogos, geógrafos ou politólogos. Os historiadores parecem evitar a contemporaneidade talvez por avaliarem, no seu justo alcance, a utilidade marginal de tal esforço.

Este último aspecto foi ultrapassado pelo critério da *Revista de Histórias das Ideias* ao resolver incluir, nos volumes dedicados ao tema «Revoltas e Revoluções», o 25 de Abril de 1974, o que constitui valioso estímulo aos historiadores da contemporaneidade.

I. A originalidade da Revolução do 25 de Abril

De uma maneira geral a instituição militar alheou-se dos regimes políticos em Portugal e a sorte destes foi-lhe indiferente. Basta mencionar o trânsito entre a Monarquia constitucional e a República para evidenciar esta asserção.

Subordinada ao poder político da monarquia constitucional, a instituição militar, saída do «Exército Libertador» vencedor da guerra civil contra os miguelistas terminada em 1834, não a defende e estabelece de imediato boas relações com a República implantada em 1910, boas relações que se irão manter pelo menos até à eclosão da Primeira Guerra Mundial e aos movimentos do general Pimenta de Castro em 1915 e de Sidónio Pais em Dezembro de 1917.

O mito de que as Forças Armadas tiveram um comportamento caracterizado por uma série de pronunciamentos durante todo o séc. XIX e princípios do séc. XX não resiste a uma análise histórica. Desde o último acto de Saldanha em 1870, aliás esporádico e efémero, que a instituição militar não tinha qualquer interferência significativa na vida política portuguesa. Mesmo as reacções ao «ultimatum» inglês têm uma expressão eminentemente civil.

Por outro lado, as intervenções militares na sociedade portuguesa, durante o séc. XX, e apenas considerando as intervenções de carácter institucional, tiveram todas características diferentes entre si.

Para caracterizar estas diferenças basta analisar as atitudes das Forças Armadas face aos diferentes regimes políticos que vigoraram em Portugal neste século. Desde a efectiva subordinação das Forças Armadas à Monarquia constitucional, ao seu alheamento no trânsito entre a monarquia e a república em 1910, passando pelo aproveitamento castrense da doutrina militar da Primeira República até ao desentendimento visível com o regime parlamentar republicano, após o início da Primeira Guerra Mundial, que iria culminar no movimento de 28 de Maio de 1826, vários são os comportamentos da instituição militar. Mas de uma forma geral pode-se detectar um continuado alheamento face à natureza do regime político.

O movimento de 28 de Maio foi precedido por um lento processo de fortalecimento da unidade de intervenção da instituição militar no domínio político, ocorrido entre 1918 e 1926. Para tal unidade muito contribuiu a forma como a instituição militar passou a ser olhada «de ra», nomeadamente por certos intelectuais como André Brun, Fidelino Figueiredo, Fernando Pessoa e os próprios «Seareiros», cuja revista, logo nos primeiros números, inclui colaboração de vários militares, entre os quais Gomes da Costa.

De facto, o período que se estende entre 1919 e 1926 será caracterizado por uma intervenção cada vez mais institucional dos militares contra o Partido Democrático.

Porém, essa intervenção dos militares contra o Partido Democrático nem sequer tinha um objectivo anti-republicano preciso, mantendo-se pois as Forças Armadas alheadas das questões do regime político.

O programa da Ditadura Militar de 1926 não ia além da proclamação da necessidade de ordem e de moralização e eficácia na administração pública. Daí que, sem doutrina sobre que tipo de regime político iria nascer da transitória ditadura militar, esta será anexada por uma ditadura civil cujo principal protagonista foi Salazar. Este ainda se defronta com o general Vicente Ferreira e com as reticências de alguns comandantes de unidades preocupados com o resultado do plebiscito de Março de 1933 ao qual se opõem; mas Salazar distingue-se exactamente por ter uma arquitectura institucional para o regime político resultante da ditadura militar. Paradoxalmente os militares não a encontram.

Ora o Movimento das Forças Armadas, em 1974, apresenta desde logo no seu Programa, como objectivo concreto e prioritário, atingir a restauração da democracia. Pela primeira vez neste século, uma revolução militar era acompanhada de uma opção clara por um certo tipo de regime político.

Esta é uma diferença específica, essencial, entre o MFA e outras intervenções castrenses em Portugal.

Vejamos a sua explicação.

Como tive ocasião de dizer em 1973:

> Se se enquadrar os problemas portugueses à luz da continuação de Portugal no Mundo, pode aparecer subalternizado o papel dos instrumentos capazes de levarem para a frente o projecto de continuar a Nação. Porém, se perscrutarmos os anseios internos do corpo nacional torna-se evidente que a união dos portugueses se faz em torno da conquista das principais liberdades democráticas. A instauração de formas democráticas será pois exigência que um verdadeiro poder antifascista e anti-colonialista não poderá adiar.

> Na realidade, a permanência do regime do Estado Novo gerou no seio da sociedade portuguesa um profundo movimento de aspiração à prática das liberdades públicas sempre negadas pela sua política terrorista. Criou-se assim, em torno das liberdades democráticas, um elemento ideológico fortíssimo que tem expressão nacional e é interclassista. Nenhum plano para a nação poderá ladear este problema propriamente político([1]).

Ora, o MFA deve ser visto como uma metamorfose da instituição militar e desta forma o seu objectivo de estabelecer em Portugal um regime de democracia política corresponde ao pensamento estratégico daquela.

Essa acção ao nível da estratégia geral poderá ser melhor compreendida caso a compararmos «mutati mutandis» aos métodos políticos empregados, após a Segunda Guerra Mundial, pelas forças aliadas vencedoras, quer nos teatros europeus quer no teatro asiático, nomeadamente na Itália, na Alemanha e no Japão. Com a diferença substancial de, no caso do MFA, ser um exército nacional, num território não invadido, a introduzir a mudança entre um regime ditatorial e um regime de democracia política([2]).

A institucionalização do MFA, ou seja, a sua formalização como agente político participando em órgãos de soberania, salvaguardava ainda as Forças Armadas do empenhamento político necessário para se proceder ao trânsito entre a ditadura e a democracia política.

A estratégia militar, ou a simples conduta, também foi actuante na caracterização dos governos provisórios e por aí também se distingue das outras intervenções.

Assim, enquanto no golpe de Estado saído do 28 de Maio de 1926 os militares optaram por um regime ditatorial (Ditadura Militar entre 1926 e 1928; Ditadura Nacional 1928-1933), já no 25 de Abril de 1974, o período de concentração de poderes ditatoriais pelos militares foi extremamente curto: mais precisamente durou 3 semanas até à aprovação da Lei 3/74 e à constituição do I Governo Provisório a 14 de Maio.

Mas se o Governo Provisório era de natureza civil já o programa do MFA não falava de legalização imediata de partidos políticos. O «civilismo» do Programa não era obrigatoriamente sinónimo de regime de partidos.

Com efeito no Programa do MFA não há qualquer referência à legalização dos partidos políticos nem deles se fala no conjunto das «medidas imediatas». A possível formalização de partidos era tarefa para futuro governo provisório. No capítulo B – Medidas a curto prazo, pode ler-se no ponto 5:

> O Governo Provisório, tendo em atenção que as grandes reformas de fundo só poderão ser adoptadas no âmbito da futura Assembleia Nacional Constituinte, obrigar-se-á a promover imediatamente:
>
> a) [...J
>
> b) A liberdade de reunião e de associação.
>
> Em aplicação deste princípio será permitida a formação de «associações políticas» possíveis embriões de futuros partidos, e garantida a liberdade sindical, de acordo com lei especial que regulará o seu exercício(3).

Mas a formalização dos partidos políticos, prevista, na melhor das hipóteses, para a Assembleia Constituinte, acabou por se realizar em dois tempos bem mais curtos: o primeiro, com a chegada a Portugal dos dois secretários-gerais, Mário Soares e Álvaro Cunhal e a entrada de ambos no 1.º Governo Provisório; o segundo tempo com a aprovação da lei dos partidos em Outubro de 1974 em que se atribui a estes o monopólio da actividade eleitoral.

A formação do 1.º Governo Provisório será pois um processo político bem mais complexo e importante para caracterizar a natureza do novo regime político do que normalmente se julga.

Ou seja, embora os militares tivessem optado, aquando da aprovação do programa do MFA, pelo estabelecimento de um regime democrático pluralista e pela formação rápida de um governo provisório de natureza civil, já o preenchimento desse governo provisório e a existência de partidos políticos como instrumentos característicos da fase seguinte da vida política nacional eram incógnitas a resolver ou vazio estratégico a ser preenchido por acções de conduta.

Mário Soares relata-nos dois momentos do seu primeiro contacto com o general Spínola deveras interessantes para situar o estado da questão nos dias seguintes ao derrube da ditadura.

Num trecho do livro *Portugal: Que Revolução* relata-nos Mário Soares este diálogo ocorrido a 27 de Abril: «Spínola apareceu. Abraçámo-nos espontaneamente e uns momentos depois convidou-me a entrar no seu gabinete: "A revolução está feita. Sinto-me feliz por o receber" – foram as suas primeiras palavras»([4]). Relato que completa mais tarde da seguinte forma:

> Ele (o general Spínola) recebeu-me a título de exilado anti--fascista, mas eu fiz questão de acentuar e de repetir, que estava ali na qualidade de Secretário-Geral do Partido Socialista. Preocupei-me em acentuar o vector pluripartidário do nosso regime.... pois considerava ambígua a linguagem de alguns militares, que não falavam em partidos políticos...([5]).

Pelo seu lado, a 29 de Abril, o dirigente comunista Octávio Pato envia ao Secretariado do Comité Central uma carta em que afirma prudentemente «que neste momento já não foi só o Governo mas também o fascismo que foram derrubados» e opina que o Partido Comunista «está à beira da legalidade». De qualquer maneira «neste momento há já vários camaradas funcionários que passaram à legalidade»([6]).

Casuística quanto ao reconhecimento imediato dos partidos políticos. Casuística quanto à natureza do 1.º Governo Provisório conforme nos revelam eventos já conhecidos:

> Logo a 30 de Abril, e em casa de Veiga Simão, segundo Alberto Machado, reúnem-se estes com Adelino Amaro da Costa, Alberto Ralha, Vítor Crespo, entre outros. Spínola aceitará a substância do Programa que será incluído no executivo da responsabilidade do Professor Palma Carlos, mas irá decidir-se por um Governo Provisório de natureza pluripartidária e não de independentes. Logo se verá que mais importante do que a aceitação do Programa (do MFA) era a natureza do Governo Provisório e que o poder político decorrente da Revolução do 25 de Abril estaria essencialmente dependente da formação e da natureza do 1.º Governo Civil([7]).

Por estes testemunhos, se pode verificar a indeterminação real sobre o papel dos partidos políticos no período imediatamente posterior à formação da Junta de Salvação Nacional. Também se pode evidenciar a existência de um «écran» entre os militares do MFA e aqueles políticos, «écran» constituído por essa mesma Junta de Salvação Nacional.

No entanto muito rapidamente os partidos políticos passam a constituir o veículo privilegiado da evolução política. Vejamos como e porquê.

As Forças Armadas necessitavam de promover a consolidação de um regime de democracia política que lhes assegurasse o ambiente necessário à sua re-adaptação na sociedade portuguesa. A instituição militar necessitava de assegurar a sua manutenção para além das vicissitudes do seu empenhamento na guerra de África, na descolonização e no processo revolucionário desencadeado a 25 de Abril de 74.

Ora só os partidos políticos se apresentavam com capacidade de gerir a diversidade dos interesses desencadeados, servindo ao mesmo tempo de andaimes na construção dos factores de coesão da comunidade portuguesa nessa sua nova fase. Os interesses em jogo eram tão contraditórios que só os partidos poderiam geri-los por difíceis que fossem, no quadro das liberdades públicas instauradas. Daí o fracasso de todas as organizações que se quiseram arrojar o exclusivismo da condução do processo no período revolucionário.

Interesses contraditórios geridos por instrumentos separadores (os partidos) mas dentro de um sistema de decisão fortemente concentrado. Daí a facilidade com que os militares aceitaram e impuseram uma lei tão violenta como a lei da unicidade sindical ou a lei sobre os partidos que atribuiu a estes o monopólio do acesso à actividade política.

A estratégia militar passou ainda pela co-responsabilidade das pressentidas maiores correntes partidárias que entraram nos Governos provisórios onde se aprisionaram os partidos a troco da sua implantação na quadrícula do país, favorecendo a referida necessidade de centralização das decisões tomadas revolucionariamente e a sua execução (descolonização, nacionalizações, reforma agrária, autonomias insulares, etc.).

Os partidos acabaram por se revelar os instrumentos mais apropriados à condução do processo político em Portugal e tornaram-se, com os primeiros governos provisórios, as maiores criações institucionais da Revolução.

Um dos factores de fortalecimento do papel dos partidos políticos foi a operação de recenseamento desencadeada em Dezembro de 1974 e que elevaria o corpo eleitoral português em mais quatro milhões de votantes. Acresce que a participação eleitoral revelou-se fortíssima no sufrágio para a Constituinte.

As próprias eleições para a Assembleia Constituinte em Abril de 1975 foram fundamentais para o estabelecimento em Portugal do sistema pluripartidário, e a garantia dada pelo MFA de que essas eleições se realizariam constitui prova da existência de uma estratégia militar para se alcançar o objectivo de dotar o país de um regime democrático. Nesse particular é indesmentível a influência do general Costa Gomes que faz aprovar uma moção nesse sentido no fim da Assembleia do MFA realizada de 11 para 12 de Março de 1975.

A confirmação desse empenhamento do MFA, e de Costa Gomes, na realização de eleições para a Assembleia Constituinte, encontra-se no testemunho de um dos mais activos embaixadores em Lisboa na altura, o embaixador belga, que nos relata uma entrevista que lhe foi dada pelo Presidente da República:

> Je fus reçu dans l'après-midi du Vendredi Saint. L'audience dura près d'une heure. Le General Costa Gomes que j'avais rencontré à plusieurs reprises déjà, m'écouta attentivement. Lui, généralement peu loquace me répondit longuement. Il comprenait l'inquiétude du Gouvernement Belge, comme celle des autres gouvernements. Il tint à m'assurer sur les prochaines élections libres et au suffrage universel, gaga du MFA à l'objectif fixé([8]).

É certo que no domínio institucional muitos foram os conflitos entre o MFA e os partidos políticos, em termos de concepção do tipo de regime a estabelecer em Portugal, e essa própria concepção esteve à mercê de uma certa relação de forças exteriores ao MFA; por exempla um triunfo eleitoral do PCP e do MDP/CDE, teria dado origem a um regime político de características muito diferenciadas do modelo predominante na Europa Ocidental.

Assim a vitória eleitoral do Partido Socialista nas eleições para a Constituinte veio a determinar o estabelecimento de um regime de democracia pluralista, ainda que posto em causa até ao 25 de Novembro. A partir dessa data ficou claro que só um pacto entre os partidos políticos e as Forças Armadas poderia resolver institucionalmente a questão política portuguesa.

Esse trânsito efectuado pelas Forças Armadas portuguesas entre o regime de ditadura derrubado a 25 de Abril de 74 e a promulgação da Constituição a 25 de Abril de 76 é notável e sem exemplo na história das intervenções militares em Portugal.

Esse trânsito constituiu a escolha de um autêntico «objectivo nacional de alternativa», para utilizar um conceito ministrado nos institutos superiores militares sobre o «poder nacional» no mundo.

Ora uma das características da condução do processo político desencadeado pelo MFA será a revelação de uma elite militar com capacidade de pensamento estratégico sobre a instituição militar e sobre a resolução de grandes problemas nacionais. E essa elite, de uma forma geral, manter-se-á de acordo para considerar o regime democrático pluralista como o mais adequado à afirmação do Estado Português e à sobrevivência da própria instituição militar.

A existência dessa elite militar intelectual não é geralmente reconhecida extra-muros, por parte de outras elites nacionais, desde a universitária à empresarial, desde a dos grandes «corpos de Estado» aos tecnocratas. E, no entanto, essa elite existe e teve papel preponderante no trânsito entre o período revolucionário e o estabelecimento de um regime democrático-constitucional.

Essa elite militar tem origem e curriculum diversos, desde o oficial com o Curso de Estado-Maior até ao militar com particular experiência de comando.

Treinada nos «Estudos de Situação Estratégica» dos estabelecimentos de Ensino Militar Superior, parte dessa elite maneja com grande operacionalidade as aquisições das ciências sociais e de estratégia. Os factores de «coesão social» ou o inventário das vulnerabilidades ou potencialidades nacionais são o protótipo de uma mentalidade desconhecida fora do território castrense. Outra parte dessa elite tem particular experiência de organização e comando e um conhecimento empírico do real.

Essa elite «salvou» a instituição militar no meio de todas as crises nacionais recentes, nomeadamente as relacionadas com a guerra colonial, a descolonização, o processo revolucionário e a cristalização do regime democrático de partidos.

E quando se afirma que as Forças Armadas foram «salvas» isso significa que elas se mantiveram como instituição idênticas a si mesmas.

Nessa perspectiva o MFA foi uma metamorfose da instituição militar, e o II Pacto MFA-Partidos de Fevereiro de 1976 corresponde ao essencial da estratégia militar no campo político após o derrube da ditadura.

Porém, a revolução do 25 de Abril não influenciou apenas o poder político. Ela provocou consequências variadas nos domínios social e económico.

II. Aspectos sociais e económicos da revolução

A essência de todo este ensaio sobre a revolução portuguesa desencadeada a 25 de Abril de 74 é mostrar a predominância dos fenómenos políticos e institucionais sobre outros factores explicativos dos sucessos ocorridos no período pré-constitucional.

Todavia, um ensaio histórico sobre este período ficaria incompleto – e seria ainda mais imperfeito – caso não relatasse os aspectos sociais e económicos tidos por mais relevantes ou singulares. Tratando-se de um ensaio histórico, esses aspectos sociais e económicos serão abordados dentro de uma disciplina cronológica, se bem que a partir de distinções sectoriais. Não se procure, pois, aqui, um estudo da situação económica e social daquele período, que só outras abordagens económicas ou sociológicas poderiam exprimir.

Aspectos sociais e económicos relevantes ou singulares, como é próprio de uma ciência que deles assim se ocupa.

Acresce que muitos dos aspectos económicos revelados pela revolução tiveram uma expressão social prévia, caracterizada pelo tipo de relações de trabalho estabelecidas dentro das empresas ou pelo modo de vida de vastas camadas da população, sobretudo nas cinturas industriais de Lisboa, Setúbal e Porto.

Estas características, formadas durante o regime anterior de autocratismo empresarial e de vida urbana degradada, iriam ser os suportes de uma movimentação social disputada na sua condução por dois vectores políticos, um de cariz classicamente bolchevista e outro de componente mais complexa tendente ao estabelecimento de formas de democracia directa, dentro de uma linha de «poder popular», cuja carta constitucional seria o Documento-Guia Povo-MFA de Julho de 1975.

Já na teoria das nacionalizações que marcarão os aspectos económicos da revolução é visível o interesse de outra estrutura do MFA, o Conselho da Revolução, assim como a larga coincidência com o plano de nacionalizações aprovado pelo PCP desde 1965.

Comecemos pelos aspectos sociais desencadeados pela revolução do 25 de Abril.

Os aspectos sociais da Revolução

Tudo começou pela ocupação de casas vazias no Bairro Social de Chetas.

No dia 8 de Maio de 1974 opera-se uma manifestação de ocupantes do Bairro Social de Cheias junto ao Palácio de Belém para conseguirem a legalização daquela situação de facto. Terão os manifestantes alcançado os seus intentos pois que a 11 de Maio um comunicado da JSN informa que esta não permitiria que se realizassem mais ocupações abusivas de casas([9]).

O certo é que nas duas semanas seguintes cerca de duas mil casas são ocupadas em todo o país e já a 11 de Maio ter-se-ia eleito a primeira «comissão de moradores», num dos bairros de lata de Lisboa, com a participação de duzentas e trinta famílias([10]).

A partir daí uma relação fica estabelecida entre o problema habitacional e a existência de comissões de moradores.

Segundo Charles Downs, podem distinguir-se quatro fases na vida das «comissões de moradores»: a primeira de Abril até Novembro de 74; a segunda de Novembro de 74 a Março de 75; a terceira de Março de 75 a Novembro de 75; e a quarta de Novembro de 75 em diante.

Assim, nos primeiros meses depois de Abril, observa-se a formação de «comissões de moradores», sobretudo nos bairros de lata em Lisboa e nos bairros camarários no Porto.

A segunda fase é marcada pelos efeitos das campanhas de dinamização cultural e dos apelos nelas lançados para que as populações se organizassem na resolução dos seus próprios problemas. Será na região de Setúbal que esses apelos terão maior eco.

Durante o ano de 75 assiste-se a uma multiplicação de órgãos de poder popular com o aparecimento de «comités de ocupantes» que bastas vezes se opõem às «comissões de moradores», próximas das administrativas juntas de freguesia, de influência MDP/CDE e PCP. Essas «comissões de moradores» começaram a condenar certas ocupações de casas, consideradas selvagens ou oportunistas. Estamos mais uma vez perante a luta institucional entre o PCP e certas organizações de extrema esquerda, nomeadamente a UDP, fortalecidas pela influência militar de Otelo que contava assim captar as populações para a estratégia do MFA

Em Abril de 1975, existem em Lisboa trinta e oito comités de ocupantes, vinte e uma comissões de moradores e cinquenta e quatro juntas de freguesia em funcionamento([11]).

Entretanto criam-se mais «comissões de moradores» com vista à ligação, preconizada pelo Documento-Guia do MFA em Julho de 75, entre «comissões de moradores» e «comissões de trabalhadores» para a edificação do «poder popular». No fim deste período, em Novembro de 75, contam-se, na cidade de Setúbal, cerca de trinta «comissões de moradores» cobrindo perto de dois terços da população([12]).

Enquanto que a primeira vaga de ocupação de casas se dirigiu principalmente para os chamados «bairros sociais» – tendo o Governo sido pressionado pelos acontecimentos a legislar a favor dos inquilinos através do decreto-lei n.º 445/74 de 12 de Setembro – já a vaga iniciada com as ocupações na noite de 18 de Fevereiro de 75 se orienta para casas particulares. Existe uma estimativa feita que indica terem sido ocupados, nos dias seguintes a 18 de Fevereiro de 75, cerca de dois mil e quinhentos apartamentos([13]).

Estas últimas ocupações já demonstram um certo grau de organização e de resistência à intervenção policial. Intervenção policial que permite contudo um interregno de mais de um mês na vaga de ocupações, que só serão retomadas em Abril.

As ocupações de Abril de 75 também se orientam para casas particulares mas os seus promotores acrescentam agora uma dimensão de urbanização integrada, com a organização de equipamentos colectivos – como creches, centros clínicos e parques infantis, a maior parte de duração efémera.

A ocupação de casas e a organização de «comissões de moradores» torna-se cada vez mais uma actividade planificada e organizada por grupos políticos radicais ou radicalizados. Já não são só os habitantes dos bairros da lata ou de prédios degradados que passam a estar presentes nessas manifestações. A chegada de retornados ou refugiados da África veio introduzir uma outra dimensão na escassez da oferta de habitação e muitos desses retornados serão elementos activos dessas ocupações.

O fenómeno alastrava. À insegurança dos proprietários e dos senhorios juntou-se a insegurança manifestada pelos emigrantes quanto às casas que mandavam construir em Portugal com particular empenho. De tal maneira que um dos problemas prévios à formação do VI Governo Provisório foi a inclusão no Programa deste de um plano de desocupação dos prédios ilegalmente ocupados.

Não deixa no entanto de ser importante assinalar-se que os próprios ocupantes de casas e as «comissões de moradores» que os representavam oscilaram sempre entre um anarquismo espontaneista e um comportamento de compromisso com as estruturas do Estado procurando a legalização formal dos seus actos à luz do direito vigente.

Vejamos agora, para se ilustrar a via que liga os movimentos sociais e reivindicativos à formação do poder popular, como se vai tecendo, nos locais de trabalho, o paralelo movimento basista consubstanciado, nas empresas, no aparecimento de «comissões de trabalhadores» e a expressão final de alguns desses casos nas experiências autogestionárias.

Está fora de dúvida que o objectivo do MFA, ao desencadear o golpe militar, era o de promover imediatamente a existência de um poder político concentrado que tivesse autoridade e instrumentos para efectuar o trânsito até ao período constitucional com a máxima segurança. Ainda se pode imaginar que a vaga de ocupações de casas ocorrida e retratada atrás pudesse oferecer algumas virtualidades para o enlace que o MFA queria promover entre si e a população «mais desprotegida», enlace com o qual queria conquistar um apoio popular necessário para se fortalecer na condução do processo político. O mesmo não se pode admitir para a proliferação de conflitos nas empresas que passaram a desenrolar-se sem qualquer limite, com riscos permanentes de derrapagem económica, social e política e que aparentemente nenhum grupo conseguia controlar.

Ora o próprio PCP inicia as suas relações com a JSN – e a sua participação no I Governo Provisório – com grandes cautelas e com um grande sentido de colaboração na transição para um regime democrático sem grandes convulsões internas.

Uma equipa de sociólogos chega a caracterizar esse período inicial nos seguintes termos:

O horizonte temporal vai desde 25 de Abril até 31 de Maio de 74, período particularmente rico e significativo do movimento social explosivo que se seguiu à queda da ditadura. É curioso assinalar que o dia 1 de Junho marca uma manifestação que teremos de considerar original-contra a greve pela greve, organizada pela Intersindical, com o apoio do Partido Comunista a qual terminou junto do Ministério do Trabalho([14]).

Aquela mesma equipa recenseou os conflitos empresariais ocorridos durante esse período e estabeleceu a seguinte classificação:

Um primeiro grupo, de cerca de noventa casos, em empresas industriais abrangendo as actividades «extractivas, vidros e cimentos», «químicas e petróleo», «metalúrgicas e metalo-mecânicas», «material eléctrico e de transporte», «construção e obras públicas».

Um segundo grupo em que ocorreram perto de sessenta conflitos, englobando «electricidade, gaz e água», «comércio», «transportes e comunicações».

Um terceiro grupo, «nos serviços, banca e seguros», com uma dezena de casos.

Quanto às formas de luta, elas foram desde as manifestações de rua até ao sequestro de pessoas e bens passando pela ameaça de greve, declarações de greve parcial, de greve total e da própria ocupação das empresas.

As ocupações e sequestros de pessoas e bens, sendo as mais originais e violentas no processo português, merecem outro desenvolvimento.

No que diz respeito às ocupações, e em relação ao total dos casos referenciados para o período de 25 de Abril a 1 de Junho de 74, esta forma de luta atinge mais de 20% do total, sendo este de 35. Para a quase totalidade das ocupações, estas estão associadas à greve total. O significado político das ocupações não deixa de ser o de uma autêntica subversão das estruturas do poder dentro da empresa, embora as causas que desencadearam essas ocupações pudessem ter sido variáveis (quebra no pagamento dos salários, retirada de material pelos donos das empresas, tentativas de despedimentos, etc.). O sequestro de pessoas e bens iria repetir-se ao longo do período pré-constitucional mas começou com os casos das empresas Safil, Lisnave e Luso-Belga([15]).

A rejeição, pelas entidades políticas, destas formas de luta, que já vimos também não interessarem a qualquer estratégia do MFA, intensifica-se depois da formação do I Governo Provisório. Assim, a

29 e 31 de Maio, Spínola condena esses actos em discursos proferidos em Coimbra e no Porto; também a 29 de Maio, o Governo Provisório condena os grupos que põem em perigo a estabilidade do país; o PS ataca as greves indiscriminadas como já havia feito o PCP no seu comício em Lisboa a 24 de Maio através de Carlos Brito; na noite de 29 de Maio realiza-se uma mesa-redonda na televisão em que se pede moderação no uso da greve e onde estarão presentes Melo Antunes e representantes do PPD, PS, MDP, PCP e Intersindical.

Neste processo de lutas sociais que temos vindo a descrever pode-se observar dois períodos bem distintos. O primeiro é o período de Maio a Junho de 74 já analisado, e o segundo dá-se entre Janeiro e Março de 75. Em que consistiu essa diferença? Essencialmente na mudança de conteúdos das reivindicações mais importantes e nas respectivas formas de luta.

Assim, no período de Maio a Junho, as exigências são sobretudo de carácter salarial, recorrendo-se à ameaça de greve ou à greve parcial e também total; no período entre Janeiro e Março de 75, acentua-se a reivindicação dos saneamentos das hierarquias superiores das empresas, sendo a forma de luta mais utilizada a ocupação das empresas.

Os sucessos que assinalam a transição entre os dois períodos são a manifestação da Lisnave a 12 de Setembro de 74, em que se reclama o saneamento das empresas e a manifestação contra os despedimentos em Fevereiro de 1975.

Como diz expressamente a obra de referência que seguimos:

> Um outro elemento parece significativo na demarcação entre esses dois momentos reivindicativos: referimo-nos às estruturas organizativas mobilizadoras dessas movimentações sociais. Se, manifestamente, o período reivindicativo de Maio/Junho de 74 é fortemente dinamizado por Comissões de Trabalhadores, muitas vezes eleitas expressamente para conduzirem determinados conflitos, passando posteriormente, a uma fase de relativa institucionalização, verificamos que, pelo contrário, no momento seguinte (Janeiro/Março de 75), o movimento reivindicativo é, muitas vezes, 'conduzido' e `enquadrado' com articulações mais ou menos directas a certos aparelhos partidários([16]).

É indiscutível ser do Partido Comunista e da Intersindical que se quer falar neste remate. E de facto, como analisar essa diferença de comportamento do Partido Comunista perante as lutas sociais entre Maio e Junho de 74 e Janeiro-Março de 75? Esta é uma questão central para se compreender o comportamento do Partido Comunista depois do 25 de Abril, e se de facto houve uma planificação táctica das suas posições.

O que não oferece dúvidas é ter havido uma grande prudência no período inicial da revolução, para se passar para um apoio declarado às grandes movimentações populares entre Janeiro e Março de 75 que antecederam o «saneamento» de muitas empresas e as próprias nacionalizações efectuadas depois do 11 de Março.

É bem possível que a grande manifestação organizada por este partido e pela Intersindical a 14 de Janeiro de 1975 tenha surpreendido e entusiasmado os responsáveis pela linha política do Partido Comunista. De facto, essa manifestação, convocada para apoiar o Ministro do Trabalho na sua posição favorável à unicidade sindical, revelou uma capacidade de mobilização e de organização notáveis, se bem que sem falha de recursos materiais.

A partir daquela manifestação e de ter alcançado a hegemonia sindical, o PCP irá alimentar e apoiar inúmeros conflitos nas empresas, tendentes a um vasto movimento de saneamento de empresários e gestores e à execução do plano de nacionalizações previsto para a fase da «revolução democrática e nacional». É possível que uma certa emulação com forças de extrema esquerda, nomeadamente a UDP, tenha obrigado o PCP a uma radicalização menos racional e a misturar-se em conflitos que, em princípio, não se apresentavam com probabilidades de sucesso. O certo é que, perante os problemas económicos que se anunciam para o país, adopta, a partir de Junho de 75, a política da «batalha da produção», que iria ser acompanhada pela criação de órgãos de poder comunista dentro das empresas, os chamados «comités de defesa da revolução».

O enquadramento do PCP não é, porém, total. Basta atender à generalização das experiências autogestionárias, sempre condenadas por aquele partido. Será antes o Partido Socialista e determinados grupos de extrema esquerda que irão tentar dar corpo político a uma série de casos de transferência do poder de decisão e gestão nas empresas, dentro de fórmulas encontradas na família autogestionária.

Um despacho do Secretário de Estado do Trabalho de 24 de Fevereiro de 76, (publicado no *Diário do Governo* em 5 de Março de 1976) forma existirem naquela data duzentas e vinte e uma empresas «credenciadas». Como se chegou aí?

Segundo F. Marcelo Curto([17]) as Comissões de Trabalhadores já existiam em Portugal antes do 25 de Abril. Essas comissões tomaram diversas formas e exerceram várias funções, chegando a ser reconhecidas como Comissões Internas em certos Acordos Colectivos de Trabalho, como por exemplo nas empresas CEL-CAT, CUF, EFACEC ou CPE. Constituíram-se também Comissões de Higiene e Segurança, e outras chamadas Espontâneas, estas não legalizadas, as quais promoveram acções reivindicativas à margem dos sindicatos corporativos, como aconteceu na SOREFAME nos inícios de 1974. Afirma Marcelo Curto a este respeito:

> As primeiras (Comissões de Higiene e Segurança) eram órgãos tolerados pelas empresas, desempenhando funções limitadas de defesa de aspectos que interessavam os trabalhadores (higiene e segurança), mas que interessavam e interessam à própria empresa e ao patronato. Por vezes, as comissões tentavam negociar com a direcção da empresa esquemas de participação consultiva, aparentados com experiências estrangeiras, como foi o caso da TAP e da CPE já no ano de 1973([18]).

Depois do 25 de Abril, toda essa variedade de comissões passou a actuar à luz do dia e enveredaram pela via reivindicativa em coordenação ou não com os sindicatos, e sempre ao nível da empresa. O que leva Marcelo Curto a afirmar:

> Não é possível, ou, pelo menos, não é sério explicar a vitalidade das Comissões de Trabalhadores depois do 25 de Abril por um fenómeno de espontaneidade da classe trabalhadora de tipo populista, determinado pela influência e acção de grupos esquerdistas radicais. As acções dos trabalhadores da LISNAVE, dos CTT, da TIMEX, por exemplo, na sua capacidade organizativa e na pertinácia dessas lutas, revelam toda a experiência e significado das acções levadas a cabo pelos trabalhadores dessas empresas antes do 25 de Abril([19]).

Segundo um inquérito do Ministério do Trabalho realizado em Dezembro de 1978, constata-se que, entre Outubro de 1974 e Fevereiro de 75, encontravam-se quinze empresas em autogestão; entre Março e Novembro de 75 entraram mais oitenta e oito; e durante o ano de 1976 outras vinte e oito([20]).

Comum a outras experiências europeias de autogestão está o facto de muitas dessas empresas estarem anteriormente em situação económica difícil. Fenómeno particular do caso português foi a passagem de «credenciais» por autoridades políticas e administrativas do Estado. A «credencial», segundo o despacho já referido de 24 de Fevereiro de 76, permitia a «prática de actos de gestão considerados indispensáveis à sobrevivência da empresa», assim como «actos de gerência ordinária da empresa, incluindo a movimentação da conta bancária» ficando no entanto excluídos os poderes de disposição do capital fixo da empresa.

Numa primeira fase, diversas foram as autoridades militares e civis que emitiram credenciais. Porém, independentemente dessa diversa origem, as credenciais tinham em comum o serem actos administrativos conferindo às comissões de trabalhadores poderes mais ou menos amplos para representarem as respectivas entidades proprietárias das empresas.

O fenómeno da autogestão, completamente desconhecido em Portugal antes do 25 de Abril e jamais tendo a simpatia do Partido Comunista, chegou a atingir largas centenas de empresas. Já apresentámos um número exacto de empresas credenciadas (duzentas e vinte e uma), mas várias estimativas sobre o número de empresas em autogestão sem reconhecimento do Estado atiram para cerca de um milhar de unidades nessa modalidade dê gestão durante o período pré-constitucional. O relatório que seguimos apresenta-nos o número de novecentos e trinta e sete empresas, nessas condições, desde a primeira experiência, iniciada a 17 de Maio de 1974, na Empresa de Publicidade do Algarve em Tavira até aos nossos dias([21]).

Por Ministérios da tutela essas empresas foram assim distribuídas:

Min. da Indústria	772
Min. do Comércio e Turismo	130
Min. da Habitação e Obras Públicas	10
Min. dos Transportes e Comunicações	8
Min. da Educação e Cultura	4
Min. da Agricultura e Pescas	9
Min. dos Assuntos Sociais	3
Min. da Comunicação Social	1

O volume mais significativo de empresas em autogestão situa-se, pois, no sector secundário. Essas empresas estão concentradas sobretudo no distrito de Lisboa (299), Porto (174), Setúbal (63), Braga (39), Aveiro (27) e Santarém (26). Por actividades, essas empresas apresentam a seguinte distribuição: metalo-mecânicas (222), têxteis (172), gráficas (10), alimentares (55) e mobiliárias (35)([22]).

Já as 130 empresas sob tutela do Ministério do Comércio estão concentradas em Lisboa (71), Porto (19), Funchal (10) e Faro (8). Por sectores, 90 pertencem ao Comércio e 40 ao Turismo([23]).

Muitas dessas empresas encontravam-se em autogestão «selvagem» – ou seja, sem «credencial» passada por qualquer autoridade competente do Estado – e portanto o seu número é aproximado. Com o fim de regularizar o maior número possível de empresas em autogestão foi publicado a 15 de Março de 1976, durante a vigência do VI Governo Provisório, um despacho no Boletim do Ministério do Trabalho ao abrigo do qual foram emitidas mais 283 credenciais([24]).

Muitos outros aspectos da movimentação social poderiam ter sido estudados e aqui apresentados, todavia estes têm o mérito de terem sido dos mais característicos e originais no período pré-constitucional, assinalando também uma grande dificuldade no exercício do controlo político sobre o domínio da movimentação social desencadeada pelo colapso do regime autoritário e corporativo derrubado a 25 de Abril.

Em suma, enquanto a estratégia militar conseguiu introduzir alguma racionalidade na formação do poder político de transição, de tal já não foi capaz para enquadrar a movimentação social, talvez demasiado espontaneísta e irregular para ser previsível. Otelo Saraiva de Carvalho tentou fazer a ligação entre a movimentação social e o Movimento das Forças Armadas, primeiro empiricamente, sem desposar qualquer ideologia, como era próprio da estratégia militar, e depois, pela adopção de fórmulas ideológicas e políticas cada vez mais rígidas dentro de uma via de democracia directa conducente ao chamado «poder popular». Tal atitude também poderá ter sido uma forma de combate à influência do Partido Comunista na organização das populações. O PCP conseguirá, no entanto, a hegemonia institucional, senão organizacional, através da legalização da Intersindical, dos comités de defesa da revolução, da influência em muitas comissões de moradores, e do domínio administrativo nas juntas de freguesia dos grandes centros industriais.

Mas essa hegemonia do PCP irá encontrar um terreno mais favorável para se exercer quando o processo das nacionalizações for desencadeado.

Aspectos económicos da Revolução

Um dos elementos menos estudados tem sido o da natureza das nacionalizações efectuadas entre 1974 e 1976, e as suas implicações para o estabelecimento de um modelo económico viável de modernização da sociedade portuguesa.

As nacionalizações efectuadas foram de natureza política circunstancial se bem que acabassem por corresponder, nas suas linhas gerais, às medidas preconizadas pelo Partido Comunista Português, para a sua fase de luta pelo poder denominada «Revolução Democrática e Nacional».

Foi Álvaro Cunhal quem, na sua obra *Rumo à Vitória*, elaborada em 64, definiu primeiro as tarefas do Partido Comunista na Revolução Democrática e Nacional. Depois, essas medidas foram aprovadas e integradas no Programa do PCP durante o VI Congresso realizado em 1965.

Entre 1974 e 1975 ocorreram dois fenómenos tidos por paralelos mas passíveis de algumas correlações. Foram eles a rapidez do processo de descolonização, desde que desencadeado, e a facilidade política na tomada de decisões concernentes às nacionalizações.

Assente a descolonização uniforme, que o mito do «Portugal uno» facilitou, e sem que as negociações pudessem ter sido já acompanhadas pelos instrumentos adequados à fiscalização das decisões e compromissos, o Estado português teria que intervir decididamente nas consequências económicas da descolonização. Assim as relações imediatas com os novos países africanos só se poderiam articular racionalmente sem a pressão e a dispersão das influências e dos interesses particulares. Para isso ser possível, teve o Estado português que deter e que defender os interesses económicos e financeiros mais relevantes no chamado contencioso colonial.

Por outro lado, e utilizando conceitos simples de luta de classes, pode-se descobrir que a atenuação, ou mesmo eliminação, do domínio económico e político por parte dos grandes banqueiros nacionais, correspondia não só a uma exigência dos politizados sindicatos dos trabalhadores, mas contava com a expectativa benevolente de numerosos industriais e empresários tutelados nas suas actividades pelo capital financeiro.

A eliminação da hegemonia da burguesia financeira foi assim facilitada por factores ligados à descolonização, às relações entre as classes produtivas em Portugal, como ao próprio processo de subalternização do poder económico pelo poder político revolucionário, tendo neste último aspecto cabido um grande papel ao Partido Comunista.

A luta travada entre os empresários e o operariado pela repartição da riqueza produzida não impediu todavia, embora tivesse obscurecido a inteligência da situação, que os empresários e os trabalhadores apelassem até conjuntamente para a intervenção estatal no sistema de crédito. Posto que as classes trabalhadoras eram então politicamente mais fortes, a burguesia industrial e comercial viu-se suplantada na condução de um processo que, acaso de uma forma mais moderada, também lhe dizia respeito. A operação «política de crédito estatizado» foi objectivamente um ponto de convergência entre diversos grupos sociais submetidos à férrea disciplina financeira-corporativa e asfixiadas pelo «condicionalismo industrial». Essa convergência foi muito auxiliada por uma dinâmica de capilaridade por parte de uma categoria de gestores que se foram apropriando das decisões económicas fundamentais nas empresas em que trabalhavam. Todavia, enquanto que, para os grupos políticos que se reclamavam defensores dos interesses das classes trabalhadoras e dos gestores, a apropriação total dos meios de crédito e do sistema financeiro era tida por factor positivo, já os empresários teriam natural tendência para preconizarem um sistema bancário onde coexistissem a banca privada e organismos financeiros estatais. Só desse modo ficaria assegurada a sua autonomia de decisão, tanto em relação às entidades financeiras privadas, como em relação a orientações económicas demasiado imperativas do Estado.

Ora os estrategas das Forças Armadas apoiaram as nacionalizações mais por razões políticas do que por razões decorrentes da prossecução de um modelo económico colectivista.

É facto que vários modelos de modernização económica para o país se debatiam e que os responsáveis pela estratégia militar hesitaram em adoptar qualquer um. Só na conferência de imprensa dada a 31 de

Dezembro de 1974, Franco Charais, da Coordenadora do MFA, afirmou que, se os meios económicos não colaborassem com a revolução, esta passaria de socializante a socialista.

O facto é que, de todas essas nacionalizações, não iria decorrer sequer um mero plano a médio prazo ou de reformas sectoriais, nomeadamente na indústria. O que leva a concluir-se historicamente pela tese de uma alta percentagem de empirismo e circunstancialismo nas decisões económicas tomadas durante o período pré-constitucional.

Mesmo assim podemos detectar alguns fios condutores.

As primeiras nacionalizações ocorrem ainda com Spínola na Presidência da República e dizem respeito aos bancos emissores. Assim, os decretos-leis n.º 450, 451, 452/74, todos de 13 de Setembro e publicados no *Diário do Governo* n.º 214, nacionalizaram o Banco de Angola, o Banco Nacional Ultramarino e o Banco de Portugal respectivamente. É o primeiro passo para o Estado ocupar o único lugar do lado português na gestão das consequências financeiras da descolonização que se desencadeara oficialmente com a lei n.º 7/74 de 26 de Julho. Nesse entendimento comungavam todas as entidades envolvidas na decisão de descolonizar.

Depois da demissão de Spínola, segue-se o decreto-lei n.º 540-A/74 de 12 de Outubro, em que se determina a intervenção do Estado na superintendência, coordenação e fiscalização de actividades das instituições de crédito e das instituições para-bancárias.

Dentro da mesma tendência para estabelecer a intervenção do Estado na vida económica através do controlo financeiro, o decreto-lei n.º 671/74, publicado a 21 de Novembro, confere ao Ministro das Finanças a faculdade de determinar ao Banco de Portugal a designação dos delegados deste junto das instituições de crédito, reforçando assim a capacidade de coordenação do Banco Central.

Ao mesmo tempo, o poder político favorecia a organização dos interesses industriais, abolindo o «condicionamento industrial» de feição malthusiana e corporativista através do decreto-lei n.º 583/74, publicado a 10 de Outubro, e promulgando o decreto-lei n.º 695/74 a 5 de Dezembro, conferindo às entidades patronais o direito de se constituírem em associações para a defesa e promoção dos seus interesses. Em conformidade, Vasco de Melo, que presidiria à CIP, afirmava em Londres, no mês de Dezembro de 74, ter havido mais greves durante a ditadura do que no período revolucionário que decorria.

O primeiro grande desvio sobre o modelo económico que se desenhava para o Portugal democrático foram as medidas avulsas tomadas nas vésperas do Congresso do Partido Socialista, em 12 de Dezembro de 74, e que introduziram a intervenção directa do Estado na gestão das empresas. De qualquer modo, ainda não se assistia a uma nova teoria sobre o papel do Estado na organização económica.

Tais acções (demissão dos corpos gerentes da Torralta e do BIP) haviam sido previamente preparadas por um discreto decreto-lei, o n.º 660/74, da iniciativa da própria Presidência do Conselho de Ministros e publicado a 25 de Novembro. Esse decreto-lei fixava as normas sobre a assistência do Estado às empresas privadas, individuais ou colectivas, que não funcionassem em termos de contribuir «normalmente para o desenvolvimento económico do País». O decreto-lei n.º 660/74 iria ser um instrumento privilegiado da intervenção do Estado na vida interna das empresas, sobretudo a partir de Abril de 75 e caracterizadamente pela demissão dos corpos gerentes de muitas empresas privadas e sua substituição por comissões administrativas nomeadas pelo Governo, algumas das quais sob resolução expressa do Conselho da Revolução nesse sentido.

A única estratégia entretanto prosseguida claramente continuava a dizer respeito ao sistema bancário, como se poderá verificar pela promulgação do decreto-lei n.º 1/75 de 2 de Janeiro que inseria disposições sobre o modo como os bancos de investimento financiariam as suas operações e sobre as condições em que se poderia operar a movimentação e o crédito das contas de depósito à ordem abertas nos mesmos bancos, e indicava as operações cambiais que o Banco de Fomento poderia realizar.

A questão do plano económico de emergência elaborado por essa altura por uma equipa dirigida por Melo Antunes e na qual figuravam, entre outros, Rui Vilar, Silva Lopes, Maria de Lourdes Pintasilgo e Vítor Constâncio, coloca ao historiador uma opção metodológica de fundo, a qual é a de se saber qual o lugar, dentro da hierarquia dos sucessos revolucionários, a atribuir aos meros planos e documentos que não foram executados e postos em prática. Estão no mesmo caso do Plano Económico de Emergência, o I Pacto MFA-Partidos de Abril de 75, o Plano de Acção Política do MFA de Junho de 75, o Documento-Guia Povo-MFA de Julho de 75, assim como inúmeros textos produzidos em assembleias, do MFA ou de forças políticas variadas e que não passaram de manifestos de intenção. A nossa tendência epistemológica é não considerar como acontecimento histórico algo que não passou de intenção sem qualquer execução prática.

Está nessa tipologia o Plano Económico de Melo Antunes elaborado no fim do ano de 74 e aprovado no Conselho de Ministros a 21 de Fevereiro de 75, para ser logo enfraquecido quer pelas críticas que sempre contra ele se elevaram nas assembleias do MFA – e que encontraram eco, como iremos ver, no próprio *Boletim do MFA* – quer essencialmente pela alteração das relações de forças no processo revolucionário português introduzida pelos acontecimentos decorrentes do 11 de Março de 75.

Premonitoriamente, o *Boletim do MFA* n.º 4 de 12 de Novembro de 74 publicava um artigo intitulado «O MFA – do político ao económico» em que se teciam abertas críticas ao Ministério da Economia e em que se alertava para as condições de êxito de um plano de acção económica para o qual o Conselho de Ministros incumbira, a 18 de Outubro, o Ministro militar do MFA mais reputado no meio intelectual: o major Melo Antunes. Prevenia a linha de Vasco Gonçalves sobre as condições em que esse plano deveria ser elaborado:

> Julgamos que esse Plano deve assumir carácter de excepção, prever medidas de curto prazo (conjunturais) e lançar as bases para reformas indispensáveis ao nível estrutural.... mas deve fazê-lo partindo do princípio de que à colectividade, através do Estado, deverá caber progressivamente um maior papel na actividade económica, quer pelo «controle» directo dos Departamentos, quer pela participação colectiva dos trabalhadores, verdadeiros criadores da riqueza nacional. Este aspecto assume especial relevo no sector agrícola onde continuam a existir formas de exploração ultrapassadas nas zonas de latifúndios e explorações com baixas rentabilidades onde a propriedade está muito dividida.
>
> Supomos que as características, quer de elaboração, quer de execução e 'controle' deste Plano, exigem que ele se processe fora dos mecanismos burocráticos tradicionais dos Ministérios, e em especial do Ministério da Economia, devendo passar sobretudo pelo Primeiro-Ministro ou um Ministro sem pasta, servindo-se da estrutura do Secretariado Técnico hoje integrado na Secretaria de Estado do Planeamento Económico.

Este artigo é premonitório em relação à luta entre Vasco Gonçalves e Melo Antunes mas também indica o embate que se iria travar entre os diversos modelos de modernização económica propostos para a nova fase da sociedade portuguesa. Mas terá havido mesmo diversas políticas globais em confronto para o estabelecimento de modelos económicos?

Por um lado, temos provas, como a do artigo transcrito, que nos sugerem ter existido um plano de acção conducente à política de nacionalizações e à elaboração de um modelo económico semelhante ao defendido pelo Partido Comunista Português para a fase a que esse partido chamava de «revolução democrática e nacional».

Por outro lado temos elementos que apontam para um certo empirismo nas decisões respeitantes às nacionalizações.

É o caso de um diálogo que nos é relatado pelo general Franco Charais, tido no edifício onde se realizavam as reuniões do MFA na Calçada das Necessidades, e ocorrido antes de 11 de Março. Nessa altura, uma equipa de economistas debruçava-se, conjuntamente com a Coordenadora do MFA, sobre os diferentes modelos económicos considerados mais convenientes para a modernização da sociedade portuguesa. Sobre a política das nacionalizações, o eng.º Veiga de Oliveira, destacado membro do PCP, pergunta:

– «Os Senhores têm força?»

E perante a resposta da Coordenadora do MFA:

– «Bem, força temos alguma, mas não teremos toda...». Veiga de Oliveira afirmaria:

– «Então não nacionalizem»([25]).

Com o desenrolar dos acontecimentos consequentes ao 11 de Março, muda-se a relação de forças e, à institucionalização do Conselho da Revolução como órgão de soberania, seguem-se simultaneamente as nacionalizações da Banca e dos Seguros.

Mais uma vez- encontramos contexto pertinente para pôr em realce os factores institucionais no estabelecimento quer do regime político quer do modelo económico na revolução portuguesa. As nacionalizações da banca e dos seguros são, assim, o modo de celebrar o nascimento do Conselho da Revolução como órgão de soberania e de lhe dar apoio popular, ao mesmo tempo que atribuíam ao Estado o poder financeiro. Esta atribuição ao Estado do poder financeiro permitir-lhe-á melhor gerir as consequências económicas da descolonização e imprimir-lhe maior capacidade de controlo da actividade económica.

Ressalta portanto desta evolução terem sido as nacionalizações da Banca e dos Seguros, ocorridas a 14 de Março de 75, ainda obra da estratégia militar. É o próprio general Costa Gomes quem anuncia e considera essas nacionalizações como a medida mais revolucionária do Portugal contemporâneo.

Aliás a filosofia económica subjacente a essa medida nem é originariamente marxista, antes entronca na doutrina de Saint Simon para quem o crédito, além de ser a «espiritualização do capitalismo», era sobretudo o grande meio de dirigir a economia e repartir a riqueza. Essa noção de direcção e controlo da economia através dó crédito está bem expressa nos Preâmbulos dos decretos-leis n.º 132-A/75 de 14 de Março e n.º 135-A/75 de 15 de Março, ambos dimanados do recém formado Conselho da Revolução. Atente-se nalguns considerandos do decreto-lei n.º 132-A/75 publicado no *Diário do Governo* 1.ª série, n.º 62 de 14 de Março:

> Considerando a necessidade de concretizar uma política económica anti-monopolista que sirva as classes trabalhadoras e as camadas mais desfavorecidas da população portuguesa, no cumprimento do Programa do MFA;
>
> Considerando que o sistema bancário na sua função privada, se tem caracterizado como um dos elementos ao serviço dos grandes grupos monopolistas, em detrimento da mobilização da poupança e da canalização do investimento em direcção à satisfação das reais necessidades da população portuguesa e ao apoio às pequenas e médias empresas;
>
> Considerando que o sistema bancário constitui a alavanca fundamental de comando da economia, e que é por meio dele que se pode dinamizar a actividade económica, em especial a criação de novos postos de trabalho;
>
> Considerando, que os recentes acontecimentos de 11 de Março vieram pôr em evidência os perigos que para os superiores interesses da Revolução existem se não forem tomadas medidas imediatas no campo do controle efectivo do poder económico;
>
> Considerando a necessidade de tais medidas terem em atenção a realidade nacional e a capacidade demonstrada pelos

trabalhadores da banca na fiscalização e controle do respectivo sector de actividade;

Considerando, finalmente, a necessidade de salvaguardar os interesses legítimos dos depositantes;

(....)

Artigo 1.º – 1. São nacionalizadas todas as instituições de crédito[26].

O impacto destas nacionalizações foi enorme, quer do ponto de vista da psicologia colectiva, quer do ponto de vista das consequências geradas noutros sectores da vida económica do país.

Fixemo-nos agora na extensão das nacionalizações e noutras formas de intervenção do Estado na vida económica.

Foram diversos os órgãos de soberania e as modalidades legais que estenderam a intervenção do Estado na actividade das empresas, o que demonstra uma vontade política concertada de proceder a uma extensa colectivização dos meios de produção em Portugal. Assim, o Conselho da Revolução, evocando diversos artigos de diferentes Leis Constitucionais (sobretudo as leis 3/75 e 5/75, ambas de 14 de Março), toma várias resoluções, quer recomendando ao Governo a demissão de corpos gerentes de certas empresas, quer arrogando-se ele próprio o direito de exonerar e nomear comissões administrativas. O primeiro caso está exemplificado na resolução do Conselho da Revolução de 21 de Março[27], em que este recomenda ao Governo a nomeação de uma comissão administrativa para a Sociedade Central de Cervejas. O segundo caso ilustra-se pela resolução que exonera e nomeia administradores do Banco de Portugal a 22 de Março.

O Governo, evocando o decreto-lei n.º 660/74 de Novembro já referido, irá proceder a uma vasta operação de exoneração de corpos gerentes de empresas e de nomeação de comissões administrativas. Este processo será também usado em Março de 75 mas será sobretudo a partir de Maio e até Agosto daquele ano que a sua intensidade caracterizará a actividade dos Governos sob a presidência de Vasco Gonçalves.

O Governo procede também, a 16 de Abril de 75, a um vasto plano de nacionalizações dos sectores básicos da economia.

Deste modo, podemos observar dois grandes momentos, após as nacionalizações da Banca e dos Seguros decretadas pelo Conselho da Revolução: primeiro, uma série de nacionalizações efectuadas pelo

Governo a 16 de Abril de 1975 – a meio da campanha eleitoral para Constituinte – e uma segunda série depois das eleições e que abrandaria com o início dos trabalhos da Assembleia.

Nessa política de intervenção do Estado na vida económica, conduzida quer pelo Governo quer pelo Conselho da Revolução, é claro o empenhamento do Partido Comunista na exploração dos acontecimentos, aprofundando as medidas tomadas pelo Conselho da Revolução e procurando influenciar todos os centros de decisão capazes de elaborarem actos legislativos que cobrissem uma vasta operação de estatização da economia.

Será pelo decreto-lei n.º 203-C/75 de 15 de Abril que o IV Governo Provisório, através do Ministério para o Plano e Coordenação Económica, definirá o modelo económico que, em conformidade com o Conselho da Revolução, pretende para a sociedade portuguesa. Nesse decreto-lei, em que se aprovam as bases gerais do programa de medidas económicas de emergência, refere-se que o Conselho da Revolução havia assinalado «a deficiente utilização da capacidade produtiva do país em recursos humanos e materiais, acompanhada de redução do nível de investimento, o crescente desequilíbrio da balança de pagamentos e a persistência da pressão inflacionista». Para dar remédio a essa situação e para «reconstruir a economia por uma via de transição para o socialismo» definem-se algumas orientações gerais em que se destaca a enunciada na alínea d): «Deverão ser completados os passos já dados no sentido da nacionalização dos sectores básicos da actividade económica (indústria, transportes e comunicações)».

Com efeito, a 16 de Abril, os decretos-leis n.º 205/A, B, C, D, E, F, G/75 publicados no *Diário do Governo*, 1.ª série, n.º 89, nacionalizam as seguintes empresas: Sacor, Petrosul, Sonap, Cidla, Companhia dos Caminhos de Ferro Portugueses, Companhia Nacional de Navegação, Companhia Portuguesa de Transportes Marítimos, Transportes Aéreos Portugueses, Siderurgia Nacional, Aliança Eléctrica do Sul, Companhia Eléctrica do Alentejo e Algarve, Companhia Eléctrica das Beiras, Companhia Hidroeléctrica do Norte de Portugal, Companhias Reunidas Gaz e Electricidade, Companhia Portuguesa de Electricidade, Eléctrica Duriense, Empresa Hidroeléctrica do Coura, Empresa Hidroeléctrica da Serra da Estrela, Empresa Insular de Electricidade, Hidroeléctrica do Alto Alentejo, Hidroeléctrica Portuguesa, Sociedade Eléctrica do Oeste, União Eléctrica Portuguesa.

Esta série de nacionalizações efectuadas a 16 de Abril nos sectores básicos da economia correspondia, nas suas linhas gerais, ao programa do PCP Este partido, logo a 17 de Abril, define a sua posição face às nacionalizações do seguinte modo:

> A histórica decisão do Conselho da Revolução, logo à raiz da sua criação, de nacionalizar a banca e os seguros, sucederam-se agora outras medidas de largo alcance destinadas a enfrentar no imediato os difíceis problemas herdados do fascismo e a rasgar um novo caminho no futuro do nosso povo.
>
> É imprescindível e urgente que todos nos capacitemos da envergadura das medidas agora promulgadas pelo Governo Provisório e do que elas representam e implicam para a vida dos portugueses. A base monopolista da economia portuguesa, herdada do fascismo, foi irreversivelmente atingida nos seus fundamentos e uma nova fase transitória entre duas formações sociais –opostas se iniciou.
>
> A nacionalização dos sectores básicos da economia nacional veio trazer à luz do dia o grau extremo da concentração de riquezas operada sob o fascismo([28]).

Repare-se que as nacionalizações são decididas e saudadas em pleno período eleitoral para a Assembleia Constituinte. Ainda a 23 e 24 de Abril, o Governo irá nomear comissões administrativas para as empresas Indústria Nacional Alimentar e Cimentos de Leiria, baseado no decreto-lei n.º 660/74 de 25 de Novembro.

Essa política de intervenção nas empresas através da exoneração de corpos gerentes e da nomeação de comissões administrativas irá continuar a 5 de Maio de 75 desta vez tendo por objecto as empresas rodoviárias tais como: Empresa de Viação Cernache, Empresa de Transportes Zêzere, Empresa de Viação e Comércio de Alenquer, Cooperativa Lisbonense de Chauffeurs, Auto Viação Bucelense, A. B. Fernandes, Empresa de Viação de Manteigas, Auto Confiança Penamacorense, Catarino e Lopes, José Cunha Direito, Antunes e Dilreu, José Martins Póvoa e Centro, Mendes e Marques, Transportadora Central da Madre de Deus, Transportes de Carga Jacinto Cotrina, Empresa Rádio Táxis Neto, Empresa de Transportes Flamingauto, António Correia e Correia, Táxis Pérola do Bairro da Encarnação, Auto Táxis Nunauto, Auto Transportadora dá Ponte de Sôr([29]).

Por outro lado, a política de nacionalizações dos sectores básicos da economia irá conhecer uma segunda fase que se inicia pela nacionalização de várias empresas ligadas à actividade cimenteira tais como: CISUL, CINORTE, Empresa de Cimentos de Leiria, Companhia de Cimentos Tejo, Companhia de Carvões e Cimentos do Cabo Mondego, Sagres, Cibra([30]).

O mesmo *Diário do Governo* insere o decreto-lei n.º 221-B/75 que nacionaliza empresas da indústria de celulose: Companhia Portuguesa de Celulose, Sociedade Industrial de Celulose, Celulose do Tejo, Celulose do Norte e Celulose do Guadiana.

A 13 de Maio é a vez das sociedades ligadas ao sector dos tabacos serem nacionalizadas. Será o caso de A Tabaqueira, Empresa Industrial de Tabacos, Fábrica de Tabacos Micaelense, Empresa Madeirense de Tabacos, com a excepção das cotas pertencentes a estrangeiros, o que aliás foi uma constante das medidas que estamos a analisar.

O decreto-lei n.º 203-C/75 de 15 de Abril havia no entanto referido também o sector dos transportes. Por consequência, a 5 de Junho, é nacionalizada a Sociedade Metropolitano de Lisboa e as empresas de transportes colectivos de passageiros pertencentes aos seguintes grupos: João Belo, Claras, Cernache, Eduardo Jorge, Transsul([31]).

Estas medidas caracterizaram a actividade do IV Governo Provisório no domínio económico. Durante mais algum tempo haverá ainda nacionalizações ou intervenções mas sem a sequência e a importância política ou económica gerais das acima descritas. O V Governo Provisório que toma posse a 8 de Agosto ainda tomará algumas medidas dessa natureza mas a sua breve existência reduziu a sua amplitude e execução. Por fim, em Setembro de 1975, com a tomada de posse do VI Governo Provisório da Presidência do Almirante Pinheiro de Azevedo, o Partido Socialista e o Partido Popular Democrático entendem-se para porem fim à onda de nacionalizações.

O VI Governo Provisório continuará no entanto com a transferência de propriedade do Alentejo dentro do processo da Reforma Agrária.

Assinale-se que os aspectos agrários da política económica do período pré-constitucional tiveram assinalável importância e contribuíram para caracterizar o ano de 1975 como um momento de intensa colectivização das actividades económicas em Portugal.

O Estado português, enfraquecido politicamente e momentaneamente pela descolonização e pela revolução, estendia a sua intervenção ao domínio económico como que a haurir forças para o seu renascimento em regime de democracia política.

Conclusão

A intervenção militar do MFA caracterizou-se pela ruptura com a indiferença secular das Forças Armadas face ao tipo de regime político interno (monarquia na sua forma constitucional ou ditatorial; república parlamentar ou presidencialista; Estado Novo e Estado Social) e pelo empenhamento no estabelecimento de um regime político de democracia política pluralista.

Esta opção da instituição militar deveu-se a vários factores, desde a necessidade de encontrar um modelo político que permitisse a gestão autónoma dos conflitos sociais até à própria luta institucional que se desenvolveu entre organismos frentistas revolucionários e os aparelhos partidários.

Após o recenseamento eleitoral de Dezembro de 1974 que elevou o número de votantes para perto dos seis milhões e a participação de mais de noventa por cento desse universo nas eleições para a Assembleia Constituinte, o regime de partidos estabeleceu as suas bases que ainda hoje vigoram.

Pelo seu lado, o MFA – autêntica metamorfose da instituição militar – conseguiu introduzir, no II Pacto MFA-Partidos de Fevereiro de 1976, a consagração da eleição directa para Presidente da República. Pode-se dizer que a eleição directa de um general para a Presidência da República tem constituído o essencial da estratégia política da instituição militar no período em análise.

Com efeito, as duas eleições presidenciais já efectuadas caracterizaram-se por uma disputa entre vários militares com concepções diferentes, quer sobre os melhores projectos de sociedade para Portugal, quer sobre as características das Forças Armadas no contexto nacional. Assim, em 1976, tivemos no fundo uma disputa entre Ramalho Eanes e Otelo, e, em 1980, entre Ramalho Eanes e Soares Carneiro. Com estas eleições tratou-se de escolher, por sufrágio universal, o militar que comandaria as Forças Armadas e que imprimiria a influência sublimada da instituição militar na evolução do regime democrático.

Do mesmo passo, permitia-se a existência de um militar com singular força política derivada do sufrágio universal e directo e que estaria assim em melhores condições para subordinar as Forças Armadas ao poder político democrático.

A preferência do MFA por um regime democrático foi assim secundada pela própria instituição militar embora por motivos nem sempre coincidentes mas todos conducentes ao fortalecimento do regime de liberdades públicas em que vivemos.

A revolução do 25 de Abril foi o meio provocado pela instituição militar para se atingir certos objectivos nacionais de alternativa, pois os objectivos fixados pelo anterior poder político revelaram-se inadequados.

Acresce que num outro espaço das Forças Armadas – mais exactamente em certas instituições de ensino superior – desenvolveu-se, paralelamente, a elaboração de um conceito alargado de Defesa Nacional por cujos critérios se deveria avaliar a bondade de algumas situações governamentais já que quase tudo, na actividade política, pode ser aferido numa perspectiva de «poder nacional». Deste modo o sistema político estaria sempre sob a avaliação dos peritos em estudos de situação estratégica. Esse conceito alargado de Defesa Nacional pretende também introduzir um elemento perturbador em qualquer regime democrático qual seja o de «inimigo interno», cuja aplicação se apresenta pelo menos arbitrária, e sempre baseada numa expansão da natureza policial de qualquer regime.

Um outro factor de crescimento planificado da influência militar no sistema político deriva das atribuições que podem caber às Forças Armadas na chamada «Gestão das Crises». Contrariamente à anterior concepção «alargada» de defesa nacional feita para permitir uma influência permanente do critério estratégico, já a «gestão das crises» aparece como meio extraordinário de fazer face a uma emergência. Em ambos os casos, trata-se de doutrina, por enquanto confinada a certos meios militares e aos auditores do IDN, mas revelando o aparecimento de outras abordagens sobre as relações entre as Forças Armadas e o regime político democrático.

As relações entre as Forças Armadas e o regime político democrático não podem, no entanto, ser perspectivadas em abstracto, ou através de um mero discurso institucional, como o atrás ensaiado.

O papel da instituição militar na nova era marcada pelo 25 de Abril terá de ser estudado tendo em conta os factores de continuidade e de ruptura introduzidos nas Forças Armadas pelo derrube da ditadura, pela descolonização e pela implantação em Portugal de um regime de democracia política. E o problema militar português só ficará resolvido quando às Forças Armadas forem atribuídas missões – nacionais ou internacionais – de prestígio assegurado, que lhes fixem uma nova natureza, alterada irreversivelmente com o 25 de Abril de 1974, mas ainda não preenchida ou revelada.

Fontes

I. Testemunhos orais

Alves, Tenente-Coronel Vítor Brás, Coronel Costa
Charais, General Franco Durão, Brigadeiro Ricardo Gomes, General Costa
Machado, Dr. Alberto
Spínola, General António de

II. Documentos

Boletim do Movimento das Forças Armadas – 24 números – de 9 de Setembro de 1974 a 25 de Julho de 1975.

Boletim do Ministério do Trabalho de 15 de Março de 1976.

Circular do Estado-Maior das Forças Armadas datada de 27 de Maio de 1974, sem classificação.

Carta de Octávio Pato ao Secretariado do Comité Central do Partido Comunista Português, exposta no Pavilhão dos Desportos de Lisboa em Maio de 1981, na Exposição Comemorativa dos 60 anos do PCP.

Diário do Governo, 1.ª série, anos de 1974, 1975 e 1.º trimestre a 3 de Abril de 1976.

Diário da Assembleia Constituinte de 3 de Junho de 1975 de 1976.

Ficheiro cronológico abrangendo o período de Abril de 1974 a Dezembro de 1975 (cerca de duas mil e quinhentas fichas) elaborado no âmbito do Projecto de Investigação B da Faculdade de Ciências Humanas da Universidade Católica Portuguesa.

Lista onomástica de protagonistas de acontecimentos do período inicial da revolução (cerca de sete mil nomes) elaborado no âmbito do Projecto de Investigação B da Faculdade de Ciências Humanas da Universidade Católica Portuguesa.

Nota Pastoral do Episcopado Português, distribuída a 4 de Maio de 1974.

Relatório de Actividades do Delegado da Junta de Salvação Nacional no ex-Ministério das Corporações e Segurança Social.

Relatórios das Comissões de Inquéritos aos acontecimentos do 28 de Setembro, do 11 de Março e do 25 de Novembro.

Relatório da Comissão Inter-Ministerial para a análise da problemática das empresas em auto-gestão, Ministério das Finanças, 1980.

Relatório da operação Fim-Regime, elaborado pelo Capitão Salgueiro Maia para a Escola Prática de Cavalaria a 29 de Abril de 1974.

III. Periódicos

A. *Quotidianos* – período entre 25 de Abril de 74 e 25 de Abril de 76.

A Capital
Comércio do Porto
Diário do Alentejo
Diário de Lisboa
Diário de Notícias
Diário Popular
Jornal de Notícias
Primeiro de Janeiro

B. Semanários – período entre 25 de Abril de 74 a 25 de Abril de 76.

Avante (1.º número a 17 de Maio de 74).
Expresso
O Jornal (1.º número a 2 de Maio de 1975)
A Ordem
Portugal Socialista (desde o n.º 4 de Maio de 74)
Povo Livre (1.º número a 15 de Agosto de 74)
Voz Portucalense

Bibliografia

Almeida, Dinis de, *Origens e Evolução do Movimento dos Capitães*, Lisboa, Ed. Sociais, 1976.

Almeida, Dinis de, *Ascensão e Queda do MFA*, Lisboa, Ed. Sociais, s.d.

Arroz, Maria Emilia, et. al., *As Eleições Legislativas – Algumas Perspectivas Regionais*, Lisboa, Livros Horizonte, s.d.

Antunes, José Freire, *O Segredo do 25 de Novembro*, Lisboa, Ed. Europa-América, 1980.

Banazol, Tenente-coronel, *A Origem da MFA, Lisboa*, Prelo, 1974.

Banazol, Tenente-coronel, *Os Capitães*, Lisboa, Prelo, 1974.

Banazol, Tenente-coronel, *A Tarde dos Generais*, Lisboa, Prelo, 1975.

Banazol, Tenente-coronel, *Os Capitães Generais e os Capitães Políticos*, Lisboa, Prelo, 1976.

Burchett, Wilfred, *Portugal depois da Revolução dos Capitães*, Lisboa, Seara Nova, 1975.

CAETANO, Marcelo, *Depoimento*, Rio de Janeiro, Distrib. Record, 1974.

CAETANO, Marcelo, *O 25 de Abril e o Ultramar*, Lisboa, Verbo, 1977.

CARNEIRO, Francisco Sá, *Por uma Social Democracia Portuguesa*, Lisboa, Dom Quixote, 1965.

CARVALHO, Otelo Saraiva de, *Alvorada em Abril*, Lisboa, Bertrand, 1977.

CARVALHO, Otelo Saraiva de, *Cinco Meses que Mudaram Portugal*, Portugália, 1975.

CLEMENTE, Duran, *Elementos para a Compreensão do 25 de Novembro*, Lisboa, Ed. Sociais, 1976.

VII Congresso do P.C.P., Lisboa, Ed. Avante, 1974.

CUNHA, Luz, Arriaga, Kaulza, Rodrigues, Bettencourt, Marques, Silvino Silvério, *África, a Vitória Traída*, Lisboa, Ed. Intervenção, 1977.

CUNHA, Silva, *O Ultramar, a Nação e o 25 de Abril*. Coimbra, Atlântida Ed., 1977.

CORREIA, Natália, *Não Percas a Rosa*, Lisboa, Publ. Dom Quixote, 1968.

CORREIA, Ramiro, *MFA Dinamização Cultural*, Lisboa, Bibl. Ulmeiro, 1977.

CUNHAL, Álvaro, *Rumo à Vitória*, Porto, Ed. Opinião, 1974.

CUNHAL, Álvaro, *A Revolução Portuguesa*, Lisboa, Publ. Dom Quixote, 1975.

A Democracia Cristã em Portugal. Três Congressos do C.D.S., s.l., Democracia 76, s.d..

Diário de uma Revolução, Lisboa, Ed. Mil Dias, 1978.

DOWNS, Charles, «Comissões de Moradores» and Urban Struggle in Revolutionary Portugal, comunicação policopiada apresentada no II International Conference Group on Modern Portugal, Univ. of New Hampshire, Junho 79.

Dossier da 2.ª República, 2 vols., Lisboa, ed. Fernando Ribeiro de Melo / ed. Afrodite, 1976.

FERREIRA, José Medeiros, *Aspectos Internacionais da Revolução Portuguesa*, comunicação policopiada apresentada no II International Conference Group on Modern Portugal, Univ. of New Hempshire, Junho 1979.

FERREIRA, José Medeiros, *Do Código Genético no Estado Democrático*, Lisboa, Contexto, 1981.

FERREIRA, José Medeiros, *Ensaio Histórico sobre a Revolução do 25 de Abril*, Lisboa, Imprensa Nacional, 1983.

FONSECA, A. Fernandes da, *A Revolução Portuguesa à Luz da Psicologia*, Porto, s.e., 1967.

PRÉMONTIER, Jacques, *Portugal: Os Pontos nos ii*, Lisboa, Moraes Ed., 1976.

GASPAR, Jorge e VITORINO, Nuno, *As Eleições do 25 de Abril. Geografia e Imagem dos Partidos*, Lisboa, L. Horizonte, 1976.

GOMES, Francisco Costa, *Sobre Portugal. Diálogos com Alexandre Manuel*, Lisboa, Ed. A Regra do Jogo, 1979.

GOMES, Varela, *Sobre os Golpes Contra-Revolucionários de 11 de Março e de 25 de Novembro de 1975*, Lisboa, s.e., 1980,

GRAHAM, Makler, *Contemporany Portugal: The Revolution and its Antecedents*, Austin, University of Texas Press, 1979.

HARVEY, Robert, *Portugal, Birth of a Democracy*, Londres, Mac Millan Press, 1978.

Leis Fundamentais da República Portuguesa, Lisboa, Imprensa Nacional – Casa da Moeda, 1974.

LEMOS, Viana de, *Duas Crises*, Lisboa, Ed. Nova Génese, 1977.

LOURENÇO, Eduardo, *Os Militares e o Poder*, Lisboa, Arcádia, 1975.

LOURENÇO, Eduardo, *O Labirinto da Saudade*, Lisboa, Publ. Dom Quixote, 1978.

MARQUES, A. H. Oliveira, *História de Portugal*, vol. III, Palas Ed., 6.a ed., 1981.

MC GOVERN, George, *Revolution into Democracy: Portugal after the Coup*, Relatório para o Committee on Foreign Relations, United States Senate, Aug. 76.

MIRANDA, Jorge, *A Constituição de 1976. Formação, Estrutura, Princípios Fundamentais*, Lisboa, Livr. Petrony, 1978.

MORAIS, Manuel Tito de, *O «Portugal Socialista» na Clandestinidade, Lisboa*, Ed. Portugal Socialista, 1977.

MOTA, José Gomes, *A Resistência*, Lisboa, Ed. Jornal Expresso, 1976.

OSÓRIO, José Sanches, *O Equívoco do 25 de Abril*, Lisboa, Ed. Intervenção, 1975.

Partido Popular Democrático, Notas sobre a Origem, Actividades até ao I Congresso Nacional, Lisboa, Ed. da Comissão Política Distrital de Lisboa do PPD, Maio de 75.

PEREIRA, António Maria, *A Burla do 28 de Setembro*, Lisboa, Bertrand, 1966.

REGO, Raul, Militares, *Clérigos e Paisanos*, Lisboa, Perspectivas e Realidades, 1981.

RODRIGUES, Avelino et al., *Portugal depois de Abril*, Lisboa, Intervenção, 1976.

RODRIGUES, Avelino et. al., *Abril nos Quartéis de Novembro*, Lisboa; Bertrand, 1979.

SANTANCHÉ, Gioacchino, *Uma Revolução Falhada*; Lisboa, Perspectivas e Realidades, 1980.

SANTOS, Maria de Lourdes Lima, Lima, Rodrigues Pires de, Ferreira, Vítor Matias, *O 25 de Abril e as Lutas Sociais nas Empresas*, Porto, Ed. Afrontamento, 1976.

SARAIVA, José António, *Do Estado Novo à Segunda República*, Lisboa, Bertrand, 1974.

SOARES, Mário, *Democratização e Descolonização*, Lisboa, Ed. Dom Quixote, 1975.

SOARES, Mário, *Portugal, Que Revolução?*, Lisboa, Perspectivas e Realidades, 1976.

SPÍNOLA, António de, *Ao Serviço de Portugal*, Lisboa, Bertrand, 1976.

SPÍNOLA, António de, *País sem Rumo*, s.l., Scire, 1978.

Notas

(1) José Medeiros Ferreira, Da Necessidade de um Plano para a Nação, *3.º Congresso da Oposição Democrática, teses, volume sobre a Situação e Perspectiva Política no Plano Nacional e Internacional*, Lisboa, Ed. Seara Nova, 1974, p. 17.

(2) Ver José Medeiros Ferreira, *Ensaio Histórico sobre a Revolução do 25 de Abril – O período Pré-Constitucional*, Lisboa, Imprensa Nacional – Casa da Moeda, 1983.

(3) Ver programa do Movimento das Forças Armadas, Lisboa, Imprensa Nacional, 1974.

(4) Mário Soares, *Portugal-Que Revolução?* 1976, p. 26.

(5) *Expresso –Revista* do 25 de Abril de 1981.

(6) Carta de Octávio Pato ao Secretariado do Comité Central, datada de 29 de Abril de 1974, exposta no Pavilhão dos Desportos em Maio de 1981, na Exposição Comemorativa do PCP.

(7) José Medeiros Ferreira, *Ensaio Histórico sobre a Revolução do 25 de Abril – O Período Pré-Constitucional*, Lisboa, Imprensa Nacional – Casa da Moeda, 1983, p. 55.

(8) Embaixador Max Very, *Le Rétablissement de la Démocratie au Portugal*, Policopiado, p. 180.

(9) *Diário Popular*, de 11 de Maio de 1974.

(10) Ver Charles Downs, «Comissões de Moradores» and Urban Struggles in Revolutionary Portugal – comunicação policopiada apresentada no II International Conferente Group on Moderas Portugal, Universidade de New Hampshire, Junho de 1979, p. 5.

(11) Charles Downs, *ob. cit.*, p. 9.

(12) Charles Downs, *ob. cit.*, p. 9.

(13) Estudantes do Instituto Superior do Serviço Social, *Um Contributo para a Análise do Processo de Ocupações em Lisboa e Arredores*, citado por Charles Downs; *ob. cit.*, p. 17.

(14) Maria de Lourdes Lima Santos, Marinus Pires de Lima, Vitor Matias Ferreira, *O 25 de Abril e as lutas sociais nas Empresas*, Porto, ed, Afrontamento, 1976, vol. I, p. 34.

(15) Lima Santos, et. al., *ob. cit.*, pp. 39-40.

(16) Lima Santos et, al., *ob. cit.*, p. 58.

(17) Marcelo Curto, *Democracia na Empresa*, Lisboa, Ed. Heptágono, 1980.

(18) Marcelo Curto, *ob. cit.*, p. 131.

(19) Marcelo Curto, *ob. cit.*, p. 137.

(20) Ver «Relatório da Comissão Inter-Ministerial para Análise da Problemática das Empresas em Auto-Gestão», criada por despacho publicado no *Diário da República*, III série, 5 de Março de 1979, pp. 49 a 181.

(21) *Ob. cit.*, pp. 49 e 179.

(22) *Ob. cit.*, p. 182.

(23) *Ob. cit.*, p. 182.

(24) *Ob. cit.*, pp. 52-53.

(25) Segundo entrevista oral dada ao autor deste trabalho.

(26) *Diário do Governo*, n.º 62, p. 394.

(27) *Diário do Governo*, 1.ª série, n.º 68, 4.º suplemento.

(28) Editorial do Jornal *Avante* de 17 de Abril de 1975.

(29) *Diário do Governo*, 1.ª série, n.º 103 de 5 de Maio de 75.

(30) Decreto-Lei n.º 221-A/75, *Diário do Governo*, 1.ª série, 1.º suplemento, n.º 107 de 9 de Maio de 1975.

(31) Decretos-Leis 210-A e C/75 publicados no *Diário do Governo*, 1.ª série, n.º 129 de 5 de Junho de 75.

ORIGEM DO TEXTO:

«O 25 de Abril de 1974: Uma Revolução Imperfeita», in Revista de História das Ideias, vol. VII, Coimbra, Faculdade de Letras da Universidade de Coimbra, 1985, pp. 391-426.

20.

Os militares e a evolução política interna e externa (1974-1982)

Na tese que enviei para o Congresso da Oposição Democrática realizado em Aveiro, em Abril de 1953, perguntava intencionalmente:

> Estará na lógica da instituição (militar) a possibilidade de apoiar movimentos nacionais que se proponham resolver politicamente o problema das colónias, admitindo a independência destas, para melhor se proceder ao levantamento das energias patrióticas na perspectiva da reestruturação do espaço europeu?
>
> As Forças Armadas, para além da função nacional da defesa do território, serão sensíveis às lutas que se desenvolvem no corpo da sociedade portuguesa? A tensão nelas existentes entre o todo Nação e as partes constituintes desta que são classes sociais levará ao aparecimento de uma filosofia económica e social sobre a sociedade portuguesa capaz de permitir o apoio ao avanço das estruturas socializantes?

E antecipava ser, «aliás, no avanço das estruturas socializantes e na definição e execução de um plano de desenvolvimento que a democracia aparece como condição de êxito». Deste modo afirmava:

> Em síntese, a actual situação de Portugal aponta três ordens de soluções que convém trilhar simultaneamente: trata-se de descolonizar, de socializar e de desenvolver. Tais metas devem ser alcançadas através de uma profunda democratização da sociedade portuguesa.

Essa «tese» revelou-se verdadeira cerca de um ano depois, quando os militares derrubaram a ditadura e apresentaram o Programa do MFA.

Não é assim para admirar que tenha ocupado grande parte dos meus estudos ao comportamento político dos militares na sociedade portuguesa antes e depois do 25 de Abril de 1974.

Ao organizar esta síntese da evolução da instituição militar entre 1974 e 1982 e a sua interacção com a sociedade portuguesa, nomeadamente a política, não queria sonegar esse dado, pelo que resolvi incluí-lo nesta parte vestibular do capítulo.

A influência primordial da instituição militar na sociedade portuguesa foi a de ter desencadeado o movimento que levou ao derrube da ditadura, ao fim da guerra em África, à descolonização e ao processo de democratização.

Uma revolução destas, conduzida por um corpo de Estado como a instituição militar, teve as suas particularidades e operou-se por forma mais ou menos tutelada. Entronca aqui uma das minhas teses mais polémicas, a qual é a de afirmar que houve uma estratégia militar triunfante no trânsito entre o derrube da ditadura e a formalização de um novo regime político democrático assente em partidos.

O MFA apresentou desde logo no seu programa como objectivo, concreto e calendarizado, a eleição livre de uma Assembleia Nacional Constituinte e a instauração de um regime político democrático. Ora o MFA deve ser encarado como uma metamorfose da instituição militar clássica. Essa acção ao nível da estratégia geral poderá ser mais bem compreendida caso a comparemos, *mutatis mutandis*, aos métodos empregues pelos exércitos aliados na Itália, na Alemanha e no Japão no fim da Segunda Guerra Mundial. Até à célebre Quinta Divisão do Estado-Maior-General das Forças Armadas, criada em Setembro de 1974, se inspirava na orgânica de campanha do Exército norte-americano durante a Segunda Guerra Mundial, cujo o Quinto Departamento se destinava a manter a ligação entre o governo militar e a administração dos assuntos civis nos territórios que se iam libertando dos regimes fascistas.

As principais missões atribuídas à Quinta Divisão do EMGFA foram:

- elaborar e difundir directivas, planos e ordens relativos ao cumprimento do Programa do MFA e coordenar e superintender à sua execução;
- manter permanentemente informado o CEMGFA sobre a atitude dos grupos representativos militares e civis quanto ao cumprimento do programa do MFA;
- promover acções de informação, orientar e superintender a sua execução, utilizando para o efeito os meios correntes de comunicação social, os serviços de informação pública das Forças Armadas e outros órgãos para consciencializar os elementos das Forças Armadas e militarizadas em ordem a uma perfeita integração no espírito do Programa do MFA; manter informadas as Forças Armadas, e eventualmente a população civil, quanto à forma como se cumpre o Programa do MFA; consolidar o vínculo de confiança e mútua identificação criada em 25 de Abril entre o povo e as Forças Armadas;
- proceder a estudos e formulação de doutrina, organizar consultas, colóquios e debates sobre assuntos de natureza sociomilitar.

Embora a Quinta Divisão pudesse ter sido activada «com o fim imediato de integrar em situação militar definida os sete oficiais que constituíram a primeira Comissão Coordenadora do MFA», ela revela que se pretendeu manter a orientação do esclarecimento político dentro das atribuições da instituição militar, embora depois esse esclarecimento tenha tomado um cariz ideológico radicalizado. Tratava-se, no entanto, de acentuar a componente social no binómio território/população em termos de defesa nacional.

Tudo formalizado através de decretos-leis, de directivas e de despachos, emanados das linhas hierárquicas competentes. O que mais caracterizará uma intervenção institucional?

Mesmo as assembleias do MFA serão normalmente convocadas por «mensagem» dos chefes do Estado Maior-General ou do chefe de cada ramo.

Assim hierarquizadas na sua cadeia de comando (embora se admitam desfalecimentos da disciplina e actos marginais ou jogos de contingências derivados das incertezas dos resultados dos acontecimentos de 28 de Setembro de 1974, 11 de Março e 25 de Novembro de 1975, ou das próprias eleições para a Assembleia Constituinte), as Forças Armadas irão propor-se atingir certos objectivos no período imediatamente posterior ao derrube da ditadura. Alguns deles serão deturpados, como o das campanhas de dinamização cultural, quer pelo seu aproveitamento ideológico e sectário, quer pela sua execução canhestra.

Um dos objectivos do MFA como metamorfose da instituição militar foi o de garantir a posse dos grandes meios de violência – o monopólio do armamento.

A 8 de Maio de 1974, o MDP/CDE propõe montar um «verdadeiro aparelho militar de defesa», e logo a Junta de Salvação Nacional emite, no dia 13 do referido mês, um comunicado em que declara que «o único aparelho popular de defesa da democracia são as Forças Armadas».

Mesmo em pleno Verão Quente de 1975, o Conselho da Revolução aprova o Plano de Acção Política (PAP), onde se misturam muitos conceitos, mas no qual é claro o objectivo de manter o monopólio da posse do armamento nas mãos da instituição militar:

> Não serão admitidas, porém, organizações civis armadas, partidárias ou não, podendo, entretanto, as organizações populares, por iniciativa do próprio MFA e sob seu controlo e enquadramento, vir a desempenhar, em caso de emergência nacional, tarefas de autodefesa de objectivos vitais.

E para obstar a qualquer veleidade de grupos radicais, fossem de direita ou «manifestações de esquerdismo pseudo-revolucionário», o documento reforça a doutrina com a lei penal; e cito:

> A necessidade de reprimir com a necessária dureza a possível acção de grupos ou organizações clandestinas armadas obriga a promulgar uma lei especial... (Conselho da Revolução, *Plano de Acção Política*, 1975, pp. 5-7).

Manter as «armas em boas mãos» pode ter tido entendimento diverso por parte de uns poucos oficiais, mas estes acabaram em minoria e, o que mais é, marginalizados após o 25 de Novembro.

Manter o monopólio da posse de armamento foi um denominador comum a todas as correntes do movimento das Forças Armadas e os raros oficiais que transgrediram esse objectivo foram anatemizados.

O Movimento das Forças Armadas jamais foi uma estrutura independente da instituição militar, antes deve ser encarado como uma organização circunstancial de que se serviu o corpo de oficiais para atingir certos objectivos após o derrube da ditadura, como o cessar-fogo e a descolonização, a gestão das necessárias reciclagens da instituição militar e o governo do País no período de transição. O MFA é um dos instrumentos da estratégia militar entre o derrube da ditadura e a instauração do regime político constitucional.

Para se compreender o pacto constituinte que esteve na origem da lei fundamental é necessário introduzir como elemento explicativo a lógica comportamental das principais instituições em acção no corpo do País: Forças Armadas, Igreja Católica, partidos políticos. Mais tarde despontarão os órgãos de comunicação social, assim como os órgãos representativos dos interesses sociais e económicos, como os sindicatos e as centrais patronais ou empresariais. Mas o principal ficou resolvido entre 1974 e 1982 pelas três grandes instituições citadas e pelo contexto internacional.

O facto de a Revolução ter sido desencadeada por um corpo de Estado com as características da instituição militar teve as mais profundas consequências em todo o desenrolar do processo interinstitucional.

Com efeito, o Estado metropolitano libertou-se do regime político salazarista-marcelista através do seu corpo mais apetrechado para o efeito: a instituição militar.

Ora uma revolução conduzida por um corpo de Estado teria de dar origem a um reordenamento das organizações antigas ou novas que sustentavam o «aparelho de Estado» lato senso. Mais: uma revolução conduzida por um corpo de Estado teria de ser «imperfeita» pela necessidade de equilibrar as rupturas indispensáveis ao fim do regime corporativo e colonialista com uma linha de continuidade que salvasse as Forças Armadas como instituição. E com elas se salvaram quase todas as outras, com a excepção dos órgãos políticos e repressivos do regime autoritário.

Encarado o 25 de Abril como o momento em que o Estado português se desembaraçou do regime político caduco, incapaz de resolver qualquer dos grandes problemas nacionais, pode afirmar-se que a resultante institucional dessa operação foi a eliminação dos organismos mais característicos, ou mais comprometidos, com o regime anterior (polícia política, Legião Portuguesa, Mocidade Portuguesa, Acção Nacional Popular, grémios e sindicatos nacionais, Câmara Corporativa, por exemplo) e o aparecimento do sistema multipartidário. De certa maneira, o Estado, depois do 25 de Abril, ficou composto pelos antigos corpos de Estado (Forças Armadas, carreira diplomática, magistratura, administração) mais os três a cinco partidos políticos que vingaram na sociedade portuguesa e um transitório sector público da economia, financeiro e empresarial. Dessa soma resultou um alargado «aparelho de Estado», onde se pode incluir, indirectamente, os autarcas do poder local.

Travou-se, então, uma formidável luta institucional em Portugal entre 1974 e 1982. As classes sociais no País encontravam-se ainda à procura dos seus melhores instrumentos de intervenção política, e não seria para admirar que assim fosse dado que o regime da ditadura não havia permitido o desenvolvimento autónomo dos grupos sociais, espartilhando-os na ordem corporativa estatal e legislando no cerceamento do direito de associação. Desta maneira, partidos políticos, sindicatos, comissões de trabalhadores, cooperativas, grupos de pressão, assim como organizações tais as igrejas, lojas maçónicas, universidades e até os grandes corpos do Estado, só puderam desenvolver-se naturalmente após a queda da ditadura, o que veio tornar extremamente aguda a luta entre essas diferentes instituições para afirmarem o seu poder e influência não só nas áreas respectivas, como também, para algumas, na tentativa de alcançarem a hegemonia do poder político em Portugal. Assim, a construção do Estado esteve dependente do apuramento final das instituições ordenadoras e transmissoras da vontade popular e dos interesses sociais sectoriais.

Esse discurso propriamente institucional foi mais importante e determinante de um ponto de vista da construção do regime político do que, por exemplo, a luta de classes que também se travou nessa altura.

O Movimento das Forças Armadas compreendeu, imediatamente após o 25 de Abril, que necessitava dos partidos políticos para racionalizar a intervenção das populações no processo revolucionário. Todavia os partidos políticos tinham em Portugal, antes do 25 de Abril, uma influência reduzida e nem a tradição de resistência e organização do Partido Comunista Português impediu que, numa perspectiva institucional, só com o 25 de Abril os partidos políticos tivessem adquirido uma dimensão nacional. Num País desarticulado, sem organizações intermédias, só aparelhos com a plasticidade dos partidos puderam então ser agentes simultâneos da expressão concreta de interesses particulares e também aparelhos necessários à coordenação da vontade geral.

Os partidos políticos surgiram, assim, como os instrumentos mais apropriados à condução do processo político em Portugal e constituíram, com o decorrer do tempo, as maiores criações institucionais da Revolução. De um ponto de vista da estratégia das Forças Armadas, havia também todo o interesse em permitir aos partidos políticos pleno desenvolvimento para que a revolução tivesse não só uma solução constitucional como política. Neste capítulo, alguns responsáveis do MFA filiam-se na tradição da estratégia política concebida por chefes militares, desde Napoleão, em Itália, até Mac Arthur, no Japão.

É certo que no domínio institucional surgiram muitos atritos, e alguns fortes, entre o MFA e os partidos políticos, em termos de concepção do tipo de regime político a estabelecer em Portugal. O triunfo do PCP, ou de certas tendências dentro do MFA, teria dado origem a um regime político de características bem diferentes das instituições de democracia política vigentes na Europa ocidental. Já a preponderância eleitoral do Partido Socialista, a partir das eleições para a Assembleia Constituinte, veio determinar o estabelecimento de um regime pluralista de democracia política, ainda que posto em causa até 25 de Novembro de 1975. A partir dessa data e até 1982, as tendências autoritárias de direita foram domesticadas e marginalizadas pelos sucessivos responsáveis pela estratégia política das Forças Armadas. De um ponto de vista histórico, o trânsito efectuado pelas Forças Armadas Portuguesas entre o regime da ditadura derrubado a 25 de Abril de 74 e a promulgação da Constituição, a 25 de Abril de 1976. é, sem dúvida, notável e sem exemplo na história das passagens de regimes ditatoriais a regimes de democracia política.

Como se escreveu em 1985, era legítimo perguntar se a Revolução de 25 de Abril se filiava nos movimentos revolucionários do passado ou se prenunciava uma nova vaga de transições para a democracia como aquela que ocorreu no Leste europeu após a queda do Muro de Berlim.

[...]

ORIGEM DO TEXTO:

«Os militares e a evolução política interna e externa (1974-1982)», in J.J. Brandão de Brito (coord.), *Revolução e Democracia*, vol.2, *O País em Revolução*. Lisboa, Notícias Editorial, 2001, pp.11-61. (excerto p. 11-17)

21.

Um corpo perante o Estado: militares e instituições políticas

Considerações gerais[1]

Se nos abstrairmos da existência dos variados grupos e linhas que enformam as Forças Armadas portuguesas e se nos colocarmos na perspectiva das resultantes e não dos planos, projectos ou meras declarações de intenção, torna-se claro que o tipo de relacionamento entre as Forças Armadas e o poder político foi essencialmente definido pela própria instituição militar desde o Programa do MFA, em Abril de 1974, e passando pela celebração do II Pacto MFA-Partidos, em Fevereiro de 1976, até à revisão constitucional de 1982. Retenha-se pois desde já esta constatação: até à revisão constitucional de 1982 quem definiu os termos das relações entre o poder político e a instituição militar foi a própria instituição militar.

Entre todos os documentos, que consagram as relações entre as Forças Armadas e o poder político avulta, pela sua importância e execução, o II Pacto MFA-Partidos, assinado em Fevereiro de 1976. Neste II Pacto, mantinha-se a concepção de um período de transição caracterizado pela existência de um Conselho da Revolução com particulares competências no âmbito militar, mas introduzia-se uma novidade de tomo com o recurso à eleição para Presidente da República por sufrágio directo e universal de um corpo eleitoral elevado após o

25 de Abril de dois milhões de votantes para um número da ordem dos seis milhões. Essa novidade é tanto mais de assinalar quanto no I Pacto MFA-Partidos tal eleição também fora prevista com minúcia, porém para efectuá-la apenas por um colégio constituído essencialmente pela Assembleia do MFA e pelo Parlamento, além de outras organizações derivadas do chamado «poder popular».

Ora, o MFA deve ser visto como uma metamorfose da instituição militar, e desta forma o seu objectivo de estabelecer em Portugal um regime de democracia política corresponde ao pensamento estratégico daquela.

Essa acção ao nível da estratégia geral poderá ser melhor compreendida caso a comparemos *mutatis mutandis* aos métodos políticos usados, após a Segunda Guerra Mundial, pelas forças aliadas vencedoras, quer nos teatros europeus, quer no teatro asiático, nomeadamente na Itália, na Alemanha e no Japão. Com a diferença substancial de, no caso do MFA, ser um exército nacional, num território não invadido, a introduzir a mudança entre um regime ditatorial e um regime de democracia política([2]). A institucionalização do MFA, ou seja, a sua formalização como agente político participando em órgãos de soberania, salvaguarda ainda as Forças Armadas do empenhamento político necessário para se proceder ao trânsito entre a ditadura e a democracia política.

Uma das características da condução do processo político desencadeado pelo MFA será a revelação de uma elite militar com capacidade de pensamento estratégico sobre a instituição militar e sobre a resolução de grandes problemas nacionais. E essa elite, de uma forma geral, manter-se-á de acordo para considerar o regime democrático pluralista como o mais adequado à afirmação do Estado português e à sobrevivência da própria instituição militar.

A existência dessa elite militar intelectual não é geralmente reconhecida, extramuros, por parte de outras elites nacionais portuguesas, desde a universitária à empresarial, desde a dos grandes «corpos de Estado» aos tecnocratas. E, no entanto, essa elite existe e teve papel preponderante no trânsito entre o período revolucionário e o estabelecimento de um regime democrático-constitucional.

Treinada nos «Estudos de Situação Estratégica» dos estabelecimentos de Ensino Militar Superior, parte dessa elite maneja com grande operacionalidade as aquisições das ciências sociais e de estratégia. Os factores de «coesão social» ou o inventário das vulnerabilidades ou potencialidades nacionais são o protótipo de uma mentalidade desconhecida fora do território castrense. Outra parte dessa elite tem particular experiência de organização e comando e um conhecimento empírico do real.

Essa elite «salvou» a instituição militar no meio de todas as crises nacionais recentes, nomeadamente as relacionadas com a guerra colonial, a descolonização, o processo revolucionário e a cristalização do regime democrático.

Nessa perspectiva, o MFA foi uma metamorfose da instituição militar, e o II Pacto MFA-Partidos de Fevereiro de 1976 corresponde ao essencial da estratégia militar no campo político após o derrube da ditadura e até à revisão constitucional de 1982.

Em resumo: enquanto pelo I Pacto as Forças Armadas teriam uma intervenção política directa através de vários órgãos de poder, multiplicando as áreas e os modos de intervenção na organização social, já no II Pacto essa intervenção é, ao mesmo tempo, atenuada, concentrada e sublimada pela eleição directa de um militar e ainda pelas atribuições do Conselho da Revolução como órgão de soberania. Neste II Pacto, a organização do poder político é atribuída fundamentalmente aos partidos, garantindo a instituição militar, pelo seu lado, a independência legislativa e administrativa através do Conselho da Revolução e dos chefes do Estado-Maior. Nos termos que iremos analisar:

1. As relações entre o poder político e a instituição militar

1.1. *As funções político-militares das eleições presidenciais de 1976 e de 1980*

O constitucionalista italiano Giuseppe de Vergottini, no seu trabalho *Origine delia Secunda República Portoghese*, afirma que os militares portugueses terão optado por uma representação mediata dos seus interesses através do Presidente da República, órgão de soberania considerado híbrido por aquele constitucionalista por aí se fundir a componente civil e a componente militar do regime(3).

O que é certo, é ter a eleição directa do Presidente da República passado a constituir, desde 1976, a trave mestra da estratégia da instituição militar nas suas relações como regime democrático.

Com essa eleição escolheu o povo português, por sufrágio directo e universal, o militar que comandaria as Forças Armadas e que transmitiria a influência sublimada da instituição militar na evolução do sistema político.

Essas eleições, e tal método, permitiram ainda o aparecimento de um chefe militar com singular força política dentro das Forças Armadas – factor importantíssimo para se conseguir a subordinação da instituição militar ao poder político([4]).

Torna-se, assim, mais claro o papel das eleições presidenciais passadas quanto ao tipo de relacionamento entre as Forças Armadas e o poder político, quanto à definição das chefias militares e até quanto à natureza das próprias Forças Armadas portuguesas. A campanha presidencial de 1976 resultou na consagração eleitoral da vitória de Ramalho Eanes sobre Otelo Saraiva de Carvalho na sede dos comandos das operações militares em 25 de Novembro de 1975. Mesmo assim, sem qualquer apoio político significativo, o ex-chefe do Copcon conseguiu ser o segundo candidato mais votado, com cerca de 17% dos votos, seguido de outro militar, o almirante Pinheiro de Azevedo, com cerca de 14% dos votos, o que, quanto a nós, comprova o carácter de arbitragem popular sobre quem seria o chefe das Forças Armadas em 1976 e que tipo de Forças Armadas se pretendia para Portugal após a descolonização e a queda da ditadura salazarista.

Também a natureza eminentemente militar das eleições presidenciais de 1980 foi reforçada, ou pelo menos ilustrada, pela prioridade dada por Ramalho Eanes à resolução de certas questões castrenses após a sua reeleição. Deste modo, Ramalho Eanes não aproveita o reforço da sua posição como entidade soberana para proceder a qualquer alteração de ordem política – cujas possibilidades eram maiores logo após a reeleição – como a constituição de um movimento político tendo por base a CNARPE, ou a demissão do Governo, nem tão-pouco tomará qualquer posição sobre os temas da próxima revisão constitucional. Os efeitos políticos da reeleição do general Ramalho Eanes serão pois todos adiados.

De um ponto de vista meramente analítico, pode-se até interpretar a facilidade com que Ramalho Eanes aceitou o protocolo eleitoral com o Partido Socialista, gizado no Verão de 1980, como um pretexto para autolimitar a sua acção perante outros apoiastes mais empenhados numa resultante política da sua reeleição.

Efectivamente, os primeiros actos do Presidente da República após a sua tomada de posse a 14 de Janeiro de 1981 serão todos no âmbito militar:

- apoio ao reforço da acção legislativa do Conselho da Revolução no âmbito militar;
- demissão do general Pedro Cardoso do cargo de Chefe do Estado-Maior do Exército;
- nomeação do general Garcia dos Santos para Chefe do Estado-Maior do Exército;
- cessação das suas funções de Chefe do Estado Maior das Forças Armadas e nomeação do general Melo Egídio para aquele cargo.

Eis o que nos permite afirmar a tese de que as eleições presidenciais de 1976 e de 1980 tiveram por principal função proceder, por via do sufrágio universal e directo, à escolha do chefe militar que asseguraria às Forças Armadas o seu relacionamento com o poder político. Como o vencedor de ambas as contendas foi o general Ramalho Eanes, também ficou assegurada a subordinação das Forças Armadas ao poder político democrático através da sua acção e das suas competências institucionais.

Tendo em conta que uma das principais reivindicações dos partidos políticos em 1980, com a conhecida excepção do Partido Comunista Português, foi a de exigir a separação dos cargos de Presidente da República e de Chefe do Estado-Maior-General das Forças Armadas, vejamos agora as funções derivadas da acumulação desses cargos, acumulação que caracterizara as relações entre as Forças Armadas e o poder político desde Outubro de 1974 até Fevereiro de 1981.

1.2. *As funções da acumulação dos cargos de Presidente da República e de Chefe do Estado-Maior General das Forças Armadas*

A 27 de Maio de 1974, o Chefe do Estado-Maior-General das Forças Armadas, general Costa Gomes, compendia a nova fase da acção política da instituição militar, numa circular destinada a todas as unidades e em que se afirma:

> No Movimento das Forças Armadas, iniciado por um grupo de oficiais, tem que se considerar incluídos todos os oficiais, sargentos e praças da Armada, Exército e Força Aérea: a unidade e coesão das Forças Armadas, dentro do espírito do MFA, exige que se verifique total respeito pelas hierarquias e disciplina, para que seja possível fazer cumprir os objectivos do Programa em curso e evitar que, na Nação, se verifiquem convulsões internas que afectem a sua paz, progresso e bem-estar([5]).

Tratava-se pois de imprimir aos três ramos das Forças Armadas, Armada, Exército e Força Aérea, tão desarticulados até então, a unidade de comando necessária ao cumprimento exacto e eficaz do compromisso entre a Junta de Generais e os oficiais e capitães à volta do Programa do MFA. Ora, essa unidade de comando necessária à prossecução dos objectivos políticos definidos pelos revoltosos irá ser accionada através de um órgão de coordenação da instituição militar pré-existente ao 25 de Abril mas que só após este adquirirá o ambiente interno e externo necessário à extensão da sua influência: o Estado-Maior-General das Forças Armadas.

Será com efeito através do redimensionamento do Estado-Maior-General das Forças Armadas (EMGFA) que se canalizará a acção política da instituição militar entre 1974 e fins de 1975.

Até ao 25 de Abril de 1974, o EMGFA não conseguira conjugar e ordenar satisfatoriamente as actividades dos ramos das Forças Armadas. Nem mesmo a guerra colonial havia servido para ultrapassar a separação entre os ramos, para já não falar da separação entre os diferentes comandos territoriais. Existiu durante a guerra colonial apenas um hipotrofiado órgão de coordenação – o Secretariado Geral da Defesa Nacional – encaixado no Ministério da Defesa, ministério esse de fraca penetração no aparelho propriamente, militar das Forças Armadas. (Com efeito, em 1950, foi criado o cargo de Ministro da Defesa Nacional, com funções teóricas de coordenação mas sem o apoio de qualquer aparelho próprio, e o respectivo ministro só tinha as competências que fossem expressamente delegadas pelo Presidente do Conselho de Ministros. Acresce que esse ministro não se distinguia na hierarquia do Governo dos outros ministros militares, como os da Marinha e do Exército, o que não lhe permitia qualquer ascendente estatutário.) A 29 de Agosto de 1974, o decreto-lei n.º 400/74, emanado do Conselho dos Chefes dos Estados-Maiores das Forças Armadas, determina, com base na lei constitucional 3/74, que o Chefe do EMGFA ficaria na dependência única do Presidente da República, seria o responsável pela direcção efectiva do emprego das Forças Armadas tanto em tempo de paz como em tempo de guerra e que o CEMGFA teria categoria idêntica à de Primeiro-Ministro, com as competências deste em assuntos de natureza militar. No art.º 2.º do mesmo decreto-lei autonomizavam-se também os chefes de Estado-Maior dos três ramos (Armada, Exército e Força Aérea) da jurisdição do Governo, que assim fica completamente destituído de funções militares. Os chefes dos ramos passam a depender do CEMGFA com a categoria de ministros([6]).

Desta maneira, e pela primeira vez, o Estado-Maior-General das Forças Armadas tinha estatutariamente uma posição hierarquicamente superior à dos ramos, contrariamente ao que se passava antes do 25 de Abril, em que o Ministro da Defesa era igual ao Ministro do Exército ou da Armada. Também a Força Aérea é promovida pelo 25 de Abril, na medida em que desaparece o organigrama governamental que lhe atribuía apenas um secretário de Estado.

Esse duplo fenómeno de crescimento da importância do EMGFA e da autonomia da instituição militar em relação ao Governo irá caracterizar todo o período inaugurado em 1974, e que se irá prolongar até fins de 1982 com a promulgação da revisão constitucional e da Lei de Defesa Nacional. A importância do EMGFA será ainda acrescida pela junção na mesma pessoa das atribuições de Presidente da República e de CEMGFA, a partir da demissão do general Spínola em 30 de Setembro de 1974 e da sua substituição pelo general Costa Gomes, então CEMGFA, que só aceita ser Presidente da República se acumular com aquele cargo militar. O reforço dos dois cargos assim conseguido será mesmo uma das explicações para se ter alcançado, apesar de tudo, o objectivo da transição de um regime revolucionário para um regime constitucional através de eleições.

Estamos, pois, em presença de um fenómeno raro de acumulação dos cargos de Presidente da República, de Presidente do Conselho da Revolução, de Comandante Supremo das Forças Armadas e de Chefe do Estado-Maior-General das Forças Armadas. Esta acumulação de cargos irá imprimir ao EMGFA uma autoridade jamais igualada até então e criar um enlace funcional entre os dois órgãos – Presidente da República e CEMGFA –, com tais resultados na coordenação dos três ramos das Forças Armadas e nas relações entre a instituição militar e as instituições políticas que bem se pode afirmar ter sido esse um dos elementos mais fortes na condução do processo político desencadeado pelo MFA, sendo certamente um dos factores da rápida domesticação dos fenómenos espontaneistas ou exógenos aos objectivos da instituição militar ao processo revolucionário em Portugal.

Nunca um Presidente da República tivera tanta força militar, nunca um Chefe do Estado-Maior-General tivera tanta predominância na vida interna dos diferentes ramos das Forças Armadas.

Mas não seria o Conselho da Revolução o órgão político-militar concebido especialmente para elaborar as normas reformadoras das Forças Armadas e para estabelecer uma nova fase nas relações entre o poder político e a instituição militar?

1.3. As funções políticas do Conselho da Revolução

A eleição, por sufrágio universal e directo, de um militar para a Presidência da República em 1976 teve como imediata consequência a subalternização do Conselho da Revolução como órgão de soberania a essa entidade, reduzindo-lhe implacavelmente o papel político.

O Conselho da Revolução teve pois um peso institucional e uma influência política muito diferentes entre Março de 1975 e Julho de 1976 e no período pós-constitucional. Analisando mais de perto a actividade do Conselho da Revolução, pode-se verificar, no entanto, ter sido a influência militar a primeira a ser diminuída, e isso após o 25 de Novembro de 1975, até como consequência dos objectivos que o MFA se propunha atingir, desde então com mais clareza: o estabelecimento de uma democracia política pluralista com uma influência militar sublimada assim como a manutenção de Forças Armadas de tipo clássico.

Muitos episódios marcam essa perda de influência no interior das Forças Armadas, desde a assunção crescente dos chefes dos ramos nas decisões até à própria escolha que alguns dos seus membros com responsabilidade de comando foram obrigados a fazer entre continuarem no Conselho da Revolução ou continuarem com funções de comando. Por outro lado, uma intensa campanha foi lançada contra a actividade e até a legitimidade do Conselho da Revolução, com o fim manifesto de paralisar aquele órgão.

Falou-se então muito de «militarização da sociedade portuguesa» e mais tarde de «libertação da sociedade civil». Mas se observarmos com rigor analítico a actividade do Conselho da Revolução e a sua influência real constataremos ter sido muito diminuto o peso político do Conselho da Revolução.

Vamo-nos socorrer, para esta análise, de uma palestra proferida no Instituto de Altos Estudos Militares por Vasco Lourenço, a 1 de Junho de 1982.

Segundo Vasco Lourenço, o fundamental em 1976 era conseguir que a luta política se não introduzisse directamente nos quartéis. Para isso era necessário encontrar uma forma de separar os militares da prática política directa. Nesse período de transição, o Conselho da Revolução iria ter «ele e só ele no campo militar empenhamento político directo»([7]).

Foram assim atribuídas ao Conselho da Revolução diversas missões políticas: Conselho do Presidente da República e garante do regular funcionamento das instituições democráticas; garante do cumprimento da Constituição; garante da fidelidade ao espírito do 25 de Abril; e finalmente órgão político e legislativo em matéria militar.

1.4. *O ensino militar superior e as relações entre intelectuais e as Forças Armadas*

Será ao nível dos órgãos de ensino superior que a instituição militar irá demonstrar neste período uma real capacidade de mobilização e influência em diferentes sectores da *intelligentzia* portuguesa, sobretudo entre os anos de 1976 e 1982.

Com efeito, o Instituto de Defesa Nacional, o Instituto de Altos Estudos Militares, o Instituto Superior Naval e a Academia da Força Aérea fizeram desfilar diante dos seus auditores centenas de personalidades das mais diversas especialidades e quadrantes ideológicos, que lhes forneceram uma imensa soma de dados e opiniões, passíveis de um tratamento sistemático pelos oficiais desses estabelecimentos de ensino e investigação.

Neste particular, avulta a acção do Instituto de Defesa Nacional (IDN), que, sob a direcção do almirante Leonel Cardoso e do então brigadeiro Belchior Vieira, iniciou uma intensa actividade, onde sobressaem a realização de seminários e dos primeiros cursos de Defesa Nacional.

No que respeita aos seminários, vejamos alguns temas neles versados:

Outubro de 1979 – Seminário sobre o conceito de Defesa Nacional;
Outubro de 1980 – Seminário sobre energia e a Defesa Nacional;
Outubro de 1981 – Seminário sobre a zona económica exclusiva e a Defesa Nacional;
Novembro de 1981 – A Indústria Nacional e a Defesa;
Dezembro de 1981 – O Ordenamento do Território e a Defesa Nacional;
Outubro de 1982 – A Educação e a Defesa Nacional.

A influência destes seminários, entre os seus participantes e não só, nota-se sempre que esses temas são discutidos no plano nacional, como aconteceu, por exemplo, com o conceito alargado de defesa nacional, elaborado pelo IDN em Novembro de 1979.

Para dar uma ideia da quantidade, da qualidade e da diversidade das personalidades civis que colaboraram com o IDN, vejamos alguns nomes de uma lista publicada pela revista *Nação e Defesa* do referido Instituto([8]).

Professores António Pinto Barbosa, Lourdes Belchior, Vitorino Magalhães Godinho, Borges de Macedo, Adriano Moreira, Mendes Mourão, Vaz Portugal, Veiga Simão; Engenheiros Ferreira do Amaral, Soares Carneiro, Ângelo Correia, Nobre da Costa, João Cravinho, Carlos Melancia, Pires Miranda, Sidónio Pais, Gama e Sila; Drs. António Barreto, Maria José Constâncio, José Medeiros Ferreira, Alberto Ramalheira, João Salgueiro, Padre João Seabra, Rui Vilar, além de muitos oficiais e membros dos diferentes governos.

Também nos outros estabelecimentos de ensino militar superior se pode verificar este desfile de individualidades ligadas aos mais diferentes sectores da actividade nacional, tornando assim possível que a instituição militar domine uma vasta soma de informações sobre muitos sectores da sociedade portuguesa.

Estes estabelecimentos de ensino são também em grande parte responsáveis pela formação de um núcleo de oficiais do Estado-Maior cuja mentalidade fica liberta das ideologias políticas tradicionais mediante sucessivos exercícios para analisarem com precisão os factores de vulnerabilidade e de potencialidade da sociedade portuguesa face a ameaças exteriores, quer directas quer indirectas.

As Ciências Humanas, sendo praticamente inexistentes nas Universidades portuguesas antes do 25 de Abril, encontraram um campo de aplicação insuspeitado nos estudos de situação estratégica levados a efeito nos diferentes cursos de Estado-Maior ou em Institutos como o de Defesa Nacional.

1.5. *O Ministério da Defesa: dos ministros militares aos ministros civis*

O Ministério da Defesa foi completamente esvaziado de funções militares logo após o 25 de Abril de 1974, com as competências ministeriais atribuídas ao CEMGFA e aos chefes dos ramos. Assim, a Lei n.º 3/74, de 14 de Maio, determinava que a estrutura das Forças Armadas fosse independente da estrutura do Governo (art.º 19, n.º 1) e que o Ministério da Defesa Nacional ficaria apenas com as funções de ligação entre a instituição militar e o Governo, enquanto os chefes do Estado-Maior desempenhariam funções de ministro (art.º 21.º). No entanto, o cargo de Ministro da Defesa foi sempre um cargo disputado e ocupado por personalidades prestigiadas ou que se pretendia prestigiar.

Deste modo, tivemos uma sucessão de nomes de gabarito, como Firmino Miguel e Loureiro dos Santos, entre os ministros militares, e os de Adelino Amaro da Costa, Freitas do Amaral e Mota Pinto, entre os ministros de Defesa civis.

Coube ao I Governo Constitucional, em Julho de 1976, lavrar na sua Lei Orgânica as teorias e as funções de um Ministério da Defesa Nacional (MDN) no período constitucional. Deste modo, a Lei Orgânica do Governo definia, no seu art.º 2.º, que competia ao Ministro da Defesa assegurar a ligação entre o Governo e as Forças Armadas – através do CEMGFA – e, designadamente, orientar a política global de defesa.

Foram assim cometidas ao ministro Firmino Miguel as seguintes tarefas: estudar, conjuntamente com a Assembleia da República (órgão de soberania que, segundo o estabelecido na Constituição de 1976, tinha a competência legislativa exclusiva em matéria de organização da defesa nacional e na definição dos deveres desta decorrentes), a política de defesa nacional; assegurar a ligação entre os diferentes departamentos governamentais e as Forças Armadas; definir, em ligação com o Conselho da Revolução e o EMGFA, conceitos de acção estratégico-militares;

estudar e coordenadas as actividades governamentais que visassem a preparação moral, técnica, administrativa e económica da nação para situações de emergência; planear – em ligação com o CR – a direcção político-militar de mobilização de pessoas e bens; pormenorizar, com os departamentos governamentais interessados, a eventual colaboração a prestar pelas Forças Armadas nos diversos domínios de reconstrução nacional; desenvolver o serviço público de protecção civil contra calamidades naturais ou outras. Todavia, o papel dos diferentes ministros da defesa esteve longe de ser negligenciável na evolução das relações entre a instituição militar e o poder político. Por exemplo, os ministros militares deram especial ênfase à presença em reuniões internacionais (os ministros de defesa foram assíduos nas reuniões bianuais da NATO em Bruxelas) que potenciaram o cargo como «pivot» da modernização material das Forças Armadas portuguesas, que se tornaram demasiado dependentes da ajuda externa. Os ministros da defesa militares também se salientaram na preparação de legislação que mais tarde serviria de inspiração ao próprio professor Freitas do Amaral na elaboração da sua proposta de Lei da Defesa e das Forças Armadas.

Foi o caso do então coronel Loureiro dos Santos, que elaborou uma proposta de lei sobre organização da defesa nacional, assente em trabalhos efectuados no âmbito do MDN, e que foi enviada pelo IV Governo Constitucional à apreciação da Assembleia da República, a 3 de Maio de 1979.

Todavia, este envio da proposta de lei apenas veio revelar as reais contradições em que se debatiam os órgãos de soberania para definir a política de defesa nacional durante o período, de transição, ou seja, durante a primeira legislatura (1976-1980).

De facto, a Constituição de 1976 responsabilizava pela defesa nacional quatro órgãos de soberania: a Assembleia da República, o Presidente da República, o Governo e o Conselho da Revolução. A distribuição das competências por estes órgãos revelava-se paralisante. A proposta de Loureiro dos Santos acabaria até por não ser discutida, dado que, entretanto, o gabinete presidido por Mota Pinto seria exonerado em Junho de 1979.

A preparação do orçamento das Forças Armadas dava ao Ministro da Defesa uma outra arma para acentuar a sua importância política nas negociações a esse propósito estabelecidas entre o Governo e os chefes dos ramos, embora o professor Freitas do Amaral não o tenha querido reconhecer, ao dizer a este respeito:

> Mesmo em matéria de política orçamental, a intervenção do Governo e do Parlamento não era determinante: a verba global afecta em cada ano às Forças Armadas era fixada por acordo entre estas e o Governo e a elaboração dos orçamentos militares, dentro da verba acordada, competia exclusivamente às autoridades militares; a aprovação parlamentar do orçamento das Forças Armadas não podia pôr em jogo a responsabilidade política do Governo, nem permitia questioná-lo sobre orientações de fundo que não provinham dele(9).

É contudo tendo em conta os poderes atribuídos pela presença em reuniões internacionais e pela acção na definição do orçamento das Forças Arma- das que convém analisar o preenchimento do cargo de Ministro da Defesa por personalidades civis a partir de Janeiro de 1980.

1.6. A Assembleia da República e as questões militares

A Assembleia da República pouco ou nada se ocupou dos problemas militares durante a 1 Legislatura, resumindo-se a sua acção à aprovação anual do Orçamento e à actividade de representação da Comissão Parlamentar de Defesa. Uma só medida de alcance político foi tomada em toda essa legislatura: a Lei da Amnistia, votada em 1979 e da iniciativa do grupo parlamentar do Partido Socialista.

Esta Lei da Amnistia pretendia resolver vários problemas candentes dentro das Forças Armadas, nomeadamente evitar a ida a tribunal dos processos dos implicados no 11 de Março e no 25 de Novembro, a fim de poupar à instituição militar tensões decorrentes de factos ocorridos antes do início do período constitucional.

Se exceptuarmos esta Lei da Amnistia, pode afirmar-se que os Estados-Maiores dos ramos conseguiram, de uma forma geral, influenciar a Assembleia da República no sentido de esta defender os seus próprios pontos de vista. Foi assim em matérias referentes à aprovação do Orçamento e às escolhas feitas em matéria de ajuda externa.

O presidente do CDS, parlamentar durante quase toda a I Legislatura e Ministro da Defesa do Governo Balsemão, dirá, em Setembro de 1982, que:

> A Assembleia da República, para além de casos excepcionais (como, por exemplo, amnistias), quase se limitava a poder legislar sobre a defesa nacional e os deveres desta decorrentes– o que, como vimos, nunca fez –, bem como a aprovar os orçamentos militares, sem debate real das opções subjacentes, porque feitas na instituição militar e fora, portanto, do âmbito da responsabilidade política do Governo perante o Parlamento([10]).

De facto, até à revisão constitucional de 1982, a Assembleia da República terá um papel minguadíssimo nas relações entre o poder político e a instituição militar. Essa abstinência iria transformar-se em capacidade determinada para encontrar uma maioria de dois terços com o fim de acabar um período de transição, extinguir o Conselho da Revolução, retirar ao Presidente da República as suas competências militares, nomeadamente a iniciativa nas demissões e nas nomeações das chefias militares. Mas esta é a história da revisão constitucional que veremos seguidamente.

2. A Revisão Constitucional de 1982 e as modificações nas relações entre o poder político e a instituição militar

2.1. *Os governos da Aliança Democrática e a preparação da revisão constitucional no domínio militar*

Couberam aos Governos da AD especiais responsabilidades na preparação da revisão constitucional e na elaboração da Lei de Defesa Nacional, ou seja, na alteração das relações entre o poder político e a instituição militar. Os nomes de Adelino Amaro da Costa, Azevedo Coutinho e Diogo Freitas do Amaral, todos do CDS, estão indissoluvelmente ligados a essa preparação. Já no que diz respeito à aplicação da Lei de Defesa, tudo foi feito durante a formação do Governo PS/PSD, em 1983, para que fosse um ele- mento do PSD a implementá-la. Numerosas e diferentes pressões foram levadas a efeito para impedir a nomeação de um socialista como Ministro da Defesa.

A primeira grande oportunidade de controlo por parte da AD vai aparecer com a chegada de Amaro da Costa a Ministro da Defesa Nacional, em Janeiro de 1980. Com efeito, Amaro da Costa aproveita plenamente a arma do Orçamento Geral do Estado para dar um peso político expressivo ao MDN; faz do MDN o centro principal da preparação do lançamento da candidatura presidencial de Soares Carneiro, em 1980; finalmente, Amaro da Costa utiliza a fundo as relações externas no âmbito da NATO para imprimir a sua influência na reorganização dos ramos das Forças Armadas.

Em primeiro lugar, e no que diz respeito à utilização da arma orçamental, Amaro da Costa apresenta-se consciente do seu manejo. Assim, em discurso proferido no Mosteiro da Batalha, a 9 de Abril de 1980, perante as mais altas individualidades militares, anuncia, antes de o fazer na Assembleia da República, que:

> ... O Governo entendeu propor à Assembleia da República que aprove um acréscimo de 4%, em termos reais, das despesas de funcionamento dos vários sectores da Defesa Nacional. Sabendo-se que é nula, em termos reais, a proposta de acréscimo do consumo público da Administração Central, para 1980, a fim de se permitir um crescimento efectivo da capacidade de consumo privado, fácil é compreender que nos encontramos perante um projecto de apoio financeiro às Forças Armadas portuguesas de sentido fortemente positivo, ainda que escasso à luz das necessidades e das carências com que elas se debatem...([11]).

Em segundo lugar, Amaro da Costa não deixa de pretender agir na preparação das novas relações a estabelecer entre o poder político e a instituição militar. É ele quem o diz:

> Preparar, desde já, essa normalização é, também, um dever. O Governo não se furta a ele, na certeza de que está assim contribuindo para evitar vazios ou improvisações perigosas no momento em que, findo o período de transição, se estabeleça uma relação nova entre o poder político democrático e a instituição militar([12]).

Para essa relação nova entre o poder político democrático e a instituição militar irá ter muita importância a eleição presidencial de

Dezembro de 1980 e a revisão constitucional após o fim da I Legislatura. Para Amaro da Costa, a eleição presidencial e a revisão constitucional estão intimamente ligadas entre si e à questão militar:

> Desde sempre me inclinei, como cidadão e como político, a dar o meu apoio, nas próximas eleições presidenciais, a uni candidato que fosse uma personalidade militar (...). Penso que se poderá realizar uma mais fácil, mais segura e mais profunda condução do País para uma vida constitucional integralmente democrática e representativa sem vínculos de acento revolucionário, se a chefia do Estado for ocupada não por um civil mas por um militar bem inserido na Instituição (...)
>
> A tese de um candidato militar (...) não corresponde, pois, em 1980, à reedição do método que levou à escolha do general Ramalho Eanes como candidato em 1976([13]).

Amaro da Costa, posto perante a questão concreta da possível candidatura do general Soares Carneiro, responde:

> A meu ver, o general António Soares Carneiro reúne características que o permitem antever como um Presidente da República capaz de assegurar dignamente a chefia do Estado português, o Comando Supremo das Forças Armadas, a consolidação e o fortalecimento das instituições democráticas no nosso País (...) sem ambiguidades nem tergiversações([14]).

Estávamos em Abril de 1980. Através de Amaro da Costa, a AD revelava conhecer bem o papel das eleições presidenciais na escolha de um militar que comandaria as Forças Armadas e asseguraria um certo tipo de relações entre a instituição militar e o poder político.

Em terceiro lugar, Amaro da Costa utilizou a fundo a arma das alianças internacionais de Portugal, nomeadamente a NATO, para orientar o enquadramento da instituição militar portuguesa através do MDN.

Inaugurara-se em princípios do ano de 1976 o período de reestruturação das Forças Armadas portuguesas assente na ajuda externa proveniente de países da NATO, e que teve então a sua principal expressão na activação da Brigada Mista Independente do Exército, na qual desempenhou papel decisivo o entendimento entre o general Eanes, Chefe do Estado-Maior do Exército, e Frank Carlucci, embaixador dos EUA em Lisboa.

Ora, a activação da Brigada Mista Independente em Fevereiro de 1976 constituiu uma mudança significativa no enlace entre as Forças Armadas portuguesas com as missões militares da Aliança Atlântica até então estabelecidas através da Armada. Era com efeito a Armada o ramo das Forças Armadas portuguesas com maior empenhamento operacional nas missões da NATO, mantendo-se o ramo Exército praticamente desactivado, entre outras raízes pela hipertrofia da sua dimensão no teatro de operações africano. Acresce que a constituição dessa Brigada, prevista para actuar fora das fronteiras portuguesas no flanco Sul da NATO, dava uma grande oportunidade de reconversão e de modernização do ramo Exército após a guerra colonial. Pela importância política que havia adquirido após o derrube da ditadura e pela forma como, apesar de tudo, conseguira conter em Portugal as veleidades antiocidentais, o Exército será credor de uma prioridade na reconversão das missões militares que não será do agrado dos outros ramos nem das antigas oligarquias portuguesas. Mas é o preço da conduta desse ramo que se impusera em 25 de Novembro de 1975 às sublevações em unidades da Força Aérea e ao radicalismo político na altura vigente na Armada.

Coube a Amaro da Costa a defesa e execução da tese contrária perante responsáveis da Aliança Atlântica segundo a qual Portugal necessitava sobretudo de meios aeronavais. Esta tese irá ser sistematicamente defendida pelo Ministro da Defesa no decorrer do ano de 1980 nas reuniões internacionais. Amaro da Costa irá fixar como objectivo da sua acção externa a aquisição de três fragatas para a Armada, chegando a receber algumas promessas nesse sentido.

Conseguirá a Força Aérea também alguma ajuda externa no referente a aviões de combate e sobretudo a aviões de transporte, mas a acção do general Lemos Ferreira não terá sido menor do que a de Amaro da Costa na altura.

Em suma, a passagem de Amaro da Costa pela pasta da Defesa demonstrou a grande plasticidade da situação político-militar e a importância do MDN na orientação das Forças Armadas.

2.2. *A revisão constitucional: do Pacto MFA-partidos ao Pacto interpartidário CDS-PSD-PS*

A concepção de um período de transição após as eleições para a Assembleia Constituinte em 1975 cedo se apoderou da maior parte dos estrategos militares, desde Rosa Coutinho e Vasco Gonçalves até Melo Antunes e Vítor Alves. Só Otelo Saraiva de Carvalho dará expressão militar a diferente tendência, embora bastante mais tarde, quando, no Verão de 1975, desposa o Plano-Guia MFA/Povo em que se propõe um novo tipo de regime político assente no poder popular e na democracia directa, que consagrava a influência militar no plano político sem limite de tempo.

O período de transição foi considerado necessário pelo general Costa Gomes no discurso que proferiu na sessão inaugural da Assembleia Constituinte a 2 de Junho de 1975, nos seguintes termos:

> Queremos que a nossa revolução progrida para um socialismo pluripartidário, em simbiose fecunda entre as vias revolucionárias e eleitoral.
>
> Pois as condições pactuais são o contributo revolucionário para a nova Constituição (...)
>
> Este acordo constitucional é, pois, um esquema de segurança e um contributo revolucionário, um fecundo padrão que marca a originalidade da revolução socialista portuguesa([15]).

A maior consequência do período de transição foi o estabelecimento de uma osmose entre a instituição militar e o poder político destinada a vigorar num prazo de tempo limitado.

Pode-se hoje dizer ter sido a existência deste período de transição um dos factores que permitiu o entendimento entre o Partido Socialista, o Partido Social-Democrata e o Centro Democrático Social para a revisão constitucional de 1982. O essencial dessa revisão resumiu-se nesse autêntico pacto interpartidário de 1982 em substituição do II Pacto MFA-Partidos de Fevereiro de 1976.

No pacto interpartidário entre a Aliança Democrática e o Partido Socialista residiu o essencial da revisão constitucional: tratou-se de diminuir os poderes de iniciativa institucional do Presidente da República (nomeação e demissão do Primeiro-Ministro; nomeação e demissão dos chefes militares), vistos estes como derivados da influência militar na vida política portuguesa; tratou-se de extinguir o Conselho da Revolução e de distribuir as suas funções por diversos órgãos – Conselho de Estado, Tribunal Constitucional, Governo e Assembleia da República. Para todas estas modificações, funcionou uma maioria de mais de dois terços dos deputados, constituída pela aliança interpartidária atrás mencionada.

Pela primeira vez desde a queda da ditadura em 1974, não seriam as Forças Armadas a determinar o tipo de relacionamento com o poder político. Se bem que com o II Pacto MFA/Partidos, de Fevereiro de 1976, as Forças Armadas tivessem optado pela defesa de um regime de democracia política pluralista, ainda aí determinaram os termos da sua inserção no sistema de poder. Ao passo que agora vão assistir ao evoluir da consolidação do pacto interpartidário entre a AD e o PS, entendimento centrado sobre o fim da influência militar na vida política portuguesa e a instauração de um regime político de partidos, de características eminentemente parlamentares.

2.3. *Os militares e a revisão constitucional*

Paradoxalmente, a única cautela tomada sobre o fim do período de transição pelos estrategos responsáveis do II Pacto MFA/Partidos consubstanciou-se num tópico do protocolo eleitoral entre o Presidente da República e o PS, elaborado no Verão de 1980 e no qual se garantia a manutenção dos poderes presidenciais após a revisão constitucional.

É de salientar que os militares, que se haviam rodeado de tantas precauções no processo constituinte em 1975, não foram além de algumas declarações individuais no período preparatório da revisão constitucional. Pode-se mesmo falar de alheamento da instituição militar face ao processo da revisão constitucional, em geral, e face às relações entre o poder político e as Forças Armadas, em particular.

As poucas declarações individuais não tiveram, aliás, qualquer efeito na orientação dos trabalhos da comissão parlamentar da revisão constitucional, criada pela Assembleia da República em 1981, logo o Ministro da Defesa Freitas do Amaral pronunciou importante discurso através da RTP, em 16 de Julho de 82. Declarou então:

> A Assembleia da República, no legítimo exercício dos seus poderes de revisão constitucional, aprovou anteontem, por maioria qualificada superior a 2/3 dos deputados, duas alterações fundamentais à Constituição da República – a extinção do Conselho da Revolução e a atribuição da competência para nomear e exonerar os Chefes do Estado-Maior ao Presidente da República, sob proposta do Governo([16]).

De imediato, o Ministro da Defesa equaciona três dos problemas levantados pela extinção do CR: o destino a dar ao Serviço de Apoio deste, a guarda dos arquivos da antiga polícia política da ditadura, a criação do Tribunal Constitucional. Para todas estas questões haverá entendimento entre o Governo AD e o Partido Socialista.

De facto, o Presidente da República promulga, em Setembro de 1982, a Lei de Revisão Constitucional, que fora aprovada pela Assembleia em Julho do mesmo ano, e até Novembro não se pronuncia sobre ela. Só o faz a 5 de Novembro, quando recebe a Lei de Defesa Nacional e das Forças Armadas.

Assim, a 5 de Novembro de 1982, o general Ramalho Eanes dirige-se aos portugueses num discurso em que não menciona qualquer aspecto da Lei de Revisão Constitucional relacionado com as Forças Armadas. Mas critica certas soluções encontradas para a revisão constitucional.

2.4. A Lei De Defesa Nacional e das Forças Armadas e a sua aplicação

A revisão constitucional de 1982 consistiu, no essencial, na definição dos novos termos de inserção da instituição militar no Estado democrático. Foi pois natural que o projecto de lei sobre a Defesa Nacional e as Forças Armadas fosse submetido à Assembleia da República logo após os trabalhos de revisão.

A proposta de lei, apresentada pelo Governo, foi acompanhada de uma longa Memória Justificativa (noventa e duas páginas dactilografadas) da autoria do próprio Ministro da Defesa, Freitas do Amaral. Nessa Memória Justificativa, datada de Setembro de 1982, referem-se as fontes do articulado assim como os seus princípios orientadores. Entre estes destacam-se:

a) um novo conceito de defesa nacional, rejeitando-se o conceito alargado elaborado pelo Instituto de Defesa Nacional em Outubro de 1979, excluindo-se da sua compreensão a componente «inimigo interno»;
b) subordinação das Forças Armadas ao poder político;
c) co-responsabilidade dos órgãos de soberania em relação às Forças Armadas;
d) concertação institucional através do Conselho Superior da Defesa Nacional, composto por tal forma que o Governo nele sempre se encontra em maioria;
e) inserção das Forças Armadas no Ministério da Defesa;
f) nova delimitação de competências dentro do Governo em relação à Defesa Nacional, em que se acentua o papel do MDN;
g) manutenção da delimitação de competências dentro do comando das Forças Armadas;
h) reconhecimento de ampla autonomia interna para as Forças Armadas, sobretudo no que diz respeito à gestão de pessoal.

A Lei de Defesa Nacional e das Forças Armadas foi aprovada pela Assembleia da República em Outubro de 1982 com uma maioria superior a dois terços, garantida mais uma vez pela conjugação dos votos dos partidos da AD e do PS.

Esta Lei suscitará uma série de reservas por parte da hierarquia militar.

Segundo algumas dessas apreciações, o projecto de Lei de Defesa não satisfazia os objectivos explícitos, nomeadamente por colocar o Presidente da República na qualidade de Presidente do Conselho Superior da Defesa Nacional na posição de ter que sancionar pareceres que se destinavam ao Governo, órgão de soberania este que após a revisão constitucional deixava de responder politicamente perante o Presidente da República; por possibilitar a existência de cadeias de comando paralelas, dada a dupla dependência dos chefes dos ramos em relação ao CEMGFA e ao Ministério da Defesa, e por não clarificar as relações entre o Comando das Forças Armadas, o Conselho Superior Militar e o Conselho de Chefes do Estado-Maior; por não atribuir de facto ao CEMGFA o comando operacional das Forças Armadas; por conferir ao Ministério da Defesa um poder administrativo invasor das competências dos chefes dos ramos. Uma crítica mais geral incidia sobre a subordinação integral das Forças Armadas ao órgão de soberania mais mutável – o Governo –, o que não ajudaria a assegurar a necessária estabilidade institucional.

Mas a grande questão política da Lei de Defesa Nacional centrou-se à volta da nomeação e exoneração das chefias militares.

Antes da revisão, as nomeações e as exonerações estavam concentradas nas mãos do general Eanes, simultaneamente Presidente da República, Presidente do Conselho da Revolução e, até Fevereiro de 1981, Chefe do Estado-Maior-General das Forças Armadas. Porém, com a revisão e a Lei de Defesa, a iniciativa das nomeações passa para o Governo. Curiosamente, em certos meios militares qualificados, considerou-se mais importante do que as nomeações a faculdade de exonerar os chefes militares.

Toda esta série de reacções negativas em relação à Lei de Defesa e das Forças Armadas, votada em fins de Outubro de 1982, culminou com o veto do Presidente da República, exarado a 19 de Novembro.

Ora, pelas considerações que teceu no acto oficial do veto, foi sobretudo como responsável pelas relações entre as Forças Armadas e o poder político que Ramalho Eanes agiu. Logo no ponto 1 da sua justificação, afirma o Presidente da República:

> Como um dos responsáveis institucionais pela estabilização das Forças Armadas portuguesas, a partir de finais de 1975, faltaria à responsabilidade que então assumi, e sobretudo àquela que, por via de sufrágio, me foi confiada, se não chamasse a atenção para o risco que, em alguns pontos, a lei aprovada envolve de vir a comprometer a prazo, os resultados entretanto conseguidos e o natural desenvolvimento do processo encetado([17]).

No ponto 3 dos fundamentos do seu veto político, afirma taxativamente o general Eanes:

> E na latitude dos poderes conferidos em particular ao Ministro da Defesa Nacional (transformado em verdadeiro Ministro das Forças Armadas), inclusive por limitação ou supressão dos das chefias militares em alguns domínios, que se situa o motivo maior das preocupações suscitadas pelo diploma([18]).

No total, são onze as alíneas em que o Presidente da República desenvolve as suas discordâncias neste ponto. Entre estas, destacamos as referentes ao número excessivo de membros do Governo no Conselho Superior de Defesa Nacional, «que retira autonomia real ao órgão»; a da posição muito ambígua deste órgão que, presidido pelo Presidente da República, funciona como órgão de consulta do Governo; a do número excessivo de nomeações e exonerações que dependem da confirmação do Conselho, abrangendo-se nesse número cargos de comando subordinado que, «de acordo com as mais elementares regras militares, têm constituído prerrogativa do comando». Também é referida, entre as críticas, a «relativa indefinição do sistema de comando, designadamente por serem imprecisas as relações entre o CEMGFA e os chefes dos ramos». E o então Presidente remata este ponto 3 do seguinte modo:

> O decreto é extremamente rigoroso na fixação de garantias de isenção política por parte dos militares, restringindo ou mesmo suprimindo, para além dos limites constitucionais, os seus direitos individuais. Ao invés, não acautela as «garantias externas» de isenção([19]).

Este veto de Novembro de 1982 do Presidente da República que recaiu sobre a Lei de Defesa estava escudado em pareceres amplamente negativos provindos dos diferentes sectores hierárquicos dos três ramos das Forças Armadas.

Mau grado todas estas críticas, a lei vetada pelo Presidente da República será de novo aprovada pela Assembleia a 26 de Novembro de 1982, sem qualquer modificação. Formalmente, passou o poder político a determinar os termos das relações com a instituição militar.

Assim, depois da Lei de Revisão Constitucional e da publicação da Lei de Defesa Nacional em 1982, as Forças Armadas deixaram, aparentemente, de decidir sobre os termos das relações entre a instituição militar e os órgãos de soberania.

A própria campanha eleitoral para as Presidenciais, no início de 1986, foi marcada pela defesa do civilismo e nenhum candidato militar apareceu.

Certos factos, no entanto, assinalam que a influência militar se processa agora através de mecanismos informais mas não menos institucionais e não menos determinantes.

Assim, a aplicação da Lei de Defesa, nos aspectos referentes à nomeação e exoneração dos chefes militares, tem revelado que é a própria hierarquia militar que designa efectivamente o Chefe de Estado-Maior-General das Forças Armadas, os Chefes de Estado-Maior dos Ramos, assim como promove os oficiais-generais. O poder político apenas ratifica.

Mesmo a escolha do Ministro da Defesa acaba por ser feita com a participação dos militares: em 1983 gerou-se uma certa movimentação para impedir a nomeação de um ministro do Partido Socialista para aquela pasta e os acontecimentos relacionados com a substituição do Ministro da Defesa Mota Pinto, no ano de 1985, vieram demonstrar que a hierarquia militar sente-se autorizada a comportamentos especuláveis do ponto de vista político, ao manter a incerteza sobre a comparência dos Chefes de Estado-Maior na tomada de posse do Ministro da Defesa Rui Machete.

Mais recentemente, no Verão de 1986, o Chefe do Estado-Maior-General das Forças Armadas conseguiu, com uma breve campanha jornalística e algumas declarações, que o Estatuto Autonómico dos Açores fosse vetado pelo Presidente da República e revisto pela Assembleia, perante o ostensivo apagamento do Governo e do Ministro da Defesa.

Comparativamente, o poder político democrático em Portugal não exerce a sua autoridade em relação à instituição militar com a mesma clareza que o regime espanhol vem demonstrando.

Uma das características da condução do processo político desencadeado pelo Movimento das Forças Armadas foi a revelação de uma elite militar de proveniência variada, mas dotada de pensamento estratégico sobre os grandes problemas nacionais (descolonizar, democratizar e desenvolver) e também sobre a própria instituição militar. E essa elite de uma forma geral, atendendo aos resultados, manter-se-á de acordo para considerar o regime democrático pluralista como o mais adequado à afirmação do Estado português e à sobrevivência das Forças Armadas.

A intervenção histórica do MFA caracterizou-se pela revelação dessa elite militar com origem e *curriculum* diversos.

A existência dessa elite militar intelectual não é geralmente reconhecida extramuros por parte de outros grupos dirigentes nacionais desde os universitários aos empresários; desde os outros «corpos de Estado» aos tecnocratas; desde os políticos aos sindicalistas([20]).

A intervenção militar do MFA caracterizou-se pela ruptura com a indiferença secular das Forças Armadas face ao tipo de regime político interno (Monarquia na sua forma constitucional ou ditatorial; República parlamentar ou presidencialista; Estado Novo e Estado Social) e pelo empenhamento no estabelecimento de um regime político de democracia política pluralista.

Esta opção da instituição militar deveu-se a vários factores, desde a necessidade de encontrar um modelo típico que permitisse a gestão autónoma dos conflitos sociais até à própria luta institucional que se desenvolveu entre organismos frentistas revolucionários e os aparelhos partidários.

Após o recenseamento eleitoral de Dezembro de 1974, que elevou o número de votantes para perto dos seis milhões e a participação de mais de noventa por cento desse universo nas eleições para a Assembleia Constituinte, o regime de partidos estabeleceu as suas bases que ainda hoje vigoram.

Por seu lado, o MFA – autêntica metamorfose da instituição militar – conseguiu introduzir, no II Pacto MFA/Partidos de Fevereiro de 1976, a consagração da eleição directa para Presidente da República. Pode-se dizer que a eleição directa de um general para a Presidência da República constituiu o essencial da estratégia política da instituição militar no período em análise.

Com efeito, as duas eleições presidenciais efectuadas antes da revisão constitucional de 1982 caracterizam-se por uma disputa entre vários militares com concepções diferentes quer sobre os melhores projectos de sociedade para Portugal quer sobre as características das Forças Armadas no contexto nacional. Assim, em 1976, tivemos no fundo uma disputa entre Ramalho Eanes e Otelo, e, em 1980, entre Ramalho Eanes e Soares Carneiro. Com estas eleições tratou-se de escolher, por sufrágio universal, o militar que comandaria as Forças Armadas e que imprimiria a influência sublimada da instituição militar na evolução do regime democrático.

Do mesmo passo, permitia-se a existência de um militar com singular força política derivada do sufrágio universal e directo e que estaria assim em melhores condições para subordinar as Forças Armadas ao poder político democrático.

A preferência do MFA por um regime democrático foi assim secundada pela própria instituição militar, embora por motivos nem sempre coincidentes, mas todos conducentes ao fortalecimento do regime de liberdades públicas em que vivemos.

Acresce que num outro espaço das Forças Armadas se desenvolveu paralelamente, a elaboração de um conceito alargado de Defesa Nacional – por cujos critérios se deveria avaliar a bondade de algumas situações governamentais já que quase tudo na actividade política pode ser aferido numa perspectiva de «poder nacional». Deste modo, o sistema político estaria sempre sob a avaliação dos peritos em estudos de situação estratégica. Esse conceito alargado de Defesa Nacional pretendeu também introduzir um elemento perturbador em qualquer regime democrático, qual seja o de «inimigo interno», cuja aplicação se apresenta pelo menos arbitrária, e sempre baseada numa expansão da natureza policial de qualquer regime.

Um outro factor de crescimento planificado da influência militar no sistema político deriva das atribuições que podem caber às Forças Armadas na chamada «Gestão das Crises». Contrariamente à anterior concepção «alargada» de defesa nacional feita para permitir uma influência permanente do critério estratégico, já a «gestão das crises» aparece como meio extraordinário de fazer face a uma emergência. Em ambos os casos trata-se de doutrina, por enquanto confinada a certos meios militares e aos auditores do IDN, mas revelando o aparecimento de outras abordagens sobre as relações entre as Forças Armadas e o regime político democrático.

O papel da instituição militar na nova era marcada pelo 25 de Abril terá de ser estudado tendo em conta os factores de continuidade e de ruptura introduzidos nas Forças Armadas pelo derrube da ditadura, pela descolonização e pela implantação em Portugal de um regime de democracia política. E o problema militar português só ficará resolvido quando às Forças Armadas forem atribuídas missões, nacionais ou internacionais de prestígio assegurado, que lhes fixe uma nova natureza, alterada irreversivelmente com o 25 de Abril de 1974, mas ainda não preenchida ou revelada.

Notas

(1) Este trabalho baseia-se numa investigação levada a cabo pelo autor no âmbito do Instituto de Estudos para o Desenvolvimento, para um projecto sobre O Sistema Político Português e a sua Evolução desde 1974, da responsabilidade dos Professores Bruneau e MacLeod das Universidades McGill e do Quebec (Canadá).

(2) Ver José Medeiros Ferreira, *Ensaio Histórico sobre a Revolução do 25 de Abril – O período Pré-Constitucional*. Lisboa, Imprensa Nacional, 1983.

(3) Jorge Miranda, *A Constituição de 1976*, Lisboa, Livraria Petrony, 1978, p. 28.

(4) José Medeiros Ferreira, *op. cit.*, p. 176.

(5) Este documento acha-se descrito na íntegra no livro de José Medeiros Ferreira, *op. cit.*, 135-139.

(6) *Diário do Governo*, n.º 201, I série, 29 de Agosto de 1974, Decreto-Lei n.º 400/74.

(7) As expressões devidamente assinaladas são retiradas do documento subscrito por Vasco Lourenço na conferência proferida no Instituto de Altos Estudos Militares a 1 de Junho de 1982 (35 pp. dactilografadas).

(8) Revista *Nação e Defesa*, Lisboa, Instituto da Defesa Nacional, n.º 20, Outubro/Dezembro, 1981, pp. 135-140.

(9) Freitas do Amaral, Memória Justificativa da Proposta de Lei de Defesa Nacional, enviada à Assembleia da República em Setembro de 1982, p. 24.

(10) *Id., ibid.*, p. 26.

(11) Adelino Amaro da Costa, *Defesa Nacional – Gerir o Presente, Preparar o Futuro*, brochura editada pelo Ministério da Defesa Nacional, Julho de 1980, p. 12.

(12) *Id., ibid.*, pp. 13-14.

(13) Adelino Amaro da Costa, entrevista ao jornal *O Comércio do Porto* de 15 de Abril de 1980.

(14) *Id., ibid.*

(15) *Diário da Assembleia Constituinte*, n.º 1, de 3 de Junho de 1979.

(16) Declaração à RTP, a 16 de Julho de 1982, intitulada «A Extinção do Conselho da Revolução e a preparação da legislação sobre o Tribunal Constitucional e a Defesa Nacional», segundo texto dactilografado de 13 pp.

(17) Diário da Assembleia da República, II série, n.º 17, de 23 de Novembro de 1982.

(18) *Ibid.*

(19) *Ibid.*

(20) J. Medeiros Ferreira, *Portugal em Transe*, Ed. Pandora, Aveiro, 1985.

ORIGEM DO TEXTO:

«Um Corpo Perante o Estado: Militares e Instituições Políticas» in Mário Baptista Coelho (coord.) *Portugal. O Sistema Político Constitucional 1974-1987*. Lisboa, Instituto de Ciências Sociais, Universidade de Lisboa, 1989, pp. 427-451.

22.

Portugal em Transe

Que História para este período?

Eis-me de novo lançado na aventura de escrever sobre a história de Portugal decorrente do 25 de Abril de 1974. A primeira vez data de 1979. Dediquei-me, então, à tarefa da recolha documental e de uma primeira leitura interpretativa dos acontecimentos revolucionários. Chamei-lhe *Ensaio Histórico sobre a Revolução do 25 de Abril* e ocupei-me do período pré-constitucional. Período pré-constitucional que condensa os germes do transe de Portugal durante o período contemplado, numa espécie de código genético do regime democrático (M. Ferreira, 1983).

Não recuei em empregar o termo revolução para caracterizar aquele período desde que iniciei o trabalho em 1979 até que ele foi publicado em 1983. Já em 1985 utilizei o conceito de revolução imperfeita. E justificava-o da seguinte forma:

> Julgo assim ficar ao abrigo de qualquer mudança na natureza da revolução que se venha a verificar, implicando novas interpretações. Não será pertinente recordar que a revolução liberal de 1820 só pode ser bem entendida pelos eventos da guerra civil subsequente e pela vitória de 1834? O título «uma revolução imperfeita» destinava-se a cobrir a falta de perspectiva temporal mas também indicava um movimento incompleto (M. Ferreira, 1985).

O próprio conceito de revolução em história tem vindo a perder adeptos na proporção quase directa do abandono da história política a favor da história económica, social e das mentalidades onde as estruturas e as tendências pesadas da economia e da sociedade raramente se precipitam em rupturas abruptas ou em movimentos rápidos. As constantes geográficas, as séries de preços, as estatísticas da produção económica ou a análise quantitativa dos grandes actos sociais, são geralmente refractários ao conceito de revolução. De certa maneira quando se opta pela história estrutural opta-se pela observação da continuidade e abandona-se aquele ritmo de tempo onde as revoluções são assinaláveis. A própria «revolução industrial» para se revelar necessitou de muito tempo entre os séculos XVIII e XIX.

Esta hegemonia das concepções estruturais quase tornaram a História uma ciência auxiliar de outras, nomeadamente da Economia. A história quantitativa dos grandes espaços e a história nacionalista e regional conjugaram-se para desviar os historiadores do conceito de revolução e da importância a atribuir às rupturas. Procuram-se mais as continuidades do que as diferenças. Daí que, hoje em dia, qualquer diferença, qualquer evolução do *statu quo* nacional e internacional apareça como uma surpresa que ninguém previu. A história como foi feita e ensinada nos últimos cinquenta anos não permite entender o que é uma revolução.

Acresce que uma difusa doutrina **situacionista** insinua-se através de fórmulas como a do «fim das ideologia» ou a «do fim da História», reforçando ainda mais a espessura das concepções unidimensionais que imperam nas ciências sociais.

No caso do saber histórico, essas concepções são particularmente tirânicas e estéreis.

Hoje, emprega-se o termo revolução para designar outros movimentos noutros campos. Temos por exemplo a «revolução tecnológica», a «revolução das telecomunicações» ou a «revolução informática». Enquanto isto acontece os historiadores tornam-se cada vez mais parcimoniosos na utilização do conceito, que, sem saída no seu meio mais familiar emigra para saberes mais sensíveis às transformações contemporâneas.

O facto de a maior parte da produção científica sobre a sociedade portuguesa contemporânea ter sido obra de juristas, sociólogos, economistas e politólogos ajuda também, em muitos casos, ao abandono da perspectiva revolucionária (para a analisar).

Alguns autores preferem mesmo, nos seus trabalhos, analisar, na sociedade portuguesa, a predominância das continuidades entre o regime salazarista e corporativo e o Estado democrático a identificar as transformações operadas. É o caso de Manuel de Lucena e de Joaquim Aguiar entre os mais elaborados.

Manuel de Lucena realça a persistência do corporativismo de associação na sociedade portuguesa e, mesmo na instituição das instituições, ou seja na Constituição, vê relevantes semelhanças entre a plebiscitada em 1933 e a aprovada pela Assembleia Constituinte em 1976. É ele quem o afirma:

> As nossas duas revoluções encontram-se no plano – essencial – das relações entre a sociedade civil e um Estado em expansão. Aqui, uma análise atenta mostra que, em Portugal, quase quinze anos volvidos sobre a queda do regime autoritário, se não pode excluir que uma continuidade profunda venha a prevalecer sobre as rupturas ocorridas (Lucena, 1989, p. 506).

E mais adiante são as semelhanças estruturais entre as duas constituições de 1933 e de 1976 – «as irmãs inimigas» – que o autor enxerga: «uma análise aprofundada desvenda impressionantes similitudes entre estas Constituições» (*ob. cit.*, 1989, p. 507).

É certo que as tais semelhanças são apresentadas como decorrendo de analogias infra-estruturais. Em primeiro lugar trata-se da «dupla legitimidade» existente nas duas Constituições; em segundo lugar ambas implicam «uma espécie de comunidade de destino»; em terceiro lugar ambas apresentam a inexistência de um modelo socioeconómico relativamente coerente, em quarto lugar ambas têm uma «função latente».

Nessa *função latente* o autor assinala que as duas últimas Leis Fundamentais «desenvolvem notavelmente a intervenção do poder político na vida económica e social, assim se inscrevendo sob o mesmo signo na já longa história da expansão do Estado português...» (*ob. cit.*, 1989, pp. 507-510).

Essa «expansão do Estado português» acabaria aliás por caracterizar apenas uma fase do processo posterior ao 25 de Abril com as novas instituições económicas e sociais derivadas das nacionalizações e da

Constituição de 1976, para, após a segunda revisão desta em 1989, se iniciar aparentemente a marcha contrária.

Pelo seu lado, Joaquim Aguiar conceptualiza todo este período como sendo *pós-salazarista*.

Para este autor, «o pós-salazarismo deve ser entendido como a designação dos sucessivos fracassos políticos que não conseguiram partir da situação de facto que foi o fim do salazarismo para a constituição de um novo projecto viável». Deste modo,

> o efeito da ruptura que inaugura a democracia acaba por ter como componente mais significativa o facto de ter contribuído para ocultar a complexidade e o ritmo da degradação dos problemas existentes na sociedade portuguesa. Na aparente diferença radical que teria sido introduzida pela democracia está [...] uma das razões mais fortes para a linha de continuidade que constitui o pós-salazarismo, exactamente porque encobre, sob um disfarce formal, essa continuidade real (Aguiar, 1985, p. 19).

Porém um sociólogo como Boaventura Sousa Santos utiliza o conceito de «crise revolucionária» para caracterizar o período de 1974-1975.

Analisando as consequências sobre o aparelho de Estado «Do Golpe de Estado à Crise Revolucionária», este autor separa o Estado e a Sociedade. Quanto ao primeiro considera que

> O colapso do regime em 25 de Abril de 1974 não implicou o colapso generalizado do Estado. A ruptura deu-se ao nível das características fascistas do velho regime: o partido único, a polícia política, as milícias para-militares, o tribunal plenário (para julgamento dos crimes políticos), os presos políticos, a repressão da liberdade de expressão e de associação (Santos, 1990, p. 27).

Porém, «O Sistema administrativo manteve-se intacto nas suas estruturas de decisão», e o saneamento a que se procedeu limitou-se ao afastamento de pessoas «que não de processos». Mesmo «um dos mais importantes pilares ideológicos do Estado Novo, a Igreja Católica, foi poupada à contestação social e resguardou-se de qualquer processo de transformação interna» (*Ibidem*).

Apesar disto tudo, este autor mantém que se deu uma ruptura a 25 de Abril de 1974 que transformou o perfil da crise que se vivia desde 1969 em Portugal.

> Esta transformação consistiu na criação, ou melhor, na explosão do movimento social popular que se seguiu imediatamente ao golpe de estado. Foi sem dúvida o movimento social mais amplo e profundo da história europeia do pós-guerra (*Ibidem*).

Essa perspectiva comparativa não é frequente nas análises sobre Portugal contemporâneo, nomeadamente no que diz respeito ao cotejo com o processo de queda das outras ditaduras europeias como a grega e a espanhola e, mais tarde, com a queda dos regimes autoritários na Europa de Leste.

Dois juristas de Coimbra não recuam também no emprego do conceito de revolução para caracterizar as mudanças operadas na sociedade portuguesa:

> Mas entre 25 de Abril de 1974 e 25 de Abril de 1976 desenvolveu-se toda uma revolução, certamente uma das mais profundas e mais popularmente participadas das revoluções portuguesas. Ao lado do MFA emergiram as forças sociais e políticas e irromperam os movimentos populares. As agudas contradições de classe, anteriormente reprimidas, estalaram (Canotilho e Moreira, 1993, p. 12).

Para estes autores foram as massas populares os artífices da revolução:

> Desencadeia-se um autêntico processo revolucionário, ou seja, um processo de alteração de estruturas económicas, sociais e políticas por acção directa de movimentos de massas (*Ibidem*).

Aliás, durante o período pré-constitucional muitos responsáveis e protagonistas políticos classificaram esse tempo como *revolucionário* (por exemplo o então Presidente da República general Costa Gomes no seu discurso inaugural da Assembleia Constituinte em 2 de Junho de 1975) e a insistência no uso da frase feita «processo revolucionário em curso», que até se consagrou na conhecida fórmula **PREC**, permite generalizar ao todo nacional a percepção de se ter vivido uma época revolucionária, independentemente dos seus resultados.

E a percepção dos contemporâneos sobre os acontecimentos que viveram é um dado comportamental que o historiador deve ter na devida conta.

Os acontecimentos em Portugal desencadeados pelo 25 de Abril também foram encarados como revolucionários numa perspectiva internacional. De certa maneira abalaram durante alguns meses a rigidez das concepções sobre as zonas de influência exclusiva das super-potências de então, os EUA e a União Soviética, e contribuíram para o fim das ditaduras na Europa e para um acesso rápido à independência de vastos territórios em África. Internacionalmente, o ano de 1975 foi marcado por Portugal. E durante o período pré-constitucional confluíram para Portugal muitos revolucionários provindos da Europa de 1968, da América Latina de Allende e da resistência brasileira aos coronéis, além de jornalistas dos mais conhecidos órgãos de comunicação mundiais. Os Estados mais activos enviaram diplomatas e outros seus agentes de qualidade rara. Algo de especial e único aconteceu então entre nós.

Porém, vinte anos depois, poucos ousam utilizar o conceito de revolução para caracterizar as transformações operadas na sociedade portuguesa. Quase todos concordam que, em algum momento, a «normalização democrática» significou o fim da revolução.

E, no entanto, as modificações continuaram a verificar-se e até se aceleraram depois da adesão à Comunidade Económica Europeia em 1986, de tal maneira que é avisado salientar-se que há dois momentos distintos na transformação contemporânea de Portugal: o período revolucionário entre 1974 e 1975 e o período posterior à adesão à Comunidade Europeia. Um mesmo transe em dois momentos?

Por outro lado, conhecendo o destino das grandes revoluções, como a americana de 1773-1776, a francesa de 1789-1793 e a russa de 1917--1921, quase se diria, generalizando, que só os contra-revolucionários as consideraram como tais. Os principais protagonistas revolucionários sempre, por um motivo ou outro, hão-de considerar as revoluções «geladas», «inacabadas», «usurpadas», «desvirtuadas», numa insatisfação permanente perante o curso da história. Essa insatisfação não deixa aliás de ser um elemento espiritual dinâmico na história dos homens, mas não é amiga dos historiadores.

Assim, para os que em Portugal acreditaram numa alteração radical da sociedade e das formas de vida quotidiana, sempre lhes há-de aparecer como minguada a expressão que as coisas tomaram.

Entre os que consideram que a revolução não se cumpriu convém distinguir dois géneros. Um grupo pretende que a revolução foi uma potencialidade que não chegou a acontecer, enquanto o outro marca datas para o seu estiolamento desde o 25 de Novembro de 1975 à acção dos primeiros governos constitucionais.

Se o Partido Comunista Português situou o fim da revolução e o início da «recuperação capitalista» nos idos da queda de Vasco Gonçalves e na ascensão do Partido Socialista entre o VI Governo Provisório e o I Constitucional, já um radical como João Martins Pereira só vislumbrou uma pré revolução na sociedade portuguesa em toda essa convulsão. Também Otelo Saraiva de Carvalho sairá insatisfeito com o rumo que os acontecimentos tomaram depois do 25 de Novembro. E o próprio general Ramalho Eanes, nos discursos pronunciados a 25 de Abril de 1977 e de 1978 na Assembleia da República, deu expressão aos desiludidos com a dimensão social do processo de «normalização democrática».

João Martins Pereira caracterizará assim todo esse período como sendo **pré-revolucionário:**

> O processo português, em particular entre o 25 de Abril e o 25 de Novembro, pode resumidamente definir-se como uma situação pré-revolucionária típica, em que o facto de o partido **potencialmente** revolucionário se ter colocado no campo do poder de Estado (e não no do poder de base, que aparece a **dobrá-lo**) faz desviar a questão do poder na **sociedade** para a questão do poder **dentro das Forças Armadas** (mais concretamente, **dentro do aparelho militar**) (Pereira, 1976, pp. 197-198).

Na mesma linha vem Eduarda Dionísio desenvolvendo um testemunho literário e vivencial da mais alta qualidade que se constitui como fonte histórica das forças da esquerda dominada e marginalizada após a normalização da democracia constitucional.

Já para vários quadrantes do pensamento conservador, os acontecimentos originados pelo 25 de Abril foram considerados como francamente revolucionários.

Um dos intelectuais conservadores que melhor traduziu, desse ponto de vista, o carácter revolucionário do 25 de Abril foi indiscutivelmente José Enes, o primeiro reitor da Universidade dos Açores:

> A revolução de 25 de Abril, sob o ponto de vista bélico, não passou de um pronunciamento militar, incruento.
>
> Como transformação estrutural do Estado, porém, foi a revolução mais violenta que abalou a alma e o corpo da Nação portuguesa em toda a sua história. Foi uma autêntica catástrofe: uma eversão de alto a baixo de todo o sistema estatal português (José Enes, 1987, p. 17).

Mas não se tratou apenas de uma «eversão» de todo o sistema estatal português. As próprias normas que regiam as actividades e definiam um modelo de sociedade foram alteradas por forma inédita em Portugal:

> Nem a dominação espanhola, que subjugando a soberania não amputou a integridade jurídica e territorial do reino, nem a Revolução Liberal, que mudando os códigos e a administração, confiscando as ordens conventuais e secularizando o Estado, conservou a religião oficial e as ordens sociais; nem a implantação da República, que substituindo o regime e separando a Igreja e o Estado, não afectou a inteireza territorial e, perseguindo a religião católica, favoreceu a sua purificação e reforma, nem a Revolução de 28 de Maio, que acentuando a marginalização histórica de Portugal, restaurou o projecto do Império, equilibrou as finanças nacionais, e estabeleceu o pacto de conciliação entre as forças ideológicas e políticas que desde a segunda metade do séc. XVIII disputam o poder do Estado [...] nenhuma destas revoluções nem todas em conjunto avançaram tanto na destruição do sistema estatal português: na política, na economia, no território e na ideologia (José Enes, 1987, p. 17).

A revolução do 25 de Abril irá ainda herdar o código concentrado de todas as rupturas anteriores já citadas:

> Mas todos aqueles momentos de viragem histórica estiveram presentes no 25 de Abril. A dominação espanhola com o

> nacionalismo, ressentido e sonhador do sebastianismo; a revolução liberal e a implantação da República com o demiurgismo legislativo e o seu projecto laicista para a sociedade portuguesa; o 28 de Maio com a marginalização histórica, a má consciência da guerra colonial e das violências políticas e a degenerescência política das instituições do Estado (*ob. cit.*, pp. 17-18).

O conceito de **revolução** está assim presente em quase todos os pensadores deste período seja para caracterizar um momento, evocar uma possibilidade, medir a sua insuficiência ou indagar sobre o passado de Portugal.

Assim, ao voltar agora ao assunto, mantenho a ideia de se ter operado um movimento brusco na sociedade portuguesa desencadeado pela acção do 25 de Abril de 1974. E não me refiro apenas à sociedade política onde foram manifestas as modificações introduzidas. O 25 de Abril desencadeou profundas alterações nos valores e na vida social nacional. Ele marca uma «**era**» tantas são as ocasiões em que é tomado por referência: «antes do 25 de Abril...», «só com o 25 de Abril», «depois do 25 de Abril», são expressões coloquiais quotidianas que marcam os últimos vinte anos.

A data de 25 de Abril de 1974 marca pois o século XX e divide a sociedade em antes e depois. Será isso uma revolução? É certamente uma era.

Por outro lado desde que Portugal entrou na Comunidade Europeia em 1 de Janeiro de 1986 que esse facto também surge a delimitar um período. Para este volume é mesmo o facto que assinala o seu fim.

É possível que a entrada de Portugal na Comunidade Europeia tenha maiores consequências para a sociedade portuguesa do que os acontecimentos que se desenvolveram entre o 25 de Abril de 1974 e aquela data. Mas esta será outra história.

[...]

A justificação de um título

Não me era permitido desconhecer que esta história do período compreendido entre o 25 de Abril de 1974 e a entrada de Portugal na CEE se inseria no conjunto mais vasto de uma História de Portugal editada pelo Círculo de Leitores e cujo quadro teórico lhe foi dado pelo seu orientador, o Professor José Mattoso, na Apresentação do 1.º volume:

> Não pretendemos produzir textos de consulta onde se acumulem dados e se registem com detalhe e sob forma quase enciclopédica as mais variadas questões, mas tentar novas sínteses de teor francamente interpretativo, tomando cada período como um todo (Mattoso, 1992, p. 10).

Tentar novas sínteses de teor francamente interpretativo para esta parte da história de Portugal, além das dificuldades inerentes ao estudo de um tempo recente que não foi ainda considerado objecto histórico por muitos, tinha aliciantes acrescidos para o autor. E decidi-me por um título: *Portugal em Transe.*

Para quem, como eu, começara por periodizar a revolução através de um critério político formal tendo em conta a entrada em vigor de Constituição de 1976, a unidade de síntese atrás pretendida tinha de ser procurada num conceito mais vasto que ultrapassasse a questão da classificação dos fenómenos ocorridos entre nós nesse período, desde a sua redução a mero golpe de Estado, até às considerações sobre o princípio do fim de uma certa identidade nacional, ou seja a extrema revolução. Daí o título de *Portugal em Transe.*

Esse conceito já o ensaiara, primeiro em 1984 ao intitular de «Revolução em Transe» uma comunicação apresentada ao *III International Meeting on Modern Portugal*, realizado na Universidade norte-americana de New Hampshire, e, depois, numa colectânea de textos editada em 1985 pelo malogrado Eduardo Ançã Regala. De certa maneira este título também tem em conta o do primeiro volume desta História de Portugal.

O título *Portugal em Transe* abrange a unidade possível desse período de dez anos, sob uma designação que aponta para o sujeito e para o objecto da acção. E acentua as características de transfiguração e de transformação sofridas pelo corpo nacional e pelo estado português que distinguem esta era das anteriores.

[...]

Bibliografia geral

AGUIAR, Joaquim, *O Pós-Salazarismo 1974-1984* , Lisboa, Publicações D. Quixote, 1985.

BRITO, Raquel Soeiro de, «Introdução Geográfica», in *História de Portugal*, Direcção de José Mattoso, Lisboa, Círculo de Leitores, 1.° Volume, 1992, pp. 19-75.

CARRILHO, Maria, *Forças Armadas e Mudança Política em Portugal no Séc. XX. Para uma explicação sociológica do papel dos militares*, Lisboa, I.N.C.M., 1985.

DIONÍSIO, Eduarda, *Retrato de um amigo enquanto falo*,

DIONÍSIO, Eduarda, *Títulos, Acções, Obrigações – Sobre a Cultura em Portugal 1974-1994*, Lisboa, Edições Salamandra, 1993.

ENES, José, «Autonomia Regional dos Açores numa Perspectiva de Teoria de Estado» in *A Autonomia como Fenómeno Cultural e Político*, Angra do Heroísmo, Ed. Instituto Açoriano de Cultura, 1987.

FERREIRA, José Medeiros, *Ensaio Histórico sobre a Revolução do 25 de Abril- O Período Pré-Constitucional*, Lisboa, I.N.C.M., 1983.

FERREIRA, José Medeiros, «25 de Abril de 1974: Uma Revolução Imperfeita», in *Revista de História das Ideias*, vol. 7, Coimbra, Faculdade de Letras, 1985, pp. 391-426.

FRANÇA, José Augusto, *A Arte e a Sociedade Portuguesa no Séc. XX (1910--1990)*, Lisboa, Livros Horizonte, 1990.

FRANÇA, José Augusto, *A Arte em Portugal no Séc. XX*, Lisboa, Bertrand, 2.ª ed., 1985.

GONÇALVES, Eurico, «O 25 de Abril e as Artes Plásticas» in *Diário de Notícias*, 26 de Abril de 1992.

GRAHAM, Lawrence S., *The Portuguese Military and the State – Rethinking transition in Europe and Latin America*, Boulder, Oxford, Westview Press Inc., 1993.

LUCENA, Manuel de, *O Estado da Revolução*, Lisboa, Ed. Expresso, 1978.

LUCENA, Manuel de, «A herança de duas revoluções: continuidade e rupturas no Portugal post-salazarista» in *Portugal, O Sistema Político e Constitucional 1974-1987*, Lisboa, I.C.S., 1989, pp. 505-555.

LUCENA, Manuel de, «Rever e Romper – Da Constituição de 1976 à de 1989», Lisboa, *Separata da Revista de Direito e de Estudos Sociais*, Ano XXXIII, Janeiro-Junho de 1991, p. 1-75.

MATTOSO, José, *Identificação de um País*, Lisboa, Ed. Estampa, 1985.

MATTOSO, José, «Apresentação», in *História de Portugal*, Lisboa, Círculo de Leitores, 1.° Volume, 1992, pp. 9-17.

MEDEIROS, Carlos Alberto, *Portugal Esboço Breve de Geografia Humana*, Lisboa, Prelo, 2.ª edição, 1978.

OLIVEIRA, César, *Os Anos Decisivos – Portugal 1962-1985 – Um testemunho*, Lisboa, Editorial Presença, 1993.

PEREIRA, João Martins, *O Socialismo, a Transição e o Caso Português*, Lisboa, Bertrand, 1976.

SANTOS, Boaventura de Sousa, *O Estado e a Sociedade em Portugal (1974-1988)*, Porto, Edições Afrontamento, 1990.

ORIGEM DO TEXTO:

«Prefácio», in José Mattoso (dir.) *História de Portugal*, vol. 8, *Portugal em Transe*. Coord de José Medeiros Ferreira. Lisboa, Círculo de Leitores, 1994, pp. 7-13 (excerto).

V.

O FIM DO IMPÉRIO E A DESCOLONIZAÇÃO

23.

Kemal Atatürk: um nacionalista anti-tradicional visto de Portugal

Participei, em Istambul, numa Conferência Internacional sobre Mustapha Kemal Atatürk, organizada pela Universidade do Bósforo, em Novembro de 1981.

Para quem, como eu, se havia interessado, durante os anos 60, pelas grandes figuras da descolonização europeia desde Lord Mountbatten ao General de Gaulle, Mustapha Kemal sempre aparecera como entidade singular pela maneira como terminara com o Império Otomano, recusara as ingerências estrangeiras, extinguira o Califado, separara o Estado da religião muçulmana, introduzira novos códigos, civil e penal, organizara o Estado-Nação, modernizara a economia turca, libertara camponeses e mulheres das opressões societais e ideológicos, em suma, afirmara um nacionalismo assente na luta contra os valores tradicionais do Império Otomano. Como disse o próprio Mustapha Kemal em 1922:

> A nova Turquia nada tem a ver com a antiga Turquia. O Império Otomano pertence já à História. No presente uma nova Turquia nasceu.

Recordemos que Mustapha Kemal começou por derrotar os ingleses na formidável batalha dos Dardanelos, negando-lhes o controlo desse

Estreito por terra durante a Primeira Guerra Mundial, para, em 1919, desobedecer ao Califa, abandonar o exército otomano e organizar a resistência na Anatólia contra as imposições dos Aliados consubstanciadas no Tratado de Sèvres (o Versalhes turco), acabando por derrotar o exército grego em 1922 e conseguindo mais tarde o reconhecimento internacional dos direitos da Turquia sobre os Estreitos. Baseado nessas vitórias político-militares, logo o Ghazi Pacha se transforma em homem de Estado, recusa o Califado, estabelece o regime republicano e propõe o modelo ocidental laico de modernização da sociedade turca. Como ele próprio tinha projectado em 1920:

> Deste deserto é necessário fazer surgir a vida; destas ruínas é preciso criar um novo organismo. E este espaço que parece vazio está na verdade cheio. Neste território que é visto como um deserto esconde-se uma vida vigorosa. É a nação. O que falta é organização.

E de facto Mustapha Kemal irá organizar o Estado turco recorrendo a valores inovadores e fazendo surgir um nacionalismo antitradicionalista, erguendo a Nação contra o Império, o Estado contra o Califado, o Código Civil contra o Corão. Mas não são só os valores nacionais que serão novos. Também o serão as técnicas de construção do Estado. Assim, a transferência da capital política de Istambul para Ankara obedece a raciocínios estratégicos que têm já em linha de conta as modernas concepções geopolíticas e são, em muitos aspectos, precursores de quarenta anos dos estudos sobre Brasília.

A grande ruptura seria entretanto operada com o fim do Império Otomano e a concentração da nação turca no território actual. Operação levada a efeito com determinação prévia e consciência plena da modificação estrutural do Estado imperial para o Estado-Nação. Diz-nos Atatürk em 1923:

> A Nação turca sofre severamente por ter ignorado a sua própria nacionalidade. Os diferentes povos que compunham o império otomano emanciparam-se, utilizando exactamente os seus sentimentos nacionalistas. Pelo nosso lado, nós passámos a compreender o que verdadeiramente somos – uma nação estrangeira diferente dessas nações – precisamente no dia em que fomos expulsos por elas.

E em 1924, Kemal dirá, sintetizando:

> As instituições fundadas sobre a opressão das nações estão por todo o lado condenadas à ruína.

Este nacionalista reconhece o direito à autodeterminação dos povos que compunham o Império Otomano e afirma mesmo, em 1922, que a autodeterminação é a pedra angular dos ideais mais nobres e mais civilizados da Humanidade na esfera das relações internacionais.

Contrariamente à outra revolução do seu tempo, a revolução russa, Mustapha Kemal, promovendo boas relações entre os dois Estados, separa-se radicalmente das concepções marxistas-leninistas pela supremacia que atribui às nações como agentes históricos e pela sua recusa em privilegiar o discurso classista. Homem do consenso nacional, ele dirá em 1923: «As grandes obras só são realizadas pelas grandes nações.»

O nacionalismo de Kemal Atatürk dirige-se pois, por um lado contra o imperialismo e, por outro, contra o internacionalismo classista.

Estas considerações sobre o nacionalismo antitradicionalista de Kemal Atatürk ocorrem no momento em que em Portugal a nova ideia de Nação que deu origem ao regime democrático se encontra cercada pelos valores culturais que sustentaram a Ditadura saída do «28 de Maio» – esse exemplo laboratorial de um nacionalismo tradicionalista.

Tomemos então nota de alguns julgamentos portugueses sobre tão singular personagem.

Portugal e a Turquia só tarde estabeleceram relações diplomáticas. Assim, assinala-se a presença em Istambul de um ministro plenipotenciário português, não residente, em 1843 e o estabelecimento de um consulado geral em 1852. Depois da proclamação da República em, Portugal (1910) há uma recrudescência de interesse pelas relações com o Império Otomano, mas os acontecimentos respeitantes à Primeira Guerra Mundial levarão à ruptura das relações diplomáticas em 1915, sendo Portugal adversário das potências centrais.

A renovação das relações entre os dois países data de 1931, quando o embaixador da Turquia residente em Madrid apresentou também credenciais em Lisboa – uma decisão política que é devida à república turca sob a presidência de Mustapha Kemal. Entretanto, Portugal tinha aderido ao protocolo do Tratado de Lausana no que respeita aos assuntos económicos e financeiros. E, em 1932, Portugal convidou com entusiasmo, como tantos outros países, a República Turca para o seio da Sociedade das Nações.

Se o desencadeamento da Primeira Guerra Mundial foi a causa do declínio nas relações entre a Turquia e Portugal no século XX, a Segunda Guerra Mundial, pelo contrário, levou ao aprofundamento das relações entre os dois países. Assim, Lisboa nomeou um embaixador na Turquia em 1941 e nesse mesmo ano Ankara decidiu-se por um ministro residente em Lisboa. Depois da Segunda Guerra Mundial, Portugal e a Turquia manterão escassas relações bilaterais mas os dois países farão parte de várias organizações regionais multilaterais, tais como a OTAN, a OCDE e o Conselho da Europa. Em 1957, Portugal, eleva a sua representação em Ankara ao nível de embaixador residente.

Apesar deste estado das relações oficiais entre os dois países, o prestígio de Kemal Atatürk em Portugal é grande e encontramos um vasto interesse pela sua obra e pela sua personalidade em diferentes épocas.

Com efeito, entre 1926 e 1974, Portugal viveu sob uma ditadura nacionalista e imperial que procurou na Europa exemplos e analogias. Depois do 25 de Abril de 1974, como consequência da revolução democrática. Portugal descolonizou e fez coincidir o Estado com a Nação, a exemplo da Turquia de Kemal Atatürk depois da Primeira Guerra Mundial e de novo a este se faz referências.

O biógrafo de Salazar, António Ferro, um dos ideólogos do «Estado Novo» e mais tarde responsável governamental pela propaganda do regime corporativo de Salazar, fará, em 1926, uma viagem pela Turquia para observar a obra de Kemal Atatürk. Os seus comentários serão publicados em 1927 no seu livro *Viagem à Volta das Ditaduras*([1]). Muito cedo o biógrafo de Salazar mostra a sua estranheza face ao regime fundado por Kemal Atatürk. A primeira pergunta que ele coloca a si próprio é a seguinte: «O nacionalismo é em todo o mundo a vitória da tradição. Na Turquia o nacionalismo foi a morte da tradição. Porquê?»([2]). Uma resposta ser-lhe-á dada por um antigo embaixador da Turquia em Belgrado, Ali Fuad Hikmed Bey: «O nacionalismo turco não tem nada a ver com o nacionalismo ocidental. Nós pretendemos, sobretudo, defender as nossas fronteiras e impor o respeito às potências estrangeiras. A tradição otomana era incompatível com este nacionalismo»([3]).

O aspecto inovador e reformador da obra de Kemal Atatürk, edificando uma nação sobre novos valores e não sobre valores tradicionais é inegavelmente um choque para o intelectual português.

António Ferro exprime o seu julgamento de uma forma muito clara: «Mustapha Kemal, muito grande, seria maior se enchesse a Turquia de caminhos-de-ferro sem tocar nas mesquitas e nos cemitérios. Dar à Turquia uma vontade, uma consciência, uma direcção, mas conservar-lhe a alma!»([4]) E acrescenta: «A Turquia de Mustapha Kemal é uma nacionalidade nova plantada nas ruínas de uma velha civilização»([5]).

Um outro facto que chama a atenção de Ferro na revolução kemalista é a escolha de Ankara para capital da Turquia.

Esta escolha de uma capital por razões eminentemente políticas e estratégicas perturba de novo o ideólogo português. Se bem que sensível ao facto de Istambul estar, na época, demasiado exposta às influências estrangeiras, ele só repara nas condições desconfortáveis de Ankara. É completamente indiferente aos aspectos políticos da escolha da capital no coração da nova Turquia e das suas consequências para o enraizamento do Estado na nova ordem territorial turca.

No entanto será o comandante Filomeno da Câmara, um dos militares que participa no golpe de Estado de 28 de Maio de 1926 em Portugal, quem, no prefácio que escreve para o livro de Ferro, melhor demonstra a sua confusão face à escolha da capital([6]): segundo ele, Ankara era uma cidade feia, cheia de ruas velhas e estreitas com a maior parte das casas feitas de barro. Além disso, Ankara era a cidade onde o Tamerlan tinha ganho a guerra aos turcos. Esta «tradição do desastre» sobrepunha-se, segundo Câmara, às intenções confessadas de um retorno purificador às origens da Turquia na Ásia Menor. Além disso, ele observa que querer ocidentalizar a Turquia afastando a sua capital para a Ásia Menor era declaradamente um paradoxo([7]).

Depois destes dois temas o de um nacionalismo antitradicional e o da escolha de Ankara para capital da Turquia, Ferro ocupa-se da personalidade do Ghazi. A personalidade de Mustapha Kemal será assim objecto de uma descrição bastante interessante feita por Ferro que viu o Presidente em Ankara tanto a assistir a uma peça teatral, como ocupando o seu lugar na Grande Assembleia Nacional. Eis alguns extractos das suas descrições. Em primeiro lugar no teatro:

> É a primeira vez que vejo Ghazi Pacha. É alto, forte, dominador. Cabelo loiro, bigode à americana, olhos desconfiados, rosto anguloso, maçãs salientes, boca fina como um cutelo. Traz uma peliça que não despe. Vem acompanhado por dois ministros, pelos seus

> ajudantes e por uma criança de catorze anos, vestida de negro, expressão triste. Quando Ghazi Pacha entra no teatro, a multidão ergue-se numa tempestade de aplausos. Muthapha Kemal agradece, num sorriso breve, quase nada [...] Mustapha Kemal, cujos olhos não descansam, fuma cigarros sobre cigarros, nervosamente. O ajudante chama um criado. Daí a momentos, na mesa que está no centro da frisa presidencial, há meia dúzia de copos. Água mineral ou whisky? Não sei. Se não há álcool sobre a mesa, há relâmpagos de álcool nas atitudes de Ghazi Pacha. Mustapha Kemal conversa, mexe-se, puxa a cadeira, leva o copo à boca... É um oriental, um oriental com uma casaca talhada no Barclay...([8])

São estas as primeiras impressões. Mas Ferro reencontrará Mutapha Kemal uma segunda vez, na Grande Assembleia Nacional:

> A disposição das carteiras, na Assembleia Nacional, dá-lhes o aspecto de uma grande aula. Esse aspecto é verdadeiro. O professor, o professor severo, é Mutapha Kemal. Antes do professor entrar a vozearia é ensurdecedora. Gargalhada, discussões, chalaças. Mustapha Kemal entra na tribuna e o silêncio faz-se com uma rapidez milagrosa [...] Mustapha Kemal dá aulas todos os dias: assiste a todas as sessões...([9])

António Ferro, que entrevistou Mussolini, não entrevista Mustapha Kemal. E de todo o seu livro se deduz uma posição política contrária à de Atatürk.

E para muitos adeptos do 28 de Maio os princípios que estão na base da obra de Kemal Atatürk não são os mesmos que animam os responsáveis da ditadura portuguesa. É o próprio Filomeno da Câmara quem o confessa: «Mustapha Kemal [...] não é para o nosso entendimento»([10]).

Já Leopoldo Nunes justificando a Ditadura Militar afirma: «Por toda a parte é a Democracia que perde e a Ditadura que salva os povos», e apresenta como ilustração os casos de Monsenhor Seipel para a Áustria, Almirante Horthy para a Hungria, Mussolini e Primo de Rivera para a Itália e a Espanha e Mustapha Kemal «que lança os alicerces duma nova Turquia»([11]).

No que respeita à Oposição democrática portuguesa à ditadura de Salazar o papel de Kemal Atatürk é apreciado sobretudo por causa das reformas por ele começadas, especialmente a secularização do Estado os progressos na instrução pública, o desenvolvimento económico e a política estrangeira. É o «reformador» Kemal Atatürk quem seduz os progressistas portugueses. Esta mesma oposição democrática portuguesa que acusa a ditadura de Salazar de paralisia e de imobilidade e que reflecte sobre as causas da fraqueza do sistema parlamentar em Portugal entre 1910 e 1926.

Na ocasião da morte de Kemal Atatürk o jornal *O Século*, na época o mais liberal de Lisboa, dedica a primeira página do seu número de 11 de Novembro de 1938 à obra e à personalidade do fundador da república turca. Podemos ler em título estes elogios a Atatürk:

> Morreu Atatürk,
> O grande Reformador da Turquia libertador da velha pátria,
> reformador vigoroso,
> patriota insigne,
> político eminente,
> nacionalista convicto,
> Mustapha «o vitorioso» transformou a nação decadente e pobre num país ressurgido e rico, forte e poderoso e realizou com génio a mais bela e profunda revolução do século XX.

«A mais bela e profunda revolução do século XX», afirmava o jornal português em 1938 quando a ditadura salazarista celebrava o décimo-segundo aniversário da sua «revolução nacional». Os liberais portugueses preferiam explicitamente a obra reformadora de Kemal Atatürk à ditadura conservadora de Salazar, e à revolução russa de 1917.

Entretanto, o mesmo número do jornal *O Século* publicava uma análise sobre a obra de Kemal Atatürk na qual se punha o problema do futuro do regime político na Turquia:

> Mustapha Kemal [...] foi uma figura europeia de excepcional relevo. [...] A sua personalidade projectou-se fora da Turquia e interessou o mundo. Que ele foi um salvador, um libertador e um patriota, ninguém o põe em dúvida. A nova Turquia é filha do seu talento de político e do seu esforço de general. Saberá a Turquia manter o estranho regime que Mustapha lhe julgou necessário durante a sua vida? O problema está aqui.

Foi este aspecto do regime político que mereceu em primeiro lugar alguns reparos da parte dos portugueses que tinham estudado a obra de Kemal Atatürk na previsão da descolonização portuguesa, durante os anos 70.

Eu próprio, por ocasião de uma conferência pronunciada na Escola Naval de Lisboa em Janeiro de 1975, sobre o tema da procura de um regime político adequado para Portugal depois da queda da ditadura e da descolonização, afirmei ser necessário procurar um compromisso entre as Forças Armadas e os partidos políticos, para ultrapassar de uma forma democrática, as dificuldades políticas do momento. E permiti-me evocar o exemplo do regime fundado por Kemal Atatürk. Disse essencialmente que:

> Retenha-se o exemplo de Mutapha Kemal Atatürk, o homem que conseguiu construir o Estado turco liquidando o império otomano e concentrados as energias de um povo então rude e ignorante num território limitado à Europa e na periferia desta. Para isso constitui-se em déspota iluminado mas nunca encontrou solução institucional para o regime político que instaurou([12]).

Como sabemos, Maurice Duverger tomará o regime político fundado por Atatürk como protótipo do que ele chama «as ditaduras do desenvolvimento».

No entanto, é ainda a questão do regime político em Portugal depois da queda da ditadura conservadora que leva um intelectual português, como Eduardo Lourenço a procurar um exemplo de «Bonapartismo» em Kemal Atatürk:

> Crítica do espectro bonapartista? Sim, mas devagar e com revolucionária cautela. E se chegasse o dia em que para salvar a revolução ameaçada de morte precisássemos do caseiro «Bonaparte» que mal haveria nisso? António Sérgio referência emblemática do nosso lusitano socialismo nunca escondeu a sua admiração pela obra (bonapartista como poucos) de Mustapha Kemal([13]).

É evidente a obra reformadora de Mustapha Kemal o que mais interesse suscitou nos portugueses que se debruçaram sobre o fenómeno político representado por Mustapha Kemal.

O programa que esteve na base de revolução portuguesa de 25 de Abril de 1974 foi resumido em três «Ds»: Descolonizar, democratizar e desenvolver.

Alguns problemas portugueses em 1974 tinham semelhanças com os da Turquia do tempo de Atatürk: acabar com um império, concentrar o Estado na Nação, valorizar o exíguo território de um dos países mais pobres da Europa através de uma política de equipamento industrial e agrícola e da necessidade de um desenvolvimento social e económico acelerado. E quem não vê no pedido de adesão de Portugal à CEE o mesmo objectivo de europeizar um país orientado durante demasiado tempo para o seu império?

Notas

(1) António Ferro, *Viagem à Volta das Ditaduras*, Lisboa, 1927, Empresa do Anuário Comercial, pp. 265-365.

(2) *Op. cit.*, p. 289.

(3) *Op. cit.*, p. 289.

(4) *Op. cit.*, p. 294.

(5) *Op. cit.*, p. 295.

(6) Filomeno da Câmara, prefácio, *op. cit.*, pp. 9-52.

(7) *Op. cit.*, pp. 44-48.

(8) *Op. cit.*, pp. 326-327.

(9) *Op. cit.*, p. 332.

(10) *Op. cit.*, p. 44.

(11) Leopoldo Nunes, *A Ditadura Militar*, Lisboa, 1982, 1928, E. A. C., p. 16.

(12) J. Medeiros Ferreira, *Estudos de Estratégia e Relações Internacionais*, Lisboa, Imprensa Nacional, 1981, pp. 39-40.

(13) Eduardo-Lourenço, *O Fascismo Nunca Existiu*, Lisboa, 1975, p. 175.

ORIGEM DO TEXTO:

«Kemal Atatürk: Um Nacionalista Anti-Tradicional Visto de Portugal» in AA.VV., *Estudos de História de Portugal. Homenagem a A.H. de Oliveira Marques*, Lisboa, Ed. Estampa, 1983, pp. 515-522.

24.

Após o 25 de Abril

Eduardo Lourenço, no *Labirinto da Saudade*, dedica algumas das melhores páginas da sua reflexão à atitude dos portugueses perante a descolonização.

Nesse ensaio de psicanálise mítica do destino português, Eduardo Lourenço salienta

> Pelo império devimos outros, mas de tão singular maneira que na hora em que fomos amputados à força (mas nós vivemos a amputação como «voluntária«) dessa componente imperial da nossa imagem, tudo pareceu passar-se como se jamais tivéssemos tido essa famigerada existência «imperial» e em nada nos afetasse o regresso aos estreitos e morenos muros de pequena casa lusitana.

Eduardo Lourenço escrevia assim entre o verão de 1997 e a primavera de 1978, entre S. Pedro em Portugal e Vence na França. Hoje a «imagem» imperial não estará tão ausente do imaginário de alguns como parecia naquele momento. Mas então como detectou o mesmo filósofo: «Num dos momentos de maior transcendência da história nacional, os Portugueses estiveram ausentes de si mesmos...»([1])

Essa «ausência» durou pelo menos um ano e meio, exatamente o tempo necessário para se operar a alienação da soberania portuguesa nos territórios sob administração colonial com a conhecida singularidade aplicada a Macau, e a exceção constituída pelo caso de Timor.

A questão africana estava no centro dos problemas nacionais a serem resolvidas e estivera certamente na origem da sublevação das Forças Armadas. Como afirmou transparentemente o então general Costa Gomes:

> *O que tomou inevitável a revolta do 25 de Abril foi a necessidade de resolver o problema da guerra em África. As reivindicações dos oficiais do Quadro Permanente foram quase na totalidade satisfeitas... o problema colonial era, não só o mais importante, como aquele que os oficiais conheciam melhor, tendo certamente chegado à conclusão de que só poderia ser solucionado depois de derrubar o regime então existente*([2]).

A grande clivagem entre os oficiais do MFA e o General Spínola situou-se exatamente no rumo a dar à descolonização e esteve presente na elaboração e na apresentação do programa do movimento das Forças Armadas, tendo o general Spínola conseguido suprimir da versão original a referência ao direito das colónias à autodeterminação.

A visita a Lisboa do secretário-geral da ONU, Kurt Waldheim, de 2 a 4 de agosto de 1974, foi um marco importante nas pressões internacionais para que a descolonização portuguesa se fizesse o mais rapidamente possível, sem que isso viesse a significar um maior empenho das Nações Unidas nas conversações entre as partes.

Nos contactos que o secretário-geral da ONU manteve com os responsáveis portugueses foi explicada a posição das Nações Unidas quanto à questão dos territórios sob administração colonial, assim como a atitude da Organização de Unidade Africana (OUA) sobre o reconhecimento dos movimentos de independência como os representantes desses territórios([3]).

As conversações entre Kurt Waldheim e as autoridades portuguesas deram mesmo lugar a um comunicado conjunto Portugal-ONU em que se explicita o entendimento da ONU e da OUA sobre essa matéria assim como o comprometimento de Portugal a respeitar as pertinentes soluções da ONU e a reconhecer o direito à autodeterminação e à independência de todos os territórios ultramarinos sob a sua administração, posição já consagrada constitucionalmente com a publicação de Lei 7/74 de 26 de julho.

Aliás só a publicação dessa lei terá permitido a visita do Secretário-Geral da ONU naquela altura.

As relações entre Portugal e a ONU durante o processo de descolonização não foram depois tão intensas conforme deixara antever esse encontro. Notar-se-á até uma débil presença da ONU no processo de descolonização em causa.

A nomeação do professor Veiga Simão para chefe da Missão Portuguesa junto da ONU inscrevia-se no entanto no propósito de «criar responsabilidades aos Movimentos de Libertação não só perante as autoridades portuguesas como, também, perante entidades internacionais idôneas que, co-responsabilizando-se no processo serviriam de forças moderadoras aos setores extremistas»([4]).

Tal política teria sido «frontalmente contrariada pela Comissão Coordenadora do MFA e pelo general Costa Gomes, que consideravam aquela estratégia como abertura à interferência da ONU no processo de descolonização e, consequentemente, desprestigiante para o país. A única via, diziam, era a das negociações diretas com os Movimentos de Libertação»([5]).

O MFA irá ter, de qualquer maneira, um papel decisivo na definição dos interlocutores para as negociações de trégua, cessar-fogo, paz e transferência de soberania. Neste particular as condições militares nos teatros de guerra tiveram uma enorme influência e foram os responsáveis pelo MFA na Guiné, em Moçambique e em Angola que pressionaram Lisboa a legitimar as conversações locais por meio de negociações com os movimentos independentistas que tinham de fato expressão militar.

Insista-se neste ponto. Os militares portugueses privilegiaram como interlocutores necessários para o cessar-fogo os movimentos que tinham expressão armada nos territórios em guerra. Como esses movimentos não desligaram a questão do cessar-fogo da questão do acesso à independência, as transferências de soberania fizeram-se por meio daqueles movimentos. Não por eles aparecerem envolvidos em ideologias «esquerdistas» mas por terem adotado a via do combate militar para impor a autodeterminação.

A questão do cessar-fogo só dizia respeito aos territórios da Guiné, de Moçambique e de Angola. O que acontecerá nas outras colónias, nomeadamente em Timor já é de outra natureza e não entra neste ciclo inicial do cessar-fogo. As preferências posteriores em Angola e Timor no verão de 1975 não são da mesma natureza interpretativa do ciclo do cessar-fogo do último semestre do ano de 1974. O princípio de que a paz se negociava entre quem estava em guerra apareceu com toda a naturalidade aos oficiais que estavam na Guiné, em Moçambique e em Angola. Nas zonas de combate os militares tomaram a iniciativa de estabelecer conversações para se alcançar tréguas imediatas. Além disso pressionaram a fim de que as autoridades portuguesas evoluíssem para posições mais conformes com as realidades militares e mais consensuais em termos internacionais. O membro da Comissão Coordenadora da MFA, e Ministro dos Governos Provisórios, Melo Antunes, será a expressão política dessa confluência de critérios.

Só mais tarde se poderá detectar a preferência política por certos movimentos de independência sobretudo nos casos de Angola e Timor. Mas quer na Guiné quer em Moçambique foi a situação militar que ditou o comportamento dos oficiais do MFA, dos militares em geral, e também dos negociadores governamentais.

Guiné-Bissau

A descolonização da Guiné apresentava-se como a de mais difícil negociação política, já porque o PAIGC declarara unilateralmente a independência da Guiné-Bissau em 24 de setembro de 1973 em Madina de Boé e o fato fora reconhecido por 82 países membros da ONU, já porque o PAIGC pretendia ver também reconhecido o direito à independência para o arquipélago de Cabo Verde.

Essas condições são apresentadas logo na primeira reunião entre as delegações do governo português e do PAIGC em Londres, a 25 de maio de 1974.

A particularidade de o general Spínola ter sido Governador-Geral da Guiné não teria ajudado a rapidez das tomadas de decisão sobre essas matérias.

A apreciação de Mário Soares sobre o envolvimento de Spínola no processo de descolonização da Guiné não foi muito positiva na altura:

> Indiscutivelmente, a sua atuação não beneficiou em nada o processo. Pelo contrário: a sua intransigência, a sua incapacidade

de avaliar corretamente a situação, impedem-nos de assinar em Londres um acordo com o PAIGC em melhores condições do que aquele que nós tivemos finalmente de assinar três meses mais tarde, em Argel([6]).

As reuniões de 25 de maio e de 13 de junho entre o PAIGC e a delegação portuguesa, presidida por Mário Soares na sua qualidade de MNE, são inconclusivas. Só depois da tomada de decisão do MFA na Guiné, numa assembleia realizada em 10 de julho, se consegue cortar o nó górdio da questão, ou seja, passar da fase da discussão sobre a natureza da descolonização (se com consulta eleitoral, se com um maior ou menor período transitório) à fase da transferência do poder.

Nessa moção, aprovada pelo MFA da Guiné, numa reunião com delegações de base de todas as unidades militares, no qual participaram cerca de oitocentos militares, considera-se que a ideologia do PAIGC tem uma grande adesão popular e domina o panorama político da Guiné; que os grupos políticos surgidos naquele território após o 25 de Abril careciam de legitimidade e de representatividade «apenas tendo servido para envenenar o ambiente político da Guiné»; que o reconhecimento internacional do PAIGC é um fato «tão forte que o número de países que reconhecem a república da Guiné-Bissau é já superior ao daqueles que mantêm relações diplomáticas com Portugal»; que a Resolução n.º 03061 da Assembleia Geral da ONU de 9 de setembro de 1973 torna ilegal a presença de tropas portuguesas; que o PAIGC é o único agrupamento político cuja ideologia e programa «asseguram a conivência e a igualdade de direitos de todas as etnias da Guiné e o respeito pelos legítimos interesses dos europeus radicados», e assim por diante.

Como corolário de todos esses considerandos que revelam uma grande atenção quer a situação militar quer a situação internacional, essa reunião deliberou:

1. repudiar qualquer solução local e unilateral que não fosse aceita pelo governo central de Portugal;
2. exigir que o governo português reconhecesse imediatamente «e sem equívocos» a República da Guiné-Bissau e o direito à autodeterminação e independência dos povos de Cabo Verde;

3. exigir que fossem imediatamente reatadas as negociações com o PAIGC, «não para negociar o direito à independência, mas tão só os mecanismos conducentes à transferência dos poderes»([7]).

Em síntese, nessa reunião de cerca de oitocentos militares, em 10 de julho de 1974, reconhece-se a legitimidade exclusiva do PAIGC como representante do povo da Guiné e exige-se o recomeço das negociações entre as autoridades de Lisboa e aquele movimento de independência, conversações que haviam sido interrompidas por decisão do Presidente da república António Spínola.

Semanas mais tarde, nas matas do Cantanhez, uma delegação de militares portugueses, chefiada pelo governador da Guiné Carlos Fabião, e uma delegação do PAIGC, chefiada por José Araújo, concordam num cessar-fogo em todo o território da Guiné.

O acordo de Argel, assinado em 26 de agosto de 1974 e ratificado pelo presidente Spínola em 29 do mesmo mês, reconhecia dois dados de fato: a República da Guiné-Bissau e o cessar-fogo, já estabelecido no interior da Guiné.

Cabo Verde

O acordo assinado em 26 de agosto de 1974 entre o Governo Português e o PAIGC continha, além dos preceitos destinados à transferência de soberania da Guiné, o reconhecimento do direito do povo do arquipélago de Cabo Verde à autodeterminação e à independência. As negociações para esse efeito seriam, no entanto, separadas das conversações sobre a Guiné depois daquele acordo.

Dos nove artigos do Acordo entre o Governo Português e o PAIGC, dois são dedicados a Cabo Verde.

É essa sem dúvida uma das decisões mais discutíveis do processo de descolonização dado que a unidade pretendida pelo PAIGC entre a Guiné e Cabo Verde acabou por não se verificar. Mas não é menos verdade que a Assembleia Geral da ONU havia reconhecido na sua Resolução A/2918 (XXVII) de 14 de novembro de 1972 o dito PAIGC como «representante único e autêntico do povo da Guiné e Cabo Verde.

Enquanto a descolonização da Guiné era obviamente inevitável em 1974, já a independência concedida ao arquipélago de Cabo Verde foi um ato voluntário do poder em Portugal e tem, pois, uma interpretação mais vasta radicando nas causas da descolonização, que não se resumem às necessidades dos militares e à pressão das Forças Armadas para o efeito.

O processo de transferência de soberania de Portugal para a República de Cabo Verde teve as suas especificidades. Assim, não há qualquer acordo publicado, como os de Argel, Lusaca ou Alvor realizados para a Guiné-Bissau, Moçambique ou Angola respectivamente, embora tivesse havido um documento formalizado em 19 de dezembro de 1974 no qual se previa a eleição de uma assembleia constituinte em Cabo Verde que decidiria sobre o futuro político do território.

No plano jurídico existiu, sim, o Estatuto Orgânico de Cabo Verde para o período de transição que terminaria em 5 de julho de 1975 (Lei n.º 13/74 de 17 de dezembro).

Nesse Estatuto são definidos os órgãos políticos de transição: um alto comissário, nomeado pelo presidente da República, a quem competia representar a soberania portuguesa e era o comandante-chefe das Forças Armadas no arquipélago; um Governo de Transição, composto pelo Alto Comissário enquanto Primeiro Ministro e mais cinco ministros, três nomeados pelo PAIGC e dois pelo presidente da República Portuguesa. Esse governo teria em acumulação os poderes legislativo e executivo mas o seu fim principal era o de conduzir o território à independência por meio de eleição, por sufrágio direto e universal, prevista para 30 de junho de 1975, de uma Assembleia Constituinte, prevista para a mesma data, dotada de plenos poderes soberanos para decidir sobre o futuro de Cabo Verde e sobre o seu regime político. Logo a 5 de julho, essa Assembleia declara a independência da República de Cabo Verde. Não se caracteriza a nova república como Popular como o farão a Guiné, Moçambique e Angola.

Não deixa de ser significativo saber-se que as operações de preparação dessas eleições culminaram com um recenseamento robusto tendo-se registrado cerca de 120 mil cidadãos cabo-verdeanos. Apresentou-se apenas uma lista com os nomes de 56 candidatos a deputados sob a forte influência política e militar do PAIGC.

Logo depois das independências da Guiné e de Cabo Verde foi evidente que ambos os territórios queriam aparecer como Estados na sociedade internacional. Tanto assim que, quer Bissau, quer a Praia, têm a sua própria representação diplomática no exterior, a começar por

Lisboa. A unidade política dos dois territórios não estava na ordem do dia. Mas ambos haviam prestado serviços recíprocos para o acesso à independência um do outro: os militantes cabo-verdianos do PAIGC lutando política e militarmente na Guiné e ajudando a criar uma situação militar nesse território que levaria as autoridades colonialistas a encararem aí a própria derrota. Pelo seu lado, o PAIGC só aceita o cessar-fogo na Guiné se o princípio da independência também for estendido ao arquipélago de Cabo-Verde.

Prestados esses serviços mútuos, cada qual seguiria o seu caminho depois da independência.

A facilidade com que o Governo Português, nesse verão de 1974, irá aceitar o acesso à independência dos arquipélagos de Cabo Verde e São Tomé e Príncipe, onde não havia luta armada, dá a ideia que as autoridades de Lisboa pretendem resolver de uma vez por todas a questão dos territórios ultramarinos, vistos doravante como possíveis sorvedouros das finanças metropolitanas por meio dos chamados Planos de Fomento, e como passíveis de virem a constituir, no futuro, focos de tensões políticas ao retardador. Assim, ao mito do Portugal Uno e Indivisível do Minho a Timor, opõe-se a metodologia da descolonização uniforme. É a forma que a metrópole europeia encontra de se libertar de uma vez por todas da lógica ultramarina. É o centro que dispensa a periferia.

A descolonização assim concebida não se destina apenas a ceder nos territórios onde a situação militar é má. Ela estende a sua compreensão a todas as parcelas que possam pesar no futuro sobre a lógica da liberdade de ação de Lisboa. Daí a aceleração dos processos em Cabo Verde, S. Tomé e Timor.

S. Tomé e Príncipe

Se a luta armada na Guiné-Bissau teve consequências sobre o acesso à independência do arquipélago de Cabo Verde, onde o PAIGC não tivera expressão militar, a independência de Cabo Verde, por sua vez, vai constituir um paradigma para a transferência de soberania noutro arquipélago: o de S. Tomé e Príncipe.

Em S. Tomé e Príncipe a repressão colonial havia sido brutal no passado mesmo sem luta armada por parte dos emancipalistas. Quando em 1960 é fundado o Comité de Libertação de S. Tomé e Príncipe (CLSTP), ainda está bem viva na memória de todos o massacre de Batepá ocorrido em fevereiro de 1953 em que teriam sido mortos mais de mil são tomenses por se recusarem a trabalhar nas roças de cacau.

O ambiente local não é pois muito propício à defesa da manutenção da soberania portuguesa por parte da população de S. Tomé e Príncipe.

Pelo seu lado a ONU havia reconhecido desde 1962 o CLSTP como único e legítimo representante do povo do arquipélago. Quando surge o 25 de Abril os seus principais dirigentes estavam exilados na República do Gabão onde, em 1972, haviam alargado o conceito de Comité de Libertação para o de Movimento de Libertação.

No caso da descolonização de S. Tomé também tem particular relevância o papel da visita a Portugal do secretário-geral da ONU, Kurt Waldheim, em agosto de 1974 e das repetidas reuniões de militares em serviço no território. Assim numa reunião realizada em S. Tomé, a 12 de outubro de 1974, os oficiais dos três ramos das Forças Armadas declararam o MLSTP como único interlocutor para as negociações que se avizinham.

Essas negociações principiam no mês seguinte em Argel, tendo sido assinado um Protocolo de Acordo entre o Governo português e o MLSTP em 26 de novembro. Nesse acordo, o Governo português reconhecia o MLSTP como representante legítimo do povo daquele arquipélago. À semelhança dos casos anteriores, os órgãos políticos para o período de transição eram um alto-comissário e um Governo de Transição com competências legislativa e executiva.

Embora oficialmente se trate de um Protocolo de Acordo([8]), este diploma está mais aperfeiçoado nos seus termos e no articulado jurídico geral do que os anteriores acordos similares: são dezassete os seus artigos em que, para além dos órgãos políticos de transição, está prevista a constituição de um Banco Central em S. Tomé com o ativo e o passivo do Departamento de S. Tomé e Príncipe do Banco Nacional Ultramarino. A eleição da assembleia representativa do povo de S. Tomé e Príncipe é conformada «com os princípios da Declaração Universal dos Direitos do Homem». Nota-se nesse protocolo um apuramento das cláusulas da descolonização como resultado dos anteriores acordos celebrados por Portugal na matéria, nomeadamente o Acordo de Lusaca entre Portugal e a FRELIMO.

• A principal tarefa dos órgãos de transição era a de prepararem as condições para a eleição de uma Assembleia Constituinte. Mas nem em S. Tomé o processo de transição foi isento de peripécias. No interior do próprio governo não se entenderam os membros da Associação Cívica com os membros do MLSTP, e também entre o governo e o alto-comissário português (Pires Veloso) haverá uma prova de força, em março de 1975, sobre a dissolução do contingente militar indígena que o MLSTP pretendia ver constituído em milícia popular antes das eleições, tendo o alto-comissário conseguido impor o acordado na Argélia sobre essa matéria. Com um corpo eleitoral de cerca de 21 mil membros, procedeu-se à eleição da Assembleia Constituinte que, em 12 de julho de 1975, proclamava a independência da República de S. Tomé e Príncipe.

S. Tomé e Príncipe é um dos primeiros territórios independentes a encetar uma política de aproximação a Portugal por meio assinatura de vários acordos de cooperação em domínios muito diversos.

Moçambique

As pressões para Portugal clarificar a sua posição quanto à descolonização eram também muito fortes no plano internacional. As dúvidas sobre o comportamento do Estado português na matéria eram tantas que até os governos da Zâmbia e da Tanzânia procuram no verão de 1974 o separatista branco Jorge Jardim para avaliarem as possibilidades de independência mais claras para Moçambique de imediato.

Entre junho e julho de 1974, ou seja nos dois meses de maior indefinição sobre o rumo a dar à questão ultramarina, várias entidades procuram Jorge Jardim, encarando este como alguém que, à sua maneira, pretendia a transferência da soberania de Portugal para Moçambique.

Lisboa está pois, na mira de todos.

Há aqui um conjunto de circunstâncias que concorrem para que os poderes africanos se auscultem mutuamente perante o que julgam ainda ser a tentativa de protelamento da descolonização por parte do novo poder político instaurado em Portugal.

Ora, esse novo poder político em Portugal atravessava então, e precisamente por causa da natureza da descolonização, uma verdadeira crise que só terminaria com a queda do 1.º Governo Provisório presidido pelo professor Palma Carlos e a formação de um 2.º Governo Provisório chefiado por um militar, o coronel Vasco Gonçalves. Mais exatamente era o aparecimento do MFA como agente político determinante. Como já havia concluído Jorge Jardim «o centro de decisão mais válido residia no MFA e fiquei de lhes fazer chegar as nossas recomendações»([9]).

O centro principal de decisão era o MFA não só em Portugal como ainda em Moçambique e nos outros territórios ultramarinos.

Em Moçambique o papel dos militares não pára de crescer nesse período. Deste modo o MFA de Moçambique envia, a 22 de julho de 1974, uma mensagem para a Comissão Coordenadora do Movimento em Lisboa recomendando o reconhecimento imediato da FRELIMO como legítimo representante do povo moçambicano e do direito desse povo à independência.

Essa reunião realizou-se em Nampula tendo as comissões regionais do MFA de Cabo Delgado e de Tete anunciado aí que davam um prazo até o fim do mês de julho para se encontrar um acordo global de cessar-fogo com a FRELIMO; caso contrário as tropas estacionadas nos referidos distritos imporiam um cessar-fogo unilateral. Mais, o pessoal dos helicópteros negava-se a fazer os reabastecimentos das tropas terrestres depois daquele prazo([10]).

Em Moçambique, como aliás na Guiné, a seleção do interlocutor para as negociações sobre a transferência de soberania foi claramente ditada pela existência de um movimento que lutara militarmente contra a presença do colonialismo português. A FRELIMO foi esse movimento para Moçambique. Esse entendimento entre as Forças Armadas portuguesas e a FRELIMO deitará por terra a procura de outras vias como as procuradas por Jorge Jardim e por Joana Simião.

O percurso desde o 25 de Abril até ao Acordo de Lusaca de 7 de setembro foi muito acidentado no interior de Moçambique, com o aparecimento de vários movimentos que tentavam tirar à FRELIMO pelo menos o exclusivismo de representatividade política no território. Apareceu assim o Grupo Unido de Moçambique (GUMO) que viria a dissolver-se em fins de junho de 74 em razão de sua conhecida proximidade ao governo colonial anterior. Mas também surgem outros agrupamentos que proclamam propósitos semelhantes como o Movimento Federalista de Moçambique ou a Frente Independente de Convergência Ocidental (FICO). Ou os que querem concorrer no terreno próprio à FRELIMO como o Movimento de Libertação de Moçambique (MOLIMO).

Com efeito, logo nos princípios de junho, começam em Lusaca encontros exploratórios nos quais participam o ministro português dos Negócios Estrangeiros Mário Soares e Samora Machel, presidente da FRELIMO, embora sem resultados conclusivos. Reabrem as hostilidades na Zambézia e seguem-se as peripécias relatadas por António Spínola no seu livro *País sem Rumo*.

Finalmente o MFA, dentro do princípio de que a paz se faz entre quem está em guerra, decide pelo lado português que as negociações devem fazer-se e dar resultados rápidos.

O Acordo entre Estado Português e a FRELIMO, celebrado em Lusaca em 7 de setembro de 1974, é muito claro nos seus objetivos. Trata-se de um «acordo conducente à independência de Moçambique», embora o seu ponto n.º 1 proponha a «transferência progressiva dos poderes» que o Estado detinha. Já o ponto n.º 2 decide que «A independência completa de Moçambique será solenemente proclamada em 25 de junho de 1975, dia do aniversário da Fundação FRELIMO»([11]).

O Acordo de Lusaca estabelece os órgãos de governo transitório e oficializa o cessar-fogo já assegurado na prática entre as partes militares.

Os órgãos do governo transitório foram constituídos por um Alto-Comissário, de nomeação do presidente da República Portuguesa, por um Governo de Transição nomeado por acordo entre a Frente de Libertação de Moçambique e o Estado Português, e por uma Comissão Militar Mista nomeada também por acordo entre o Estado Português e a Frente de Libertação de Moçambique (art.º 3).

Do ponto de vista financeiro têm particular importância os artigos 14 e 16 que tratavam da responsabilização por parte da FRELIMO dos compromissos «assumidos pelo Estado Português em nome de Moçambique desde que tenham sido assumidos no efetivo interesse deste território», e de constituição em Moçambique de um Banco Central que teriam funções de banco emissor sendo para o efeito necessário transferir para aquele Banco, «as atribuições, o ativo e o passivo do Departamento de Moçambique do Banco Nacional Ultramarino», respectivamente.

Enquanto em 7 de setembro de 1974 se celebra em Lusaca o Acordo entre o Estado Português e a Frente de Libertação de Moçambique para a transferência de soberania, em Lourenço Marques assiste-se à insurreição de forças contrárias ao processo de descolonização, prontamente dominadas pelos oficiais do MFA. Este episódio irá marcar as relações futuras entre militares e entre o MFA e a FRELIMO.

Daí por diante fica entendido que o processo de descolonização em Moçambique irá levar a um grande êxodo de portugueses radicados naquele território apesar do artigo 15? do Acordo de Lusaca.

O general Spínola, insuspeito de qualquer simpatia pelo Acordo de Lusaca não deixou de reconhecer que «apesar de tudo, muito dependeria da forma como o Acordo fosse posto em execução, não só no campo imediato correspondente ao período do Governo de Transição, como depois da independência.»

Ora, o Acordo de Lusaca aparece assinado pelo lado da FRELIMO apenas por Samora Machel, enquanto pelo lado português figuram oito nomes representativos do Governo Provisório, do MFA e do Conselho de Estado, pondo-se assim a FRELIMO a coberto de qualquer mudança de responsáveis em Lisboa que invalidasse o Acordo.

Mas até à independência, em 25 de setembro de 1975, Samora Machel manteve-se fora do território de Moçambique «permanecendo afastado dos compromissos estabelecidos durante o período de transição»([12]).

Permanecer afastado dos compromissos estabelecidos durante o período de transição não era de molde a criar um clima de confiança entre os portugueses estabelecidos e residentes em Moçambique: um fator a mais no desencadeamento do amplo fenómeno dos «retornados» que marcará a descolonização de Moçambique e de Angola assim como a caracterização social de Portugal após a independência das colónias. O que se analisará mais adiante.

Além do fenómeno do regresso a Portugal de milhares de residentes em Moçambique (o Censo Geral da População de 1981 cifrou-os em 164.065), a descolonização desse território traria grandes consequências financeiras derivadas dos compromissos anteriores do Estado Português referentes à constituição da barragem de Cabora-Bassa.

Com efeito, os credores do Consórcio, criado por decreto-lei n.º 49225 de 4 de setembro de 1969, exigiram que a dívida da hidroelétrica de Cabora-Bassa fosse assumida sob a forma de dívida direta pelo Estado português, o que teve como consequência o aumento muito significativo da dívida direta do Estado.

Angola

O processo de descolonização de Angola foi o mais complexo e aquele que mais consequências internas e internacionais teve.

Foi o mais complexo, porque do ponto de vista militar a situação não era alarmante embora se mantivessem cerca de 65 mil homens em armas do lado português. Por outro lado, o entendimento entre os movimentos de independência não se apresentava pelas realidades étnicas e pelas rivalidades políticas em que se baseavam: FNLA, UNITA e MPLA eram movimentos armados rivais. No território angolano o elemento branco era significativo e tinha expectativas de poder desempenhar um papel político relevante. Finalmente, a divisão entre os movimentos de libertação veio dar azo a uma internacionalização dos conflitos internos que muito perturbou o acesso à independência de Angola e o período subsequente, aumentando a rivalidade entre a URSS e os Estados Unidos na África negra.

O processo de descolonização de Angola foi também aquele que maiores preocupações provocou em Portugal. Angola estivera sempre no centro das políticas ultramarinas de Lisboa, e era, em última instância o que motivara a construção da doutrina do Espaço Económico Português em 1961.

Ora, mais do que a situação militar no território angolano em 1974, o que funcionava mesmo mal, em relação à de articulação entre Portugal e Angola, era o desequilíbrio comercial agravado pelo desequilíbrio da balança de pagamentos portuguesa. O problema dos «atrasados» apenas veio dar uma expressão financeira a essa negativa relação.

Logo em outubro de 1963 Angola foi obrigada a recorrer ao crédito automático do Fundo Monetário da Zona Escudo, e em novembro desse mesmo ano esgotara já os limites máximos do crédito a que tinha direito, tendo a partir de então começado a acumulação de «atrasados», ou seja, de pagamentos devidos à metrópole e não liquidados.

A partir de 1964, os atrasados cresceram irreversivelmente.

> A credibilidade do sistema foi seriamente posta em causa quando o volume de atrasados se tomou insustentável, na ordem dos 9 milhões de contos, em 1971([13]).

Essa crescente dificuldade nos pagamentos de Angola à metrópole levou os industriais portugueses a investirem diretamente na produção em Angola, contribuindo assim para uma drenagem de capitais de Portugal para Angola, ao arrepio da industrialização da metrópole.

Acresce que, como esse desequilíbrio na balança de pagamentos se devera à falta de proteção aduaneira no território angolano, as autoridades «provinciais» vão conseguir introduzir em fins de 1971 certas medidas restritivas às importações de bens e serviços metropolitanos (decreto 478/71 de 8 de novembro). O decreto considerava que toda a solução realista do problema seria em bases restritivas.

A grande novidade destas medidas residia na «generalização do registro prévio para as importações de mercadorias que passa a ser extensivo às compras na Metrópole»([14]).

Estas medidas restritivas são agravadas por um despacho do Governo Geral de Angola de 17 de janeiro de 1972 que insere disposições sobre a concessão de licenças de importação de bens de equipamento, limitando-o nos casos em que a respectiva aquisição não beneficie de financiamentos externos ou de condições de pagamento diferido, assegurado pelo fornecedor.

Deste protecionismo angolano

> resultou uma aceleração da tendência centrífuga perante a Metrópole: não sendo a principal fornecedora de bens de equipamento, matérias-primas e produtos intermediários necessários à industrialização de Angola, a política de licenciamento na importação veio, por um lado, reforçar o papel do estrangeiro nas importações angolanas, e, por outro, dar novo âmbito à produção doméstica essencialmente dirigida à sua procura interna([15]).

O que precipitou a descolonização de Angola foi assim mais da ordem das razões económicas do que motivações militares.

É certo que a situação militar no teatro de operações de Angola não era tão grave como o que se vivia em Moçambique e na Guiné. Mas, mesmo assim, o volume dos efetivos militares em Angola não decrescia. Pelo contrário, exigia cada vez mais tropas mobilizadas.

Se antes dos acontecimentos de março de 1961 o efetivo em Angola era de apenas 1.500 soldados metropolitanos, já no fim desse ano estacionam 28.477 homens. Esse número não deixará de subir, com a única exceção do ano de 1972. Assim, o efetivo total das tropas era, em 1973, de 65 592 homens, sendo 27 819 de recrutamento local e 37 773 mobilizados de Portugal.([16])

Mas se a guerra não colocava qualquer questão urgente como em Moçambique ou na Guiné, o simples fato de haver no território mais de 60 mil homens em armas atribuía ao elemento militar uma posição determinante para o futuro daquele território. E na medida em que eram os oficiais da metrópole que controlavam o dispositivo militar, principalmente naquele território, era necessário contar com ele no período em que a descolonização se ia decidir.

Foi o caso de Angola onde, numa reunião realizada em Luanda em 18 de setembro de 1974, cerca de quinhentos oficiais se pronunciaram no intuito de a descolonização ser protagonizada por aqueles movimentos que haviam adquirido uma «legitimidade revolucionária» pelo fato de terem lutado contra o regime colonialista:

> Foi na noite de 18 de setembro que se reuniram no salão nobre do Palácio do Governo cerca de 500 oficiais dos três ramos das forças armadas que vieram a aprovar uma moção por 427 votos a favor, 7 contra e 48 abstenções. Considerava o seu texto, no essencial... a necessidade de respeitar o já proclamado princípio do direito à autodeterminação e independência dos povos colonizados([17]).

Esta reunião de militares em Luanda efetuou-se no preciso momento em que em Lisboa o general Spínola pretendia chamar a si o caso especial de Angola.

Exatamente três dias antes efetuara-se na Ilha do Sal um encontro entre o presidente português e o presidente Zairense, Mobutu. Nesse encontro de 15 de setembro teriam sido tratados temas como os de Cabinda, possíveis contactos com Holden Roberto para efeitos de cessar-fogo no norte de Angola, e o comportamento dos ex-gerdarmes catangueses refugiados naquela província.

A entrevista entre Spínola e Mobutu, realizada na ilha do Sal em cabo Verde em 14 de Setembro de 1974, foi interpretada na África como um convite para que a FNLA avançasse sobre Angola, onde entretanto uma sua coluna militar havia sido feita prisioneira na região de Toto pelo exército português. E a declaração feita por Spínola, em

22 de setembro, de que assumiria pessoalmente a responsabilidade da descolonização de Angola terá sido acolhida pelo elemento branco aí residente, pela FNLA e pela UNITA([18]).

O último ato político ligado à descolonização do general Spínola como presidente da República foi exatamente a realização de uma reunião com vários elementos da Província de Angola, realizada no Ministério de Coordenação Interterritorial em 25 de setembro a que também assistiu o ministro Almeida Santos.

Mais do que todo o resto foi a descolonização que dividiu Spínola e o MFA. Essa divisão iniciara-se com a supressão já referida na alínea c do ponto 8 do Programa do MFA, na noite de 25 para 26 de abril, e irá aprofundar-se na reunião da Manutenção Militar em 13 de junho para culminar na demissão do primeiro presidente da Junta de Salvação Nacional em 30 de setembro. Spínola não se entendia com ninguém quer sobre a Guiné, quer sobre Moçambique, quer sobre Angola. Nem interna nem externamente, a sua política encontrava apoios que a viabilizassem.

Os acontecimentos do 28 de setembro de 1974, se desencadeados por razões atinentes à evolução política interna portuguesa, acabaram por ter incidência sobretudo na questão da descolonização de Angola.

O impacto destes acontecimentos em Angola não foi porém abrupto. A FNLA continuou a sua penetração no interior do norte de Angola depois do 28 de setembro e, após conversações com dirigentes do MFA em Kinshasa, aceitou um cessar-fogo com o exército português que entrou em vigor em 15 de outubro.

Não era porém o primeiro movimento guerrilheiro a fazê-lo. Já em 14 de junho de 1974 a UNITA, pelo próprio Jonas Savimbi, havia aceito formalmente a suspensão das hostilidades num encontro com representantes das Forças Armadas portuguesas (tenente-coronel Passos Ramos, Major Pezarat Correia, capitão Moreira Dias) na Zona Militar Leste, numa região do rio Lungue-Bungo controlada por forças da UNITA([19]).

A partir daí a UNITA pôde desenvolver atividade política naquela parte do território angolano.

Por sua vez, o MPLA, por meio de Agostinho Neto, assinou um cessar-fogo, em 21 de outubro, com uma delegação portuguesa presidida pelo comodoro Leonel Cardoso, e composta pelo major Emílio da Silva, brigadeiro Ferreira de Macedo e major Pezarat Correia. Foi na Chana do Lunhamege, no Leste, perto da fronteira com a Zâmbia.

A partir daí o MPLA vai encetar uma estratégia de implantação política do «poder popular», organizado em nível de bairro e de empresa e da ocupação de municípios. Depois vai estender as suas atividades aos centros urbanos nas áreas habitacionais dos Quimbundos e dos Bacongos.

Em Kinshasa, a 12 de outubro, autoridades portuguesas têm uma reunião com o presidente do Zaire, Mobutu, e com o presidente do FNLA, Holden Roberto, e chegam a um acordo sobre a cessação das hostilidades a partir do dia 15 de outubro.

Em 28 de outubro uma delegação presidida pelo almirante Rosa Coutinho encontra-se perto da cidade do Luso (atual Luena) com uma delegação da UNITA presidida por Jonas Savimbi. A UNITA passa a desenvolver a sua atividade em várias cidades incluindo Lobito e Benguela. Em novembro a UNITA marca presença em Luanda.

O principal, no entanto, passava por um entendimento entre os três movimentos de libertação, FNLA, MPLA e UNITA, pois esses movimentos apareciam como rivais.

A cimeira de Alvor no Algarve foi precedida de um encontro entre os três movimentos FNLA, MPLA e UNITA, realizado em Mombaça entre 3 e 5 de janeiro de 1975. Concordam em negociar com Portugal na base de uma plataforma da qual constatavam, como pontos fundamentais, a exclusão de qualquer outra organização angolana na fase de conversações e transferência de soberania, a necessidade de um período de transição, o princípio da manutenção da integridade territorial de Angola, nela incluindo explicitamente o enclave de Cabinda em que forças da FLEC pretendiam a separação de Luanda, e ainda critérios bastante abrangentes para uma futura lei de nacionalidade de cidadãos angolanos.

Só então a UNITA foi reconhecida pela Organização de Unidade Africana como movimento de libertação de Angola. Para isso contribuíra decisivamente a ação portuguesa, conduzida pelos responsáveis governamentais, militares e do MFA de Angola, ao reconhecerem à UNITA o mesmo estatuto e legitimidade dos outros dois movimentos, como aliás lhe era devido em face da situação militar objetiva que vigorava em 25 de Abril de 1974([20]).

O acordo de Alvor entre o Estado Português e os três movimentos nacionalistas angolanos, assinado em 15 de janeiro de 1975, teve por base a plataforma de compromisso alcançada dez dias antes em Mombaça pelos representantes de Angola.

O acordo de Alvor apenas teve um começo de execução: Portugal nomeou o general da Força Aérea Silva Cardoso para alto-comissário em Angola e a 31 de janeiro tomou posse o Governo de Transição. Depois só houve dificuldades no seu cumprimento.

Discutem-se muito as causas do fracasso do acordo de Alvor e quase se sepultou a primeira e mais viva das evidências: o desentendimento entre os três movimentos de libertação co-signatários do dito Acordo.

Chegou-se a considerar que a própria radicalização politica e social em Portugal entre o 11 de março de 1975 e o 25 de novembro desse ano se de via a uma estratégia que visava promover a independência de Angola por meio do MPLA como forma de expandir a influência soviética na África.

Estava-se em pleno período de conflito Leste/Oeste em que os principais protagonistas eram os EUA e a URSS, mas nem tudo o que é verosímil é verdadeiro.

A competição no nível político, de janeiro a maio, ainda pôde ser considerada uma campanha eleitoral num sentido muito amplo. Cada movimento tentava mobilizar a seu favor a maior parte da população, inclusive a população branca, tendo vista as eleições para a futura assembleia constituinte, mas também tendo em conta outros possíveis cenários, como os do confronto violento.

Por outro lado e contrariamente ao estipulado no acordo de Alvor, somente parcelas muito pequenas das Forças Armadas dos três movimentos foram transferidas para as Forças Armadas Integradas que não conseguiram fazer muito mais do que organizar patrulhas mistas, sobretudo na cidade de Luanda.

Cada movimento manteve as suas Forças separadas. Calcula-se que a FNLA tivesse, por altura do acordo de Alvor, cerca de 25 mil soldados; o MPLA perto de 6 mil assim como a UNITA([21]).

A internacionalização do conflito angolano em meados de 1975 teve uma característica curiosa que foi a vontade manifesta das partes em afastar Portugal da condução do processo político no período de transição para a independência.

Assim, entre 16 de 21 de junho de 1975, vão reunir-se em Nakuru, no Quénia, os presidentes dos três movimentos signatários do Acordo de Alvor na ausência de qualquer representante português o que contrariava o espírito do artigo 58° do acordo de Alvor, segundo o qual «Quaisquer questões que surjam na interpretação e na aplicação do presente acordo e que não possam ser solucionadas nos termos do artigo 27 serão resolvidas por via negociada entre o Governo Português e os movimentos de libertação».

Ora, as conclusões da cimeira de Nakuru omitem qualquer referência ao papel de Portugal no período de transição e incluem mesmo disposições que contrariavam o acordo de Alvor como a medida preconizada de se constituir um Exército Nacional angolano dada a «ineficácia até aqui verificada nas Forças Militares Mistas».

As conclusões da cimeira de Nakuru são porém mais interessantes de um ponto de vista histórico por reconhecerem já então «a introdução pelos Movimentos de Libertação de grandes quantidades de armamento».

Quem primeiro recebeu ajuda externa em Angola capaz de destroçar o laborioso acordo de Alvor tem sido uma discussão próxima do debate sobre quem nasceu antes se a galinha ou o ovo([22]).

Fontes norte-americanas variadas indicam que a FNLA recebeu 300 mil dólares da CIA, no início do ano de 1975, via Zaire([23]), e depois teria usufruído de ajudas em armamento, homens e outros recursos logísticos.

As mesmas fontes indicam que a partir de abril de 1975 o MPLA começou a receber armamento pesado da Rússia e de outros países da Europa de Leste que eram transportados em barcos iugoslavos até Brazavilie e depois encaminhados para Angola. Desde o momento em que o MPLA passou a dominar a cidade e o porto de Luanda, esse armamento passou também a entrar por aí.

John Stockwell que foi um dos responsáveis pela ação da CIA em Angola, nessa altura, revelou mais tarde uma cronologia dos diferentes apoios externos aos movimentos angolanos:([24])

- em maio de 1974, a China envia um carregamento de 450 toneladas de armas para a FNLA e 112 conselheiros militares;
- em julho de 1974, a CIA inicia o financiamento do FNLA de Holden Roberto;
- em fins de 1874, os soviéticos começaram a enviar armas para o MPLA, e vão intensificar essas remessas de armamento a partir de março de 1975;
- em julho de 1975, os EUA enviam armas para Angola e uma ajuda de 14 milhões de dólares é aprovada para apoiar a FNLA e a UNITA;

Em 9 de julho de 1975, o MPLA lançou a «segunda batalha de Luanda»([25]). Por meio de uma ação combinada das suas forças regulares, as FAPLA (Forças Armadas populares de Libertação de Angola), e da milícia da capital angolana. O conflito angolano entra, então, numa fase de internacionalização cada vez mais acentuada: a FNLA e a UNITA recebem ajudas dos EUA, Zaire e África do Sul; do MPLA dos soviéticos, países da Europa de Leste, Cuba e Congo-Brazza.

Em 22 de agosto de 1975 tendo em conta a evolução da situação em Angola para um autêntico estado de guerra, o V Governo Provisório, o último presidido pelo general Vasco Gonçalves, declara suspensa a vigência do acordo de Alvor no respeitante aos órgãos de Governo de Angola (decreto-lei n.º 458-a/75).

Portugal não conseguira impedir a internacionalização do conflito angolano. No mês de outubro essa internacionalização do conflito em Angola deixa de ser caracterizada apenas pela ajuda efetiva de tropas estrangeiras em território angolano: uma coluna, constituída majoritamente por tropas regulares sul-africanas, entrou em Angola proveniente do então sudoeste africano em meados desse mês.

> Altamente móvel, dispondo de uma logística sólida, e equipada num nível técnico superior ao que os três movimentos haviam alcançado naquela altura, esta coluna varreu literalmente o MPLA do seu caminho. No início de novembro, chegou à cidade de Lobito, permitindo assim que a UNITA e os seus aliados reocupassem todo o território a oeste e a sul do Huambo que haviam anteriormente perdido.
>
> Ao mesmo tempo a FNLA lançou uma nova ofensiva ao norte, e conseguiu chegar até à periferia de Luanda...([26])

Em data não determinada, mas possivelmente a partir de outubro de 1975, começou a chegar pessoal cubano e mais material de guerra soviético para apoiar o MPLA.

Cerca de 15 mil homens passaram a constituir o exército regular afeto ao MPLA, dotado de carros de combate soviéticos T-34 e T-54, de peças de artilharia e de mísseis, e ainda de aviões Mig-21.

As autoridades dos Estados Unidos estavam divididas quanto ao tipo de apoio a fornecer aos movimentos tidos como mais pró-ocidentais como o FNLA e a UNITA: sobretudo o Congresso manifestava-se reticente em continuar a apoiar as operações secretas da CIA, enquanto

•Kissinger havia adotado a postura de ver os acontecimentos de Angola do prisma do conflito Leste/Oeste já um pouco tarde e perante opiniões contraditórias dos seus conselheiros([27]).

A atitude das autoridades portuguesas, pelo seu lado, acabou por favorecer objetivamente a estratégia do MPLA, embora o fato de este movimento se ter conseguido impor em Luanda tenha sido determinante para aquela posição. O próprio fato de Luanda ser a capital política e administrativa e de possuir um porto e um aeroporto internacionais ajudou a essa convergência final.

Mesmo o fenómeno de retorno da população branca por uma ponte aérea cujo terminal era Luanda favoreceu essa coexistência com o poder do MPLA na capital, e até levou a ameaças em relação aos outros movimentos. Assim a FNLA terá sido avisada que as autoridades militares portuguesas reagiriam com todos os meios à sua disposição caso alguma Força desse movimento pretendesse ocupar Luanda antes do dia da independência, data limite para o funcionamento da ponte aérea sob responsabilidade portuguesa.

E, com efeito, tanto o alto-comissário almirante Leonel Cardoso como o restante pessoal português deixaram Luanda no dia 11 de novembro de 1975, transferindo a soberania para o Estado de Angola e não tendo reconhecido qualquer governo pois na altura declararam-se dois: um, sediado em Luanda, tomou o nome de Governo da República Popular de Angola e era uma emanação do MPLA; outro, sediado no Huambo (Nova Lisboa), apoiado pela FNLA e pela UNITA, proclamou a República Democrática de Angola, de efémera duração.

O governo português resolveu não reconhecer nenhum dos governos, o que era aliás a posição da OUA naquela emergência, e assim se manteve até 22 de fevereiro de 1976, quando o VI Governo Provisório, muito pressionado pelo presidente da República Costa Gomes e pelo ministro dos Negócios Estrangeiros Melo Antunes, resolveu reconhecer o governo do MPLA em Luanda. Como se escrevia num documento doutrinal a esse propósito:

> O reconhecimento da República Popular de Angola é a única forma de garantir os direitos e expectativas dos refugiados e de assegurar as negociações relativas ao contencioso existente entre os dois Estados, derivado da situação colonial, decorram de maneira mais favorável aos interesses nacionais([28]).

Além disso o MPLA havia dado provas de pretender e de defender a integridade territorial de Angola (como no caso de Cabinda e que coadjuvaram a resposta dos militares portugueses à FLEC em várias ocasiões).

Por muito tempo se julgou que a posição portuguesa, na ocasião, fora ditada por pretensas afinidades ideológicas, mas como se verá mais adiante, a propósito das consequências da descolonização, essa explicação não dá conta dos múltiplos aspectos em que o acesso à independência de Angola se processou.

Os casos da Úbndia, Timor e Macau

Foram atípicos, no processo geral da descolonização saída do movimento histórico do 25 de Abril, três casos diferentes de cessação de soberania portuguesa nos territórios da Índia, de Timor e de Macau.

O caso mais difícil de analisar é o de Timor por não ser claro o que se passou naquela ilha no verão de 1975 e por suscitar as maiores polémicas sobre as atitudes das autoridades portuguesas.

Por causa de Timor, o Estado português cortou relações diplomáticas com a Indonésia, em dezembro de 1975, no seguimento da invasão de Timor-Leste por tropas daquele país. Ficou assim incompleto o processo de descolonização daquele território.

Consequências internacionais

Lisboa, desde a década de 1960, mais do que capital de um império colonial, estava subjugada por este, gastando na defesa diplomática e militar da manutenção da soberania política o melhor do seu tempo, fazenda e energia.

Mas, se prestarmos atenção quer ao programa do MFA quer às teses federalistas do general Spínola, mesmo depois do 25 de Abril, muitas e diversas forças nacionais apostaram na continuação de uma política integrada entre Lisboa, Bissau, Praia, Maputo e Luanda. O que diferia, e era o essencial, era o peso relativo atribuído às capitais referidas: Spínola tentando libertar Lisboa do beco em que a haviam introduzido Salazar e Caetano e querendo dar-lhe papel determinante na condução da nova comunidade federativa; Melo Antunes desejando a emergência de um eixo tropical não-alinhado constituído pela dupla Luanda-Maputo em que Lisboa se deveria apoiar. Vasco Gonçalves aceitando teses pró-soviéticas de uma descolonização da qual resultaria o enquadramento de Lisboa numa teia tecida de Moscou a Havana passando por Maputo e Luanda.

Embora sem se confundirem, essas diferentes posições tinham em comum uma visão pessimista sobre a integração mais acelerada de Portugal na CEE.

De uma forma geral, a descolonização portuguesa foi encarada com simpatia pela comunidade internacional sem que tivesse notado um movimento de positiva solidariedade para com este país em transe tão revolucionário. O auxílio prestado na ponte aérea entre Angola e Portugal se beneficiou as pessoas que queriam partir também ajudou a desertificar África do elemento branco, e poderia ter introduzido na metrópole elementos de perturbação social e política que, ao fim e ao cabo, não se produziram.

Pode-se concluir do testemunho do general Spínola um certo alheamento do então presidente Richard Nixon dos EUA diante dos problemas decorrentes, para Portugal, do processo de descolonização e a fraca importância que atribuía a Portugal na transição para a independência dos territórios africanos. Diferente parece ter sido a atitude de Moscovo que terá empregado esforços, também em Lisboa, no sentido de o acesso à independência das colónias portuguesas se fazer num sentido que lhe fosse mais favorável.

Com efeito, no seguimento do estabelecimento de algumas zonas de influência soviética na África, primeiro na Somália, depois na Etiópia e fundamentalmente na república do Congo-Brazzaville, Moscovo vai-se interessar mais empenhadamente na descolonização portuguesa. Essa penetração foi facilitada pelos apoios que a URSS havia dado aos movimentos de libertação durante a luta armada contra o colonialismo português, apoio tanto mais fácil quanto Moscovo não tinha sequer relações diplomáticas com Portugal nem havia efetuado investimento na zona, o que sempre dificultava a liberdade de manobra de outras potências diante de Lisboa.

Aliás um dos argumentos com que os responsáveis pela política colonialista portuguesa procuravam sensibilizar os governos dos países ocidentais aliados consistia em afirmar que caso Portugal saísse da África seriam os soviéticos que tomariam o seu lugar.

Assim, desde 1960 que a diplomacia britânica considerava «inevitável um aumento da influência comunista em certas áreas da África», mas não considerava que essa presença pudesse criar raízes na medida em que nas antigas potências coloniais se fomentassem laços comuns com os novos países independentes baseados na língua, na educação, na cultura, nas práticas administrativas e no comércio. Era o que recomendava tranquilamente o funcionário do Foreign Office que preparava, no verão de 1960, umas conversações quadripartidas sobre a África entre Portugal, Bélgica, França e Reino Unido, que aliás foram adiadas por desinteresse dos três últimos países. Era já o isolamento de fato para Portugal na questão africana.

Ora, após a descolonização de 1975, uma das primeiras questões que se colocaram aos novos responsáveis portugueses foi a de compreender qual a natureza de penetração russa em África.

Portugal aliás não era virgem na gestão de confrontos entre potências continentais na África Austral

Quando a Alemanha bismarquiana e sobretudo pós-bismarquiana revelou algum interesse pela penetração na África, logo houve quem, em Portugal, festejasse o aparecimento ultramarino da potência continental e se quisesse apoiar nela. Barros Gomes simboliza essa tendência. Porém a natureza da expansão alemã na África revelou-se adventícia e verificou-se precária. Seria assim a natureza da influência russa nas ex-colônias portuguesas como o previra desde 1960 a diplomacia britânica?

Houve quem afirmasse que o comportamento revolucionário do PCP em 1974-1975 se devera a esses apetites soviéticos pela África de expressão portuguesa, apresentando-se como fato a merecer reflexão a forma como, conseguida a independência de Angola em 11 de novembro de 1975, quando em Luanda se estabelecera um governo do MPLA – movimento cujas ligações com Moscovo eram conhecidas, – logo a 25 de novembro de 1975 o PCP se entrega em Lisboa às delícias da democracia parlamentar que antes repudiara com veemência e alguma brutalidade.

Esta tese foi veiculada sobretudo nos meios da produção teórica estratégica mais tradicional, nomeadamente entre os estrategos da ditadura salazarista e os estrategos oficiais dos países ocidentais: residia na importância geoestratégica em atribuir à África Austral a perspectiva de uma generalização do conflito Leste/Oeste. Para os portugueses essa importância era decisiva (controle da rota do Cabo, acesso a matérias-primas fundamentais...) pelo que os russos sempre dariam prioridade a uma operação de cerco à Europa Ocidental via África, enquanto os pensadores aliados mantinham as posições que haviam determinado a articulação de missões da Aliança Atlântica em certas áreas localizadas da Europa Central, do Mediterrâneo e do Atlântico Norte.

Foi necessário deixar correr algum tempo para se verificar que o interesse russo não ultrapassava facilmente o grau de aproveitamento de alguns «alvos de oportunidade» para empregar um conceito desses meios de pensamento estratégico, conceito que significa não ser aí que se exerce o esforço principal.

Não sendo do interesse português acentuar a emergência de uma grande potência hegemónica na região da África Austral, a política externa portuguesa orientou-se empiricamente para os seguintes objetivos naquela região depois da descolonização:

- acentuar a influência russa mas sem pretender eliminá-la, dado as circunstâncias não permitirem a Moscovo o estabelecimento de uma hegemonia duradoura;
- promover soluções que reduzissem as probabilidades de conflitos armados na área;
- manter a sua margem de manobra entre diversas entidades ou estados interessados direta ou indiretamente na região, de modo a não facilitar o aparecimento de uma potência regional hegemónica;
- facilitar acordos entre a RP de Moçambique e a República da África do Sul de forma a permitir a venda e a cobrança de energia elétrica fornecida pelo funcionamento da barragem de Cabora Bassa, cuja construção e manutenção onerava pesadamente o serviço de dívida externa do Estado Português;
- apoiar a integridade territorial dos novos Estados assim como o estabelecimento da língua portuguesa como língua oficial;
- promover uma política de cooperação com os PALOP em nível bilateral ou multilateral.

O princípio da década de 1980, com a vitória do presidente republicano Ronald Regan nos Estados Unidos, vai presenciar um aumento da violência armada na África Austral, que passará a ter uma leitura mais direta pelas grelhas de interpretação do conflito Leste/Oeste, sobretudo em Angola. Mas entre 1975 e 1980 a ação dos Estados Unidos não foi determinante na evolução da África Austral, embora o fato de haver tropas cubanas em Angola tivesse sempre constituído um fato que pesou nas relações entre Washington e Luanda a ponto de as não estabelecerem diplomaticamente.

Um dado extremamente importante foi o fato de todas as ex-colónias portuguesas se terem determinado a aderir à Convenção de Lomé II que regia a cooperação Norte/Sul entre a Comunidade Europeia e o conjunto de países da África, Caraíbas e Pacífico (ACP), a maior parte dos quais fora colónia de um dos Estados membros da CEE, criando assim um espaço económico entre a CEE e muitos países africanos, entre os quais todos os PALOP.

Aspetos políticos

O Estado português teve que definir uma política imediata em relação à África depois das transferências de soberania, tantos eram os problemas a resolver: retorno de nacionais, segurança dos portugueses que pretendiam continuar nos territórios agora independentes, interesses económicos e financeiros a defender para não onerar ainda mais o povo português com as sequelas da organização e da guerra, diversificação dos mercados tradicionais de abastecimento em café, açúcar, algodão, petróleo etc. Tratava-se, pois, de definir qual o lugar que as relações com África ocupariam na estrutura das relações internacionais de Portugal sem colónias.

A primeira preocupação foi a de estabelecer acordos de cooperação entre Portugal e as ex-colónias, geralmente negociados durante o processo de acesso à independência daqueles territórios.

Assim, a 22 de junho de 1975, é assinado em Lisboa um Acordo de Cooperação cientifica e técnica entre Portugal e a República da Guiné-Bissau. Em 5 de julho, é concluído, na cidade da Praia, um Acordo Geral de Cooperação e Amizade com a república de S. Tomé e Príncipe que acedia naquele mesmo dia à independência.

A República Popular de Moçambique, cuja independência fora proclamada em 25 de setembro, assina, a 2 de outubro, um Acordo de Cooperação com Portugal.

Em relação a Angola, o processo de normalização diplomática foi mais complexo e moroso. Assistiu-se primeiro às dificuldades portuguesas na definição de um critério para o reconhecimento do governo angolano logo depois da independência, reconhecimento esse que aconteceu em fevereiro de 1976, ou seja, três meses depois da passagem formal dos poderes em Luanda. Em maio daquele ano era a República Popular de Angola que rompia as relações diplomáticas, para só reatar em outubro, depois de um encontro entre os Ministros dos Negócios Estrangeiros dos dois países em Cabo Verde. Mesmo assim demoram os angolanos a enviar um embaixador-residente para Lisboa, enquanto o Governo Português apoia a entrada da República Popular de Angola nas Nações Unidas, o que ocorre durante a 31.ª Assembleia Geral daquela organização em 1976.

Só com o encontro entre o general Eanes e Agostinho Neto, em maio de 1978, ocorrido em Bissau, se enceta um período de maior colaboração entre os dois Estados, formalizada no Acordo Geral de Cooperação e Amizade datado daquele ano.

O Estado português teve ainda que criar rapidamente novos departamentos e instrumentos políticos e diplomáticos para essas novas relações.

Criou-se assim, em 4 de setembro de 1975, na orgânica do IV Governo Provisório, o Ministério da Cooperação que seria extinto em julho de 1976 com o advento do 1.º Governo Constitucional. No 1.º Governo Constitucional, o MNE dota-se de um Gabinete Coordenador para a Cooperação que vigorou até ao estabelecimento, em 1980, num governo da Aliança Democrática, de uma Direção-Geral para a Cooperação. Por outro lado, elaboram-se vários estatutos para o Instituto Português para a Cooperação, uma espécie de «holding» dos interesses económicos e financeiros portugueses na África.

Como já referido, Portugal passou a ser um país doador em relação à cooperação internacional, novidade absoluta para o Estado português.

A cooperação, depois da independência das colónias, foi, pois, uma novidade como vertente das ações externas do Estado português. Em termos internacionais está consagrado que a cooperação se destina a apoiar o desenvolvimento dos Estados, centrado no homem e na cultura de cada povo, tendo por objetivo promover e acelerar esse desenvolvimento nos domínios económico, cultural e social, aprofundando e diversificando as relações entre Estados beneficiados e doadores num espírito de solidariedade e interesse mútuo, segundo a Convenção de

Lomé que liga os países da Comunidade Europeia ao conjunto dos países menos desenvolvidos da África, Caraíbas e Pacífico (ACP).

Ponto importante é o que determina que o apoio do estado doador só será concedido a pedido do estado beneficiário que terá todo o direito de determinar as suas opções políticas, sociais, económicas e culturais.

Embora dedicando escassas verbas governamentais para o efeito, a cooperação entre Portugal e os PALOP caracterizou o novo tipo de relações entre as partes e permitiu manter o contato necessário de estado a estado durante o delicado período imediatamente posterior à descolonização. E nem sempre foram fáceis as relações políticas entre Portugal e os novos países de expressão portuguesa.

Desde logo as relações políticas foram mais estreitas com Cabo Verde e Guiné-Bissau, seguindo-se depois S. Tomé e Príncipe. Nenhuma dificuldade houve no início das relações diplomáticas e mesmo na cooperação militar foi rápido o entendimento com as Forças Armadas portuguesas, nomeadamente nos domínios da balizagem de costas, faróis, apetrechamento e dragagem de portos, treino de pessoal etc. A República da Guiné-Bissau pedirá o apoio português para a demarcação dos limites das suas águas territoriais num diferendo que a opôs à Guiné-Conakry.

E quando, em outubro de 1978, Portugal formalizou a sua candidatura a membro não permanente do Concelho de Segurança, esses países apoiaram a sua candidatura contra a de Malta.

Um ponto de encontro na política externa de Portugal e das ex-colónias foi a promoção e a maior visibilidade da língua portuguesa na cena internacional. De fato, enquanto não foram independentes aqueles territórios, eram dois os Estados que falavam português. Depois do acesso à independência dos territórios africanos, passaram a sete os Estados de língua oficial portuguesa presentes em três continentes: Europa, América do Sul e África. Estavam criadas as condições políticas para a promoção do português como língua internacional.

Conclusão

Embora o desencadeador do movimento do 25 de Abril se deva, em primeiro lugar, à necessidade de resolver a questão colonial, esta efetivamente só domina a cena política portuguesa até os primeiros meses de

1975. Se houver que utilizar um acontecimento histórico como marco, pode-se erigir a cimeira de Alvor em 15 de janeiro de 1975. A partir daí, – e contrariando muitas opiniões sobre a influência determinante do processo de transferência de soberania de Portugal para Angola no curso do poder político em Lisboa –, o centro das preocupações dos portugueses tornou-se mesmo o Portugal europeu. Para a opinião pública, nessa altura, o papel de Portugal na descolonização esgotava-se nos diplomas que formalizavam o tempo e o modo de transferência de soberania. De certa maneira, raramente a metrópole foi tão egocêntrica como durante o processo de descolonização.

A evolução do poder político em Portugal é determinada essencialmente pela descolonização entre o 25 de Abril de 1974 e 28 de setembro inclusive. Já os acontecimentos cristalizados por volta do 11 de março de 1975 têm um forte componente português e europeu.

Mas se essa interpretação é genericamente correta, e só ela permitiu que a esta altura se apresentasse a descolonização saída do 25 de Abril como uma «descolonização exemplar», isso não significa que as consequências da descolonização não tenham afetado a sociedade portuguesa durante muito mais tempo e de forma muito profunda, durável e variada.

As consequências imediatas foram de ordem militar, social e económica.

Em 1990 as relações públicas do Estado-Maior-General das Forças Armadas revelaram à agência noticiosa Lusa os seus números oficiais sobre as baixas sofridas durante «as campanhas de África», entre 1961 e 1975.

Segundo Manuel Carlos Freire, daquela agência, o número total de vítimas fatais durante a guerra na África foi de 8.831. O maior número de mortos pertenceu ao Exército (8.290) seguindo-se a Força Aérea (346) e a Marinha (195).

Relativamente ao número de feridos, as estimativas apontam para cerca de 30 mil, sendo o exército mais atingido, com mais de 25 mil feridos.

Dos totais anuais de vítimas fatais verifica-se que 1973 foi o ano em que as Forças Armadas tiveram maior número de mortos (Exército, 856; FAP, 27; Marinha, 40). A pressão sobre os militares que, entre 1961 e 1974, estiveram mobilizados na África terá sido de 117 mil efetivos.

Assim, calcula-se que o número total aproximado de militares que participaram nos três principais teatros de operações na África (Guiné,

Angola e Moçambique) terá sido de 1.368.900 (um milhão, trezentos e sessenta e oito mil e novecentos indivíduos).

Tendo sido a guerra colonial conduzida pelas Forças Armadas da Metrópole, os colonos radicados na África só tiveram duas soluções após a decisão de descolonizar. Ou se colocavam sob a proteção dos partidos africanos ou preferiam regressar à metrópole, vista esta como Mãe Pátria para dar a certas expressões consagradas o seu verdadeiro sentido.

O resultado de todas essas realidades e contingências foi o fenómeno social do retorno de cerca de meio milhar de residentes nos territórios africanos para Portugal, num concentrado período de tempo pouco superior a um ano. O fenómeno do retorno feriu tanto a sensibilidade contemporânea dos portugueses que o seu número se encontra quantificado por órgãos oficiais do Estado.

O Recenseamento de 1981, por perguntar a residência dos inquiridos em 31 de dezembro de 1973, apurou a existência, em Portugal, de 505.078 cidadãos que regressaram de África depois daquela data.

Que consequências teve esse retorno sobre a geografia humana do território metropolitano?

Segundo dados elaborados pelo Instituto Nacional de Estatística, no censo de 1981, o total de «retornados» terá sido de 505 078, sendo 309 058 provenientes de Angola e 164 065 de Moçambique, de fato as duas colónias de «povoamento». Dos valores obtidos pelo Recenseamento Geral da População de 1981 ressaltam os seguintes indicadores: quase dois terços dos retornados vieram de Angola e os retornados, nascidos em Portugal, eram originários maioritariamente das áreas urbano-industriais de Lisboa e do Porto (cerca de 23%) e das regiões deprimidas do norte e centro interiores do país (34%).

O impacto demográfico do fenómeno do retorno da África, entre 1974 e 1976, pode ser quantitativamente medido pelo Recenseamento Geral da população, ocorrido em março de 1981, quando todo, Portugal se estabilizava depois do período revolucionário.

A população total de Portugal ficou cifrada em 9 833 014 (nove milhões, oitocentos e trinta e três mil e catorze indivíduos), sendo 505 078 (quinhentos e cinco mil setenta e oito) considerados retornados.

Mas não foram só os expatriados que regressaram num lapso de tempo intenso e condensado. Também os dispositivos dos acordos de transferência de soberania não foram muito favoráveis a uma diluição no tempo do retorno das tropas.

Do ponto de vista económico quando se verificou a descolonização já a efémera quimera política do mercado comum português estava destruída e nenhum responsável em Lisboa, ou em qualquer outro lado, ousava retomar esse objetivo criado pela pressão doutrinária, presente no decreto-lei 44 016 de 8 de novembro de 1961, que instituía uma zona de comércio livre entre Portugal e o Ultramar.

As trocas comerciais entre Portugal e os territórios ultramarinos não ultrapassaram os 13% do total da balança comercial da metrópole em 1973, com esta já pesadamente envolvida no intercâmbio com os países europeus da EFTA e da CEE. E o problema financeiro que os «atrasados» das colónias representavam não era de molde a encorajar o aumento das exportações para a África portuguesa. Esses territórios vão aliás implementar medidas protecionistas nos inícios dos anos 70.

Essa redução das trocas comerciais entre Portugal e as suas colónias mais realçava a desproporção existente com o aumento constante das despesas militares devidas ao esforço de guerra na África.

Assim, e observando a evolução das despesas militares em relação ao total das despesas públicas, em percentagem, verificamos que, durante a década de 1960, elas passam de cerca de 25%, no início da década, para cerca de 40% no fim. Até 1974 essa percentagem não é nunca inferior a 35%, para, entre 1974 e 1980, decair abaixo dos 10% e se situar à volta dos 6,5% em 1985. Em relação ao PIB, a percentagem das despesas militares passa de 6,85, em 1974, para 2,44% em 1985([29]).

Do ponto de vista comercial, a principal consequência da descolonização foi a diminuição drástica das exportações dos territórios descolonizados para Portugal, que caíram para valores percentuais abaixo de 1%.

Quanto às exportações de Portugal para os PALOP, a evolução depois das independências, se bem que irregular, demonstra uma amplitude situada entre os 5% do total das exportações portuguesas em valor (1982) e o teto dos 10%.

Esse desequilíbrio na balança comercial entre Portugal e os PALOP, obrigou o Estado português a conceder linhas de crédito à exportação para as mercadorias com destino a esse grupo de países, durante o período em análise.

Portugal ocupa, na balança comercial com os PALOP, um lugar mais importante como fornecedor do que como comprador. A importância dos PALOP na balança comercial portuguesa é muito menor do que a de Portugal na balança comercial daqueles países.

Mas Portugal, como país exportador, sentiu menos os efeitos da descolonização. A balança comercial entre Portugal e os antigos países da zona escudo manteve-se excedentária desde 1976, sendo a taxa de cobertura favorável a Portugal.

Angola, por exemplo, continuou como o quarto cliente português após o Reino Unido, a RFA e a França até entrada de Portugal na Comunidade Europeia.

No que se refere às exportações, Portugal ocupava o segundo lugar entre os fornecedores de Moçambique no quadro dos países da OCDE e o quinto em geral, e contribuía com 5,8% do total das importações moçambicanas entre 1976 e 1980. No período quinquenal seguinte, 1980-1985, as exportações portuguesas representavam 7,6% das importações do Estado moçambicano, mantendo o segundo lugar como fornecedor depois da República Federal da Alemanha. Na década de 1980 o saldo da balança comercial acumulado em favor de Portugal nas suas transações com Moçambique foi superior a 31 milhões de contos.

De uma maneira geral, Portugal aparece como parceiro comercial muito importante para os PALOP em todo este período, sobretudo como fornecedor já que como cliente a sua posição desceu depois da descolonização. Alguém já chamou «ciclo comercial» a este período posterior às independências.

Os interesses económicos de Portugal nas colónias não se resumiam, no entanto, aos seus aspectos comerciais. A vertente investimento tinha um significado tal que, por altura da visita a Lisboa do secretário-geral da ONU, Kurt Waldhein, no verão de 1974, foram os investimentos privados portugueses, efetuados em Angola e em Moçambique, estimados em 190 milhões de contos e em 150 milhões de contos respectivamente, em documentos preparados para conversações entre as autoridades portuguesas e o secretário-geral da ONU.

Pode-se mesmo interpretar as nacionalizações, nomeadamente as dos Bancos, efetuadas em Portugal a partir de março de 1975, como uma medida capaz de facilitar um certo tipo de descolonização, e colocar do lado português, como interlocutor dos novos Estados, não uma multidão de interesses privados, mas o próprio Estado português.

As relações económicas entre Portugal e esse conjunto de países tornaram-se, assim, no período posterior à descolonização, eminentemente políticas, tanto mais que às nacionalizações efetuadas pelos governos em Lisboa se seguiram as nacionalizações operadas pelos governos na África. Por causa dessas nacionalizações, efetuadas tanto em Portugal como nos novos países africanos, as questões económicas situaram-se frequentemente no nível das relações políticas entre os Estados.

Bibliografia

AA.VV, *A descolonização portuguesa – aproximação a um estudo*. Lisboa: Instituto Democracia e Liberdade, 1979 e 1982, 2v.

_. *Os retornados – um estudo sociográfico*. Lisboa: Cadernos IED, 1984.

_. *Portugal – PALOP. As relações económicas e financeiras*. Coord. Adelino Torres. Lisboa: Escher, 1991.

CORREIA, P. P. Portugal na hora da descolonização. In: REIS A. (Dir.) *Portugal contemporâneo*. Lisboa: Alfa, 1992. v. 6, p. 117-70.

_. *Descolonização de Angola – a jóia da coroa do império português*. Lisboa: Editorial Inquérito, 1991.

FERREIRA, J. M. Portugal em transe. In: *História de Portugal*. Lisboa: Estampa, 1994. v. VIII,

FERREIRA, M. E. *Angola–Portugal – Do espaço económico português às relações pós-coloniais*. Lisboa: Escher, 1990.

GOMES, C. *Sobre Portugal – Diálogos com Alexandre Manuel*. Lisboa: A Regra do Jogo, 1979.

JARDIM, J. *Moçambique Terraqueimada*. Lisboa: Intervenção, 1976.

HEIMER, F. W. *O processo de descolonização em Angola. 1974-1976*. Lisboa: A Regra do Jogo, 1980.

LOURENÇO, E. *O labirinto da saudade. Psicanálise mítica do destino português*. Lisboa: D. Quixote, 1978.

MYAMOTO, S., GONÇALVES, W. S. *A política externa brasileira e o regime militar: 1964-1984*. São Paulo: Primeira Versão, Universidade de Campinas, 1991.

NETO, A. M. *Industrialização em Angola – Reflexão sobre a experiência de administração portuguesa – 1961-1975*. Lisboa: Escher, 1991.

PIRES, M. L. *Descolonização de Timor. Missão impossível?* Lisboa: D. Quixote, 1991.

SOARES, M. *Democratização e descolonização. Dez meses no Governo Provisório. Lisboa: D. Quixote, 1975.*

_. *Portugal, que revolução?* Lisboa: Perspectivas e Realidades, 1976. Spínola, A. País sem rumo. Lisboa: Scire, 1978.

Notas

(1) Lourenço, E., 1978, p. 47.

(2) Gomes, C. 1979, p. 17.

(3) No caso de Angola só mais tarde a OUA reconhecerá também a UNITA como movimento de independência.

(4) Spínola, A., 1978, p. 270.

(5) *Ibidem*, p.271.

(6) Soares, M., 1976. p. 36.

(7) Moção aprovada pelo MFA da Guiné. Reunião de 1.º de julho de 1974 (Documento datilografado de quatro páginas, consultado no Centro de Documentação sobre o 25 de Abril. Universidade de Coimbra).

(8) *Diário do Governo*,, n.º 293, 3.º supl., 1.ª série de 17.12.1974.

(9) Jardim, J., 1976, p. 278.

(10) Spínola, A., *op. cit.*, p. 437-438.

(11) *Diário do Governo*,, n.º 210, 2.º supl., 1.ª série de 9 de setembro de 1974.

(12) *Mozambique a Country Study*, Federal Research Division. 3. ed. Washington: Library of Congress, 1985. p. 58.

(13) Neto, A. M., 1991.

(14) Ferreira, M. E., 1990, p. 131.

(15) *Ibidem*, p.139.

(16) Estado-Maior do Exército, Resenha Histórico-Militar das Campanhas de África (19611974). Lisboa, v. 1, 1988, p. 260-261.

(17) Heimer, F. W., 1980, p. 93.

(18) *Ibidem*, 1980, p. 63.

(19) Correia, P. P., 1991, p. 98.

(20) *Ibidem*, p. 105-106.

(21) Heimer, F. W., *op. cit.*, p. 76.

(22) Kissinger, W. L *A biography*. London, Boston: Faber and Faber, 1992.

(23) Bell, C. *The diplomacy of detente. The Kissinger Era*. London: M. Robertson, 1877, p. 173.

(24) Ver Stockell, J. *A CIA contra Angola*. Lisboa: Ulmeiro, 1979.

(25) Heimer, F. W., *op. cit.*, p. 81.

(26) *Ibidem*, p. 84.

(27) Isaacson, *op. cit.*, p. 673-685.

(28) Memorando de 3 páginas, datilografado, arquivado no Centro de Documentação de 25 de Abril, Universidade de Coimbra.

(29) Cf. Ministério da Defesa Nacional, *Livro branco da defesa nacional*, MDN, 1986, p. 150-1.

ORIGEM DO TEXTO:

«Após o 25 de Abril», capítulo do livro História de Portugal, organizado por José Tengarrinha, S. Paulo, Editora EDUSC e UNESP, 2000, pp. 339-368.

25.

Timor

A manutenção da soberania portuguesa em Timor, durante a vigência do regime do Estado Novo merece uma investigação exaustiva que não está feita.

Conhece-se um pouco melhor, o período da Segunda Guerra Mundial durante o qual aquele território foi ocupado por diversas forças beligerantes, apesar do estatuto de neutralidade do Estado português.

Em 17 de Dezembro de 1941, Timor é ocupada militarmente por forças holandesas (indonésias) e australianas. O ministro do Japão em Lisboa queixar-se-ia do Exército português não ter dado «ao menos uns tiros simbólicos para resistir à invasão». Diplomaticamente será mais viva a reacção quando o Governo de Lisboa decide enviar um contingente militar, que se forma em Moçambique para substituir as tropas aliadas e garantir a neutralidade daquela parte da ilha. As necessárias diligências entre Lisboa e Londres dão aso a alguma demora, o que serve de pretexto à invasão nipónica de Timor em 19 de Fevereiro de 1942, estavam ainda os expedicionários portugueses longe do seu destino.

A 23 de Fevereiro o embaixador de Portugal em Londres, Armindo Monteiro, é chamado ao Foreign Office. O Secretário de Estado britânico Eden faz-lhe notar que a reacção do Governo português fora bastante menos dura em relação ao acto de força japonês do que aquando do desembarque aliado em Timor «para prevenir um ataque».

Como explicará depois George Kennan na sua qualidade de conselheiro da embaixada norte-americana em Lisboa em 1943:

> A ocupação britânica de Timor foi canhestra, tanto militar como diplomaticamente. Os portugueses reagiram com uma indignação estridente e dramática. A ocupação japonesa de Timor, embora se justificasse tecnicamente pelas leis da Guerra, foi selvagem, insolente e claramente destruidora na sua execução. Os portugueses reagiram com uma brandura quase apologética. Porquê?
>
> Na realidade, a razão reside na ansiedade relativamente ao destino de outra colónia portuguesa que se encontrava à mercê dos japoneses: Macau.

Deste modo, nem sequer as relações diplomáticas entre Portugal e o Japão foram afectadas, mantendo o ministro nipónico em Lisboa a plenitude do seu estatuto, sendo convidado para os actos oficiais em que a presença do corpo diplomático era requerida.

Foi através de negociações diplomáticas que as autoridades salazaristas tentaram manter as formas da soberania portuguesa, depois da rendição do Japão no fim da guerra.

Com efeito, o Governo português introduziu no Memorandum do Acordo com os Estados Unidos para a utilização de facilidades no aeroporto de Santa Maria nos Açores de Novembro de 1944, uma clausula sobre a possível participação directa ou indirecta de Portugal na rendição das tropas japonesas em Timor.

No entanto, essa rendição das forças japonesas faz-se a 22 de Setembro de 1945 na ausência de qualquer autoridade militar portuguesa. O corpo expedicionário só chegará a Díli entre 27 e 29 daquele mês a bordo do transporte de tropas *Angola* e dos avisos *Bartolomeu Dias* e *Gonçalves Zarco*. Quem assistiu à rendição japonesa feita perante uma missão australiana foi «o deportado Dr. Cal Brandão, que vinha como interprete de português» no dizer do Governador Ferreira de Carvalho.

Salazar, numa *Nota Oficial* publicada a 7 de Outubro de 1945, sente-se obrigado a ser cauteloso quanto aos acontecimentos ocorridos em Timor durante a Segunda Guerra Mundial: «Só a publicação, quando puder fazer-se, dos principais documentos relativos a esta questão poderá dar a exacta ideia das dificuldades de vária ordem suscitadas pela ocupação japonesa de Timor, pelos entraves ao exercício efectivo da soberania portuguesa e da autoridade do governador...»

Simplesmente a «extensão dos entraves ao exercício efectivo da soberania portuguesa» jamais foi conhecida durante o regime do Estado Novo dado que o relatório do governador de então Manuel de Abreu Ferreira de Carvalho, elaborado em 1947 foi mandado retirar de circulação, e só chegou à Biblioteca Nacional em meados de 1980... O próprio relatório merece uma leitura crítica, pois, como reconhece Maria da Graça Bretes, «Por vezes há a nítida sensação de que o governador se defende ao apresentar-se como um homem sozinho, isolado face a um funcionalismo indisciplinado que se divide em «dois grupos: pró-australiano e pró-nipónico». O governador, a 10 de Outubro, louvará o comportamento dos deportados anti-salazaristas Augusto dos Santos, Jaurés Viegas, Serafim Martins, Viegas Carrascalão e outros.

Seja como for, Timor esteve sempre ocupada por forças militares estrangeiras entre Dezembro de 1941 e fins de Setembro de 1945. E a própria rendição das forças nipónicas operada a 22 deste mês fez-se perante uma missão de oficiais australianos.

Recuperada a soberania portuguesa a 27 de Setembro, mercê do estipulado no Memorandum de Novembro de 1944 com os Norte-americanos sobre as facilidades em Santa Maria, esta irá manter-se até ao fim da ditadura.

De facto, Timor-Leste assistiu a todo o processo de descolonização da Indonésia sem estar no primeiro plano das atenções dos principais intervenientes: holandeses, ingleses, americanos, japoneses, malaios, australianos e neozelandeses.

Com efeito, entre esses actores se irá jogar o futuro daquele arquipélago o qual, após uma certa resistência holandesa, é reconhecido como um Estado federal pela antiga potência colonial a 27 de Dezembro de 1949 em Haya. No entanto todos os territórios do arquipélago foram-se declarando integrados na Indonésia e uma nova República da Indonésia é de novo proclamada em 17 de Agosto de 1950. Em 1957, é proclamada a Lei Marcial pelo então presidente Sukarno, que mantém os seus objectivos de anexar a Nova Guiné aos holandeses e a Malásia aos ingleses. Neste contexto, a questão Timor-leste não aparece como prioritária. O presidente Sukarno, que visitou Lisboa em Maio de 1960, afirma mesmo reconhecer a soberania portuguesa sobre aquela colónia.

No entanto, o início das hostilidades armadas em Angola no ano de 1961 irá introduzir um novo elemento na apreciação internacional da política ultramarina do Estado Novo.

Assim, em 12 de Julho de 1961 um relatório do Departamento de Estado norte-americano assinala que a posição da Indonésia em reconhecer a soberania portuguesa em Timor-Leste, reafirmada por Sukarno em Lisboa em 7 de Maio de 1960, poderia mudar por causa da atitude salazarista na questão angolana. Com efeito, a 3 de Julho de 1961 Jacarta mandou retirar o seu embaixador em Lisboa.

Em Setembro de 1961, o Governo de Salazar manifesta preocupação com acções militares dos indonésios junto à fronteira de Timor-Leste, tais como a construção de vias de comunicação, o armazenamento de combustíveis e a concentração de aviões e 7.000 soldados estariam concentrados nessa área e preparariam uma invasão do território de Timor em meados de Setembro. No breve comentário da embaixada americana em Lisboa, datado de 15 daquele mês, sublinha-se que todas essas informações provêem de Díli.

Um ano depois, a 14 de Setembro de 1962, um telegrama da embaixada americana em Lisboa não só volta a dar conta da preocupação das autoridades salazaristas com o que se pode passar em Timor, como assinala o criticismo dos responsáveis das forças armadas portuguesas perante a dispersão de recursos para aquela ilha, com a mobilização de cerca de 500 militares com destino a Díli, já que então consideravam aquele território indefensável.

Pode ler-se naquele telegrama enviado para o State Department (telegrama n.º A-131 de 14 de Setembro de 1962):

> Adverse Criticism Reported of Stationing of Large Number of Troops in Timor.
>
> The Embassy has been reliably informed that there is increasingly adverse criticism both in higher army circles and within the regime itself regarding the decision to station large trops contingents in Timor. According to reports, many army officers are saying that the recent despatch of more than 500 trops to Timor, which they consider indefensible, is ill advise at the time when such reinforcements and equipment are needed in Angola.

(A embaixada foi informada, por fontes dignas de crédito, que há um crescente criticismo quer ao mais alto nível do Exército quer nas esferas do próprio regime sobre a decisão de manter largos contingentes de tropas em Timor. De acordo com essas fontes muitos oficiais, que consideram Timor indefensável, a decisão de enviar para aí mais 500 homens é errada num momento em que são necessários reforços e material em Angola ...)

Também vários documentos diplomáticos britânicos assinalam as dúvidas e as esperanças das autoridades do Estado Novo sobre o futuro de Timor após o início da luta armada em Angola e de ocupação de Goa pelas forças da União Indiana.

Se Angola e Goa concorrem para aumentar os receios sobre o futuro estatuto de Timor (há mesmo referências a um diplomata português em Jacarta cuja única ambição em 1964 é a de terminar a sua missão de serviço antes de qualquer colapso da soberania de Timor), já as disputas em que a Indonésia está envolvida, nomeadamente na Malásia, são encaradas como factos de diminuição das probabilidades de ocorrer qualquer acto de força sobre aquela «província ultramarina».

Todos se manifestam, conscientes que a manutenção da soberania portuguesa em Timor nunca foi uma questão militar.

Bibliografia

BRANDÃO, Carlos Cal, *Funo (Guerra em Timor)*, Porto, Ed. AOU, 1946.

BRETES, Maria da Graça, *Timor entre invasores 1941-1945*, Lisboa, Livros Horizonte, 1989.

CARVALHO, Manuel Ferreira, *Relatório dos acontecimentos de Timor*, Lisboa, Ministério das Colónias, 1947.

PIRES, Mário Lemos, *Descolonização de Timor. Missão impossível?*, Lisboa, Publicações D. Quixote, 1991.

ORIGEM DO TEXTO:

«Timor» in *Dicionário do Estado Novo*, vol. II, coordenado por Fernando Rosas e José Maria Brandão de Brito. Lisboa, Círculo de Leitores, 1996, pp. 974-976.

26.

Índia – a questão de Goa

A «questão de Goa», como ficou conhecida, foi na verdade a questão do modo de integração do Estado Português da Índia na União Indiana.

O modo como essa integração se verificou deveu-se ao embate de duas intransigências.

Desde o dia 14 de Janeiro de 1953 que o governo da União Indiana, presidido por Nehru pretendeu a transferência dos territórios de Goa, Damão e Diu para a soberania da Mãe Índia conforme a *Nota* apresentada nessa data ao governo português. Nessa mesma nota, o governo de New Delhi declarou ser seu desejo «manter os direitos culturais e outros, incluindo a língua, as leis e os costumes dos habitantes dos territórios e nada alterar nestas e noutras matérias semelhantes senão com o consentimento destes». Pelo seu lado Salazar só pretendia adiar esse problema.

O consentimento das populações afectadas por esses processos de transferência de soberania derivava da letra ainda fresca dos capítulos XI a XIII da Carta das Nações Unidas, que se referiam aos diversos estatutos dos territórios sob administração exógena.

A 15 de Agosto de 1947 o Reino Unido retirava-se da Índia e nascia a União Indiana. Conforme o artigo 2.º do *Indian Independence Act*, votado pelo parlamento britânico, cabia à União Indiana aquela parte do território da Índia Britânica que não fosse atribuída ao Paquistão. Segundo Franco Nogueira «A independência foi conferida às populações da Índia Britânica pelo Parlamento britânico, que não podia evidentemente dar mais do que aquilo que lhe pertencia».

Para as autoridades portuguesas da época, «A evolução política da Índia Britânica nada tinha a ver com o destino da Índia Portuguesa».

Era o início de uma visão formalista e historicista, que não tinha em conta as poderosas consequências internacionais do fim do império britânico na Índia mesmo no que dizia respeito à evolução do conteúdo da aliança inglesa no referente às colónias portuguesas, como o caso de Goa iria ilustrar.

O pedido da União Indiana formulado em Janeiro de 1953 para a abertura de negociações sobre Goa não teve qualquer resposta do governo de Salazar até Maio daquele ano. A 2 de Maio, o ministro indiano em Lisboa fazia saber que a legação da Índia em Portugal fora criada para discutir o modo de levar a efeito a transferência de soberania da Índia sob administração portuguesa. A missão diplomática de Nova Deli em Lisboa é encerrada por ordem do governo indiano, em Junho daquele ano.

Encerradas as relações diplomáticas entre os dois Estados, principiaram as dificuldades para as autoridades portuguesas na Índia. Assim, foi proibido o trânsito do governador do distrito de Damão para os enclaves de Dadrá e Nagar – Aveli, salvo se estivesse munido de passaporte da União Indiana. Em Janeiro de 1954, a Índia proíbe todas as exportações para Goa, Damão e Diu.

Salazar, no seu discurso de 12 de Abril de 1954, tenta, pela primeira vez, internacionalizar a questão de Goa ao invocar a Declaração Luso-Britânica de 1899, para chamara a atenção de Londres sobre os seus deveres perante as ameaças à soberania portuguesa naquelas paragens. A resposta de Londres foi no sentido de não se considerar obrigada na matéria, sobretudo depois de ter dado a independência à União Indiana e desta ser um país da Commonwealth.

Os enclaves de Dadrá e de Nagar-Aveli, situados entre Damão litoral e território da União Indiana, foram ocupados por forças manifestantes pró-indianas em Julho de 1954.

Em Dezembro de 1955, o Estado português recorreu ao Tribunal Internacional de Justiça sediado em Haia. Logo no início das alegações, os advogados portugueses precisaram que Portugal pretendia apenas que a soberania da União Indiana não se exercesse de modo a impedir em absoluto a passagem entre Damão e os referidos territórios. Após uma longa instrução do processo, o Tribunal proferiu a sua sentença a 12 de Abril de 1960 reconhecendo o direito de passagem no respeitante a pessoas, mercadorias e funcionários civis. Mas nenhum exercício efectivo de soberania era contemplado. Deste modo, ambos os contendores apresentaram-se como vencedores junto das suas opiniões públicas. E nada de substância se alterou.

No entanto, a União Indiana irá recorrer à força militar cerca de um ano depois. Porquê?

Nehru terá ficado chocado com a resposta de Salazar em relação a Angola na primavera de 1961 – altura em que este assumiu a pasta da Defesa para organizar a reacção militar aos acontecimentos do norte de Angola. Segundo a apreciação de diplomatas ingleses e norte-americanos, terá datado dessa altura a decisão de terminar pela força com a presença política portuguesa no subcontinente indiano.

Com efeito, durante o mês de Agosto de 1961, Nehru fez várias declarações, revelando-se disposto a recorrer à força na questão de Goa. E, em 11 desse mês, o Parlamento da União Indiana declarava anexados os enclaves de Dadrá e de Nagar-Aveli sonegados ao exercício de soberania portuguesa desde Julho de 1954 e objecto de decisão judicial internacional desde Abril de 1960.

Foi diversa a apreciação das chancelarias sobre as verdadeiras intenções de Nehru, e até das suas motivações no período que mediou entre Agosto e Dezembro de 1961. Se os diplomatas britânicos e norte-americanos não duvidavam das consequências do envio de tropas portuguesas para Angola no comportamento de Nehru em relação a Goa continuavam no entanto suspensos sobre o emprego ou não de força militar para o efeito.

Também Salazar, aparentemente, não concedia muitas probabilidades a uma possível invasão armada do Estado Português da Índia por parte da União Indiana.

O que se passou em Goa em Dezembro de 1961 foi matéria mais do que suficiente para criar um clima de mal-estar entre elementos das Forças Armadas e o novo poder militar salazarista, instituído meses antes com a derrota de Júlio Botelho Moniz em Abril.

O conceito estratégico da defesa do Estado Português da Índia baseava-se num cálculo político de Salazar sobre o comportamento de Nehru: este, dada a sua reputação mundial de pacifista, não levaria por diante a invasão de Goa caso houvesse um certo grau de resistência por parte das Forças Armadas portuguesas. Esse cálculo politico desdobrava-se subsequentemente num cálculo diplomático: caso a União Indiana atacasse, a resistência oferecida pelos militares seria necessária (e suficiente) para fazer accionar a aliança luso-britânica e a própria comunidade internacional através da ONU, da qual Portugal se tornara membro em Dezembro de 1955.

Segundo Franco Nogueira, uma semana antes da ocupação de Goa «Oliveira Salazar ainda tem dúvidas de que a decisão final de Nehru seja a de atacar. [...] Na noite do dia 10 de Dezembro, em reunião com os Ministros responsáveis debate-se um problema: invocar ou não invocar, a aliança inglesa...»

Os factos demonstraram a precaridade dos pressupostos estratégicos de Salazar na condução do caso de Goa: A União Indiana, a 18 de Dezembro, invadiu os territórios sob administração portuguesa, Londres recusou apoiar qualquer acção militar portuguesa na contenda conforme havia dado a conhecer desde 1954 e o próprio Conselho de Segurança da ONU quedou-se por um projecto de resolução cautelosa sobre a matéria que acabou às mãos do veto soviético.

O projecto de resolução apresentado pela França, Turquia, EUA e Grã-Bretanha a 18 de Dezembro (S/5033), lamentava o emprego de força pela Índia em Goa, Damão e Diu, pedia uma cessação imediata das hostilidades e convidava o Governo indiano a retirar imediatamente as suas forças para as posições em que estavam antes do dia 17 de Dezembro de 1961. Dos onze membros do Conselho de Segurança, sete votaram a favor dessa delicada linguagem diplomática que não condenava expressamente a União Indiana. O veto soviético veio, anular todo esse esforço de moderação e tornar inútil o apoio daqueles aliados ocidentais de Portugal.

Para toda esta série de desmentidos às suas previsões, Salazar encontrou no grau de resistência oferecido pelas Forças Armadas a justificação para o fracasso da sua estratégia. Daí à condenação dos principais responsáveis militares em serviço na Índia foi um passo sancionado pelo seu conselho de Ministros em Março de 1963.

Em contraponto, as negociações para a libertação e transporte das tropas portuguesas feitas prisioneiras durante a invasão de Goa arrestaram-se durante largo tempo à mistura com episódios menos claros, como as diligências efectuadas junto de Vassalo e Silva para que este se calasse.

Aliás todo o processo relacionado com a perda do Estado Português da Índia seria visto a outra luz depois da queda da ditadura.

Por despacho de 9 de Setembro de 1974, o Chefe de Estado-Maior General das Forças Armadas, general Costa Gomes foi nomeada uma comissão para a revisão dos processos dos militares punidos pelo regime anterior por causa dos acontecimentos ocorridos na Índia em 1961. Em Dezembro de 1974 esses militares foram reintegrados nos seus postos.

Entretanto a Lei Constitucional n.º 9/74 de 15 de Outubro autorizou o Presidente da República a concluir um acordo entre a União Indiana e Portugal relativo ao reconhecimento da soberania da Índia sobre Goa, Damão, Diu, Dadrá e Nagar-Aveli e outros assuntos correlativos. Em 31 de Dezembro de 1974, assinou-se, em Nova Deli, o Acordo Diplomático que consagrou os factos pela parte portuguesa.

Bibliografia

Vinte Anos de Defesa do Estado Português da Índia (1947-1967). Lisboa, MNE, 4 volumes.

GAITONDE, P.D., *The Liberation of Goa – A Participant's view of History*, Londres e Nova Iorque, C. Heust e Co St. Martin's Press, 1987.

COISSORÓ, Narana, «O Caso de Goa» in *A Descolonização Portuguesa – aproximação a um estudo*. Lisboa, Instituto Democracia e Liberdade, vol. II, 1982, pp. 137-155.

ORIGEM DO TEXTO:

«Índia – A questão de Goa» in *Dicionário do Estado Novo*, vol. I, coordenado por Fernando Rosas e José Maria Brandão de Brito. Lisboa, Círculo de Leitores, 1996, pp. 457-460.

VI.

PENSAMENTO CRÍTICO: FIGURAS E INSTITUIÇÕES

27.

Um espírito livre

Há pessoas que se cruzam connosco antes de as conhecermos. Foi assim com Sacuntala de Miranda. Partilhamos ambos a condição de açorianos, embora pertencendo, na juventude, a gerações diferentes. Quando cheguei ao Liceu de Ponta Delgada, a Sacuntala já estudava em Lisboa. O meu pai falar-me-ia dela como uma perseguida pelo salazarismo e como uma ilustração do que acontecia aos jovens contestatários. Contou-me o episódio da prisão dela por ter ido esperar Maria Lamas ao aeroporto de Lisboa, vinda de uma Conferência de Paz realizada em Moscovo que mais tarde se soube ter sido em Helsínquia.

Com efeito, depois de Sacuntala de Miranda, Bruno da Ponte, Mário Barradas, há um hiato nas gerações antifascistas insulares. Em 1957, segundo a própria era um dado «a inexistência de contestatários na nossa ilha». A partir de 1958, a situação altera-se gradualmente. Mas creio ter sido o primeiro jovem micaelense detido pela PIDE em Lisboa depois de Sacuntala, quase dez anos depois. O meu pai fora premonitório.

Como tão bem escreveu Mário Mesquita, «na memória de jovem açoriano, os anos 50 foram uma espécie de caixa negra [...]. Sacuntala de Miranda era de todos o nome que soava, aos meus ouvidos de adolescente, com maior insistência. Simbolizava o 'mistério da resistência açoriana' dos anos 50» (Mário Mesquita, «Sacuntala, o nome e o mistério», in jornal *Público*, edição de 23 de Dezembro de 2005).

Sacuntala de Miranda também me precedeu no exílio, tendo partido para Inglaterra em 1960, e eu oito anos depois, exactamente a nossa diferença de idades. Entre Genebra e Londres, a distância não permitia grandes contactos pessoais, sobretudo para quem tinha o dinheiro contado. Mesmo assim o seu belo livro de *memórias* não deixa de referir uma «conferência» que fiz na Liga do Ensino e da Cultura Portuguesa que Sacuntala animava, na Inglaterra. Já então eu pretendia apresentar a descolonização como algo que se inseria naturalmente na própria História de Portugal e por isso aproveitei a preparação que fizera sobre o processo da independência do Brasil para uma aula e apresentei-a àquele grupo de portugueses mais do que convencidos da necessidade de descolonizar!

Quanta dedicação não era, no entanto, necessária para manter de pé aquelas frágeis organizações políticas de anti-salazaristas que consumiam tempo e fazenda, enquanto outros avançavam nos seus *curricula* académicos e profissionais!

O nosso encontro na Faculdade de Ciências Sociais e Humanas da Universidade Nova de Lisboa deu-se em 1981, onde entramos graças à confiança que o Professor Oliveira Marques depositava na nossa capacidade de transitar da vida política para a vida universitária portuguesa. Como por acaso partilhamos o mesmo gabinete, num rés-do-chão escuro e frio mas que não arrefecia o ânimo de quem já estivera no Aljube e em Caxias.

Sacuntala de Miranda dedicou-se especialmente à história económica e social e doutorou-se em 1988 com uma tese marcante sobre «O Declínio da Supremacia Britânica em Portugal (1890-1939)», que haveria de servir de base a uma obra publicada poucos anos mais tarde (Miranda, Sacuntala de, *Portugal: o ciclo vicioso da Dependência, 1890-1933*, Lisboa, Ed. Teorema, 1991).

Nesses anos, ainda colaborou no grande projecto da Nova História de Portugal dirigida por Joel Serrão, A. H. de Oliveira Marques (*Portugal – Da Monarquia para a República*, in A. H. de Oliveira Marques, *Nova História de Portugal*, Lisboa, Ed. Presença, 1991, vol. XI, «A Base Demográfico», pp. 13-36), empreendimento que precedeu outros cometimentos de renovação historiográfica em Portugal, e dos quais foi arredada estranhamente...

O interesse pela investigação de temas históricos açorianos não surpreende em quem «passara uma adolescência excepcionalmente feliz» em S. Miguel (*Memórias de um peão nos combates pela liberdade, Lisboa,* Salamandra, 2003, p. 23).

Com uma inteligência penetrante, ela disseca a importância dos *gentlemen-farmers* no desenvolvimento económico de S. Miguel, de facto um caso muito singular e distinto entre toda a evolução agrícola e industrial portuguesa entre os séculos XVIII e XIX (*O Ciclo da Laranja e os 'gentlemen farmers' da Ilha de S. Miguel (1780-1880),* Ponta Delgada, Ed. Instituto Cultural de Ponta Delgada, 1989). Se já se ocupara da influência britânica em Portugal – ela que se exilara em Londres em 1960 – e do desenvolvimento económico na sua ilha de S. Miguel, as razões do intelecto emocional levá-la-ão a escrever um preciso livro sobre os «Alevantes» populares insulares, revelando assim uma área tão desprotegida dos nossos estudos de história social.

Essa obra que apresentei na Casa dos Açores em Lisboa, viria a servir de inspiração ao dramaturgo, e seu amigo desde a juventude, Mário Barradas, para uma encenação teatral que ocorreu no Jardim Municipal da Ribeira Grande, terra da Mãe de Sacuntala, essa menina prendada que se casou nos anos trinta com um Goês defensor da independência da Índia (*Quando os Sinos Tocavam a Rebate*, Lisboa, Ed. Salamandra, 1996).

Os nossos últimos encontros ocorreram num ambiente senão de adeus ao menos de testamento. Desde que se aposentara que Sacuntala de Miranda se recolhera. Mesmo assim ainda estivemos juntos em alguns jantares, e numa tarde de Verão na casa de João Monjardino em Cascais, em que nos apresentou os seus poemas, e num almoço na sua Ribeira Grande, em S. Miguel. Falava-me insistentemente na documentação histórica recolhida por ela e que já não teria tempo para trabalhar.

O retrato humano e político, dessa «estrangeirada» por estatuto – de ascendência goesa pelo lado do Pai, micaelense reservada pelo lado da Mãe, marxista por herança da resistência, exilada insular, um tudo nada desdenhosa da felicidade, e sempre insubmissa – encontra-se no testemunho que nos deu do seu primeiro de Maio de 1974.

> Num estado de enorme exaltação, participei na grandiosa manifestação do Primeiro de Maio, procurando em vão ver caras conhecidas e perguntei-me mil vezes como era possível que tanta gente viesse para a rua vitoriar o fim do regime, quando éramos tão poucos os que tínhamos lutado contra a ditadura. [...] Procurei

> integrar-me num contingente de trabalhadores visto que, depois da minha experiência de sindicalista, não queria misturar-me com a burguesia, mas os trabalhadores portugueses não me conheciam, olharam-me com desconfiança e rejeitaram-me. E lá fui eu pela Almirante Reis acima, sozinha, no meio dessa multidão imensa que cantava, gritava toda a espécie de slogans, improvisava quadras alusivas à revolução e marchava, com energia indomável, a caminho do estádio Primeiro de Maio ébria de sol e do seu primeiro banho de liberdade (in *Memórias de um peão nos combates pela liberdade, Lisboa,* Salamandra, 2003, p. 190).

Esta capacidade de caminhar sozinha pela vida acompanha-a persistentemente. Será antisalazarista quando as consequências da vitória dos aliados definham no interior da sociedade portuguesa, será portuguesa quando o seu pai opta pela inserção de Goa na Índia, será mãe sem viver em casal e no exílio faz da sua casa um hospital de refugiados. Como universitária enceta uma via própria no campo da história económica e social e produz uma obra clara e limpa de confusões. Nunca procurou a glória ou o poder. Era um espírito verdadeiramente livre.

ORIGEM DO TEXTO:

José Medeiros Ferreira, «Um Espírito Livre», *Ler História*, 54 | 2008, 210-212.

Referência eletrónica:
José Medeiros Ferreira, «Um Espírito Livre», *Ler História* [Online], 54 | 2008, posto online no dia 03 Fevereiro 2017, consultado no dia 23 Maio 2017. URL: http://lerhistoria.revues.org/2429

28.

O poder corporativo contra a informação

Se houvesse que classificar os jornalistas entre aqueles que têm memória e aqueles que a não têm, Óscar Mascarenhas estaria sempre entre os da primeira categoria. Ou seja, entre os que sabem o que fazem, e o fazem com cultura, com talento e com trabalho.

Sendo um dos maiores jornalistas portugueses desde que há entre nós liberdade de imprensa, Óscar Mascarenhas não se deixou seduzir nem pelo vedetismo mediático dos que lhe estão próximos na arte de bem opinar, nem pela justificação moralista dos que, sem vara na mão, alçam o látego da deontologia até ao perímetro do fundamentalismo.

A sua atitude é a de um filósofo que não se curva perante nada ou ninguém, nem sequer perante a imagem que faz de si próprio. Essa radical insubordinação filia-se certamente em zonas da personalidade mais recôndita que escapam às escolas, aos grupos sociais e à sociedade política para se afirmar como uma homenagem à consciência individual para uso universal. Para quê citar Kant?

O próprio tem plena consciência do que representa no panorama do mundo da comunicação social.

Transcrevo aqui um trecho do autor subordinado ao tema «Quando chega a hora de desobedecer»:

> Tento que os formandos percebam a distinção essencial entre ética e lei. Inscrevo a ética no território da liberdade e, para a

lei, dou como referência o poder. Faço notar a diferença entre o raciocínio legalista e ético: na lei, é permitido tudo o que não for proibido; na ética, não raro se recusa fazer o que nos é permitido. O motor da lei é a proibição, a alma da ética é o escrúpulo.

Está aqui o essencial para se entender o modo como o autor desta obra se situa perante si e perante os seus pares, numa coexistência nem sempre pacífica, como este livro sobejamente ilustra. Serenidade, responsabilidade e lucidez é o que Óscar Mascarenhas exige a todos os profissionais e utilizadores da comunicação social.

Mais do que qualquer doutrina este ensaio parte do postulado segundo o qual em democracia não deve haver nenhum poder incontrolado.

Óscar Mascarenhas tem memória e cultiva a ética da responsabilidade como um dever sem contrapartidas. Inscreve-se, assim, na contracorrente da sociedade do espectáculo para recuperar o expressivo conceito de Guy Debord. Sendo o próprio princípio da sociedade do espectáculo «a não intervenção» dos cidadãos e a capacidade de construir situações em que se pode aparecer sem réplica num registo de superficialidade instantânea, Óscar Mascarenhas opõe-se-lhe fazendo questão de recuperar os contextos passados que dão sentido ao presente. Como se exemplifica neste livro, nomeadamente com o episódio da Constituinte em que fui parte. Aparecer sem réplica é o contrário do debate e facilita o caminho da tirania.

Há anos eu próprio divertia-me entre amigos a propor teses académicas subordinadas ao título «notícias publicadas que se verificaram falsas» ou sobre ídolos da praça pública, exaltados por épocas na comunicação social e que se revelaram efémeros, fracos, tontos, ou seja, sem substância, apenas amparados pela força emprestada pelos jornalistas.

É fácil a um político populista atrair a atenção da comunicação social. Quantos «produtos» não circularam e circulam por aí só com a imagem reflectida nos media e à mercê dos seus criadores? E como os jornalistas se afeiçoam às suas próprias criações! É muito difícil resistir à onda avassaladora da criação, selecção e eliminação de produtos mediáticos.

A linha que se pode estabelecerem termos de manipulação desde o culto da personalidade, passando pelo culto da imagem até ao mais recente culto do boneco, guia-nos no progressivo esvaziamento do conteúdo das mensagens políticas transmitidas pelos grandes órgãos de comunicação social.

O culto da imagem, sendo mais degradante do ponto de vista ontológico do que o execrado culto da personalidade, é mais superficial e efémero e por aí menos opressivo.

Nunca encontrei o autor deste livro entre os acólitos desses personagens que cultivam a imagem como forma de alienação da mensagem. Pelo contrário, encontro-o frequentemente nos combates pela liberdade crítica e pelo direito à verdade.

E fá-lo como quem cumpre discretamente um dever.

Foi Gore Vidal quem expressou da melhor maneira a necessidade de se ser prudente nos regimes democráticos e qual o preço dessa prudência em termos de proclamação da verdade.

Óscar Mascarenhas não obedece aos cânones da prudência instalada. Ele prefere estar na fronteira do que é permitido mapeando os territórios difíceis da intervenção cívica. E é assim que nos aparece este livro anticorporativo na sua dimensão nacional e internacional.

O Poder Corporativo Contra a Informação é um ensaio radicado em casos concretos que se não deixa ir à deriva por caminhos conceituosos ou abstractos.

Óscar Mascarenhas, e nós com ele, sente-se mais protegido com o direito à informação garantido por mais gente do que apenas pelos jornalistas e pelas empresas de comunicação social. De facto, como alertou Karl Popper, «numa democracia não deveria existir nenhum poder incontrolado».

Pois este livro ensaia a disciplina do autocontrolo jornalístico pela apologia não só do direito à informação mas sobretudo pelo dever de dizer a verdade.

Os jornalistas e a comunicação social ocupam nos nossos dias o espaço outrora dedicado aos sacerdotes e às igrejas dominantes. A sociedade contemporânea é muito mais uma sociedade de comunicação do que de comunhão.

O debate sobre a influência e o poder da comunicação social tornou-se central entre nós. Como lidar com o poder corporativo dos detentores dos grandes meios da Comunicação Social? Quem fiscaliza a sua influência na efectivação das garantias de liberdade de informação?

Este livro de Óscar Mascarenhas também apela à leitura crítica das notícias publicadas e das informações oferecidas sem réplica. Poder replicar à informação fornecida pelo poder corporativo dos jornalistas é aumentar a qualidade da liberdade de imprensa.

Este livro aprofunda a liberdade de imprensa em Portugal.

JOSÉ MEDEIROS FERREIRA

ORIGEM DO TEXTO:

«Prefácio» in Óscar Mascarenhas, *O poder corporativo contra a informação. [seguido de] Saídas pela ética e pelos «imedia»*. Coimbra, Minerva-Coimbra, 2011, pp. 13-15.

29.

A universidade e a crise do pensamento crítico

Dedicado a Manuel Villaverde Cabral em homenagem ao seu espírito crítico e científico([1]).

O tema escolhido para esta despretensiosa «Lição» subordina-se ao título «A Universidade e a crise do pensamento critico», tendo em conta os tempos difíceis que atravessamos, entre a sombra e a luz, entre as certezas dogmáticas do pensamento unidimensional e a necessidade de procurar mais além.

Com efeito, o que caracteriza a vida colectiva, no espaço civilizacional em que nos encontramos, é a estadia persistente de uma vasta aporia do pensamento crítico quando mais ele seria necessário nestes tempos de crise geral. Há algumas dezenas de anos que os grandes meios de persuasão construíram um paradigma do saber que se designa como o domínio do «pensamento único». Pois, o pensamento crítico é o grande antídoto para os danos colaterais do pensamento único, assim como a instituição universitária é o melhor espaço para o cultivar e organizar, assumindo o confronto interno entre ortodoxias e heterodoxias em todos os saberes e suas disciplinas.

Esta crise do pensamento alternativo ultrapassa, no entanto, a Universidade e estende-se à própria sociedade em geral. Houve como que um desaparecimento dos intelectuais críticos do espaço público. Hoje teríamos dificuldade em encontrar um Antera de Quental, um

Karl Marx, um Ortega y Gasset, um Albert Camus ou uma Simone de Beauvoir, um António Sérgio ou um Norman Mailer. Mesmo Freud não desenvolveu os seus estudos sobre a psicanálise no seio da Universidade de Viena e sim no seu consultório.

Os intelectuais foram quase todos integrados na disciplina social ou institucionalizados a vários títulos. Uns são universitários consagrados, outros contemplados pelas diferentes academias, muitos são ensaístas em perpétua viagem, os demais comentadores escutados nos órgãos de comunicação social, esses vorazes consumidores de opiniões efémeras. Todos repousam na paz do reconhecimento geral. Não sobra, assim, muita gente para a sistematização do pensamento crítico e muito menos para a criação de um pensamento alternativo. Mais uma razão para se pedir às Universidades que chamem a si essa função, aliás prevista na sua missão.

É pelo menos o que gente responsável espera dela. Em Novembro de 2008, a rainha Isabel II perguntou aos economistas reunidos na London School of Economics: «Why did no one see the crisis coming?» (Porque foi que ninguém previu a chegada da crise?).

A pergunta da rainha de Inglaterra aos economistas britânicos leva-nos em linha recta ao tema de hoje. Sempre que os conhecimentos inovadores se desenvolvem fora da Universidade é ela que está em causa.

De facto, há uma crise para-mundial que começou por ser financeira, económica e social, mas que hoje é sobretudo uma crise de ideias e uma crise do pensamento alternativo. Um pouco à imagem do que aconteceu no fim da Primeira Guerra Mundial em que, entre 1919 e 1929, só se pensava em regressar à normalidade anterior a 1914 – com os resultados que se conhecem. Ainda há meses era sinal de má educação – no sentido próprio e figurado – propor medidas de regulação dos mercados financeiros mundiais ou de supervisão das actividades bancárias que vieram a revelar-se as causadoras da crise financeira. A pergunta da rainha de Inglaterra é pois um desafio que urge relevar.

Merleau-Ponty, no seu livro *Humanismo e Terror*, encimou as suas reflexões por uma inquietante e fértil observação:

> Há na História um malefício qualquer: ela solicita os homens, tenta-os, eles julgam caminhar no seu sentido e, de súbito, ela esquiva-se, os acontecimentos mudam e provam, na prática, que uma outra via era possível.

Será que estamos perante um desses períodos de esquiva histórica, depois de décadas de assimilação, conformidade e triunfo de um só modo de pensar? Sou dos que consideram as universidades instituições insubstituíveis no estímulo e no treino do pensamento crítico, pois que do que mais se precisa nesta época é de ter em stock, bem armazenados, processos inovadores e projectos alternativos. De outra maneira, as Universidades, como outras instituições, podem passar à História.

Quando as Universidades claudicam no seu papel de inovação dos saberes, aparecem outras entidades a tomar o seu lugar e a chamar a si os novos desenvolvimentos do conhecimento de que as sociedades precisam.

Foi assim no século XVII com as Academias e com as Escolas Politécnicas, mais tarde com as Sociedades Científicas de todo o género e ainda com muitos institutos que se formaram fora dos muros da Universidade. Esse processo também aconteceu em Portugal quando só existia a já vetusta Universidade de Coimbra, embora sacudida pela reforma pombalina.

Assim, logo no artigo 1.º dos Estatutos da Academia das Ciências, datados de 24 de Dezembro de 1779 (ia alta a maré revolucionária em França), atribuíam-se a esta os objectivos de «adiantamento da instrução nacional, perfeição das ciências e das artes e aumento da indústria popular».

E, com efeito, na fase inicial da vida da Academia das Ciências, destaca-se a elaboração das «Memórias Económicas», «Memórias de Agricultura», além, claro, das «Memórias sobre História e Literatura». Era uma academia que se elevava contra a Universidade de Coimbra com as suas teologias, os seus juramentos em nome da Santíssima Trindade e os seus dogmatismos envolventes.

Os primeiros «académicos», como o duque de Lafões, o abade Correia da Serra, os cientistas Avelar Brotero e Rosa Viterbo ou o historiador Alexandre Herculano, eram tudo menos partidários do «academismo», ou seja, de um saber estetizado por regras e esterilizado por formalismos. Foram cultores do pensamento critico e do avanço do conhecimento científico contra a Universidade que abdicara de, ou não conseguira, ocupar o lugar de pioneira do saber científico, o nome que o pensamento crítico e experimental tomou na altura.

Esta rivalidade, ou emulação, entre as Academias e as Universidades, pela disputa do prestígio da sabedoria, saldou-se, já no século XIX, pelo ressurgimento das Universidades ligadas à perspectiva crítica e ao conhecimento científico e experimental. Renascem as Universidades inglesas pelo culto da personalidade individual, e depois pela atracção internacional que a hegemonia imperial sempre suscita; a francesa, através do seu modelo napoleónico, virada mais para a sistematização das disciplinas e para o ensino, mas cercada pelas Grands Écoles politécnicas; e a Universidade alemã com origem na de Berlim, com o culto de Humboldt pela investigação e pelo saber aplicado.

Do outro lado do Atlântico, as Universidades americanas tacteavam os seus próprios caminhos até se consolidarem, entre as duas guerras mundiais, de uma maneira menos académica, menos formal e mais ligada aos grandes problemas do desenvolvimento do bem-estar da sociedade: a agricultura e as engenharias ocupam o primeiro lugar, só depois crescem a economia política ou as relações internacionais.

E haverá melhor maneira de evocar o centenário da implantação da República em Portugal do que recordar o início da difusão pelo território nacional de novas universidades em Lisboa e no Porto, para além da reforma da Universidade de Coimbra?

Pois, grande parte do nosso ensino científico, tecnológico, crítico sobre a História de Portugal começou então, com maior ou menor continuidade. Se as Universidades portuguesas se revelaram úteis para o país desde então até 1974 é uma outra história que não se fará aqui.

Mas quem poderá negar o papel de outras instituições que supriram, aqui e ali, as deficiências da investigação e da diversidade científica em Portugal, como a Fundação Gulbenkian com a sua política científica e cultural, desde o seu aparecimento em 1956?

Esse tempo será também o tempo em que as Associações de Estudantes desempenharam o papel de participação cívica, de formação do carácter, de estudo de temas novos, numa réplica muito lusa e rebelde do modelo britânico e norte-americano do campus universitário. Daí as lutas pela autonomia da Universidade e contra a banalização das cidades universitárias entre 1960 e 1974.

O centenário da Universidade de Lisboa pode ser periodizado por vários critérios, como a separação por regimes (republicano, ditatorial e democrático) ou pelas reformas pedagógicas introduzidas, mas a defesa da liberdade de organização e autogoverno das Associações de Estudantes desde 1956 marcará sempre a vida da instituição.

No último meio século, as Universidades sofreram, no espaço em que as portuguesas se inserem, duas grandes reformas: uma de baixo para cima, originada pela revolta estudantil ocidental dos anos 60 e outra, de cima para baixo, que se opera a partir do processo de Bolonha e está ainda em curso no espaço europeu.

A reforma provocada pela revolta estudantil dos anos 60 foi por natureza empírica, balista, descentralizada, quiçá confusa, mas multiplicadora da pujança das Universidades que se propunham receber cada vez mais estudantes, aumentar o seu corpo docente, e estudar cada vez mais novos domínios do conhecimento. Também aí tudo principiou pela participação cívica. Lá fora assistiu-se a uma multiplicação de universidades, por cisão ou separação, mas sempre numa via crítica de extensão do Ensino Superior e de crescimento da sua importância para as sociedades envolventes. Só em Paris, assiste-se ao desdobramento de 13 Universidades. Na Bélgica assistimos à separação de Lovaina e Lovaina-a-Nova. No Brasil, temos o caso das Universidades de São Paulo e de Campinas. Podíamos multiplicar os exemplos.

Em Portugal também se criaram e espalharam pelo território nacional novas Universidades na década de 70.

A revolta estudantil de 1968 assentou na necessidade de democratização do Ensino Superior e, ao mesmo tempo, na vontade geral de fazer das Universidades o espaço privilegiado de transmissão do saber intergeracional. De certa maneira foi com as consequências de Maio de 68 que as Universidades atingiram o máximo da sua importância nas sociedades ocidentais: autónomas, influentes, atraentes para os jovens, empregadoras para os docentes e desafiadoras para os poderes constituídos. A avalancha de reformas que se operou foi bem a prova disso, com estudantes, professores e poderes públicos empenhados em respostas positivas aos desafios da democratização do Ensino Superior, da liberdade de investigação e da promoção de saberes críticos e inovadores, para não dizer revolucionários. Durante cerca de três décadas as Universidades viveram, no fundo, sob a protecção do movimento estudantil, dos estudantes e das suas famílias. Ganharam as Universidades.

Em Portugal o atraso na democratização do Ensino Superior trouxe soluções sobretudo estatais, mas também com o objectivo de expansão: daí a criação de universidades novas e sua difusão pelo território nacional: Minho, Aveiro, Beira Interior, Algarve, Açores, Madeira, para além de novas entidades nas áreas metropolitanas de Lisboa e do Porto.

Os obstáculos centralizadores e financeiros, ligados ao início do processo, em 1973, foram depois varridos com as consequências do 25 de Abril de 1974. Desde a implantação da República que se não observava um crescimento tão significativo das Universidades em Portugal como o verificado na época inaugural do regime democrático actual.

Quer as reformas universitárias no estrangeiro, quer as reformas portuguesas constituíram momentos de grande relevância para o Ensino Superior. As questões substanciais, como as condições de investigação e os conteúdos dos cursos, tiveram a máxima importância e foram deveras participadas por professores e estudantes, sendo ainda de realçar a abundante legislação e meios que os órgãos de soberania disponibilizaram.

Nesse processo de difusão de Universidades pelo território nacional, talvez tenha faltado alguma participação das comunidades envolventes – mais nas grandes metrópoles corno Lisboa e Porto do que noutras regiões mais atentas à importância da fixação de Universidades no seu território para o seu próprio desenvolvimento económico e social. A Universidade de Aveiro é disso exemplo.

Durante mais de 20 anos viveu-se *grosso modo* com este modelo.

Já o processo de Bolonha foi o pretexto para uma intervenção dos poderes públicos de cima para baixo, com uma filosofia tendencialmente uniformizadora. Durante algum tempo, esse espírito de Bolonha, ou, pelo menos, a sua aplicação prática entre nós, não aparecia harmonioso com a antiga e renovada tradição de autonomia e autogoverno das universidades ocidentais, que tantas lutas suscitara em vários países do actual espaço de Bolonha.

Com efeito, quer a nível europeu, quer a nível nacional, as atenções voltaram-se quase exclusivamente para as questões ligadas ao financiamento, à organização e administração das Universidades, e pouco se promoveu o debate sobre as reservas estratégicas de conhecimentos que essas instituições deviam produzir para a sociedade fazer face às surpresas da História, referidas por Merleau-Ponty.

Ora, as Universidades precisam de autonomia alargada em relação aos interesses imediatos e às encomendas, para cultivarem com tempo o pensamento crítico alternativo.

Eisenhower, no seu *Farewell Address* de 17 de Janeiro de 1961, alertou surpreendentemente, antes de muitos contestatários, para os perigos que corria a Universidade submersa por financiamentos e encomendas:

> [...] the free university, historically the fountainhead of free ideas and scientific discovery, has experienced a revolution in the conduct of research. Partly because of the huge costs involved, a government contract becomes virtually a substitute for intellectual curiosity. [...] The prospect of domination of the nation's scholars by Federal employment, project allocations, and the power of money is ever present – and is gravely to be regarded.

Paradoxalmente, essas preocupações de um Presidente dos EUA, conhecedor dos perigos que as Universidades anglo-saxónicas estavam a atravessar, não foram acauteladas pelos actuais reformadores de Bolonha.

Se, na Magna Carta das Universidades, assinada, em Bolonha, por ocasião do IX Centenário da Universidade de Bolonha, pelos reitores das Universidades europeias em Setembro de 1988, ainda se refere no seu ponto 1 que

> A Universidade [...] é uma instituição autónoma que, de modo crítico, produz e transmite a cultura através da investigação e do ensino.

Já no documento da Comissão Europeia, datado de Fevereiro de 2003 e intitulado «O papel das Universidades na Europa do conhecimento», esse modo crítico de produção do saber é ignorado e, em seu lugar, se assim se pode dizer, aparece o conceito de «excelência» enredado numa teia de objectivos que vão do processo de inovação às necessidades competitivas internacionais e à meta de criação de um espaço europeu de Ensino Superior que foi fixado para o ano de 2010.

O processo de Bolonha, que surge depois da liberalização dos países de Leste e nas vésperas do grande alargamento da UE, inseriu-se, assim, num contexto de competitividade internacional, que reduziu a importância do pensamento crítico, criou obstáculos, talvez involuntários, à diversidade e à autonomia, tendo servido de pretexto a muitas políticas centralizadoras e uniformizadoras, tendendo-se a criar um modelo paradigmático de Universidade.

Nem o seu próprio sucesso, cifrado no número de Estados aderentes – 46 – nos deve desviar de uma maior vigilância crítica e da exigência de uma maior participação de todos tendente à correcção dos desvios que se observam nesta política europeia universitária.

Em síntese: podemos então periodizar a História do último meio século das Universidades ocidentais, do seguinte modo:

a) um primeiro período que consistiu sobretudo nas respostas aos desafios da democratização do ensino superior, e em que as Universidades surgiram abertas, pujantes, se bem que tumultuosas, como organizações-chave na qualificação dos recursos humanos para as tarefas do desenvolvimento e da democratização. Foi um processo com assinalável participação universitária e cívica;
b) um segundo momento, que ainda decorre, marcado, entre nós, pelo processo de Bolonha, em que as atenções se centraram no modo de governar a Universidade, na ligação desta às comunidades e ao mundo empresarial, na competitividade internacional e na criação de um espaço europeu do Ensino Superior para 2010. Este processo foi mais centralizado e burocrático do que o necessário e o desejado, tendo em conta a natureza própria das Universidades;
c) um terceiro momento, que se iniciou com a súbita chegada, a nível mundial, da crise financeira, económica e social em 2008, e que leva ao questionamento da capacidade da Universidade para produzir pensamento crítico, preventivo e alternativo.

De certa maneira, as universidades ressuscitaram no século XIX e atravessaram pujantes grande parte do século XX, embora revelando disfunções. Que lhes trará o século XXI, «este século ainda tão pequenino» para repetir a expressão do intelectual austríaco Karl Kraus, quando assim olhou para o século XX, em vésperas da Primeira Guerra Mundial?

Não se trata, é claro, de propor a redução das missões da Universidade a esse objectivo central da minha preocupação de hoje. As funções clássicas da Universidade são de manter. Ora, tal como Talcot Parsons as definiu para a Universidade americana em 1973, essas funções são:

1.º – de investigação e formação científica específica de novas gerações;

2.º – de preparação para a carreira académica;
3.º – de formação geral;
4.º – de formação intelectual crítica – e aqui reencontramos a nossa problemática que, em nossa opinião, deveria até estar em primeiro lugar.

Já a OCDE assinalou 10 funções para as Universidades, as quais seriam:

1.º – providenciar educação pós-secundária;
2.º – desenvolver investigação e novos conhecimentos;
3.º – fornecer as qualificações necessárias à sociedade;
4.º – desenvolver formação altamente especializada;
5.º – reforçar a competitividade das economias;
6.º – funcionar como filtro de selecção para profissões altamente exigentes;
7.º – contribuir para a mobilidade social;
8.º – prestar serviços à comunidade;
9.º – funcionar como paradigma de políticas de promoção da igualdade;
10.º – preparar os líderes das gerações futuras.

Em troca é minha opinião que as Universidades devem oferecer à OCDE, como organismo internacional intergovernamental, o gosto pelos cenários alternativos e pelo estudo mais diversificado das perspectivas de futuro.

O Ensino Superior, em Portugal, depois de um período de retracção, parece ter encontrado as medidas necessárias para retomar a expansão quantitativa de estudantes. E indiscutivelmente uma boa notícia, até porque se nota um aumento contínuo desde 2006, com mais de 10 000 ingressos entre 2005 e 2009 (em que se passou de 33 520 novos universitários para 45 277).

É facto que esse aumento se deveu, em muito, à diminuição da idade de candidatura, para os chamados alunos não tradicionais, dos 25 para os 23 anos, assim como se assiste à chegada aos cursos de pós-graduação de seniores retirados precocemente da vida activa. Ora estes novos públicos são também uma nova oportunidade para as Universidades e um novo desafio à sua acção formadora de espíritos livres.

Entre nós, o pensamento crítico foi contrariado por vários factores históricos – desde a escassez de recursos materiais às perseguições aos elementos heterodoxos, quer religiosos, quer políticos, em grande parte da nossa vida colectiva.

Costumo apresentar a figura do Velho do Restelo como símbolo do pensamento crítico e minoritário em Portugal – embora não o possa defender do ponto de vista da capacidade de inovação. Mas ele obriga-nos a reler as fontes da História de Portugal. Assim, João de Barros, logo na *1.ª Década da Ásia* relata-nos um conselho geral realizado em Montemor-o-Novo em 1496, em que o rei D. Manuel

> «ouve muitos e diferentes votos, os mais foram que a Índia não se devia descobrir. Por que, além de trazer consigo muitas obrigações por ser estado mui remoto para poder conquistar e conservar, debilitaria tanto as forças do reino que ficaria ele sem as necessárias para a sua conservação. Quando mais que, sendo descoberta, podia cobrar este reino novos competidores».

João de Barros explica então porque se tomou a decisão contrária: «Porém a estas razões houve outras em contrário, que, por serem conformes ao desejo de el-rei, lhe foram mais aceites».

Camões, pelo seu lado, apresenta o Velho do Restelo como

> […] um velho, de aspeito venerando,
> Que ficava nas praias, entre agente,
> Postos em nós os olhos, meneando
> Três vezes a cabeça, descontente,
> A voz pesada um pouco alevantando,
> Que nós no mar ouvimos claramente,
> Cum saber só de experiências feito
> Tais palavras tirou do experto peito:
> – Ó glória de mandar! Ó vã cobiça […]

Mas o seu papel de prudência crítica contrariava o impulso colectivo que se apossara do poder em Portugal, como se de um pensamento único se tratasse.

O Velho do Restelo é, assim, apresentado como o resultado de «um saber só de experiências feito» e, nesse advérbio, reside a sua força mas também a sua fraqueza. Num «saber só de experiências feito» falta-lhe a dimensão global, geral, sistematizada, universitária.

Ora, as sociedades contemporâneas voltam a necessitar do cultivo de uma instituição para o pensamento crítico. O conformismo, parente próximo do amorfismo, leva em linha recta ao erro ou à estagnação e dificilmente abrirá espaços e meios para a inovação conceptual, científica e até técnica. Trata-se, no fundo, de saber se as Universidades serão capazes de, ao mesmo tempo, garantir a transmissão dos conhecimentos adquiridos e preparar as respostas alternativas ou preventivas à altura do desafio lançado por Isabel II aos economistas britânicos.

Uma coisa é certa: caso não sejam as Universidades a fazê-lo, acabarão por surgir outras entidades.

Manuel Villaverde Cabral distinguiu-se sempre pelo seu pensamento crítico, dentro e fora da Universidade. Foi um precursor e um elemento activo da internacionalização da Universidade portuguesa, nomeadamente da Universidade de Lisboa. Curiosamente recebeu esse impulso fora de Portugal quando esteve exilado e inaugurou os seus estudos universitários sobre a sociedade portuguesa. A sua opção pela Universidade foi também uma opção pela liberdade.

Notas

(1) Com base num texto lido no âmbito das 100 Lições do Centenário da Universidade de Lisboa em 24 de Março de 2011.

ORIGEM DO TEXTO:

«A universidade e a crise do pensamento crítico» in Silva, Filipe Carreira da; Silva, Pedro Alcântara da (org.), *Ciências Sociais: Vocação e Profissão*, Lisboa, Instituto de Ciências Sociais, 2013, pp. 241-250.

30.

A instituição

Introdução

Quando o Presidente da Fundação Calouste Gulbenkian me convidou a participar num livro sobre a história dessa absoluta novidade que agora celebra cinquenta anos de existência, aceitei de imediato embora com prevenções.

O convite vinha em boa altura, pois deixara há pouco tempo a actividade política como deputado e sempre havia concebido mais essa viragem na minha vida como uma forma de me dedicar de novo a alguns trabalhos intelectuais, já na idade sexagenária. Porém a libertação que de certa forma constituía o regresso a vida privada também se devia reflectir na escolha dos trabalhos a retomar, ou a encetar, pois que agora se trata mais de dar sentido às coisas que se faz do que se deixar submergir por elas. O projecto que me foi apresentado era por aí sedutor e claro.

A principal prevenção que me possuía quando aceitei o convite era a de não reaparecer no campo da escrita histórica como «oficioso» ou sequer «institucional». Desde o exílio em Genebra que ser universitário fora uma maneira máxima de ser livre e útil, mantendo-me refractário aos pequenos poderes do mundo. E era indiscutível que a Fundação Calouste Gulbenkian representava um desses poderes influentes na distribuição de facilidades aos universitários. Não que fosse virgem na minha relação com a instituição: nos anos oitenta colaborara num inédito estudo de prospectiva sob o tema *Portugal – Os Próximos Vinte Anos...* que deu origem a uma assinalável série de obras publicadas. Essa experiência ajudava a dissipar dúvidas.

A outra prevenção provinha de haver pouco tempo para uma busca sistemática das fontes arquivísticas e, assim, correr o risco de assentar o trabalho de elaboração histórica em fontes bibliográficas e nos relatórios publicados pela própria Fundação e deixar-me, assim, envolver no tal clima oficioso e institucional que, sendo útil, me desagradava epistemologicamente.

Essa prevenção do espírito foi ultrapassada pelas buscas efectuadas em vários arquivos e que me trouxeram boas novidades: os serviços da Gulbenkian estavam a catalogar os próprios arquivos, a Torre do Tombo exibia o arquivo de Salazar pois sabia-se ter aquele titular de cargo político constituído um dossier sobre a génese da Fundação, e o tratamento do arquivo da PIDE revelava as preocupações desta com certos aspectos da actividade daquela, embora se não encontrasse nada sobre o senhor Calouste Sarkis Gulbenkian, o que não deixava de ser um dado. Também no Ministério dos Negócios Estrangeiros foi possível, no meio de muitas dificuldades práticas, encontrar material abundante sobre o interface entre a diplomacia portuguesa e as repercussões internacionais da existência da Gulbenkian. Neste particular da recolha documental merece-me uma palavra de reconhecimento o trabalho operoso, inteligente e eficaz da doutora Inácia Rezola cujo contributo agradeço. Também o trabalho de tratamento documental levado a cabo pelos serviços do competente «Grupo de Trabalho Sistema Arquivístico da Fundação Calouste Gulbenkian», produzia efeitos, e permitia-me aceder ao cofre da presidência e a alguns dos meandros das negociações que deram origem à aprovação do decreto-lei n.º 40 690, de 18 de Julho de 1956, que deram força de lei aos Estatutos no período crucial de 1955-1956.

A ultrapassagem dessas prevenções pela descoberta da existência de vários acervos documentais gerou porém um novo problema: como tratar em tempo útil uma massa tão vasta e tão variada de documentos mantendo o objectivo inicial e editorial de um capítulo de história geral sobre os aspectos mais políticos e institucionais da Fundação que não ultrapassasse nem o espaço nem o tempo acordados?

Confesso que elaborei esta parte do livro em dois registos diferentes: o primeiro conduzido pelos documentos e pelos temas que deles sobressaem. Foi assim desde a génese dos estatutos até ao fim do «período revolucionário» aberto com o 25 de Abril de 1974. O segundo, aproveita as fontes impressas pela própria Fundação sobre si própria: relatórios anuais, discursos dos sucessivos presidentes, povoam a parte final num esforço mais sintético do que analítico. Tenho a meu favor a perspectiva do tempo: mais aberto o ângulo sobre os primórdios, mais sincrético o relato da actualidade.

O facto de o livro onde se insere esta parte tratar por forma mais detalhada, noutros capítulos sob a coordenação de António Barreto, as actividades da Fundação, se por um lado enriquece sobremaneira a obra, por outro lado dispensa-me de salientar o que houve de verdadeiramente histórico, de inovador e de influente nas actividades específicas da Fundação nos domínios da ciência, da arte, da educação, da saúde, e até das operações financeiras relativas à administração do seu património.

E, embora o trabalho tenha ultrapassado em muito em termos de análise de documentos arquivísticos até este momento inéditos no seu aproveitamento histórico e em termos da problemática, envolvendo a execução do testamento e a aprovação dos Estatutos, a negociação travada paralelamente e a vários níveis, o arranque dessa absoluta novidade organizacional em Portugal, as relações entre a Fundação e os regimes políticos, tenho a noção da falta que faz o estudo da envolvente internacional para uma cabal inserção da história da Gulbenkian no decorrer do tempo.

Se tivesse que escolher o tema e o problema fundamental na história geral da Fundação situá-lo-ia na fase genética da execução do Testamento e na arte da negociação que deu origem ao decreto-lei n.º 40 690 de 18 de Julho de 1956 e à elaboração dos Estatutos. Talvez por isso tenha dedicado grande parte do esforço de pesquisa e de análise aos acontecimentos desses meses fundadores que mediam entre Junho de 1955 e Julho de 1956. Sendo certo que na redacção do testamento de Calouste Sarkis Gulbenkian se encontra a chave para o êxito da criação da Fundação tal como a conhecemos.

Há uma omissão neste trabalho, que não só não devo ocultar, como me sinto obrigado a chamar a atenção para ela: não se dispõe aqui de elementos sobre os termos da vinda para Portugal de Calouste Sarkis Gulbenkian em 1942. Nomeadamente não foram encontrados documentos sobre possíveis negociações com o governo sobre segurança de pessoas e bens, facilidades fiscais e temas afins, que explicariam as informações fornecidas a Salazar por Azeredo Perdigão sobre o estado de saúde do súbdito britânico e a intangibilidade do testamento em 1955. Seria bem interessante ter acesso a esses documentos caso existam. Quem sabe se para as comemorações centenárias?

(...)

I. A fundação Gulbenkian perante os regimes políticos

> «Sendo, como é, uma instituição absolutamente apolítica, cumpre-lhe, todavia, dar ao Estado uma leal colaboração.»
> José de Azeredo Perdigão para Oliveira Salazar
> Junho de 1961

Desde que se constituiu, a Fundação encarou-se como uma instituição que teria de se entender com as autoridades políticas para alcançar os objectivos consignados no testamento do fundador e nos estatutos.

Nessa perspectiva, se mal se pode falar de inter-relações entre a Fundação Calouste Gulbenkian e os dois regimes políticos que se sucederam em Portugal nestes cinquenta anos, nalguma coisa os mais de vinte anos de ditadura e os trinta de democracia conformaram as actividades daquela e requereram relações muito estreitas com autoridades diferentes.

Quer na fase genética da Fundação quer na transição entre o regime da Constituição de 1933 e o regime de Constituição de 1976, no centro encontra-se José de Azeredo Perdigão.

O facto de o primeiro Presidente do Conselho da Fundação José de Azeredo Perdigão ter sido um republicano, e seareiro, mais acentuou esse aspecto de independência e autonomia, ao mesmo tempo que as suas características pragmáticas e negociadoras, permitiram atingir em cooperação e em entendimento com os objectivos propostos.

Curiosamente, é numa nota para a Presidência do Conselho sobre o recrutamento de pessoal para as bibliotecas itinerantes que tanto ocupava a PIDE que Azeredo Perdigão melhor sintetiza essa atitude:

> Sendo, como é, uma instituição absolutamente apolítica, cumpre-lhe, todavia, dar ao Estado uma leal colaboração, uma vez que pelo Estado foi declarada e reconhecida instituição de utilidade pública geral([1]).

E já vimos, na parte referente à elaboração dos Estatutos e à constituição do Conselho de Administração da Fundação, o papel desempenhado pelo entendimento entre José de Azeredo Perdigão e Oliveira Salazar, assim como, na fase de arranque da Fundação, os serviços prestados pelos embaixadores Pedro Teotónio Pereira em Londres e Marcello Matias em Paris. E logo aqui fica exemplificada a metodologia de cooptação usada por Azeredo Perdigão para preencher o Conselho de Administração, tendo por base serviços já prestados à Fundação.

É claro que a difusa ideologia oficiosa até se encontrava expressa nos objectivos caritativos assinalados por testamento à futura Fundação, e que se foram denominando evolutivamente de propósitos de beneme-rência ou de assistência social.

Também o facto de uma das primeiras actividades da Fundação ter sido participar nas comemorações da obra da Rainha D. Leonor, no âmbito das Misericórdias, revela quanto o bom relacionamento com os poderes constituídos do tempo, e com a Igreja Católica, correspondia ao propósito de criar à nova instituição um espaço acolhedor e favorável na sociedade portuguesa da época. A Fundação Gulbenkian, como absoluta novidade que era na sociedade portuguesa da altura, precisou de descansar os poderes constituídos. E fê-lo de modo determinado e inequívoco.

Mas essa inserção também não excluía uma aproximação a elementos «desafectos do regime político da Constituição de 1933», para usar a expressão com que as autoridades do regime do Estado Novo baniam da vida cívica, e até dos seus empregos, muitos dos que defendiam outros ideais.

O próprio José de Azeredo Perdigão provinha desses meios republicanos oposicionistas.

O seu pai fora constituinte republicano em 1911, e o filho jamais esqueceria o deputado «assinando o texto constitucional com uma vulgar pena de pato»([2]).

Também estão dispersamente assinalados os seus contactos com personalidades republicanas e liberais, participações em organismos progressistas como a Universidade Popular em 1921, ou a criação da revista *Seara Nova*.

> «A. Perdigão intervém culturalmente com outros escritores e intelectuais de nomeada do seu tempo: Aquilino Ribeiro, Câmara

Reis, Raul Brandão, Ferreira de Macedo e Raul Proença, estando presente na fundação da revista *Seara Nova* e tendo pertencido aos seus corpos editoriais»([3]).

O próprio se definirá em carta a Salazar, no meio da crise entre o governo e a Fundação, por causa das declarações do bailarino Maurice Béjart no Coliseu, em Lisboa, em Junho de 1968:

> V. Ex.ª compreenderá que uma pessoa, como diz o nosso povo, filha de boa gente – bem formada, que há 13 anos abandonou, por completo, a profissão que tanto amava, que pôs de lado, sem hesitar, todos os grandes interesses materiais e morais que dela lhe advinham, que renunciou, já não direi àqueles princípios básicos de ordem política e social em que foi educado e em que sinceramente sempre acreditou, mas a qualquer propósito de contribuir para a sua efectivação, pois só assim teria autoridade e independência para servir, até aos limites do sacrifício humanamente exigível, uma instituição portuguesa, de fim ideal, para cuja criação pacientemente trabalhou durante anos, declarada de utilidade pública geral, com as vantagens e, em contrapartida, as obrigações políticas que dessa declaração derivam, não só na tranquilidade do seu gabinete de trabalho, mas em quase todos os continentes, designadamente em África, algumas vezes junto das nossas valorosas forças armadas, suportando incómodos e correndo riscos, por mero patriotismo e imperativo de consciência tomando posições e fazendo declarações que tantos não compreenderam e muitos lhe censuram, que, com a mais perfeita lealdade para com as autoridades constituídas, isenta de toda a ambição pessoal, a não ser a de servir a Pátria sem trair a confiança que Calouste Gulbenkian lhe outorgou – essa pessoa não podia deixar de sentir, profunda e amargamente, a Nota oficiosa do SNI ...([4])

Porém, mesmo dentro do enquadramento atrás exposto, com clareza não isenta de emoção vivencial, o facto é ter Azeredo Perdigão procurado abrir as actividades da Fundação, para além das portas do regime salazarista, sem criar problemas com este e mantendo uma mais do que cordial relação com o então Presidente do Conselho, de quem se tornou admirador pessoal, muito certamente pela forma como este se houve no processo de aprovação de Estatutos e na garantia da isenção de impostos sobre o património do Senhor 5%.

Porém, mal foram aprovados os Estatutos pelo decreto governamental, volta-se José de Azeredo Perdigão para um alargamento político e social da influência da Fundação na sociedade portuguesa.

Assim escreve a António Sérgio para lhe pedir os estatutos e os relatórios da «Voz do Operário», segredando ao amigo da *Seara Nova* «Aqui para nós, mas só para nós, estou empenhado em que se faça alguma coisa de bom a esta instituição».

Mas não era «só para nós» que escrevia o Presidente da Fundação. A PIDE já lhe interceptava a correspondência, e havia constituído um «Processo do Azeredo Perdigão»([5]).

E a 30 de Agosto de 1956 um agente da polícia política informa o seu inspector superior, que por sua vez entregará uma cópia dessa informação ao Ministro do Interior, que

> o Dr.º Azeredo Perdigão pretende beneficiar de forma importante, com fundos da Fundação Gulbenkian, a Sociedade Voz do Operário. Tenciona fazer isto de concerto com o publicista António Sérgio, destacado inimigo das Instituições. Esta informação é fidedigna. Pudera, ela era retirada da carta interceptada...([6])

E, com efeito, pelo Natal, a Fundação Gulbenkian envia à Sociedade «A Voz do Operário», um donativo de vinte mil escudos, destinado aos alunos daquela «prestimosa instituição de benemerência»([7]).

Nada pois de mais provável, na época, do que a extrema atenção da polícia política do regime sobre as actividades da Fundação.

Os serviços da PIDE ter-se-ão interessado por três aspectos principais da actividade da Fundação Gulbenkian: o recrutamento de pessoal para as bibliotecas itinerantes, a atribuição de bolsas e actividades no estrangeiro a gente desafecta ao regime, e a vinda a Portugal de entidades portadoras de ideologias refractárias às do Estado Novo([8]).

Foi logo no primeiro plano de actividades da Fundação, apresentado em reunião do Conselho de Administração de 1 de Março de 1957 pelo Dr.º Raposo de Magalhães, que se decidiu

> criar um serviço próprio de bibliotecas itinerantes, iniciando-o com três unidades e desenvolvendo-o à medida que se mostre necessário e conveniente, serviço que, depois de organizado, poderá

ser transferido às Câmaras Municipais das capitais de distrito, se desejarem e puderem mantê-lo, com ou sem subsídio da Fundação, sendo de 2.500 contos a dotação para a criação deste serviço e de 1.000 contos anuais para a sua manutenção([9]).

A criação de um serviço de bibliotecas – itinerantes, decidida em 1957, foi implementada já no ano de 1958, com quinze unidades, cada uma delas comportando 2.000 volumes, alojados em carrinhas Citröen, delineadas para o efeito.

O próprio Presidente do Conselho visitou-as antes da inauguração oficial que ocorreu em Maio de 1958, com a presença do Ministro da Educação Leite Pinto e do Presidente da Fundação([10]).

A importância desta novidade que iria permitir o acesso à leitura em muitas zonas do país sem infra-estruturas culturais não passou despercebida às autoridades políticas da época.

Um dos efeitos da importância dada manifestou-se, porém, ao nível das preocupações de vigilância política e social que naquele regime eram particularmente salientes mesmo nos mais pequenos pormenores.

São inúmeros os ofícios da polícia política do regime sobre a perigosidade de motoristas e de responsáveis das bibliotecas itinerantes, sobretudo nas regiões do interior desde Portalegre e Covilhã ao Alentejo e Algarve.

A Polícia investigará denúncias apresentadas localmente, como aquela que refere ter sido

> visto a colaborar na distribuição de livros da Biblioteca Itinerante da Fundação Gulbenkian, o conhecido *reviralhista* António Vivente Campinas, comerciante, aqui residente, que já esteve preso nesta Polícia por actividades subversivas. O encarregado da referida biblioteca é o nacional Afonso Cautela que segundo consta, foi aluno da Escola do Magistério Primário de Faro e é colaborador da *Seara Nova*([11]).

Muito activo esteve o posto de Mértola neste particular da vigilância ao pessoal recrutado para as bibliotecas itinerantes.

Em 29 de Abril de 1961, o chefe do Posto de Vigilância de Beja remete um relatório ao Director da PIDE, sobre «Elementos adversos e suas actividades» em que se destaca:

> Fernando de Góis Saldanha da Gama, casado, de 29 anos de idade, empregado da Fundação Gulbenkian. [...] foi incumbido para instalar e organizar a biblioteca itinerante n.º 24. Os colaboradores que procurou foram António Santana e Manuel Santana Alho, já referenciados por elementos adversos sendo o Alho o mais perigoso. Na pensão onde se instalou, foi visto o Saldanha da Gama ler o Jornal República em voz alta para a família da mulher...

Não contente com isto o Fernando Saldanha da Gama «fez constar que dentro em breve iria instalar nova biblioteca itinerante em Montemor-o-Novo([12]).

As autoridades locais elevam as mãos até à cabeça do regime: a Secção Central dos Serviços de Segurança da PIDE leva o caso até ao Ministério do Interior e à Presidência do Conselho, onde se encontra a informação n.º 886/60 em que se traça o cadastro do motorista da biblioteca itinerante n.º 24, Manuel Santana Alho, que andava acompanhado pelo já referido António Santana:

> Por força do despacho de 6-5-1949, do Ex.mo Senhor Ajudante-General do Exército, foi transferido do Regimento de Cavalaria n.º 3 de Estremoz, onde era soldado-recruta para a 1.ª Companhia Disciplinar, de Penamacor, por, segundo o Ministério da Guerra, haver conhecimento oficial naquela unidade de Cavalaria, de que fazia parte de uma organização comunista.

Além disso o Alho tinha estado na campanha de Arlindo Vicente, e depois, «afixou propaganda da candidatura do então general H. Delgado», e «conseguiu deslocar alguns trabalhadores para a vila de Mértola, para assistirem à passagem por ali do referido ex-general».

E o ofício rematava, para que as altas individualidades do regime percebessem bem, da seguinte maneira:

> Em virtude dos antecedentes dos dois indivíduos em causa, é de esperar que eles se aproveitem do facto de se deslocarem no carro da biblioteca itinerante, de herdade em herdade e de localidade em localidade, para desenvolverem uma propaganda nefasta às Instituições, sendo até de admitir que igualmente se aproveitem da sua situação para distribuir leitura comunista, como se fosse da Fundação([13]).

O assunto é levado ao Conselho de Administração da Fundação Gulbenkian que responde numa *Nota para a Presidência do Conselho*, assinada pelo próprio Azeredo Perdigão, já aqui citada, e agora desenvolvida.

Começa essa nota por afirmar que:

> O Conselho de Administração da Fundação, desde o início da criação do serviço de Bibliotecas Itinerante, que recomenda aos seus dirigentes, vogais da Comissão de Leitura e inspectores, o maior cuidado, quer no que respeita à escolha dos livros que devem figurar nas bibliotecas, quer no que respeita à escolha do pessoal que com elas trabalha([14]).

A Fundação informou os serviços do regime do Estado Novo que «normalmente, o pessoal que trabalha na Província com as bibliotecas (motoristas e encarregados) é escolhido sob recomendação das autoridades locais ou de pessoas de elevada representação e merecem inteira confiança»([15]).

Perante as queixas da PIDE em relação aos ditos empregados da biblioteca itinerante n.º 24, formuladas por um ofício confidencial (o n.º 8651) de 29 de Dezembro de 1960, o Conselho de Administração ordenou um inquérito e, para esse efeito, foi escolhido o próprio inspector – geral das bibliotecas, o Dr.º António Quadros Ferro, «cuja ideologia política, tantas vezes publicamente manifestada, oferecia as melhores garantias».

Este, para além das respostas concretas dadas ao caso do pessoal em apreço, preceitua os critérios adoptados para as bibliotecas:

1. Os livros distribuídos pelos funcionários das Bibliotecas são escolhidos por uma Comissão de Leitura, composta de personagens fidedignas, que utilizam um critério rigoroso em atenção aos pressupostos morais, sociais, religiosos e políticos que uma tal distribuição implica. Deste modo, o encarregado e seu ajudante funcionam apenas como intermediários, sem iniciativa quanto aos livros que entregam aos leitores.
2. As equipas de funcionários que fazem serviço nas Bibliotecas não são independentes, uma vez que estão constantemente sujeitos aos Serviços de Inspecção. Assim, dois inspectores, o Inspector

Geral e o Inspector Regional Sul, visitam frequentemente a Biblioteca de Mértola, como acontece com todas as outras, surgindo sem aviso prévio em qualquer localidade dos itinerários. As inspecções estão atentas ao comportamento e eficiência dos funcionários, bem como às condições e conteúdo das Bibliotecas, interrogando frequentemente os leitores de todas as idades e condições sociais, a respeito da acção dos funcionários. É praticamente impossível que um funcionário possa ter a mínima intervenção política junto dos leitores, sem que tal seja imediatamente conhecido pelos dirigentes e inspectores do Serviço de Bibliotecas([16]).

A Secção Central da PIDE envia, a 5 de Julho de 1961, a resposta que os serviços da Fundação Gulbenkian deram aos insistentes ofícios daquela polícia política sobre os três encarregados da biblioteca itinerante n.º 24, baseada em Mértola:

> Em referência aos ofícios n.º 8.651 e 203/61, respectivamente de 29 de Dezembro de 1960 e 18 de Maio, p. p., informo V. Ex.ª de que dos inquéritos a que se mandou proceder, efectuados por pessoas da maior idoneidade moral e cuja ideologia política oferecia as melhores garantias, se concluiu que em relação aos empregados suspeitos não havia qualquer motivo para alterar a sua situação.
>
> Ao mesmo tempo, e pelo que especialmente respeita aos António Godinho Santana, abonaram expressamente o seu bom comportamento político o Presidente da Junta Distrital de Beja, o Presidente da Comissão Distrital da União Nacional, e o industrial Emídio Lima, a quem o mesmo António Santana serviu como empregado.
>
> No entanto estes empregados continuaram sob especial vigilância, e não deixarei de atender e agradecer todas as informações baseadas em factos concretos que V. Ex.ª se dignem comunicar-nos([17]).

Também em Portalegre o facto de ter sido proposto para encarregado da biblioteca itinerante «o nacional Alberto da Conceição Margarido Martins, alfaiate» que vestiria bem e que estava referenciado como elemento da oposição, causava preocupação pois seria de «aceitar que tal indivíduo se venha a aproveitar de tal situação para junto dos indivíduos que procurem utilizar-se daquela biblioteca, fazer propaganda das suas ideias»([18]).

Também são muitos os bolseiros, ou candidatos a bolsas e outros subsídios da Fundação que são assinalados pelos serviços da polícia política e a sua correspondência com os serviços interceptada pela PIDE.

A 1 de Dezembro de 1961 a Secção Central dos Serviços de Segurança da PIDE produz a informação n.º 1.687/61 – G.U., em que o assunto é a *Fundação Gulbenkian e a concessão de Bolsas de Estudo*([19]).

O documento, encontrado no arquivo de Salazar, não fica atrás na linguagem das denúncias da província sobre os responsáveis pelas bibliotecas itinerantes:

> Desde há algum tempo que os Serviços desta Polícia vêm assinalando que uma grande percentagem das bolsas de estudo concedidas pela Fundação Gulbenkian se destinam a indivíduos não só desafectos às actuais Instituições como a muitos de tendências reconhecidamente comunistas, parecendo até que para se usufruir do auxílio daquela Fundação, é condição se não principal, pelo menos de certo peso, ser-se politicamente de tendências esquerdistas.
>
> O mesmo se tem verificado acerca de alguns dos seus empregados, especialmente daqueles que estão directamente ligados às bibliotecas itinerantes, o que, em devido tempo e sempre que se tem proporcionado ocasião para tal, tem sido levado ao conhecimento das Entidades competentes.

E, após dar alguns exemplos de bolseiros no estrangeiro, que não fizeram o serviço militar, o que só revelava, «não existir, pelo menos que seja do conhecimento [daquela] Polícia, qualquer controlo à sua atribuição», o documento conclui

> que o processamento da concessão de Bolsas de Estudos por parte da Fundação Gulbenkian, tal como vem sendo feito, constitui um incentivo para os indivíduos de tendências comunistas se fixarem comodamente no estrangeiro e daí desenvolverem uma acção nefasta para Portugal, sempre de lamentar e agora mais do que nunca, dada a campanha que contra Portugal vem sendo desenvolvida por um conluio internacional, onde predomina uma maioria comunista ou pró-comunista([20]).

A avaliação final da Secção central é radical em relação ao que se pode esperar da Fundação em termos políticos:

> Nestas condições, verificando-se que os indivíduos indicados em informações anteriores, foram cobertos pela Fundação Gulbenkian, temos de admitir que se pode concluir que ela representa ou vai representando o baluarte da oposição em Portugal([21]).

Estes são apenas alguns exemplos documentados que demonstram a preocupação instalada nas fileiras provinciais do Estado Novo com essa novidade introduzida pelas bibliotecas itinerantes e seus coordenadores, e até, motoristas! Muito mais importante terá sido a difusão do livro, as leituras num país semi-analfabeto e cujo grau de instrução não ia muito mais além dos manuais escolares. Além disso a PIDE segue atentamente a concessão de bolsas de estudo para o estrangeiro chegando a produzir doutrina sobre os critérios de atribuição da própria Fundação.

A Fundação Gulbenkian e a situação política (e financeira) do País

Curiosamente, será nesse ano de 1961, em que levanta essas preocupações provincianas do regime de Salazar em relação ao pessoal das bibliotecas ambulantes e aos bolseiros da Fundação, que o governo irá apelar ao Conselho de Administração da Fundação Gulbenkian para este transferir parte do seu património financeiro em dólares para depósitos bancários em Portugal. Certamente que as necessidades de meios de pagamento sobre o exterior, por parte de um país que se prepara para manter um esforço de guerra prolongado terão apressado a transferência para Portugal de parte das contas em dólares, depositadas em bancos nova-iorquinos pelos gestores de Calouste Gulbenkian.

A 15 de Agosto de 1961, José de Azeredo Perdigão escreve a Salazar dando-lhe conta de que, após contacto telefónico com o Ministro das Finanças Pinto Barbosa, «e de acordo com o meu colega Essayan que comigo pessoalmente se ocupa dos problemas financeiros da Fundação», dera instruções aos banqueiros de Nova York «para não renovarem os depósitos a prazo que se vençam nos dois meses [mais] próximos, para assim termos, na devida oportunidade, as disponibilidades do numerário de que carecem em vista à realização das previstas operações de investimento em Portugal»([22]).

No seguimento de uma «fatigante viagem a Paris, Nova York, Washington, Nova York, Paris, Lisboa», Azeredo Perdigão escreve nova carta a Salazar informando que, após ter falado com vários conselheiros financeiros, tinha deixado «tudo preparado para efectuar, até ao fim do ano, por diversas vezes, a transferência para Portugal de 15 a 17 milhões de dólares»([23]).

A 14 de Dezembro desse mesmo ano, Azeredo Perdigão volta a escrever a Oliveira Salazar para o informar que já se encontravam «devidamente titulados os acordos celebrados entre a Fundação Calouste Gulbenkian e a Caixa Geral de Depósitos destinados a regular os depósitos a prazo que a primeira vai efectuar na segunda»([24]).

Embora o presidente da Fundação não pretenda referir «os detalhes da operação, porque certamente V. Ex.ª já a conhece por intermédio do Senhor Ministro das Finanças», adianta terem sido dadas instruções naquele dia aos «banqueiros em Nova York, para colocarem, à ordem do Banco de Portugal, da conta da caixa, os primeiros cinco milhões de dólares», e estar «tudo preparado para que, até ao fim do ano corrente, o total dos depósitos [ser] elevado a 17.500.000 dls»([25]).

Azeredo Perdigão está consciente do favor que fez ao governo num momento em que escasseavam as divisas fortes para os pagamentos sobre o exterior. Por isso não deixa de acentuar ter sido para ele «extremamente agradável poder prestar, ao País e ao Governo, este pequeno serviço»([26]).

Embora não seja este o capítulo especializado sobre a política financeira da Fundação, não parece aventuroso afirmar que estas transferências de rendimento dos EUA para Portugal eram apenas um movimento de capitais e não se destinavam a mudar a estratégia da Fundação em termos de investimentos, o que só mais tarde ocorrerá.

A 17de Maio de 1962, o próprio Azeredo Perdigão informa Salazar que «não está, nem nunca esteve, no espírito da Fundação, intervir, directamente no mercado financeiro nacional, realizando empréstimos ou outras operações congéneres».

A 1 de Agosto de 1962, o Conselho de Administração da Fundação dá por atingida a meta de vinte milhões de dólares de transferências da banca internacional para a banca portuguesa, mas não deixa de afirmar que «o Conselho considera actualmente outros campos para novos investimentos no País»([27]).

O facto de a Fundação estar interessada nos negócios do petróleo, através da sua companhia estrangeira subsidiária Partex, levava o seu Conselho de Administração a encarar a possibilidade de investir até ao limite de trezentos mil contos na altura (cerca de dez milhões de dólares em 1962) na projectada nova refinaria de petróleo a construir na zona da cidade do Porto.

Em síntese: foram assim pacíficas, se não de cooperação, as relações entre o regime salazarista e a Fundação nos primeiros dez anos da existência desta.

Esses dez anos de existência serão aliás celebrados com o maior empenho quer pela Fundação quer pelos poderes constituídos.

Mas houve choques inevitáveis entre o regime salazarista e a Fundação, sobretudo com o evoluir da situação política.

Se em 1965 já tinha havido um mal entendido no Conselho de Administração por causa da atitude tomada face à Sociedade Portuguesa de Escritores que premiara o angolano Luandino Vieira preso em Luanda, será o ano de 1968 a assistir à maior crise entre Salazar e Azeredo Perdigão.

Assim se,

> Em 1965, após acalorada discussão com Azeredo Perdigão, Teotónio Pereira ameaçou resignar ao seu cargo de administrador caso a Fundação não se demarcasse dos protestos pelo encerramento da Sociedade Portuguesa de Escritores, na sequência da atribuição do Grande Prémio de Novelística ao escritor angolano Luandino Vieira([28]).

já em 1968 haverá uma tensão crescente entre a Fundação e as autoridades salazaristas.

O «caso Béjart»: Azeredo Perdigão diz adeus a Salazar

A 6 de Junho de 1968 no Coliseu dos Recreios em Lisboa, em plena crise de Maio francês e da ocupação da Casa dos Estudantes Portugueses em Paris, durante o espectáculo do grupo «Le Ballet du XXeme Siècle» do Theâtre Royal de la Monnaie de Bruxelas, «Romeu e Julieta», o seu director artístico Maurice Béjart proferiu uma breve alocução no final em que condenava o assassinato, ocorrido nesse dia, de Robert Kennedy, e se insurgia contra a violência e o fascismo.

O autor destas linhas encontrava-se entre a assistência que enchia completamente o Coliseu e que aplaudiu estrondosamente as palavras do coreógrafo.

As palavras foram proferidas em francês, e recolhidas pelos serviços da Fundação na sua disputa sobre o seu significado com as autoridades do regime político:

> Robert Kennedy a eté assassiné aujourd'hui, victime de la violence el du fascisme. Contre toutes formes de violence et de dictature, en sa mémoire, je vous demande une minute de silence([29]).

Nos dias seguintes, o Secretariado Nacional de Informação (SNI) emitiu uma Nota Oficial, e Maurice Béjart foi expulso de Portugal, tendo sido cancelados os outros espectáculos previstos.

Estes acontecimentos geraram a maior crise de sempre nas relações entre a Fundação Gulbenkian e o Regime do Estado Novo, chegando Azeredo Perdigão a considerar demitir-se de Presidente do Conselho de Administração.

Deixemos falar os documentos, tanto mais que os encontramos seriados quer do lado da Fundação quer do lado do arquivo de Salazar.

A Nota do SNI que merecerá a reacção forte de Azeredo Perdigão foi publicada a 8 e 9 de Junho de 1968 nos seguintes termos:

> Durante o espectáculo de uma companhia estrangeira, realizado na noite de 6 do corrente, foram dirigidas à juventude exortações derrotistas e tomadas atitudes de especulação política inteiramente estranhas ao próprio espectáculo.
>
> Perante a luta que temos de manter em defesa da integridade nacional, não pode consentir-se que uma companhia estrangeira aproveite, abusivamente, um palco português para contrariar objectivos nacionais.
>
> As autoridades foram, assim, forçadas a impedir a permanência em território português do súbdito estrangeiro responsável por aquele espectáculo([30]).

No dia 12, Azeredo Perdigão leva «o caso Béjart» a uma reunião do Conselho de Administração em que estão presentes Pedro Teotónio Pereira, Ferrer Correia, Robert Gulbenkian e Leite Pinto.

Após ter recordado o episódio do Coliseu, Azeredo Perdigão referiu as medidas que, no dia subsequente ao espectáculo, haviam sido tomadas pelas autoridades em relação ao coreógrafo Maurice Béjart «sem que das mesmas tivesse sido dado prévio conhecimento à Fundação Calouste Gulbenkian». Além disso, ao tornar pública a Nota do S.N.I., «a Radiotelevisão Portuguesa fizera-a acompanhar de observações acintosas»([31]).

Tudo isto ocorreu nas vésperas do feriado nacional de 10 de Junho, na altura comemorado de manhã com um desfile militar no Terreiro do Paço onde se procedia à cerimónia de entrega de condecorações a elementos das Forças Armadas, e de tarde à imposição de condecorações a diversas entidades civis no Palácio de Belém.

O Presidente da Fundação, José de Azeredo Perdigão, era vogal do Conselho da Ordem Militar de Santiago da Espada, e também nessa qualidade convidado a estar presente em ambas as cerimónias.

Ora, perante a situação criada à Fundação Calouste Gulbenkian e, de modo especial ao seu Presidente, pela acusação, de que no espectáculo *Romeu e Julieta* haviam sido dirigidas *exortações derrotistas* à juventude e que a companhia *Ballet du XXeme Siècle* havia aproveitado, abusivamente, um palco português, *para contrariar objectivos nacionais* Azeredo Perdigão entendeu não comparecer em qualquer das referidas cerimónias. E por tal motivo enviou uma carta ao Presidente da República Almirante Américo Tomás, na qual, a título pessoal, expunha as razões que o levaram a não estar presente.

Nessa carta de Azeredo Perdigão a Américo Tomás, começa por dizer que «o que se fez, o que não se fez, o que se disse e o que oficialmente se publicou acerca das palavras de Maurice Béjart [...] causou-me um dos maiores choques morais que na minha vida tenho sofrido»([32]).

Esse «choque moral» devera-se quer à expulsão de Portugal do coreógrafo quer à Nota do SNI que Azeredo Perdigão não se coíbe de criticar junto do Presidente da República:

> Na Nota do Secretariado Nacional de Informação [...] para justificar um acto cujo rigor a muitos surpreendeu – a expulsão imediata de Maurice Béjart do País, com a inevitável consequência

> de tornar impossível os espectáculos marcados para as noites de 7 e de 8 – afirma-se que Maurice Béjart dirigiu à juventude exortações derrotistas e tomou atitudes de especulação política inteiramente estranhas ao espectáculo.
>
> Admitindo que aquele coreógrafo haja tomado uma atitude que pode ser interpretada de especulação política, digna como tal de justa censura, ninguém pode ver de boa fé, uma exortação derrotista à mocidade nas palavras que pronunciou...([33])

Mas caso se pudesse considerar uma exortação derrotista à mocidade «a exaltação do amor contra a violência e a guerra» presente no «drama genial de Shakespeare», nesse caso Azeredo Perdigão declara-se perante o Presidente da República responsável por essa exortação, na medida em que promoveu a apresentação do bailado em Lisboa. E acrescenta:

> Ora, eu considero essa hipótese, que de momento não tenho meios de destruir radicalmente, tão afrontosa da minha dignidade de português e dos meus sentimentos patrióticos, sempre revelados tanto em palavras como em obra, tanto no recolhimento do meu gabinete de trabalho, como nas terras de Angola, de Moçambique e de Guiné onde a juventude portuguesa derrama o seu sangue generoso em defesa da Pátria, que não me julgo com o direito de participar em qualquer das cerimónias de amanhã pois que a minha presença em qualquer delas, à luz do que deixo dito a Vossa Excelência, poderia constituir uma ofensa para os militares e civis que a Nação, representada pelo seu mais alto magistrado [...] vai merecidamente galardoar([34]).

Será no entanto em carta para o Presidente do Conselho que Azeredo Perdigão chega ao ponto de considerar a sua demissão de Presidente da Fundação Gulbenkian por causa do «caso Béjart», como lhe chamaria Salazar em carta para Perdigão, a 13 de Junho, em resposta à deste do dia anterior.

Logo no tratamento manuscrito o Presidente da Fundação opta por um seco «Senhor Presidente do Conselho de Ministros» que contrasta com a quase consagrada fórmula pessoal usada por ele durante anos sempre que se dirigira a Salazar por «Presidente do Conselho da minha maior admiração».

Essa carta é, aliás, antecedida por um «Apontamento» sobre o delicado assunto, que Azeredo Perdigão, «Para defesa pessoal e da Instituição a cujo Conselho de Administração» presidia, pensa dar a conhecer «a sua Excelência o chefe do Estado, aos senhores Ministros e mais autoridades civis e militares que assistiram ao espectáculo e, ainda, aos Comandos superiores das nossas Forças Armadas»([35]).

Nesse «Apontamento Informativo e Esclarecedor», traça-se a história do Ballet du XX[em] Siècle e do seu director artístico, citam-se os críticos de bailado Tomás Ribas e José Sasportes, recordam-se anteriores vindas de Béjart a Portugal, e descreve-se a escolha do bailado «Romeu e Julieta» concebido à base da sinfonia do mesmo nome de Hector Beilioz, cujo centenário se celebraria em breve. O bailado, estreado em Bruxelas em 1966, e depois apresentada em várias cidades tais como Paris, Tóquio, Roterdão e Berlim, «em todas teve grande sucesso».

Aliás o próprio Azeredo Perdigão vira a obra em Bruxelas, em Outubro de 1967, na companhia, entre outros, do Dr. César Moreira Baptista, Secretário Nacional da Informação, do Dr. João Bairrão Oleiro, Inspector Superior das Belas Artes, Prof. Nobre Gusmão, e do Dr. Francisco Avillez, Chefe da Secção de Exposições do SNI...

Segundo Azeredo Perdigão, «todos consideraram, entusiasticamente, o bailado Romeu e Julieta uma obra prima e nenhuma das referidas pessoas pensou que ele poderia traduzir uma atitude política ou representar uma exortação derrotista à juventude»([36]).

Logo na altura ficara decidida a sua apresentação em Lisboa, o seu anúncio feito com meses de antecedência e o espectáculo autorizado «sem reservas pelas autoridades competentes».

Azeredo Perdigão fornece mesmo o essencial do guião a Salazar, citava Béjart quando este diz que tentou «casar o romantismo do jovem Hector Berlioz, cujos arrebatamentos e generosidade não deixam de ser um tanto ingénuos, com a magia e a crueza de Shakespeare».

Assim, o coreógrafo concebeu um epílogo condenando a violência entre indivíduos e famílias e «no plano mais vasto da humanidade». Segundo Azeredo Perdigão, nessa carta a Salazar, «o Epílogo é, em resumo, a revolta contra as forças que subvertem a paz no Mundo, é o triunfo do amor sobre o ódio», em que o grito que sintetizava a última cena do bailado «Make love not war» não era depois concretizado para nenhum país, com a excepção do Vietname, «e portanto, sem qualquer referência a Portugal e à luta de defesa, e não de agressão que estamos a sustentar em África. O Epílogo é, em resumo, a revolta contra as forças que subvertem a paz no mundo, é o triunfo do amor sobre o ódio»([37]).

O cerne da questão estava, porém, no extra que se seguiu, quando pela última vez Maurice Béjart veio ao palco para agradecer os aplausos que lhe tributavam «os milhares de pessoas que enchiam o Coliseu, sem distinção de classes, categorias sociais, e funções políticas e privadas». Sempre segundo o relato de Azeredo Perdigão, que podemos comprovar por termos assistido ao espectáculo, Maurice Béjart, imprevistamente, levantou os braços, dando assim a indicação de que pretendia dizer algumas palavras. E proferiu, em francês, as já aqui assinaladas e que Perdigão transcreve para conhecimento de Salazar.

Para Azeredo Perdigão «o facto irrecusável é que as palavras de Béjart, fosse qual fosse o propósito com que as proferiu, não traduziam, nem de perto nem de longe, uma exortação derrotista à juventude», pelo que se devia concluir que o SNI pensava – embora não tivesse a coragem de o afirmar – que aquela exortação estava contida na mensagem universal de paz e de amor que o bailado encerrava. Mas, se assim fosse, concluía o Presidente da Fundação responsável pelos pelouros da Música e Bailado «eu seria o culpado de essa mensagem ter sido trazida ao público português» e acrescenta: «O que me tortura é que tenha havido alguém responsável que, por ignorância ou cegueira, o haja pensado, e dado ocasião a que outros ignorantes e outros cegos, que não viram o bailado e só conhecem o texto da Nota do SNI, ficassem a pensar da mesma maneira»([38]).

Era essa afronta à sua dignidade de português e aos seus sentimentos patrióticos que Azeredo Perdigão não podia suportar «sem esclarecimento e sem protesto, mormente vindo ela de um organismo oficial de grandes responsabilidades...»([39])

E remata quase num tom de *ultimatum*:

> Por tudo o que deixo exposto, espero que Vossa Excelência, Senhor Presidente do Conselho, conclua: que a Fundação nada teve com a atitude, imprevista e imprevisível, do coreógrafo Maurice Béjart, na noite de 6 do corrente, no palco do Coliseu e que a reprova em absoluto; que no bailado *Romeu e Julieta*, de Maurice Béjart, não pode ver-se, nem directa nem indirectamente, qualquer exortação derrotista à juventude; que nunca, do nosso conhecimento,

> qualquer crítico, em qualquer país, lhe fez tal imputação, e que as autoridades portuguesas, antes de darem, como deram, o seu *visto* para a vinda a Portugal do *Ballet du* XX*eme* *Siècle*, do *Théatre Royal de la Monnaie – Opéra National de Belgique*, e a apresentação do referido bailado, tiveram tempo e meios para se informarem...

Havia ainda algo que amargurava Azeredo Perdigão na forma como autoridades subalternas do Estado Novo – se as hierarquizamos a partir do Presidente do Conselho – tinham, de certa forma, faltado à cortesia devida para com a Fundação Gulbenkian e o seu presidente.

De facto, a expulsão de Béjart desenvolveu-se sem dela se ter dado conhecimento à Fundação e enquanto decorria um episódio de «exame prévio» do espectáculo bem revelador dos costumes censórios da época.

Assim, na tarde do dia seguinte ao episódio do Coliseu, Azeredo Perdigão é procurado, na sede da Fundação, pelo Inspector – Chefe dos Espectáculos, Dr. José Maria Alves, o qual fora «superiormente encarregado» de ouvir a parte falada da fita sonora do bailado Romeu e Julieta, para, eventualmente, ordenar o corte de uma ou duas frases e que entretanto ordenou a suspensão do *visto* daquela Inspecção para o espectáculo daquela noite 7 de Junho([40]).

> Logo dei instruções ao Secretário do Conselho para aceitar os cortes que foram exigidos, isto no caso de, como legalmente não podia deixar de ser, o autor do bailado e do respectivo guião, o consentir. [...]
>
> [...]
>
> Cerca das 18 horas, reuniram-se no Coliseu o Secretário do Conselho de Administração, o Inspector – Chefe dos Espectáculos, Dr. José Maria Alves, e o vogal da Comissão de Exame e Classificação de Espectáculos, Dr.º José Cabral Tavares de Carvalho, com o registo da Companhia, Arnold Poels, e o Director de Som, Van Horenbeck; e, após terem ouvido a parte falada da fita, o censor mandou cortar somente três frases: *Make love, not war, Faites l'amour pas la guerre*, e uma terceira em que um locutor invisível, falando português à maneira do Brasil, referia sem indicar o lugar onde, uma revolta de estudantes reprimida com muitas mortes, entre outras notícias imaginárias, ditas em diversas línguas, que

> preparavam o epílogo do bailado, consistente no triunfo do amor sobre a violência.
>
> O Secretário do Conselho de Administração, de harmonia com as instruções que eu lhe havia dado, declara imediatamente que a Fundação não se opunha a que esses cortes se fizessem, no mesmo sentido se tendo pronunciado o regista Arnold Poels.
>
> Perante estas declarações, o Senhor Inspector-Chefe dos Espectáculos entregou, em confiança, ao Secretário do Conselho de Administração o documento contendo o *visto* para o espectáculo dessa noite([41]).

Para a exibição dessa noite estava aliás convidado o Presidente da República Américo Tomás, a quem Azeredo Perdigão fora dizer, tendo em conta o que se havia passado na véspera, que compreendia perfeitamente que ele se abstivesse de comparecer.

Entretanto, nessa mesma tarde do dia 7, Maurice Béjart havia sido chamado à PIDE e notificado de que deveria abandonar imediatamente o País, sem que a Fundação Gulbenkian o soubesse. Os membros da Companhia de Ballet ao tomarem conhecimento da medida de expulsão do seu director artístico fizeram saber que se encontravam incapazes de dançar pelo que os espectáculos previstos para os dias 7 e 8 foram anulados.

Na carta a Salazar datada de 12 de Junho Azeredo Perdigão não deixa de se referir às dificuldades suscitadas por esse cancelamento. Passemos de novo a palavra do Presidente da Fundação:

> não posso deixar de lamentar também que ao Conselho de Administração da Fundação não tivessem sido comunicadas as medidas policiais que havia a intenção de aplicar a Maurice Béjart, a tempo de evitar o prejuízo, moral e material, que à Fundação ainda resultou do facto de não poder realizar os espectáculos marcados para as noites de 7 e 8 do corrente, com as agravantes de, pelo que respeita ao primeiro, o público, constituído por mais de quatro mil pessoas só poder ser prevenido de que o espectáculo era cancelado quando chegou ao Coliseu para assistir à sua realização, e ainda a de que, sem prejuízo das sanções a aplicar a Maurice Béjart, teria sido possível realizar os espectáculos se, na aplicação das mesmas sanções, se tivessem tido na devida conta os interesses legítimos

da Fundação, do Théâtre Royal de la Monnaie – Ópera National de Belgique, dos bailarinos que compõem o Grupo Ballet du xxeme Siècle e do público([42]).

Ao dar conhecimento aos seus colegas do Conselho de Administração da Fundação do teor desta carta, Azeredo Perdigão ditou para a acta da reunião, datada de 12 de Junho, a seguinte declaração:

> Atendendo à maneira como certas autoridades se conduziram com o Conselho de Administração da Fundação ou, pelo menos, com o seu Presidente, não lhes dando a conhecer, com a devida antecedência as medidas policiais que iam ser tomadas contra o director artístico de Ballet du xxeme Siècle e fazendo publicar, pela rádio, televisão e imprensa, uma Nota em que os factos essenciais são deturpados e, sem fundamento, se deixa antever que o bailado Romeu e Julieta contém em si uma exortação derrotista à juventude, a minha primeira reacção foi a de renunciar ao cargo de Presidente do Conselho de Administração da Fundação [...]
>
> Mas, atendendo a que fui eu, durante cerca de treze anos, em Portugal, o conselheiro jurídico e o amigo mais próximo de Calouste Gulbenkian, quem deu forma jurídica aos seus dois sucessivos testamentos e uma das pessoas a quem ele confiou o encargo de executar a sua vontade e, portanto de o defender contra tudo que possa contrariar o que foi o seu pensamento ao criar a Fundação que tem o seu nome, ao colocá-la sob a égide das leis portuguesas e ao escolher Lisboa para sede de Instituição, resolvi, para ser fiel às responsabilidades que daí derivam, não efectivar a renúncia([43]).

Todos os restantes membros do Conselho de Administração se pronunciaram a favor da atitude do seu Presidente, com especial ênfase por parte de Ferrer Correia, tendo Teotónio Pereira no entanto criticado a atitude de Béjart, enquanto Leite Pinto achou que esta era apenas insensata mas que lhe parecia ter sido tomada «sem intenção propositada de provocar escândalo»([44]).

Era, porém, do próprio Salazar de quem Azeredo Perdigão esperava a palavra final.

No arquivo Salazar, há duas versões da resposta do Presidente do Conselho ao Presidente da Fundação, e a própria data de envio da carta se encontra rasurada. Embora Salazar estivesse a pouco mais de três meses do acidente que o prostrou, a imprecisão dever-se-á sobretudo ao cuidado da gestão do «caso Béjart» perante as reacções de Azeredo Perdigão.

A data inicial é a de 13 de Junho e a enviada é de 15.

Uma coisa é certa: Salazar confessa ter sido informado, logo na manhã seguinte, do que aconteceu na véspera à noite no Coliseu e perante ele se ter assustado na orientação a seguir, revelando, no entanto, ter lembrado que a Fundação «devia ser posta ao corrente das decisões do Governo, pois era de prever que tivesse de agir sem demora no esclarecimento da sua atitude e que, pelo facto disso se ter feito tardiamente, havia que pedir desculpas à Fundação e, em especial, ao seu ilustre Presidente»([45]).

E é Salazar quem baptiza o episódio: «Recebi a carta de V. Ex.ª de 12 e com ela o Apontamento em que explica o que chamaremos, para simplificar, o caso Béjart, visto pela Fundação Gulbenkian»([46]).

E aponta-lhe a politização do caso:

> Quando V. Ex.ª, em Outubro de 1967, apreciou em Bruxelas *Romeu e Julieta*, o bailado já era o que era; mas entre essa data e a apresentação em Lisboa, verificaram-se, em França, acontecimentos graves de todos conhecidos. E deu-se o caso estranho de que a ocupação da Sorbonne pela massa estudantil foi precisamente feita durante muitos dias ao som do estribilho – *faites l'amour, pas la guerre* –; e as nossas informações são de que, com a insistente repetição do mesmo estribilho, foi também ocupada e pilhada a Residência com que a Fundação Gulbenkian generosamente presenteou a Universidade de Paris…([47])

Acentuando que:

> Quem segue com atenção os ventos que sopram de certos quadrantes contra os que teimam em defender a autoridade do poder e a integridade nacional, está habituado a ver os seus actos classificados como de violência, fascismo, ditadura, e compreender a intenção com que se pretendeu, fazendo-lhes directa referência, criar o bailado do Coliseu.

Mas Salazar não deixa de ir ao encontro da queixa de Azeredo Perdigão para o isentar de qualquer erro ou mal-entendido:

> Tirar, porém, daquela frase do comunicado (foram dirigidas à juventude exortações derrotistas) qualquer conclusão que afecte a sua dignidade pessoal e sentimentos patrióticos é desconhecer um abismo que não se pode transpor. Todos conhecem neste país os altos serviços prestados por V. Ex.ª à frente da Fundação Gulbenkian em benefício da pátria comum, para que pudesse passar por qualquer espírito uma sombra de dúvida a tal respeito.

Salazar ainda pedia a Perdigão que lhe indicasse as pessoas a quem havia enviado o *Apontamento* atrás mencionando «para que possa perante elas fazer-lhe a devida justiça, enviando-lhes cópia desta carta».

A 19 de Junho, o Presidente da Fundação responde a Salazar. É um Azeredo Perdigão que se tem multiplicado por várias frentes na gestão de conduta a adoptar, perante contextos políticos tão complexos com os que deram origem à ocupação, em Paris, da Casa dos Estudantes Portugueses, em França, entre 22 de Maio e 12 de Junho, e o próprio *«caso Béjart»* no Coliseu de Lisboa, a 6 deste último mês. Ainda por cima a carta de Salazar vem juntar os dois acontecimentos num mesmo complexo revolucionário e num mesmo contexto político de luta subversiva contra todos os poderes constituídos, Fundação Gulbenkian inclusive.

Azeredo Perdigão releva o desafio de Salazar nesse ponto particular e, coerentemente com todo o seu comportamento durante a ocupação da Casa dos Estudantes Portugueses em Paris, separa-se de qualquer confusão entre a Fundação e a contestação ao regime político em Portugal e evita qualquer sinal de solidariedade para com este.

Assim, Azeredo Perdigão, depois de citar a passagem da missiva de Salazar, em que este se refere aos acontecimentos de Maio de 1968, na Sorbonne e declara ter sido ao som insistente e repetitivo do estribilho *Faites l'amour, pas la guerre* que a MEP (Maison des Étudiants Portugais) fora ocupada e pilhada, afirma categoricamente, contrariando as «informações» do Presidente do Conselho:

> Salvo o devido respeito, V. Ex.ª está mal informado, como posso demonstrar-lhe com provas irrefutáveis no que toca à ocupação da

> Residência; ora, o que se passou nesta foi, com a mesma gravidade, o que se passou na Sorbonne.
>
> Não foi aos gritos *Faites l'amour, pas la guerre*, que os invasores dos referidos edifícios os ocuparam e destruíram, ou roubaram o melhor do seu recheio.
>
> Se tal tivesse sucedido, estaríamos em face de uma louca contradição entre as palavras e os actos.
>
> Mas não: as palavras que inspiraram os revoltosos – estudantes e operários, nacionais e estrangeiros, onde não faltavam emigrados políticos portugueses – e que eles, associados no mesmo movimento, gritavam quando enfrentavam as forças da ordem, deixaram escritas por toda a parte nos edifícios que ocuparam e pilharam, e se liam em cartazes que afixaram profundamente nas respectivas paredes, não foram *Faites l'amour, pas la guerre*, mas outros estribilhos, outras máximas, não de paz e amor, mas de guerra total, proclamados pelos corifeus do comunismo, como Che Guevara, Mao-Tse-Tung, Lenine e tantos outros([48]).

Não contente com essa descrição, em tudo contrária à amalgama que Salazar insinuara entre o espírito de juventude que ocupou a MEP em Paris e a frase «derrotista» no bailado Romeu e Julieta *Faites l'amour, pas la guerre* de Maurice Béjart, Azeredo Perdigão aproveita as fotografias que a Fundação mandara tirar por alguém que depois as publicará, com o desprazer manifesto do seu Presidente do Conselho da Administração, no jornal conservador francês *L'Aurore*, e no português *Diário de Notícias*, com evidentes propósitos de escândalo, para desmentir as afirmações de Salazar:

> Mando a V. Ex.ª algumas fotografias que demonstram, à evidência, esta asserção, feitas na Residência dos Estudantes Portugueses, logo a seguir ao abandono da mesma pelos componentes do Comité de Ocupação([49]).

E entre as pichagens e slogans lá estão muitas frases particularmente dirigidas pelos ocupantes da MEP contra o regime de Salazar como esta que Perdigão transcreve na lista que apresenta por carta a Salazar:

> Hoje, 22 de Maio de 1968, nós, trabalhadores e estudantes revolucionários, declaramos esta Casa primeiro território livre de Portugal([50]).

Um dos ocupantes da Maison des Étudiants Portugais (MEP) que a Gulbenkian havia construído e custeado para albergar estudantes na cidade universitária de Paris, sita ao Boulevard Jourdan, como uma das contrapartidas para a completa transferência das obras de arte de Calouste Gulbenkian para Portugal, escreverá mais tarde um livro de memórias em que relata o acontecimento num sentido muito próximo do que Azeredo Perdigão entendeu na altura estar a passar-se:

> decidimos ocupar, por nosso lado, a Casa de Portugal. É verdade que esta não era propriedade do Estado Português, mas sim da Fundação Calouste Gulbenkian que, evidentemente, ninguém pretendia hostilizar. Todavia, naquele contexto, era a Casa de Portugal que tínhamos, fosse ela de quem fosse, e o simbolismo da nossa acção parecia-nos unívoco: era o regime que visávamos([51]).

E Azeredo Perdigão, que jamais pretendera atiçar a repressão sobre os ocupantes da Casa, mau grado toda uma série de relatórios, que vão nesse sentido, inclusive com propostas de retirada de bolsas e subsídios aos estudantes mais favoráveis aos ocupantes, dá-se por satisfeito com a evacuação das instalações que ocorrerá a 12 de Junho, praticamente em cima das sequelas do «caso Béjart». Em ambas as situações, Azeredo Perdigão não se quer confundir com o comportamento das autoridades salazaristas.

Não terá sido de todo por acaso que o ex-seareiro e o ex-professor da Universidade Popular do princípio dos anos 20, sintetiza nessa carta a Salazar quem ele é politicamente, e quem é como carácter. Essa passagem, já transcrita atrás, é, agora retomada naquele ponto em que Azeredo Perdigão explica a Salazar porque lhe feriu «profunda e amargamente» a Nota do SNI sobre o «caso Béjart»:

> Não quando a Nota censura a atitude de Béjart no palco do Coliseu, na noite do dia 6, mas quando deixa entender que nas instâncias oficiais se considerava o bailado *Romeu e Julieta* uma exortação derrotista à nossa juventude, àquela juventude que, como várias vezes e em lugares diferentes tive ocasião de ver e admirar, se bate heroicamente para que a Pátria Portuguesa não sofra, no seu território, novas mutilações([52]).

Porém Azeredo Perdigão quer aproveitar a ocasião para dar por finda a maior crise entre a Fundação Gulbenkian e o Governo de Salazar, que ainda por cima tomou aspectos públicos, com não podia deixar de ser depois do cancelamento dos espectáculos e a Nota do SNI de 7 e 8 de Junho. Deste modo, nessa carta de 19, Perdigão sentencia:

> A injustiça da Nota e a falta antes cometida para com a Fundação, ficaram completamente sanadas pelas palavras que V. Ex.ª exarou na sua carta, palavras que só um nobre carácter seria capaz de ditar e pelas quais, Senhor Presidente – o principal interessado – e todo o Conselho de Administração da Fundação nos confessamos profundamente gratos([53]).

Nessa conformidade, e tendo em conta que também já recebera duas cartas satisfatórias da parte do «Ilustre Chefe de Estado», Azeredo Perdigão anuncia que renunciara à ideia de enviar esta às entidades que receberam o *Apontamento* referido na carta de 12 a Salazar e que este, a 15, mostrara curiosidade em saber quem tinham sido. Isso porque o Presidente do Conselho de Administração da Fundação prefere «suportar algumas acusações injustas e, em regra, mal intencionadas (o mundo esta cheio de invejosos e de despeitados) do que dar motivo a especulações políticas».

Assim, ele, desta vez, não enviará a carta, a todos outros destinatários do «Apontamento» sobre o «caso Béjart» enviado a 12, a saber:

> Sua Excelência, o chefe de Estado, ao Senhor General Santos Costa, e ao Senhor Secretário Nacional da Informação, embora dela dê conhecimento exclusivamente, a sua Excelência o Chefe do Estado, não só porque lhe devo uma resposta a uma outra, amabilíssima, mas um pouco magoada, que me escreveu em 16 do corrente, mas ainda para que o seu *dossier* fique completo([54]).

O «caso Béjart» terá ficado por aqui, em termos da esgrima entre estas duas figuras determinantes da sociedade portuguesa da época, que se entenderam especialmente durante a fase genética da Fundação Gulbenkian. Entre Oliveira Salazar e Azeredo Perdigão, a admiração e o respeito mútuos eram genuínos, mas também implicava um pacto de não-agressão entre ambos. O modo como as autoridades salazaristas lidaram expeditivamente com o «caso Béjart», quer ao expulsarem o coreógrafo quer ao publicarem a Nota do SNI, acusando a Fundação indirectamente de patrocinar espectáculos de índole «derrotista» num país em plena guerra colonial quebrou esse pacto. Azeredo Perdigão encarou abertamente o desafio e pressionou Salazar a dar uma justificação e a explicar-se. A correspondência aqui revelada aí está para o demonstrar.

Nenhum sabia que esse seria o último diálogo entre dois beirões singulares que se impuseram, cada um à sua maneira, em Lisboa, em Portugal e no estrangeiro. Três meses depois Salazar cairia da cadeira no forte de Cascais.

Já será com Marcello Caetano como Presidente do Conselho que o episódio Béjart voltará ao Conselho de Administração da Fundação Gulbenkian, sendo que depois do 25 de Abril o *Ballet du* XX *eme* *Siècle* voltará a Portugal para a continuação dos aplausos interrompidos em Junho de 1968.

Notas

(1) Nota para a Presidência do Conselho. Lisboa, 2 de Junho de 1961. IAN/TT, AOS/CO/PC – 65, pt. 8.

(2) *Expresso*, 19 de Março de 1983, entrevista de Maria João Avillez a Azeredo Perdigão, citada A. Pinto Ribeiro.

(3) VICENTE, António Pedro, «José de Azeredo Perdigão», in *Dicionário da História de Portugal*, vol. 9, coordenação de António Barreto e Maria Filomena Mónica. Porto, Ed. Figueirinhas, 1999, p. 40.

(4) Carta de José de Azeredo Perdigão para Oliveira Salazar. Lisboa, 19 de Junho de 1968. IAN/TT, PIDE/DGS, proc. 3549, fl. 397.

(5) Ver carta datada de 14 de Agosto de 1956 – IAN/TT, PIDE/DGS, proc. 3549.

(6) IAN/TT, PIDE/DGS, proc. 3549, fl. 396.

(7) *Diário Popular*, 29 de Dezembro de 1956.

(8) É o que se depreende dos documentos consultados no Arquivo da ex-PIDE/DGS. Não deixa de causar perplexidade o facto de não se ter encontrado nenhum dossier sobre o próprio Calouste Sarkis Gulbenkian, conforme resposta recebida da ANTT, através do chefe de Divisão de Comunicação e Relações Externa, Dr.ª Maria de Lurdes

(9) Arquivo da Fundação Calouste Gulbenkian, *Livro de Actas do Conselho de Administração*, vol. 1, Acta n.º 10, 1 de Março de 1957.

(10) *Diário de Notícias*, 22 e 24 de Maio de 1958.

(11) Ofício do Posto de Vigilância de Faro, relatório do Posto de Vila Real de Santo António, 10 de Maio de 1960. IAN/TT, PIDE/GDS, proc. 3549

(12) Relatório de 29 de Abril de 1961, do Chefe do Posto de Beja. IAN/TT, PIDE/DGS, proc. 3549, fl. 174.

(13) Informação n.º 886/60 dos Serviços da Segurança, Secção Central da PIDE, 28 de Dezembro de 1960. IAN/TT, AOS/CO/PC – 65, pt 8.

(14) *Nota para a Presidência do Conselho*, assinada por Azeredo Perdigão. Lisboa, 2 de Junho de 1961 (Salazar escreveu na 1.ª folha a Nota (1.705), visto e a data 6-VI-961) – IAN/TT, AOS/CO/PC – 65, pt. 8.

(15) *Idem* – IAN/TT, AOS/CO/PC – 65, pt. 8.

(16) *Idem* – IAN/TT, AOS/CO/PC – 65, pt. 8.

(17) IAN/TT, PIDE/DGS, proc. 3549, fl. 175.

(18) IAN/TT, PIDE/DGS, proc. 3549, fl. 165.

(19) IAN/TT, AOS/CO/ED – 7, pt. 3.

(20) IAN/TT, AOS/CO/ED – 7, pt. 3.

(21) IAN/TT, AOS/CO/ED – 7, pt. 3.

(22) Carta de Azeredo Perdigão para Oliveira Salazar. Lisboa, 25 de Agosto de 1961. IAN/TT-AOS/CP-211, 6.1.4./13, fls. 268 – 270.

(23) Carta de Azeredo Perdigão a Oliveira Salazar, datada de 2 de Novembro de 1961, IAN/TT-AOS/CP-211, 6.1.4./13, fls. 270 – 273.

(24) Carta de Azeredo Perdigão a Oliveira Salazar. Lisboa, 14 de Dezembro de 1961. IAN/TT-AOS/CP-211, 6.1.4./13, fls. 280 – 282.

(25) *Idem*, *idem*.

(26) *Idem*, *idem*.

(27) IAN/TT-AOS/CP-211, 6.1.4./13, fls. 296-297.

(28) Oliveira, Pedro Aires de, «Fundação Gulbenkian», in *Dicionário de História do Estado Novo*, direcção de Fernando Rosas e A. M. Brandão de Brito, 1.º volume. Lisboa, Círculo de Leitores, 1996, p. 375.

(29) Carta de Azeredo Perdigão a Oliveira Salazar, datada de 12 de Junho de 1968. IAN/TT-AOS/CP-211, 6.1.4./13, fls. 362.

(30) Nota do SNI tornada pública pela rádio e televisão no dia 8 de Junho de 1968, e pelos jornais no dia 9.

(31) Ver Arquivo da Fundação Calouste Gulbenkian Acta n.º 92.700 do Conselho de Administração, datada de 12 de Junho de 1968 – Arquivo da Fundação Calouste Gulbenkian, *Actas do Conselho de Administração*, 1968.

(32) A carta datada de 9 de Junho encontra-se transcrita na Acta n.º 92.700 do Conselho de Administração, de 12 de Junho 1968 – Arquivo da Fundação Calouste Gulbenkian, *Actas do Conselho de Administração*, 1968.

(33) *Idem* – Arquivo da Fundação Calouste Gulbenkian, *Actas do Conselho de Administração*, 1968.

(34) *Idem* – Arquivo da Fundação Calouste Gulbenkian, *Actas do Conselho de Administração*, 1968.

(35) Carta de Azeredo Perdigão datada de 12 de Junho de 1968, também transcrita na Acta do Conselho de Administração da Fundação n.º 92.700. cf. AOS/CP–211, 6.1.4./13 e Arquivo da Fundação Calouste Gulbenkian, *Actas do Conselho de Administração*, 1968.

(36) *Idem* – AOS/CP–211, 6.1.4./13.

(37) *Idem* – AOS/CP–211, 6.1.4./13.

(38) *Idem* – AOS/CP–211, 6.1.4./13.

(39) *Idem* – AOS/CP–211, 6.1.4./13.

(40) Arquivo da Fundação Calouste Gulbenkian, *Livro de Actas do Conselho de Administração*, Acta n.º 93.100 de 25 de Junho de 1968.

(41) Arquivo da Fundação Calouste Gulbenkian, *Livro de Actas do Conselho de Administração*, Acta n.º 93.100 de 25 de Junho de 1968.

(42) Carta de 12 de Junho de 1968 – IAN/TT – AOS/CP-211, 6.1.4./13.

(43) Arquivo da Fundação Calouste Gulbenkian, *Livro de Actas do Conselho de Administração*, Acta n.º 92.700 de 12 de Junho de 1968.

(44) *Idem*, *Ibidem*.

(45) IAN/TT – AOS/CP-211, 6.1.4./13.

(46) Carta de Salazar dirigida a Azeredo Perdigão datada, com rasura. Lisboa, 15 de Junho de 1968.

(47) IAN/TT – AOS/CP-211, 6.1.4./13.

(48) Carta de Azeredo Perdigão ao Presidente do Conselho Oliveira Salazar, 19 de Junho de 1968 – IAN/TT, AOS/CP – 211.

(49) *Idem* – IAN/TT, AOS/CP – 211.

(50) *Idem*, IAN/TT, AOS/CP – 211.

(51) Marques, Fernando Pereira, *A Praia sob a Calçada – Maio de 68 e a Geração de 60*. Lisboa, Âncora Editores, 2005, p. 119.

(52) *Idem*, *Ibidem*.

(53) *Idem*, *Ibidem*.

(54) *Idem*, *Ibidem*.

ORIGEM DO TEXTO:

«A Instituição», in Antonio Barreto (coord.), Fundação Calouste Gulbenkian. Cinquenta anos (1956-2006). Lisboa, Fundação Calouste Gulbenkian, 2007, pp. 68-163 [excerto correspondente às pp. 71-73 e 109-131].

VII.

HISTÓRIA, MEMÓRIA E IDENTIDADE NACIONAL

31.

A História como saber do futuro: Os corpos de Estado e a mudança

> A ciência da história caminha na Europa com passos ao mesmo tempo firmes e rápidos, e (que) se não tivermos o generoso ânimo de dizermos a nós próprios a verdade, os estranhos no-la virão dizer com mais cruel franqueza.
>
> ALEXANDRE HERCULANO, *História de Portugal*, vol. I, Lisboa, 1846, p. IX (Introdução)

Quando se conjugam os conceitos de identidade, mudança e futuro, pode-se partir do postulado que a identidade está bem expressa no passado, que a mudança ocorre no presente, e que só o futuro é incerto. Temos em conta o notável e nobre objectivo da realização deste Seminário sobre «a criatividade e a liderança do Futuro», e destinando-se ele «principalmente aos cadetes das Academias dos três ramos das Forças Armadas e a alunos universitários», tenho por imperativo moral e intelectual analisar melhor o caso da identidade nacional na sua relação com a história e com as instituições derivadas dos corpos de Estado, nomeadamente a instituição militar. Porque não é só o futuro que é incerto. O Passado também o é.

Começo pois por uma afirmação polémica mas que nos coloca no centro da questão a tratar: há vários passados portugueses e há várias instituições militares em Portugal. Os aspectos que nos diferentes presentes se retiveram dessas histórias ajudaram a formar as diversas identidades conforme as exigências e os desafios imediatos.

Temos vários passados e a possibilidade de múltiplos futuros. Assim se pode ler o passado de várias maneiras assim pode haver diferentes visões do futuro. É aqui que entra a criatividade necessária do domínio das novas situações.

A pior identidade é aquela que se baseia em equívocos sobre um passado único dos países ou das instituições. Mas será possível uma história sem mitos?

A força dos mitos nas histórias nacionais ultrapassa mesmo a vontade dos próprios historiadores. Nem evoco aqueles mitos como o «milagre de Ourique» que a mais elementar racionalidade arreda, embora Alexandre Herculano tivesse pago por isso.

Vejamos o caso da existência, ou não, da chamada «Escola de Sagres» na epopeia dos descobrimentos.

O historiador Duarte Leite, lente de Matemática, Ministro das Finanças da Primeira República, embaixador de Portugal no Brasil de 1914 a 1931 que procurou assentar sobre bases científicas os problemas das viagens marítimas do século XV e XVI, não dá o menor crédito à existência da **escola de Sagres:**

> Poucos exemplos oferecem os nossos anais tão frisantes da grande vitalidade duma lenda destituída do menor fundamento, como a desta escola criada em Sagres pelo egrégio infante D. Henrique; pois apesar dos golpes mortíferos que há decénios lhe têm sido vibrados, ainda hoje é cantada e recantada por solenes oradores e conspícuos plumitivos, e é chavão consagrado de manifestações patrioteiras. [...]
>
> O facto mais curioso deste curriculum vitae é que nem durante a vida do seu fundador, nem mais de meio século após a sua morte, aparece a menor referência a tal escola.

Em termos portugueses, a primeira referência à escola de Sagres aparece em **1761** no diploma pombalino inspirado por Ribeiro Sanches, que criou o Colégio dos Nobres. Durante um século, a historiografia adopta essa evocação. Mas, em 1894, aquando do quinto centenário do nascimento de D. Henrique, o general Brito Rebelo negou a realidade da escola «como quer que a concebessem». No entanto, esta ideia da existência de uma «escola de Sagres» tem sempre tendência a reaparecer. Basta comemorar os Descobrimentos.

Curiosamente, os grandes historiadores do séc. XIX não dedicam uma grande atenção aos descobrimentos e à expansão ultramarina. Basta citar Alexandre Herculano, Rebelo da Silva e Oliveira Martins. Eis o que dá que pensar sobre o modo como encaravam já então a questão da identidade nacional.

Alexandre Herculano procura essa identidade no acto do nascimento de Portugal como nação independente na idade média europeia e peninsular.

Rebelo da Silva que se assumiu como um anti-iberista convicto na sua *História de Portugal Séculos XVII e XVIII*, não procura Portugal fora da Europa, e di-lo claramente no prefácio da sua obra que é publicada entre a de Alexandre Herculano e a de Oliveira Martins:

> Não nos deslumbram as glórias dos descobrimentos e das conquistas, nem as prosperidades que realçaram o esplendor do sceptro de el-rei D. Manuel. Embora, como portugueses, o coração nos pulse alvoroçado, quando recordamos com Vasco da Gama o poema dos mares, e com os Almeidas e Albuquerques a epopeia da Índia, o amor da pátria, e a admiração das proezas, que imortalizaram a robusta geração de navegadores e capitães, educados na escola de D. João II, não nos sobressaltam a ponto de esquecermos as escolhas que ameaçaram Portugal, desde que, perdendo de vista Ceuta e Arzila, temerário e desamparado, se atreveu longe das suas costas a travar com os régulos da Ásia a luta que [...] não sabemos escapar á lenta peconha da perversão do caracter e dos costumes, devorados pela sede do oiro, e amolecidos pelas delícias luxuosas do oriente([1]).

E se Oliveira Martins oscila na importância a atribuir a Lisboa ou à articulação entre a Galiza e o Minho para a constituição da identidade nacional, opõe-se firmemente à expansão africana consubstanciada na visão do mapa cor-de-rosa.

Também é importante frisar que dois dos nossos maiores historiadores, um morto e outro vivo, procedem à «identificação» de Portugal no período anterior ás descobertas e não dedicam praticamente atenção à dimensão ultramarina: refiro-me a Alexandre Herculano e a José Mattoso.

De facto a dimensão ultramarina ocupou grande parte do imaginário nacional em épocas diferentes mas não necessariamente sequentes, conforme as políticas seguidas.

Analise-se o comportamento da Dinastia de Bragança a esse respeito. Desde a **restauração** que compreende que a Índia de Vasco da Gama, Francisco de Almeida, Afonso de Albuquerque, João de Castro, João de Barros e Camões pertence ao passado ultrapassado. Concentra-se no Brasil até 1822/25, e a partir de meados do séc. XIX na costa africana. Sempre utilizou a dimensão ultramarina para fazer política europeia e segurar-se na península ibérica. Políticos e governantes desenvolvimentistas do séc. XIX como Passos Manuel, Costa Cabral ou Fontes Pereira de Melo não lhe dedicam grande atenção na esperança talvez que a independência do Brasil fosse na prática o fim da história colonial portuguesa.

De facto era difícil, nos meados do século XIX, encarar a independência do Brasil como ela nos foi contada depois. D. Pedro chegou a ser declarado «traidor» pelas cortes de Lisboa, o seu desobediente «fico» deu origem a uma expedição militar metropolitana mal sucedida, e a declaração de independência unilateral do Brasil em 1822 levou três anos a ser reconhecida pelo governo português através do Tratado de Independência de 29 de Agosto de 1825, laboriosamente negociado nas chancelarias com o recurso à mediação inglesa, tendo sido aliás o diplomata britânico Charles Stuart quem assinou esse Tratado em nome de D. João VI. Durante cerca de duas dezenas de anos quase ninguém queria ouvir falar de colónias em Portugal, no que se acompanhava aliás o espírito do tempo mais liberal do que mercantilista.

Entretanto, a emigração portuguesa para o «País Irmão» na segunda metade do séc. XIX e a implantação de regimes republicanos, primeiro no Brasil e depois em Portugal, abriram as portas ao mito do bom entendimento desde a independência, esquecidos os padecimentos do parto. Exemplo político disso mesmo é o discurso de António José de Almeida proferido diante do Congresso Federal do Brasil a 20 de Setembro de 1922 «*... estou aqui, em nome de Portugal para agradecer aos brasileiros o favor que eles nos prestaram, a nós, proclamando-se independentes no momento em que o fizeram.*»

Mas não é só a história da independência do Brasil que nos foi mal contada até há bem pouco tempo.

Todo o período que antecede as invasões francesas e se estende até às lutas liberais tem sido muito pouco tratado. Nomeadamente os problemas relacionados com a ida da corte para o Brasil jamais foram equacionados na perspectiva deste seminário sobre a identidade e mudança, para não falar na questão da legitimidade do poder.

O desmembramento do Estado português foi tão cru como uma tragédia shakespeariana sobre o uso do poder que a sua reunião formal em dois reinos cis-atlânticos na mesma cabeça coroada durou apenas o tempo das conveniências.

É certo que se verificaram tais mutações como consequência da 1.ª invasão francesa e da chegada de Junot a Lisboa em Novembro de 1807. De certa maneira aí começou a história de Portugal contemporâneo e logo com o deslocamento do Estado, a suspensão do regime político, a pretensão da Casa Real em ser mais importante do que o território nacional desde que sobrasse algum.

Suspensão do regime político. D. João VI antes de embarcar nomeia um Conselho de Regência cuja primeira tarefa será negociar com o invasor.

Nos termos desta negociação Junot licencia em 1808 a maior parte do exército português e constituí com as melhores tropas do activo o corpo que se denominou Legião Portuguesa composta por 9000 homens que acompanhou Napoleão pela Europa. Nomes bem conhecidos como D. Pedro de Almeida marquês de Alorna ou o general Gomes Freire dela fizeram parte, assim como o patrono desta Academia Militar o futuro Marquês de Sá da Bandeira.

Entretanto na América do Sul o príncipe-regente organizava um pequeno exército que lutava contra os franceses na Guiana. Nessa proto-história do estado português contemporâneo onde se há-de ir buscar a identidade?

Depois da chegada dos ingleses de novo a influência britânica se faz sentir em Portugal que redescobre a sua «vocação marítima» e estará presente no Congresso de Viena.

Enquanto a diplomacia portuguesa se ocupa no Congresso de Viena a defender sobretudo os interesses do Brasil que será independente dentro de sete anos, a instituição militar está mais orientada para fundar um novo regime político liberal em Portugal.

O regime liberal é em larga medida obra de militares que necessitavam de estabelecer uma nova ordem legitimada através de uma

Constituição. E o liberalismo entre 1820 e 1851 estará sempre dependente de um chefe militar.

Os principais chefes militares como o Duque da Terceira, o Duque de Saldanha, o Marquês de Sá da Bandeira patronos desta Escola marcam a nova época da instituição militar em Portugal. A identidade da instituição militar é deveras esquizofrénica para o período entre 1807-1820 e para o período entre 1828 e 1834. Só depois se pode encontrar de novo as Forças Armadas como Corpo de Estado. É o «Exército libertador» que fará triunfar o liberalismo e a Carta Constitucional.

Todavia, o mito de que as Forças Armadas tiveram um comportamento caracterizado por uma série de pronunciamentos durante todo o séc. XIX e as primeiras três décadas do séc. XX não resiste a uma mais detalhada análise histórica. Com efeito, desde o último acto de Saldanha em 1870, aliás esporádico e efémero, a instituição militar só volta a interferir directamente na marcha dos assuntos políticos com o chamado «movimento das espadas» corria o ano de 1915.

Subordinada ao poder político da Monarquia Constitucional, a instituição militar saída do «Exército Libertador», vencedor da guerra civil entre liberais e miguelistas, terminada em 1834, não a defende em 1910 e estabelece de imediato boas relações com o regime republicano. São essas boas relações que lhe permitem solidificar as características da instituição nacional para além dos regimes políticos.

Uma aproximação analítica e histórica da atitude dos militares face aos regimes políticos permite a constatação da existência de comportamentos diferentes da instituição militar face ao mesmo regime, fosse este a Monarquia Constitucional, a Primeira República, a Ditadura de 1926-33, ou o Estado Novo.

A atitude da instituição militar no trânsito entre a Monarquia e a República demonstra que a sua subordinação a um regime político não significa, automaticamente, a sua determinação em defendê-lo.

Com o trânsito entre a Monarquia e a República, vários factores concorreram para o fortalecimento das Forças Armadas como instituição nacional. Criaram-se, assim, condições excepcionais para o crescimento da influência política da instituição militar, e a própria doutrina militar da Primeira República expressa na reorganização do Exército em 1911 concorria para esse crescimento com a teoria da *Nação armada* e do «Exército Educador» num país de grande analfabetismo e ruralismo.

O comportamento das Forças Armadas face à Primeira República não é o mesmo antes, durante e após a Primeira Guerra Mundial. Mas não deixa de ser curioso assinalar que só no ocaso da experiência sidonista há sinais nítidos de desagregação e faccionismo no corpo de Estado que é a instituição militar.

Há quem afirme que o mal estar entre os militares e a Primeira República, durante a Grande Guerra, se devem à política de guerra no teatro europeu por parte do Partido Democrático, enquanto os oficiais das Forças Armadas teriam preferido dar combate à Alemanha nos territórios africanos. E até se afirma que a república entrou na Primeira Guerra Mundial para defender a soberania portuguesa em África. São ideias feitas de nula ajuda para o futuro e ainda por cima não escapam a uma análise mais detalhada.

Com efeito, nenhuma das escaramuças ou confrontos militares em África, desde Naulila, no sul de Angola, a Mazecía, no norte de Moçambique, nem a autorização dada pelo governo português para a passagem de tropas britânicas por Moçambique para reforçar as existentes no Niassalândia, assim como o fornecimento de homens, artilharia e munições pedidos pelo cônsul britânico em Lourenço Marques, levou a Alemanha a declarar guerra a Portugal ou vice-versa. Só em Fevereiro de 1916, perante a requisição dos navios alemães surtos nos portos nacionais, feita a pedido de Londres, que expressamente evocou a aliança luso-britânica, é que a Alemanha nos declara guerra. E os países ***neutros*** como a Espanha e a Holanda não perderam as suas colónias após a Primeira Guerra Mundial.

A entrada de Portugal como beligerante na Primeira Guerra Mundial deu-se por motivos relacionados com as obrigações europeias da aliança luso-britânica e pelas determinantes políticas e estratégicas do espaço peninsular e insular.

Ora, a política primeiro e a historiografia depois consagraram o objectivo da manutenção das colónias como o mais importante para Portugal durante esse período de mudança internacional, mas a análise dos mais significativos documentos da época demonstra como foram de facto prosseguidos outros objectivos muito mais contemporâneos: diversificação das alianças extra-ibéricas em relação à neutra Espanha, maior representatividade internacional, constituição de uma frota mercante (Transportes Marítimos do Estado), acesso aos fundos financeiros derivados das reparações e indemnizações a pagar pelos impérios centrais, modernização e reequipamento das Forças Armadas, etc.

Assim, na última conferência de paz em que Portugal participou, depois de um esforço militar numa guerra, os objectivos a alcançar foram: o não pagamento das dívidas contraídas por causa das despesas de guerra, a repartição prioritária das reparações e das indemnizações a consagrar no Tratado de Paz de Versalhes, a recuperação da frota alemã requisitada e, muito especialmente, um papel activo na futura Sociedade das Nações que organizasse a segurança dos Estados em termos colectivos.

Podemos, no entanto, admitir que os resultados obtidos na Conferência de Paz de Paris em 1919 pareceram escassos à sociedade portuguesa tendo em conta o esforço de guerra. Após o sidonismo, acontecimentos como a insurreição militar no Porto, com a proclamação da «Monarquia do Norte» mais o pronunciamento de Monsanto em Fevereiro de 1919, proporcionaram o contexto para uma nova mobilização de voluntários republicanos. Assim, após a Primeira Guerra Mundial, e o sidonismo as Forças Armadas estão dispersas, divididas, sem unidade de comando.

Só o restabelecimento pleno do regime republicano-constitucional, assim como o regresso de muitos oficiais expedicionários levarão de novo à reconstituição das Forças Armadas como corpo de Estado, após o regresso dos corpos expedicionários de África e da Europa.

É verdadeiramente excepcional o que se passa com a instituição militar entre 1919 e 1924.

Não se pode dizer, com efeito, que a guerra tivesse corrido particularmente bem para as Forças Armadas, quer no teatro africano, quer no teatro europeu. No início de 1919, digladiam-se as facções dentro da instituição: são os monárquicos, são os sidonistas, são as juntas militares, são os franco-atiradores, como Teófilo Duarte, que manobra a sua coluna negra nas Beiras em completa autonomia, são os voluntários republicanos que aparecem a ilustrar a tomada de Monsanto, etc.

Mas se, no inicio da década de 20, o elemento militar não se faz sentir, aparece mais tarde para reaparecer disciplinado, hierarquizado, prestigiado, adulado, solicitado a partir de 1923-24, até ao resultado conhecido da sua intervenção política em 1926.

Essa capacidade da instituição militar para provocar e consolidar um regime político que lhe permita, se não auto-reformar-se, pelo menos auto-disciplinar-se e dotar-se de uma certa unidade de comando vai ser uma constante nos períodos axiais seguintes. E quanto a mim caracteriza o momento presente.

A própria passagem da Ditadura Militar para o regime do Estado Novo, entre 1926 e 1933, pode ser encarada como uma derrota parcelar da instituição militar, mas que lhe permitiu despolitizar-se e ocultar-se perante os olhos da nação.

Deste modo, acompanham a neutralidade portuguesa, durante a Segunda Guerra Mundial, sem grandes comprometimentos e não serão responsabilizados pelas beliscaduras que a soberania portuguesa sofreu em vários pontos do território não-europeu continental.

Essas beliscaduras na soberania portuguesa foram particularmente graves em Timor, sucessivamente invadido por tropas australianas e indonésias, pelo Japão e de novo pela Austrália entre 1941 e 1945. Eis outra parte da história que foi ocultada aos portugueses e que ainda hoje está mal contada. E, como dizia no princípio desta conferência, a pior identidade é aquela que se fundamenta na ilusão do passado ou na ignorância de factos que poderiam ajudar a melhor compreender as dificuldades do presente.

A neutralidade durante a Segunda Guerra Mundial e a filosofia isolacionista do regime salazarista teve efeitos profundos no comportamento da própria instituição militar. E se por um lado acentuou o seu caracter de instituição nacional por excelência, por outro arredou-a do mundo moderno.

As Forças Armadas Portuguesas não têm uma grande experiência de cooperação militar internacional.

Com efeito, após a participação de Portugal na Primeira Guerra Mundial entre 1916 e 1918 seguiu-se um longo período de isolamento e estagnação, reforçado pela neutralidade durante a Segunda Guerra Mundial. Só a partir de 1953 os nossos militares contactam com outros exércitos mais desenvolvidos no quadro da OTAN, experiência importante na altura mas que minguou acentuadamente após a derrota de Botelho Moniz em 1961, e foi praticamente interrompida pela opção do regime salazarista da guerra em África.

Existe um estudo muito interessante do general Ernesto Ferreira de Macedo sobre o que representou então essa experiência de contactos internacionais, a que, só a Armada terá dado continuidade. Tudo rodou então à volta da criação de uma Divisão Independente do Exército para ser afectada às missões NATO no flanco sul da Aliança, enquanto que à Marinha eram atribuídas tarefas de patrulhamento no Atlântico. A guerra em África levou a que a cooperação em termos do Exército fosse praticamente abandonada, numa «alteração dos compromissos» ocorrida entre 1960 e 1961, segundo o general Ernesto Ferreira de Macedona sua obra *Subsídios para o Estudo do Esforço Militar Português na Década de 50 – Os Compromissos com a OTAN*(2).

Seja como for, temos um quadro histórico de fracos e irregulares contactos internacionais por parte da instituição militar (no qual se pode incluir a experiência das conferências dos Estados-Maiores Peninsulares), não sendo, por isso, de estranhar a persistência de uma mentalidade pouco propícia à aceitação das formas de cooperação militar internacional, que nos são oferecidas. Já aconteceu o mesmo nas décadas de cinquenta e de sessenta, com a integração na NATO e agora também se detecta alguma desorientação sobre o envio de tropas portuguesas para missões internacionais, seja no âmbito da NATO, seja no quadro da União Europeia Ocidental (UEO), seja na modalidade de «capacetes azuis» das Nações Unidas.

Estas formas de empenhamento militar permitem a constituição de núcleos de cooperação internacional que, para além da utilidade geral e do eventual prestígio, são ainda indutores de modernização das próprias Forças Armadas. Acresce que a diversificação das missões internacionais em curso, como as de fiscalização do bloqueio naval e aéreo na península balcânica e mar circundante, o envio de um batalhão de transmissões para ajudar a garantir o processo de paz na República de Moçambique, ou a experiência adquirida no malogrado processo de paz em Angola, permitem a actualização de conhecimentos em terrenos e domínios variados.

Um outro aspecto que merece realce é o dessas forças serem constituídas por militares profissionais e voluntários, introduzindo-se, assim, nas Forças Armadas a aplicação de um sistema inovador entre nós e que venho defendendo há anos como medida a tomar pelo poder político democrático.

Perspectiva do passado é encarar o envio de militares portugueses para África como uma repetição. A mentalidade do «Novamente Ultramar» será a breve prazo negativa para Portugal caso não seja erradicada a tempo. A cooperação militar internacional é uma novidade para as Forças Armadas portuguesas e como tal deve ser encarada e tratada por quem de direito. Voar para o futuro não é sonhar com um passado mal contado.

Conclusão

E estamos a chegar ao fim da nossa exposição. É pois altura de resumir o essencial.

A identidade de uma nação ou de uma comunidade é uma consolidação de um presente e a ideia de um destino futuro que se quer viver em conjunto. A parte da identidade que vem do passado pode ser consolidada entre as suas realidades mais pertinentes para enfrentar os novos desafios do futuro. O passado pode oferecer-nos variados modos da sua existência. Ninguém procura em Viriato a importância da cidade de Lisboa para a independência nacional. Ninguém estuda e revolução de 1383-1385 para compreender a articulação entre o Minho e o Douro Litoral.

Portugal, no futuro, será uma nação independente, pela vontade dos seus cidadãos e não por meros determinismos geográficos, políticos, económicos ou estratégicos. Os actuais ou futuros processos de regionalização, as relações interestaduais, a integração europeia, são dinamismos que não deixarão o plano nacional em repouso. No futuro, a nação será uma comunidade que os cidadãos escolhem e não uma entidade que lhes é pré-imposta.

Esse novo entendimento do conceito de Nação e do papel do Estado será provocado quer pelas pressões exteriores de integração europeia, pelas relações interibéricas e pela regionalização.

Essa escolha consciente do plano nacional far-se-á movida pela necessidade e vantagem da individualidade da Península Ibérica, para manter o Estado português como actor internacional privilegiado, ou seja, como agente negocial melhor apetrechado para defender os interesses cívicos, económicos, sociais, culturais das suas populações face aos fenómenos de integração europeia, e da vida internacional em geral. O plano nacional resistirá tanto melhor quanto se apresente como o mais apropriado à defesa da liberdade e da dignidade do cidadão e à distribuição equitativa da riqueza e da justiça e do bem-estar.

O papel dos corpos de Estado como entidades promotoras do aparecimento de elites dirigentes, essencialmente ligadas ao plano nacional será fundamental para o fortalecimento da identidade nacional, num mundo em plena internacionalização e numa sociedade aberta, livre e pluralista.

Não foi só Portugal que mudou depois do 25 de Abril de 1974. O contexto internacional onde evoluía o Estado Português sofreu por seu lado grandes alterações, e também nessa dimensão o 25 de Abril de 1974 permitiu que Portugal estivesse em condições de responder adequadamente, e com maior rapidez a essas modificações. Exemplo do que pretendo dizer foi o atempado pedido de adesão à CEE. Sem a adesão à Comunidade Europeia seríamos hoje um país periférico e isolado, mais um país candidato, uma espécie de Polónia ocidental ou de Cuba oriental. E convém continuar atento.

A percepção rápida do contexto internacional é uma das qualidades a desenvolver nas potenciais elites nacionais. Sem essa percepção do quadro internacional, da margem de manobra real e desejável do Estado português, a individualidade e o bem estar do povo português dificilmente serão bem defendidos.

Em todo este cortejo de referências ao passado, não pode deixar de ser assinalado o aparecimento do historiador como intelectual emergente, já não apenas à escala nacional, como foi o caso na Europa nos meados do século passado, mas como uma figura de pensamento universal.

No entanto, a emergência da figura do historiador como intelectual do fim do século na Europa não deixa de remeter para o próprio tipo de história que se escreveu e que se escreve. De certa maneira, o historiador, desde, pelo menos, o fim da Segunda Guerra Mundial, «esteve ao serviço» da economia, da sociologia, da ciência política... A História quase se deixou arrastar para o estatuto de «ciência auxiliar» das outras ciências sociais. Não seria saudável que agora tomasse o lugar dos profetas, ou sequer de bordão dos profetas.

É certo que é impossível conhecer os problemas das sociedades sem aprofundar a dimensão histórica. Todavia convém ter em conta que não é só o futuro que pode ser múltiplo, diversificado e variado e indeterminado. Também existem vários passados e realidades plurais sincreticamente cristalizados. O primeiro papel da História é, assim, dar-nos as várias leituras desse passado múltiplo. Sendo certo que cada novo problema do presente pode permitir novas interrogações sobre o passado e o futuro ao mesmo tempo.

Nos momentos de crise, de transição ou de ruptura, o conhecimento histórico é, ao mesmo tempo, indispensável e estéril.

É indispensável, na medida em que só uma profunda e sólida cultura histórica permite conhecer o que há de comum e de original nas presentes circunstâncias. Sobretudo é indispensável para o estudo das instituições, que, por definição, são organizações que persistem no tempo, ansiando por se reconhecerem no passado para saberem continuar no futuro. É ainda indispensável para treinar os espíritos e as convicções na certeza das suas verdades, mas também na arte do relativo, do repetitivo e do efémero.

É estéril porque raramente o passado nos fornece os meios e as soluções para as crises e os problemas do presente. No máximo fornece analogias. Ou então permite treinar pela análise das suas diferentes perspectivas aquela criatividade tão necessária à liderança do futuro como consta do título do Seminário. Mas o recurso constante às analogias com o passado não deixa de ser um elemento redutor e empobrecedor para o entendimento cultural e prospectivo dos fenómenos. Talvez por isso Raul Proença tenha entendido que a verdadeira identidade nacional é aquela que se projecta no futuro e dado a maior importância àquilo que denominou de «patriotismo prospectivo».

Notas

(1) Rebelo da Silva, *História de Portugal séculos XVII e XVIII*, Lisboa, Imprensa Nacional, reedição de 1971, pp. XII-XIII.

(2) Ernesto Ferreira de Macedona sua obra *Subsídios para o Estudo do Esforço Militar Português na Década de 50 – Os Compromissos com a O.T.A.N.*. Lisboa, Estado-Maior do Exército, Direcção do Serviço Histórico-Militar, 1988.

(3) Conferência proferida no Seminário *Identidade, Mudança e Criatividade – a liderança do futuro*, promovido pela Academia Militar (18-19-20 de Maio de 1993).

ORIGEM DO TEXTO:

«A História como saber do Futuro: Os Corpos de Estado e a Mudança» in *Finisterra*, n.º 15, Lisboa, 1994, pp. 99-111(3).

32.

Uma luta de legitimidades

Começo por uma questão levantada por Mário Mesquita, num trabalho universitário intitulado «Le Portugal à la une»: a de saber se, hoje, entre os historiadores e os jornalistas, haverá convergência de pontos de vista sobre os acontecimentos revolucionários de 1974. Penso que o historiador, reflectindo a posteriori, tem, por isso, uma incomensurável vantagem em relação ao jornalista, que relata os acontecimentos quase no instante em que os viveu. Os jornalistas, na altura, poderiam ter uma certa capacidade de previsão ou não. Acresce que o relato da revolução deu-se num clima de grande intensidade ideológica para o qual contribuíram os próprios jornalistas, independentemente do sinal das respectivas ideologias.

O melhor exemplo que conheço do triângulo jornalistas-políticos-historiadores, durante a revolução do 25 de Abril, é a extraordinária entrevista conduzida por Dominique Pouchin a Mário Soares em 1975. Se lermos as perguntas e as respostas e repararmos nos acontecimentos e nas pessoas tidas por relevantes, nessa entrevista, apercebemo-nos do papel seleccionador de acontecimentos que, no fundo, é assumido tanto por jornalistas, como por políticos ou por historiadores. Os políticos de então (estão aqui vários, que exerceram funções de longe superiores às que eu próprio desempenhei), foram todos eles confrontados com a necessidade de, num momento preciso, atribuir, ou não, importância a tal ou tal acontecimento.

Tomemos, como exemplo, a saída do Partido Socialista dos governos provisórios. Desde Janeiro de 1975 que PS podia invocar razões para justificar essa atitude. Ora, a escolha de um momento é uma escolha política que tem a ver com a previsão da importância dos acontecimentos e das consequências da decisão tomada. Tanto a unicidade sindical decretada em Janeiro de 75, se a memória não me atraiçoa, como o caso República, ocorrido meses depois, são atentados obviamente graves no que respeita às liberdades públicas e à democracia política. O PS podia ter escolhido um ou outro desses dois momentos para deixar os governos provisórios. Como se viu, escolheu o segundo. Com este exemplo, quis apenas chamar a atenção para o que há de comum entre jornalistas, políticos e historiadores: todos eles escolhem e seleccionam os factos, embora por critérios e perspectivas diversas.

Gostaria de fazer uma segunda observação.

Em 1985 publiquei um pequeno ensaio numa revista da Faculdade de Letras de Coimbra, que intitulei «1974 – Uma Revolução imperfeita», imperfeita no sentido que lhe atribuiu Mário Mesquita na sua intervenção, ou seja, inacabada. Nesse ensaio colocava a seguinte pergunta: «a Revolução de 25 de Abril de 1974 é a última das transformações europeias da série inaugurada com a derrota militar dos regimes autoritários no decurso da Segunda Guerra Mundial ou ela é anunciadora de outro ciclo de revoluções?». Acho que essa pergunta se destina não só aos outros países europeus, como foi frisado várias vezes neste colóquio, mas também a Portugal. A título de exemplo do que pretendo dizer, refiro a Revolução Liberal do séc. XIX que foi feita em dois grandes momentos, em dois momentos fortes, 1820 e 1834. Claro que, hoje, não temos em Portugal, pelo menos de forma tão visível, um D. Pedro ou um D. Miguel. Há, no entanto, um conflito latente cuja gestão é política. E ainda bem que assim é, porque, assim, tudo se processa dentro das regras da democracia política representativa.

Mas o tema deste Colóquio é a revolução portuguesa no contexto internacional.

Quanto a mim, ela pôs em cheque a Conferência de Segurança e Cooperação Europeia. Porquê? Porque a CSCE, também conhecida por Conferência de Helsínquia, tinha privilegiado, por comum acordo dos principais Estados, o problema das fronteiras saída da Segunda Guerra Mundial e não o dos regimes políticos. Uma opção que permitiria a adesão alegre e sem constrangimentos das várias ditaduras existentes na Europa, a ocidente e a leste. Penso, mesmo, que havia a previsão de que seriam esses Estados, e até esses regimes, os melhores garantes da manutenção do sistema de fronteiras.

A revolução portuguesa vem, pois, questionar o princípio adoptado pela Conferência de Helsínquia. André Fontaine citou Wilson e nós poderíamos citar um outro europeu, Kant, para quem só haveria paz quando não houvesse regimes ditatoriais ou regimes autoritários, pois só a democracia poderia garantir o equilíbrio de poderes indispensável à inexistência de guerra entre as nações. É nesse pressuposto, aliás, que se inspira Wilson mais tarde, aquando da formação da Sociedade das Nações. Como sabemos a história não foi muito favorável a esse empreendimento. É bom recordá-lo, porque certos problemas que a Sociedade das Nações não conseguiu resolver – fronteiras, minorias étnicas, refugiados – colocam-se, hoje, de novo.

Uma outra questão internacional, sempre subjacente no período revolucionário, diz respeito ao interesse da União Soviética na revolução portuguesa. Para André Fontaine e Pinto Balsemão, esse interesse estaria directamente ligado à África. E a prova seria que, cerca de 15 dias após a declaração unilateral de independência, por parte da República Popular de Angola, se dava o 25 de Novembro e tudo voltava à normalidade.

Ora, na minha opinião, não foi tanto a África mas o próprio continente europeu que esteve em jogo, em 74/75. Com efeito, a Revolução Portuguesa demonstrou que as zonas de influência não eram tão rígidas como alguns analistas pensariam. Zonas de influência exclusiva é algo que, no fundo, nenhuma das potências quis alguma vez aceitar e Portugal tornou-se um exemplo do pouco respeito que essa matéria merecia. Quanto à África e à rapidez com que se passou à normalidade, em Novembro de 1975, tenho uma outra interpretação mais relacionada com as classes dirigentes portuguesas e com a forma como sempre encararam o problema da descolonização, do que com qualquer maquiavelismo externo. Era necessário que aparecessem, como responsáveis pela descolonização, figuras que não pertencessem às classes dirigentes portuguesas clássicas.

Vou dar dois exemplos, para não se pensar que estou a falar só de Portugal, pois o fenómeno ocorreu também em França. O primeiro refere-se a Mendès France que é chamado ao Governo para, em seis meses, terminar com a guerra e dar a independência à Indochina. Não houve um único político do sistema de partidos da Quarta República que quisesse assumir essa responsabilidade. Chamaram, assim, o fora de série, o estimado e respeitado Mendès France. Esteve lá seis meses e, depois, nunca mais voltou ao poder. O segundo diz respeito ao General De Gaulle, chamado ao poder por causa da guerra da Argélia. Com outro talento político, outra habilidade, outros apoios, lá conseguiu manter-se 11 anos, quando o seu destino seria, provavelmente, o de apenas ter gerido o fim da guerra e a independência da antiga colónia.

Em Portugal foi semelhante. Para a descolonização, que nenhum responsável da ditadura, nenhum membro das classes dirigentes da altura, quis protagonizar, encontraram-se os militares e os políticos de oposição que tinham defendido a independência das colónias desde 1961 (Programa para a Democratização da República, Programa eleitoral da Oposição Democrática de 1965, dirigentes da CEUD e da CDE de 1969 e de 1973). Foram esses homens, logo cooptados para o Governo provisório, que tomaram a responsabilidade de descolonizar, enquanto os chefes militares convocavam assembleias do MFA e a sociedade civil se desdobrava em manifestações. Quando Angola se tomou independente, muitos consideraram que o papel político dos descolonizadores estava terminado. As oligarquias dirigentes acharam que tinha chegado o momento de reformarem de novo a residência principal e, muito rapidamente, apareceram para tomar as coisas em mão.

Há, em Portugal, políticos que não querem que a democracia pluralista se filie na rotura do 25 de Abril e preferem acentuar uma legitimidade posterior. Essa legitimidade que, obviamente, também existe, assenta nos sucessivos processos eleitorais e nas revisões constitucionais. Há, portanto, uma luta de legitimidades, razão pela qual eu volto a colocar a questão inicial: não sei se o 25 de Abril de 1974 foi a última revolução da série inaugurada com a queda das ditaduras fascistas e nazis na Segunda Guerra Mundial, ou se é a primeira de uma nova série que ainda não acabou e se alastrou aos países do Leste Europeu.

ORIGEM DO TEXTO:

«Uma luta de legitimidades» in Mário Mesquita; José Rebelo (org.), *O 25 de Abril nos Media Internacionais*. Lisboa, Edições Afrontamento, pp. 265-268.

33.

E assim murcharam os cravos

Encontro nas observações do Embaixador belga Max Wery sobre o isolamento em que se encontravam os intelectuais portugueses durante a ditadura, a própria justificação para recomendar a leitura deste livro sobre o Portugal contemporâneo, escrito com distância e sabedoria por um espírito muito exercitado no julgamento dos homens e das suas circunstâncias.

Com efeito, o Embaixador Max Wery, embora tenha sido nomeado para Lisboa ainda no consulado marcelista, fez parte de uma plêiade de diplomatas que se reuniram na capital portuguesa no seguimento do terremoto político desencadeado pelo Movimento das Forças Armadas, faz agora vinte anos. Contrariando uma longa tradição que fazia de Lisboa a cidade exacta para uma pré-reforma diplomática, tal era a singeleza das questões a tratar naquele Portugal de fim de época, os embaixadores creditados na nossa capital em 1974 viram-se repentinamente com uma revolução para lidar. Uns claudicaram e foram substituídos por profissionais mais activos. Outros conseguiram adaptar-se ao novo tempo e ao novo ritmo. Max Wery, o Embaixador belga, só podia pertencer a esta última categoria. Nem era a primeira vez que se encontrava perante convulsões políticas que obrigam os homens a excederem-se e a darem a verdadeira medida de si próprios.

Max Wery fora um resistente durante a Segunda Guerra Mundial, assistira à ocupação alemã e à libertação do seu país, e nesta qualidade ocupara, com outros dois colegas, o Ministério dos Assuntos Exteriores, situado na Rue da La Loi, em Bruxelas, em 3 de Setembro de 1945. Antes estivera nesse Ministério de 1936 a 1940, inclusive como membro de gabinete do ministro socialista Paul-Henri Spaak. Portanto, nada lhe parecia impossível na vida política de uma nação, a não ser talvez o imobilismo.

Cerca de trinta anos depois dessa experiência pessoal, nada do que se passava em Portugal lhe era estrangeiro ou tido por aberrante. Ele distingue, melhor que os protagonistas o que verdadeiramente está em jogo e por isso não absolutiza nada nem ninguém, mantendo uma notável objectividade e relativizando as paixões e as opiniões do momento. O seu testemunho sobre a sociedade e a vida política portuguesas tem o selo da imparcialidade.

Numa sociedade como a portuguesa ele tem dificuldade em classificar as personagens em heróis e vilões, especialmente durante o período pré-constitucional. Ele sabe como ninguém que tudo acabará num qualquer ponto de equilíbrio, nem épico nem admirável, mas onde os homens gostam de viver a sua existência em sociedade.

O retrato que Max Wery traça da sociedade portuguesa da altura acaba por ser um dos mais objectivos que se conhecem e esse não é um dos menores serviços que o seu testemunho presta aos portugueses ainda hoje perturbados com subjectivismos vários sobre a história recente. Basta evocar alguns debates televisivos para se entender o que há de valioso nesta digressão pela memória portuguesa de um espírito alheio a essas paixões. E claro que há muitas opiniões do Embaixador belga que eu próprio não partilho, mas elas devem ser tidas em atenção em qualquer reconstituição futura do clima social e político que se viveu em Lisboa entre 1972 e 1978.

Sem pretender guiar o leitor na apreciação deste livro que se apresenta como uma fonte histórica oral passada a escrito, destaco o retrato que Max Wery traçou da sociedade marcelista e da elite portuguesa da época, fechada sobre si própria, tão segura do seu futuro quanto ignorante da evolução internacional e da mudança de valores sociais mesmo nos países mais próximos.

O testemunho qualificado do Embaixador belga também concorre para recordar a percepção generalizada, que havia na altura sobre a solidez do regime político que tinha então em Américo Tomás e em Marcelo Caetano os principais responsáveis. Como agora não faltam profetas retroactivos a clamar a evidência dos sinais de mudança, eis não ser demais acentuar a completa surpresa que o 25 de Abril de 1974 constituiu para a sociedade nacional e internacional.

Dessa surpresa, Max Wery não escapou e também não pretendeu aqui atenuá-la, antes reafirma a disposição em que os espíritos se encontravam para continuar dentro das regras impostas pelo chamado «regime anterior». Mesmo os diplomatas mais experimentados continuavam a tratar com as gentes do regime ditatorial como se este estivesse de pedra e cal. Não houve pois fatalismo, mas vontade no derrube do Estado Novo.

Foi a esposa de Max Wery quem me enviou o manuscrito policopiado do Embaixador com o apelativo título «j'ai vécu la révolution Portugaise». Encontrava-me então às voltas com a escrita do Ensaio Histórico sobre a Revolução de Abril que seria publicado pela Imprensa Nacional em 1983.

Portugal vivia em pleno o refluxo revolucionário. Muitos neodemocratas pretendiam fundar o regime constitucional fora do centro de gravidade da nova era, tentando eliminar da memória colectiva que tudo começara com o derrube da ditadura. Atribuir qualquer dignidade histórica aos acontecimentos revolucionários não favorecia a tese dos que gostariam de fazer de conta que em Portugal o regime democrático se constituíra como em Espanha.

A ruptura verificada em Portugal pelo derrube do marcelismo deixou muito boa gente numa desconfortável situação política. Uns estavam crentes na solidez do regime, outros confiantes numa liberalização que os justificasse da colaboração. Para eles, o 25 de Abril foi uma maçada.

Tudo o que significasse atribuir-lhe virtualidades democráticas não era bem-vindo na década do triunfo nacional e internacional da direita mais ou menos liberal, mas sempre ferozmente conservadora e excluidora. As memórias do Embaixador não chegavam num bom momento e tiveram de esperar mais de dez anos para encontrarem um editor.

Quem beneficiou delas fui eu, que encontrei um texto para colher informações (a entrevista entre o general Costa Gomes e o Embaixador belga na Sexta-feira Santa de 1975, por exemplo), confirmar dados (nos relatos factuais dos acontecimentos) ou ponderar hipóteses de trabalho (sobre as relações entre militares e comunistas). Ainda há pouco tempo quando redigia a parte pertinente para o volume da História de Portugal orientada por José Mattoso, dei por mim a reler o manuscrito que se publica agora para proveito geral.

Creio que todos aqueles que se interessam pelo período compreendido entre 1972 e 1980 encontrarão neste livro matéria para utilização. Aqui e ali os materiais apresentados por Max Wery poderão parecer sumários para os conhecimentos que, entretanto, se aprofundaram. Mas se calhar é só mais uma ilusão de perspectiva.

Este testemunho sobre o Portugal marcelista, sobre o Portugal revolucionário e sobre o Portugal constitucional é precioso por ser raro e imparcial. Competirá ao leitor verificar as deficiências que também as há, mas o facto deste Embaixador em fim de carreira ter escolhido como objecto das suas últimas observações escritas a revolução portuguesa desencadeada pelo 25 de Abril de 1974, e de as ter querido públicas, significa a extrema importância que lhe atribuiu no balanço geral da sua longa experiência política. Só por isso o livro de Max Wery merece ser lido e meditado. O seu autor faleceu pouco depois de o ter escrito.

Lisboa, Março de 1994

José Medeiros Ferreira

ORIGEM DO TEXTO:

«Prefácio» in Max Wery, *E assim murcharam os cravos*. Lisboa, Ed. Fragmentos, 1994, pp. 5-7.

34.

Segredos de Abril

A edição em livro da série de artigos da autoria de José Manuel Barroso, publicada no jornal *Diário de Notícias* entre 26 de Abril e 8 de Maio de 1994, merece ser registada como uma memória do perdurável sobre o efémero.

Por ocasião do vigésimo aniversário do derrube da ditadura pelo Movimento das Forças Armadas, assistiu-se à multiplicação de debates, celebrações e estudos de variados géneros e qualidades. Entre essa multidão de testemunhos é justo realçar, pela sua originalidade e cuidado, a série «Segredos», que agora se salva da condição de dispersos artigos de jornal para tomar o formato de um livro de leitura obrigatória no futuro.

Para quem se recorde ainda do que foram os debates na televisão, em 1994, sobre o processo de democratização iniciado no dia 25 de Abril de 1974, não constitui surpresa esta asserção. Os debates na televisão obedeceram então às exigências do espectáculo, da rapidez e da superficialidade. O que houve de mais profundo e necessário no derrube da ditadura, no início serôdio da descolonização, na libertação da sociedade portuguesa, ficou submerso no registo antipático das produções televisivas baratas assentes nos naipes ocasionais de convidados sem preço ou no sensacionalismo nocturno de levar um ex-inspector da PIDE a depor como nos tempos dos antigos tribunais plenários...

Desse modo as comemorações televisivas do vigésimo aniversário do 25 de Abril anunciaram a possível morte do espírito e do entendimento naquele prodigioso invento de imagens e simbolizaram o efémero na sua essência. Uma nova espécie de fogo de artifício. Distinguiram-se, no entanto, pela sua qualidade a inteligência, um programa da autoria de Teresa Paixão, intitulado Ditado e Composição, que demonstrou não ser a televisão necessariamente refractária ao discurso das ideias pela imagem e pelo texto, assim como um documentário da responsabilidade de Joaquim Furtado, que ficara congelado nas prateleiras censórias da RTP às ordens dos incomodados por Abril.

A série de artigos de José Manuel Barroso intitulada «Segredos» inscreveu-se assim num outro registo. O registo do jornalismo de investigação histórica que atrai a curiosidade do leitor da imprensa escrita, episódio por episódio, acontecimento por acontecimento, tema por tema, dia após dia.

José Manuel Barroso, situando-se com coragem cívica fora das várias versões consagradas sobre o célebre processo revolucionário então em curso há duas dezenas de anos, realçou pela primeira vez a manifesta influência do Congresso da Oposição Democrática, realizado em Aveiro em Abril de 1973, na formulação política do Programa do Movimento das Forças Armadas, que até aí só havia sido reconhecida publicamente por um dos seus membros – Vítor Alves –, e que mereceu a referenda de Melo Antunes logo no primeiro artigo da série publicado a 26 de Abril e intitulado precisamente «O Congresso de Aveiro ao Poder». Abria assim, da maneira mais inédita e com a maior utilidade para a compreensão política do trânsito da ditadura para a democracia, este trabalho de aturado jornalismo de investigação histórica.

O facto de a série de artigos ter iniciado a sua publicação a 26 de Abril foi uma decisão que muito contribuiu para o interesse geral que os «Segredos» suscitaram, testemunhado pelas cartas de esclarecimento endereçadas ao *Diário de Notícias*: os tumultuosos debates televisivos haviam esgotado a carga emocional própria dessas recordações; o Presidente da República Mário Soares suscitara, e recolhera, no dia anterior, o entusiasmo das multidões nas ruas de Lisboa. Chegara pois o momento de ler reflectidamente as reportagens escritas sobre alguns dos acontecimentos que desencadearam o transe de Portugal.

Essas reportagens baseiam-se numa atitude, talvez demasiado sistemática, para surpreender os aspectos menos conhecidos de uma narrativa histórica feita e refeita incessantemente desde a vitória do MFA. Tanto assim que Kenneth Maxwell, um dos mais qualificados estudiosos norte-americanos de questões portuguesas, já afirmou ser a revolução do 25 de Abril uma das que mais testemunhos e documentos semeou em termos de conhecimentos históricos. Mas não será exactamente debaixo dessa prodigalidade documental que se escondem alguns dados relevantes para se descobrir novos elementos que permitem um cabal entendimento da revolução?

O jornalista José Manuel Barroso segue pois os ténues vestígios desprezados nas pistas mais saturadas da via-sacra do nosso mais célebre processo revolucionário. Desses trabalhos de apuramento são dignos de realce os referentes aos acontecimentos do 11 de Março e do 25 de Novembro de 1975, que jazem em sepulturas muito remexidas num só dos lados.

O trabalho de José Manuel Barroso baseou-se numa colecção de entrevistas com vários protagonistas do período que mediou entre a formação do MFA e o 25 de Novembro de 1975: António de Spínola, Costa Gomes, Melo Antunes, Rodrigo Sousa e Castro, Otelo Saraiva de Carvalho, Vasco Lourenço, Vítor Alves, António de Almeida Santos, João de Almeida Bruno, António Ramos, Alpoim Calvão, Rosa Coutinho, Manuel Monge, Carlos Fabião, são alguns desses testemunhos, a par de declarações de quatro ou cinco entrevistados «confidenciais» das áreas do Partido Comunista e das Forças Armadas. Estas últimas «entrevistas confidenciais», se levantam as maiores dificuldades críticas aos historiadores, inserem-se, naturalmente, na reserva das fontes de informação própria à investigação jornalística. Eu não as utilizaria como fonte histórica, mas li com o maior interesse as passagens publicadas no Diário de Notícias.

O autor, além do recurso a essa colecção de testemunhos orais, também utilizou criteriosamente passagens de várias obras publicadas sobre a revolução do 25 de Abril, desmentindo assim todos aqueles que consideram ainda não haver bibliografia significativa sobre este complexo período histórico.

José Manuel Barroso beneficiou ainda da vantagem de ter conhecido por dentro muitos dos mecanismos e das personagens que animaram a sucessão de acontecimentos em Portugal que levaram ao derrube da ditadura e à implantação de um regime político democrático; desde a Guiné ao Estado-Maior-General das Forças Armadas em Lisboa, a sua qualidade de oficial miliciano permitiu-lhe uma vivência directa de muitos episódios. Foi, aliás, nessa condição que voltei a encontrar-me com ele em Lisboa, após as interrompidas lutas estudantis dos anos sessenta: o José Manuel Barroso capitão miliciano, regressado da Guiné, e eu, eterno aspirante-a-oficial miliciano recém-chegado do exílio genebrino. Creio que nenhum de nós alguma vez suspeitou que o País pudesse produzir tantos revolucionários radicalizados num período tão curto...

Vinte anos passados, revisitou José Manuel Barroso os acontecimentos e os personagens de um drama no qual ele participou, talvez como Fabrício del Dongo na Batalha de Waterloo.

O meritório esforço de investigação efectuado para esta série guindou-o, por direito próprio, a um dos melhores balcões donde se observa os movimentos de tantos actores principais e secundários numa procissão sem princípio, meio e fim claramente ordenados.

Os artigos de José Manuel Barroso corriam o risco de se perder como material de estudo para futuros investigadores deste período que se esquecessem de folhear o *Diário de Notícias* dos idos do vigésimo aniversário do «25 de Abril de 1974». Agora com esta iniciativa editorial esse risco diminuiu sensivelmente. Estão todos de parabéns: o autor, o *Diário de Notícias* e o público que somos todos nós.

José Medeiros Ferreira

ORIGEM DO TEXTO:

«Prefácio» in José M. Barroso, *Segredos de Abril*. Lisboa, Ed. Notícias, 1995, pp. 9-12.

35.

História e liberdade no Portugal democrático

Nota de apresentação do conferencista

Medeiros Ferreira faz parte da geração de intelectuais portugueses cuja vida se confunde com a persistente luta pela instauração de um regime democrático em Portugal.

A par da reivindicação do fim da guerra colonial e do colonialismo, a reivindicação do estabelecimento das liberdades pública foi o tema mais sentido e mobilizador para amplas camadas do povo português. Referimo-nos, está claro, aos anos finais do Estado Novo.

Mas democracia e liberdades não são termos em absoluto idênticos ou permutáveis. Os vinte anos de democracia pós-25 de Abril mostraram-no com evidência.

Aliás, no conflito das forças sociais, liberdade de uns pode significar menos liberdade de outros. Sendo que, neste jogo, o papel do Estado democrático se revela essencial para o equilíbrio do conjunto do edifício. Este equilíbrio deverá, sempre, ser precário, deverá acontecer com uma margem de diferença continuamente sujeita a alteração. Porque, havendo na democracia, a prazo, um efeito de igualização que lhe mina as fundações, é de toda a conveniência a constante afirmação da diferença, seu alicerce.

Nesta afirmação da diferença está a liberdade. Na aceitação pública da declaração da diferença está o fundamento do Estado democrático.

Foi por um Estado deste tipo que Medeiros Ferreira e muitos outros intelectuais da sua geração se bateram, afirmando a diferença quando era muito difícil, se não impossível, fazê-lo.

E eis-nos, hoje, numa situação curiosa em que uma clamorosa liberdade, que vai até ao disparate (veja-se o que se passa nos media e em particular na televisão), esconde uma outra realidade de perda real de liberdades pelo efeito da tomada do aparelho de Estado por forças que, supostamente, mais do que nenhumas outras, dizem bater-se, em palavras, pelas liberdades civis.

A complexidade das sociedades actuais ajuda a perceber as contradições de todos estes fenómenos.

Mas, já de um ponto de vista mais externo, ou mais global, é perturbador reconhecer que poucos travões existem, enquanto pequeno povo habitando um canto da Península Ibérica, para opor aos excessos das liberdades dos outros mais fortes do que nós. Compete-nos a nós, usá-los com inteligência, maximizá-los, enfim.

A tal ponto isto é assim, que muitas das temáticas aqui debatidas, ao longo da 1.ª série destas Conferências de Matosinhos, focaram questões ligadas a esta problemática como por exemplo a de Adriano Moreira, de José Fernando Fafe, João Martins Pereira ou Paulo Portas. O próprio título da conferência do embaixador Fernandes Fafe é, de si, cruamente significativo – «Está Portugal em vias de deixar de existir?». Embora sendo certo que a resposta que ele lhe deu fosse, digamos assim, optimista.

E, chegados a este ponto, julgamos tocar em temas gratos ao Dr. Medeiros Ferreira, quais sejam questões ligadas à estratégia aqui interligados ao tema da liberdade ou das liberdades. Porque a liberdade de que hoje usufruímos, maior ou menor (mas sempre incomparavelmente superior à do Estado Novo), está condicionada e imbricada com e nas relações internacionais.

José Manuel Fonseca (Vereador da Cultura)

História e Liberdade no Portugal Democrático

Gostaria de agradecer o convite que me foi dirigido para estar presente nestas Conferências da Câmara Municipal de Matosinhos que, antes de ter sido convidado, já conhecia da reputação e das publicações a que têm dado azo.

Não hesitei quando fui contactado, não tendo talvez medido bem a responsabilidade que adquiria com esse facto. Pensei no tema inicial (digo tema inicial porque depois no debate podemos ir para outros temas) e achei que talvez fosse original, pelo menos da minha parte, trazer até vós uma reflexão feita, não tanto enquanto homem público ou político, que não o sou de forma institucional neste momento, embora mantenha a minha actividade política, mas mais sobre uma actividade que paralelamente tenho vindo a levar a cabo: uma reflexão sobre a História de Portugal. Como aqui também já foi dito pelo vosso Presidente da Câmara, Narciso Miranda, não é por acaso, talvez, que muitas das conferências que têm sido aqui produzidas, de uma forma ou de outra, estão relacionadas com a questão da identidade nacional, e a minha, em parte, também tem a ver com esse aspecto.

Em primeiro lugar gostaria de realçar o significado político e cultural destas Conferências de Matosinhos levadas a cabo pela sua Câmara Municipal e saudar o seu Presidente, Narciso Miranda, e bem assim o responsável pelo Pelouro da Cultura, Dr. José Manuel Dias da Fonseca.

De certa maneira, a realização destas Conferências ilustra na actualidade o alto valor da consagração do Poder Local em Portugal – uma obra essencial da Assembleia Constituinte em 1976. Deixem-me, por isso, acentuar o relevante papel político da Assembleia Constituinte, quer na institucionalização do regime democrático, quer na promoção do poder dos municípios, que deu origem a uma das maiores transformações no relacionamento entre o poder político e as populações em Portugal, desde sempre. Por isso e por tudo o mais, espera-se da parte dos titulares dos órgãos de soberania que comemorem condignamente o 20.º Aniversário das eleições para Assembleia Constituinte, eleita a 25 de Abril de 1975, reunida em Sessão Solene de Abertura a 2 de Junho daquele ano e que findou os seus difíceis trabalhos a 2 de Abril de 1976. Penso que, para além da justa comemoração dos 20 anos do 25 de Abril, é elementar comemorar com a mesma dignidade o 20.º aniversário dos trabalhos da Assembleia Constituinte.

O título desta conferência foi-me sugerido pelos meus trabalhos profissionais em curso no campo da História, e pelas minhas preocupações sobre a necessária revolução nas mentalidades para as actuais e futuras gerações de portugueses poderem enfrentar, mais apetrechados, os desafios do futuro.

Como não há ciência sem liberdade e muito menos ciência histórica sem inteira liberdade intelectual, só há vinte anos se criou um clima propício a novas indagações sobre o passado de Portugal.

Começo pois por uma afirmação polémica, mas que nos coloca no centro de uma das questões a tratar hoje: há vários passados portugueses e os aspectos que, nos diferentes presentes, se retiverem dessas histórias ajudam a formar diversas identidades nacionais, conforme as exigências e os desafios que se colocam aos portugueses.

Temos vários passados e a possibilidade de vários futuros. Como se pode ler o passado de variadas maneiras, assim pode haver diferentes visões do futuro – é essa a essência de uma sociedade aberta e democrática. Não há, assim, um destino nacional pré-determinado, mas antes a possibilidade aberta de vários futuros possíveis.

A identidade nacional que se baseie em mitos estéreis sobre o passado não nos será de socorro algum para vencer os desafios do futuro. Mas será possível uma história nacional sem mitos? A força dos mitos nas histórias ultrapassa mesmo a vontade dos próprios historiadores.

Nem é preciso evocar aqueles ex-mitos – já ultrapassados – como, por exemplo o do «Milagre de Ourique» que a mais elementar racionalidade arreda, embora Alexandre Herculano tivesse pago por isso.

Vejamos o caso de um mito nacional, de difícil análise, o da chamada «Escola de Sagres» na epopeia dos Descobrimentos.

O historiador Duarte Leite, lente de Matemática, Ministro das Finanças da Primeira República, embaixador de Portugal no Brasil, de 1914 a 1931, que procurou assentar sobre bases científicas os problemas das viagens marítimas do século XV e XVI, não dá o menor crédito à existência de uma escola de Sagres. Diz ele: «poucos exemplos oferecem os nossos anais tão frisantes da grande vitalidade duma lenda destituída do menor fundamento, como a desta escola criada em Sagres pelo egrégio infante D. Henrique; pois apesar dos golpes mortíferos que há decénios lhe têm sido vibrados, ainda hoje é cantada e recantada por solenes oradores e conspícuos plumitivos, e é chavão consagrado de manifestações patrioteiras. (...) O facto mais curioso deste curriculum vitae (continua Duarte Leite) é que nem durante a vida do seu fundador, nem mais de meio século após a sua morte, aparece a menor referência a tal escola».

Em termos portugueses a primeira referência à escola de Sagres aparece em 1761 no diploma pombalino, inspirado por Ribeiro Sanches, que criou o Colégio dos Nobres. Durante um século a historiografia adopta essa evocação. Mas, em 1894, quando do quinto centenário do nascimento de D. Henrique, o general Brito Rebelo negou a realidade de escola «como quer que a concebessem». No entanto, esta ideia da existência de uma «escola de Sagres» tem sempre tendência a reaparecer. Basta comemorar os Descobrimentos.

Curiosamente os grandes historiadores do século XIX não dedicam uma grande atenção aos descobrimentos e à expansão ultramarina. Basta citar Alexandre Herculano, Rebelo da Silva e Oliveira Martins. Eis o que dá que pensar sobre o modo como encaravam, já então, a questão da identidade nacional.

Alexandre Herculano procura essa identidade no acto do nascimento de Portugal, como nação independente, na idade média europeia e peninsular.

Rebelo da Silva que se assumiu como um anti-iberista convicto na sua História de Portugal séculos XVII e XVIII, não procura Portugal fora da Europa, e di-lo claramente no prefácio da sua obra que é publicada entre a obra de Alexandre Herculano e a de Oliveira Martins. Diz ele: «não nos deslumbram as glórias dos descobrimentos e das conquistas, nem as prosperidades que realçaram o esplendor do trono de el-rei D. Manuel. Embora, como portugueses, o coração nos pulse alvoroçado, quando recordamos com Vasco da Gama o poema dos mares, e com os Almeidas e Albuquerques a epopeia da Índia, o amor da pátria, e a admiração das proezas, que imortalizaram a robusta geração de navegadores e capitães, educados na escola de D. João II, não nos sobressaltam a ponto de esquecermos os escolhos que ameaçaram Portugal, desde que, perdendo de vista Ceuta e Arzila, temerário e desamparado, se atreveu longe das suas costas a travar lutas com os régulos da Ásia».

E se Oliveira Martins oscila na importância a atribuir a Lisboa, ou à articulação entre a Galiza e o Minho para a constituição da identidade nacional, opõe-se firmemente à expansão africana desmedida, consubstanciada na visão do Mapa Cor-de-Rosa.

Também é importante frisar que dois dos nossos maiores historiadores, um morto e o outro vivo, procedem à identificação de Portugal, no período anterior às Descobertas, e não dedicam praticamente atenção à dimensão ultramarina: refiro-me a Alexandre Herculano e a José Mattoso.

Esta visão de historiadores e intelectuais portugueses dos meados do século XIX foi completamente obscurecida a partir do fim do século XIX e das necessidades políticas decorrentes da política colonial a partir do ultimato, e até há bem pouco tempo. É por isso que eu vos trago aqui, de certa maneira, esta necessidade de se reler alguns historiadores e ter em conta uma certa percepção política em Portugal, ainda no século XIX, que não assentou na questão colonial. Por exemplo, políticos e governantes desenvolvimentistas do século XIX, como Passos Manuel, Costa Cabral, Fontes Pereira de Meio, não dedicam muita atenção à questão colonial, na esperança de que a independência do Brasil fosse, na prática, o fim da história colonial portuguesa.

De facto, era difícil nos meados do século XIX encarar a independência do Brasil como ela nos foi contada depois. D. Pedro IV chegou a ser declarado «traidor» pelas cortes de Lisboa, o seu desobediente «fico» deu origem a uma expedição militar metropolitana mal sucedida, e a declaração de independência unilateral do Brasil em 1822 levou 3 anos a ser reconhecida pelo governo português, através do Tratado de Independência de 29 de Agosto de 1825, laboriosamente negociado nas chancelarias com o recurso à mediação inglesa, tendo sido aliás o diplomata britânico Charles Stuart quem assinou esse Tratado em nome de D. João VI. Durante cerca de duas dezenas de anos quase ninguém queria ouvir falar de colónias em Portugal, no que se acompanhava, aliás, o espírito do tempo mais liberal do que mercantilista.

Entretanto, a emigração portuguesa para o «País Irmão» na segunda metade do século XIX e a implantação de regimes republicanos, primeiro no Brasil e depois em Portugal, abriram as portas ao mito do bom entendimento desde a independência, esquecidos os padecimentos do parto. Exemplo político disso mesmo, é o discurso de António José de Almeida, proferido durante o Congresso Federal do Brasil, a 20 de Setembro de 1922, quando foi em viagem oficial comemorar o 1.º Centenário da Independência do Brasil, «estou aqui, em nome de Portugal, para agradecer aos brasileiros o favor que eles nos prestaram, avós, proclamando-se independentes no momento em que o fizeram».

Mas não é só a história da independência do Brasil que nos foi mal contada, até há bem pouco tempo. Todo o período que antecede as invasões francesas e se estende até às lutas liberais tem sido muito pouco tratado. Nomeadamente, os problemas relacionados com a ida da Corte para o Brasil, jamais foram equacionados na perspectiva da legitimidade do poder.

O desmembramento do Estado português foi tão cru, nessa altura, como uma tragédia shakespeariana sobre o uso do poder, que a sua reunião formal, em dois reinos cisatlânticos na mesma cabeça coroada, durou apenas o tempo das conveniências.

E certo que se verificaram tais mutações como consequência da 1.ª invasão francesa e da chegada de Junot a Lisboa, em Novembro de 1807. De certa maneira aí começou a História de Portugal contemporâneo e logo com o deslocamento do Estado, a suspensão do regime político, a pretensão da Casa Real em ser mais importante do que o território nacional desde que sobrasse algum. Enquanto na América do Sul o príncipe regente organizava um pequeno exército que lutava contra os franceses na Guiana, em Portugal Junot licencia em 1808 a maior parte do exército português e constitui, com as melhores tropas do activo, o corpo que se denominou de Legião Lusitana, composta por 9000 homens que acompanha Napoleão pela Europa. Nomes bem conhecidos como D. Pedro de Almeida, Marquês de Alorna, ou o General Gomes Freire dela fizeram parte. Nessa proto-história do Estado português contemporâneo onde se há-de ir buscar a identidade?

Depois da chegada dos ingleses, de novo a influência britânica se faz sentir em Portugal, que redescobre a sua «vocação marítima», e estará presente no Congresso de Viena de 1815.

Enquanto a diplomacia portuguesa se ocupa, no Congresso de Viena, a defender sobretudo os interesses do Brasil, que seria independente sete anos depois, a instituição militar em Portugal está mais orientada para fundar um novo regime político liberal. Sobre o regime liberal em Portugal já se elaboraram muitos estudos e creio que será extremamente útil revisitar esse longo período, irregular nas suas formas políticas e desencontrado nos objectivos nacionais a atingir.

Mas teremos talvez alguma coisa a aprender nesses meados do século XIX sobre as condições de um desenvolvimento económico europeu, num clima de desarmamento aduaneiro como é o actual.

Já em 1825, Mousinho da Silveira, numas «Reflexões sobre a Posição Portuguesa nas novas circunstâncias da Política Mundial», se referia a que «a leitura da história nos mostra como as nações descobridoras foram ao princípio grandes e poderosas em consequência, e como estas mesmas nações se fizeram ociosas com o tempo».

Combatendo o proteccionismo colonial, este adepto do livre cambismo, afirma no mesmo texto: «se Portugal abrir e franquear os seus portos a todas as nações; se exigir na entrada das mercadorias de todos direitos iguais (...); (e se destruir) quantas causas aumentam o preço, não há-de Portugal excitar o ciúme de alguém há-de ter a maior quantidade de riqueza possível, e quando algum ambicioso o quiser oprimir há-de ter o mundo inteiro por amigo».

Mais tarde, as perspectivas abertas com a Regeneração e com Fontes Pereira de Melo poderão também servir de motivo de reflexão sobre as virtudes do modelo desenvolvimentista e dos erros que lhe podem estar associados.

Também a entrada de Portugal na Primeira Guerra Mundial merece hoje nova avaliação dos seus objectivos e resultados. Sendo muito discutíveis os objectivos que levaram então o Governo Republicano a querer participar nas operações militares na frente europeia durante a Grande Guerra, o sentido estratégico dessa vontade decorria claramente do entendimento segundo o qual a guerra, sendo mundial, se resolveria no continente europeu. Como de facto aconteceu. Durante muito tempo a historiografia portuguesa afirmou que a entrada de Portugal na Primeira Guerra Mundial se destinara a defender a soberania portuguesa em África. São ideias feitas de nula ajuda para o futuro e, ainda por cima, não escapam a uma análise mais detalhada. Com efeito, nenhuma das escaramuças ou conflitos militares ocorridas em África durante a Primeira Guerra Mundial, nem a autorização dada pelo governo português para a passagem de tropas britânicas por Moçambique para reforçar as existentes na Niassalândia, assim como o fornecimento de homens, artilharia e munições pedidos pelo cônsul britânico em Lourenço Marques, levou a Alemanha a declarar guerra a Portugal, ou vice-versa. Só em Fevereiro de 1916, perante a requisição dos navios alemães surtos nos portos nacionais, feito a pedido de Londres, que expressamente evocou a aliança Luso-britânica, é que a Alemanha nos declara guerra. Ainda sobre a questão da defesa das colónias, nós podemos contrapor que certos países neutros, como a Espanha e a Holanda, não perderam as suas colónias após a Primeira Guerra Mundial. A entrada de Portugal como beligerante na Primeira Guerra Mundial deu-se por motivos relacionados com as obrigações europeias da aliança Luso-britânica e pelas determinantes políticas e estratégicas do espaço peninsular e insular português. Basta, neste particular, relembrar os ataques aos portos do Funchal e de Ponta Delgada, por submarinos alemães, em 1917.

Ora, a política primeiro e a historiografia depois consagraram o objectivo da manutenção das colónias como o mais importante para Portugal, durante esse período de mudança internacional, mas uma análise mais detalhada dos documentos da época demonstra como foram de facto prosseguidos outros objectivos muito mais contemporâneos: diversificação das alianças extra-ibéricas de Portugal em relação à neutra Espanha, maior representatividade internacional de Portugal, constituição de uma frota mercante através dos barcos alemães, surtos nos portos portugueses, que vieram constituir os futuros transportes Marítimos do Estado, acesso aos fundos financeiros derivados das reparações e indemnizações a pagar pelos impérios centrais, como está suficientemente documentado na nossa participação na Conferência de Paz. Assim, na última Conferência de Paz em que Portugal participou, depois de um esforço militar, numa guerra os objectivos a alcançar foram: o não pagamento das dívidas contraídas por causa das despesas de guerra, a repartição prioritária das reparações e das indemnizações a consagrar no Tratado de Paz de Versalhes, a recuperação da frota alemã requisitada e, muito especialmente, um papel activo na futura Sociedade das Nações que organizasse a segurança dos Estados em termos colectivos.

Podemos, no entanto, admitir que os resultados obtidos na Conferência da Paz de Paris, em 1919, pareceram escassos à sociedade portuguesa tendo em conta o esforço de guerra. E é muito possível que a desgraça da Primeira República tivesse começado exactamente na desproporção entre o esforço de guerra dispensado e os resultados adquiridos na Conferência de Paz em 1919.

Acentuar os aspectos europeus da História de Portugal corresponde, assim, à necessidade de um outro entendimento do nosso passado, que nem sempre foi como nos contaram.

O facto de não ter havido liberdade de investigação e de interpretação da História de Portugal, durante a ditadura, impediu mesmo uma mais adequada preparação dos novos responsáveis pelo destino do país.

O caso de Timor é paradigmático a esse respeito. A invasão de Timor-Leste, por tropas da Indonésia, em Dezembro de 1975 – facto que nunca é demais condenar absolutamente –, é mesmo frequentemente explicado, entre nós, apenas por motivos decorrentes de uma mistura paradoxal de componentes de radicalismo revolucionário, com uma versão de inédita debilidade dos corpos de Estado portugueses naquelas paragens. Ora, a invasão de Timor não era infelizmente caso virgem para aquele martirizado território: durante a Segunda Guerra Mundial já aquela ilha fora invadida e ocupada três vezes por forças militares estrangeiras – em 17 de Dezembro de 1941, por tropas australianas, holandesas e indonésias; em 19 de Fevereiro de 1942, por tropas japonesas; e, em Setembro de 45, de novo por tropas australianas que vão aceitar a rendição das tropas japonesas. Timor só voltará à soberania portuguesa mercê de acções diplomáticas decorrentes da concessão de facilidades aos Estados Unidos na ilha de Santa Maria, nos Açores.

Salazar, já no fim da guerra, no seu inconfundível estilo eufemístico, afirma em nota oficiosa publicada nos jornais de 7 de Outubro de 1945: «só a publicação, quando puder fazer-se, dos principais documentos relativos a esta questão poderá dar a exacta ideia das dificuldades de vária ordem suscitadas pela ocupação japonesa de Timor, pelos entraves ao exercício efectivo da soberania portuguesa e da autoridade do governador...».

Aconteceu, no entanto, que a extensão dos entraves ao exercício efectivo da soberania portuguesa jamais foi conhecida, dado que o relatório do referido governador, Manuel de Abreu Ferreira de Carvalho, terminado em 1947, foi mandado retirar da circulação, e só chegou à Biblioteca Nacional de Lisboa em meados de 1980... Como terá sido negativo o desconhecimento desses documentos para todos aqueles que tiveram que defrontar os acontecimentos posteriores...

Não teria sido mais útil educar os portugueses, no confronto com altos e baixos da sua história, como entidade colectiva, do que sonegar-lhes o conhecimento das dificuldades e das realidades desfavoráveis?

Uma história mitológica é própria de povos sem liberdade e sem maturidade.

Por isso, quando fui solicitado a escrever uma história interpretativa do período genético do Portugal democrático, despi-me, na medida do possível, dos meus parâmetros políticos e pretendi compreender o essencial.

A grande revolução em Portugal, depois do 25 de Abril, foi de ordem espacial e de ordem cultural. A revolução espacial deveu-se à descolonização, à emergência do poder local, aos reajustamentos decorrentes das autonomias insulares e à percepção de clivagens entre o Norte e o Sul, o litoral e o interior. O pedido de adesão de Portugal à Comunidade Europeia completou o quadro do renovado espaço político português. Como disse Orlando Ribeiro, «o território é um vaso várias vezes modelado».

Do ponto de vista do tipo social dominante, sintetizei assim o período estudado: uma república de revolucionários entre 1974-75; uma república de políticos entre 1976-82; uma república de empresários entre 1982-91; uma república de financeiros e jornalistas desde então.

Estamos a chegar ao fim da nossa exposição. É pois altura de resumir o essencial.

A identidade de uma nação, ou de uma comunidade, procura-se naqueles aspectos do passado que podem consolidar os objectivos do presente e as ideias sobre um destino no futuro que se quer viver em conjunto. A parte da identidade que vem do passado pode ser consolidada entre as suas realidades mais pertinentes para enfrentar os novos desafios do futuro. O passado pode oferecer-nos variados modos da sua existência. Ninguém procura em Viriato a importância da cidade de Lisboa para a independência nacional. Ninguém estuda a revolução de 1383-1385 para compreender a articulação entre o Minho e o Douro Litoral. E a importância nacional destes dois pólos de desenvolvimento é hoje mais do que óbvia.

Portugal, no futuro, será uma nação independente pela vontade dos seus cidadãos e não por determinismos geográficos, políticos, económicos ou estratégicos. Os actuais ou futuros processos de regionalização, as relações interestaduais, a integração europeia, são dinamismos que não deixarão o plano nacional em repouso. No futuro, a nação será uma comunidade que os cidadãos escolhem e não uma entidade que lhes é pré-imposta.

Esse novo entendimento do conceito de Nação, e do papel do Estado, será provocado quer pelas pressões exteriores de integração europeia, quer pelas relações interibéricas e pela regionalização.

Essa escolha consciente do plano nacional far-se-á movida pela necessidade e vantagem da individualidade de Portugal na Península Ibérica, para manter o Estado português como actor internacional privilegiado, ou seja, como agente negocial melhor apetrechado para defender os interesses cívicos, económicos, sociais, culturais das suas populações, face aos fenómenos de integração europeia e da vida internacional em geral. O plano nacional resistirá tanto melhor quanto se apresente como o mais apropriado à defesa da liberdade e da dignidade do cidadão e à distribuição equitativa da riqueza, da justiça e do bem-estar.

Não foi só Portugal que mudou depois do 25 de Abril de 1974. O contexto internacional onde evoluía o Estado Português sofreu por seu lado grandes alterações e, também nessa dimensão, o 25 de Abril de 1974 permitiu que Portugal estivesse em condições de responder adequadamente, e com maior rapidez a essas modificações. Exemplo do que pretendo dizer foi o atempado pedido de adesão à Comunidade Europeia. Sem a adesão à Comunidade Europeia seríamos hoje um país periférico e isolado, mais um candidato à entrada, uma espécie de Polónia ocidental ou de Cuba oriental. E convém continuar muito atento.

A percepção rápida do contexto internacional é uma das qualidades a desenvolver entre os representantes democráticos nacionais. Sem essa percepção do quadro internacional, da margem de manobra real e desejável do Estado português, a individualidade e o bem-estar do povo português dificilmente serão bem defendidos.

Em todo este cortejo de referências ao passado, não pode deixar de ser assinalado o aparecimento do historiador como intelectual emergente, já não apenas à escala nacional, como foi o caso na Europa nos meados do século passado, mas como uma figura de pensamento universal de compreensão dos fenómenos internacionais.

No entanto, a emergência da figura do historiador como intelectual do fim do século na Europa não deixa de remeter para o próprio tipo de história que se escreveu e que se escreve. De certa maneira, o historiador desde, pelo menos, o fim da Segunda Guerra Mundial esteve ao serviço da economia, da sociologia, da ciência política... A História quase se deixou arrastar para o estatuto de ciência auxiliar das outras ciências sociais. E é a razão pela qual todos estes acontecimentos – que ocorreram nomeadamente no Continente Europeu com a queda do comunismo, o desmembramento da União Soviética, a reunificação da Alemanha e, depois, mais tarde, a emergência dos conflitos étnicos, religiosos e regionais na Europa – suscitam esse sentimento surpresa, só explicável pela forma errada e incompleta como a História foi tratada, pelo menos a partir da Segunda Guerra Mundial. Foi uma falsa pista seguida pela ciência histórica que levou a que a maior parte dos observadores, dos historiadores, dos políticos, dos intelectuais, tivesse tomado como uma surpresa factos que um estudo da História Internacional, se tivesse sido bem feito, nos levaria a poder imaginar que eles seriam possíveis, e que até poderiam ter sido possíveis a mais curto prazo do que ocorreram. Portanto, todo este sentimento de surpresa, ou de aparente surpresa, dos acontecimentos que acabo de relatar, na minha perspectiva, têm a ver com uma falsa orientação da investigação histórica desde a Segunda Guerra Mundial.

Nos momentos de crise, de transição ou de ruptura, o conhecimento histórico é, ao mesmo tempo, indispensável e estéril.

É indispensável, na medida em que só uma profunda e sólida cultura histórica permite conhecer o que há de comum e de original nas presentes circunstâncias. Sobretudo, é indispensável para o estudo das instituições que por definição são organizações que persistem no tempo, ansiando por se reconhecerem no passado para saberem continuar no futuro. É ainda indispensável para treinar os espíritos e as convicções na certeza das suas verdades, mas também na arte do relativo, do repetitivo e do efémero.

É estéril, porque raramente o passado nos fornece os meios e as soluções para as crises e os problemas do presente. No máximo fornece analogias. Ou então permite treinar, pela análise das suas diferentes perspectivas, aquela actividade tão necessária à prospecção do futuro. Mas o recurso constante às analogias com o passado não deixa de ser um elemento redutor e empobrecedor para o entendimento cultural e prospectivo dos fenómenos. Talvez por isso, Raul Proença tenha entendido que a verdadeira identidade nacional é aquela que se projecta no futuro e tenha dado a maior importância àquilo que denunciou de patriotismo prospectivo.

Nessa linha de pensamento, já se situara Antero de Quental quando, nas Conferências do Casino, em Maio de 1871, apresentava o progresso de Portugal como incompatível com a veneração dos valores tradicionais, e cito: «que é pois necessário para readquirirmos o nosso lugar na civilização?, para entrarmos outra vez na comunhão da Europa culta? É necessário um esforço viril, um esforço supremo: quebrar resolutamente com o passado. Respeitemos a memória dos nossos avós: memoremos piedosamente os actos deles, mas não os imitemos.»

É este o essencial da reflexão que quis fazer perante vós. Uma reflexão que me vem acompanhando há uns anos e que, de certa maneira, quis aproveitar esta oportunidade das Conferências de Matosinhos para aqui vos deixar. Repetindo aquilo que disse no início, estou aberto a discutir este texto como a mudar de registo e debater outros temas da actualidade, se assim pretenderem. Muito obrigado.

ORIGEM DO TEXTO:

«História e Liberdade no Portugal Democrático» in *Conferências de Matosinhos,* vol. 2. Matosinhos. Câmara Municipal, 1995, pp. 181-218.